Physiotherapie

Grundlagen und Techniken der Bewegungstherapie

Autoren

Theorie der Körpererziehung

FSD Dipl.-Med.-Päd. Sabine Langhans
Abteilungsleiterin an der Medizinischen Fachschule der Medizinischen Akademie „Carl Gustav Carus“, Dresden

Krankengymnastik

FSD Dipl.-Med.-Päd. Sabine Langhans
Abteilungsleiterin an der Medizinischen Fachschule der Medizinischen Akademie „Carl Gustav Carus“, Dresden

Ursula Thies
Leitende Physiotherapeutin der Neurochirurgischen Klinik der Karl-Marx-Universität, Leipzig

Gymnastik

Diplomsportlehrer Anita Wilda-Kiesel
Fachlehrerin an der Medizinischen Fachschule der Karl-Marx-Universität, Leipzig

Sigrid Pflug
Fachlehrerin an der Medizinischen Fachschule der Karl-Marx-Universität, Leipzig

Gymnastik für Säuglinge und Kleinkinder

Anna-Maria Arnhold
Referentin für Weiterbildung an der Bezirksakademie des Gesundheits- und Sozialwesens, Leipzig

Ute Mau
Fachlehrerin an der Medizinischen Fachschule „Jenny Marx“ der Humboldt-Universität, Berlin

Christel Reichert
Fachlehrerin an der Medizinischen Fachschule der Karl-Marx-Universität, Leipzig

Herausgeber

OMR Dr. sc. med. J. Christoph Cordes
Bad Lausick

Doz. Dr. sc. med. Wolf Arnold
Oberarzt an der Orthopädischen Klinik der Karl-Marx-Universität, Leipzig

StR Dipl.-Med.-Päd. Brigitte Zeibig
Wissenschaftliche Mitarbeiterin am Institut für Weiterbildung mittlerer medizinischer Fachkräfte, Potsdam

Physiotherapie

Grundlagen und Techniken der Bewegungstherapie

Mit 171 Abbildungen und 11 Tabellen

Steinkopff Verlag Darmstadt

CIP-Kurztitelaufnahme der Deutschen Bibliothek

Physiotherapie: Grundlagen u. Techniken
d. Bewegungstherapie / [Autoren Sabine Langhans
... Hrsg. J. Christoph Cordes ...]. –
Darmstadt: Steinkopff, 1987
ISBN-13:978-3-642-72413-8 e-ISBN-13:978-3-642-72412-1
DOI: 10.1007/978-3-642-72412-1

NE: Cordes, Johannes Christoph [Hrsg.]

Lizenzausgabe für die Bundesrepublik Deutschland

Dr. Dietrich Steinkopff Verlag GmbH & Co KG,
Darmstadt

Softcover reprint of the hardcover 1st edition 1987

Lektorin: Gertraud Jech
Hersteller: Jochen Eichler

Vorwort des Verlages

Dieses Lehrbuch bietet eine umfassende Einführung in die Grundlagen der Physiotherapie. Es wurde von einer Autorengruppe in der DDR entwickelt und vereinigt die neuesten Erkenntnisse aus der Physiotherapie, Gymnastik und Sportmedizin. Es eignet sich deshalb in besonderer Weise als grundlegendes bzw. ergänzendes Lehrbuch für den Unterricht in Krankengymnastik bzw. Physiotherapie. Dabei wird der Leser mit besonderem Gewinn die ständigen Bezüge auf die physiologischen bzw. physikalischen Grundlagen zur Kenntnis nehmen. Herausgehobene Merksätze und Definitionen erleichtern dem Leser die rasche Nachprüfung des Lernerfolges.

Inhaltsverzeichnis

Theorie der Körpererziehung

Krankengymnastik

Gymnastik

Gymnastik für Säuglinge und Kleinkinder

Theorie der Körpererziehung

1. Einführung in das Fach

Das Fachgebiet „Theorie der Körpererziehung" vermittelt dem künftigen Physiotherapeuten grundlegende theoretische Kenntnisse für die sachkundige Durchführung der Bewegungstherapie. Die Umsetzung der Theorie in die Praxis erfolgt in den Grundlagenfächern Gymnastik, Krankengymnastik und Säuglingsgymnastik sowie in den Fachgebieten Physiotherapie in den klinischen Disziplinen und in der praktischen Arbeit mit den Patienten.

Der zu vermittelnde Stoff basiert u. a. auf Erkenntnissen aus der Sportwissenschaft und der Sportmedizin, die in der Physiotherapie modifiziert angewandt werden müssen.

Auf die Bedeutung der Bewegungsfähigkeit eines Menschen als Mittel zur Auseinandersetzung mit der Umwelt soll hier nur hingewiesen werden.

Das gesamte Stoffgebiet läßt sich in drei Abschnitte unterteilen.

Die *Merkmale der Bewegungsfunktion* stellen eine wichtige Grundlage zur Analyse der Bewegungsabläufe eines Menschen dar. Die Kenntnis dieser Kriterien ermöglicht es, fehlerhafte Bewegungsabläufe zu erkennen und gezielt zu korrigieren.

Die Untersuchung der *motorischen Entwicklung* des Menschen vom Neugeborenen- bis zum späten Erwachsenenalter (motorische Ontogenese) ist Grundlage dafür, Abweichungen von der Norm festzustellen. Prinzipielle Kennziffern für die mögliche Belastbarkeit in den verschiedenen Altersstufen können abgeleitet werden. Die altersadäquate Übungsauswahl wird erleichtert.

In dem Kapitel „*Biologische Grundlagen des Muskeltrainings*" wird u. a. untersucht, welche Faktoren im Übungsprozeß zu berücksichtigen sind, in welcher Form das motorische Lernen erfolgt und wie dieser Vorgang durch den Physiotherapeuten gesteuert werden kann.

Der Physiotherapeut muß über diese Kenntnisse verfügen, um der Forderung nach einer hochqualifizierten medizinischen Betreuung unserer Bevölkerung im Rahmen der Prophylaxe, Therapie, Rehabilitation und Metaphylaxe in vollem Umfang gerecht werden zu können. Er muß fähig sein, den Patienten die Zielstellung und Zweckmäßigkeit der verordneten Bewegungstherapie theoretisch zu erläutern und soll gesundheitserzieherisch wirksam werden.

2. Merkmale der Bewegungsfunktion

Der Physiotherapeut erfaßt in seiner Befunderhebung bei Bewegungsstörungen und -behinderungen neben der Qualität der Teilkörperbewegungen auch die der Gesamtkörperbewegungen, die im Alltag überwiegen. Jeder Bewegungsvorgang ist ein kompliziertes, komplexes Geschehen, an dem die verschiedensten Organsysteme beteiligt sind. Von ihrer Funktionstüchtigkeit hängt es ab, ob die Bewegungen koordiniert, zielgerichtet und mit dem notwendigen Krafteinsatz ablaufen.

Ausgangspunkt unserer Betrachtungen ist die Bewegungseinschätzung beim *gesunden Menschen*. Der Physiotherapeut muß den „normalen" Ablauf jeder Bewegung, die er mit seinen Patienten übt, kennen und fehlerfrei demonstrieren können. Damit werden beim Patienten die entsprechenden Bewegungsvorstellungen entwickelt, die für die exakte und fehlerfreie oder -arme Realisierung der Bewegungsaufgabe bedeutsam sind.

Der Physiotherapeut wird durch diese Kenntnisse befähigt, Fehler, die bei den Patienten auftreten, zu erfassen, richtig einzuordnen und zielgerichtet zu korrigieren. Außerdem wird es ihm möglich, sein methodisches Vorgehen im motorischen Lernprozeß gezielt zu planen und zu verwirklichen.

Die Einschätzung der Bewegungen anderer Menschen ist nicht leicht, sie erfordert eine *ausgeprägte Beobachtung*. Die Fähigkeit dazu muß konsequent geschult werden. Da alle Beobachtungsergebnisse subjektiv geprägt sind, müssen sie kritisch ausgewertet werden, um einen möglichst hohen Objektivitätsgrad zu erzielen.
Unter Beachtung der Bewegungsmerkmale wird es möglich, gewohnheitsmäßige Qualitätsmängel oder Fehler im Bewegungsablauf von krankheitsbedingten zu unterscheiden.
Für die Therapieziele und -maßnahmen, die aus dem erhobenen Befund abzuleiten sind, ist ausschlaggebend, ob eine irreparable krankhafte Veränderung vorliegt oder nicht, ob also ein harmonischer Bewegungsablauf wieder erreicht werden kann. Ist das nicht der Fall, so wird die Qualität der Bewegungsmerkmale nie „normgerecht" werden können.
Es muß betont werden, daß die Einschätzung der Qualität der Bewegungsmerkmale als Ergänzung für den speziellen Befund (vgl. Krankengymnastik, Gymnastik und Massage) anzusehen ist.
Die Gesamtheit der Bewegungsmerkmale ist Ausdruck für die Bewegungskoordination.

2.1. Bewegungskoordination

2.1.1. Bewegungskoordination – ein komplexer Vorgang im Organismus

Der Begriff „Bewegungskoordination" wird wie folgt definiert:

> „Bewegungskoordination ist die Ordnung, ist die Organisation motorischer Aktionen in Ausrichtung auf ein bestimmtes Ziel beziehungsweise einen Zweck."[1]

In der Organisation der motorischen Aktionen findet die aktuelle Auseinandersetzung des Menschen mit seiner Umweltsituation Berücksichtigung. Bewegungsphasen, Einzel- und Teilbewegungen unterliegen dieser Organisation. Keine willkürlich gesteuerte Bewegung läuft ohne Zielstellung ab. Dieser sind die Einzelaktionen zu- und untergeordnet.

Beispiel:

Mit einem Patienten ist das Treppensteigen zu üben (Zielstellung). Die aktuelle Umweltsituation kann für diesen Patienten z. B. bedeuten: Unsicherheit oder auch Ängstlichkeit vor der Bewältigung dieser Aufgabenstellung, Steilheit der Treppe, Stufenhöhe . . .
Zu koordinieren sind

— die *Bewegungsphasen*, z. B. größere Ausholbewegung, um die Stufenhöhe zu bewältigen,

[1] Meinel und Schnabel: Bewegungslehre. Volk u. Wissen, Berlin 1977.

— die *Einzelbewegungen*, z. B. betonte Flexion in Knie- und Hüftgelenken, wenn durch die Krankheit eine Muskelschwäche der flektierenden Muskeln gegeben ist,
— die *Teilbewegungen*, z. B. Abstimmung der Knie- und Hüftflexion auf die Stufenhöhe (in den Gelenken wird keine maximale Flexion ausgeführt).

Die Bewegungskoordination stellt an das Nervensystem als zentrales Steuer- und Regelsystem hohe Anforderungen, komplizierte Vorgänge laufen ab, um die Bewegungsaufgabe zu lösen.

Einige zu berücksichtigende Faktoren sollen genannt werden:
— Der anatomische Gelenkaufbau läßt in den einzelnen Gelenken des menschlichen Körpers unterschiedlich viele Bewegungsmöglichkeiten zu (Freiheitsgrade), z. B.
oberes Sprunggelenk (Scharniergelenk): Extension und Flexion;
Hüftgelenk (Nußgelenk): Extension und Flexion, Abduktion und Adduktion, Außenrotation und Innenrotation.
Bei Ganzkörperbewegungen müssen 240 Freiheitsgrade gesteuert und beherrscht werden.
— Bei jeder Bewegung sind Muskeln für die Bewegung (z. B. Flexion im Ellenbogengelenk) und Muskeln für die Fixation (z. B. im benachbarten Schultergelenk Halten der Abduktion von 90°) in Tätigkeit.
— Die Elastizität von Muskeln, Sehnen und Bändern muß bei der Koordination berücksichtigt werden. Sie ist z. B. abhängig vom Durchblutungsgrad, von der Tageszeit, von der Funktionstüchtigkeit, vom Alter des Menschen.
— Bei der Steuerung motorischer Aktionen muß sich der Organismus außerdem mit der Umweltsituation und ihren sich oftmals schnell verändernden Verhältnissen auseinandersetzen. Schwerkraft, Massenträgheit, Reibungskräfte, Luft- und Wasserwiderstände erfordern eine feine Abstimmung der Muskelkontraktionen und damit des notwendigen Krafteinsatzes. So wird bei langsamem Bewegungstempo im Wasser der Auftrieb wirksam, der zu überwindende Wasserwiderstand ist gering, damit ist der muskuläre Einsatz niedrig. Bei schnellem Bewegungstempo wird der Krafteinsatz größer, da der Wasserwiderstand erheblich stärker wirksam wird als der Auftrieb.
— Ebenso bedeutet die Erhaltung des Gleichgewichtes, die von der Größe der Unterstützungsfläche abhängt, eine ständige Aufgabe für das zentrale Steuerungssystem.
— Bei kranken Menschen kann die Koordinationsaufgabe zusätzlich erschwert sein, z. B. durch auftretende Schmerzen, durch Bewegungseinschränkungen, die das Auftreten von Ausweichbewegungen verursachen, oder auch durch strukturelle oder funktionelle Veränderungen der beteiligten Organsysteme.

Im Bereich der Sportmotorik wird von zwei *Koordinationstaktiken* gesprochen, die sich auf die Lösung von Alltagsbewegungen bzw. auf die Situation bei Patienten übertragen lassen:
— Der Mensch löst die ihm gestellte Bewegungsaufgabe, indem der Bewegungsablauf in weitestgehender Übereinstimmung mit dem gedanklich festgelegten Handlungsprogramm erfolgt. Kleinere Störungen können dabei ausgeglichen werden.
Soll z. B. ein Koffer angehoben werden, so besitzt der Mensch eine exakte Vorstellung von dem Bewegungsablauf, die u. a. auf Erfahrungen beruht. Ist der Koffer etwas schwerer als erwartet, so wird erneut angesetzt. Es kommt zur Bewegung mit größerem Krafteinsatz als ursprünglich vorgesehen war (Kompensation, d. h. Ausgleich — einer aufgetretenen Störung).
— Bei der Lösung der Bewegungsaufgabe wird der Bewegungsablauf mehr oder weniger verändert, der vorgesehene Bewegungsplan also teilweise oder auch vollständig umgestoßen, um die Zielstellung zu erreichen. Diese Taktik wird notwendig, wenn eine auftretende Störung sehr groß ist oder wenn die Bewegungsvorstellung, der Bewegungsplan dem realen Bewegungsablauf nicht entspricht.
Vergleiche hierzu das vorige Beispiel. Der Koffer erweist sich als so schwer, daß zusätzlich ein großer Rumpfeinsatz und die Hilfe des anderen Armes notwendig wird. Die Abweichung vom ursprünglichen Bewegungsprogramm ist erheblich.

Aufgaben

1. Erklären Sie den Inhalt des Begriffes „Bewegungskoordination" am Beispiel des hohen Zehenganges auf einer Langbank!
2. Erläutern Sie die zwei möglichen Koordinationstaktiken am Beispiel einer sportlichen Bewegung und einer Alltagsbewegung!

2.1.2. Informationsaufnahme und -verarbeitung

Vor jeder Bewegungshandlung werden über unterschiedliche Rezeptoren Informationen aufgenommen und dem zentralen Nervensystem zugeleitet. Hier werden die Informationen, die für die Bewegungsrealisierung bedeutsam sind, zielgerichtet verarbeitet. Die Informationsaufnahme und -weiterleitung zum zentralen Nervensystem bezeichnet man als **Afferenz.**
Es gilt, zwischen *Anlaßafferenzen* (auslösenden Afferenzen) und *Situationsafferenzen* (Umgebungsafferenzen) zu unterscheiden. Anlaßafferenzen enthalten die Information über die Zielstellung und lösen bestimmte Bewegungen aus. Das Übungskommando des Physiotherapeuten vor Bewegungsbeginn stellt z. B. eine Anlaßafferenz dar. Gleichzeitig wird mit Hilfe der Informationsaufnahme der Umweltbedingungen die aktuelle Situation erfaßt und analysiert. Beide parallel ablaufenden Vorgänge bewirken eine entsprechende Motivation (Beweggrund, Antrieb) für die Bewegungsausführung. Zusätzlich werden die Bewegungserfahrungen (motorisches Gedächtnis) aktualisiert. Im zentralen Nervensystem erfolgt dann eine *Afferenzsynthese* (Anlaßafferenz, Situationsafferenz, Motivation und Einsatz des motorischen Gedächtnisses), die zur Bewegungsausführung notwendig ist, d. h. alle Informationen werden zielgerichtet verarbeitet.
Als **Efferenzen** bezeichnet man den Erregungsablauf vom zentralen Nervensystem zum Erfolgsorgan. Ist das Erfolgsorgan die Muskulatur, werden Bewegungen ausgelöst.
Ständig erhält das zentrale Nervensystem Rückkopplungsinformationen — **Reafferenzen** —, die Auskunft über den Bewegungsablauf geben, über die Stellung der Gelenke, die Lage des Körpers im Raum, den Spannungsgrad der Muskulatur. Fortwährende Reafferenzanalysen und -synthesen steuern den Bewegungsablauf. Zur Systematisierung unterscheidet man bewegungslenkende und resultative Reafferenzen.
Bewegungslenkende Reafferenzen vermitteln Informationen über den Bewegungsverlauf und die aktuelle Stellung des Körpers im Raum. Mit ihrer Hilfe entwickelt der Mensch das Bewegungsempfinden.
Resultative Reafferenzen stellen eine Information über das erzielte Ergebnis dar. Resultative Reafferenzen erfolgen etappenweise sukzessiv (nachfolgend) zur Bewegung und als sanktionierende (bestätigende) oder endgültige Reafferenz nach Abschluß der Bewegungshandlung.

Aufgabe

Untersuchen Sie am Beispiel der Bewegungen beim Schreiben, welche Afferenzen und Reafferenzen für den Bewegungsablauf bestimmend sind!

2.1.3. Analytische Informationssysteme

Afferenzen und Reafferenzen sind an die Funktionstüchtigkeit bestimmter Analysatoren gebunden. Diese setzen sich zusammen aus
— spezifischen Rezeptoren zur Reizaufnahme
— afferenten Nervenbahnen, die die Erregungen zum zentralen Nervensystem leiten
— sensorischen Zentren im zentralen Nervensystem, in denen das Empfindungsvermögen lokalisiert ist,
— bestimmten Gebieten in der Großhirnrinde die der Reizverarbeitung dienen.

Nachfolgend werden die für die Bewegungskoordination bedeutsamen Analysatoren aufgeführt:

Kinästhetischer Analysator (bewegungsempfindender Analysator). Seine Rezeptoren — die Propriozeptoren — sind in den Muskeln, Sehnen und Gelenken nachzuweisen. Die Rezeptoren reagieren auf *Spannungsänderungen* und *Längenänderungen* der Muskulatur und der Sehnen sowie auf *Veränderungen der Gelenkstellung.* Die afferenten Leitungsbahnen der Propriozeptoren zählen zu den schnellleitenden Nervenfasern, so daß die Informationen über den Tonus, den Kontraktions- oder Dehnungszustand der Muskeln und Sehnen sowie über die Lage der Körperteile im Raum sehr rasch an das zentrale Nervensystem zur weiteren Verarbeitung erfolgen.

Taktiler Analysator. Er spricht auf *mechanische Reize* an. Seine Rezeptoren befinden sich in der Haut und signalisieren Informationen über die unmittelbaren Umweltbedingungen an das zentrale Nervensystem.
Empfunden wird z. B. ein Widerstand, der sich aus einem manuellen Kontakt des Physiotherapeuten zum Patienten ergibt, oder der Widerstand durch Wasser bei Bewegungs-

therapie im Übungsbad. Form und Konsistenz eines Gegenstandes, den wir ergreifen, werden uns bewußt.
Die Informationen über den taktilen und den kinästhetischen Analysator erfolgen in der Regel parallel und lassen sich im Bewußtsein nicht immer voneinander trennen.

Statiko-dynamischer Analysator. Er ist im Innenohr lokalisiert und vermittelt Informationen über die *Stellung des Kopfes im Raum*. Durch diese Rezeptoren werden u. a. im Säuglingsalter Reflexe ausgelöst (vgl. 3.2.5.). Über den statiko-dynamischen Analysator wird weiterhin das Bestreben gesteuert, den Kopf im Raum immer so einzustellen, daß der Scheitel nach oben zeigt und die Mundspalte waagerecht steht.

Optischer Analysator. Mit Hilfe des Auges nimmt der Mensch Informationen über die eigene Körperbewegung und über diejenige anderer Menschen auf. Damit hat der optische Analysator eine große Bedeutung bei der Entwicklung von Vorstellung über einen Bewegungsablauf, der demonstriert wird. Das heißt für den Physiotherapeuten, daß er vom Patienten geforderte Bewegungsabläufe exakt demonstrieren muß. Außerdem vermag der Mensch über das Sehen seine eigene Körperhaltung, die Ausgangsstellung bei Bewegungsbeginn, den Bewegungsablauf und die Körperendstellung zu erfassen und zu kontrollieren. Damit wird es auch möglich, notwendige Korrekturen auszulösen. Über das Auge erfolgen weitgehend die Situationsafferenzen (Umgebungsanalyse), die für die Bewegungskoordination von großer Bedeutung sind.

Akustischer Analysator. Mit seiner Hilfe kann der Mensch z. B. den Rhythmus eines Bewegungsablaufes erfassen, der durch akustische Signale (Klatschen in die Hände, Schlagen auf dem Tamburin, durch Musik, Sprache u. a.) übertragen werden kann (vgl. auch 2.1.4.).
In der Regel kommt es zur Summation vieler Informationen, da mehrere Analysatoren gleichzeitig Reize aufnehmen und dem zentralen Nervensystem zuleiten.

Aufgabe

Sie gehen auf einem unebenen Gelände! Erläutern Sie, welche Analysatoren in diesem Fall aktiv an der Informationsaufnahme beteiligt sind.

2.1.4. Worte als Informationsüberträger

Nur der Mensch ist in der Lage, bewußt mit Hilfe des geschriebenen oder gesprochenen Wortes Informationen aufzunehmen und weiterzugeben. Dabei ist Voraussetzung, daß der Mensch den Signalgehalt des Wortes zu erfassen vermag, da das Wort einen verallgemeinernden Charakter besitzt. Das heißt, der Mensch muß bereits über bestimmte Erkenntnisse und Vorstellungen verfügen, die er sich im Laufe des Lebens erwirbt.
So löst z. B. die Aufforderung: „Gehen Sie im hohen Zehengang!“ u. a. folgende Bewegungsvorstellungen aus: die Fersen sind sehr weit vom Boden abzuheben, die Beine sind zu strecken und müssen angespannt sein, der Rumpf ist aufzurichten und die Rumpfmuskulatur muß angespannt werden, um das Gleichgewicht halten zu können, gegebenenfalls sind die Arme zu heben, die Schrittlänge wird klein sein. — Diese Vorstellungen basieren auf dem Bewegungsgedächtnis. Wird der Bewegungsablauf gleichzeitig demonstriert, so wird über den optischen Analysator die Vorstellungsentwicklung unterstützt.

> Das Wort — in Form des Übungskommandos — ist zugleich als Anlaßafferenz anzusehen. Korrekturhinweise werden als reafferente Informationen erfaßt.

In der Arbeit des Physiotherapeuten hat das Wort als Kommunikationsmittel eine große Bedeutung. Der Physiotherapeut muß einen Bewegungsablauf eindeutig, präzise und mit verständlichen Worten erläutern können (z. B. darf vom Patienten nicht gefordert werden: „Supinieren Sie Ihren Unterarm!“ o. a.). Die Bewegungserfahrungen der Patienten sind zu berücksichtigen. Das Kommando muß in der Regel einen Aufforderungscharakter besitzen, kurz, knapp und eindeutig erteilt werden. Das Kommandowort soll den Patienten zur Mitarbeit aktivieren. Es ist bei längerem Üben zu wechseln.

Aufgabe

Welche Unterschiede ergeben sich für die Art des Kommandos
— bei Kraft- und bei Entspannungsübungen
— in der Einzel- und in der Gruppenbehandlung?
Begründen Sie Ihre Aussagen!

2.1.5. Antizipation und Bewegungsprogrammierung

Auf der Basis der Informationsaufnahme und -verarbeitung werden im zentralen Nervensystem die Entscheidungen getroffen, ob und in welcher Form die motorische Reaktion erfolgen soll, d. h., das Handlungsprogramm wird konzipiert. Es entsteht also ein gedankliches, ein „internes" Modell des Bewegungsablaufes. Dieser psychische Vorgang der Verinnerlichung wird als **Antizipation** (Vorausnahme) bezeichnet. Er ist eine unbedingte Voraussetzung für die tatsächlich ausgeführte Bewegung. Der Begriff „Antizipation" wird nach Meinel und Schnabel wie folgt definiert:

> „Auf Grund von Wahrnehmungen vom Beginn und von den Begleitbedingungen bestimmter Prozesse wird ihr weiterer Verlauf und das Resultat bereits im voraus konstruiert, also vorausgenommen. Dieser psychische Vorgang der Antizipation beruht auf vorhandenen Erfahrungen und spiegelt sich vor allem in der Tätigkeit, im Handeln der Menschen wider . . ."

Besonders deutlich wird die Antizipation beim Beobachten von Bewegungskombinationen, bei denen die Vorbereitung auf die nachfolgende Bewegung schon in der ersten Bewegungsphase erkennbar ist, z. B. die Körperhaltung beim Fangen eines Balles deutet die nachfolgende Wurfbewegung bereits an.
Es gilt zu unterscheiden zwischen der Resultatantizipation (Zielantizipation) und der Programmantizipation (Antizipation des Handlungsprogrammes).

Resultatantizipation. Mit der exakten Erläuterung der gestellten Bewegungsaufgabe wird dem Übenden die Zielstellung bewußt. Er ist in der Lage, das Resultat von Teilschritten der Bewegung und von der Gesamtheit der Bewegung zu antizipieren. Damit wird eine bestimmte, notwendige Motivation für die auszuführende Bewegung ausgelöst. Psychische Qualitäten, wie z. B. der Willenseinsatz, werden aktiviert.

Programmantizipation. Hier entsteht ein inneres Modell der notwendigen motorischen Aktionen. Die Teilbewegungen, die für den gesamten Bewegungsablauf erforderlich sind, werden festgelegt. Im Verlauf der Bewegung können sich durch die reafferenten Informationen Korrekturen dieser Programmvorausnahme ergeben. Die Genauigkeit des Handlungsprogrammes ist von den Bewegungserfahrungen, dem Vorstellungsvermögen, der motorischen Intelligenz abhängig.
Zugleich muß in diesem Zusammenhang noch einmal auf die Bedeutung der Situationsafferenz hingewiesen werden. Ohne sie wäre eine zielgerichtete Bewegungsprogrammierung nicht möglich. Die beschriebenen Vorgänge werden als *Eigenantizipation* bezeichnet. Der Mensch verfügt außerdem über die Fähigkeit der *Fremdantizipation*, die auch als komplexe Antizipation bezeichnet wird. Er ist in der Lage, Bewegungsabläufe anderer Menschen oder sich bewegender Gegenstände zu antizipieren und sein eigenes motorisches Verhalten darauf einzustellen.
Diese Fähigkeit wird z. B. besonders deutlich beim Ballspiel, bei dem der Fangende den Bewegungsweg des Balles zu antizipierren vermag und sich in die entsprechende Position begibt, um den Ball zu erreichen.
In zahlreichen Alltagssituationen, z. B. beim Überqueren der Straße, setzt der Mensch dieses Antizipationsvermögen sehr bewußt ein. Auch hier beruht das Erfassen der Situation auf den ablaufenden Situationsafferenzen. Sie werden im zentralen Nervensystem verarbeitet und spiegeln sich im Handlungsprogramm des Menschen wider.
Auch im Übungsprozeß ergeben sich zwischen Patienten und Physiotherapeuten zahlreiche Situationen, in denen fremdantizipiert werden muß. So fordern z. B. Greifübungen, bei denen die Position des zu ergreifenden Gegenstandes ständig verändert wird, vom Patienten ein hohes Maß an Fremdantizipationsvermögen. Umgekehrt muß der Physiotherapeut sich auf die Bewegungen des Patienten einstellen, wenn er z. B. zur Hilfestellung für unsichere Patienten bei der Gangschule bereitsteht.
Die Antizipationsfähigkeit des Menschen ist trainierbar. Dabei ist ein konzentriertes und aufmerksames Mitarbeiten des Übenden besonders wichtig.
Für Patienten mit Bewegungsbehinderungen hat das Antizipationsvermögen große Bedeutung. Es ermöglicht ihnen, ihre Behinderung bei notwendigen Alltagsbewegungen teilweise oder vollständig zu kompensieren.

Aufgaben

1. Untersuchen Sie den Zusammenhang zwischen Resultat- und Programmantizipation am Beispiel eines Staffelspieles, bei dem jeder Übende einen Ball zu übernehmen hat, um ein festgelegtes Ziel laufen muß und den Ball an den nächsten Mitspieler übergibt!

2. Suchen Sie je drei Beispiele aus dem Bereich des Alltags und der Gymnastik, bei denen die notwendige Fremdantizipation offensichtlich wird!

2.1.6. Bedeutung des Sollwert-Istwert-Vergleiches

Durch das antizipierte Ziel und Bewegungsprogramm ist zugleich der *Sollwert* für den geforderten Bewegungsablauf festgelegt. Die Reafferenzen über den Bewegungsablauf (vgl. 2.1.2.) vermitteln Informationen über den *Istzustand* für jeden Teilschritt der Bewegung. Im zentralen Nervensystem findet der Vergleich zwischen dem Sollwert (analog dem Bewegungsprogramm) und dem Istwert (tatsächlicher Bewegungsablauf) statt. Außerdem erfolgt ein ständiger Vergleich jedes Teilschrittes der motorischen Handlung mit dem Endziel der Bewegung und dem motorischen Gesamtprogramm.

Der Sollwert-Istwert-Vergleich ist somit Voraussetzung für eine eventuelle Korrektur im Bewegungsablauf, damit das Bewegungsziel erreicht wird. Diese Vorgänge werden dem Menschen gar nicht oder nur teilweise bewußt.

Durch den Sollwert-Istwert-Vergleich können folgende Reaktionen – Regime – ausgelöst werden:

Regime der Folgeregelung. Stimmen Sollwert und Istwert eines Teilschrittes der Gesamtbewegung überein, so werden das Programm und das Ziel des nächsten Teilschrittes aktualisiert, der Bewegungsvollzug erfolgt in der geplanten Form.

Kompensationsregime. Ergeben sich Differenzen zwischen Sollwert und Istwert, so werden Korrekturimpulse ausgelöst, die das Bewegungsprogramm geringfügig verändern und einen Ausgleich (Kompensation) der eingetretenen „Störung" ermöglichen.

Erweist sich z. B. ein Widerstand, der der Beugung im Ellenbogengelenk entgegengesetzt wird, größer als angenommen, so wird durch den Korrekturimpuls der Krafteinsatz erhöht und die Störung kompensiert. Der Bewegungsablauf entspricht aber dem ursprünglichen Plan.

Ein Kleinkind will eine Tür öffnen, erreicht aber die Klinke aus dem Fußsohlenstand nicht, dann stellt es sich beim nächsten Versuch auf die Zehenspitzen und streckt den Arm betont weit nach oben.

Regime der Selbstregelung (Selbstorganisation). Wird die Differenz zwischen Sollwert und Istwert zu groß und läßt sich nicht mehr durch Korrektur kompensieren, so erfolgt eine grundlegende Umstellung des ursprünglichen Bewegungsprogrammes.

Setzt man einen unüberwindbaren Widerstand gegen die Beugung im Ellenbogengelenk, so nimmt der Übende den anderen Arm zu Hilfe (auch wenn das nicht erwünscht ist!) und setzt den ganzen Rumpf mit ein. Aus der ursprünglichen Teilkörperbewegung ist nun eine Ganzkörperbewegung geworden, die ein anderes Programm zum Inhalt hat.

Das Kleinkind erreicht trotz Zehenstand die Türklinke nicht, es holt sich einen Stuhl und stellt sich darauf, um die Tür zu öffnen. Auch hier bekommt der ursprüngliche Bewegungsplan einen völlig anderen Charakter, er wird um neue, ursprünglich nicht antizipierte Bewegungen erweitert. Das Ziel aber wird erreicht.

Der Sollwert-Istwert-Vergleich mit den resultierenden Folgeerscheinungen läuft bei jedem Bewegungsvollzug der Alltags-, Arbeits- und Sportmotorik ab. Er ermöglicht gut koordinierte Bewegungsabläufe, durch die das jeweilige Bewegungsziel erreicht werden kann. Bei Patienten mit Bewegungsstörungen oder -behinderungen ist dieser Vergleich von besonderer Bedeutung. Oftmals ergeben sich Ausweichbewegungen als Versuch, die Bewegungsbehinderung zu kompensieren. Ist z. B. das Abduzieren des Armes eingeschränkt oder nicht möglich, so wird die Abduktionsbewegung durch Wirbelsäulenbewegungen „vorgetäuscht". Es ist zu untersuchen, ob diese Ausweichbewegungen gestattet werden dürfen und sogar geübt werden müssen, oder ob sie auszuschalten sind. Die Entscheidung hängt von der Art der Krankheit und damit von der Tatsache ab, ob die vorhandenen Bewegungseinschränkungen oder Koordinationsstörungen reversibel sind oder nicht.

Aufgaben

1. Erläutern Sie die Bedeutung des Sollwert-Istwert-Vergleiches am Beispiel des Türauf-

schließens. Analysieren Sie dazu den notwendigen Bewegungsablauf!

2. Sie üben mit einem Patienten, dessen rechtes Kniegelenk in Streckstellung versteift ist. Überlegen Sie, wie dieser Patient seine Bewegungsbehinderung beim Einsetzen und Aufstehen ausgleichen kann. Vergleichen Sie den normalen mit dem bei diesem Patienten zu erwartenden Bewegungsablauf!

2.2. Allgemeine Bewegungsmerkmale

Die allgemeinen Bewegungsmerkmale sind als Ergänzung der Befunderhebung durch den Physiotherapeuten (vgl. Krankengymnastik, Gymnastik, Massage) anzusehen. Das methodische Vorgehen bei der Analyse der Bewegungsmerkmale entspricht zweckmäßigerweise der nachfolgenden Anordnung der Merkmale.

2.2.1. Struktur azyklischer und zyklischer Bewegungen

Kenntnisse über die Bewegungsstruktur ermöglichen es dem Physiotherapeuten festzustellen, in welcher Phase der Bewegung eine fehlerhafte Ausführung vorliegt.

Azyklische Bewegungen sind in sich geschlossene, einmalig ablaufende Bewegungen (z. B. aus dem sportlichen Bereich ein Wurf, aus den Alltagsbewegungen das Öffnen einer Tür o. a.). Sie werden entweder als Ganzkörperbewegungen ausgeführt oder von Teilen des Körpers realisiert. Bei der Ausführung wird — mehr oder weniger — eine Grundaufteilung in drei Phasen erkennbar

Vorbereitungsphase — Hauptphase — Endphase.

Diese Phasen sind unterschiedlich lang, sie gehen ineinander über und sind nicht austauschbar.

Die *Vorbereitungsphase* ist in der Regel eine Ausholbewegung, ihre Bewegungsrichtung ist derjenigen der Hauptphase entgegengesetzt. Dabei werden die Gelenke in eine günstige Winkelstellung gebracht. Die Arbeitsmuskulatur für die Hauptphase wird gedehnt. Dadurch werden die Propriozeptoren in Muskeln und Sehnen gereizt, so daß die Anfangsspannung der Muskulatur für die Bewältigung der Hauptphase erhöht wird. Der Arbeitsweg für diese Muskulatur wird verlängert, damit können die Kraftentfaltung und die Beschleunigungsarbeit erhöht werden. Die Vorbereitungsphase bestimmt demnach die Qualität der Bewegung in der Hauptphase.

Die *Hauptphase* dient der eigentlichen Bewältigung der gestellten Bewegungsaufgabe. In ihr wird das Bewegungsziel realisiert. Entweder wird dem gesamten Körper ein Bewegungsimpuls erteilt, wie z. B. beim Gang, Lauf oder Sprung. Oder es wird, vom Rumpf ausgehend, die Bewegung einer Extremität ausgelöst bzw. einem Gegenstand ein Bewegungsimpuls übertragen, wie z. B. dem Ball bei einem Wurf.

Die Hauptphase ist in der Regel beendet, wenn sich der Körper noch in Bewegung, noch im labilen Gleichgewicht befindet.

In der *Endphase* wird das stabile Gleichgewicht wieder erreicht. Die Ausgangsstellung wird wieder eingenommen. In dieser Phase hat die Muskulatur „Bremsarbeit" zu leisten. Die Endphase ist häufig eine Übergangsphase für die nachfolgende Bewegung.

Erläuterung am Beispiel: Einhandwurf mit dem rechten Arm

In der *Vorbereitungsphase* wird der rechte Arm mit dem Ball nach hinten oben gestreckt, Rumpf und Kopf werden nach rechts gedreht, linkes Bein und linker Arm werden zur Aufrechterhaltung des Gleichgewichtes nach vorn geführt.

In der *Hauptphase* werden der rechte Arm und das rechte Bein nach vorn in die Wurfrichtung gebracht, der Rumpf wird nach links rotiert, der linke Arm nach hinten gezogen. Der Kopf führt die Rotation nach links bis zur Mittelstellung ebenfalls durch, er leitet die Gesamtbewegung in der Regel ein. Die Hauptphase ist beendet, wenn der Ball abgeworfen ist und der Arm die Abwärtsbewegung beginnt.

In der *Endphase* nimmt der Körper die Mittelstellung wieder ein, die Beine stehen nebeneinander, der Rumpf ist frontal zur Wurfrichtung eingestellt, die Arme befinden sich neben dem Rumpf. Das stabile Gleichgewicht ist wieder erreicht.

Von **zyklischen Bewegungen** spricht man, wenn sich die Bewegungselemente in der gleichen Form wiederholen. Hierzu zählen z. B. Schwünge oder alle Lokomotionsbewegungen (Bewegungen, die zur Ortsveränderung führen), wie das Gehen, Laufen, Hüpfen, Schwimmen. Beim Gehen und Laufen, evtl. auch beim

Hüpfen und Schwimmen erfolgt die Wiederholung des Bewegungsablaufes im Wechsel von rechts und links. Man bezeichnet diese Bewegungen als zyklische Bewegungen alternierender (abwechselnder) Art.
Bei den zyklischen Bewegungen findet eine *Phasenverschmelzung* statt. Die Endphase des ersten Zyklus fällt mit der Vorbereitungsphase des zweiten Zyklus zusammen. Die zeitliche Überlagerung führte zur Bezeichnung „*Zwischenphase*". Es ergibt sich der folgende Ablauf

..... Hauptphase — Zwischenphase — Hauptphase — Zwischenphase — Hauptphase .....

Erläuterung am Beispiel des Gehens
Der erste Schritt beginnt mit der *Vorbereitungsphase*, in der mit dem Spielbein Schwung geholt wird. Dieser Vorgang wird nicht deutlich sichtbar.
Die *Hauptphase* beginnt für das Spielbein mit der Hüftbeugung. Dabei wird gleichzeitig der Arm dieser Körperseite nach hinten geschwungen. Das Stützbein streckt sich, durch das feste Aufsetzen des Fußes (Fußbelastungspunkte) wird der Streckimpuls ausgelöst. Der Arm dieser Körperseite bewegt sich nach vorn. Die bisher genannten Vorgänge laufen parallel ab. Zur Schrittausführung wird das Spielbein im Kniegelenk gestreckt, der Fuß dorsalextendiert. Es erfolgt eine Gewichtsverlagerung des Körpers nach vorn. Mit dem Aufsetzen der Ferse des Spielbeines beginnt die Endphase für die Bewegungen in diesem Bein. Gleichzeitig übernimmt das Bein das Körpergewicht und wird damit zum Stützbein. Das andere Bein ist im Hüftgelenk in voller Streckung, der Fuß wird abgerollt bis zum Vorfuß-Zehen-Bereich. Damit befindet sich dieses Bein in der Vorbereitungsphase für den folgenden Schritt. Da die Bewegungen in beiden Beinen zeitlich zusammenfallen, ist die Bezeichnung „*Zwischenphase*" für diese Zeitspanne gerechtfertigt. Der Wechsel der Beinfunktion vom Spielbein zum Stützbein und umgekehrt wird begleitet von einem Wechsel der Armhaltung. Bei der Darstellung wurde die Rumpfbewegung vernachlässigt.
Der *letzte Schritt* endet mit einer *Endphase* für diesen Bewegungsablauf. Das Spielbein wird neben das Stützbein gestellt, die Arme befinden sich seitlich am Rumpf. Die Endphase muß nicht so deutlich ausgeprägt sein, wie hier dargestellt, z. B. könnte der Mensch sich umdrehen und hinsetzen oder beginnen zu laufen u. a. m.

2.2.1.1. Besonderheiten im strukturellen Aufbau

Bei der Analyse eines Bewegungsablaufes ist auf folgende Besonderheiten zu achten:
— Jede Phase kann eine weitere Untergliederung erfahren. Es muß also die Feinstruktur jeder Phase beachtet werden.
Analysieren wir eine Alltagsbewegung, wie z. B. das Öffnen einer Tür, so wird deutlich, daß in der Hauptphase neben dem Umgreifen der Türklinke das Herunterdrücken der Klinke und das eigentliche Öffnen der Tür vollzogen wird — unterschiedliche Bewegungsabläufe, die gleichrangig dem Bewegungsziel unterstellt sind.
Aufgabe des Physiotherapeuten ist es, exakt die Phase des Bewegungsablaufes zu ermitteln, in der die fehlerhafte Ausführung durch den Patienten zu finden ist, um gezielt zu korrigieren.
— Die Ausholbewegung kann mehrfach wiederholt werden. Der eigentlichen Ausholbewegung wird also ein weiteres — oder auch ein vielfaches — Ausholen vorangestellt. Die mehrfache Ausholbewegung kann dazu dienen, die Kraftentfaltung für den Bewegungsablauf in der Hauptphase besonders vorzubereiten. Sie kann auch im Sinne des „Einfühlens" in den Bewegungsablauf eingesetzt werden. In beiden Fällen ist das Vorgehen positiv zu werten und zu sanktionieren. Die wiederholte Ausholbewegung kann aber auch Ausdruck von Unsicherheit und evtl. sogar Angst sein. Diese Motivation muß von dem Physiotherapeuten erkannt werden. Sie zeugt in der Regel von übersteigerten Forderungen an den Patienten, die nicht zu rechtfertigen sind.
— Die Ausholbewegung kann auch unterdrückt werden. In diesem Fall findet zwar keine Bewegung statt, ein gesteigerter Muskeltonus in der entsprechenden Muskulatur läßt sich aber nachweisen. Die Hauptphase wird in der Regel nicht den gewünschten Erfolg bringen. Der Krafteinsatz ist im allgemeinen zu gering, die Bewegung wird nicht zielgenau und der Aufgabe entsprechend realisiert.

2.2.1.2. Bewegungskombinationen

In der Alltags- und Berufsmotorik werden im allgemeinen verschiedene Bewegungen miteinander gekoppelt. Von Bewegungskombinationen wird dann gesprochen, wenn die einzelnen Bewegungsakte gleichwertig sind.
Zum Beispiel ist der Anlauf zu einem Sprung dem Sprung untergeordnet. Hier liegt keine echte Bewegungskombination vor, sondern der Anlauf ist als Erweiterung der Vorbereitungsphase anzusehen.

Man unterscheidet Sukzessiv- und Simultankombinationen.
Sukzessivkombinationen. Zwei oder mehr Bewegungen werden im zeitlichen Nacheinander ausgeführt. Hierbei erfolgt häufig eine Verschmelzung der Endphase der ersten mit der Vorbereitungsphase der zweiten Bewegung zu einer Zwischenphase, wie es z. B. beim Fangen und dem sofort anschließenden Abwerfen eines Balles deutlich wird.

Kombinationsmöglichkeiten:
— zwei (oder mehr) azyklische Bewegungen, wie beim oben angeführten Beispiel
— zwei (oder mehr) zyklische Bewegungen, z. B. Wechsel von Gang zum Lauf
— eine zyklische und eine azyklische Bewegung, z. B. Gang und Übersteigen eines Hindernisses.

Simultankombinationen. Die Verbindung von zwei Bewegungsabläufen vollzieht sich gleichzeitig.

Kombinationsmöglichkeiten:
— zwei azyklische Bewegungen, z. B. Sprung und Wurf
— zwei zyklische Bewegungen, z. B. „Walzerschritt" und Armkreis
— eine zyklische und eine azyklische Bewegung, z. B. Gang und Übergabe eines Gerätes an einen Partner.

Aufgaben

1. Erläutern Sie die prinzipielle Phasenstruktur azyklischer und zyklischer Bewegungen an selbstgewählten Beispielen!
2. Analysieren Sie die Feinstruktur der Bewegungsphasen der angegebenen Bewegungsabläufe:
— Armschwünge neben dem Körper
— Treppensteigen aufwärts
— Anziehen einer Hose
— Einfädeln einer Nadel!
3. Erklären Sie an Beispielen aus dem Alltag die verschiedenen Kombinationsvarianten bei sukzessiven und simultanen Bewegungskombinationen!

2.2.2. Bewegungsrhythmus

2.2.2.1. Begriffsbestimmung und Bedeutung

Das gesamte menschliche Leben unterliegt Rhythmen. Das wird z. B. deutlich im Tagesrhythmus, also im Wechsel von Wachsein und Schlaf, von Arbeit und Erholung. Die Tätigkeit der Organe erfolgt in bestimmten Rhythmen (z. B. Herzschlag oder Atmung). Diese biologischen Rhythmen sind ein Charakteristikum des Lebens und vom Bewußtsein im Prinzip unabhängig. Ähnlich verhält es sich mit dem Rhythmus, der den Bewegungen innewohnt, er existiert unabhängig vom menschlichen Bewußtsein. Individuelle Aneignung und Umsetzung aber sind schulbar, da die Willkürbewegung des Menschen durch sein Bewußtsein beeinflußbar ist.

> Der Bewegungsrhythmus ist ein Merkmal der zeitlichen Ordnung und drückt zugleich die Akzentuierung (Verteilung) in der Muskelarbeit aus.

Die *zeitliche Ordnung* ergibt sich aus den Teilbewegungen, die für die Gesamtbewegung notwendig sind. Sie laufen in einer bestimmten zeitlichen Aufeinanderfolge ab.
So ist z. B. der Grundrhythmus einer azyklischen Bewegung ein 3er-Rhythmus, erklärbar aus der Phasenstruktur — Vorbereitungs-, Haupt- und Endphase (vgl. 2.2.2.2.).
Mit der *Akzentuierung* wird die Muskeldynamik erfaßt, der Wechsel von Spannung und Entspannung, der sich in der Betonung einzelner Teilbewegungen widerspiegelt.
So kann z. B. bei der Flexion und Extension in den Wirbelsäulengelenken die Betonung auf dem „Rundwerden" (Flexion) oder auf der „Aufrichtung" (Extension) liegen.
Die Akzentuierung ist demnach direkt dem Ziel der Bewegung unterstellt.
Der Bewegungsrhythmus *existiert objektiv* unabhängig vom menschlichen Bewußtsein (Objektrhythmus). Er ist für jeden Bewegungs-

ablauf gegeben und wird vom Menschen mit Hilfe der Sinnesorgane aufgenommen, individuell verarbeitet und umgesetzt. Damit ist er zugleich auch als Subjektrhythmus vorhanden.
Das *subjektive Erfassen* des Bewegungsrhythmus erfolgt über

— das Sehen des Bewegungsablaufes
— das Hören des Bewegungskommandos
— das manuelle Führen in die Bewegung durch einen Partner.

Auf diese Weise aufgenommene Informationen werden im zentralen Nervensystem verarbeitet. Es entwickelt sich eine Vorstellung vom Bewegungsablauf und dem zweckmäßigen Bewegungsrhythmus. Gedanklich wird der Rhythmus bereits nachvollzogen. In der nächsten Etappe lassen sich Muskelkontraktionen nachweisen. Es wird bereits der Bewegungsversuch unternommen ohne daß die Bewegung sichtbar wird. Schließlich werden die ersten Bewegungsversuche durchgeführt, bis die Bewegung vollständig nachvollzogen wird.
In der Möglichkeit, den Bewegungsrhythmus von einem Menschen auf einen anderen zu übertragen, realisiert sich die kommunikative Funktion dieses Bewegungsmerkmales. Nicht selten wird ein Bewegungsrhythmus von einer ganzen Gruppe (Übungsgruppe) übernommen, z. B. Laufbewegungen — und deren Variationen — mit gleichzeitiger Handfassung. Der gemeinsam erlebte Bewegungsrhythmus löst positive Emotionen bei jedem einzelnen Übenden aus und kann zur Kraftsteigerung, wie z. B. beim „Hauruck" des Tauziehens, führen.
In der Bewegungstherapie, vor allem in der Gruppengymnastik, sollten rhythmische Übungselemente gezielt eingesetzt werden. Das erfordert vom Physiotherapeuten ein differenziertes Kommando. Er muß seine Stimme variabel einsetzen können, dem Rhythmus angepaßt. Zweckmäßig ist außerdem der Einsatz des Handklatschens oder des Tamburinschlagens und selbstverständlich der Einsatz von Musik.
Es ist notwendig, den Rhythmus vom **Takt** abzugrenzen. Der Takt ist eine willkürlich getroffene Zeiteinteilung. Ein einmal vorgegebener Takt ($\frac{2}{4}$; $\frac{3}{4}$; $\frac{4}{4}$; ...) bleibt bestehen während der Rhythmus in diesem Takt vielfach variiert werden kann. Die nachfolgenden Beispiele stellen rhythmische Varianten des $\frac{4}{4}$-Taktes dar:

Notenbeispiel 1 Handklatsch
(vgl. Gymnastik)

2.2.2.2. Rhythmus azyklischer und zyklischer Bewegungen

Einfache azyklische Bewegungen weisen einen 3er-Rhythmus auf, der sich aus der Phaseneinteilung ergibt. Wird z. B. aus dem Stand ein Hüpfer oder ein Sprung ausgeführt, so ist der 3er-Rhythmus eindeutig gegeben. Resultiert aus der Feinstruktur einer Phase eine Erweiterung der Bewegungselemente — z. B. durch den Anlauf zum Sprung —, so erfährt der Rhythmus ebenfalls die entsprechende Erweiterung.
Wird das Hüpfen mehrfach wiederholt, so liegt eine *zyklische, symmetrische oder alternierende Ganzkörperbewegung* vor, die einen 2er-Rhythmus aufweist. Bei zyklischen Bewegungen alternierender Art, wie z. B. beim Gang, wird der Grundrhythmus (2er-Rhythmus) von einem Gruppenrhythmus überlagert. Vier oder acht Schritte werden zu einer Bewegungsgruppe zusammengefaßt, der erste Schritt der Gruppe wird jeweils besonders betont. Zyklische Bewegungen können auch einen 3er-Rhythmus zeigen, wie es z. B. beim „Walzerschritt" offensichtlich wird.
Auf die Möglichkeiten der Rhythmusschulung wird im Lehrgebiet Gymnastik eingegangen.
Um den rhythmischen Ablauf einer Bewegung exakt erfassen zu können, muß der Physiotherapeut selbst die Bewegungsvorgänge analysieren können und den Rhythmus an sich selbst erleben. Das erfordert ein hohes Bewegungsempfinden. Erst dann wird eine spezifische Übertragung auf die Patienten in der Bewegungstherapie möglich sein. Das Erfassen des Bewegungsrhythmus ist eine Grundvoraussetzung im motorischen Lernprozeß.

Aufgaben

1. Bestimmen Sie die zeitliche Folge der Teilbewegungen und die Akzentuierung beim Aufrichten in den Zehenstand aus der Hockstellung!
2. Wählen Sie sich aus den im Text angegebenen rhythmischen Varianten des $^4/_4$-Taktes zwei verschiedene Formen oder Kombinationen aus und ordnen Sie diesen verschiedene Bewegungsabläufe zu!

2.2.3. Bewegungskopplung

> Die Bewegungskopplung ist das Merkmal des Zusammenhanges der Teilbewegungen im gesamten Bewegungsablauf und beinhaltet zugleich Probleme der Bewegungsübertragung von einem Körperabschnitt auf einen anderen.

Sie ist in besonderem Maße Ausdruck der Koordinationsfähigkeit des Organismus.
Für jede Bewegung, die Teile des Körpers oder den Gesamtorganismus einbezieht, wird der Impuls für den gesamten Bewegungsablauf von einem Schlüsselpunkt (d.h. einem Gelenk) eingeleitet. Bedingt durch den Verlauf der Muskulatur und durch ihre Arbeit in funktionellen Gruppen breitet sich die Bewegung vom Schlüsselpunkt zunächst auf die unmittelbar benachbarten Gelenke aus, von diesen wieder auf die nächstliegenden usw. Diese *Übertragung der Bewegung von einem Gelenk auf die anderen* ist Voraussetzung für einen optimalen Ablauf der Gesamtbewegung und erfordert einen hohen Grad der Koordination.
Die Ausdehnung der Bewegung von einem Gelenk auf die benachbarten bedeutet zugleich, daß eine *zeitliche Verschiebung der Teilbewegungen* vorliegen muß. Die Hauptphase beginnt in den verschiedenen Körperabschnitten nicht synchron, sondern im zeitlichen Nacheinander. Die Bewegung kann sich dabei in zwei Richtungen ausbreiten:

— von der Peripherie über die gesamte Extremität zum Rumpf, z. B. Abdruckbewegung vom Boden beim Lauf;
— vom Rumpf über die Extremität in die Peripherie, z. B. Wurfbewegung.

Die Bewegungsübertragung wird bei der *Schwungübertragung* sehr deutlich. Zum Beispiel werden beim Sprung mit beiden Beinen die Arme zum Schwungholen verstärkt eingesetzt.
Dieses Schwungholen erfolgt in der Regel etwa in die Bewegungsrichtung der Hauptphase. Im Moment des Abbremsens der Armbewegung wird der Schwung auf den Rumpf übertragen und vom Rumpf auf die Beine, die damit einen verstärkten Impuls für das Abheben vom Boden erfahren (vgl. dazu die Sprunghöhe mit und ohne Armschwung).
Bei Patienten begegnet uns das Ausnutzen der Schwungübertragung z. B. bei Funktionseinschränkung eines Beines beim Gang und noch deutlicher beim Treppensteigen.
Bei Ganzkörperbewegungen kommt dem Rumpf als Übertragungsglied eine große Bedeutung zu. Er überträgt z. B. bei Wurfbewegungen die Kraft von den sich abstützenden Beinen auf den Arm. Rumpfbewegungen und -haltungen beeinflussen maßgeblich die Extremitätenbewegungen, da die Extremitäten durch kräftige Muskeln mit dem Rumpf in Verbindung stehen.
Rumpfbewegungen bestimmen außerdem häufig die Richtung der Gesamtkörperbewegung.
Folgende **Hauptformen des Rumpfeinsatzes** sind isoliert oder kombiniert bei Ganzkörperbewegungen zu beobachten:

— Vertikaler und horizontaler (translatorischer) Rumpfeinsatz
Beispiele
vertikal: senkrechter Hochwurf eines Balles
horizontal: seitliche Gleichgewichtsverlagerungen aus dem Stand
translatorisch: Schiebe- und Zugbewegungen
— rotatorischer Rumpfeinsatz
Beispiel: Schlußhüpfen mit gleichzeitiger Drehung um die Körperachse
— Beugung und Streckung (Bogenspannung)
Beispiele
Beugung: Rumpfvorbeuge unter hoher Spannung (beachte Schwerkraft)
Streckung: Aufrichtung aus der Rumpfvorbeuge
Bogenspannung: Balleinwurf über den Kopf aus extremer Streckhaltung.

Kopfbewegungen und -stellungen haben auf die Rumpfhaltung und damit auf die Bewegungskopplung und -übertragung wesentlichen Einfluß. Die Steuerfunktion des Kopfes zeigt sich z. B. darin, daß Richtungsänderungen beim Gang oder Lauf durch eine Kopfdrehung eingeleitet werden. Dabei dient die Kopfbewegung einmal der optischen Orientie-

rung, zum anderen zieht die Rotation in der Halswirbelsäule eine schraubenförmige Rotation in der gesamten Wirbelsäule nach sich. Die für die Bewegung verantwortlichen Muskeln (M. obliquus abdominus externus und M. obliquus abdominus internus der Gegenseite) erfahren eine Tonuserhöhung, ehe sie durch willkürliche Innervation kontrahiert werden.
Eine Flexion der Halswirbelsäule löst eine Totalkyphose in der gesamten Wirbelsäule aus, auch die Hüftgelenke werden flektiert. Der Tonus der Vorderseitenmuskulatur wird erhöht, vgl. z. B. Rolle vorwärts oder Rumpfvorbeuge, um einen Gegenstand aufzuheben.
Umgekehrt bewirkt die Extension der Halswirbelsäule eine streckende Bewegung in der gesamten Wirbelsäule. Der Tonus der rückseitigen Muskulatur wird heraufgesetzt. Alle aufrichtenden Bewegungen erfahren durch die Extension des Kopfes einen unterstützenden Impuls.
Neben Kopfbewegungen kommt den *Kopfstellungen* eine impulsgebende Funktion zur Tonuserhöhung bestimmter Muskelgruppen zu. Über Reizung der Muskel- und Sehnenspindeln in den Halsmuskeln wird die Tonuserhöhung (analog den Kopfbewegungen vgl. oben) reflektorisch gesteuert.
Im Übungsprozeß ist dem Merkmal der Bewegungskopplung große Aufmerksamkeit zu widmen. Die Fähigkeiten der Menschen in dieser Beziehung sind unterschiedlich. Es ist Aufgabe des Physiotherapeuten, durch gezielte Korrekturen Fertigkeiten zu entwickeln.

Aufgaben

1. Sie üben mit Ihrem Patienten das Rumpfkreisen. Untersuchen Sie, in welcher Form die Bewegungskopplung bei dieser Übung ablaufen muß!
2. Geben Sie weitere Beispiele für die Formen des Rumpfeinsatzes aus dem Bereich der Gymnastik und der Alltagsmotorik an!
3. Die Bewegungsübertragung erfolgt vom Rumpf in die Peripherie und umgekehrt. Beweisen Sie diese Behauptung an Beispielen!

2.2.4. Bewegungsfluß

> Der Bewegungsfluß spiegelt die Kontinuität (Stetigkeit) im Bewegungsablauf wider.

Das Merkmal bezieht sich auf folgende Bereiche:

Räumlicher Verlauf. Weg und Richtung der Bewegung sowie die Art der Richtungsänderungen werden erfaßt.
Eine Bewegung ist als fließend ausgeführt einzuschätzen, wenn
— Richtungsänderungen in kurviger Form erfolgen, z. B. beim Umgehen von Hindernissen.
— der Bewegungsweg geradlinig absolviert wird, d. h. ohne „ausfahrende" Bewegungen. Zum Beispiel bei der Flexion des Oberarmes darf die Bewegung nicht durch Abduktion oder Anheben des Schultergürtels verfälscht werden.

Zeitlicher Verlauf. Werden zeitliche Vorgaben vom Übenden unter Beibehaltung der exakten Ausführung realisiert, so kann die Bewegung als „fließend" bezeichnet werden. Räumlicher Verlauf und Krafteinsatz müssen aber außerdem der Bewegungsaufgabe entsprechen. Der zeitliche Aspekt des Bewegungsflusses zeigt sich außerdem in fließenden Übergängen bei Beschleunigung und Verlangsamung der Bewegung. (*Beachte:* Diese Feststellung trifft nicht für Schnellkraftbewegungen zu!)

Kraftverlauf. Eine Bewegung kann als fließend ausgeführt eingeschätzt werden, wenn der Kraftaufwand der gestellten Aufgabe entspricht und wenn Kraftzunahme und -reduzierung nicht ruckhaft, sondern stetig erfolgen. (Beachte: Diese Feststellung trifft nicht für Schnellkraftübungen zu!) Der Bewegungsfluß spiegelt sich also in der Muskeldynamik wider.

Auch der Bewegungsfluß ist individuell unterschiedlich ausgeprägt. Er ist u. a. abhängig von der Temperamentslage eines Menschen, von seinem aktuellen psychophysischen Zustand, vom Grad der Beherrschung des Bewegungsablaufes. Er ist schulbar und muß in der Übungspraxis berücksichtigt werden.
Auf die *Bewegungselastizität* als Ausdruck des Bewegungsflusses wird bei der Behandlung der speziellen koordinativen Fähigkeiten eingegangen (vgl. 2.3.2.).

Aufgabe

Begründen Sie die Behauptung, daß der Bewegungsfluß Ausdruck der Koordinationsfähigkeit ist!

2.2.5. Bewegungspräzision

> Dieses Merkmal beschreibt die Übereinstimmung von Sollwerten und Istwerten für Teilergebnisse und für das Endergebnis des Bewegungsablaufes.

Die Bewegungspräzision (Genauigkeit) ist unter folgenden Aspekten zu prüfen:

Präzision im räumlichen Verlauf. Ziel- und Treffgenauigkeit werden geprüft. Zum Beispiel kann bei Patienten die Präzisionsfähigkeit bei der Gangbewegung ermittelt werden, indem der Physiotherapeut Gehlinien oder Schrittabstände auf dem Fußboden aufzeichnet (die Sollwerte sind damit vorgegeben). Zielgenaue Greifbewegungen lassen sich mit jedem beliebigen Gegenstand überprüfen. Die Treffgenauigkeit wird komplizierter, wenn z. B. ein Ball auf eine Kennmarke geworfen werden muß, weil die Flugbahn des Balles zu antizipieren ist.

Präzision im zeitlichen Ablauf. Zu überprüfen ist die Einhaltung von Zeitvorgaben und von Bewegungsfrequenzen. Als Hilfsmittel kann ein Metronom eingesetzt werden. Zum Beispiel kann beim Üben von schnellkräftigen Bewegungen in den kleinen Gelenken bei bettlägerigen Patienten die Übereinstimmung von Tempovorgabe durch das Kommando mit der tatsächlichen Ausführung kontrolliert werden.

Präzision der Kraftleistung. Die Kraftleistung läßt sich objektivieren, wenn exakt meßbare Vorgaben einen Vergleich zulassen. In der Physiotherapie wird z. B. bei krankengymnastischen Übungen gegen Widerstand eine subjektive Einschätzung der Kraftdifferenz zwischen Soll (Größe des gesetzten Widerstandes) und Ist (Überwindungsfähigkeit durch den Patienten) möglich.

Präzise ausgeführte Bewegungen spielen im Alltags- und im Berufsleben eine große Rolle. Häufig dominieren kleinräumige geführte Bewegungen, die durch gleichzeitige hohe Spannung der Agonisten und Antagonisten möglich werden (vgl. z. B. feinmechanische Arbeitsgänge). Der Präzisionsgrad entscheidet über die zu erreichenden Leistungen.

Aufgaben

Stellen Sie Übungen zusammen, mit denen Sie die präzise Ausführung von Greifbewegungen schulen können. Beachten Sie dabei, daß zuerst die Grobmotorik, anschließend die Feinmotorik zu schulen ist!

2.2.6. Bewegungskonstanz

> Dieses Merkmal untersucht den Grad der *Übereinstimmung* der Bewegungsausführung *bei der Wiederholung* des gleichen Bewegungsablaufes.
> Die Bewegungskonstanz ist bei azyklischen und zyklischen Bewegungen erfaßbar.

Folgende Parameter können u. a. zur Überprüfung herangezogen werden:

Phasenstruktur
Bewegungsrhythmus
Bewegungskopplung
räumlicher Verlauf und zeitliche Ausdehnung der Bewegung
Bewegungsfrequenz
Bewegungsstärke.

Außerdem ist das Ergebnis des Bewegungsablaufes vergleichbar. Die Bewegungskonstanz ist in der Physiotherapie schwer zu objektivieren, da die notwendigen technischen Hilfsmittel nicht zur Verfügung stehen. Auffällige Abweichungen sind jedoch erfaßbar und im Behandlungsprotokoll zu fixieren.
Der aktuelle psychophysische Gesamtzustand des Patienten ist zu beachten. Außerdem müssen die äußeren Übungsbedingungen, wie Raum, Tageszeit, Temperatur u. a., berücksichtigt werden.
Je besser eine Bewegung beherrscht wird, desto höher wird die Bewegungskonstanz sein.
Im Gegensatz zu anderen Bewegungsmerkmalen, die direkt geschult werden können, ist die Qualität der Bewegungskonstanz nur indirekt über die angeführten Parameter zu beeinflussen.

Aufgabe

Welche Ursachen können bei Patienten zu einer mangelnden Bewegungskonstanz führen?

2.2.7. Bewegungsumfang

> Mit diesem Merkmal wird die räumliche Ausdehnung der Bewegung in Abhängigkeit von der gestellten Aufgabe charakterisiert.

Es ist einzuschätzen, ob in den beteiligten Gelenken optimale Bewegungsausschläge ausgeführt werden. Bei den meisten Alltagsbewegungen sind die optimalen Bewegungsausschläge nicht identisch mit den maximal möglichen. Bei der krankengymnastischen Einzelbehandlung wird meist die maximale Bewegungsfähigkeit geschult. Der Physiotherapeut muß sich über den notwendigen Bewegungsumfang bei den ausgewählten Übungen klar sein, um die Patienten zielgerichtet beobachten und Fehler korrigieren zu können. In der Regel gilt, daß sehr schnelle Bewegungen einen geringeren Umfang aufweisen als langsame, die mit großer Präzision erfolgen.
Der Bewegungsumfang ist u. a. abhängig vom Temperament, von Schmerzen und eventueller Unsicherheit. Zu Beginn der Übungen werden die Bewegungen oftmals zu kleinräumig ausgeführt. Häufig ist der zu erwartende Schmerz dafür die Ursache. Außerdem können Ausweich- und Nebenbewegungen auftreten, die ebenfalls durch Schmerzen, Muskelschwäche oder Bewegungseinschränkungen zu erklären sind.
Der Bewegungsumfang kann auch zu groß gewählt werden, um z. B. durch übermäßiges Schwungholen günstigere Voraussetzungen für die eigentliche Bewegungsaufgabe zu schaffen.
Mit zunehmender Beherrschung der Bewegungsabläufe wird sich der Bewegungsumfang dem Optimum nähern.

Aufgabe

Vergleichen Sie die maximalen Bewegungsausschläge in den Gelenken der unteren Extremität mit den optimalen beim Gehen und Treppensteigen. Protokollieren Sie Ihre Meßergebnisse!

2.2.8. Bewegungstempo

Gegenstand dieses Bewegungsmerkmales sind Bewegungsgeschwindigkeiten und -frequenzen.

Es ist einzuschätzen, ob die Ausführung eines Bewegungsablaufes der Vorgabe entspricht.
Das Bewegungstempo ist vom allgemeinen und vom aktuellen psychophysischen Zustand abhängig, z. B. spiegelt sich das Temperament im Bewegungstempo oft deutlich wider.
Sehr langsam ausgeführte Bewegungen können bei Patienten Ausdruck für das „Herantasten" an die Bewegungsgrenze und den auftretenden Schmerz sein.
Hastig ausgeführte Bewegungen zeigen in der Regel eine mangelnde Präzision.

Aufgabe

Überlegen Sie, in welcher Form Stimmungen, wie Freude, Schmerz, Wut u. a., das Bewegungstempo beeinflussen!

2.2.9. Bewegungsstärke

Bei der Beurteilung der Bewegungsstärke wird die Größe des Krafteinsatzes in Abhängigkeit von der Bewegungsaufgabe überprüft. Zielstellung ist immer der optimale und damit ökonomische Krafteinsatz.

Das Leistungsvermögen des Menschen in dieser Hinsicht ist u. a. vom Konstitutionstyp, Trainingszustand, Temperament abhängig. Bei Patienten kommt das Krankheitsstadium als bestimmender Faktor hinzu.
Der Physiotherapeut überprüft mit Hilfe der Muskelfunktionsdiagnostik nach Janda (vgl. Krankengymnastik) die Kraftquantität einzelner Muskeln und Muskelgruppen. Obwohl diese Methode keine eindeutigen, objektiven Resultate bringen kann, bildet sie eine der Grundlagen für die Dosierung in der Bewegungstherapie.
Übermäßiger Krafteinsatz ist unökonomisch und muß abgebaut werden. Ein zu geringer Krafteinsatz führt u. U. dazu, daß die Bewegungsaufgabe nicht oder nur teilweise gelöst werden kann. In beiden Fällen steht der Physiotherapeut vor der Aufgabe, die Ursachen zu ermitteln und eine entsprechende Korrektur vorzunehmen.

Aufgabe

Beobachten Sie Menschen Ihrer Umgebung und versuchen Sie festzustellen, ob die Bewegungsstärke einen Einfluß auf das Bewegungstempo und den Bewegungsumfang hat!

2.3. Koordinative Fähigkeiten

Zu den *motorischen Fähigkeiten* des Menschen gehören

— *konditionelle Fähigkeiten* (Kraft, Schnelligkeit, Ausdauer), die vorrangig vom Energieniveau des Organismus abhängen,
— *koordinative Fähigkeiten*, die bestimmt werden durch das Niveau
der motorischen Steuerungsfähigkeit
der motorischen Anpassungs- und Umstellungsfähigkeit
der motorischen Lernfähigkeit.

Die Qualität der koordinativen Fähigkeiten ist gebunden an die Funktion des Nervensystems und an die Koordination zwischen Nerven- und Muskelsystem.
Auf der Basis dieser Fähigkeiten werden im Übungsprozeß Bewegungsfertigkeiten ausgebildet und entwickelt.

2.3.1. Gewandtheit

Die Gewandtheit ist den allgemeinen koordinativen Fähigkeiten zuzuordnen.

> Gewandtheit ist die „Fähigkeit, schwierige Bewegungskoordinationen zu bewältigen und sich schnell anzueignen sowie die motorischen Handlungen entsprechend den Anforderungen der jeweiligen Situation und ihren Veränderungen zu gestalten"[1].

Es wird ersichtlich, daß die unter 2.3. aufgeführten Kriterien der koordinativen Fähigkeiten umfassend auf die Gewandtheit zutreffen.
Die Bewegungsaufgabe bestimmt, welcher der drei Aspekte im Vordergrund zu sehen ist.
Der Schwierigkeitsgrad der *motorischen Steuerungsfähigkeit* hängt u. a. von folgenden Faktoren ab:
— Zahl der an der Bewegung beteiligten Gelenke
— Zahl der sukzessiv oder simultan auszuführenden Bewegungskombinationen
— Grad der geforderten Gleichgewichtsleistung
— Umfang der einzusetzenden konditionellen Fähigkeiten.

Beim Üben z. B. des Dreischrittgehens mit Gegenkreisen der Arme steht die Steuerungsfähigkeit im Vordergrund.

[1] Meinel und Schnabel: Bewegungslehre. Volk u. Wissen, Berlin 1977.

Die *motorische Anpassungs- und Umstellungsfähigkeit* wird durch Veränderungen der Übungssituation gefordert, wie beim Üben unterschiedlicher Gewandtheitsaufgaben im Kreistraining: Schlängellauf um aufgestellte Keulen — Medizinball überspringen — Kastenteil durchkriechen — über eine Langbank laufen — . . .
Das *Niveau der motorischen Lernfähigkeit* zeigt sich in der notwendigen Wiederholungszahl der Übungen bis zum Beherrschen der geforderten Bewegungsabläufe, z. B. werden sukzessive Bewegungskombinationen schneller erlernt als simultane.
Die Gewandtheit als koordinative Fähigkeit ist trainierbar. Sie ist in die Bewegungsschulung zu integrieren.
Voraussetzungen für die Gewandtheit sind u. a. das Antizipationsvermögen, die Bewegungserfahrung, die praktische Intelligenz.

Aufgaben

1. Stellen Sie 5 Gewandtheitsübungen zusammen. Beachten Sie die Steigerung in den Anforderungen!
2. Gewandtheitsfähigkeiten werden im Alltag gebraucht. Begründen Sie diese Aussage!

2.3.2. Spezielle koordinative Fähigkeiten

Dazu zählen Geschicklichkeit, Gleichgewichtsfähigkeit, Bewegungselastizität, Kombinationsfähigkeit und Bewegungsphantasie.

> Unter Geschicklichkeit ist die Fähigkeit, feinmotorische Aufgaben schnell und zweckmäßig zu lösen, zu verstehen.

Es handelt sich also um Bewegungen der Finger und Hände, Zehen und Füße. Die Bewegungen haben in der Regel einen geringen Bewegungsumfang, der Krafteinsatz ist niedrig, die Bewegungspräzision ist hoch. Meist wird ein schnelles Bewegungstempo gefordert.
Die Geschicklichkeit ist trainierbar, z. B. Hantieren mit Murmeln, Schreibübungen, Fußgymnastik (Greifübungen mit den Zehen).
Der Grad der Geschicklichkeit ist u. a. von der Informationsaufnahme (Beschaffenheit des zu bearbeitenden Gegenstandes), der Bewegungsvorstellung und -erfahrung, der praktischen Intelligenz abhängig.
Die Fähigkeiten Gewandtheit (Grobmotorik) und Geschicklichkeit (Feinmotorik) sind bei

einem Menschen häufig unterschiedlich entwickelt. Sie sind getrennt zu schulen. In der Alltags- und Berufsmotorik spielt die Geschicklichkeit im allgemeinen eine große Rolle. Der Physiotherapeut hat diesen Bereichen im Übungsprozeß die entsprechende Aufmerksamkeit zu widmen.

> Die Gleichgewichtsfähigkeit zeigt sich bei der schnellen und zweckmäßigen Lösung von Bewegungsaufgaben bei kleiner Unterstützungsfläche.

Zusätzlich können äußere Krafteinwirkungen das Halten des Gleichgewichtes noch erschweren (vgl. z. B. „Antippübungen" aus der gestreckten Seitlage). Auch diese Fähigkeit ist trainierbar. Voraussetzung ist, daß die zentralen Gleichgewichtsorgane funktionstüchtig sind. Zunehmende Bewegungserfahrung, andauerndes Üben, z. B. Einbeinstand, Balanceübungen auf der Langbank, verbessern die Leistungen in diesem Bereich.

> Die Bewegungselastizität äußert sich im „weichen Abbremsen" einer Bewegung, also im Auffangen des Körpers z. B. beim Lauf oder Sprung, sowie in der fließenden Bewegungsumkehr im Sinne des Abfederns.

Die Bewegungselastizität erfüllt eine Schutzfunktion:

— Das Gehirn und das Rückenmark werden vor Erschütterungen bewahrt,
— Mikrotraumen auf die Gelenke durch Stauchungen werden vermieden,
— übermäßige Belastungen der Bänder, Sehnen und Muskeln unterbleiben.

Voraussetzung für diese Fähigkeit ist u. a. die Elastizität der Gewebe, besonders der Bänder, Sehnen und Muskeln. Die Bewegungselastizität ist schulbar. Sie geht mit zunehmendem Alter zurück.

> In der Kombinationsfähigkeit drückt sich das Vermögen, verschiedene Bewegungen sukzessiv oder simultan zu kombinieren, aus.

In der Alltags- und Berufsmotorik spielt diese Fähigkeit eine entscheidende Rolle. In der Regel sind sukzessive Kombinationen leichter zu bewältigen als simultane. Darauf ist bei der Übungsauswahl zu achten, z. B. 4 Schritte gehen, Armkreisen im Stand; Gehen mit gleichzeitigem Armkreisen. Bei entsprechender Übung kann die Kombinationsfähigkeit qualitativ verbessert werden. Das Anpassen an eine gegebene Situation gelingt leichter. Die Lernzeit verkürzt sich. Das Antizipationsvermögen, die Bewegungserfahrungen, die praktische Intelligenz u. a. sind Voraussetzungen.

> Die Bewegungsphantasie spiegelt den Einfallsreichtum bei der Lösung motorischer Aufgaben wider.

Im sportlichen Bereich bezieht sich diese Fähigkeit u. a. auf das Finden neuartiger Lösungen für motorische Aufgaben, z. B. eine neue Hochsprungtechnik. Auf die Arbeit des Physiotherapeuten übertragen, bedeutet Bewegungsphantasie: Patienten mit irreparablen Bewegungsstörungen lernen die Alltags- und Berufsmotorik mit Hilfe von Ausweichbewegungen wieder zu beherrschen. Zum Beispiel werden Einschränkungen in der Schultergelenksbeweglichkeit durch Schultergürtel- und Wirbelsäulenbewegungen kompensiert. Auf der Grundlage des Krankheitsbildes und des Befundes muß entschieden werden, ob Ausweichbewegungen zuzulassen sind. Ihre Ausbildung ist gegebenenfalls durch den Physiotherapeuten zu unterstützen, z. B. bei schweren Gelenkdeformitäten. Bewegungserfahrungen und praktische Intelligenz erleichtern die Entwicklung entsprechender Bewegungsmuster.

Aufgaben

1. Geben Sie Alltagsbewegungen an, die einen hohen Geschicklichkeitsgrad erfordern!
2. Stellen Sie 5 Übungen zusammen, mit denen gleichzeitig die Gleichgewichts- und die Kombinationsfähigkeit geschult werden!
3. Durch welche Übungsformen kann die Bewegungselastizität entwickelt werden?

2.3.3. Beweglichkeit

Da die Beweglichkeit von anatomischen Bedingungen und von koordinativen Fähigkeiten abhängt, wird sie als *teilweise koordinativ bedingte* Fähigkeit bezeichnet.

> Beweglichkeit ist die Fähigkeit des Menschen, Bewegungen mit großer Amplitude, ohne besondere Anstrengung, also ohne zusätzlichen verstärkten Muskeleinsatz, ausführen zu können.

Die Dehnbarkeit von Muskeln und Sehnen, Bändern und Gelenkkapseln bildet dafür eine wesentliche Voraussetzung. Die Beweglichkeit ist demnach nur bedingt schulbar. Folgende Faktoren sind zu berücksichtigen:

— Mit zunehmendem Alter nimmt die Beweglichkeit ab.

— Am frühen Morgen ist die Beweglichkeit relativ gering.

— Bei Kälte ist die Beweglichkeit eingeschränkt.

Diese Faktoren sind im Übungsprozeß zu beachten, optimale Bedingungen sind zu schaffen.

Aufgaben

1. Vergleichen Sie die Beugefähigkeit im Hüftgelenk bei gestrecktem Kniegelenk in der Ausgangsstellung Rückenlage bei verschiedenen Menschen.
2. Überprüfen Sie Ihre eigene Beweglichkeit in allen Gelenken der unteren Extremität. Ermitteln Sie exakte Meßergebnisse mit Hilfe des Winkelmessers. Stellen Sie Ihren Befund den anatomischen Normwerten gegenüber!

3. Motorische Ontogenese

Gegenstand dieses Stoffkomplexes ist die *physiologische motorische Entwicklung* vom Neugeborenen- bis zum späten Erwachsenenalter. Der Physiotherapeut muß über diese Grundkenntnisse verfügen. Sie befähigen ihn, im Zusammenhang mit anderen fachlichen Kenntnissen

— Abweichungen von der Normalentwicklung zu erkennen
— den Übungsprozeß altersentsprechend zu gestalten
— Über- oder Unterforderungen der Patienten zu vermeiden.

Die Bezeichnungen der Altersstufen und die Altersbegrenzungen für alle nachfolgenden Entwicklungsphasen folgen der Einteilung nach Meinel.[1]

3.1. Neugeborenenalter

Das Neugeborenenalter wird als *Phase der ungerichteten Massenbewegungen* bezeichnet. Es umfaßt unter dem Aspekt der Motorik die ersten drei Lebensmonate.

Ausgangspunkt der Untersuchung ist das normal entwickelte Neugeborene. Es muß über bestimmte Reifezeichen, wie z. B. Mindestlänge 48 cm, Mindestmasse 2500 g, Lanugo (feine Behaarung) nur noch im Schulterbereich, Nägel überragen die Fingerkuppen, verfügen.

Folgende Besonderheiten kennzeichnen diese Altersstufe:

Ungerichtete Massenbewegungen. Das Neugeborene vollführt im Wachzustand ungeordnete, krampfhaft-eckige Fuchtelbewegungen mit den Armen und Strampelbewegungen mit den Beinen. Diesen Bewegungen fehlt die Zielbezogenheit. Sie werden daher als „ungerichtet" bezeichnet. Die Benennung „Massenbewegungen" ist gerechtfertigt, weil im Prinzip der gesamte Körper an den Bewegungen beteiligt ist. Es wird bevorzugt in den großen Gelenken bewegt.

Athetotische Bewegungen. Diese langsamen, „wurmförmigen", bizarren unwillkürlichen Bewegungen äußern sich z. B. als sog. Wischbewegungen der Arme über dem Gesicht mit Streckung, Beugung und Spreizung der Finger. Sie sind auch an den Beinen zu beobachten.

Säuglingsrigidität. Auffällig ist der erhöhte Tonus der Muskulatur, der als Säuglingsrigidität (Rigidität = „teigige" Steifigkeit) bezeichnet wird. Sie kann beim passiven Bewegen der Extremitäten wahrgenommen werden.

Lebensnotwendige Reflexe und Schutzreflexe. Angeborene Reflexe, wie z. B. das Atmen, Schreien, Saugen und Schlucken, müssen vorhanden sein. Sie ermöglichen die selbständige Existenz des Neugeborenen. Daneben verfügt das Kind über verschiedene Schutzreflexe, wie z. B. den Lidschutzreflex, den Nies- und Hustenreflex.

Der *Saugreflex* kann unterstützt werden durch den Handdruck-Mundöffnungsreflex. Wird ein rhythmischer, leichter Druck auf die Handinnenflächen des Kindes ausgeübt, so öffnet das Kind den Mund, die Zunge führt Saugbewegungen aus.

Durch den *Schutzreflex für die Atmungsorgane* wird beim Ablegen des Kindes in der Bauchlage der Kopf unwillkürlich zur Seite gedreht. Dieser Reflex ist nicht bei allen Kindern ausgeprägt. Er ist die Voraussetzung für die gefahrlose Einnahme der Bauchlage.

Handgreifreflex. Berührt man die Innenhand des Kindes, so schließen sich die Finger 2—4 (5) fest um den Gegenstand. Das Neugeborene könnte auf diese Weise etwa eine Minute freischwebend gehalten werden (beachte: das freie Schweben wird vom Physiotherapeuten

[1] Meinel und Schnabel: Bewegungslehre. Volk u. Wissen, Berlin 1977.

nicht überprüft!). — Bei Berührung der Fußsohle bewegen sich die Zehen. Diese Reaktion bezeichnet man analog als *Fußgreifreflex*.

Labyrinthstellreaktion. Außerordentlich bedeutsam ist diese Reaktion, die auch als Labyrinthstellreflex bezeichnet wird, für die spätere Entwicklung der aufrechten Haltung und der Fortbewegung. Mit seiner Hilfe wird die Stellung des Kopfes im Raum ermöglicht, d. h. die Mundspalte wird waagerecht eingestellt, der Scheitel zeigt nach oben. Diese „Kopfkontrolle" ist bei kräftigen Neugeborenen schon in den ersten Lebenstagen andeutungsweise nachweisbar. In der Regel ist diese Reaktion etwa am Anfang des 2. Lebensmonats deutlich zu beobachten. Das Kind versucht, zunächst nur kurzzeitig, seinen Kopf aus der Bauchlage abzuheben. Mit zunehmendem Alter verlängert sich die Zeitspanne des Kopfhaltens.

Schreit-, Steige-, Kriech- und Schwimmbewegungen. Diese Reaktionen lassen sich beim Neugeborenen ebenfalls auslösen. Sie sind nicht als Vorübung für die Fortbewegung zu werten, da sie wieder erlöschen, ehe sich die Willkürmotorik für diese Bewegungen entwickelt.

Folgende Faktoren sind Ursache für den motorischen Entwicklungsstand der Neugeborenenphase:
— Das zentrale Nervensystem ist noch nicht in vollem Umfang arbeitsfähig. Den Neuriten der Nervenbahnen für die Willkürmotorik (Pyramidenbahn) fehlt noch die isolierende Markscheide. Somit wird die Motorik über Stammhirnabschnitte gesteuert, die nur reflektorische, unwillkürliche Bewegungen ermöglichen.
— Außerdem sind die Sinnesorgane, die zur Reizaufnahme für die Motorik wichtig sind, noch nicht voll funktionstüchtig.

Mit zunehmender Ausreifung der genannten Zentren wird die unwillkürliche, reflektorische Motorik durch die Willkürmotorik ersetzt. Reifungs- und Lernprozesse laufen parallel ab und bedingen sich wechselseitig.
Der Physiotherapeut hat in der Regel nicht mit Kindern in der Neugeborenenphase zu arbeiten. Er muß jedoch Kenntnisse über diese Altersstufe besitzen, um die weitere Entwicklung der Motorik zu verstehen.

Aufgabe
Charakterisieren Sie die motorischen Besonderheiten in der Neugeborenenphase!

3.2. Säuglingsalter

Das Säuglingsalter umfaßt die Zeitspanne bis zum Ende des 1. Lebensjahres. Es wird als die *Phase der Aneignung der ersten koordinierten Bewegungen* bezeichnet. In diesem Zeitabschnitt lernt das Kind das gezielte Greifen, es erwirbt die aufrechte Körperhaltung und die Fähigkeit der selbständigen Fortbewegung.

3.2.1. Allgemeiner motorischer Befund

Folgende Merkmale charakterisieren diese Phase:

Zephalo-kaudale Entwicklungsrichtung der Willkürmotorik. Die sich schon im Neugeborenenalter anbahnende Entwicklung der Willkürmotorik vollzieht sich in einer ganz bestimmten Reihenfolge. Zuerst verfügt das Kind über geordnete Bewegungen des Mundes, der Augen und des Kopfes. Diesen schließen sich gezielte Bewegungen der Arme, des Rumpfes und der Beine an. An den Extremitäten ist die Reihenfolge von den proximalen zu den distalen Gelenken zu beobachten, d.h., zuerst wird die Grobmotorik, dann die Feinmotorik erlernt.

Aus dieser Entwicklungsrichtung ergibt sich, daß das Kind erst das gezielte Greifen, später die aufrechte Körperhaltung — das Stehen — erwirbt. Die Greiffunktion ist für den Stand Voraussetzung, das Kind zieht sich an Gegenständen zum Stand hoch.
Die zephalo-kaudale Entwicklungsrichtung der Willkürmotorik ist für die Arbeit des Physiotherapeuten äußerst bedeutsam. Er muß dieses Prinzip nicht nur bei der Behandlung von Säuglingen, sondern in jeder Altersstufe bei seiner Therapie berücksichtigen. Auch das Wiedererlernen der aufrechten Körperhaltung vollzieht sich in dieser Reihenfolge.

Kontralaterales Mitbewegen. Wird eine Körperseite willkürlich bewegt, so erfolgt der gleiche Bewegungsablauf unwillkürlich an der anderen Körperseite. Diese Erscheinung kann auch im späteren Leben beobachtet werden. Wird z. B. der Bewegung im Ellenbogengelenk des rechten Armes ein sehr hoher Widerstand entgegengesetzt, so erfolgt im linken Arm eine unwillkürliche gleichsinnige Bewegung.

Ausbreitungsreaktion. Beim willkürlichen Öffnen der Augen wird ebenfalls der Mund geöffnet. In den Extremitäten — besonders in den Armen — werden gleichzeitig Streckbewegungen beobachtet. Beim Schließen der Augen wird der Mund geschlossen, die Extremitäten werden gebeugt. Diese „zusätzlichen" Bewegungen erfolgen unwillkürlich. Die Ausbreitungsreaktion ist ebenfalls im späteren Leben in besonderen Situationen zu registrieren, z. B. werden staunend Augen und Mund geöffnet und die Arme gestreckt.

Säuglingsrigidität. Der erhöhte Muskeltonus, der bereits im Neugeborenenalter beschrieben wurde, wird im Säuglingsalter langsam normalisiert.
Zugleich wird deutlich, daß die primär überwiegenden Beugemuster durch zunehmende Streckfähigkeit in allen Gelenken abgebaut werden. Es bilden sich die für die Aufrichtung notwendigen Streckmuster heraus.

Aufgabe
Kennzeichnen Sie die allgemeinen motorischen Merkmale im Säuglingsalter, die für die motorische Weiterentwicklung besonders wichtig sind. Begründen Sie Ihre Feststellungen.

3.2.2. Entwicklung des Greifens

Im Säuglingsalter wird das reflektorische Greifen durch das willkürliche, gezielte Greifen abgelöst. Das bewußte Greifen setzt die *Koordination von Auge und Hand* voraus, d.h., ein erblickter Gegenstand wird ergriffen. Das Kind vermag etwa im 3. Lebensmonat einen Gegenstand andauernd zu fixieren und seine Bewegungen im Raum zu verfolgen. Dieser Fähigkeit folgen die ersten bewußten Greifversuche.
Im *Anfangsstadium* der Greifentwicklung führt der Säugling noch ungeordnete Bewegungen aus. Er erreicht das Ziel oft nur „zufällig". Die Bewegungen erfolgen abgehackt, etappenweise, großräumig. Zielgenaues Greifen ist etwa im 7./8. Lebensmonat ausgebildet. Der ergriffene Gegenstand wird in der Regel zum Mund geführt, da dort das Tastempfinden am besten ausgebildet ist.
In der *Qualität der Greifbewegungen* ist folgende Entwicklung zu beobachten: Anfangs wird der Gegenstand vorzugsweise mit den Fingern 2—5 gegen den Handteller gedrückt. Mit dem ergriffenen Gegenstand wird hantiert. Besonders Pro- und Supination werden geübt.
Im 10. Monat etwa greift das Kind scherenartig. Es fixiert den Gegenstand zwischen Zeigefinger und adduziertem Daumen. Die Opposition des Daumens ist etwa im 12. Lebensmonat möglich. Die Gegenstände werden vorzugsweise zwischen den Fingerkuppen gehalten. Die aufgezeigte Entwicklungstendenz führt von der Grob- zur Feinmotorik.

Aufgabe
Welche Eigenschaften muß das Spielzeug aufweisen, das Sie für Kinder im 1. Lebensjahr als geeignet ansehen?

3.2.3. Entwicklung zur aufrechten Körperhaltung

Voraussetzung für die Entwicklung der Aufrichtung bis zum Stand ist die *Labyrinthstellreaktion* (vgl. 3.1.). In der Regel kann der Kopf zu Beginn des Säuglingsalters aus der Bauchlage angehoben und kurzzeitig gehalten werden. Dabei stützt sich der Säugling auf die spitzwinklig gebeugten Arme. Das Kind ist damit in der Lage, seine nähere Umgebung umfassender wahrzunehmen. Diese Tatsache bewirkt u. a., daß das Kopfheben ständig geübt und zunehmend sicherer wird. Gleichzeitig übt das Kind, seinen Oberkörper weiter abzuheben. Es stützt sich — etwa im 4./5. Lebensmonat — auf die rechtwinklig gebeugten Arme. Zu Beginn des 7. Lebensmonats sind die Arme beim Abstützen etwa gestreckt, der Oberkörper wird damit weit vom Boden abgehoben. Der Kopf wird jetzt mühelos gehalten und bewegt.
Nun dauert es in der Regel nicht mehr lange, bis das Kind durch Beugen der Beine unter den Bauch die *Kriechstellung* einnimmt. Diese neue Ausgangsstellung wird vom Kind geübt, bis es die notwendige Sicherheit erworben hat. Aus der Kriechstellung lernt das Kind nun den *Sitz neben den Fersen*. Die Zwischenstufe Sitz wird von manchen Kindern übersprungen.
Aus der Kriechstellung zieht sich das Kind an feststehenden Gegenständen (z. B. an den

Laufgitterstäben) zum *Kniestand* hoch. Ein weiteres Hochziehen führt über den *Einbeinkniestand* zum *Stand*. Zunächst ist der Stand noch sehr unsicher, deshalb hält sich das Kind fest (~7. Lebensmonat). Das Agierenwollen mit den Armen führt zur Lösung der Hände. Das Kind lernt den *freien Stand*. Es steht breitbeinig zur Vergrößerung der Unterstützungsfläche, um das Gleichgewicht besser halten zu können. Außerdem ist die volle Streckung in Hüft- und Kniegelenken noch nicht gegeben. Der freie Stand wird etwa im 10. Lebensmonat erreicht.

Parallel zur Entwicklung der aufrechten Haltung aus der Bauchlage erfolgt die *Aufrichtung aus der Rückenlage*. Das Kind hebt etwa im 3./4. Lebensmonat den Kopf aus der Rückenlage selbständig an. Durch Hochziehen z. B. an den Stäben des Bettes, kommt das Kind dann zum Sitz. Zum Aufstehen stützt sich der Säugling mit beiden Armen rechts oder links neben den Beinen ab und kommt auf diese Weise in die Kriechstellung, aus der der Stand (vgl. oben) entwickelt wird. Das Kind kann sich auch aus dem Sitz an feststehenden Gegenständen zum Kniestand und Stand hochziehen. Für einen Teil der Kinder ist typisch, daß sie sich überwiegend aus der Rücken- in die Bauchlage drehen, um aus dieser die Aufrichtung zu erarbeiten.

Aufgabe

Beweisen Sie an der Entwicklung zur aufrechten Körperhaltung die zephalo-kaudale Entwicklungsrichtung der Willkürmotorik!

3.2.4. Entwicklung der Fortbewegung

Diese Entwicklungsreihe umfaßt alle Formen der Fortbewegung (Lokomotion) bis zu den freien Schritten in aufrechter Körperhaltung, die das Kind in der Regel am Ende des 1. Lebensjahres vollführt.

Die Entwicklung der Fortbewegung verläuft parallel zur Ausbildung der aufrechten Haltung. Einzelne Vorstufen (vgl. unten) können übersprungen werden. Die Reihenfolge der Vorstufen kann unterschiedlich ablaufen.

Das Kind ist bestrebt, seine Umwelt immer gründlicher kennenzulernen. Daraus resultiert das Bestreben, sich zu „interessanten" Gegenständen hinzubewegen.

Die erste Form der Fortbewegung ist häufig die *Rotation um die Körperlängsachse*. Sie entwickelt sich etwa ab 4./5. Lebensmonat und wird mit dem 7. Monat im allgemeinen beherrscht. Zunächst erfolgt die Rotation in die gewohnte Ausgangsstellung hinein, d. h., vorwiegend auf dem Rücken liegende Kinder bewegen sich von der Bauchlage in die Rückenlage. In den nachfolgenden Wochen lernt das Kind, sich in beide Richtungen zu drehen. Die Rotation soll einen spiralförmigen Charakter tragen. Sie wird in der Regel durch Kopfdrehung eingeleitet. Erkennt das Kind, daß es sich auf diese Weise begehrten Gegenständen nähern kann, so setzt es die Rotation gezielt als Fortbewegungsform ein.

Die erste „echte" Form der Fortbewegung ist das *Krabbeln* (aus dem Sport unter dem Begriff „Robben" bekannt) aus der Bauchlage. Dabei werden die etwa rechtwinklig gebeugten Arme nach vorn gesetzt, zunächst fast gleichzeitig, später abwechselnd. Der Rumpf und die Beine schleifen auf dem Boden nach. Strampelbewegungen der Beine unterstützen die Fortbewegung. Das Krabbeln wird etwa im 8. Lebensmonat bewußt eingesetzt.

Als nächste Stufe übt das Kind das *Kriechen* aus dem Vierfüßlerstand, etwa ab 9. Lebensmonat. Die gekreuzte Arm-Bein-Koordination wird etwa im 12. Lebensmonat beherrscht. Viele Kinder vervollkommnen das Kriechen in der Zeit des Gehenlernens, da sie sich kriechend sehr viel schneller vorwärts bewegen können.

Einige Kinder verwenden das *Rutschen* aus dem Langsitz als Fortbewegungsform. Dabei stemmt das Kind die Fersen gegen den Boden, hebt durch Rumpfschwung das Gesäß etwas vom Boden ab und zieht es an die Fersen heran. Die Hände werden unterschiedlich intensiv zum Abstützen eingesetzt.

Hat das Kind gelernt, sich an Gegenständen hochziehend zum Stand aufzurichten, so folgen bald die ersten Fortbewegungsversuche. Das Kind bewegt sich seitlich an den Gegenständen fort. Es bevorzugt den *Nachstellschritt seitlich*, übt dann auch das *seitliche Überkreuzen* der Beine. Dieser Entwicklungsstand ist etwa im 10. Lebensmonat erreicht. Das Kind sichert sich zunächst mit beiden Händen, beginnt dann eine Hand zu lösen, um einen benachbarten Gegenstand zu ergreifen. Audiese Weise gelingt die Fortbewegung in der Regel recht gut. Größere Abstände zwischen zwei Gegenständen werden durch Kriechen überwunden.

Die nächste Entwicklungsetappe ist durch das *Vorwärtsgehen mit Festhalten* charakterisiert.

Häufig werden die Kinder dabei von den Erwachsenen zunächst an beiden Händen, später an einer Hand gehalten. Das Kind benutzt auch bewegliche Gegenstände, wie z. B. einen kleinen Puppenwagen oder einen Stuhl, zum Festhalten und schiebt diese vor sich her. Auch zum Vorwärtsgehen wird zuerst im allgemeinen der Nachstellschritt bevorzugt. Dabei vollführt das „Führungsbein" beinahe eine Steigbewegung, es wird „stampfend" aufgesetzt, das andere fast gestreckt nachgezogen. Zu den ersten *freien Schritten* wird das Kind meist von den Erwachsenen animiert. Das Kind muß Mut aufbringen, um beide Hände loszulassen. Breitbeinig, stampfend, mit erhobenen Armen um das Gleichgewicht ringend, geht das Kind die ersten Schritte etwa am Ende des 1. Lebensjahres. Es sind zunächst nur 2—3 Schritte. Dann verliert das Kind das Gleichgewicht, setzt sich oder fällt auf die Hände und Knie. Sind die ersten freien Schritte bewältigt, so übt das Kind das Gehen in zunehmendem Maße. Fertigkeiten werden allerdings erst im 2. Lebensjahr erworben.

Aufgabe
Fertigen Sie eine tabellarische Übersicht über die Entwicklungsstufen bis zum freien Gang an. Stellen Sie dieser Übersicht die Entwicklung zur aufrechten Haltung gegenüber!

3.2.5. Reflexverhalten

> Reflexe sind unwillkürliche Reaktionen, die immer wieder in der gleichen Weise ablaufen.

Die auslösenden Reize wirken aus der Umwelt (exterozeptive Reize) oder aus dem Körperinneren (interozeptive Reize) auf die entsprechenden Rezeptoren ein. Motorische Reaktionen oder Reflexe werden vor allem durch Reize ausgelöst, die durch Änderungen der Länge oder Spannung der Muskeln und Sehnen entstehen, sowie durch Reize über die Gelenkrezeptoren.
Die lebensnotwendigen und organschützenden Reflexe wurden bereits bei der Neugeborenenphase besprochen (vgl. 3.1.).
Für die Befunderhebung durch den Physiotherapeuten sind die nachfolgend beschriebenen Reflexe notwendig. Der Entwicklungsstand der Kinder läßt sich mit Hilfe der Reflexprüfung feststellen. Nicht immer werden die Reaktionen so eindeutig wie dargestellt zu beobachten sein. Sie treten in der Regel nur sehr kurzzeitig auf.
Gegenstand der Ausführungen sind die physiologischen Reflexe. Pathologische Abweichungen werden im Fachgebiet Säuglingsgymnastik besprochen.

Tonische Reflexe
Diese primitiven Reflexe oder Reaktionen sind angeboren. Durch sie wird
— die Lage des Körpers im Raum überwacht,
— die Stellung der Körperteile zueinander bestimmt,
— die Tonusverteilung der gesamten quergestreiften Muskulatur reguliert.

Sie werden durch Dehnung der Nackenmuskulatur oder durch Erregung des häutigen Labyrinths ausgelöst.

Folgende Reflexe gehören zu dieser Gruppe:

Tonischer Labyrinthreflex (TLR). Wird ein Säugling plötzlich in die Bauchlage (BL) gebracht, so erhöht sich der Tonus der gesamten Beugerkette. Der Kopf wird flektiert, die Wirbelsäule (WS) kyphosiert. Arme und Beine werden flektiert und adduziert, unter den Rumpf gezogen (Abb. 1).

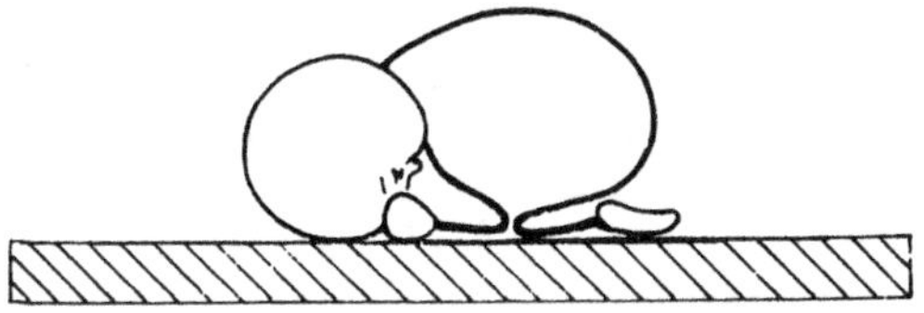

Abb. 1 Tonischer Labyrinthreflex — Bauchlage

Bringt man den Säugling plötzlich in Rückenlage (RL), so erfolgt eine Tonuszunahme in der Streckermuskulatur. Der Kopf wird (weit nach dorsal) extendiert, die WS ebenfalls. Die Extremitäten werden extendiert, die Beine können überkreuzt werden (Abb. 2).

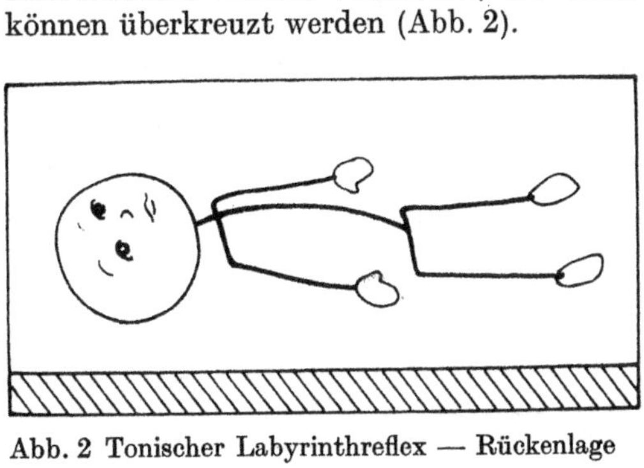

Abb. 2 Tonischer Labyrinthreflex — Rückenlage

Symmetrisch-tonischer Nackenreflex (STNR). Wird aus der RL der Kopf des Kindes durch den Untersucher angehoben (flektiert), so werden reflektorisch die Arme flektiert und die Beine extendiert (Abb. 3).

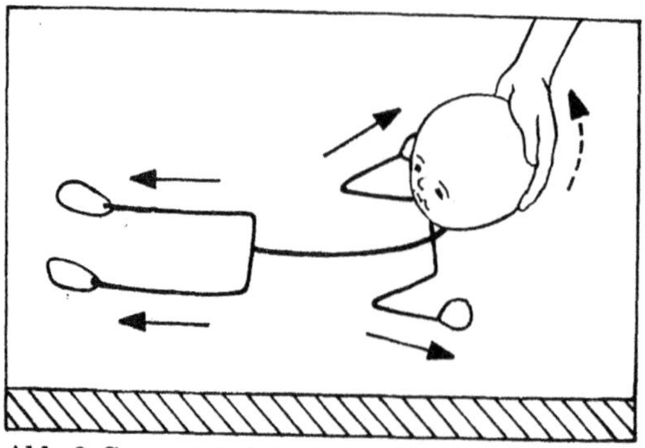

Abb. 3 Symmetrisch-tonischer Nackenreflex — Kopfbeugung

Bei Extension des Kopfes aus der RL werden die Arme extendiert und die Beine flektiert (Abb. 4).

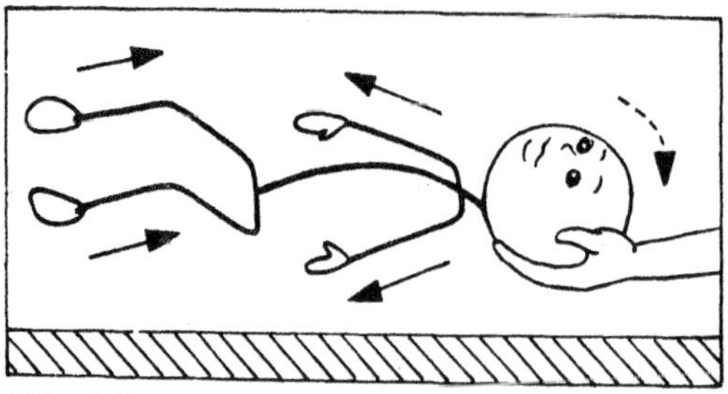

Abb. 4 Symmetrisch-tonischer Nackenreflex — Kopfstreckung

Asymmetrisch-tonischer Nackenreflex (ATNR). Wird der kindliche Kopf aus der RL durch den Untersucher zur Seite rotiert, so erfolgt bei den gesichtsseitigen Extremitäten eine Extensionsbewegung, bei den hinterhauptsseitigen Extremitäten eine Flexionsbewegung (Abb. 5).

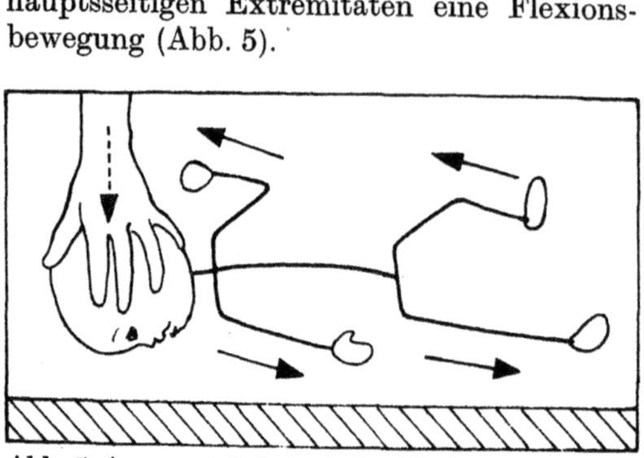

Abb. 5 Asymmetrisch-tonischer Nackenreflex

Moro-Reaktion. Diese Reaktion wird auch als Schreck-, Umarmungs- oder Umklammerungsreflex bezeichnet. Sie ist nur zu prüfen, wenn es unbedingt nötig ist.
Der Säugling befindet sich in RL. Durch einen plötzlichen Reiz, z. B. kräftiges Schlagen auf die Tischplatte oder plötzliche Extension („Fallenlassen") des Kopfes, wird in der ersten Phase eine Extension und Abduktion aller Extremitäten ausgelöst. In der sich sofort anschließenden 2. Phase erfolgt die Flexion und Adduktion in allen Gelenken (Abb. 6 u. 7).

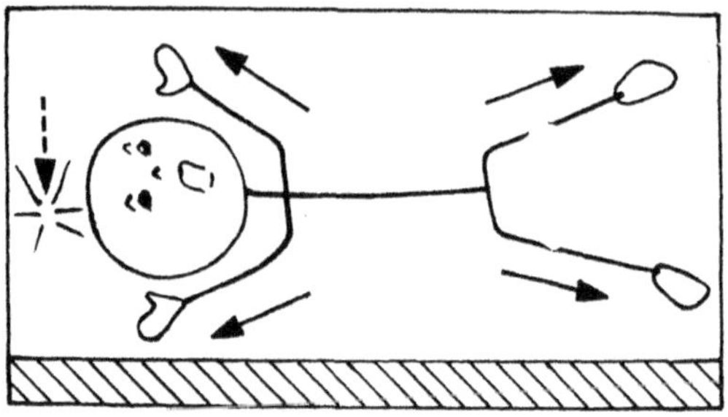

Abb. 6 Moro-Reaktion — 1. Phase

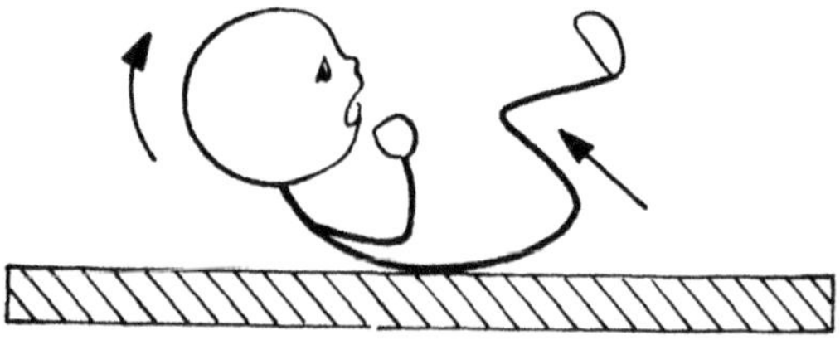

Abb. 7 Moro-Reaktion — 2. Phase

Stellreflexe oder -reaktionen. Sie lösen die tonischen Reflexe ab (vgl. Übersicht am Ende dieses Abschnittes). Das trifft nicht auf den Labyrinthstellreflex zu. Mit Hilfe der Stellreflexe wird das Kind befähigt, *Lage und Bewegungen* des Kopfes, des Rumpfes und der Extremitäten der *Schwerkraft entsprechend einzustellen.*
Sie sind damit Voraussetzung für die Entwicklung der aufrechten Körperhaltung und der Fortbewegung.

Folgende Reflexe sind zu dieser Gruppe zu zählen:

Labyrinthstellreflex (LSR). Bei Veränderungen der Kopf- und Körperstellung im Raum wird reflektorisch der Kopf in Normalstellung gebracht, d. h. die Mundspalte ist waagerecht, der Scheitel oben (Abb. 8).

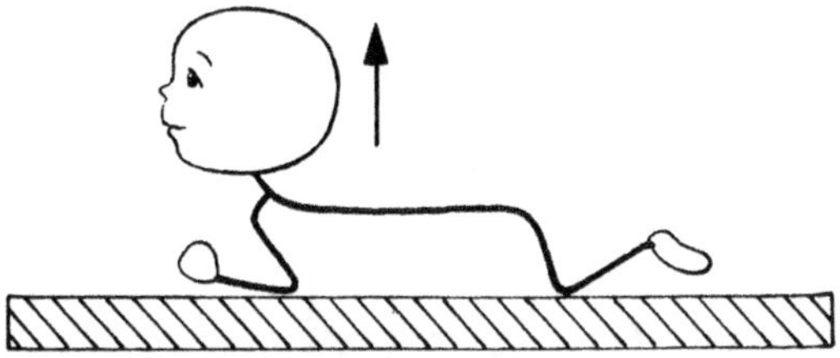

Abb. 8 Labyrinthstellreflex

Landau-Reflex. Wird der Säugling in BL freischwebend im Raum gehalten, so hebt er Kopf und Bein-Becken-Einheit nach oben, d.h., die gesamte WS wird extendiert. Es entsteht ein nach oben offener Bogen (Abb. 9).

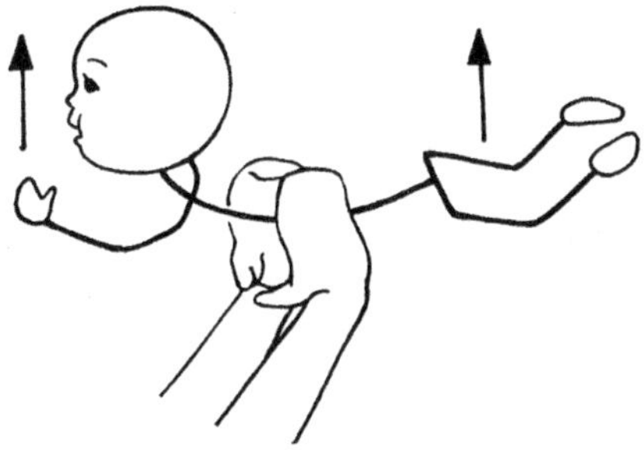

Abb. 9 Landau-Reflex

Körperstellreflex (KSR). Durch Zug oder Druck an Arm, Bein oder Kopf in Rotationsrichtung dreht sich der Säugling schraubenförmig um seine Körperlängsachse aus der RL in die BL oder umgekehrt (Abb. 10).

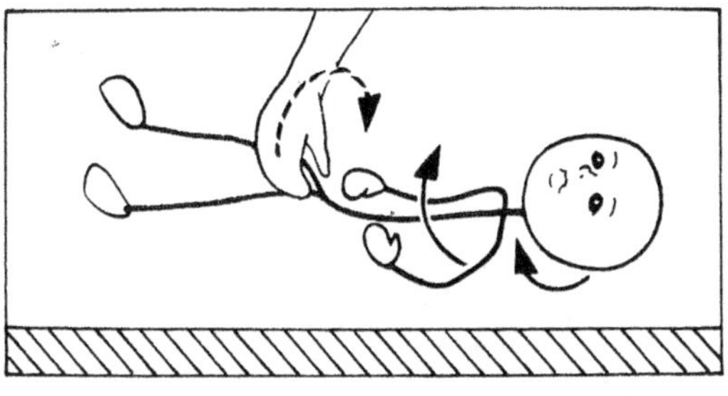

Abb. 10 Körperstellreflex — vom Bein ausgelöst

Positive Stützreaktion der Beine. Wird ein Kind senkrecht der Tischplatte genähert und berühren seine Fußsohlen die Tischplatte, so werden die Beine gegen die Unterlage gestützt. Sie übernehmen einen Teil des Körpergewichtes (Abb. 11).

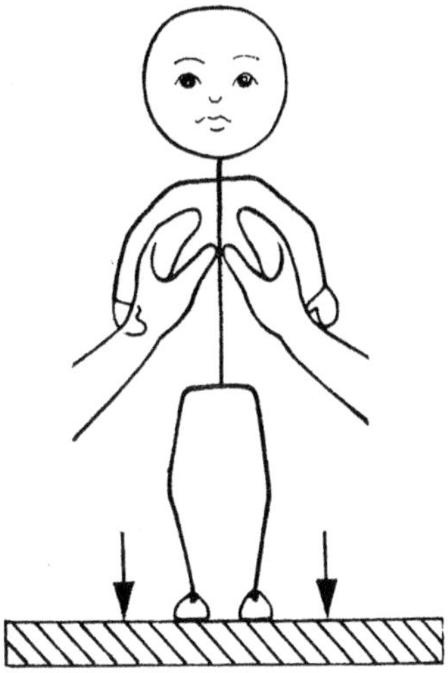

Abb. 11 Positive Stützreaktion der Beine

Aufziehreaktion. Aus der RL werden die Hände bzw. Unterarme des Kindes umfaßt. Durch einen Zugimpuls in Richtung Sitz wird das Abheben des Kopfes und Oberkörpers von der Unterlage erzielt (Abb. 12). Beachte die einleitende Kopfbewegung!

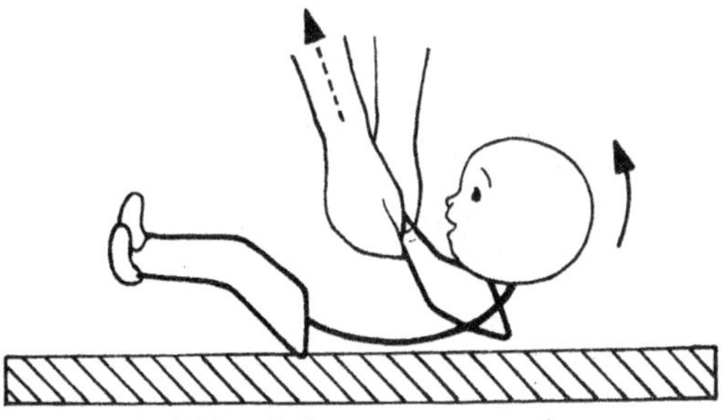

Abb. 12 Aufziehreaktion

Aufsetzreaktion. Sie wird in der Regel im Kniestand (ggf. mit Unterstützung) ausgelöst. Gibt man in dieser Ausgangsstellung einen Zugimpuls an einem Arm senkrecht nach oben, so wird das gleichseitige Bein in der Hüfte flektiert und auf dem Tisch „aufgesetzt". (Abb. 13. Andere Auslösungsform vgl. Säuglingsgymnastik.)

Statokinetische Reflexe bzw. Reaktionen. Diese Gleichgewichtsreaktionen sind während des ganzen Lebens auslösbar. Sie bewirken die *Aufrechterhaltung des Gleichgewichtes*, wenn der Körper passiv aus der Mittelstellung verlagert wird, durch Zunahme des Stütztonus, der der einwirkenden Kraft entgegenwirkt.

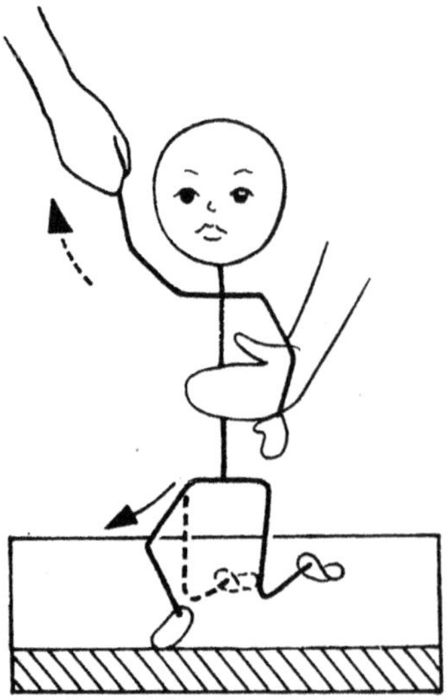

Abb. 13 Aufsetzreaktion

Zu dieser Gruppe gehören folgende Reaktionen:

Sprungbereitschaft. Das Kind wird in BL freischwebend im Raum gehalten. Nähert man es der Tischplatte, so streckt es die Arme schützend und stützend der Unterlage entgegen (Abb. 14).

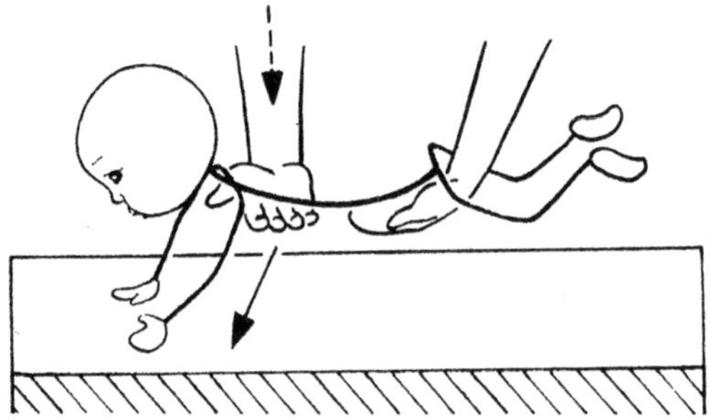

Abb. 14 Sprungbereitschaft

Stemmreaktion. Das Kind sitzt. Es stemmt sich mit dem Rumpf gegen einen von der Seite, von vorn oder von hinten einwirkenden Druck (Abb. 15).
Stützreaktion. Diese Reaktion wird im Stand für die Beine ausgelöst. Das Kind wird von vorn oder hinten oder von der Seite her angestoßen. Es sichert den Stand durch Aufsetzen des meist gestreckten Beines in Druckrichtung (Abb. 16).
Im Sitz kann diese Reaktion für die Arme überprüft werden (Abb. 17).

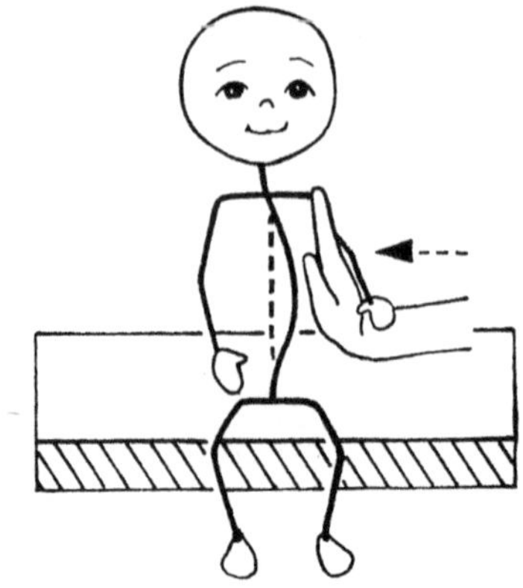

Abb. 15 Stemmreaktion

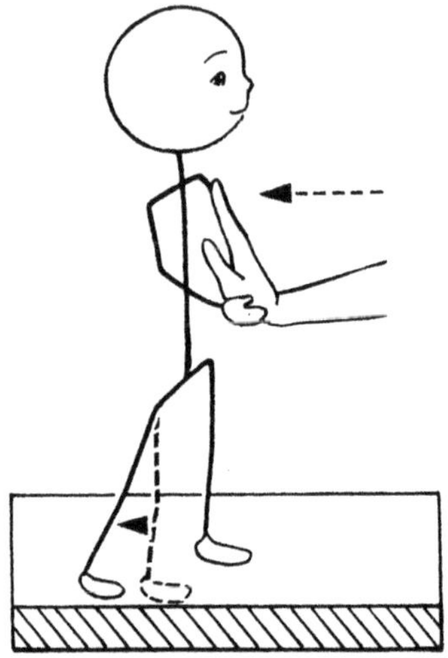

Abb. 16 Stützreaktion der Beine

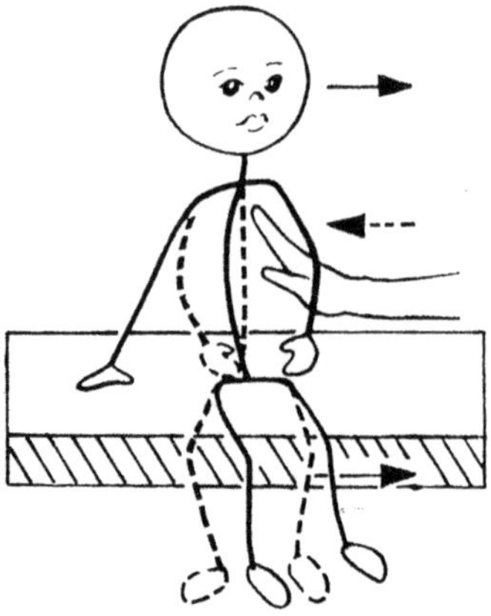

Abb. 17 Schunkelreaktion und Stützreaktion der Arme

Schunkelreaktion. Das Kind befindet sich im Sitz. Beim seitlichen Anstoßen am Rumpf werden der Kopf und die Beine in die Gegenrichtung bewegt. Gleichzeitig wird in der Regel die Stützreaktion für die Arme ausgelöst (Abb. 17).

Der Tabelle 1 ist der zeitliche Ablauf der Reflexe zu entnehmen, der Zeitpunkt ihres Aufbaus, ihres Vorhandenseins und ihres Verschwindens. Auf der Basis dieser Angaben wird die Einschätzung möglich, ob die untersuchten Kinder motorisch altersgerecht entwickelt sind.

Tabelle 1 Zeitlicher Ablauf der Reflexe

Bezeichnung der Reflexe	Zeitliche Vorgaben 1./2. Monat	3. Monat	4.—6. Monat	7.—12. Monat	12.—14. Monat	nach 5 Jahren
Tonische Reflexe						
Tonischer Labyrinthreflex	———	- - - - -	- - - - - -|			
Symmetrisch tonischer Nackenreflex	———	———	- - - - - -|			
Asymmetrisch tonischer Nackenreflex	———	———	- - - - - -|			
Moro-Reaktion	———	———	- - - - - -|			
Stellreflexe						
Labyrinthstellreflex	———	———	———	———	- - - - - -|	
Landau-Reflex	———	———	———	———	- - - - - -|	
Körperstellreflex			|········	———	———	———
Positive Stützreaktion der Beine			|········	———	———	———
Aufziehreaktion			|········	———	———	———
Aufsetzreaktion			|········	———	———	———
Statokinetische Reflexe						
Sprungbereitschaft			|········	———	———	———
Stemmreaktion			|········	———	———	———
Stützreaktion			|········	———	———	———
Schunkelreaktion			|········	———	———	———

——— = Reflex vorhanden
- - - - - = Reflexrückgang
········· = Reflex bildet sich aus
–| = Reflex erloschen
|.. = Beginn des Reflexaufbaus

Aufgaben

1. Wiederholen Sie Auslösungsart und Ablauf aller aufgeführten Reflexe!
2. Geben Sie eine Zusammenfassung über den gesamten motorischen Entwicklungsstand im 4., 6. und im 12. Lebensmonat!

3.3. Kleinkindalter

Das Kleinkindalter umfaßt die Zeitspanne vom vollendeten 1. bis zum 3. Lebensjahr. Dieser Zeitabschnitt ist die *Phase der Aneignung vielfältiger Bewegungsformen*. Das Kind setzt sich in zunehmendem Maße mit seiner Umwelt auseinander. Es festigt damit bereits erlernte Bewegungsformen und eignet sich neue an. Es erwirbt und übt das Gehen, Steigen, Balancieren, Niederspringen, Laufen, Hüpfen, Springen, Kriechen, Wälzen, Rollen, Schieben, Ziehen, Klettern, Hängen, Tragen sowie Anfänge des Werfens und Fangens.

Im allgemeinen erreicht das Kind in dieser Phase für alle Bewegungsabläufe die Stufe der Grobkoordination. Das motorische Lernen ist anfangs auf das Nachvollziehen des Gesehenen begrenzt. Im 3. Lebensjahr gewinnt die sprachliche Informationsübermittlung zunehmend an Bedeutung.

Die Hauptform der Auseinandersetzung mit der Umwelt ist das Spiel. Neben Funktionsspielen, durch die das Kind motorische Fertigkeiten entwickelt, bilden sich die Fiktions- oder Rollenspiele heraus. In den Fiktionsspielen gestaltet das Kind seine Umwelt spielend nach, z. B. Mutter und Kind.

3.3.1. Allgemeiner motorischer Befund

In der Regel werden die Bewegungen mit geringem Krafteinsatz und Bewegungstempo ausgeführt.
Der Bewegungsrhythmus kann mit der notwendigen Akzentuierung im allgemeinen noch nicht nachvollzogen werden.
Ausholbewegungen zeigen einen geringen Umfang und Krafteinsatz und unterstützen die Hauptphase nur unwesentlich.
Bewegungsfluß und -elastizität sind noch gering entwickelt.
„Fehler" in der Bewegungskopplung und -übertragung werden deutlich. Der Rumpf wird zu wenig in die Bewegungsabläufe einbezogen, er wird relativ starr gehalten.
Zahlreiche unökonomische Nebenbewegungen treten auf.
Präzision und Konstanz sind noch wenig ausgeprägt.
Das Gleichgewichtsvermögen ist gering entwickelt, obschon die Kinder Gleichgewichtsaufgaben gern lösen wollen.
Die Ausdauerleistungsfähigkeit schwankt, sie ist noch eng begrenzt.
Die motorische Anpassungs- und Umstellungsfähigkeit ist noch wenig entwickelt.
Relativ hohe Reaktionszeiten sind zu beobachten.
Das mangelhafte Antizipationsvermögen wird in zahlreichen Bewegungsabläufen deutlich.
Die Beweglichkeit weist individuelle Unterschiede auf. Prinzipiell überwiegt die Beugefähigkeit in den großen Gelenken, während die Streckfähigkeit gering ausgebildet ist.

Aufgaben

1. Charakterisieren Sie den allgemeinen motorischen Entwicklungsstand im Kleinkindalter!
2. Leiten Sie aus dem allgemeinen motorischen Befund Schlußfolgerungen für Ihre Arbeit mit Kindern in dieser Altersstufe ab!

3.3.2. Entwicklung verschiedener Grundbewegungsformen

Einzelne Bewegungsabläufe sollen nachfolgend näher erläutert werden.

Gehen. Mit Beginn des Kleinkindalters bewältigt das Kind etwa 2—3 Schritte im freien Gang. Durch ständiges Üben erweitert sich die Gehstrecke sehr rasch auf 20—30 Schritte. Zum Ende der Altersstufe wird die Gehbewegung im Prinzip beherrscht. Nachfolgende Besonderheiten treten bei den einjährigen Kindern sehr deutlich, bei den dreijährigen Kindern in abgeschwächter Form auf:
Der Gang ist breitspurig, stampfend und unelastisch. Die Abrollbewegung der Füße ist noch nicht genügend ausgeprägt.
Die Arme werden zur Aufrechterhaltung des Gleichgewichtes abduziert.
Der unterstützende Armschwung fehlt in der Regel noch.
Die Schrittlänge ist gering, die Bewegungsfrequenz hoch.
In den Hüftgelenken ist die Streckbewegung noch unvollkommen.
Der Rumpf wird häufig sehr aufrecht oder in Vorlage gehalten. Die Bewegungsübertragung über den Rumpf erfolgt noch nicht fließend genug.
Mangelnde Richtungskonstanz und seitliche Verschwankungen charakterisieren den Bewegungsablauf.

Laufen. Erste Laufbewegungen, bei denen sich der Körper in einer Flugphase vom Boden löst, sind mit etwa $2^1/_2$ Jahren zu beobachten.
Beim Laufbild fällt die mangelnde Streckfähigkeit in den Hüftgelenken besonders auf.
Die Beine werden in Knie- und Hüftgelenken leicht gebeugt.
Die Schrittweite ist noch gering.
Der Rumpf wird starr, in Aufrichtung gehalten.
Die Arme werden vom Rumpf entfernt geführt. Die unterstützenden Armbewegungen sind im Umfang und Krafteinsatz zu gering. Sie werden häufig zur Aufrechterhaltung des Gleichgewichtes eingesetzt.

Klettern. Zu Beginn des 2. Lebensjahres werden Hindernisse von 10 bis 30 cm Höhe in Form des Kriechens überklettert.
Zuerst klettert das Kind aufwärts, wenig später auch abwärts.
Im 2. und 3. Lebensjahr überklettert es hüfthohe Hindernisse.
Die Arme übernehmen beim Klettern zunehmend neben der Stützfunktion Halte- und Zugarbeit.

Steigen. Die Entwicklung des freien Steigens erfolgt in verschiedenen Etappen. Das Aufwärtssteigen ist für das Kind einfacher als das

Abwärtssteigen, das immer langsam und vorsichtiger ausgeführt wird.
Anfangs werden Treppen im seitlichen Nachstellschritt aufwärts, dann abwärts gestiegen. Dabei hält sich das Kind mit beiden Händen fest.
Es folgt das frontale Aufwärts- und Abwärtssteigen im Nachstell-, dann im Wechselschritt, wobei sich das Kind nur noch mit einer Hand festhält.
Schließlich wird das freie Steigen zunächst im Nachstell- und später im Wechselschritt geübt.
Mit $2^1/_2$ Jahren etwa steigt das Kind aufwärts im Wechselschritt, ohne sich festzuhalten, abwärts noch im Nachstellschritt oder Wechselschritt mit Festhalten.
Mit etwa 2 Jahren übersteigt ein Kind Zwischenräume von 5—10 cm im Nachstellschritt mit $2^1/_2$—3 Jahren im Wechselschritt.

Springen. Mit etwa $2^1/_2$ Jahren übt das Kind die Niedersprünge.
Erste Niedersprünge erfolgen von etwa 20 cm Höhe.
Beim Aufsprung fehlt das elastische Abfangen.
Etwa mit 3 Jahren werden geringe Höhen im Lauf- oder Schlußweitsprung übersprungen.

Werfen. Das einjährige Kind vollführt bereits die ersten Wurfversuche.
Die Gegenstände werden häufig wahllos weggeworfen oder weggeschleudert.
Zweijährige zeigen den Schockwurf mit beiden Händen und den Schlagwurf mit einer Hand aus dem Stand.
Der Rumpfeinsatz fehlt noch.
Die Ausholbewegungen sind gering.
Die Kinder stellen sich frontal zum Ziel auf.
Dreijährige zeigen außerdem den Einwurf über den Kopf mit beiden Händen und den Schwungwurf von der Hüfte aus.

Fangen. Gefangen wird bereits im 2. Lebensjahr.
Im 2. und 3. Jahr fängt das Kind, indem es die Arme in „Körbchenhaltung" bringt, d.h., die Oberarme sind adduziert, die Ellenbogengelenke flektiert, die Hände geöffnet.
Zum Teil wird auch Schienenhaltung eingenommen, d. h. die Arme sind extendiert in Vorhalte.
Der Gegenstand muß zielgenau, in Brusthöhe zugeworfen werden.
Der gefangene Gegenstand wird mit den Händen an den Brustkorb herangezogen (sog. Körperfang).
Auf die Erläuterung weiterer Bewegungsformen muß verzichtet werden. Sie werden im Rahmen der Gymnastik im Kleinkinderturnen behandelt.

Aufgaben

1. Stellen Sie in einer Übersicht die Qualitäten der Grundbewegungsformen eines einjährigen Kindes denen eines dreijährigen Kindes gegenüber!
2. Welche Schwerpunkte ergeben sich für die Gymnastik im Kleinkindalter aus dem motorischen Entwicklungsstand?

3.4. Vorschulalter

Das Vorschul- oder Kindergartenalter beginnt mit dem Ende des 3. Lebensjahres und umschließt die Zeit bis zum 6./7. Lebensjahr (Schuleintritt). Diese Altersstufe wird unter dem Aspekt der Motorik als *Phase der Vervollkommnung vielfältiger Bewegungsformen und Aneignung erster Bewegungskombinationen* bezeichnet.

3.4.1. Allgemeiner motorischer Befund

Die im Kleinkindalter erworbenen Bewegungsvollzüge werden im Vorschulalter stabilisiert. Das quantitative Leistungsvermögen steigt. Die Bewegungsqualitäten verbessern sich. Das Kind lernt, die Bewegungsabläufe variabel zu gestalten und einzusetzen. Die Anpassungsfähigkeit an veränderte Bedingungen steigt. Bewegungskombinationen, wie Gehen oder Laufen und Tragen, Fangen oder Werfen u. a., werden erlernt. Deutliche Unterschiede zeigen sich zwischen trainierten und untrainierten Kindern.
Diese quantitativen und qualitativen Steigerungen zeigen sich besonders im 6. und 7. Lebensjahr. Die Qualität aller Merkmale der Bewegungsausführung, der konditionellen und koordinativen Fähigkeiten, liegt beim sechsjährigen Kind deutlich höher als beim dreijährigen.
Bewegungstempo, Krafteinsatz und Gleichgewichtsfähigkeiten erhöhen sich.
Die motorische Steuerungs-, Anpassungs- und Umstellungsfähigkeit nimmt zu.

Bewegungsrhythmus, -kopplung und -elastizität verbessern sich.
Das Antizipationsvermögen erweitert sich.
Die sich entwickelnden intellektuellen Fähigkeiten des Kindes führen zu einer gezielteren Auseinandersetzung mit der Umwelt. Das Konzentrationsvermögen steigt. Sprachliche Informationen werden zunehmend besser erfaßt und gezielter beantwortet. Das Kind entwickelt eine bewußte Aufgabenhaltung, d. h. es versucht, gestellte Aufgaben konzentriert und zielstrebig zu lösen.
Zwischen dem 5. und 7. Lebensjahr vollzieht sich der erste *Gestaltwandel* in Form einer Streckphase. Das Kind wächst in der Regel beträchtlich. Das frühkindliche Fettgewebe geht weitgehend zurück. Daraus resultieren günstigere Voraussetzungen für die Bewegungsabläufe des gesamten Körpers.

Aufgabe

Untersuchen Sie, in welcher Form Sie die qualitativen Entwicklungen bei der Gestaltung der Übungsstunden im Vorschulalter berücksichtigen müssen!

3.4.2. Weiterentwicklung verschiedener Grundbewegungsformen

Gehen. Die Qualität des Gehens verbessert sich erst zwischen dem 5. und 7. Lebensjahr deutlich.
Die Schrittfrequenz nimmt ab.
Die Schrittlänge vergrößert sich um etwa 10 cm.
Die Abrollbewegung des Fußes verbessert sich.
Die Streckfähigkeit in den Hüftgelenken nimmt zu.
Der Gang wird elastischer, schmalspuriger.
Die Arme werden beim Gehen gezielt eingesetzt und nicht mehr abduziert gehalten.

Laufen. Deutliche Leistungssteigerungen bei der Laufbewegung zeigen sich ebenfalls zwischen dem 5. und 7. Lebensjahr.
Im 5. Lebensjahr verfügen etwa 50—70 % der Kinder über eine gute Arm-Bein-Koordination, während dies im 4. Lebensjahr nur bei etwa 30 % zutraf. Im 6. Lebensjahr zeigen etwa 90 % diese Qualität.
Die Schrittlänge vergrößert sich.
Der Abstoß vom Boden und die Laufhöhe verbessern sich zunehmend.
Die Schrittfrequenz steigt nur wenig.
Das Lauftempo und die -gewandtheit nehmen deutlich zu.

Klettern. Im Vorschulalter klettern die Kinder sehr gern an Klettergerüsten. Dadurch werden Bewegungsfertigkeiten entwickelt und stabilisiert.
Im 4. Lebensjahr überklettern die Kinder bauchhohe Hindernisse langsam und unter Sichtkontrolle.
Im 6./7. Lebensjahr werden brusthohe Hindernisse relativ schnell überwunden.
Geübte Kinder springen das Hindernis aus dem Stand oder Anlauf an.

Steigen. Zu Beginn dieser Altersstufe werden normale Treppen langsam im freien Wechselschritt erstiegen. Die Arme werden dabei noch abduziert gehalten.
Steile Treppen werden im Nachstellschritt ohne Festhalten oder im Wechselschritt mit Festhalten bewältigt.
Das Abwärtssteigen erfolgt langsamer, in der Regel hält sich das Kind noch fest, oder im Nachstellschritt.
Hindernisse von 30 cm Höhe und mit etwa 30 cm Abstand werden im 4./5. Lebensjahr überstiegen.
Im 6./7. Lebensjahr gelingt geübten Kindern das Übersteigen von Höhen bis zu 50 cm.

Springen. Ohne zielgerichtete Anleitung erfolgt die weitere Entwicklung dieser Bewegungsform relativ langsam. Geforderte Kinder zeigen größere Fortschritte zwischen dem 5.—7. Lebensjahr.
Die Kinder üben sehr gern Schlußweitsprünge, Weit- und Hochsprünge mit Anlauf und Niedersprünge.
Rhythmisch gestaltete Hüpfer gelingen im allgemeinen gut.
Die Bewegungskoordination beim Springen verbessert sich deutlich.
Die Bewegungselastizität erhöht sich.

Werfen. Ab 5. Lebensjahr können beim Werfen ebenfalls deutliche Fortschritte festgestellt werden. Häufig zeigen sich große Unterschiede zwischen Mädchen und Jungen.
Mädchen werfen mit Schlagwurfbewegung aus frontaler Körperstellung oder aus leichter Schrittstellung mit Oberkörpereinsatz.
Jungen erlernen das Werfen mit vergrößertem Rumpfeinsatz und gekreuzter Arm-Bein-Koordination.

Fangen. Im Vorschulalter wird allmählich die „Zangenhaltung" erlernt. Die Arme werden dabei dem Ball entgegengestreckt, die Hände mit gespreizten Fingern der Größe des Balles entsprechend gegenübergestellt.
Nach dem Fangen wird der Ball am Rumpf gesichert.
Der ganze Körper wird zunehmend in den Bewegungsablauf einbezogen (z. B. elastisches Federn in den Beinen).
Das Antizipationsvermögen entwickelt sich erst langsam. Geringe Abweichungen vom brusthohen Zuwurf werden etwa im 6. Lebensjahr beherrscht.
Etwa im 7. Lebensjahr werden die ersten Anfänge des freien Fangens beobachtet. Dabei muß die Flugphase des Balles vollständig antizipiert werden.
Die Fangleistung ist stark übungsabhängig.

Aufgabe
Stellen Sie Hinweise für interessierte Eltern unter dem Thema „Wie kann die motorische Entwicklung der Vorschulkinder gezielt unterstützt werden?" zusammen!

3.5. Frühes Schulkinderalter

Das frühe Schulkindalter erstreckt sich vom 7.—10. Lebensjahr (1.—3. Schuljahr). Diese Altersstufe wird als *Phase schneller Fortschritte in der motorischen Lernfähigkeit* bezeichnet.

3.5.1. Allgemeiner motorischer Befund

Der Eintritt in die Schule führt zu tiefgreifenden Veränderungen im Leben des Kindes. Es muß gezielt Aufgaben lösen, mit Konzentration und Disziplin dem Unterricht folgen. Die Freizeit steht nicht mehr uneingeschränkt dem Spiel zur Verfügung. Die Umstellung fällt den Kindern in der Regel nicht sehr schwer. Schwierigkeiten können in den ersten 3—4 Monaten beobachtet werden. Der veränderte Tagesablauf und die erhöhten Anforderungen bewirken bei vielen Kindern einen „Erregungsstau". Er äußert sich in erhöhter Mobilität und in dem Bedürfnis, sich austoben zu können.
Gegen Ende der Phase wird das Bewegungsverhalten zweckgebundener, zielgerichteter und situationsgerechter. Das sportliche Leistungsstreben entwickelt sich.
Die motorische Lernfähigkeit nimmt besonders im 9./10. Lebensjahr, überwiegend für sportliche Grundbewegungsformen, zu. Bei gezielter Übung setzt eine verstärkte Differenzierung der Bewegungsformen ein. So wird z. B. aus dem „allgemeinen" Laufen der Sprint- oder Dauerlauf entwickelt.
Das 6- bis 7jährige Kind beherrscht bei komplizierten Bewegungsabläufen die Grundstruktur und den Bewegungsrhythmus in der Regel noch nicht.
Unökonomische Nebenbewegungen der Extremitäten werden eingesetzt.
Zum Ende der Altersstufe verbessern sich diese Fähigkeiten.
Bewegungsstärke und -tempo steigen bei gezielter Übung deutlich.
Diese Entwicklung ist besonders bei Jungen zu beobachten (z. B. Lauf- und Wurfleistung). Bei den Mädchen ist häufig eine mangelhafte Bewegungssteuerung festzustellen.
Die Kraft der Arm- und Bauchmuskeln entwickelt sich relativ wenig, da diese Muskeln bei Spiel- und Alltagsbewegungen seltener beansprucht werden.
Die Kraftfähigkeit der Beinmuskeln nimmt zu.
Hohe jährliche Zunahmen zeigen die Schnelligkeitsfähigkeiten.
Deutlich erhöht sich die Reaktionsschnelligkeit etwa im 10. Lebensjahr.
Vom 8.—10. Lebensjahr steigt die Bewegungsfrequenz deutlich.
Die Ausdauerleistungsfähigkeit entwickelt sich bei Jungen etwas stärker als bei Mädchen.
Die motorische Steuerungs- und Kombinationsfähigkeit erhöht sich vorrangig im 9. Lebensjahr.
Das Erfassen und Darstellen rhythmischer Varianten fällt im 1./2. Schuljahr noch schwer. Eine deutliche Steigerung ist im 3. Schuljahr zu verzeichnen.
Die Beweglichkeit ist individuell unterschiedlich, insgesamt gut.
Die Beugefähigkeit in den Wirbel-, Hüft- und Schultergelenken nimmt zu.
Die Streckfähigkeit in den Schultergelenken und die Abduktionsfähigkeit in den Hüftgelenken können bereits eine Reduzierung aufweisen.

Aufgabe
1. Erarbeiten Sie Empfehlungen für den Tagesablauf und für die Freizeitgestaltung, um

den Kindern das Eingewöhnen in das Schulkinddasein zu erleichtern!
2. Stellen Sie Gruppenspiele zusammen, die die motorische Entwicklung der Kinder fördern!

3.5.2. Weiterentwicklung verschiedener Grundbewegungsformen

Gehen. Die Gehbewegung wird prinzipiell beherrscht.
Mängel sind in der Bewegungselastizität zu finden. Die Abrollbewegung kann zwar ausgeführt werden, wird aber oft zu wenig eingesetzt.
Rhythmische Varianten des Gehens (vgl. oben) werden ab 2./3. Schuljahr erlernt. Sie gelingen unterschiedlich gut und sollten geübt werden.

Laufen. Das Laufen wird in dieser Altersstufe häufig im Alltag eingesetzt und dadurch relativ gut beherrscht.
Große individuelle Unterschiede in der Laufqualität können zu Beginn dieser Phase beobachtet werden.
Manche Kinder laufen sehr kraftvoll, raumgreifend und gut koordiniert.
Andere Kinder laufen kraftlos, schwerfällig und wenig raumgreifend.
Bei allen Kindern fällt die betont aufrechte Körperhaltung auf. Die notwendige Rumpfvorlage fehlt.
Viele Kinder kommen nach dem Laufschritt mit der ganzen Fußsohle oder der Ferse auf. Es fehlt das elastische Abfedern.
Die Arme werden kleinräumig neben dem Körper geführt und unterstützen die Gesamtbewegung zu wenig.
Die Qualität der Laufbewegung erhöht sich bei allen Kindern zum Ende der Phase.

Klettern. Die Qualität dieser Bewegungsabläufe ist übungsabhängig.
In der Regel werden gute Fertigkeiten entwickelt.
Jungen sind häufig den Mädchen überlegen.

Steigen. Die Einschränkungen, die für das Vorschulalter ausgewiesen wurden, werden im frühen Schulkindalter überwunden. Die Steigebewegung wird beherrscht.

Springen. Leistungsfähigkeit und Variationsbreite nehmen bei entsprechender Übung im 2./3. Schuljahr deutlich zu.
Im 7. Lebensjahr herrschen Steige-, Schritt- und Laufsprünge vor.
Neue Sprungformen, wie z. B. Dreierhop und Stützsprünge, werden relativ rasch erlernt und begeistert geübt.
Das elastische Aufkommen verbessert sich zunehmend. Es muß aber bei vielen Kindern besonders gezielt geübt werden.

Werfen. Beim Werfen treten individuelle und geschlechtsspezifische Unterschiede deutlich hervor.
Jungen sind den Mädchen überlegen. Die Wurfleistung der Mädchen im 7. Lebensjahr entspricht etwa 60% der Leistung der Jungen.
Das Werfen muß geübt werden, wenn eine gute Qualität erreicht werden soll.
Die Kombination von Lauf und Wurf wird nur langsam erlernt und erfolgt noch wenig fließend.

Fangen. Bei direktem Zuspiel fängt das Kind Bälle in der gesamten Armreichweite (Kniehöhe bis Armstreckung nach oben und seitlich).
Das Antizipationsvermögen ist deutlich verbessert. Es reicht aber noch nicht aus, um z. B. einen Ball im Sprung zu fangen.
Gezieltes Üben entscheidet auch hier über die Qualität der Bewegungsausführung.

Aufgabe

Erläutern Sie die Schlußfolgerungen, die sich aus der Entwicklung im frühen Schulkindalter für den Aufbau Ihrer Übungsstunden ergeben!

3.6. Spätes Schulkindalter

Das späte Schulkindalter umfaßt bei Mädchen das 10./11.—11./12. Lebensjahr (3./4.—5./6. Schuljahr) und bei Jungen das 10./11.—12. 13. Lebensjahr (3./4.—6./7. Schuljahr). Die Phase wird mit dem Beginn der Geschlechtsreife beendet, daher unterliegt die obere Altersgrenze individuellen Unterschieden.
Dieser Zeitabschnitt wird als *Phase der besten motorischen Lernfähigkeit in der Kindheit* bezeichnet.

3.6.1. Allgemeiner motorischer Befund

Kinder verfügen über eine hohe motorische Aktivität, die bei Erfordernis sehr zielgerichtet und beherrscht eingesetzt wird (z. B. im Sportunterricht). Beim Spiel im Freien wird der Bewegungsdrang besonders deutlich. Lauf und Kletterspiele werden bevorzugt. Dabei steigt die Gewandtheit deutlich.
Die Bewegungsabläufe werden im allgemeinen sicher beherrscht.
Die Grundstruktur der Bewegungen wird richtig erfaßt. Phasenverschmelzungen bei zyklischen Bewegungen erfolgen fließend.
Nebenbewegungen gehen zurück.
Der Bewegungsrhythmus wird in der Regel gut nachvollzogen.
Die Bewegungskopplung, besonders der Rumpfeinsatz, gelingt in guter Qualität.
Das Antizipationsvermögen erweitert sich erheblich.
Die motorische Steuerungs-, Kombinations- und Lernfähigkeit erreicht ein sehr gutes Niveau. Verbesserte koordinative und konditionelle Leistungen, zunehmende Bewegungserfahrungen und gesteigerte Wahrnehmungsleistungen führen zum „Lernen auf Anhieb". Diese Fähigkeit tritt bei Jungen deutlicher als bei Mädchen auf. Bewegungsabläufe werden in ihrer Gesamtheit schnell erfaßt und sehr rasch grobmotorisch richtig nachvollzogen.
Die Entwicklung der Beweglichkeit ist stark übungsabhängig.
In nicht beanspruchten Bewegungsrichtungen zeigt die Beweglichkeit eine rückläufige Tendenz. Bei Übung nimmt die Beweglichkeit in den Wirbelsäulen-, Hüft- und Schultergelenken zu und erreicht das höchste Niveau.
Maximal- und Schnellkraft nehmen kontinuierlich zu. Die Leistungen der Jungen liegen etwas höher als die der Mädchen.
Die Kraftzunahme im Beinbereich ist deutlich besser als im Armbereich.
Die Ausdauerleistungen bei geringem oder mittlerem Krafteinsatz sind stark übungsabhängig und zeigen große individuelle und auch geschlechtsspezifische Unterschiede.
Die eigentliche Kraftausdauer ist gering entwickelt.
Alle Schnelligkeitsfähigkeiten steigen.

Aufgabe
Stellen Sie einen Vergleich zwischen der allgemeinen motorischen Entwicklung im frühen und im späten Schulkindalter an!

3.6.2. Weiterentwicklung verschiedener Grundbewegungsformen

Auf die Darstellung des *Gehens, Kletterns und Steigens* wird verzichtet, da keine besonderen Qualitätsveränderungen gegeben sind.

Laufen. Krafteinsatz und Geschwindigkeit nehmen weiter zu.
Mädchen erreichen im 5. Schuljahr etwa die gleichen Leistungen wie Jungen.
Nebenbewegungen treten nur noch selten auf.
Der Rumpf wird in stärkerer Vorlage gehalten.
Bei manchen Kindern werden verstärkte Hohlkreuzhaltung und Nackenhalte des Kopfes als deutliche Mängel beobachtet.
Oft ist auch die Streckung des Körpers nicht genügend ausgeprägt, die Körperhaltung wirkt dann verkrampft.

Springen. Die erzielten Leistungen bei modernen Hoch- und Weitsprungtechniken beweisen die guten motorischen Qualitäten. Eine kontinuierliche Steigerungsrate ist nachweisbar.

Werfen. Die Qualität der Wurfleistung ist nur durch gezieltes Üben deutlich zu erhöhen. Die Jungen sind den Mädchen um etwa 50 % überlegen.

Fangen. Das gesteigerte Antizipationsvermögen spiegelt sich in der Verbesserung der Fangleistung deutlich wider. Auch beim Fangen bestätigt sich, daß die Leistungssteigerung übungsabhängig ist.

Aufgabe
Im späten Schulkindalter sind geschlechtsspezifische Unterschiede in den motorischen Leistungen bereits offensichtlich. Ermitteln Sie Ursachen, die zu dieser Differenz führen.

3.7. Pubertätsalter – erste Phase der Reifungszeit

Die Pubeszenz umfaßt bei Mädchen das 11./12.—13./14. Lebensjahr (5./6.—7./8. Schuljahr), bei Jungen das 12./13.—14./15. Lebensjahr (6./7.—8./9. Schuljahr). Es ist die Zeitspanne vom Beginn der Geschlechtsreifung bis zur Menarche (erste Regelblutung) bzw. Spermarche (erstes Auftreten reifer Samenfäden). Individuelle Unterschiede von ±2 Jahren sind möglich. Diese Altersstufe wird als *Phase der Umstrukturierung von motorischen Fähigkeiten und Fertigkeiten* bezeichnet.

3.7.1. Allgemeiner motorischer Befund

In der Phase der geschlechtlichen Reifung vollzieht sich eine umfassende hormonelle Umstellung im Organismus. Aus ihr resultiert die Widersprüchlichkeit im psychischen und auch im motorischen Verhalten. Phasen der ausgeprägten, übersteigerten motorischen Aktivität wechseln mit Phasen der motorischen Trägheit. In den Trägheitsphasen wird das Desinteresse an der Bewegung deutlich dokumentiert. Mit großem Engagement aber löst der Jugendliche sportliche Aufgaben, wenn sie seinen Interessen entsprechen.

Maximalkraft- und Schnellkraftleistungen können besonders bei männlichen Jugendlichen einen verstärkten Zuwachs erfahren.

Koordinative Fähigkeiten und Ausdauerleistungen entwickeln sich vorübergehend nur wenig.

Die Schnelligkeitsfähigkeiten steigen an. Sie liegen bei männlichen Jugendlichen deutlich höher als bei weiblichen.

Die Beweglichkeitsentwicklung ist wiederum stark übungsabhängig. Die Beugefähigkeit in den Wirbelsäulen- und Hüftgelenken kann noch zunehmen, während sich die Bewegungsamplitude in den Schultergelenken und die Abduktionsbewegungen in den Hüftgelenken verringern.

Die Ausdauerleistungen sind von der Kreislaufsituation abhängig. Viele Jugendliche leiden unter Kreislauflabilität und sind nur begrenzt leistungsfähig.

Die körperlichen Auswirkungen der hormonellen Umstellung sind unterschiedlich stark ausgeprägt. Sie sind bei Nichttrainierenden häufig auffälliger. Nachfolgende Kriterien können als charakteristisch angesehen werden:

Die Ganzkörperbewegungen werden plumper und schwerfälliger, der Bewegungsfluß ist qualitätsgemindert.

Nebenbewegungen treten wieder verstärkt auf. Steife und verkrampfte oder kraftlose und „schlaksige" Bewegungsausführungen sind zu beobachten.

Die motorische Anpassungs-, Umstellungs- und Lernfähigkeit ist reduziert.

Die Konstanz hinsichtlich der Qualität und der Ergebnisse der Bewegungsabläufe fehlt.

Als Ursachen für diese Entwicklungserscheinungen sind die körperlichen Veränderungen anzusehen. Die Jugendlichen erfahren den *zweiten Gestaltwandel*. Ein gesteigertes Längenwachstum führt zu Disproportionen im äußeren Erscheinungsbild. Oft sind die Extremitäten überlang, und die Muskulatur entwickelt sich nicht parallel zum Längenwachstum. Bei Mädchen tritt häufig eine reichliche Gewichtszunahme (bis zu 15 kg möglich!) auf.

Psychisch läßt sich eine erhöhte Erregbarkeit und ausgeprägte Sensibilität feststellen.

Auffällig werden die geschlechtsspezifischen Unterschiede. Männliche Jugendliche sind in der Regel leistungsfähiger als weibliche. Daneben treten verstärkt individuelle Leistungsunterschiede auf.

Aufgaben

1. Das Pubertätsalter ist nicht als „Schonzeit" für die körperlichen Anforderungen anzusehen. Begründen Sie diese These!
2. Erläutern Sie die Ursachen für die individuellen motorischen Leistungsunterschiede!

3.7.2. Weiterentwicklung verschiedener Grundbewegungsformen

Gehen. Im Gangbild spiegelt sich die Widersprüchlichkeit dieser Entwicklungsetappe deutlich wider.

Häufig wird betont nachlässig, in schlechter Körperhaltung gegangen.

Bei Mädchen ist im Gangbild oftmals ein gewisses „Imponiergehabe" zu beobachten.

Laufen. Die Laufleistung zeigt eine kontinuierliche Zuwachsrate.

Die Qualität der Laufbewegung aber stagniert oder zeigt eine rückläufige Tendenz. Das zeigt sich im Bewegungsfluß, in der -kopplung, -elastizität, -stärke u. a.

Springen. Ähnlich wie bei der Laufbewegung steigt die Leistung bei häufig anzutreffenden deutlichen Qualitätsmängeln.

Werfen. Die Wurfleistung erhöht sich in der Regel ebenfalls. Wiederum sind Qualitätsmängel — z. B. zu geringer Rumpfeinsatz — zu verzeichnen.

Lauf-, Sprung- und Wurfleistungen der weiblichen Jugendlichen liegen in der Regel nur geringfügig unter denen der männlichen.

Aufgabe

Welche Bewegungsqualitäten sind bei Jugendlichen in der Pubertät vordergründig zu üben?

3.8. Adoleszentenalter — zweite Phase der Reifungszeit

Die Adoleszenz umfaßt bei weiblichen Jugendlichen das 13./14.—17./18. Lebensjahr (7./8. bis 10./11. Schuljahr), bei männlichen Jugendlichen das 14./15.—18./19. Lebensjahr (8./9. bis 11./12. Schuljahr). Biologisch handelt es sich um die Zeitspanne von der Menarche bzw. Spermarche bis zur Maturität (körperliche Vollreife). Individuelle Unterschiede treffen besonders auf den Beginn der Phase zu.
Das Adoleszentenalter wird als *Phase der Stabilisierung, der ausgeprägten geschlechtsspezifischen Differenzierung und der fortschreitenden Individualisierung* bezeichnet.

3.8.1. Allgemeiner motorischer Befund

Das widersprüchliche Verhalten und die Gegensätzlichkeit in der Motorik, die für das Pubertätsalter typisch sind, werden allmählich überwunden. Die Einstellung der Jugendlichen sportlichen Anforderungen gegenüber wird sachlicher und vernunftbetonter. Lernbereitschaft und Leistungsstreben steigen erneut an. Das trifft vor allem für männliche Jugendliche zu, die „echt männliche" Eigenschaften, wie Kraft, Mut, Durchsetzungsvermögen u. a., beweisen wollen. Männliche Jugendliche sind — auch in ihrer Freizeit — meist bewegungsintensiv. Weibliche Jugendliche bevorzugen meist weniger anstrengende, Gewandtheit fordernde Bewegungen. Der Individualisierungsprozeß zeigt sich in verstärktem Maße. Sportliche Betätigungen sind interessengebunden. Völlige Ablehnung ist in dieser Phase ebenso zu finden wie extreme sportliche Betätigung. Die Qualität in der Bewegungsausführung steigt wieder an.
Die Bewegungen werden wieder kraftvoller, verlaufen fließender und rhythmischer.
Die Bewegungselastizität steigt erneut an.
Die Nebenbewegungen, die für die Pubeszenz typisch sind, verlieren sich, der Bewegungsumfang wird der Bewegungsaufgabe entsprechender.
Die verkrampfte oder zu schlaffe Bewegungsausführung des Pubertätsalters wird normalisiert.
Präzision und Konstanz der Bewegungsabläufe zeigen eine deutliche Verbesserung.
Bewegungstempo und -stärke entwickeln sich vorwiegend bei männlichen Jugendlichen. Sie bevorzugen kleinräumige, kraftvolle Bewegungen.
Weibliche Jugendliche ziehen großräumige, wenig kraftvolle, sehr rhythmische Bewegungen vor. Ihre Bewegungen weisen einen größeren Ausdrucksgehalt auf.
Die Kraftentwicklung stagniert bereits im 15./16. Lebensjahr.
Die Schnelligkeitsfähigkeiten steigen bis zum 15./16. Lebensjahr deutlich an.
Ebenfalls steigen die Ausdauerleistungen. Bei weiblichen Jugendlichen ist das Maximum in der Regel im 16./17., bei männlichen im 19. bis 23. Lebensjahr erreicht.
Die motorische Lernfähigkeit verbessert sich besonders bei männlichen Jugendlichen, bei nichttrainierenden weiblichen Jugendlichen kaum.
Die Beweglichkeit in den beanspruchten Bewegungsrichtungen erreicht etwa mit dem 21. Lebensjahr ihren Höhepunkt. Nicht geschulte Bewegungsrichtungen weisen eine rückläufige Amplitude auf.
Deutlich vollzieht sich der Individualisierungsprozeß. Die Bewegungen werden generell schnell oder langsam, mit großem oder kleinem Bewegungsumfang, kraftvoll oder schlaff, gelöst oder verkrampft, fließend und elastisch oder eckig und unelastisch ausgeführt. Temperament und Einstellungen lassen sich in der Bewegungsausführung erkennen. Häufig treten allerdings die Extreme nicht so deutlich auf, eine bestimmte Tendenz ist aber feststellbar.
Viele Jugendliche erreichen den Höchststand der motorischen Leistungsfähigkeit, der bei entsprechendem Training für etliche Jahre erhalten oder noch gesteigert werden kann. Die Adoleszenz ist damit als ein erneuter Höhepunkt in der motorischen Entwicklung anzusehen.

Aufgaben

1. Beweisen Sie anhand motorischer Parameter, daß das Adoleszentenalter eine Stabilisierungsphase darstellt!

2. Ermitteln Sie Ursachen für die individuelle Differenzierung im motorischen Leistungsbereich!

3.8.2. Weiterentwicklung verschiedener Grundbewegungsformen

Gehen. Aus der allgemeinen Charakteristik (vgl. 3.8.1.) ergeben sich Besonderheiten, die auch im Gang auffällig werden. Geschlechtsspezifische Unterschiede treten deutlich hervor.

Bei weiblichen Jugendlichen ist das Gangbild fließend, weicher, kleinräumig und rhythmisch.

Männliche Jugendliche gehen kraftvoll, oft hart. Ihre Schrittlänge ist größer.

Der individuelle Ausdrucksgehalt beim Gang zeigt bei weiblichen Jugendlichen eine große Variationsbreite. Deutlich lassen sich aktuelle Stimmungen beim Gehen erkennen.

Laufen. Beim Lauf werden die geschlechtsspezifischen Unterschiede zunehmend offensichtlicher.

Ein Leistungszuwachs ist vorrangig bei männlichen Jugendlichen zu beobachten. Bei ihnen verläuft die Bewegung kraftvoller, mit ökonomischem Krafteinsatz.

Bei weiblichen Jugendlichen ist eine Leistungssteigerung nur durch gezieltes Training zu erwarten. Bei Nichttrainierenden kann schon im 16./17. Lebensjahr ein Leistungsstillstand eintreten.

Springen. Auch in diesem Bereich liegen die Leistungen der männlichen Jugendlichen deutlich über denen der weiblichen, obwohl auch bei ihnen noch eine jährliche Zuwachsrate erwartet werden kann.

Moderne Sprungtechniken werden bei entsprechendem Training sicher beherrscht.

Werfen. Das Leistungsmaximum liegt bei männlichen Jugendlichen etwa im 18. Lebensjahr, bei weiblichen etwa im 17./18. Lebensjahr.

Geschlechtsspezifische Unterschiede werden bei den erzielten Ergebnissen ebenfalls offenkundig.

Bei weiblichen Jugendlichen sind Mängel in der Wurfleistung durch unzureichendes Training besonders auffällig.

Einige *Ursachen für die zunehmenden geschlechtsspezifischen Differenzierungen* sollen nachfolgend genannt sein:

— Für die Mehrzahl der Jugendlichen beginnt in diesem Zeitraum die Berufsausbildung, die zu einer erheblichen Veränderung der Tagesgestaltung führt. Erste Auswirkungen der Berufswahl auf die Motorik sind zu beobachten. Man unterscheidet zwischen „reizstarken" Berufen (z. B. Dreher, Schlosser) und „reizschwachen" Berufen (z. B. Feinmechaniker).

— Die Freizeitgestaltung erfolgt stark interessengebunden. Viele Jugendliche betreiben „einseitig" Sport, viele betätigen sich sportlich nur wenig oder überhaupt nicht.

— Die Differenzierung im Körperbau prägt sich deutlich aus. Es ist zu beachten, daß die Körperproportionen sowie die Ausprägung der Muskulatur bei athletischen, pyknischen und leptosomen Typen erhebliche Unterschiede zeigen.

Aufgaben

1. Stellen Sie die Qualität der Grundbewegungsformen in der 1. und 2. Phase der Reifung gegenüber. Verdeutlichen Sie dabei die geschlechtsspezifischen Unterschiede!
2. Erarbeiten Sie sich Argumentationsschwerpunkte für eine Diskussion mit einem Jugendlichen, der deutliches Desinteresse an körperlicher Betätigung zeigt!

3.9. Erwachsenenalter

Bei der Darstellung der motorischen Entwicklung im Erwachsenenalter erfolgt jeweils nur eine allgemeine Charakteristik. In ihr sind die Besonderheiten für die Grundbewegungsformen enthalten oder von ihr abzuleiten. Diese Verfahrensweise ist gerechtfertigt, da sich die gezielte körperliche Betätigung mit zunehmendem Alter verringert.

Auf die eminente Bedeutung des körperlichen Trainings — zumindest in der Form des Freizeit- und Erholungssportes — für die Gesunderhaltung des Menschen soll hiermit nachdrücklich hingewiesen sein.

3.9.1. Frühes Erwachsenenalter

Diese Entwicklungsphase umfaßt den Zeitraum von etwa 18/20 Jahren bis zu 30 Jahren. Es sind die *Jahre der relativen Erhaltung der motorischen Leistungsfähigkeit.*

Im frühen Erwachsenenalter stabilisiert sich in besonderem Maße die Alltags- und Arbeitsmotorik. Bewegungsfertigkeiten für diese Bereiche werden entwickelt. Eine zweckmäßige, ökonomische Differenzierung erfolgt. Daher kann für diese Gebiete auch die Bezeichnung „*Phase der vollen motorischen Ausprägung*" gewählt werden.
Der persönliche Arbeitsstil prägt sich aus.
Krafteinsatz und Bewegungstempo entsprechen den Arbeitsaufgaben.
Präzision und Konstanz kennzeichnen die Alltags- und Arbeitsmotorik.
Die Bewegungsabläufe dieser Bereiche verlaufen zunehmend automatisiert, über die extrapyramidalen Nervenbahnen.
Die motorische Beanspruchung hängt somit wesentlich von der Art des Berufes (reizstark oder reizschwach) ab.
Der Ökonomierungsprozeß ist bei jungen Männern deutlicher als bei jungen Frauen zu beobachten. Bei jungen Frauen tritt jedoch auch ein Ökonomierungsprozeß ein.
Die Bewegungen der Frauen sind in der Regel fließender, gelöster und weniger kraftvoll als die der Männer.
Frauen verfügen über eine größere Variationsbreite in der Gesamtmotorik, der Ausdrucksgehalt ihrer Bewegungsausführung ist hoch.
Das wird in besonderem Maße beim Gangbild deutlich. Das Gangbild weist interindividuelle (Unterschied von Frau zu Frau) und intraindividuelle (Unterschiede bei der gleichen Frau — z. B. durch verschiedene Stimmungslagen) Besonderheiten auf.

Für die Sportmotorik gilt bereits in dieser Phase, daß die Leistungsfähigkeit nur durch Übung und Beanspruchung auf einem hohen Niveau gehalten werden kann. Bei fehlenden Trainingsreizen sinkt die Leistungsfähigkeit zunächst relativ rasch ab. Der weitere Leistungsrückgang in den späteren Altersstufen erfolgt dann erheblich langsamer. Trotzdem liegt das Leistungsniveau deutlich höher als in den nachfolgenden Altersstufen.
Rückläufige Tendenzen zeigen vorrangig die koordinativen Fähigkeiten sowie Schnelligkeit und Ausdauer. Das Maximum dieser Fähigkeiten liegt etwa im 20. Lebensjahr.
Maximalkraft und Kraftausdauer haben den Höchststand etwa um das 25. Lebensjahr. Beide Bereiche sinken in dieser Phase nur gering.
Hervorzuheben sind die auffällig höheren Leistungen bei intensiv trainierenden Menschen. Für verschiedene sportliche Disziplinen gilt diese Altersstufe als Höchstleistungsalter.
Die *geschlechtsspezifischen Unterschiede* zeigen sich vorherrschend bei nichttrainierenden Menschen.
— Die Leistungsmaxima der Frauen liegen in der Regel einige Jahre früher als bei Männern.
— Unterschiede beziehen sich insbesondere auf Kraft-, Ausdauer- und teilweise auf Schnelligkeitsleistungen.
— Bei koordinativen Fähigkeiten sind die Unterschiede geringfügig.
— Frauen sind in der Regel geschickter als Männer.

Die *Ursachen* für die geschlechtsspezifischen Unterschiede sind vorrangig in den körperlichen Besonderheiten zu suchen:
— Frauen sind in der Regel etwa 10 cm kleiner und 10 kg leichter als Männer.
— Die Frau hat etwa ein Drittel weniger Muskulatur, dafür reichlicher Fettgewebe.
— Auch die Körperproportionen sind unterschiedlich. Frauen haben meist kürzere Extremitäten, schmalere Schultern und ein breiteres Becken als Männer. Damit sind ungünstigere anatomische Bedingungen für die Kraftentwicklung gegeben.

Außerdem üben Frauen in der Regel reizschwächere Berufe aus. Eine zeitweilige Leistungsminderung ist zusätzlich durch Schwangerschaften, Geburten, Wochenbett gegeben. Im Alltag kommen der Frau meist weniger kraftvolle Arbeiten zu als dem Mann.

Aufgaben

1. Untersuchen Sie die Anforderungen, die der Alltag an eine junge Frau (etwa 25 Jahre, Familie, 1 bis 2 Kinder, berufstätig) stellt und prüfen Sie, ob die Belastungen der Erhaltung der motorischen Leistungsfähigkeit dienen!
2. Erarbeiten Sie Hinweise für eine optimale Freizeitgestaltung und begründen Sie Ihre Aussagen!

3.9.2. Mittleres Erwachsenenalter

Das mittlere Erwachsenenalter beginnt mit etwa 30 Jahren und endet mit 45/50 Jahren. Es umfaßt die *Jahre der allmählichen motorischen Leistungsminderung*.

Die Leistungsminderung betrifft noch nicht die Alltags- und Berufsmotorik. Nur bei schwerer körperlicher Arbeit oder hoher nervlicher Belastung zeigen sich zum Ende der Phase Leistungsminderungen. In der Regel steht der Erwachsene in der Phase der beruflichen Höchstleistungen. In der Sportmotorik werden rückläufige Tendenzen deutlich. Zum Ende der Phase ist das Niveau der sportlichen Leistungen bei Nichttrainierenden als niedrig zu bezeichnen.
Die motorische Anpassungs-, Umstellungs- und Lernfähigkeit geht deutlich zurück.
Schnelligkeit, Schnellkraft, Ausdauer und Kraftausdauer unterliegen einer rückläufigen Entwicklung.
Die Maximalkraftleistung ist weitgehend berufsabhängig. Trainierende liegen in ihrer Leistungsfähigkeit deutlich über den Nichttrainierenden. In der Regel läßt das Interesse an der gezielten sportlichen Betätigung nach. „Wir hören nicht deshalb auf, Sport zu treiben, weil wir alt werden, sondern wir werden alt, weil wir mit dem Sport aufhören" (nach Mateef). Aktiv trainierende Menschen zeigen weiterhin hohe motorische Leistungen.

Aufgaben

1. Überprüfen Sie, ob die Leistungsminderung in den angegebenen Bereichen (vgl. Text) tatsächlich aufzuhalten ist!
2. Ermitteln Sie Ursachen, die zur sportlichen Inaktivität der Menschen führen und ziehen Sie die notwendigen Schlußfolgerungen!

3.9.3. Späteres Erwachsenenalter

Das spätere Erwachsenenalter beginnt etwa mit 45/50 Jahren und endet mit 60/70 Jahren. Es handelt sich um die *Jahre der verstärkten motorischen Leistungsminderung*. Die relativ große Zeitspanne für Beginn und Ende der Phase weist darauf hin, daß zwischen kalendarischem und biologischem Alter zu unterscheiden ist. Das kalendarische Alter entspricht den tatsächlichen Lebensjahren. Mit dem biologischen Alter wird der Funktionszustand aller Organsysteme und damit das Leistungsvermögen des Menschen charakterisiert.
Die verstärkte motorische Leistungsminderung entwickelt sich langsam. Sie ist ein irreversibler Vorgang. Der Leistungsrückgang tritt allmählich auch in der Alltags- und Berufsmotorik auf, besonders bei körperlich anstrengenden Arbeiten. Der Rückbildungsprozeß wird zum Ende der Phase offensichtlich.
Die motorische Umstellungs-, Anpassungs- und Lernfähigkeit geht deutlich zurück.
Motorische Stereotype kennzeichnen die Bewegungshandlungen (automatenhaftes, gleichförmiges Wiederholen).
Neben den koordinativen Fähigkeiten werden besonders die Schnelligkeitsfähigkeiten (Bewegungstempo-, Frequenz- und Reaktionsschnelligkeit) deutlich reduziert.
Die Ausdauerfähigkeiten bleiben im beruflichen Bereich noch relativ lange erhalten.
Die Kraftleistungen liegen bei reizstarken Berufen noch relativ hoch.
Beweglichkeit und Elastizität bilden sich deutlich zurück.

Die individuellen Unterschiede in der gesamten motorischen Leistungsfähigkeit hängen in erster Linie davon ab, ob der Mensch Sport getrieben hat und treibt oder nicht. Die Leistungsfähigkeit kann bis ins hohe Alter erhalten bleiben. Der Alterungsprozeß kann (nach Strauzenberg u. a.) um 10—20 Jahre verzögert werden, wenn der Körper trainiert wird.
Hervorzuheben ist die positive Auswirkung des körperlichen Trainings auf den Funktionszustand von Herz-Kreislauf- und Atmungssystem. Auf die Leistungsfähigkeit haben Faktoren wie Ernährung, Körpergewicht, Genußmittelverbrauch, berufliche Belastung, Gestaltung des Tagesablaufes, Freizeitbeschäftigung, Erkrankungshäufigkeit und -schwere u. a. einen entscheidenden Einfluß.
Das Ausscheiden aus dem Berufsleben zum Ende der Phase bringt für viele Menschen erhebliche Probleme mit sich.

Aufgaben

1. Erarbeiten Sie Vorschläge für zumutbare sportliche Betätigungen, die Sie Menschen im späteren Erwachsenenalter empfehlen können!

2. Ermitteln Sie die Aspekte, die bei einer allgemeinen Gymnastik mit Erwachsenen im späteren Lebensalter im Vordergrund stehen müssen!

3.9.4. Spätes Erwachsenenalter

Das späte Erwachsenenalter beginnt mit 60/70 Jahren und endet mit dem Tod des Menschen. Es sind die *Jahre der ausgeprägten motorischen Involution* (Rückbildung).

Der motorische Leistungsrückgang wird in dieser Phase in allen Lebensbereichen offensichtlich. Er wird mit dem Eintritt in das Rentenalter vielfach besonders ausgeprägt.

Das Bewegungsbedürfnis geht zurück.

Die Bewegungsabläufe erfolgen langsam, kleinräumig, häufig kraftarm oder -los, starr und unelastisch.

Bewegungskombinationen — vor allem Simultankombinationen — fallen zunehmend schwerer (z. B. wird das Gehen unterbrochen, um eine Tasche zu öffnen u. a. m.).

Bewegungskopplung und -fluß zeigen eine niedere Qualität.

Der schlürfende Gang vieler alter Menschen offenbart die genannten Veränderungen sehr deutlich.

Die Ursachen für die motorische Involution liegen in den physiologischen Alterungsveränderungen. Sie vollziehen sich in allen Geweben und Organen. Zunehmend wird das zentrale Nervensystem von ihnen betroffen. Zusätzlich treten gehäuft Krankheiten auf, die das Leistungsvermögen reduzieren.

Hervorzuheben ist, daß diese irreversiblen Veränderungen im späten Erwachsenenalter durch gezielte körperliche Betätigung zwar nicht ausgeschlossen, aber verzögert werden können.

Aufgaben

1. Vergleichen Sie das allgemeine körperliche Leistungsvermögen von Erwachsenen im späteren und späten Lebensalter!
2. Welche Schlußfolgerungen ergeben sich aus dem Leistungsvermögen der Menschen im späten Erwachsenenalter für Ihre Arbeit mit diesen Menschen?

3.10. Motorische Ontogenese — eine wichtige Grundlage in der Physiotherapie

Kenntnisse über die motorische Ontogenese sind für den Physiotherapeuten eine der Grundlagen seiner Arbeit. Einige wichtige Aspekte werden nachfolgend zusammengefaßt aufgezeigt:

Kenntnisse über den altersgerechten motorischen Entwicklungsstand ermöglichen einen Vergleich zwischen dem Zustand der Patienten und dem allgemeinen Sollwert (beachte: exakte Befunderhebung ist unerläßlich!). Der Physiotherapeut ist verpflichtet, pathologische Abweichungen (vgl. z. B. Reflexverhalten im Säuglingsalter) dem Arzt zu übermitteln.

Der Physiotherapeut wird befähigt, altersgerechte Anforderungen zu stellen. Er erhält eine Zielorientierung, wenn auch in jedem Fall die individuellen Besonderheiten der Patienten zu berücksichtigen sind. Damit ist eine Möglichkeit gegeben, Über- oder Unterforderungen zu vermeiden.

Motorische Fähigkeiten sind bis ins späte Erwachsenenalter schulbar. Ein hohes körperliches Leistungsniveau unterstützt die Gesundheit der Menschen und erhöht ihre Lebensfreude. Diese Erkenntnis unterstützt die gesundheitsaufklärende Arbeit des Physiotherapeuten.

Die motorische Entwicklung kann besonders in den Jahren bis zu ihrer vollen Ausprägung zielgerichtet unterstützt werden.

Der motorischen Entwicklung im 1. Lebensjahr entnehmen wir die Tatsache, daß sich die Willkürmotorik in zephalokaudaler Richtung ausbildet. Diese Richtung ist prinzipiell bei der Behandlung aller Patienten in den verschiedenen Altersstufen nachzuvollziehen, da das Wiedererlernen „verlorengegangener" Bewegungsabläufe in gleicher Reihenfolge abläuft. Auf dieser Tatsache basieren die „Entwicklungsbedingten Übungsfolgen" (vgl. Krankengymnastik), die die Patienten vom Liegen zum Stand und zum Gang führen sollen.

Der Entwicklung im Säuglingsalter ist außerdem zu entnehmen, wie ein Mensch die verschiedenen Ausgangsstellungen seines Körpers beherrschen lernt:

Das Kind lernt zunächst, eine neue Ausgangsstellung einzunehmen. Es bewegt sich immer wieder in diese neue Ausgangsstellung hinein. Nachfolgend versucht das Kind, die neue Stellung zu stabilisieren. Es übt das Gleichgewicht und versucht mit zunehmender Beherrschung, seine Körperstellung in der neuen Position zu variieren.

Das Kind bewegt Kopf, Rumpf und Extremitäten isoliert und kombiniert in der neuen Ausgangsstellung und aus ihr heraus. Damit ist die Überleitung zum Erwerb einer neuen, höheren Ausgangsstellung erreicht.

> *Beachte:*
> - Die Übungsreihenfolge der Normalentwicklung ist als wichtiges Grundprinzip in die Bewegungsbehandlung aller Patienten zu integrieren.

Offenkundig wird auch die Tatsache, daß in der Normalentwicklung zuerst die Grobmotorik und nachfolgend die Feinmotorik erworben wird (z. B. Entwicklung des Greifens). Auch dieses Prinzip gilt es, in der Physiotherapie mit den Patienten nachzuvollziehen.

Aufgaben

1. Ermitteln Sie in einer Längsschnittbetrachtung die Entwicklung

— der Kraftqualitäten
— der Schnelligkeitsfähigkeiten
— der Beweglichkeit
— der motorischen Lernfähigkeit
über alle Altersstufen!

2. Im Gangbild spiegelt sich die motorische Entwicklung des Menschen wider. Untersuchen Sie die Veränderungen dieser Grundbewegung in allen Altersstufen!

4. Biologische Grundlagen des Trainings

4.1. Wechselbeziehungen zwischen Belastung und Anpassung

Der menschliche Organismus besitzt die Fähigkeit der Selbstregulation und Selbstorganisation und damit die Voraussetzungen, auf Veränderungen in der Umwelt mit Anpassungserscheinungen zu reagieren.

4.1.1. Äußere und innere Belastung

Ein Anpassungsvorgang vollzieht sich nur, wenn der Körper bestimmten Belastungen ausgesetzt wird. Die im Sport getroffene Unterscheidung zwischen äußerer und innerer Belastung hat für die Physiotherapie eine besondere Bedeutung und muß im Behandlungsprozeß berücksichtigt werden.

> Die äußere Belastung wird durch den Belastungsumfang und die Belastungsintensität bestimmt, d. h., durch Reizintensität, -dichte, -dauer, -umfang und Übungshäufigkeit.

Diese Größen sind planbar und weitgehend meßbar (vgl. dazu 4.1.5.).
Durch die äußere Belastung wird eine Reaktion im Organismus hervorgerufen. Die Reaktionen betreffen den physischen und den psychischen Bereich des Menschen. Sie entsprechen der inneren Belastung.

> Unter der inneren Belastung ist die Art und Stärke physiologischer und biochemischer Veränderungen sowie der Grad der psychischen Beanspruchung zu verstehen.[1]

Durch diese Faktoren wird der *Anstrengungsgrad* gekennzeichnet. Die innere Belastung ist schwer erfaßbar und begrenzt steuerbar. Sie ist u. a. abhängig von

[1] Harre, D.: Trainingslehre. 3. Aufl. Sportverlag. Berlin 1979.

— der äußeren Belastung im Übungsprozeß
— der Gesamtheit aller Umweltfaktoren (Milieu im Krankenhaus, Verhältnis zum medizinischen Personal und zu den Mitpatienten, familiäre Situation, Tageseinteilung, Ernährung, Klima . . .)
— der allgemeinen physischen Leistungsfähigkeit (Konstitutionstyp, allgemeiner Trainingszustand . . .)
— der aktuellen physischen Leistungsfähigkeit (Art der Erkrankung, Gesundungsgrad . . .)
— den durch die Krankheit bedingten Schmerzen
— der psychischen Grundhaltung (optimistische oder pessimistische Grundeinstellung, Temperament, Willensqualitäten . . .)
— der aktuellen psychischen Situation (mangelnder Lebensmut, Gesundungswille . . .).

Der Physiotherapeut muß helfen, negativ wirkende Faktoren, die seiner Beeinflussung zugänglich sind, auszuschalten.
Es ist zu beachten, daß gleichartige äußere Belastungen einen unterschiedlichen inneren Belastungsgrad auslösen können (z. B. wechselt das Wohlbefinden der Patienten häufig von Tag zu Tag).

Aufgabe
Welche Faktoren sind im Umgang mit Patienten und bei der Gestaltung der Behandlungssituation zu berücksichtigen, um die innere Belastung der Patienten nicht unnötig zu erhöhen?

4.1.2. Anpassung

> „Unter Anpassung verstehen wir die sich unter dem Einfluß äußerer Belastungen vollziehende Umstellung physischer und psychischer Funktionssysteme auf ein höheres Leistungsniveau und die Einstellung auf spezifische äußere Bedingungen."[1]

[1] Harre, D.: Trainingslehre. 3. Aufl. Sportverlag, Berlin 1979.

Das Ziel des Trainings- oder Übungsprozesses besteht darin, durch Anpassung an eine spezifische Reizsetzung (äußere Belastung) die Leistung zu erhöhen (Abb. 18)

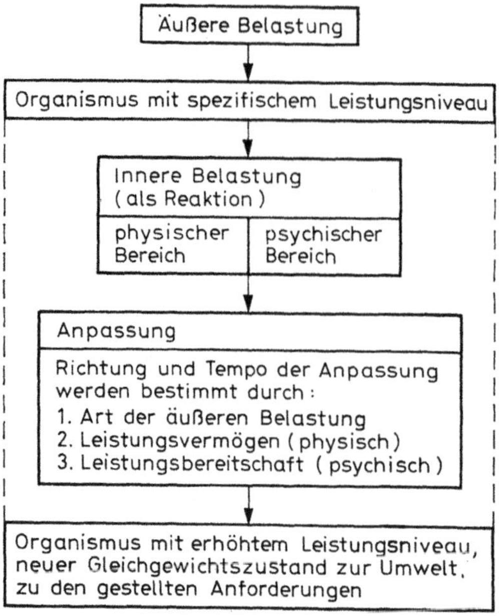

Abb. 18 Ziel des Trainingsprozesses

Die Anpassung kann durch Änderung der Funktion, der Struktur oder der Funktion und Struktur erfolgen. So kann der Bewegungsreiz als Erhaltungsreiz, als Wachstumsreiz oder als Reiz zur Leistungssteigerung wirken.
Die *tägliche Beanspruchung* ist zur Erhaltung der Funktion und Substanz der Muskulatur notwendig. Wird eine Extremität z. B. über längere Zeit im Gips ruhiggestellt, so entwickelt sich durch den Nichtgebrauch eine Inaktivitätsatrophie, bei der Struktur und Funktion der Muskulatur gestört werden. Durch gezielte Muskelarbeit kann diese Atrophie wieder ausgeglichen werden.
Wird ein gesunder Muskel einem intensiven Krafttraining unterzogen, so entsteht auf der Basis der veränderten Durchblutungs- und Stoffwechselsituation eine Hypertrophie dieses Muskels.
Trotz gleicher äußerer Belastung können das Niveau der inneren Belastung und damit die Anpassungserscheinungen individuell sehr unterschiedlich sein und auch bei einem Menschen an verschiedenen Tagen erheblich schwanken. Außerdem bestehen altersabhängige Unterschiede. Die günstigste Phase für motorische Anpassungsvorgänge liegt zwischen dem 10. und 15. Lebensjahr (vgl. Motorische Ontogenese).

Aufgabe

Erläutern Sie das Wesen der biologischen Anpassung!

4.1.3. Gesetzmäßigkeiten der biologischen Anpassung

Zwischen Belastung und Anpassung bestehen enge Wechselbeziehungen, die im folgenden erläutert werden.
Ein Reiz muß eine bestimmte *Intensität* und einen bestimmten *Umfang* besitzen, um übungswirksam zu werden, d. h., um Anpassungserscheinungen auszulösen. Um die günstigsten Werte einzusetzen, muß eine gezielte Befunderhebung zur Festlegung des Istzustandes erfolgen. Optimale Werte lösen rasche Anpassungserscheinungen aus. Über- oder Unterdosierung führen zum Leistungsstillstand oder -abfall.
Nur bei einem richtigen *Wechsel zwischen Belastung und Erholung* kann der Anpassungsprozeß optimal gestaltet werden. Jede Belastung ruft durch Energieverbrauch einen Ermüdungsprozeß hervor, in dem die Leistungsfähigkeit zeitweilig herabgesetzt ist. Damit ist der Reiz für die Anpassungsvorgänge gegeben, die in der Erholungsphase ablaufen. In dieser Zeit werden durch biochemische Prozesse energieliefernde Substan-

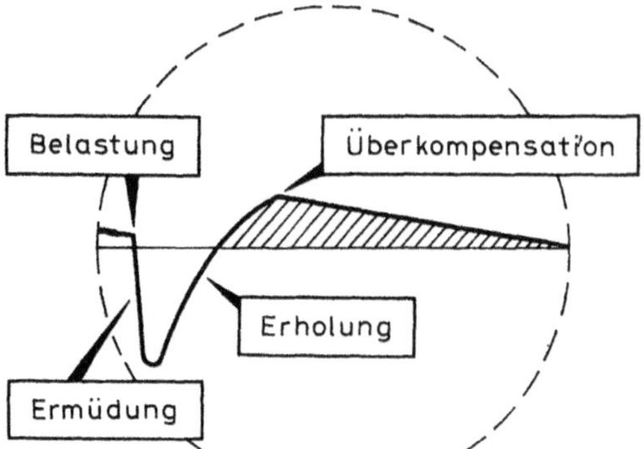

Abb. 19 Zyklus der Überkompensation (entnommen aus Harre, D.: Trainingslehre. 3. Aufl. Sportverlag, Berlin 1979).

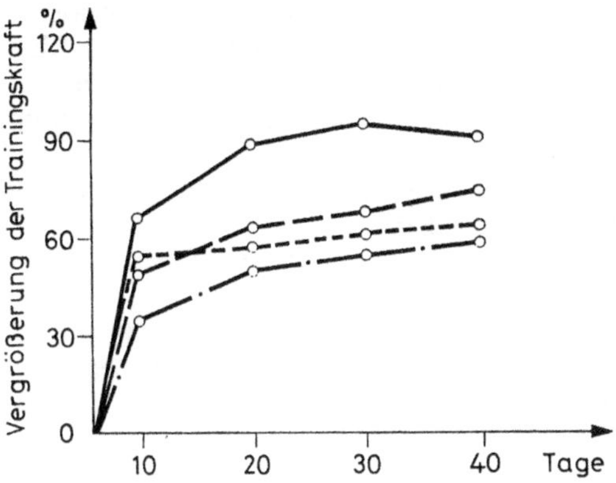

Abb. 20 Durchschnittliche Kraftzunahme einzelner Muskeln (entnommen aus Harre, D.: Trainingslehre. 3. Aufl. Sportverlag, Berlin 1979).

zen (Adenosintriphosphat, Kreatinphosphat) in den Gewebszellen aufgebaut und eingelagert.
Es konnte nachgewiesen werden, daß nicht nur die verbrauchten Substanzen ergänzt, sondern zusätzliche gespeichert werden, so daß der Ausgangswert überschritten wird. Dieser Vorgang wird als *Überkompensation* bezeichnet. Er ist die Voraussetzung für eine Leistungssteigerung (Abb. 19).
Durch die Überkompensation ist nur bei Trainingsanfängern oder bei neuen Übungsformen ein schneller Leistungsanstieg auf ein höheres Niveau zu erwarten (Abb. 20).
Üben wir z. B. mit einem Patienten nach längerer Ruhigstellung, so ist in den ersten Behandlungstagen eine relativ rasche Zunahme von Kraft und Beweglichkeit zu erwarten (ohne Überforderung!). Danach erfolgt der Leistungsanstieg sehr viel langsamer. Diese Erkenntnis ist im Übungsprozeß zu berücksichtigen. Sie muß den Patienten erklärt werden, damit sie nicht mutlos werden.
Es ist notwendig, die *äußeren Belastungen laufend zu steigern*, damit die Reize übungswirksam bleiben. Durch die Anpassungsvorgänge wird die physische und psychische Leistungsfähigkeit vergrößert. Gleichbleibend hohe Belastungen werden somit leichter bewältigt und verlieren zunehmend ihre Wirksamkeit. Zu beachten ist dabei der aktuelle, durch den Krankheitsverlauf bestimmte Zustand des Patienten.
Anpassungserscheinungen bilden sich zurück bzw. ihr Entwicklungstempo verlangsamt sich, wenn die Belastung wegfällt oder reduziert wird (Abb. 21).

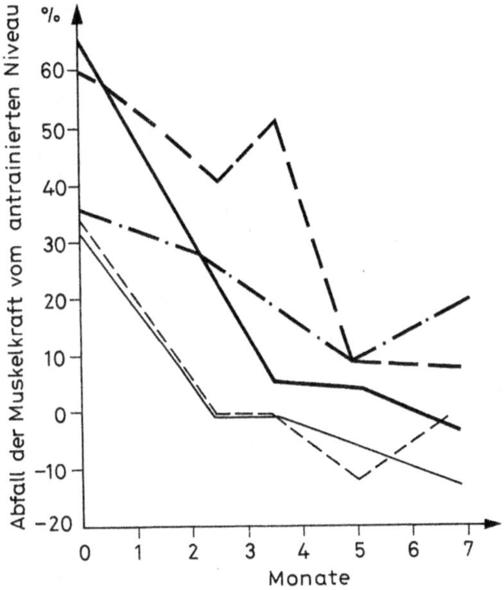

Abb. 21 Rückbildung antrainierter Muskelkraft einzelner Muskeln (entnommen aus Harre, D.: Trainingslehre. 3. Aufl. Sportverlag, Berlin 1979).

Die Rückbildung erfolgt um so schneller, je weniger die Anpassungserscheinungen gefestigt sind. Übungseffekte gehen verloren, wenn die Übung unterbleibt oder das Intervall zwischen den Übungen zu groß ist. Der größte Leistungszuwachs ist zu erwarten, wenn der neue Übungsreiz auf den Höhepunkt der Überkompensation fällt. Das tägliche Üben, z. B. auch in Form gezielter Haus-

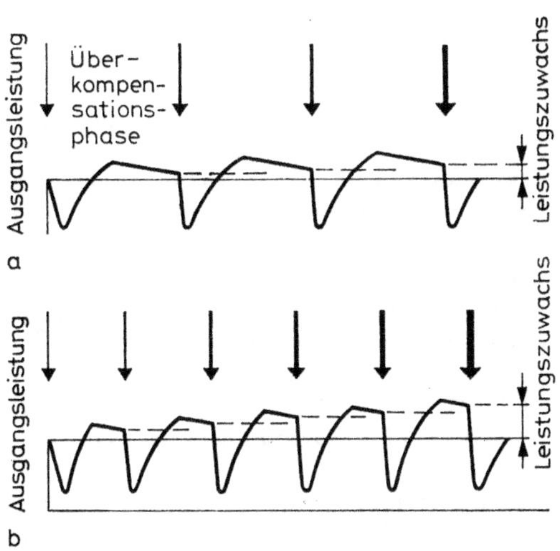

Abb. 22 Summation der Trainingseffekte (entnommen aus Harre, D.: Trainingslehre. 3. Aufl. Sportverlag, Berlin 1979).

übungsprogramme, ist deshalb von großer Bedeutung (Abb. 22).

Die *Richtung der Anpassung* ist von der Belastungsstruktur abhängig. Bei Übungsbeginn erzielt in der Regel jede Belastung eine komplexe Wirkung im menschlichen Organismus. Im späteren Übungsverlauf sind die Reaktionen differenzierter (Tabelle 2).

Tabelle 2 Zusammenhang zwischen Belastungsumfang, Reizintensität und entwickelter Fähigkeit

Belastungsumfang	Reizintensität	Entwickelte Fähigkeit
Groß	gering — mittel	Ausdauer
Gering	submaximal — maximal	Kraft, Schnelligkeit
Groß	maximal	Beweglichkeit

Die genannten Faktoren sind vom Physiotherapeuten bei der Gestaltung der Übungsprozesse zu beachten, um optimale Übungseffekte zu erzielen.

Aufgabe

Prägen Sie sich die Wechselbeziehungen zwischen Belastung und Anpassung nachdrücklich ein und weisen Sie Ihre Bedeutung für die Arbeit des Physiotherapeuten nach!

4.1.4. Training und Ubung

Die Begriffe „Training“ und „Übung“ sollen für den Bereich der Physiotherapie vom Standpunkt der Arbeitsphysiologie definiert werden[1]

> Unter dem Begriff Training werden alle körperlichen Belastungen verstanden, die eine funktionelle und morphologische Anpassung und Veränderung des Organismus und damit eine Leistungssteigerung hervorrufen.
> Übung dagegen bedeutet Verbesserung der Nerv-Muskel-Koordination, also das Erlernen und Vervollkommnen von Bewegungsabläufen. Der leistungssteigernde Effekt wird als Übungsgewinn bezeichnet.

Für die Arbeit in der Physiotherapie trifft vorwiegend der Begriff „Üben“ zu, da durch die Physiotherapie gestörte und verlorengegangene Funktionen geschult werden. Eine Gleichsetzung des Übungsprozesses in der Physiotherapie mit dem sportlichen Training ist fehlerhaft.

In der Physiotherapie — wie auch im Sport — werden vor allem

— konditionelle Fähigkeiten (Kraft, Schnelligkeit und Ausdauer) und

— koordinative Fähigkeiten (Beweglichkeit, Gewandtheit, Geschicklichkeit u. a., vgl. 2.3.)

geschult.

Die ablaufenden Anpassungsvorgänge, die beim Sportler einen Leistungszuwachs über das Normalmaß hinaus bewirken, sollen bei Patienten noch vorhandene Leistungsbereiche erhalten und stabilisieren. Patienten sollen möglichst an die Norm des Gesunden herangeführt werden. Vom Zustand der Patienten ausgehend, handelt es sich ebenfalls um eine echte Leistungssteigerung.

Aufgabe

Erläutern Sie den Inhalt des Übens in der Physiotherapie!

4.1.5. Spezifischer Ubungsreiz

Da die innere Belastung nur bedingt beeinflußbar ist (vgl. 4.1.1.), muß die äußere Belastung besonders sorgfältig geplant werden. Die folgenden Komponenten sind bei der Planung und Realisierung zu berücksichtigen:

Reizintensität

> Die Reizintensität entspricht der Stärke eines Einzelreizes oder der geleisteten Arbeit innerhalb einer Reizserie in einer bestimmten Zeiteinheit.

Bei Ausdauer- und Schnelligkeitsübungen bestimmen die Bewegungsfrequenz und das Bewegungstempo die Intensität. Bei Kraftübungen ist es die Größe des zu überwindenden Widerstandes (manuell oder durch Geräte).

Die Reizintensität ist individuell zu gestalten. Die aktuelle Leistungsfähigkeit ist zu berücksichtigen.

Folgende Intensitätsbereiche sind zu unterscheiden:

[1] Vgl. Harre, D.: Trainingslehre. 3. Aufl. Sportverlag, Berlin 1979.

Unwirksamer Bereich: Die Intensität ist so niedrig, daß es zu keiner Leistungssteigerung kommt und sogar die Funktions- und Strukturerhaltung in Frage gestellt ist. Dieser Bereich ist therapeutisch sinnlos.
Wirksamer Bereich: Die Intensität ist so hoch, daß Struktur- und Funktionserhaltung gewährleistet sind und eine Leistungssteigerung erzielt wird. Innerhalb des wirksamen Bereiches können folgende Stufen unterschieden werden:

gering = 30—50 %
leicht = 50—70 %
mittel = 70—80 %
submaximal = 80—90 %
maximal = 90—100 %

100 % entsprechen dem maximalen individuellen Leistungsvermögen
Diese aus dem Sport übernommenen Bereiche lassen sich auf die Physiotherapie übertragen.

Die Reizintensität beeinflußt das Entwicklungstempo und den Festigkeitsgrad der Anpassung (Tabelle 3).

Tabelle 3 Einfluß der Reizintensität auf Entwicklungstempo und Festigungsgrad der Anpassung

Intensitätsbereich	Reizumfang	Entwicklungstempo physischer Fähigkeiten	Festigkeitsgrad
Extensive Belastung (untere Grenze des wirksamen Bereiches)	groß	langsam, aber kontinuierlich	hoch, stabil
Intensive Belastung (submaximaler bis maximaler Bereich)	mittelgroß	schnell	niedrig, instabil

Die Reizintensität darf nie so hoch gewählt werden, daß die Bewegungsausführung unexakt wird. Sie muß aber unbedingt den Grenzwert zwischen unwirksamem und wirksamem Bereich überschreiten. Ein gewisser Anstrengungsgrad muß gegeben sein. Der wirksame Bereich ist bei Übungsanfängern breiter als bei höher trainierten Menschen.

Nachfolgende Beispiele sind als Orientierungshilfen anzusehen:
— Sollen Struktur und Funktion der Muskulatur erhalten bleiben, so muß bei statischer Muskelarbeit (isometrische Übungen) mindestens mit einer Reizintensität von mehr als 30 % der Maximalkraft gearbeitet werden.
— Um einen Kräftigungseffekt zu erzielen, können z. B. Spannungsübungen im maximalen und submaximalen Bereich von mindestens 7 s Dauer eingesetzt werden.

Weitere Hinweise sind den speziellen Unterrichtsgebieten zu entnehmen.

Reizdichte

> Die Reizdichte wird charakterisiert durch das zeitliche Verhältnis von Belastung und Erholung in einer Übungsserie.

Als allgemeine Regel gilt: Je höher die Reizintensität und je länger die Reizdauer gewählt wird, desto länger ist die Erholungspause zu gestalten. In der Steigerung kann die Pause verkürzt werden, ohne daß Übermüdungserscheinungen auftreten (vgl. 4.1.6.).
Zum Beispiel muß bei Kräftigungsübungen im Rahmen der Physiotherapie immer die völlige Entspannung des Muskels abgewartet werden, ehe der neue Übungsreiz gesetzt wird. Bei Übungsanfängern ist die Erholungsphase in der Regel länger als die Belastungsphase. Mit zunehmender Kräftigung der Muskulatur verschiebt sich diese Relation.
Immer ist die Zielsetzung der Muskelarbeit zu beachten.

Reizdauer

> Unter Reizdauer ist die Einwirkungsdauer eines Einzelreizes oder die Dauer einer Übungsserie bzw. die gesamte Belastungszeit zu verstehen, die sich aus der Wiederholungszahl der Einzelreize oder der Übungsserie ergibt.

Eine isometrische Muskelkontraktion muß mindestens 7 s lang sein, um einen Kräftigungseffekt zu erzielen (Reizdauer des Einzelreizes). Wiederholungen von etwa 5mal sind angezeigt, damit beträgt die Belastungsdauer der Übungsserie 35 s bei Nichtberücksichtigung der notwendigen Pausenzeiten zwischen den Belastungen!
Die Übungsserie wird in einer Übungseinheit bei Anfängern 3- bis 5mal, mit größeren Intervallpausen, bei Fortgeschrittenen 5- bis 8mal

wiederholt. Die reine Belastungszeit beträgt dann z. B. 5 × 35 s = 175 s. Die Übungszeit erweitert sich durch die notwendigen Pausen!

Reizumfang

> Der Reizumfang resultiert aus der Dauer und den Wiederholungen der Übungsreize in Abhängigkeit von der Reizintensität.

Der Reizumfang muß so groß sein, daß ein echter Effekt erzielt wird. Nur durch eine optimale Wiederholung wird die Feinkoordination jedes Bewegungsablaufes sicher erlernt. Beim Gesunden liegt der effektive Belastungsumfang vor, wenn Ermüdungserscheinungen auftreten. Dieser Faktor kann auch bei der Bewegungsbehandlung von Patienten als Grenzwert angenommen werden. Treten bei der Übungsausführung Ungenauigkeiten, Unsicherheit und verringerter Krafteinsatz sowie Schmerzen oder verstärkte Schmerzen (bei bereits bestehendem Schmerz vor Übungsbeginn) auf, so ist der Übungsprozeß abzubrechen.

Spezielle Hinweise dazu werden in den fachspezifischen Unterrichtsfächern gegeben.

Durch Belastung auftretende Ermüdungserscheinungen sind bei richtiger Dosierung spätestens nach 24—48 h verschwunden. Sehr starke Ermüdungserscheinungen sind Zeichen einer Überdosierung (vgl. 4.1.6.).

Zu Beginn einer neuen Belastung muß mindestens die ursprüngliche Leistungsfähigkeit wieder hergestellt sein. Bei Patienten kann der Krankheitsverlauf zu einer Verschlechterung des Leistungsniveaus führen. Dann muß der

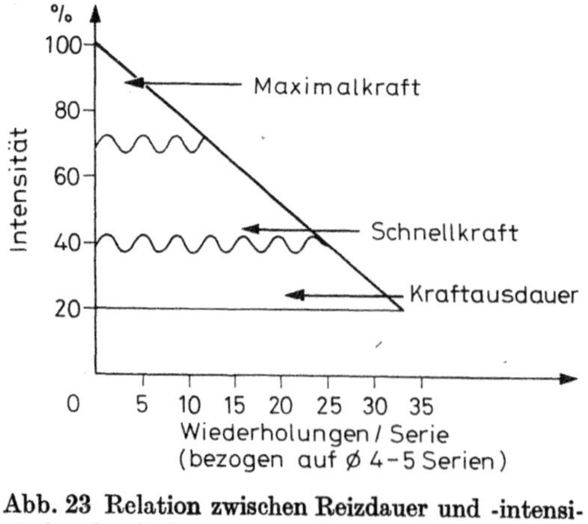

Abb. 23 Relation zwischen Reizdauer und -intensität bei der Steigerung von Kraftqualitäten

Belastungsumfang — in der Regel nach Absprache mit dem Arzt — neu festgelegt werden.

Zur Steigerung bestimmter Bewegungsqualitäten muß die Relation zwischen Reizdauer und -intensität unbedingt beachtet werden, wie am Beispiel der Kraftqualitäten verdeutlicht wird (Abb. 23).

Übungshäufigkeit

Die Übungshäufigkeit soll mit zunehmender Belastungs- und Leistungsfähigkeit ansteigen. Die Erholungsprozesse laufen schneller ab. Der Übungseffekt kann auf diese Weise besser gesteigert werden. Ambulante Patienten, die z. B. 3× wöchentlich zur Übungsbehandlung kommen, erhalten daher Übungsprogramme zum täglichen Üben zu Hause. Mehrmaliges tägliches Üben können die Patienten in der Steigerung zu Hause oder auch im Klinikbereich in vielen Fällen selbständig durchführen. Anleitende Hinweise dazu hat der Physiotherapeut zu geben.

Aufgaben

1. Sie haben für einen Patienten mit einer allgemeinen Haltungsschwäche (niedriger Tonus der gesamten Skelettmuskulatur) ein Behandlungsprogramm aufzustellen. Untersuchen Sie die zu berücksichtigenden Faktoren, um diesen Patienten ansteigend zu belasten!
2. Ermitteln Sie, welche Beziehungen zwischen den verschiedenen aufgeführten Faktoren zur Festlegung des spezifischen Übungsreizes bestehen!

4.1.6. Überforderung

> Eine Überforderung besteht, wenn die Gesamtbelastung eines Menschen sein Leistungs- und Belastungsvermögen übersteigt.

Vielfältige Ursachen können zur Überforderung führen — physische und psychische Überbelastungen, die der Organismus nicht mehr zu kompensieren vermag, reduzieren das Leistungsvermögen. Von der Art der Erkrankung hängt es ab, ob partielle oder generelle Leistungsminderungen vorliegen. Bei kranken Menschen wird der Zustand der Überforderung schneller erreicht als bei gesunden. Er darf in der Therapie nicht provoziert werden. Daher ist es wichtig, daß der Physiotherapeut die Symptome der Überforderung kennt und die Dosierung seiner Übungsbehandlung streng kontrolliert.

Der Überforderungszustand darf nicht mit der normalen Ermüdung, die nach einer Belastung kurzzeitig auftritt, verwechselt werden. Bei Überforderung kommt es zum Überwiegen von Erregungs- oder Hemmungsprozessen im zentralen Nervensystem. Bestimmte *psychische Symptome,* wie z. B. erhöhte Reizbarkeit, Widerspenstigkeit, Trotz, Nörgelei, Kontaktmangel, Überempfindlichkeit oder Antriebsschwäche, Lustlosigkeit, innere Unruhe, Depressionen, Unsicherheit, weisen auf das Anfangsstadium der Überforderung hin. Störungen in der Bewegungskoordination, im Bewegungsfluß und -rhythmus, mangelnde Konzentrationsfähigkeit und Ausdauer kommen hinzu. Im fortgeschrittenen Stadium treten vor allem *vegetative Symptome* auf, wie z. B. Störungen der Magen-Darm-Funktion, Appetitlosigkeit, Gewichtsverlust, Schlafstörungen, gesteigerter Schweißausbruch, Atem- und Herzrhythmusstörungen.

Beachte

- Es ist unbedingt notwendig, schwere Überforderungszustände zu vermeiden, da Schäden entstehen können, die die Gesundheit des Menschen gefährden.
- Stets müssen bei den ersten Anzeichen der Überforderung die Ursachen gefunden und beseitigt werden.
- Die Belastung ist zu reduzieren, aktive Erholungsmaßnahmen sind einzuleiten.

Aufgabe

Untersuchen Sie die Ursachen, die bei einem klinischen Patienten den Überforderungszustand auslösen können!

4.2. Motorischer Lernprozeß

4.2.1. Bedeutung des motorischen Lernprozesses

Durch die aktive Auseinandersetzung mit seiner Umwelt lernt der Mensch. Lernen ist eine Voraussetzung für den Erwerb und die Weiterentwicklung von Leistungs- und Verhaltensformen, für die Persönlichkeitsentwicklung. Erkenntnis und Handlung bedingen sich gegenseitig im Lernprozeß. Das wird im Kleinkindalter besonders deutlich, das Kind begreift die Gegenstände seiner Umwelt. — Die Handlung — das Begreifen — führt zu Erkenntnissen und Vorstellungen über die materielle Umwelt. Die Richtigkeit der Vorstellungen wird wiederum im Handeln überprüft. Auf diese Weise entwickelt sich auch das motorische Gedächtnis.
Das motorische Lernen ist ein Teilgebiet der Persönlichkeitsentwicklung.

Unter dem motorischen Lernen ist das Erwerben, Verfeinern, Stabilisieren und Anwenden motorischer Fertigkeiten zu verstehen.

Der Physiotherapeut hat die Aufgabe, das Wiedererlernen von Bewegungsabläufen und -fertigkeiten zu unterstützen. Die dabei stattfindenden Lernvorgänge basieren auf den gleichen neurophysiologischen Mechanismen, wie sie beim Neuerwerb konditioneller und koordinativer Fähigkeiten ablaufen. Daher muß der Physiotherapeut den Ablauf des motorischen Lernens kennen und gezielt steuern.
Jeder Lernvorgang wird durch verschiedenartige Motive ausgelöst und unterstützt. Bei Patienten herrscht als Motiv in der Regel der Gesundungswunsch und -wille vor. Diese Motivation muß im Behandlungsprozeß durch den Physiotherapeuten stabilisiert werden. So wird die Bereitschaft der Patienten zur aktiven Mitarbeit erhöht.
Oft ist es notwendig, im Lernprozeß äußere Widerstände oder Schwierigkeiten (z. B. Bewegungseinschränkungen) und auch innere Widerstände (z. B. Mutlosigkeit) zu überwinden. Durch den Einsatz des Willens können Reserven mobilisiert werden, die zur Leistungssteigerung führen (Abb. 24).
Die Abbildung 25 verdeutlicht, daß die erzielte Leistung unmittelbar von äußeren und inneren Bedingungen abhängt.
Bei Patienten wird das zu erreichende Leistungsniveau in jedem Fall von der Art der Erkrankung und ihrem Verlauf abhängig sein. Um eine positive Einstellung zur Bewegungsbehandlung zu entwickeln, ist es besonders bedeutsam, dem Patienten Erfolgserlebnisse zu verschaffen. Sie erhöhen die Leistungsbereitschaft und führen zur Mobilisierung von Leistungsreserven. Die Auswahl der Übungselemente muß daher gut überlegt werden und auf den Patienten abgestimmt erfolgen.

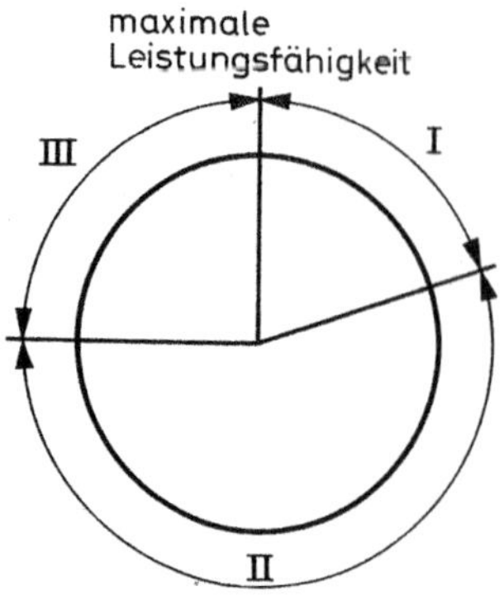

Abb. 24 Leistungsbereiche (modifiziert nach Arnold)
I ∅ tägliche Beanspruchung — 20%
II mit zunehmendem Willenseinsatz mobilisierbare Leistungsreserve — bis 75%
III dem Willen nicht zugängliche Leistungsreserven — 25%

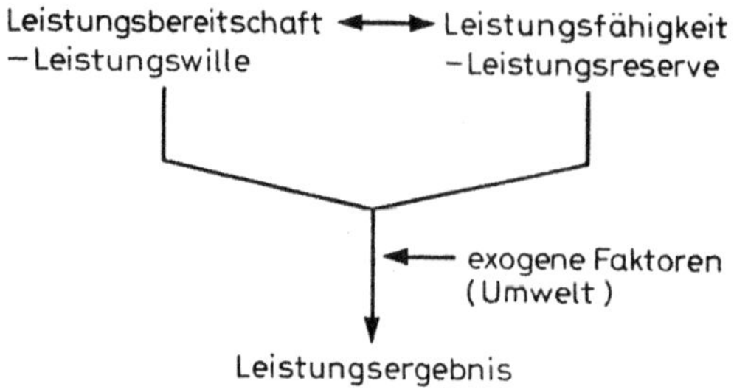

Abb. 25 Einfluß der äußeren und inneren Bedingungen auf die erzielte Leistung

Aufgaben

1. Begründen Sie an Beispielen aus der motorischen Ontogenese die aufgestellte These, daß das motorische Lernen ein Mittel zur Auseinandersetzung mit der Umwelt ist!
2. Erläutern Sie anhand von selbstgewählten Beispielen die Zusammenhänge zwischen physischen und psychischen Faktoren für die motorische Leistung!

4.2.2. Phasen des Lernens

Der motorische Lernprozeß wird in drei Phasen eingeteilt, die fließend ineinander übergehen. Der zeitliche Umfang der Phasen kann individuell sehr unterschiedlich sein. Der Phasenverlauf ist nicht umkehrbar.
Man unterscheidet:

Erste Lernphase — Entwicklung der Grobkoordination
zweite Lernphase — Entwicklung der Feinkoordination
dritte Lernphase — Stabilisierung der Feinkoordination und Entwicklung der variablen Verfügbarkeit.

Erste Lernphase

In dieser Phase wird der Übende über die Bewegungsaufgabe informiert, er übt sie und kann sie unter günstigen Bedingungen bereits selbständig ausführen. Dabei treten noch wesentliche Mängel auf. Die Bewegungsstruktur wird im Überblick erfaßt und nachvollzogen. Das Leistungsniveau ist noch gering.
Zunächst muß die Bewegungsaufgabe vom Übenden erfaßt werden. Die Übung wird genannt, erklärt und demonstriert. Damit entwickelt sich im Übenden eine *Bewegungsvorstellung*. Er antizipiert das Bewegungsziel und -programm. Je genauer die Bewegungsvorstellung gelingt, desto leichter erfolgt das Nachvollziehen. Das motorische Gedächtnis unterstützt den Antizipationsvorgang. Die entstandene Vorstellung ist häufig noch sehr grob, unvollständig und fehlerhaft.
Das praktische Üben muß sich möglichst unmittelbar anschließen. Häufig werden zahlreiche Bewegungsversuche notwendig. Zunächst wird bei umfangreicheren Bewegungsabläufen der gesamte Bewegungsvorgang in Teilbewegungen zerlegt und stufenweise probiert. Die Zahl der Bewegungsversuche, bis das Stadium der Grobkoordination erreicht wird, hängt u. a. vom Schwierigkeitsgrad der Übung, vom motorischen Ausgangsniveau, vom Erkrankungsgrad und von der Motivation des Übenden ab. Erste gelungene Bewegungsversuche stimulieren ihn.
Im Stadium der Grobkoordination gelingt die Bewegung in der Regel, aber nur unter normalen, günstigen Bedingungen, so z. B. erste Gehversuche eines Patienten auf ebenem Boden. Unsicherheit äußert sich z. B. in einem übermäßigen, fehlerhaften Krafteinsatz, der Übende „verkrampft" sich. Die Bewegung kann auch mit zu geringem Krafteinsatz, kraftlos und schlaff ausgeführt werden.
Der zweckmäßige Bewegungsrhythmus wird noch nicht nachvollzogen. Fehler in der Bewegungskopplung und -übertragung treten auf. Der Rumpf wird häufig zu wenig eingesetzt. Ausholbewegungen sind vielfach zu kleinräumig oder auch unökonomisch groß und werden u. U. mehrfach wiederholt. Nebenbewegungen können verstärkt auftreten. Der Bewegungsumfang kann zu groß oder auch zu

klein sein. Zu schnelles oder zu langsames Tempo zeigen deutlich, daß der Bewegungsablauf nur mangelhaft beherrscht wird. Bewegungspräzision und -konstanz weisen ein niedriges Niveau auf.

Schlußfolgerungen für die praktische Arbeit

— Die exakte Befunderhebung ist Ausgangspunkt jeder Bewegungsbehandlung. Aus ihr resultiert die Auswahl der Übungsaufgaben. Sie sollte so erfolgen, daß der Patient Erfolgserlebnisse vermittelt bekommt. Das motorische Ausgangsniveau bestimmt notwendige Vorübungen (z. B. die Hüftstreckung für den Gang).

— Eine positive Einstellung zur Übungsbehandlung muß entwickelt werden. Voraussetzung dafür ist ein Vertrauensverhältnis zwischen Patient und Physiotherapeut. Der Gesundungswille des Patienten ist zu stabilisieren.

— Der Patient soll ausgeruht, ohne Ermüdungszeichen und gut erwärmt zur Behandlung kommen. Eine gute Übungsatmosphäre ist zu schaffen. Der Physiotherapeut muß Ruhe ausstrahlen. Äußere Störfaktoren sollen möglichst ausgeschaltet werden, damit der Patient sich genügend konzentrieren kann. Wichtig ist es, dem Patienten die eventuelle Angst vor dem Üben, vor auftretenden Schmerzen zu nehmen.

— Die Bewegungsaufgabe ist verbal eindeutig, kurz und präzise zu erklären und ggf. zu demonstrieren. Ziel und Nutzen der Übung sind im Bedarfsfall zu erläutern. Die Erklärungen sind auf ein Mindestmaß zu beschränken.

— Hat der Patient die Aufgabe verstanden, wird sofort geübt.

— Notwendige Korrekturen und Hinweise müssen gezielt und eindeutig formuliert erfolgen. Es ist unbedingt zu beachten, daß dem Patienten jeweils nur ein Korrekturhinweis gegeben wird, damit seine volle Konzentration erhalten bleibt. Es muß gelingen, die Hauptfehler zu ermitteln und zu korrigieren.

— Bei auftretenden Ermüdungszeichen sind aktive Pausen (z. B. Lockerungs- oder Atemübungen) einzuschalten. Erholt sich der Patient nicht ausreichend, ist der Übungsprozeß für diese Behandlung zu beenden.

Zweite Lernphase

In dieser Phase erwirbt der Übende die Feinkoordination. Er lernt, die Bewegung *annähernd fehlerfrei* auszuführen. Sie gelingt ihm unter den gewohnten Bedingungen mühelos. Diese Entwicklung vollzieht sich kontinuierlich, über verschiedene Zwischenstadien. Dabei ist es möglich, daß zeitweilig ein Stillstand oder sogar Rückschläge eintreten. Diese Tatsache muß dem Patienten erklärt werden, damit die positive Einstellung zum Üben erhalten bleibt.

Im Verlauf der zweiten Lernphase wird die Phasenstruktur immer besser erfaßt und zweckentsprechend nachvollzogen. Der richtige Bewegungsrhythmus zeigt sich in der Ausführung. Krafteinsatz und Bewegungstempo entsprechen immer mehr der Bewegungsaufgabe. Nebenbewegungen fallen zunehmend fort. Der Bewegungsumfang wird zweckmäßiger. Die Bewegungskopplung und -übertragung gelingen leichter und erfolgen übungsadäquat. Die Bewegung wird fließend vollzogen. Bewegungspräzision und -konstanz erreichen ein hohes Niveau. Allerdings müssen die äußeren Bedingungen für den Übungsablauf beibehalten werden wie in der ersten Lernphase: Gehen auf ebenem Boden!

Mit zunehmender Sicherheit wird es dem Übenden möglich, sich selbst zu beobachten und zu korrigieren.

Schlußfolgerungen für die praktische Arbeit

— Die zweite Lernphase ist durch intensives Üben gekennzeichnet. Immer wieder muß der Patient zu konzentrierter, aktiver Mitarbeit veranlaßt werden. Zweckmäßig sind exakte Zielvorgaben, z. B. sollten die Gehstrecken genau vorgegeben werden. Erreicht der Patient das Ziel, wird er in der Regel zu einer Mehrleistung angespornt.

— Beim Üben soll das Bewegungsempfinden geschult werden. Dadurch wird der Übende zum denkenden Lernen geführt, Fehler können leichter korrigiert werden.

— Korrigiert werden in dieser Phase „Nebenfehler", da die Hauptfehlerkorrektur in der ersten Lernphase liegt. Damit wird der Übende immer deutlicher auf Einzelheiten im Bewegungsablauf hingewiesen.

— Zunehmend soll der Patient zur Selbstkorrektur angehalten werden. Empfehlenswert ist hierfür das Üben vor dem Spiegel.

— Selbstverständlich gilt auch für diese Phase, daß die Sprache als wichtigstes Führungsmittel anzusehen ist. Jeder Hinweis muß eindeutig formuliert, kurz und präzise gegeben werden, ohne in einen „Befehlston“ zu verfallen!

Dritte Lernphase

Im Ergebnis der dritten Lernphase kann der geforderte Bewegungsablauf auch unter veränderten, erschwerten äußeren Bedingungen fehlerfrei und sicher ausgeführt werden. Das Stadium des Könnens wird erreicht. Die Bewegungen laufen unwillkürlich, automatisiert ab, d. h., der Bewußtheitsgrad ist minimal geworden.

Für das gewählte Beispiel des Gehens bedeutet dies z. B.: Bewältigung von Bodenunebenheiten, von ansteigendem und abfallendem Gelände, Beherrschung verschiedener Gangarten, fehlerfreien Richtungs- und Tempowechsel.

Die dritte Lernphase ist nicht immer deutlich von der zweiten abzugrenzen. Ein *hohes Niveau aller Bewegungsmerkmale* ist als Kriterium der Zuordnung anzusehen. Bewegungspräzision und -konstanz zeigen Höchstwerte. Die Leistungsergebnisse beweisen die Beherrschung der Bewegungsabläufe. Der Übende verfügt über eine Allgemein- und eine Detailvorstellung der Bewegung. Ziel- und Programmantizipation sind voll ausgebildet. Das Vermögen der Fremdantizipation zeigt sich u. a. in der Fähigkeit der Kompensation äußerer Störgrößen.

Erlernte Bewegungsabläufe müssen immer wieder geübt werden, um das hohe Niveau in der Ausführung beizubehalten. Insofern gibt es nur einen relativen Abschluß der Lerntätigkeit.

Schlußfolgerungen für die praktische Arbeit

— Nicht immer kann der Patient dieses Stadium erreichen. Ihm sind die Grenzen seiner Leistungsfähigkeit bewußt zu machen, damit er sich weder unter- noch überfordert und Bereitschaft zum ständigen Weiterüben entwickelt.

— Das Bewältigen der gesteigerten Anforderungen erfordert vom Übenden Konsequenz und Konzentration. Die gestellten Forderungen müssen dem Leistungsvermögen entsprechen und zugleich ein Ansporn zu erhöhter Aktivität sein.

— Schrittweise sind die Bedingungen für den Übungsprozeß in dieser Phase zu erschweren. Die Anpassung an veränderte Bedingungen muß geübt werden.

— Der Übende bedarf nur noch geinger Hinweise durch den Physiotherapeuten. Er muß gelernt haben, sich selbst kritisch zu beobachten und Fehler zu korrigieren.

Aufgaben

1. Wählen Sie eine Bewegungskombination aus dem Gymnastikunterricht aus und erläutern Sie anhand dieses Beispiels die motorischen Lernphasen!
2. Erläutern Sie die Bedeutung der Kenntnisse über den motorischen Lernprozeß für Ihre Arbeit als Physiotherapeut!
3. Welcher Phase im motorischen Lernprozeß müssen Sie als Physiotherapeut besondere Aufmerksamkeit schenken? Begründen Sie Ihre Aussage!

4.2.3. Überprüfung des Leistungsstandes

Überprüfungen des motorischen Leistungsvermögens sind Bestandteil der Befunderhebung des Physiotherapeuten

— zur Feststellung des motorischen Leistungsniveaus und damit zur Festlegung von Behandlungszielen und Behandlungsplan

— zur Überprüfung der Leistungssteigerung als Zwischen- oder Abschlußbefund einer Behandlungsserie.

Die Auswahl der Untersuchungsverfahren in der Physiotherapie richtet sich in erster Linie nach der vorliegenden Krankheit. Eine enge Zusammenarbeit mit dem behandelnden Arzt muß gegeben sein.

Nachfolgend werden verschiedene Untersuchungs- und Testverfahren vorgestellt, ihr möglicher Einsatz ist kritisch zu prüfen.

Messungen der Gelenkbeweglichkeit. Messungen nach der Neutral-Null-Durchgangsmethode geben Auskunft über die Bewegungsamplitude der verschiedenen Bewegungen in den einzelnen Gelenken (vgl. dazu Krankengymnastik).

Muskelfunktionsdiagnostik nach Janda. Sie beinhaltet Untersuchungen auf Kraft und Verkürzung der Skelettmuskulatur sowie Untersuchungen auf Hypermobilität (vgl. dazu Krankengymnastik).

Elektrodiagnostische Verfahren. Sie geben Auskunft über mögliche pathologische Veränderungen an der Muskulatur und an den peripheren Nerven (vgl. dazu Elektrotherapie — Elektrodiagnostik).

Spezielle Untersuchungsverfahren zur Ermittlung physiologischer Leistungsparameter. Sie werden in den speziellen Fachgebieten vermittelt. Verwiesen sei z. B. auf den Stufentest nach Ruffier und auf Ergometertests (z. B. Fahrradergometertest) zur Erfassung der Leistungsfähigkeit des Herz-Kreislauf-Systems. Diese Verfahren erfordern die Anwesenheit eines Arztes!

Krauss-Weber-Test. Er kann als Übersichtstest für das Kraftniveau der Rumpfmuskulatur (Übung 1—5) und für die Dehnfähigkeit der ischiokruralen Muskulatur (Übung 6) eingesetzt werden.
Aussagen über altersadäquate Normbereiche liegen nicht vor. Damit ist eine gezielte Auswertung nicht möglich. In der Praxis hat sich die Zuordnung zu drei Leistungsbereichen (I, II, III) bewährt.

1. Übung
Ausgangsstellung: Rückenlage, Beine gestreckt und geschlossen, Hände in Nackenhalte.
Fixation: Im Gabelgriff am distalen Ende der Unterschenkel, Beine am Boden fixieren.
Durchführung: Langsames Aufrichten zum Sitz.
Beachte: Nicht schwunghaft, sondern langsam abrollend aufrichten, Kopf leitet die Bewegung ein, Ellenbogen nach hinten spannen.
Auswertung: Gruppe I — 1×, Gruppe II — 5×, Gruppe III — 10×.

2. Übung
Ausgangsstellung: Rückenlage, Beine gebeugt aufgestellt, Hände in Nackenhalte.
Fixation: Füße im Gabelgriff umfassen, am Boden fixieren.
Durchführung: Langsames Aufrichten zum Sitz.
Beachte: Nicht schwunghaft, sondern langsam abrollend aufrichten, Kopf leitet die Bewegung ein, Ellenbogen nach hinten spannen.
Auswertung: Gruppe I — 1×, Gruppe II — 5×, Gruppe III — 10×.

3. Übung
Ausgangsstellung: Rückenlage, Beine gestreckt und geschlossen, Hände in Nackenhalte.
Fixation: Entfällt.
Durchführung: Gestreckte Beine vom Boden abheben, 30 cm über dem Boden mindestens 10 s halten.
Beachte: Nicht ins „Hohlkreuz“ kommen, Rücken auf die Unterlage spannen, nicht die Luft anhalten — weiteratmen.
Auswertung: Gruppe I — 10 s, Gruppe II — 20 s, Gruppe III — 30 s.

4. Übung
Ausgangsstellung: Bauchlage mit Unterlagerung zum Ausgleich der Lendenlordose, Hände in Nackenhalte.
Fixation: Im Kreuzbein-Lendenwirbelsäulen-Bereich und am distalen Ende der Unterschenkel.
Durchführung: Oberkörper abheben, mindestens 10 s halten.
Beachte: Ellenbogen zurückspannen, Kopf in Verlängerung der Wirbelsäule, Lendenlordose nicht verstärken, weiteratmen.
Auswertung: Gruppe I — 10 s, Gruppe II — 20 s, Gruppe III — 30 s.

5. Übung
Ausgangsstellung: Bauchlage mit Unterlagerung, Hände liegen unter dem Gesicht.
Fixation: Im Bereich der Brust- und Lendenwirbelsäule.
Durchführung: Gestreckte und geschlossene Beine abheben und mindestens 10 s halten.
Beachte: Lendenlordose nicht verstärken, weiteratmen.
Auswertung: Gruppe I — 10 s, Gruppe II — 20 s, Gruppe III — 30 s.

6. Übung
Ausgangsstellung: Stand, Nullstellung.
Fixation: Entfällt.
Durchführung: Rumpfbeuge vorwärts, Bodenkontakt mit den Händen erzielen.
Beachte: Nicht schwunghaft ausführen.
Auswertung: Gruppe I — Fingerspitzen berühren den Boden, Gruppe II — Finger liegen auf dem Boden auf, Gruppe III — Handflächen liegen auf dem Boden auf.
Es ist darauf zu achten, daß die Probanden vor der Überprüfung erwärmt werden. Die Testergebnisse sind aufzuschreiben. Sie erlauben eine Groborientierung und können als Vergleichswerte dienen.

Komplextest nach Richter/Beuker. Dieser Komplextest wird im Freizeit- und Erholungssport eingesetzt, also bei Gesunden oder Rehabilitanden. Er dient der Ermittlung der Leistungsfähigkeit und ist Grundlage für die Einordnung in entsprechende Trainingsgruppen. Der Komplextest besteht aus 11 Einzeluntersuchungen, mit deren Hilfe Aussagen über motorische und physiologische Leistungsfähigkeit getroffen sowie anthropometrische Werte erfaßt werden.
Die umfassende Darstellung des Komplextestes und der gezielten Auswertungskriterien kann hier nicht vorgenommen werden.[1]
Der Komplextest kann auf Patienten übertragen werden, setzt dann aber die unbedingte Anwesenheit eines Arztes für die physiologischen Tests (z. B. Herz-Kreislauf-Test) voraus.
Für den Physiotherapeuten ist es möglich, *Einzeltests* auszuführen, die entsprechend der Krankheit auszuwählen sind. Dabei geht allerdings der Komplexcharakter des Testverfahrens verloren. Durch Einzeltests kann der Istzustand ermittelt und eine Verbesserung durch die Behandlung registriert werden. Eine Bewertung unter Bezugnahme auf die Normwerte für den Leistungszustand des gesamten Organismus ist damit nicht möglich.
Unter Berücksichtigung dieser Einschränkungen sollen nachfolgend einige der Testuntersuchungen vorgestellt werden.

1. Übung — Fallstabtest
Ziel: Ermittlung der Bewegungsschnelligkeit, Reaktionsfähigkeit
Ausgangsstellung: Sitz seitlich auf einem Stuhl, rechter bzw. linker Unterarm liegt bis zum Handgelenk auf der Stuhllehne, Handfläche zeigt nach innen, Finger sind gestreckt, der Daumen ist abgespreizt. Patient blickt auf die Hand.
Durchführung: Fallstab (Gymnastikstab mit Zentimeterskala 0—60 cm) wird senkrecht, 1 cm von der Handfläche entfernt gehalten, Unterkante des Stabes befindet sich in Höhe der Handunterkante. Der Stab wird fallengelassen und muß so schnell wie möglich erfaßt werden.
Beachte: Einen Probe- und zwei Wertungsversuche durchführen
Auswertung: Der beste Versuch wird gewertet, gemessen wird die Fallstrecke vom Stabende bis zur Unterkante der Hand.

2. Übung — Beinhebung
Ziel: Ermittlung der Kraftausdauer der ventralen Rumpfmuskulatur
Ausgangsstellung: Rückenlage, Arme werden hinter dem Kopf fixiert, am besten an der untersten Sprosse der Sprossenwand mit gestreckten oder gebeugten Armen oder Fixation durch den Untersucher.
Durchführung: Heben und Senken der gestreckten Beine bis zur 90°-Stellung in den Hüftgelenken und Bodenauflage über 20 s.
Auswertung: Ermittlung der Zyklen innerhalb von 20 s.

3. Übung — Ausschultern
Ziel: Ermittlung der Beweglichkeit im Schultergürtelbereich.
Ausgangsstellung: Stand.
Durchführung: Patient erfaßt mit beiden Händen einen Stab vor dem Körper und führt ihn über den Kopf bis in die Rückhalte (am Gesäß!).
Beachte: Bewegung muß mühelos, mit beiden Armen gleichzeitig erfolgen; mehrere Versuche zulassen zur Ermittlung der geringsten Griffbreite, sie wird in Rückhalte gemessen.
Auswertung: Gemessen werden die Schulterbreite von Akromion zu Akromion und die Griffbreite (Abstand der Handinnenkanten). Die Schulterbreite wird von der Griffbreite subtrahiert.

4. Übung — Liegestütz
Ziel: Ermittlung der Kraftausdauer im Schultergürtel-, Oberarm- und Oberkörperbereich.
Ausgangsstellung: Männliche Patienten nehmen die regelrechte Liegestützstellung ein, weibliche Patienten üben den verkürzten Liegestütz, bei dem die Kniegelenke aufgesetzt und die Unterschenkel etwa rechtwinklig angebeugt werden.
Durchführung: Liegestütz über 30 s.
Beachte: Körperlinie muß gestreckt bleiben, volle Armstreckung und -beugung ausführen lassen.
Auswertung: Anzahl der Liegestützen in 30 s (volle Streckung der Arme beim letzten Liegestütz).

5. Übung — Dynamische Beweglichkeit
Ziel: Ermittlung der Bewegungsschnelligkeit

[1] Weiterführende Literatur: Beuker, F.: Leistungsprüfungen im Freizeit- und Erholungssport. Barth, Leipzig 1976.

und Beweglichkeit insbesondere der Wirbelsäule.
Ausgangsstellung: Seitengrätschstand vor einer Wand, soweit entfernt, daß das Gesäß bei Rumpfvorbeuge die Wand nicht berührt.
Durchführung: Rumpftiefbeuge vorwärts, mit gestreckten Beinen berühren die Fingerspitzen den Fußboden, sofort anschließend Aufrichtung und Rumpfdrehung nach links. Beide Hände berühren die Kreidemarkierung an der Wand, die in Höhe zwischen den beiden Schulterblättern angebracht ist. Anschließend wieder Rumpfvorbeuge und Aufrichtung mit Drehung nach rechts usw. über insgesamt 20 s.
Beachte: Zwei Zyklen als Vorbereitung durchführen lassen. Vorsicht bei Kreislaufregulationsstörungen!
Auswertung: Anzahl der Zyklen in 20 s.

Aufgaben

1. Untersuchen Sie die Bedeutung der aufgeführten Untersuchungsverfahren für die Einzel- und die Gruppentherapie!
2. Testen Sie Ihr eigenes Leistungsvermögen nach dem Krauss-Weber-Test und dem Richter-Beuker-Auswahltest. Protokollieren Sie Ihre Ergebnisse!

4.3. Physikalische und physiologische Grundlagen der Muskelarbeit

4.3.1. Physikalische Gesetzmäßigkeiten

> Die Biomechanik untersucht die Gesetzmäßigkeiten, auf deren Basis sich die Bewegungen des menschlichen Körpers physikalisch erklären lassen.

Es handelt sich um Gesetze der Mechanik im Zusammenhang mit den mechanischen Eigenschaften und Voraussetzungen des Bewegungsapparates. Diese sind von biologischen Bedingungen abhängig.
Auf einige Gesetzmäßigkeiten soll hier verwiesen werden, um Verständnis für die Gesamtproblematik zu wecken (vgl. auch Physiologie).
Newton formulierte das *Trägheitsgesetz*, das das Beharrungsvermögen des Körpers ausdrückt:
„Jeder Körper verharrt in seinem Zustand der Ruhe oder der gleichförmigen Bewegung, sofern er nicht durch einwirkende Kräfte gezwungen wird, seinen Zustand zu verändern."

Kraftimpulse, die den menschlichen Körper in Bewegung versetzen, können von außen auf den Körper einwirken, z. B. ein Stoß durch einen anderen Menschen. Der menschliche Organismus ist auf Grund der Kraftentwicklung seiner Muskulatur zur Eigenbewegung fähig.
Biologische Voraussetzungen für die Bewegungsfähigkeit sind u. a.

- die Funktionstüchtigkeit des zentralen und peripheren Nervensystems
- der anatomische Bau der Gelenke
- der Bau und die Lage der Muskulatur
- die Kontraktions- und die Dehnfähigkeit der Muskulatur.

Die Muskelfasern überziehen ein Gelenk oder mehrere Gelenke. Die Gelenke entsprechen dem Drehpunkt. Aus der Lage der Muskeln zum Gelenk ergeben sich Verhältnisse wie beim Hebel. Dadurch werden die *Hebelgesetze* wirksam:

$$\text{Kraft} \cdot \text{Kraftarm} = \text{Last} \cdot \text{Lastarm}$$
$$\text{Kraft} = \frac{\text{Last} \cdot \text{Lastarm}}{\text{Kraftarm}}$$

Ist der Kraftarm sehr lang, so genügt relativ geringe Kraftentwicklung, um Last und Lastarm zu bewegen. Das trifft z. B. zu für die Kraft, die der M. biceps brachii entfalten muß, um den Unterarm im Ellenbogengelenk zu beugen. Dabei wird gleichzeitig die Streckmuskulatur des Armes (z. B. M. triceps brachii) gedehnt. Dies ist möglich durch die Elastizität, eine mechanische Eigenschaft des Muskelgewebes.
Fällt die Krafteinwirkung weg, verkürzen sich die Muskelfasern infolge der Elastizität auf die ursprüngliche Länge.
Bewegungen sind an die Kontraktionsfähigkeit der Muskelfasern gebunden. Die einzelnen Muskelfasern reagieren auf einen Nervenreiz nach dem *Alles-oder-Nichts-Gesetz*. Der eintreffende Reiz muß so groß sein, daß er den notwendigen Schwellwert überschreitet. Ein Muskel kann sich bis auf ein Drittel seiner Ruhelänge verkürzen. Das Ausmaß der Verkürzung ist der Länge der Muskelfasern proportional. Lange Muskelfasern können sich stärker verkürzen als kurze (vgl. z. B. Verkürzungsfähigkeit des M. pectoralis major mit der des M. rhomboideus).
Die *Verkürzungskraft* (entwickelte Spannung) ist proportional dem Querschnitt der beteiligten Muskelfasern. Bei paralleler Anordnung der Muskelfasern entspricht der zu berech-

nende Querschnitt dem anatomischen Querschnitt. Bei schräggefaserten, sog. gefiederten Muskeln entspricht der zu berechnende Querschnitt der Summe der Querschnitte aller seiner Fasern senkrecht zu ihrer Faserrichtung, d. h., er ist größer als der anatomische Querschnitt.
Die Spannungsentwicklung hängt außerdem von der Länge der Muskelfasern ab. Sie nimmt mit zunehmender Verkürzung ab.
Wird der Gesamtkörper oder werden Teile des Körpers entgegen der Schwerkraft bewegt, so leistet die Muskulatur Arbeit im physikalischen Sinn. Die geleistete Arbeit ist abhängig von der bewegten Masse sowie von den Widerständen, die der Bewegung entgegengesetzt werden, z. B. manuell durch den Physiotherapeuten, durch Geräte, durch Wasser. Aus diesen Gesetzmäßigkeiten lassen sich Steigerungsmöglichkeiten für die Bewegungstherapie ableiten.
Im physiologischen Sinn vermag die Muskulatur dynamische und statische Arbeit auszuführen.

Aufgabe

Erläutern Sie die mechanischen Eigenschaften der Muskulatur, die Voraussetzung für Bewegungen sind!

4.3.2. Strukturelle und funktionelle Veränderungen am Muskel durch den Übungsprozeß

> Ziel des körperlichen sportlichen Trainings ist es, die Leistungsfähigkeit des Gesamtorganismus, ausgehend vom Normalwert, zu erhöhen.

In der Muskulatur wird durch das Training eine Arbeitshypertrophie erzielt. Sie läßt sich in einer Volumenzunahme des Muskels erkennen. Die Leistungsfähigkeit der Muskulatur steigt. Das äußert sich u. a. in einem höheren Kraft- oder Ausdauerniveau sowie einer gesteigerten Kontraktionsgeschwindigkeit.
Der Physiotherapeut muß seine Aufgabe darin sehen, die Struktur und Leistungsfähigkeit der Muskulatur und anderer Organsysteme zu erhalten oder wieder auf den Normalwert zu erhöhen (vgl. 4.1.4.). Das bedeutet u. a., daß durch den Übungsprozeß die Muskelstruktur erhalten bleibt bzw. durch Einlagerung spezifischer Bausteine der normale Aufbau des Muskels wieder erreicht wird.
Eine Voraussetzung für die Funktionstüchtigkeit jeder Muskelfaser ist ihre intakte Innervation. Fällt die Innervation weg, verliert die Muskelfaser ihren spezifischen Aufbau, sie degeneriert. Damit geht ebenfalls ihre Funktionsfähigkeit verloren.
Eine weitere Voraussetzung für die Aufrechterhaltung des spezifischen Aufbaus der Muskelfaser und für ihre Funktionstüchtigkeit ist die *ausreichende Blutversorgung*. Wie jede andere Zelle, so benötigt die Muskelzelle für ihren Stoffwechsel Nährstoffe und Sauerstoff. Wird die Blutversorgung länger als 2 h unterbrochen, führt das bereits zu irreversibler Schädigung der Muskelzellen.
Ausschlaggebend ist neben den genannten Faktoren die Beanspruchung der Muskulatur (vgl. 4.1.2. und 4.1.3.). Wird ein Muskel nicht beansprucht, so tritt — auch bei ausreichender Blutversorgung — eine Inaktivitätsatrophie auf. Es handelt sich entweder um eine einfache oder bei entsprechend langer Zeit um eine entdifferenzierende Atrophie (vgl. dazu Allgemeine Krankheitslehre). Eine einfache Inaktivitätsatrophie ist reversibel.
Die Funktion eines Muskels wird durch seine anatomische Lage, die Anordnung der Muskelfasern und die Feinstruktur der Muskelfasern bestimmt.
Jeder Muskel besteht aus mehreren motorischen Einheiten (= motorisches Neuron mit den zugehörigen Neuriten und die Anzahl der innervierten Muskelfasern). Man unterscheidet
— schnelle motorische Einheiten und
— langsame motorische Einheiten.
Die *schnellen motorischen Einheiten* werden auch als „weiße" Muskulatur bezeichnet. Sie besitzen relativ wenig Myoglobin und Mitochondrien und weisen nur wenig Kapillaren zu ihrer Versorgung auf. Diese motorischen Einheiten besitzen eine hohe Kontraktionsgeschwindigkeit, die zu einer hohen Kraftentwicklung führt. Sie ermüden aber auch relativ schnell. Sie überwiegen in Muskeln, bei denen die Bewegungsfunktion im Vordergrund steht (z. B. Fingermuskeln).
Die *langsamen motorischen* Einheiten bezeichnet man auch als „rote" Muskulatur, weil sie viel Myoglobin und Mitochondrien enthalten. Sie zeigen eine starke kapillare Versorgung. Die langsamen motorischen Einheiten bestehen aus weniger Muskelfasern. Ihre Kontrak-

tionsgeschwindigkeit ist niedriger. Sie entwickeln weniger Kraft, zeigen aber hohe Ausdauerleistungen. Sie ermüden schwer. Sie überwiegen in Muskeln, bei denen die Haltefunktion im Vordergrund steht (z. B. Rumpfmuskulatur).

Aus der Art der motorischen Einheiten eines Muskels ergibt sich demnach, ob er vorwiegend dynamische oder statische Aufgaben hat. Für die Art der Übungsbehandlung folgen daraus notwendige Konsequenzen:

— Muskeln, die überwiegend dynamische Arbeit zu leisten haben, sind am besten durch auxotone Kontraktionen zu schulen, d. h. auch ohne große Widerstände.

— Muskeln mit überwiegend statischer Funktion müssen dagegen besonders mit isometrischen Übungen geschult werden.

Für das methodische Vorgehen im Übungsaufbau ist zu berücksichtigen, daß die Synthese muskelspezifischer Eiweiße Aktin und Myosin (vgl. dazu Anatomie — Aufbau der Muskelzelle) an eine ausreichende Blutversorgung des Muskels gebunden ist. Der rhythmische Wechsel von Spannung und Entspannung fördert die Durchblutung der Muskulatur. Aus dieser Überlegung ergibt sich, daß zu Übungsbeginn überwiegend dynamisch gearbeitet werden muß (etwa 80 % der Gesamtbelastung). Spannungsübungen der Muskulatur, die z. B. bei Fixation durch Gips nur möglich sind, können ebenfalls so gestaltet werden, daß die isometrische Muskeltätigkeit einen dynamischen Charakter erhält (vgl. Krankengymnastik). In der Steigerung kann zunehmend die Kräftigung der Muskulatur durch statische Muskelarbeit (maximale isometrische Kontraktion über mindestens 7 s) erfolgen.

Zur Erfassung der Gesamtproblematik muß außerdem darauf verwiesen werden, daß sich die Reaktionen teilweise oder total geschädigter Muskeln auf elektrische Reize verändern Bei atrophierter Muskulatur kann die elektrische Erregbarkeit herabgesetzt sein (vgl. Elektrodiagnostik). Liegt eine Innervationsstörung oder -unterbrechung vor, so zeigen sich deutliche Quantitäts- und Qualitätsveränderungen der Muskelreaktion bei elektrischer Reizung. Der Normalisierungs-, Gesundungsprozeß läßt sich demnach bei elektrischer Überprüfung nachweisen. Auf nähere Erklärungen wird in diesem Zusammenhang verzichtet, da sie ausführlich im Fachgebiet Elektrotherapie — Elektrodiagnostik — erfolgen.

Aufgaben

1. Erklären Sie die Unterschiede zwischen den schnellen und langsamen motorischen Einheiten in Aufbau und Funktion und ziehen Sie Schlußfolgerungen für die Übungsbehandlung!
2. Erläutern Sie die Faktoren, die zur Erhaltung von Struktur und Funktion der Muskulatur notwendig sind!

4.3.3. Biochemische Vorgänge im Übungsprozeß

Bei jeder Muskeltätigkeit wird chemische Energie in mechanische Energie und Wärme umgesetzt. 30—35 % der aufgewandten Energie werden maximal in nutzbare, also mechanische Energie umgewandelt (Wirkungsgrad). Die verbleibenden 65—70 % werden zur Wärmeentwicklung genutzt.

Wärme wird während des gesamten Ablaufes der Muskeltätigkeit, von der Reizsetzung bis zur Erholungsphase, gebildet.

Es ist sinnvoll und notwendig, den Körper vor gezielten Kräftigungs-, Schnelligkeits-, Beweglichkeits- oder Dehnübungen zu erwärmen (vgl. Aufbau der Gymnastikstunden). Bei niedriger Körpertemperatur wird die Wärmeproduktion in der Muskulatur erhöht. Damit sinkt der Anteil der erzeugten mechanischen Energie. Der Wirkungsgrad wird niedriger.

Die Wärmeproduktion durch Umsetzung chemischer Energie im Muskel ist eine wesentliche Voraussetzung für die Aufrechterhaltung der konstanten Körpertemperatur des Gesamtorganismus, die der Körper zu seiner optimalen Existenz benötigt.

Die Muskelkontraktion ist an das Vorhandensein des energiereichen ATP (Adenosintriphosphat) gebunden. ATP wird in der Muskelzelle unter Freisetzung von Energie — für mechanische Arbeit und Wärme! — in ADP (Adenosindiphosphat) und Phosphorsäure (H_3PO_4) umgebaut. ATP steht in den Muskelzellen nur begrenzt zur Verfügung. Es muß also zur Aufrechterhaltung der notwendigen Energiegewinnung möglichst rasch wieder resynthetisiert werden. Dazu ist wiederum Energie notwendig, die aus der Spaltung des energiereichen Kreatinphosphats (KP) gewonnen wird. KP ist ebenfalls in der Muskelzelle vorhanden.

Diese Vorgänge laufen primär bei Muskelkontraktionen ab. Es handelt sich um anaerobe Stoffwechselprozesse, d. h., die Anwesenheit von Sauerstoff ist nicht erforderlich.
Nach etwa 100 Muskelfaserkontraktionen ist der Vorrat an ATP und KP erschöpft. Die Energiegewinnung für die ATP-Resynthese muß nun aus der Aufspaltung von Kohlenhydraten erfolgen.

Für die *Energiegewinnung aus Kohlenhydraten* stehen dem Organismus zwei Wege zur Verfügung:
1. Der oxidative Abbau von Glucose bzw. Glycogen über die Atmungskette. Bei ausreichender Zufuhr von Glucose und Sauerstoff kann der Muskel theoretisch unbegrenzt arbeiten. 1 Mol Glucose liefert bei seiner Aufspaltung 36 energiereiche Phosphor-Bindungen. Dieser Vorgang ist damit wesentlich ergiebiger als die Energiegewinnung unter anaeroben Bedingungen.
2. Der anaerobe Abbau von Glycogen über die Glycolyse setzt ein, wenn z. B. durch mangelhafte Blutzufuhr die Energiegewinnung über die Atmungskette nicht mehr erfolgen kann. Bei der Glycolyse geht der Muskel eine Sauerstoffschuld ein, die in der Erholungsphase wieder ausgeglichen werden muß. Der Muskel ermüdet (vgl. unten) durch Bildung und Einlagerung von Milchsäure. Die Energiegewinnung bei der Glykolyse ist geringer als die bei der Atmungskette.

Durch die Muskelarbeit tritt eine zeitweilige Leistungsminderung auf, die als *Ermüdung* bezeichnet wird. Die im Muskel begründete Ermüdung wird als periphere Ermüdung bezeichnet. Sie wird durch Sauerstoffmangel, Mangel an Glucose oder Glycogen und durch Anhäufung von Stoffwechselendprodukten (CO_2 aus dem Glucoseabbau und Milchsäure aus dem Glykogenabbau) hervorgerufen. In dieser Ermüdungsphase erhöht sich die Reizschwelle, die zur Kontraktionsauslösung überschritten werden muß. Die Reaktionszeiten verlängern sich. Die Kontraktionsstärke wird erniedrigt. Der Wirkungsgrad ist reduziert u. a. m. Die periphere Ermüdung ist ein deutliches Zeichen der Überforderung. Sie darf durch die Arbeit des Physiotherapeuten nicht provoziert werden. Der Ermüdungszustand ist reversibel, so lange keine Schädigung der Muskelzellen vorliegt.

Um Ermüdungserscheinungen auszuschalten, muß der Muskulatur eine Erholungsphase nach der Arbeit gegeben werden. In diesen Phasen werden die energieliefernden Substanzen ATP und KP resynthetisiert, Kohlenhydrate können eingelagert werden. Für den Abtransport der Stoffwechselendprodukte wird gesorgt.

Aus den beschriebenen Vorgängen ergeben sich wichtige Konsequenzen für die Übungsbehandlung, die nachfolgend zusammengefaßt sind:
— Für ausreichende Pausen zwischen den Muskelaktionen muß gesorgt werden, um die Resynthese von ATP in der Erschlaffungsphase zu ermöglichen.
— Auf eine optimale Durchblutung der Muskulatur ist unbedingt Wert zu legen, um den oxidativen Abbau von Glucose zu ermöglichen.
— Vor Übungsbeginn muß die Muskulatur „warm" sein. Damit wird der Wirkungsgrad bei der Umsetzung der chemischen Energie für die Entwicklung mechanischer Energie erhöht.
— Dynamische Muskelarbeit schafft günstigere Bedingungen für die Blutversorgung im Muskel als statische Muskelarbeit. Bei einem geschwächten Muskel ist daher anfangs vorwiegend dynamisch und erst in der Steigerung verstärkt statisch zu üben. Isometrisches Üben kann bei entsprechenden langen Pausen und langsamer An- und Entspannung wie dynamische Muskelarbeit wirken.
— In den Übungspausen sind Atemübungen auszuführen, um die O_2-Anreicherung des Blutes ebenso wie die CO_2-Abgabe zu unterstützen.
— Treten Ermüdungszeichen auf, so ist unbedingt eine Übungspause einzuschalten. Passive Maßnahmen, wie z. B. Schüttelungen oder Vibrationen der Muskulatur, können die Blutversorgung im Muskel erhöhen und den Abtransport der Stoffwechselprodukte wirkungsvoll unterstützen.

Aufgaben

1. Wiederholen Sie die möglichen biochemischen Vorgänge zur Energiegewinnung im Muskel und ziehen Sie die notwendigen Schlußfolgerungen für Ihre Arbeit.
2. Untersuchen Sie die Faktoren, die eine optimale Umsetzung der chemischen in mechanische Energie begünstigen!

Kranken-
gymnastik

1. Einführung in die Krankengymnastik

1.1. Aufgaben und Anwendungsmöglichkeiten

Im Lehrgebiet Krankengymnastik werden dem Physiotherapeuten Kenntnisse für die Anwendung von *Bewegungsübungen* vermittelt, die der *Funktionserhaltung* und der *Funktionsverbesserung* einzelner Organsysteme bzw. des Gesamtorganismus des Menschen dienen. Diese Bewegungsübungen erfordern sowohl praktische Fertigkeiten als auch ein gründliches theoretisches Wissen, um eine exakte und befundgerechte Behandlung des Patienten zu garantieren und somit das dem Physiotherapeuten entgegengebrachte Vertrauen zu rechtfertigen.

Die Krankengymnastik ist vom Sport abzugrenzen, obwohl zwischen beiden fließende Übergänge bestehen. In der krankengymnastischen Arbeit steht die *Einzelbehandlung* im Vordergrund, deren Grundsätze in geeigneten Fällen ebenso auch in der Gruppe anzuwenden sind. Die Einzelbehandlung ermöglicht ein individuelles Eingehen auf den Patienten und dient oft als Vorbereitung zur Gruppentherapie, die aus ökonomischen und psychologischen Gründen verstärkt eingesetzt werden muß. Die gegenseitige Beeinflussung der Patienten in der Gruppe ist in ihrer positiven Auswirkung auf den Gesundungswillen des einzelnen nicht zu unterschätzen.

Hat ein Patient durch eine dosierte und sinnvoll gesteigerte Bewegungstherapie ein Leistungsniveau erreicht, bei dem sich dann die Behandlung erübrigt, so sollte mit regelmäßigen Körperübungen eine weitere Leistungssteigerung angestrebt werden, die den Organismus stabilisiert, seine Widerstandskräfte erhöht und so einen prophylaktischen Effekt erzielt.

Die *Aufgaben der Krankengymnastik* sollen an einem Beispiel erläutert werden. Ausgangspunkt der Betrachtung sei ein älterer Patient, der nach einem Unfall gezwungen ist, wegen einer Beinfraktur, die eine Gipsbehandlung erfordert, mehrere Wochen im Bett zu liegen. Bei diesem Patienten können folgende lokale und allgemeine Symptome und Komplikationen auftreten:

Aus dem Nichtgebrauch der Extremität resultiert eine Mangeldurchblutung des Muskelgewebes, die zu Ernährungsstörungen in der Muskulatur und in anderen Gewebsanteilen führt. Folge der Inaktivität ist die *Detonisierung* (Senkung des Spannungszustandes) der Muskelfasern, d. h., daß bereits der Tonus der ruhenden, nicht willkürlich innervierten Muskulatur absinkt. Daraus folgt eine reduzierte Spannungserhöhung der willkürlichen Kontraktion. Die Leistungsfähigkeit der Muskulatur nimmt also ab. Dabei handelt es sich zunächst um einen Vorgang, der durch Übung relativ rasch auszugleichen ist. Im weiteren Verlauf der Ruhigstellung kann sich eine *Inaktivitätsatrophie* (Atrophie = Verkleinerung eines Organes oder Organteiles) entwickeln. Diese äußert sich neben der beschriebenen Detonisierung und Abnahme der Kontraktionskraft in einer Umfangsreduzierung des Muskels. Eine ausgeprägte Inaktivitätsatrophie kann nur durch eine Langzeitbehandlung wieder aufgehoben werden.

Atrophische Vorgänge erfolgen ebenfalls am Knochen. Auch an allen nicht ruhiggestellten Körperabschnitten sind durch Bewegungsmangel Inaktivitätsatrophien feststellbar.

Durch lange Ruhigstellung und unsachgemäße Lagerung des Patienten bilden sich *Kontrakturen* (Zwangsstellung der Gelenke durch Weichteilverkürzung) aus, welche die Bewegung in den betroffenen Gelenken erschweren oder sogar gänzlich verhindern können.

Unter Umständen kann der Patient bei langer Ruhigstellung die *Bewegungsvorstellung* für die erkrankte Extremität verlieren, d. h., er weiß nicht mehr, wie diese oder jene Bewegung auszuführen ist bzw. welche Muskulatur eingesetzt werden muß.

Plötzliche Ruhigstellung führt zur Verlangsamung der Strömungsgeschwindigkeit des Blutes, so daß eine *Thrombose* (Blutgerinnung innerhalb der Gefäße während des Lebens) entstehen kann.

Die Minderbelüftung der Lunge durch eine abgeflachte Atmung infolge des Liegens kann besonders bei älteren Patienten leicht das Entstehen einer *Pneumonie* (Lungenentzündung) verursachen, die den Organismus stark belastet.
Viele Patienten klagen über *Obstipationsbeschwerden* (Verstopfung), welche durch die abgeflachte Atmung und den Bewegungsmangel ausgelöst werden.
Aus den genannten Faktoren ergeben sich für die Krankengymnastik folgende Aufgaben:

Prophylaxe

— Verhinderung der Inaktivitätsatrophie in allen gesunden Körperabschnitten sowie nach Möglichkeit im erkrankten Gebiet,
— Verhütung von Gelenkkontrakturen in allen nicht ruhiggestellten Gebieten. Auch in ruhiggestellten Körperabschnitten können Gelenkkontrakturen zumindest verzögert werden.
— Erhaltung der Bewegungsvorstellung,
— Anregung des Blutkreislaufes zur Thromboseprophylaxe,
— Atemvertiefung, um eine Pneumonie zu vermeiden,
— Anregung der Darmtätigkeit, um die entstehende Darmträgheit zu beeinflussen.

Therapie und medizinische Rehabilitation

— Schulung der Muskelkraft und der Ausdauerleistung im erkrankten Körperabschnitt, was in der Phase der Ruhigstellung nur in begrenztem Umfang erlaubt, nach der Entfernung des Gipses aber dominierende Aufgabe ist,
— Üben der Bewegungsfertigkeiten,
— Verbesserung der Durchblutungs- und damit der Ernährungssituation im erkrankten Körperabschnitt,
— Behebung entstandener Kontrakturen.

Soziale und berufliche Rehabilitation

— Wiedereingliederung des Patienten in das gesellschaftliche und das berufliche Leben sowie die Wiederherstellung einer optimalen Arbeitsfähigkeit und Lebenstüchtigkeit durch das Schulen der Gebrauchsfähigkeit, Kraft und Ausdauer der erkrankten Extremität und des Gesamtorganismus.
— Wird eine Umschulung auf einen anderen Beruf notwendig, so helfen auch dabei gezielte krankengymnastische Maßnahmen.

Diese genannten Aufgaben der Krankengymnastik werden mit Hilfe von *Bewegungs-* und *Spannungsübungen*, von *Lagerungen* und *Atemübungen* gelöst. Mit diesen Ausführungen sollte gleichzeitig die Bedeutung der krankengymnastischen Therapie hervorgehoben werden. In zunehmendem Maße wird die Bewegungstherapie in den verschiedenen Fachgebieten der Medizin zur Unterstützung und Ergänzung anderer konservativer oder operativer Maßnahmen eingesetzt.
Die Grundlagen für die Durchführung der krankengymnastischen Therapie werden in dem Fach Krankengymnastik vermittelt. Voraussetzungen zur sachgemäßen Ausübung sind Kenntnisse in der Anatomie, besonders der funktionellen Anatomie, in der Physiologie, in der Physik und in der Biophysik sowie der Theorie der Körpererziehung. Sehr hohe Anforderungen werden an die Persönlichkeit des Physiotherapeuten gestellt, der sich jederzeit seiner verantwortungsvollen Stellung im sozialistischen Gesundheitswesen bewußt sein muß.

Aufgaben

1. Erläutern Sie die Aufgaben der Krankengymnastik!
2. Stellen Sie die Wechselbeziehungen zwischen Muskelarbeit, Kreislauf- und Atemfunktion dar! Verwenden Sie zur Lösung dieser Aufgaben Beobachtungen an Ihrem eigenen Körper aus dem Sport- oder dem Gymnastikunterricht.

1.2. Spezielle Begriffe zur Arbeitsweise der Muskulatur

Die Skelettmuskulatur, nach ihrem mikroskopischen Bild auch als quergestreifte Muskulatur bezeichnet, erfüllt je nach ihrer Lage eine vorwiegend statische oder eine vorwiegend dynamische Funktion. Diese Muskeln erhalten normalerweise die Impulse zu ihrer Tätigkeit von motorischen Nervenfasern, mit denen sie über die sog. motorischen Endplatten in Verbindung stehen. Da die Muskulatur auf unterschiedliche Weise, durch Spannungsänderung und bzw. oder Längenänderung, auf einen Reiz reagiert, wird eine Anpassung des Organismus an die Umweltbedingungen gewährleistet.
Es werden 5 Formen der Muskeltätigkeit unterschieden:

- Bei der *isotonischen Kontraktion* verkürzt sich der Muskel bei gleichbleibender Spannung (z. B. beim Heben eines freihängenden Gewichtes).
- Bei der *isometrischen Kontraktion* verändert der Muskel seine Spannung bei gleichbleibender Länge (z. B. beim Halten einer Last auf dem ausgestreckten Arm).
- Die *auxotonische Kontraktion* ist unter normalen Bedingungen am häufigsten anzutreffen. Bei ihr ändern sich Länge und Spannung.
- Bei der *Unterstützungszuckung* folgt einer anfänglichen isometrischen eine isotonische oder eine auxotonische Kontraktion (z. B. beim Abheben einer Last von einer Unterlage)
- Die *Anschlagszuckung* zeigt zuerst eine isotonische und anschließend eine isometrische Kontraktion (z. B. ein frei hängendes Gewicht wird zunächst angehoben und anschließend in einer bestimmten Stellung gehalten).

Bei einer aktiven Bewegung sind immer viele Muskeln in Tätigkeit. Jeder Muskel hat im allgemeinen eine Hauptfunktion und eine oder mehrere Nebenfunktionen. Beim Vollzug einer Bewegung ist der *Agonist* der Muskel, der für die Bewegung verantwortlich ist. Gleichzeitig arbeiten *Synergisten*, das sind Muskeln, die innerhalb einer Muskelgruppe den Agonisten unterstützen. Der *Antagonist* ist der Gegenspieler des Agonisten; er führt die Gegenbewegung aus. Bei einer Kontraktion des Agonisten erschlafft er zunehmend, sein Tonus wird also reduziert, wodurch eine langsame und gezielt gesteuerte Bewegung möglich wird.

1.2.1. Möglichkeiten zur Förderung der Muskelaktionen

Die Muskeltätigkeit erfolgt mit unterschiedlicher Intensität in Abhängigkeit von den Umweltbedingungen. Die Abstufbarkeit wird durch eine Veränderung der Frequenz (Häufigkeit) der Nervenimpulse möglich. Dadurch kommt es zu einer Veränderung der Anzahl der innervierten motorischen Einheiten (die von einer Nervenfaser versorgte Gruppe von Muskelfasern).
Bei einer willkürlichen Muskeltätigkeit werden die verschiedenen motorischen Einheiten eines Muskels nicht synchron (gleichzeitig), sondern im zeitlichen Nacheinander erregt. Eine solche asynchrone Tätigkeit ermöglicht ein langdauerndes Tätigsein des Muskels.
Für die krankengymnastische Arbeit ergibt sich daraus die Schlußfolgerung, durch das Setzen mehrerer Reize zur gleichen Zeit oder in kurzzeitiger Aufeinanderfolge eine Reizsummation zu erzielen. Diese Reizsummation hat eine Tonuserhöhung oder bzw. und eine Verkürzung des Muskels zur Folge.
Zur Förderung der Muskelaktionen gibt es, je nach ihren bevorzugten Angriffspunkten, verschiedene Möglichkeiten:

Widerstand. Kommt es in einem Muskel zu einer aktiven Spannungserhöhung, so wird auf nervösem Weg die Reaktionsbereitschaft dieses Muskels gesteigert. Zur bestmöglichen Steigerung der Reaktionsbereitschaft ist ein optimaler Widerstand erforderlich. Durch einen Widerstand ist die Reizintensität erhöht, und es werden durch Zunahme der Nervenimpulse mehr motorische Einheiten der Muskeln, der Agonisten und der Synergisten aktiviert. Die Stärke des Widerstandes richtet sich nach dem Kräftezustand des Agonisten bzw. des Agonisten und der Synergisten innerhalb der Bewegungskette. Das Setzen eines optimalen Widerstandes ist besonders bei Innervationsstörungen des Muskels wichtig, um ein „Überfließen" der Impulse von den stärkeren auf die geschwächten Muskeln innerhalb einer Bewegungskette zu erreichen.

Zug und Druck. Für die Gelenke der unteren Extremität ist der Druck, für die der oberen Extremität der Zug die physiologische Beanspruchung, die eine Tonuserhöhung auslöst. Somit können Druck für die Beingelenke und Zug für die Armgelenke beim aktiven Üben zur Stimulierung mit herangezogen werden.

Dehnung. Trifft ein Dehnreiz einen Muskel, so werden auf dem Reflexweg eine Kontraktion und eine Tonuserhöhung ausgelöst. Es handelt sich hier um einen Muskeleigenreflex (Rezeptor und Effektor befinden sich im Muskel). Die der Arbeitsmuskulatur parallel geschalteten Muskelspindeln reagieren in besonderem Maße auf die Dehnung. Von den Muskelspindeln werden Signale über afferente Nervenfasern zum Rückenmark geleitet, durch die — bei entsprechend hoher Signalfrequenz bei Muskeldehnung — eine Impulsgebung zur Kontraktion über die efferenten motorischen Nervenbahnen ausgelöst wird. Die auf starke

Dehnung reagierenden Rezeptoren in den Sehnen (Sehnenspindeln) dürfen nicht gereizt werden, da sie die efferenten motorischen Nervenzellen hemmen und somit die Kontraktion abbremsen, die durch die Muskelspindeln ausgelöst wurde.
Als Maß für die physiologische Grenze eines Dehnreizes gilt, daß die Dehnung nur so stark sein darf wie die eines gesunden Muskels durch maximale Anspannung aller Antagonisten. Als weiterer Maßstab kann das annähernd volle Bewegungsausmaß eines Gelenkes gelten. Die Dehnung darf erst unmittelbar vor Bewegungsbeginn angesetzt werden.

Kontaktstimulation (taktiler Reiz). Durch Berührung und Druck werden in der Haut und im Unterhautgewebe liegende Mechanorezeptoren gereizt, die wiederum auf nervösem Weg auf die Kontraktion der Muskeln einwirken. Hier handelt es sich um einen Fremdreflexbogen (Reiz kommt von außen — Berührung und Druck an der Haut). Maßgeblich für die Art der Förderung sind die Größe der Kontaktfläche sowie die Sicherheit und die Intensität der Grifftechnik. Durch die Berührung bzw. durch den Druck dürfen keine Schmerzen ausgelöst werden!

Reziproke Innervation. Die gleichzeitige Erregung der Agonisten und Hemmung der Antagonisten wird als reziproke Innervation bezeichnet, deren Auswirkungen ebenfalls auf der inaktiven Gegenseite des Körpers zu registrieren sind. Die Regulation erfolgt über das Rückenmark; es handelt sich also um einen spinalen Vorgang. Ist bei einer Übung die Bewegungsendstellung erreicht, so muß die Gegenbewegung sofort angeschlossen werden, um die von den Agonisten auf die Antagonisten übergehenden Impulse (sukzessive Induktion = nachfolgende Beeinflussung) zur Förderung der Muskelaktion auszunutzen. Beim zweiphasigen Üben, besonders bei den Komplexbewegungen, werden diese physiologischen Tatsachen gezielt angewendet.

Kommando. Die durch das Kommando verursachten Impulse laufen über die Großhirnrinde und lösen eine willkürliche motorische Reaktion aus, wenn der Patient mit dem Kommandowort eine bestimmte Vorstellung zu verbinden vermag. Nach Pawlow ist die Sprache „für den Menschen das wichtigste Orientierungsmittel — das Wort steht für die Dinge, Eigenschaften und Zustände und hat für den Menschen das Gewicht voller Realität“. Der Patient muß vor Übungsbeginn orientiert werden, welche Bewegung er mit dem Kommandowort auszuführen hat. Am besten demonstriert der Physiotherapeut den zu übenden Bewegungsablauf vorher an der gesunden bzw. an der weniger geschädigten Seite. Das Kommando muß knapp, klar und anfeuernd sein und kurz vor Übungsbeginn erteilt werden, wobei neben dem Hörvermögen des Patienten auch seine psychische Reaktionsfähigkeit zu beachten ist. Zu zeitig oder zu spät gegebene Kommandos erzielen nicht die gewünschte stimulierende Wirkung.

Aufgaben

1. Orientieren Sie sich über die Lage und die Funktion des M. quadriceps femoris und erläutern und demonstrieren Sie am Beispiel dieses Muskels die verschiedenen Formen der Muskeltätigkeit!
2. Demonstrieren Sie am Beispiel eines selbst gewählten Muskels Möglichkeiten der Förderung der Muskelaktion!

1.3. Übungsformen in der Krankengymnastik

In der Krankengymnastik kann eingelenkig ein- und mehrachsig oder mehrgelenkig ein- und mehrachsig geübt werden. Die jeweilige Übungsform ist nach der Zielstellung der Übung und nach der zu schulenden Muskulatur auszuwählen.

1.3.1. Achsengerechte Bewegungsform

Gilt es zum Beispiel, eine Bewegungseinschränkung in einem Gelenk zu beheben, so kann ein achsengerechtes Üben in einer Bewegungsebene notwendig werden.
Vom anatomischen Bau der Gelenke hängen die jeweils möglichen Bewegungsrichtungen ab. So lassen Scharniergelenke nur die Bewegung in einer Ebene zu, z. B. Fingergelenke — Beugung und Streckung.
Das zweiachsige Eigelenk der Hand ermöglicht Bewegungen in 2 Ebenen, Volarflexion und Dorsalextension sowie Radial- und Ulnarabduktion.
Zu den dreiachsigen Gelenken ist z. B. das Hüftgelenk als Nußgelenk zu zählen, in dem

die Bewegungen in 3 Ebenen (Beugung und Streckung, Abduktion und Adduktion sowie Außen- und Innenrotation) ausführbar sind.

1.3.2. Kombinierte Bewegungen

Kombinierte Bewegungen, bei denen entweder in einem Gelenk in mehreren Ebenen gleichzeitig oder in mehreren Gelenken bewegt wird, kommen in Frage, wenn ein Muskel in seiner Haupt- und in seiner Nebenfunktion (vgl. M. gluteus maximus — Streckung und Abduktion des Oberschenkels) oder in seinen Funktionen in mehreren Gelenken (vgl. M. gastrocnemius — Beugung im Kniegelenk und Plantarflexion im oberen Sprunggelenk) zu schulen ist. In diesem Zusammenhang sei besonders auf die Gebrauchsbewegungen hingewiesen, die für die obere Extremität alle Verrichtungen, die das tägliche Leben fordert, beinhalten und für die untere Extremität die Gangschulung.
Die Schulung der Gebrauchsbewegungen ist außerdem das spezielle Anliegen der Arbeitstherapie.

1.3.3. PNF (Komplexbewegungen)

Komplexbewegungen erfolgen in allen Gelenken, die zur jeweiligen funktionellen Einheit gehören, um alle Bewegungsachsen nach einem genau festgelegten Ablauf. Es sind koordinierte Bewegungsabläufe mit spiralig-diagonalem Charakter. Die wissenschaftlich exakte Bezeichnung für Komplexbewegungen ist **Pro**priozeptive **N**euromuskuläre **F**aszilitation (PNF). Für jede Extremität werden zwei Diagonalen unterschieden, die von lateral-distal nach medial-proximal und von medial-distal nach lateral-proximal und umgekehrt verlaufen (vgl. 3.3. und 4.3.). Am Rumpf wird von kranial nach kaudal und umgekehrt mit gleichzeitiger Rotation und Lateralflexion von den Armen oder von den Beinen aus gearbeitet (vgl. 5.3.1. und 5.3.2.). Ebenso ist das Üben der Halsmuskulatur durch entsprechende Kopfbewegungen (vgl. 5.3.3.) möglich.
Die Bewegung wird prinzipiell distal in den Finger- und Hand- bzw. Zehen- und Fußgelenken eingeleitet. Unter Beibehaltung der Spannung in den distalen Abschnitten werden nachfolgend die proximal gelegenen Extremitätengelenke in die Bewegung einbezogen, bis die erforderliche Endstellung in allen Gelenken erreicht ist.
Vor Bewegungsbeginn wird die Arbeitsmuskulatur in eine leichte Dehnstellung gebracht, um die Ausgangsspannung in dieser Muskulatur zu erhöhen (vgl. 1.2.1.).
Der Physiotherapeut hat die Aufgabe, durch seinen *Widerstand* (in jedem Gelenk entgegen jeder möglichen Bewegungsrichtung) dem Patienten das Bewegen im festgelegten Ablauf zu erleichtern. In der Regel ist kurz vor dem Erreichen der Endstellung ein Haltemoment einzufügen, d. h., der Widerstand wird so weit erhöht, daß ein Weiterbewegen ausgeschlossen wird (maximale isometrische Muskelarbeit). Anschließend wird die Bewegung aktiv gegen Widerstand beendet.
Das erfordert eine exakte *Grifftechnik*. Unterschiedliche Griffe schaffen die Möglichkeit, bestimmte Bewegungen betont zu schulen und geschwächte Muskeln gezielt anzusprechen. Besondere Aufmerksamkeit muß den Rotationswiderständen geschenkt werden, da die Rotationsbewegungen den Patienten in der Regel schwer fallen. Zu beachten ist außerdem die zweckmäßige Ausgangsposition des Physiotherapeuten in Schrittstellung neben dem Patienten, um das „Mitgehen in die Bewegung“ zu ermöglichen.

1.3.4. Einphasige und zweiphasige Übungsformen

Beim einphasigen Bewegen führt der Patient die Bewegung von der Ausgangsstellung in eine vorgesehene Richtung aktiv durch, z. B. Beugung des Armes im Ellenbogengelenk aus der vollen Streckstellung. Die Rückbewegung aus der erreichten Endstellung zur Ausgangsstellung wird vom Physiotherapeuten durchgeführt, der Patient verhält sich dabei passiv.
Beim zweiphasigen Bewegen werden beide Bewegungen vom Patienten aktiv ausgeführt, also z. B. Flexion und Extension des Armes im Ellenbogengelenk.

Aufgabe

Erläutern Sie an der unteren Extremität den Unterschied zwischen dem achsengerechten Bewegen in einem Gelenk und einer kombinierten Bewegung!

1.4. Spezielle Bewegungsformen der Krankengymnastik

1.4.1. Passive Bewegungen

Bei diesen Bewegungen ist der Patient selbst nicht aktiv. Sie werden ausschließlich vom Behandler vorgenommen. Der Patient erhält in der Regel kein Bewegungskommando. Entspannte Muskulatur und exakte Grifftechnik sind Voraussetzung.

Anwendung. Zur Beeinflussung eines muskulären Hypertonus sind die Bewegungen besonders fließend und rhythmisch durchzuführen, jegliche Schmerzauslösung ist zu vermeiden.
Ist der Patient zu einer aktiven Bewegung nicht in der Lage, so können passive Bewegungen zur Kontrakturverhütung sowie zur Dehnung kontrakter Weichteile und zur Mobilisation versteifter Gelenke eingesetzt werden.
Bei gelähmter Muskulatur soll die Elastizität des Muskels erhalten bleiben. Der Patient wird zur gedanklichen Mitarbeit aufgefordert, damit die Bewegungsvorstellung erhalten bleibt. Liegt eine Behinderung des venösen Rückstromes vor, so können die passiven Bewegungen rhythmisch und mit größtmöglichem Bewegungsausschlag als sog. Pumpbewegungen zur Rückstromförderung eingesetzt werden.

1.4.2. Aktive Bewegungen

1.4.2.1. Aktive Muskelarbeit mit Bewegungserfolg

Diese Bewegungen werden unter Einsatz von Muskelkraft vom Patienten selbst ausgeführt. Der Patient erhält einen Übungsauftrag. Wenn die Kraft der Muskulatur des Patienten nicht ausreicht, unterstützt der Physiotherapeut die Bewegungsausführung, um die Bewegung im vollen Umfang und unter Überwindung des Körpergewichtes durchzuführen. In anderen Fällen sollten Führung (evtl. als Führungswiderstand) und Kontrolle durch die Hand des Physiotherapeuten die Regel sein.
Eine dosierte Steigerung hinsichtlich des Krafttrainings ist durch verschiedene Übungsformen möglich.

Bewegung unter Abnahme der Schwere. Der Patient erhält das Kommando zur aktiven Bewegungsausführung. Der Behandler erleichtert der Muskulatur die Arbeit, indem er das Gewicht des zu bewegenden Körperabschnittes trägt. Die gleiche Wirkung wird erzielt, wenn durch die Ausgangsstellung die zu trainierenden Muskeln von ihrer Haltefunktion gegen die Erdanziehungskraft befreit werden. Zum Beispiel muß der M. iliopsoas bei der Hüftbeugung aus der Rückenlage das Gewicht des Beines tragen, während er bei derselben Bewegung aus der Seitenlage nur eine Bewegungsfunktion hat.
Die Bewegungsfunktionen des Patienten sind in dieser Kraftstufe gut im Bewegungsbad zu beurteilen, weil hier die Auftriebskraft wirksam wird. Es ist jedoch zu beachten, daß die Kraftentfaltung bei Bewegungen im Wasser von der Bewegungsrichtung und vom Bewegungstempo abhängt. Die Abnahme des Körpergewichtes im Wasser erfolgt bei langsamen Bewegungen mit der Bewegungsrichtung nach oben und parallel zur Wasseroberfläche. Bewegungen mit schnellem Tempo und mit der Bewegungsrichtung nach unten erfordern Krafteinsatz, weil der Widerstand des Wassers zu überwinden ist. Ähnliche Bedingungen wie im Wasser bestehen bei den Übungen in schwereloser Aufhängung.
In der Steigerung kann durch Unterbrechen der Hilfestellung die vom Muskel aufzubringende Kraft erhöht werden. Die notwendige Muskelarbeit ist von der Gelenkstellung und der Zeitdauer des sog. Haltemomentes abhängig. Hält ein Patient in der Rückenlage sein im Knie gestrecktes Bein in einer Hüftbeugestellung von 80 Grad, so ist der Krafteinsatz geringer als bei einem Haltemoment in 30 Grad Hüftbeugestellung. Je länger der Haltemoment dauert, desto größer wird die vom Muskel geforderte Arbeit.

Aktive Bewegung ohne Hilfestellung. Der Körperabschnitt muß entgegen der Schwerkraft vom Patienten selbständig bewegt werden. Auch hier lassen sich Haltemomente in den Bewegungsweg einfügen.

Aktive Bewegung gegen Widerstand. Bei dieser Bewegungsform wird ein Widerstand eingesetzt, der entgegen der Bewegungsrichtung einwirkt. Der Widerstand kann vom Behandler gesetzt werden oder durch Geräte erfolgen. Einfühlender ist der vom Physiotherapeuten gegebene Widerstand; dieser ermöglicht eine bessere Dosierung und Steigerung. Bei zu starkem Widerstand reagiert der Muskel mit feinen Zuckungen (Faszikulationen), damit ist die Belastungsgrenze erreicht.

Wichtig ist das exakte Anlegen der Widerstand setzenden Hand. Ein Patient muß ohne große Überlegung, lediglich durch Überwindung des Widerstandes, eine gewünschte Bewegung ausführen können. Diesen Widerstand bezeichnet man als Führungswiderstand.

Auch beim Üben gegen Widerstand lassen sich Haltemomente einsetzen. Dabei ist der gegebene Widerstand so weit zu steigern, daß er in seiner Stärke der maximalen Kraft des Patienten entspricht. Der Patient wird aufgefordert, „festzuhalten". Bei der so entstehenden isometrischen Kontraktion kommt es zu keiner Bewegung. Da bei einer maximalen Anspannung die Blutgefäße im Muskel komprimiert werden, erhält der Muskel für seine Tätigkeit vermindert Sauerstoff. Die ablaufenden biochemischen Vorgänge zur Bereitstellung der Energie vollziehen sich deshalb unter weitgehend anaeroben Bedingungen, d. h. unter Sauerstoffmangel, und können etwa 30 s aufrechterhalten werden (vgl. Theorie der Körpererziehung). Spätestens zu diesem Zeitpunkt oder beim Nachlassen der Kraft des Patienten ist der Haltemoment aufzuheben und die Bewegung mit der vorherigen Widerstandsstärke weiterzuführen.

In der nächsten Steigerung versucht der Physiotherapeut, die isometrische Haltearbeit des Patienten zu überwinden. Der Patient wird aufgefordert, seinen Körperabschnitt in einer bestimmten Stellung zu halten (Ursprung und Ansatz der arbeitenden Muskulatur befinden sich dabei in Annäherung) und unter Aufbietung aller Kraft eine Bewegung zu verhindern. Der Behandler versucht, die Kraft des Patienten zu überwinden und Ursprung und Ansatz des Agonisten und seiner Synergisten voneinander zu entfernen. Diese Übungsform findet hauptsächlich für die untere Extremität Anwendung.

Anwendung. Aktive Bewegungen werden zur Behebung und Verhinderung von Atrophien eingesetzt. Steht die Kraftschulung im Vordergrund, so wird mit optimalem Widerstand, dessen Stärke selbstverständlich vom Zustand des Muskels abhängt, gearbeitet. Die Übung braucht nur wenige Male wiederholt zu werden. Die Ausdauerschulung erfolgt bei mittlerer Belastung und hoher Wiederholungszahl der Übung.

Bei der Mobilisation bewegungseingeschränkter Gelenke und Dehnung verkürzter Weichteile ist es günstig, durch aktive Arbeit den Patienten vom Schmerzgeschehen, auf das er mit Gegenspannung reagiert, und von eventuellen Angstgefühlen abzulenken. Besonders empfehlenswert ist hier die Arbeit gegen Widerstand (s. auch 7.).

Der bei einer Bewegung entstehende Wechsel von Druck und Zug auf die Gelenke ist ein physiologischer Reiz für die Synovialhaut im Gelenkinneren, durch den die Produktion der Synovia angeregt wird. Die Synovia garantiert ein reibungsfreies und schmerzloses Gleiten der Gelenkanteile bei der Bewegung. Zur Intensivierung der Synovialproduktion ist eine zusätzliche manuelle Extension (Zug) auf das erkrankte Gelenk zu empfehlen, weil dabei gleichzeitig eine dosierte Weichteildehnung erfolgt und durch Vergrößerung des Gelenkspaltes das schmerzhafte Reiben der Gelenkanteile verhindert wird. Zur Auflockerung des Gewebes sollte in den Übungspausen oder auch bei gleichzeitiger Extension vibriert werden.

Um die Bewegungsvorstellung zu erhalten werden bei Patienten mit Halbseitenlähmungen oder bei Patienten, bei denen eine Extremität über lange Zeit ruhiggestellt werden muß, kontralaterale aktive Bewegungen mit der gesunden Körperhälfte, speziell mit den gesunden Extremitäten, ausgeführt. Als Übungshilfe ist bei entsprechender Notwendigkeit das bilaterale Üben einzusetzen.

Aktive Bewegungen, besonders die Gebrauchsbewegungen, eignen sich sehr gut zur Schulung der Bewegungsfertigkeiten und der Bewegungskoordination. Diese Zielstellung dominiert z. B. bei der Behandlung chronischer Gelenkveränderungen. Muß ein Patient eine Bewegung neu erlernen oder wiedererlernen, so verläuft der Impuls zur Bewegung über die willkürlichen Nervenbahnen des Pyramidensystems von der Großhirnrinde bis zum entsprechenden Rückenmarksegment. Bei Beherrschung des Bewegungsablaufs wird die Erregung z. T. über die extrapyramidalen Bahnen geleitet, die u. a. für die sog. unwillkürliche Motorik verantwortlich sind, deren Leistung aber im wesentlichen in der Koordination bestimmter Muskelgruppen besteht. Häufiges aktives Bewegen fördert die Anbahnung der Koordination über das extrapyramidale System.

1.4.2.2. Aktive Muskelarbeit ohne Bewegungserfolg

Bei dieser Muskelarbeit handelt es sich um Spannungsübungen, die ohne Bewegungseffekt erfolgen.
Konstriktions- oder Spannungsübungen haben eine intensive Muskelkräftigung zum Ziel; der Patient spannt dabei gegen einen vom Behandler gesetzten Widerstand. Sie können auch nach Frakturen in fixierenden Verbänden angewandt werden. Es kommt zu keiner Beunruhigung der Fragmente, trotzdem bleibt der Muskel elastisch, die Atrophie wird verhindert. Nicht verwechselt werden dürfen die Spannungsübungen mit den Intentions- oder mentalen Übungen. Sie stellen ein Üben in Bewegungsvorstellungen dar. Dabei bleibt die Reihenfolge der Erregung der einzelnen Muskeln erhalten. Gegenüber der realen Bewegung verlaufen die Erregungsprozesse in einer minimalen Intensität.
Nach Atajew werden sie angewandt, um die Funktionstüchtigkeit der Reflexbahnen zu erhalten. Das Auftreten reflektorisch ausgelöster Kontrakturen wird verhindert.
Auf die Entstehung bzw. Verhinderung der Muskelatrophie haben die Intentionsübungen keinen Einfluß.

Anwendung. Wenn starke Schmerzen, Kontrakturen, fixierende Verbände und mangelnde Gelenksicherheit eine Bewegung nicht zulassen, bewirken Spannungsübungen die
— Erhaltung der Muskelelastizität,
— Erhaltung der Verschieblichkeit der einzelnen Faserbündel gegeneinander und des Muskels zu seiner Umgebung sowie der Sehnen in den Sehnenscheiden,
— Erhaltung eines funktionsfähigen Reflexapparates (Nerv-Muskel-System),
— Erhaltung der Verschieblichkeit und Elastizität des Kapselapparates sowie zur Anregung der Synovialproduktion in den Gelenken
— Verhütung und Beseitigung von Atrophien,
— Vermittlung des Muskelempfindens,
— Erkennung muskulärer Fehlspannungen,
— Erhöhung der Muskelkraft,
— Anregung der arteriellen Durchblutung,
— Förderung des venösen Rückstromes,
— Verhütung einer Knochenatrophie durch Druckbelastung des Knochens.

Bei der Durchführung der Spannungsübungen bieten sich verschiedene Variations- und Steigerungsmöglichkeiten an. Die entsprechende Auswahl ist nach der Zielstellung der Übung und nach dem Befund zu treffen.

Beachte folgende Formen:
• Zeitliches Verhältnis von Anspannungs- und Entspannungsphase
$A < E$; $A = E$; $A > E$
Diese Formen zeigen eine Steigerungsmöglichkeit, da durch zunehmende Verkürzung der Entspannungszeit die Belastung für die Muskulatur verstärkt wird. In der Entspannungsphase erfolgt die Durchblutung der Muskulatur, durch die Stoffwechselabbauprodukte aus dem Gewebe abtransportiert werden und die Bereitstellung energieliefernder Substanzen, wie z. B. KP (Kreatinphosphat) und ATP (Adenosintriphosphat), erfolgt.
Die Entspannungszeit muß mindestens die Hälfte der Anspannungszeit betragen.
• Unterschiedliche Gestaltung der Anspannungs- und Entspannungsphasen
schnelle, plötzliche An- und Entspannung;
langsam zunehmende Anspannung, schnelle, plötzliche Entspannung;
langsam zunehmende Anspannung, langsam zunehmende Entspannung (im Sinn der zunehmenden Abspannung);
schnelle, plötzliche Anspannung, langsam zunehmende Entspannung.

Ein schneller Wechsel von An- und Entspannung dient zur Schulung der Nerv-Muskel-Koordination. Beim Beispiel 2 steht die Beeinflussung der arteriellen Gefäße im Vordergrund. Langsame An- und Entspannung helfen besonders, die Empfindung für die Muskulatur zu vermitteln. Die langsam zunehmende Abspannung nach einer kräftigen Anspannung unterstützt die venöse Rückstromförderung.
Steht die Muskelkräftigung im Mittelpunkt der Behandlung, dann ist besonders auf die Intensität der Spannungserhöhung im Muskel und auf die Zeitdauer der Anspannung zu achten. Nach Atajew benötigt man maximal Anspannungen von 5—7 s bis 3mal täglich, um die Maximalkraft des Muskels zu erhalten oder zu steigern.
Ist jedoch eine Erhöhung des Tempos der An- und Entspannung gewünscht, so sind Anspannungen von 2—3 s Dauer wirksamer. Wird die reflektorische Entspannung nach einer maxi-

malen Anspannung als therapeutisches Ziel angestrebt, so sollten nach Lewit maximale Kontraktionen von 7 s Dauer verwendet werden.

1.4.3. Aufbau und Steigerungsprobleme krankengymnastischer Behandlungen

Bei dem Aufbau und der Steigerung krankengymnastischer Behandlungen sind in der Regel subjektive Kriterien maßgebend (denn auch die Befunde sind zum größten Teil subjektiv).

Ausgangspunkt für die Planung einer Behandlungsserie ist der *jeweilige physische und psychische Zustand* des Patienten (Alter, Entwicklungsstand) sowie *der Verlauf der Krankheit* (akut oder chronisch) und *deren Prognose.*

Der Behandlungsaufbau unterliegt dem **Grundsatz der ansteigenden Belastung.** Die zu wählende Reizintensität, -dichte, -dauer, der Reizumfang sowie die Übungshäufigkeit sind auf den Zustand des Patienten einzustellen.

Die beschriebenen Bewegungsformen (vgl. 1.4.2.) stellen eine prinzipielle Steigerungsmöglichkeit dar, ohne dabei ein spezielles Krankheitsgeschehen zu berücksichtigen.

Für jede Übungsbehandlung muß ein Muskel vorbereitet und in einen übungsbereiten Zustand gebracht werden. Schlecht durchblutete, kalte Muskeln sind zu optimalen Leistungen nicht fähig und können u. U. geschädigt werden. Die bei einer Muskelkontraktion ablaufenden biochemischen Prozesse sind bei gut durchblutetem Gewebe wesentlich effektiver. Durch hydrotherapeutische Maßnahmen oder Massagen kann die Durchblutung angeregt werden.

Zu den vorbereitenden Maßnahmen gehört als ein wichtiger Bestandteil die Lagerung (vgl. 1.5.).

Aufgaben

1. Erläutern und demonstrieren Sie die verschiedenen Bewegungsformen in der Krankengymnastik an einem selbst gewählten Übungsbeispiel!
2. In welchem zeitlichen Verhältnis müssen bei einer Spannungsübung die Anspannungs- und die Entspannungsphase stehen, wenn eine Verbesserung der arteriellen Durchblutung erzielt werden soll? Begründen Sie Ihre Aussage!
3. Erläutern Sie die Wirkungsweise der aktiven Bewegungsübungen!

1.5. Lagerungen

Spezielle Lagerungen werden aus therapeutischen und prophylaktischen Gründen gewählt. Sie sind eine wichtige Voraussetzung für die erfolgreiche Behandlung.

1.5.1. Dauerlagerungen

Dauerlagerungen finden über längere Zeit Anwendung und können mit unterschiedlicher Zielstellung verordnet werden:

Zur *Entstauung* wird durch Hochlagern der betroffenen Extremität für den venösen Rückstrom ein günstiges Gefälle geschaffen (entstauende Lagerung).

Dehnlagerungen dienen der Korrektur. Durch sie wird auf geschrumpfte Weichteile, verkürzte Sehnen und verklebte Kapselanteile schonend ein dehnender Zug ausgeübt. Zum Beispiel muß ein bestehender Spitzfuß in leichter Dorsalextension gelagert werden. Es ist zu beachten, daß die Dehnung nicht zu stark ist, da dann Gegenspannungen erzeugt werden, welche die Kontraktur unterstützen.

Kontrakturverhütende Lagerungen sind prophylaktische Maßnahmen, die bei längerer Bettruhe und bestehender Bewegungsunfähigkeit eingesetzt werden. Die Gelenke sind so zu lagern, daß sich die darüber ziehende Muskulatur weder in zu starker Annäherung von Ursprung und Ansatz noch in zu starker Dehnung befindet. Mindestens einmal täglich sind alle Gelenke in eine andere Stellung umzulagern; dieselbe Stellung darf nie über längere Zeit beibehalten werden. Das ist besonders bei der Behandlung von Lähmungen zu beachten.

Dekubitusverhütende Lagerungen haben ebenfalls eine prophylaktische Zielstellung. Bei bettlägerigen Patienten kommt es durch ständigen Druck leicht zu trophischen Störungen und zum „Wundliegen“, d. h. zur Nekrose des Gewebes. Betroffen sind Stellen, bei denen der Knochen unmittelbar unter der Haut liegt, also die Schulterblätter, das Kreuzbein, die Fersen. Diese Stellen sind zu entlasten bzw. wechselnd zu belasten.

1.5.2. Vorbereitende Lagerungen

Diese Lagerungen haben 20—30 min vor der Behandlung zu erfolgen, um verbesserte Übungsbedingungen zu schaffen:

Entstauende Lagerungen kommen zum Einsatz, wenn eine Dauerlagerung nicht erforderlich ist. Dabei ist zu beachten, daß die venösen Gefäße durch die Gelenkwinkelstellungen nicht komprimiert werden.

Dehnlagerungen verbessern die Bewegungsmöglichkeiten. Diese sind so lange einzunehmen, bis sich eine Entspannung der Muskulatur einstellt.

Speziallagerungen für den Thorax sollen den Sekretabfluß aus der Lunge sowie aus dem Bronchialbaum und damit das Abhusten über die Trachea erleichtern.

1.5.3. Behandlungslagerungen

Optimale Voraussetzungen für die Übungsbehandlung sind gegeben, wenn der Patient sicher, schmerzfrei und entspannt gelagert ist und in seinen Bewegungsmöglichkeiten nicht durch äußere Hindernissen eingeschränkt wird. Je größer die Auflagefläche ist, desto leichter kann der Patient entspannen. Die Entspannung hängt darüber hinaus von der Einstellung des Patienten zur Übungsbehandlung ab. Negative Emotionen lösen Gegenspannungen aus. Es ist notwendig, den Patienten positiv zu stimulieren. Dabei sind auch die Größe, Lage und Ausgestaltung des Behandlungsraumes wichtig sowie die Persönlichkeit des Behandlers. Die Entspannungsfähigkeit des Patienten hängt wesentlich von seiner Schmerzfreiheit ab. Deshalb muß in der Praxis mitunter von den folgenden Richtlinien abgewichen werden.

Rückenlage. In dieser Ausgangsstellung kann der Patient am besten entspannen, sie wird daher häufig gewählt. Der Patient liegt, wenn er es verträgt, ganz flach. Ein Kissen unter dem Kopf ermöglicht es ihm, alle Vorgänge ohne Abheben des Kopfes zu verfolgen. Die Kopfunterlagerung entfällt bei Bewegungen in der Wirbelsäule. Die Arme liegen locker an den Körperflanken oder etwa 30 Grad abduziert, im Ellenbogengelenk etwas gebeugt. Die Unterarme liegen proniert. Ein Kissen mit möglichst ovalem Querschnitt wird unter die Kniekehlen gegeben, um eine Überstrekkung in den Kniegelenken zu verhindern. Ein kleines Kissen im Bereich der Achillessehnen schließt das Reiben der Fersen auf der Unterlage aus (Abb. 26).

Bauchlage. Auch in dieser Stellung ist eine gute Entspannung möglich. Ihre Anwendung entfällt aber z. B. bei Patienten mit einer Erkrankung des Herzens und bei Schwangeren. Eine Stirnunterlagerung mit einem flachen Kissen soll das Aufliegen der Nase verhindern. Der Kopf kann evtl. auch zur Seite gedreht werden. Die Arme liegen in Klafterhalte oder seitlich neben dem Körper in Innenrotation oder in Abduktion, so, daß die rechtwinklig gebeugten Unterarme seitlich über die Bank hängen.

Zum Ausgleich der Lendenlordose wird der Bauch unterlagert. Dabei ist zu beachten, daß die Unterlagerung beide Spinae mit erfaßt.

Zum Schutz der Patella wird am distalen Oberschenkel ein flaches Kissen oder ein zusammengelegtes Handtuch untergeschoben. Unter die Sprunggelenke kommt ein etwas größeres Kissen oder eine Rolle, um die Plantarflexion der Füße auszugleichen. Auf einer Behandlungsbank kann der Patient so gelagert werden, daß die Füße über den Bankrand ragen, der distale Unterschenkel ist dann zu unterlagern.

Seitlage. Die Entspannung wird durch die verkleinerte Auflagefläche des Körpers erschwert, eine exakte Unterlagerung ist daher besonders wichtig. Eine Kopfunterlagerung gleicht das

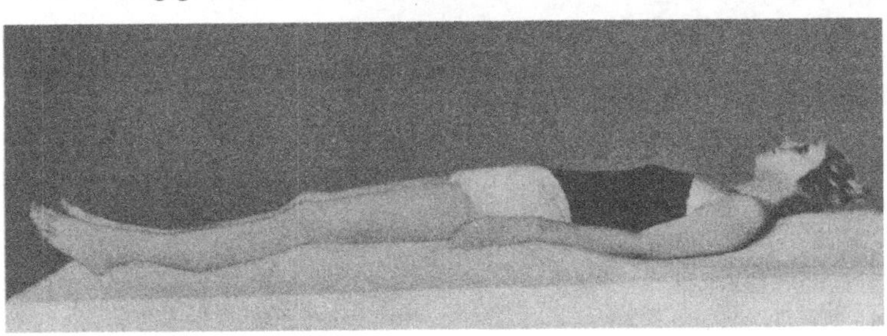

Abb. 26. Behandlungslagerung: Rückenlage

seitliche Abknicken der Halswirbelsäule aus. Die Hand des unteren Armes liegt unter dem Kopf, der andere Arm befindet sich locker vor dem Körper. Das untere Bein ist in Hüfte und Knie leicht gebeugt, das obere Bein liegt stärker gebeugt vor dem unteren auf der Unterlage. Beim Üben mit dem oberen Bein wird dieses abgehoben, so daß die Stabilität des Körpers gefährdet ist (Abb. 27).

Lagerung des Armes im Sitz. Der Patient sitzt auf einem Stuhl oder einem Hocker, die Füße stehen sicher auf dem Boden. Der Arm wird, 50—60° abduziert, auf einen Armlagerungstisch gelegt. Er ist dabei um etwa 30° horizontal-flektiert und im Ellenbogen stumpfwinklig gebeugt. Der Unterarm liegt proniert auf. Zieht der Patient trotz Korrektur die Schulter nach oben, so ist der Arm tiefer zu lagern, indem der Patient höher gesetzt wird. Die Füße müssen dann eine Stütze bekommen!

Aufgaben

1. Begründen Sie die Notwendigkeit einer sachgemäßen Lagerung und Unterlagerung des Patienten für die Übungsbehandlung!
2. Demonstrieren und begründen Sie die Unterlagerung in den verschiedenen Ausgangsstellungen!

1.6. Ausgangsstellung und Grifftechnik des Physiotherapeuten

1.6.6. Ausgangsstellung des Physiotherapeuten

Zur erfolgreichen Übungsausführung ist eine zweckmäßige Ausgangsstellung des Physiotherapeuten wesentlich. Sie sollte so gewählt sein, daß sie

- gute Standsicherheit bietet (geeignetes Schuhwerk),
- ohne Ortsveränderung ein Mitgehen des Körpers bei den Bewegungen ermöglicht,
- die Bewegungen des Patienten nicht behindert,
- ein ökonomisches Arbeiten gewährleistet.

Die gewählte Stellung darf die Qualität der Behandlung nicht mindern, zugleich aber auch nicht zu Überlastungserscheinungen beim Behandler führen, wie sie z. B. bei ständig gebeugter Körperhaltung auftreten.

1.6.2. Griffarten in der Krankengymnastik

Grundsätzlich ist zu unterscheiden zwischen
— dem *Schalengriff*, bei dem die Hand mit adduziertem Daumen, der Form des Körpers angepaßt, leicht gewölbt an der entsprechenden Körperpartie aufgelegt wird und
— dem *Gabelgriff*, bei dem sich der Daumen in Oppositionsstellung zu den übrigen Fingern befindet. Die Finger 2—5 sind gebeugt und im allgemeinen adduziert. Mit der entstehenden „Gabel" wird der Körperabschnitt umfaßt.

Die Wahl der Griffe richtet sich nach den Erfordernissen.

1.6.3. Aufgaben der Bewegungs- und Fixationshand

Entsprechend der Lage und Funktion wird zwischen der Fixations- und der Bewegungshand unterschieden.
Die Aufgaben der *Bewegungshand*, die an den Extremitäten distal angelegt wird, bestehen
— in der Führung der Bewegung,
— im Setzen von Widerstand entgegen der Bewegungsrichtung, wodurch gleichzeitig eine Führung für die Bewegung erfolgt,
— in der Fixation angrenzender, distal gelegener Gelenke,

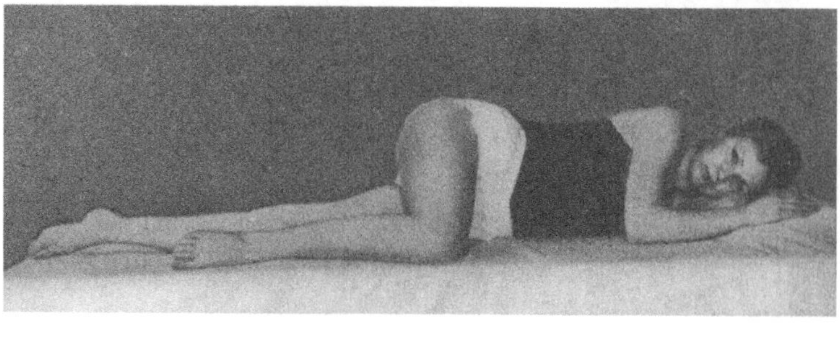

Abb. 27 Behandlungslagerung: Seitlage

— in der Ausübung von Zug oder Druck auf ein Gelenk.

Die Aufgaben der *Fixationshand*, die proximal an der Extremität oder am Rumpf angelegt wird, bestehen
— in der Fixation angrenzender, proximal gelegener Gelenke,
— in der Überprüfung des Spannungszustandes der arbeitenden Muskulatur sowie in der Stimulierung dieser Muskeln durch Setzen eines taktilen Reizes.

Aufgabe

Beweisen Sie die Aufgaben der Fixations- und der Bewegungshand am Beispiel der Beugung und Streckung im Ellenbogengelenk!

2. Befunderhebung und Dokumentation

Der Physiotherapeut führt die vom Arzt verordnete Therapie durch. Der Arzt übergibt dem Physiotherapeuten den Patienten mit der Diagnose und den für die Behandlung notwendigen Befunden, die Auskunft über die Belastbarkeit des Patienten geben. Der Physiotherapeut hat die Aufgabe, die ärztlichen Befunde durch seine Beobachtungen zu aktualisieren und zu ergänzen. Ermittelte Besonderheiten sind dem Arzt mitzuteilen. Der Befund muß regelmäßig ergänzt werden. Für alle Angaben besteht Schweigepflicht!

Die **exakte Befunderhebung** ist die Grundlage für jede physiotherapeutische Maßnahme (nicht nur für die Bewegungsbehandlung) und für die notwendige pädagogisch-psychologische Führung des Patienten durch den Physiotherapeuten.

Die **Befunddokumentation** sollte nach abgeschlossener Behandlung in den physiotherapeutischen Abteilungen aufbewahrt bzw. der Krankengeschichte zugeordnet werden, um bei einer später verordneten Physiotherapie als Vergleich für den Zustand des Patienten herangezogen werden zu können.

Es wird empfohlen, zur Dokumentation Bögen von der Größe A 4 zu verwenden. Die nachfolgende Übersicht sollte einheitlich Anwendung finden. Die Angaben in den einzelnen Spalten sind als Hinweise zu betrachten, sie erheben keinen Anspruch auf Vollständigkeit. Bei jeder Befunderhebung sind die für das Krankheitsbild typischen und die auffälligen allgemeinen Veränderungen zu erfassen. Für spezielle Befunde verschiedener Fachgebiete muß ein Anlageblatt beigefügt werden, z. B. zur Dokumentation der Veränderungen im Bindegewebe. Die dazu notwendigen Angaben werden in den entsprechenden Unterrichtsfächern gegeben.

2.1. Übersicht zur Befunddokumentation

Tabelle 4 Befunderhebung

	Sichtbar	Fühlbar/tastbar	Meßbar	Sonstiges
Haut/Hautanhangsgebilde	Farbe Oberflächenbeschaffenheit Behaarung Festigkeitsgrad Pigmentveränderungen Spannungszustand Hämatom Narbe	Temperatur Oberflächenbeschaffenheit Feuchtigskeitsgrad Verschieblichkeit/ Dehnbarkeit Spannungszustand	Temperatur	Haedsche Zonen Dermographismus Oberflächensensibilität
Unterhaut Bindegewebe	Einziehungen Quellungen Ödeme	Verschieblichkeit		Bindegewebszonen
Periphere Gefäße	Füllungszustand Gefäßzeichnung	Füllungszustand Konsistenz peripherer Puls	Pulsfrequenz	Funktionstests (Ratschow, Umlagerung)
Muskulatur	Muskelrelief Spannungsgrad Dehnfähigkeit	Spannungsgrad (Tonus, Myogelosen)	Umfang Kraft Ausdauer elektrische Erregbarkeit	

	Sichtbar	Fühlbar/tastbar	Meßbar	Sonstiges
Knochen/Periost	Form (Veränderungen) Periostverdickungen	Form (örtliche Abweichungen) Dellen im Periost	Länge (Veränderungen)	Druckpunkte (Periost)
Gelenke	Konturen (Veränderungen) Fehlstellungen	Konturen Konsistenz (Schwellung, Erguß)	Beweglichkeit Umfänge	Verschieblichkeit (Gelenkspiel) Bewegungsgeräusche
Organsysteme				
— Herz-Kreislaufsystem (in Ruhe, nach und bei Belastung)		Pulsqualität	Pulsfrequenz Blutdruck	Belastungsstufen (Fahrradergometer, Stufentest)
— Atmungssystem (in Ruhe, bei und nach Belastung)	Atembewegung	aufzunehmen sind — Muskelbefund — Gewebsbefund (siehe dort)	Vitalkapazität Thoraxumfang Atemfrequenz	Atemgeräusche Haltung und Bewegung
Statik und Motorik				Tiefensensibilität
— Sitz	Sitzfähigkeit und Qualität		Dauer der optimalen Sitzhaltung	Verschiedene Formen des Sitzes (Strecksitz, auf Stuhl)
— Stand	Standfähigkeit und Qualität (= Haltungsanalyse)		Dauer des optimalen Standes Aufrichtevermögen	Verschiedene Formen des Standes (Grätsch-, Schritt-Grundstellung usw.)
— Gang	Gangfähigkeit und Qualität (Bewegungsanalyse; z. B. Haltung, Armbewegung) Schrittlänge, Abrollbewegung Gelenkstellung = Bewegungsökonomie (Merkmale der Bewegungsbeurteilung)			Verschiedene Formen des Ganges (Zehen-, Fersen-, Seiltänzergang usw.)
— Sprache	Sprach- und Sprechfähigkeit, Sprach- und Sprechqualität			

Die **Zwischen- und Abschlußbefunde** sind in der gleichen Weise wie der Erstbefund zu dokumentieren, sie können u. U. andersfarbig auf der Erstdokumentation vermerkt oder auch in verbaler Form als Behandlungsergebnisse fixiert werden.
Die **Behandlungsziele** sind aus dem erhobenen Befund abzuleiten, in Nah- und Fernziele zu untergliedern und der Dokumentation beizufügen.

2.2. Erläuterungen zu verschiedenen Angaben der Befunddokumentation

Die *allgemeinen Angaben* im Kopf der Dokumentation enthalten Hinweise, die für die Arbeit des Physiotherapeuten wichtig sein können. So kann z. B. die Tätigkeit des Patienten für die Zielstellung und die Durchführung der Therapie bedeutsam sein.
In der *Kurzanamnese* werden wichtige Fakten für den Status präsens erfaßt.
In den verschiedenen Unterrichtsfächern — Massage, Reflexzonentherapie, Gymnastik, Säuglingsgymnastik, Technik der Atemtherapie, Physiotherapie in den verschiedenen klinischen Fächern — werden die *spezifischen Befunderhebungen* präzisiert. In das Fachgebiet Krankengymnastik sind folgende Befunderhebungen integriert:
Messungen der Länge und Umfänge. Sie werden mit dem Zentimetermaß an den Extremitäten prinzipiell im Seitenvergleich vorgenommen. Die Anlegestellen und die exakte Durch-

führung sind zu entnehmen aus Meinecke, Rolf „Bewegungs-, Längen- und Umfangsmessungen"

Messungen der Gelenkausschläge. Sie werden mit Hilfe eines speziellen Winkelmessers, für einige Bewegungen auch mit dem Zentimetermaß, durchgeführt. Gemessen wird nach der Neutral-O-Durchgangsmethode. Die Technik der Messungen ist ebenfalls zu entnehmen aus Meinecke, Rolf „Bewegungs-, Längen- und Umfangsmessungen". Bei der Dokumentation ist es wichtig, zwischen aktiven und passiven Bewegungsausschlägen zu unterscheiden, da sich daraus therapeutische Konsequenzen ergeben.

Einschätzung der vorhandenen Muskelkraft. Grundlage für diese Befunderhebung ist die Muskelfunktionsprüfung nach V. Janda. Nachteil dieser Methode ist die Abhängigkeit der Aussagen vom subjektiven Empfinden des Behandlers. Es ist zwischen 6 Stufen zu unterscheiden:

Stufe 5-N (normal) entspricht einem gesunden Muskel, der bei völlig freier Bewegung imstande ist, einen großen äußeren Widerstand zu überwinden. Das sind 100 % der Norm.

Stufe 4-G (gut) drückt etwa 75 % der normalen Muskelkraft aus. Der Muskel kann bei völliger freier Bewegung einen mittelgroßen Widerstand überwinden.

Stufe 3-F (schwach) bezeichnet etwa 50 % der normalen Kraft. Bei völlig freier Bewegung kann der Muskel das Gewicht des getesteten Körperteils gegen die Erdschwere überwinden. Es wird hierbei kein Widerstand gesetzt.

Stufe 2-P (sehr schwach) bedeutet 25 % der normalen Kraft des Muskels. Der Muskel ist nicht mehr in der Lage, das Gewicht des Körpers zu überwinden. Wird die Ausgangsstellung so gewählt, daß die Erdanziehungskraft nicht überwunden werden muß, dann schafft der Muskel das volle Bewegungsausmaß.

Stufe 1-T (Spur, Zuckung, Anspannung) kennzeichnet etwa 10 % der normalen Muskelkraft. Die Kraft des Muskels reicht nicht mehr zur Bewegung aus, der Muskel spannt sich aber an.

Stufe 0. Beim Bewegungsversuch zeigt der Muskel nicht die geringsten Anzeichen einer Kontraktion.

Das Prinzip der Muskelfunktionsprüfung wird am Beispiel der Prüfung des M. quadriceps femoris erläutert. Es ist sinngemäß auf alle anderen zu prüfenden Muskeln anzuwenden.

Der M. quadriceps femoris bewirkt eine Extension im Kniegelenk (die Unterstützung der Hüftflexion durch einen Teil des Muskels, durch den M. rectus femoris, wird hier vernachlässigt).

Stufe 5 und 4 werden in Rückenlage — wobei das Kniegelenk des Testbeines 90 Grad flektiert ist und das andere Bein am Bankende aufgestellt wird — oder im Sitz geprüft. Der Unterschenkel ist gebeugt. Der Physiotherapeut fixiert am distalen Ende des Oberschenkels im Gabelgriff von ventral. Bei Stufe 5 gibt die körperferne Hand am distalen Unterschenkel einen starken, bei Stufe 4 einen mittelgroßen Widerstand gegen die Streckbewegung.

Für die Stufe 3 bleiben Ausgangsstellung und Fixation bestehen, der Patient bewegt aktiv, ohne Hilfestellung.

Die Stufe 2 wird in Seitlage auf dem zu testenden Bein geprüft. In dieser Ausgangsstellung wird die Schwere der Extremität durch die Auflage auf der Bank abgenommen. Die Gewichtsabnahme durch den Behandler ist nicht zulässig, da die Bewegungsausführung zu leicht unterstützt wird und die Aussagen an Objektivität verlieren. Das oben liegende Bein wird in leichter Abduktion durch den Physiotherapeuten gehalten. Die Fixation des Testbeines erfolgt am distalen Oberschenkel im Schalengriff an der Beininnen- und Beinvorderseite.

Für die Stufen 1 und 0 wird der Patient in Rückenlage gebracht, das Testbein wird in Knie- und Hüftgelenk leicht gebeugt. Der Behandler tastet beim Bewegungsversuch am Lig. patellae und im Verlauf des M. quadriceps femoris.

Ergänzend sei darauf verwiesen, daß sich die Kraftleistung durch den Einsatz von Federwaagen, Ex- und Impander für verschiedene Muskelgruppen objektivieren läßt.

Ermittlung der Ausdauerleistung der Muskulatur. Dazu werden die entsprechenden Bewegungen mit gleichbleibendem Kraftniveau wiederholt, bis die ersten Ermüdungszeichen, wie z. B. Nachlassen der Kraft, Muskelzittern, unexakte, schwunghafte oder unvollständig ausgeführte Bewegungen auftreten.

Überprüfung der zu Verkürzung neigenden Muskulatur. Zur Verkürzung neigen besonders die Muskeln, die vorzugsweise eine tonische Funktion — also eine Haltefunktion —

besitzen. Die Untersuchungen dieser Muskeln basieren ebenfalls auf der Muskelfunktionsdiagnostik nach V. Janda[1]. Untersucht werden der M. triceps surae, die Flexoren und die Adduktoren des Hüftgelenkes, die Ischiokruralmuskulatur, der M. piriformis, der M. quadratus lumborum, der M. pectoralis major, der M. erector spinae, der M. trapezius, der M. levator scapulae.

Zur näheren Erläuterung soll als Beispiel der Test für den M. pectoralis major hier aufgeführt werden. Die Angaben wurden dem Buch „Muskelfunktionsdiagnostik" von Vladimir Janda entnommen. — Zum Testen des M. pectoralis major befindet sich der Patient in Rückenlage am Bankrand der Testseite, die Arme liegen neben dem Körper. Der Behandler fixiert den Muskel vor Bewegungsbeginn mittels Zug durch den Unterarm auf dem Thorax in diagonaler Richtung zur Gegenseite. Der Testarm bewegt sich von innen unten nach schräg außen oben, die Handfläche zeigt dabei nach ventral. Besteht keine Verkürzung, so sinkt der Arm unter die Horizontalebene und gibt bei Druck nach hinten noch etwas nach. Der Behandler orientiert sich gleichzeitig über den Spannungszustand des Muskels, indem er den sternalen und den klavikulären Anteil des Muskels abtastet.
Die unter der Überschrift Statik und Motorik angegebenen Schwerpunkte sind gegebenenfalls zu erweitern. Teil- und Ganzkörperbewegungen können bei Bedarf unter den Gesichtspunkten der *Bewegungskoordination* mit erfaßt werden. Koordinative Fähigkeiten, wie Gewandtheit, Geschicklichkeit, Gleichgewicht, Beweglichkeit, Bewegungselastizität u. ä., können in den verschiedenen Bewegungsabläufen eingeschätzt werden (vgl. dazu Theorie der Körpererziehung, Gymnastik u. a.). Die Qualität der Merkmale der Bewegungsbeurteilung (vgl. Theorie der Körpererziehung) ist als ergänzender Befund mit zu erfassen. Zur umfassenden Befunderhebung ist zu überprüfen, ob der Patient die Grundstruktur (Phasenstruktur) der gewünschten Bewegung erfaßt hat und nachvollziehen kann. Desgleichen werden die Qualität der komplexen Merkmale (Bewegungsrhythmus und Bewegungskopplung bzw. -übertragung) sowie die Qualität der elementaren Merkmale (Bewegungsfluß, Bewegungspräzision, Bewegungskonstanz, Bewegungsstärke, Bewegungstempo und Bewegungsumfang) und das Antizipationsvermögen eingeschätzt. Alle genannten Merkmale gemeinsam kennzeichnen den Grad der Koordinationsfähigkeit in der Bewegungsausführung eines Menschen.
Die Befunderhebung ist zu ergänzen um Beobachtungen, die den *psychischen Bereich* des Patienten betreffen. Es muß allerdings darauf hingewiesen werden, daß der Physiotherapeut nur auffällige Besonderheiten zu erkennen vermag, deren Deutung ihm nicht zusteht. Er ist verpflichtet, seine Beobachtungen dem Arzt mitzuteilen. Folgende Bereiche können vom Physiotherapeuten aus dem Verhalten des Patienten erfaßt werden:

— In welchem Maße gelingt es dem Patienten, sich in seiner Umwelt zu orientieren (Zeit und Ort)?
— Wie hoch ist der Aufmerksamkeitsgrad des Patienten seiner Umwelt gegenüber?
— In welcher Weise verarbeitet der Patient die Reize aus der Umwelt? Welche Stimmungslage dominiert?
— Zeigen sich Bewußtseinsreduzierungen?
— Welche Reaktionen zeigt der Patient gegenüber den Anforderungen, die aus den physiotherapeutischen Anwendungen resultieren?
— Versteht es der Patient, Willensqualitäten zu mobilisieren und bewußt einzusetzen?

[1] Vgl. Janda, V.: Muskelfunktionsdiagnostik. 2. Aufl. Volk u. Ges., Berlin 1986.

Aufgabe

Erläutern Sie die Bedeutung und die Notwendigkeit der Befunderhebung und ihrer Dokumentation.

3. Messungen und Bewegungen für die untere Extremität

3.1. Meßtechnik

Gemessen werden anatomische und funktionelle *Längen* der unteren Extremität sowie die *Umfänge* an Ober-, Unterschenkel und im Fußbereich. Die *Bewegungsausschläge* werden nach der Neutral-O-Durchgangsmethode ermittelt.[1] Jede Messung ist zur Kontrolle zweimal durchzuführen. Es wird prinzipiell im Seitenvergleich gemessen. Die Markierung der Anlagestellen des Zentimetermaßes bzw. des Winkelmessers mit Hilfe eines Fettstiftes ist notwendig.

Aufgabe

Erheben Sie einen meßbaren Befund an einem Mitschüler und protokollieren Sie die Meßwerte!

3.2. Bewegungen der unteren Extremität

Die untere Extremität ist, entsprechend ihrer statischen Funktion, wesentlich stabiler gebaut als die obere. Um ihrer Aufgabe bei Stand und Gang gerecht zu werden, sind die Gelenke durch starke Bänder, kräftige Muskeln und z. T. eine besonders gute knöcherne Gelenkführung gesichert. Die Beweglichkeit des Beines ist dadurch im Gegensatz zu der des Armes erheblich geringer.

3.2.1. Grifftechnik für Bewegungen im Hüftgelenk

Bewegungen in Rückenlage

Ausgangsstellung des Patienten. Rückenlage (vgl. 1.5.3.1.); das nicht zu behandelnde Bein wird etwa 30° abduziert und unterlagert. Das zu behandelnde Bein wird nur bei der Übung der Rotation flach unterlagert.

[1] Meinecke, R.: Bewegungs-, Längen- und Umfangsmessungen. Lehrmaterialien für die Aus- und Weiterbildung von mittlerem medizinischem Personal. Herausgeber: Institut für Weiterbildung mittlerer medizinischer Fachkräfte, Potsdam.

1. Griff

Ausgangsstellung des Physiotherapeuten. Seitlich vom Patienten in Grätsch- bzw. Schrittstellung.

Fixationshand. Entfällt, wird zur 2. Bewegungshand. Fixation durch eine Hilfskraft am Becken oder indem sich der Patient mit dem nicht zu behandelnden Bein am Bankrand fixiert.

Bewegungshand. Beide Hände liegen im Schalengriff am distalen Ende des Ober- bzw. des Unterschenkels von außen unten.

Bewegungsmöglichkeiten. Flexion — Extension; Abduktion — Adduktion.

Bewegungsformen. Passiv — aktiv gegen Widerstand.

> *Beachte*
> - daß bei Widerstand gegen die Adduktion beide Hände an der Beininnenseite liegen,
> - daß für Widerstand gegen die Beugung der 2. Griff anzuwenden ist,
> - daß der Patient häufig die Abduktion durch Beugen und Außenrotation scheinbar vergrößert.

2. Griff

Ausgangsstellung des Physiotherapeuten und Fixation. Wie bei Griff 1.

Bewegungshand. Beide Hände umfassen das distale Ende des Ober- und Unterschenkels im Gabelgriff von oben (Abb. 28).

Bewegungsmöglichkeiten. Innenrotation — Außenrotation; Flexion

Bewegungsformen. Passiv — aktiv gegen Widerstand; für Flexion nur gegen Widerstand.

> *Beachte*
> - daß die distale Hand nicht auf der Tibiakante liegt,
> - daß bei Rotationsübungen das Becken nicht abgehoben wird.

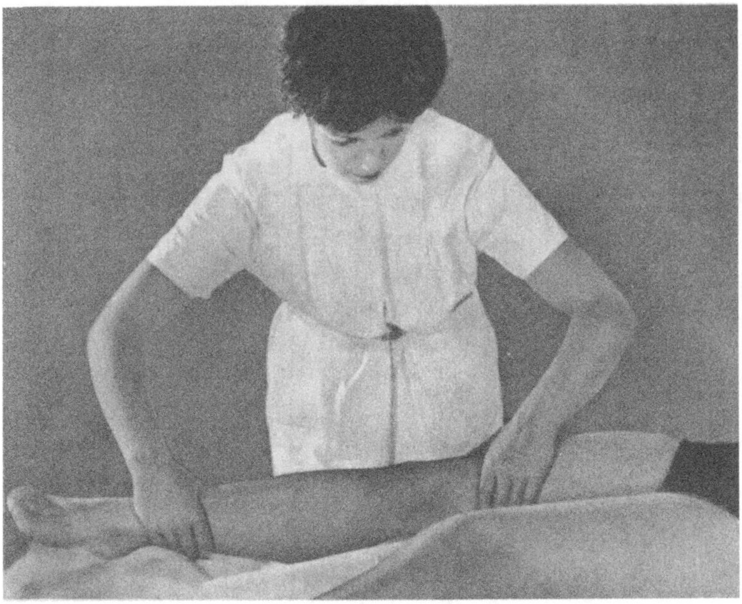

Abb. 28 Grifftechnik für Bewegungen im Hüftgelenk: Innenrotation — Außenrotation; Flexion gegen Widerstand

3. Griff

Ausgangsstellung des Physiotherapeuten. Schrittstellung neben dem Patienten.

Fixationshand. Rumpfnahe Hand liegt im Schalengriff am Beckenkamm, Fingerspitzen zeigen nach dorsal.

Bewegungshand. Unterarm des Physiotherapeuten unterlagert den Unterschenkel des Patienten von außen, die Hand sichert im Gabelgriff das Kniegelenk.

Bewegungsmöglichkeiten. Flexion — Extension; Abduktion — Adduktion.

Bewegungsformen. Passiv — aktiv gegen Widerstand, für Flexion kein Widerstand.

> *Beachte*
> - daß beim Anlegen des Griffes zunächst die rumpfnahe Hand das Kniegelenk vor Überstreckung schützt,
> - daß bei Widerstand gegen die Adduktion die Hand aus der Kniekehle an die Beininnenseite gleitet,
> - daß Widerstand gegen die Abduktion entweder durch den Oberarm gegeben wird (nur bei intaktem Bandapparat des Kniegelenkes) oder durch die Fixationshand, die dazu vom Becken gelöst wird.

4. Griff

Ausgangsstellung des Physiotherapeuten und Fixation. Wie bei Griff 1.

Bewegungshand. Die rumpfnahe Hand liegt im Gabelgriff unter dem Kniegelenk, die rumpfferne im Schalengriff an der Ferse, so daß die Fußsohle am Unterarm des Physiotherapeuten liegt (Abb. 29).

Bewegungsmöglichkeiten. Kombinierte Knie- und Hüftflexion — Knie- und Hüftextension.

Bewegungsformen. Passiv — aktiv gegen Widerstand, für Flexion kein Widerstand.

> *Beachte*
> - daß das Kniegelenk immer vor Überstreckung zu sichern ist,
> - daß bei der Extension die Ferse zuerst die Unterlage erreicht,
> - daß bei der Flexion die Hand aus der Kniekehle gleitet und daß bei beginnender Extension die Hand zurückgeht,
> - daß die Bewegung besonders fließend und rhythmisch ausgeführt wird; eine gleichmäßige Gewichtsverlagerung des Physiotherapeuten ist zu berücksichtigen.

Bewegungen in Seitlage

1. Griff

Ausgangsstellung des Physiotherapeuten. Hinter dem Patienten in Grätsch- oder Schrittstellung.

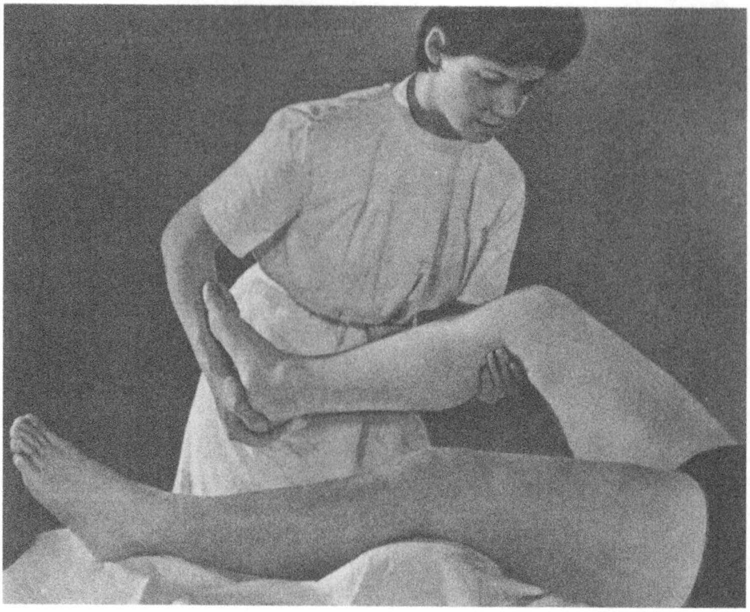

Abb. 29 Grifftechnik für Bewegungen im Knie- und Hüftgelenk: Kombinierte Knie-Hüftflexion und -extension

Fixationshand. Rumpfnahe Hand liegt im Schalengriff am Becken, Fingerspitzen zeigen nach ventral.

Bewegungshand. Rumpfferne Hand liegt mit gespreizten Fingern an der Innenseite des distalen Oberschenkelendes, der Unterschenkel ruht auf dem Unterarm.

Bewegungsmöglichkeiten. Abduktion — Adduktion; Hüft- und Knieflexion — Hüft- und Knieextension

Bewegungsformen. Passiv — aktiv gegen Widerstand, nicht für Abduktion und Kniebewegung.

Beachte
- daß bei der Abduktion und Adduktion aus der Nullstellung geübt wird.

Bewegungen in Bauchlage

Der 1., 2. und 3. Griff der Übungen aus der Rückenlage ist anzuwenden.

Bewegungsmöglichkeiten. Extension; Abduktion — Adduktion.

Bewegungsformen. Passiv — aktiv gegen Widerstand.

Beachte
- daß Widerstand für die Extension nur bei Griff 2 gegeben wird,
- daß Extension nur etwa 15 Grad möglich ist,
- daß beim Widerstand gegen die Adduktion die Hände auf die Beininnenseite rutschen.

3.2.2. Grifftechnik für Bewegungen im Kniegelenk

Bewegungen in Rückenlage

1. Griff

Ausgangsstellung des Physiotherapeuten. Seitlich vom Patienten in Grätschstellung.

Fixation. Entfällt.

Bewegungshand. Beide Hände erfassen mit Daumen und Zeigefinger die Seitenränder der Patella.

Bewegungsmöglichkeiten. Queres und diagonales Verschieben der Patella, wenn sie mit der Unterlage verklebt ist.

Bewegungsformen. Passiv.

2. Griff

Ausgangsstellung des Physiotherapeuten. Seitlich vom Patienten in Grätschstellung.

Fixation. Exakte Fixation ist nicht möglich. Rumpfnaher Unterarm unterlagert das distale Ende des Oberschenkels, die Hand liegt im Schalengriff auf dem distalen Abschnitt des anderen Oberschenkels, so daß eine Bewegung im Kniegelenk möglich wird.

Bewegungshand. Rumpfferne Hand umfaßt das distale Ende des Unterschenkels im Gabelgriff, je nach Bewegungsrichtung von ventral oder dorsal (Abb. 30).

Bewegungsmöglichkeiten. Flexion — Extension.

Bewegungsformen. Passiv — aktiv gegen Widerstand.

> *Beachte*
> - daß die körpernahe Hand nicht auf die Patella faßt,
> - daß Unterlagerung auch durch Kissen oder Rollen erfolgen kann und damit die Fixationshand für den Oberschenkel frei wird,
> - daß eine Vergrößerung des Bewegungsausmaßes durch Steilstellung der rumpfnahen Hand oder durch Verschieben dieser Hand nach proximal möglich ist.

Bewegungen in Bauchlage

1. Griff

Ausgangsstellung des Physiotherapeuten. Seitlich vom Patienten in Grätschstellung.

Fixationshand. Rumpfnahe Hand liegt im Gabelgriff am Oberschenkel.

Bewegungshand. Rumpfferne Hand umfaßt das distale Ende des Unterschenkels im Schalengriff von unten oder im Gabelgriff von oben.

Bewegungsmöglichkeiten. Flexion — Extension.

Bewegungsformen. Passiv — aktiv gegen Widerstand.

> *Beachte*
> - daß der gedehnte M. rectus femoris eine maximale Flexion in dieser Ausgangsstellung nicht zuläßt. Als Ausweichbewegung kann eine zusätzliche Hüftflexion entstehen.

2. Griff

Ausgangsstellung des Physiotherapeuten, Fixationshand, Bewegungsmöglichkeiten. Siehe 1. Griff.

Bewegungshand. Distaler Arm unterfaßt den Unterschenkel, so daß er auf dem Unterarm ruht. Hand liegt im Gabelgriff am proximalen Ende des Unterschenkels.

Bewegungsformen. Passiv, aktiv gegen Widerstand, nicht für Flexion.

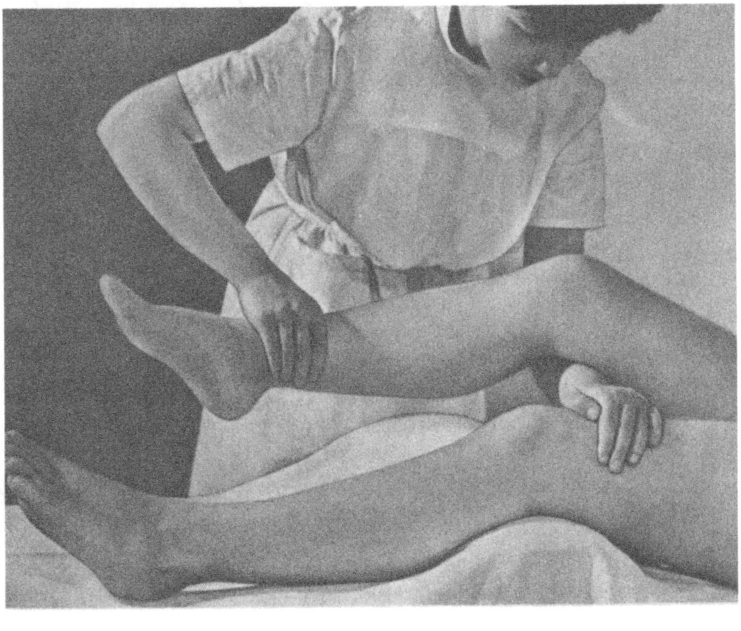

Abb. 30 Grifftechnik für Bewegungen im Kniegelenk: Flexion — Extension

Bewegungen im Sitz

Ausgangsstellung des Patienten. Sitz am Bankrand, die Oberschenkel verlaufen waagerecht und sind bis zum Kniegelenk unterlagert.

1. Griff

Ausgangsstellung des Physiotherapeuten. Seitlich vom Patienten in Grätschstellung.

Fixationshand. Rumpfnahe Hand liegt im Gabelgriff auf dem Oberschenkel.

Bewegungshand. Sie liegt im Gabelgriff am distalen Ende des Unterschenkels von unten bzw. oben (bei Widerstand gegen Extension).

Bewegungsmöglichkeiten. Flexion — Extension.

Bewegungsformen. Passiv — aktiv gegen Widerstand.

> *Beachte*
> - daß die Beugung über 90° durch den Bankrand behindert wird,
> - daß Patient beide Gesäßhälften gleichzeitig belastet.

3.2.3. Grifftechnik für Bewegungen in den Fuß- Zehengelenken

Bewegungen erfolgen nur **in Rückenlage.**

Bewegungen im oberen Sprunggelenk

1. Griff

Ausgangsstellung des Physiotherapeuten. Am Fußende der Behandlungsbank.

Fixationshand. Äußere Hand umfaßt im Gabelgriff das distale Ende des Unterschenkels von unten.

Bewegungshand. Sie liegt im Gabelgriff an der Vorfußinnenseite, Daumen stützt das Quergewölbe.

Bewegungsmöglichkeiten. Plantarflexion — Dorsalextension.

Bewegungsformen. Passiv — aktiv gegen Widerstand.

> *Beachte*
> - daß Ferse nicht auf der Unterlage reiben darf.

2. Griff

Ausgangsstellung des Physiotherapeuten. Seitlich der Behandlungsbank.

Fixationshand. Rumpfnahe Hand faßt von oben im Gabelgriff das distale Ende des Unterschenkels.

Bewegungshand. Sie umfaßt im Schalengriff die Ferse. Fußsohle liegt am Unterarm des Physiotherapeuten (Abb. 31).

Bewegungsmöglichkeiten, Bewegungsformen. Siehe 1. Griff.

> *Beachte*
> - daß dieser Griff günstig ist zur Dehnung der Achillessehne und zur Setzung von Widerstand gegen die Plantarflexion.

Bewegungen im unteren Sprunggelenk

Ausgangsstellung des Physiotherapeuten. Am Fußende der Behandlungsbank.

Fixationshand. Mediale Hand umfaßt im Schalengriff den Kalkaneus.

Bewegungshand. Sie liegt im Schalengriff am Fußinnenrand bzw. beim Widerstand gegen die Pronation im Gabelgriff am Außenrand.

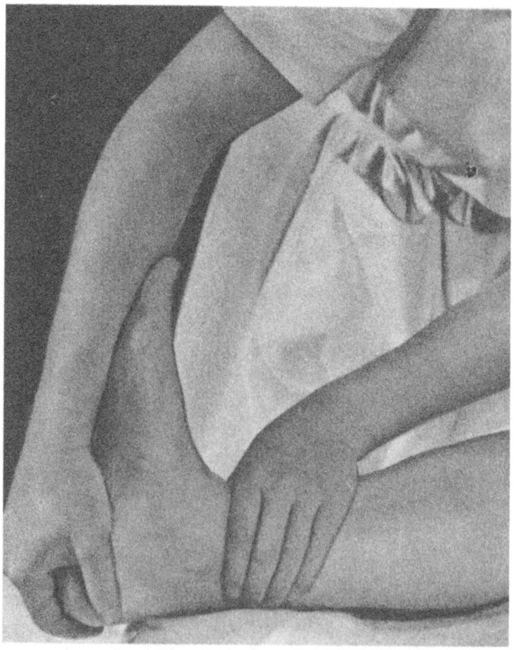

Abb. 31 Grifftechnik für Bewegungen im oberen Sprunggelenk: Plantarflexion — Dorsalextension

Bewegungsmöglichkeiten. Pronation — Supination.

Bewegungsformen. Passiv — aktiv gegen Widerstand.

> *Beachte,*
> • daß ein Wechsel zwischen Bewegungshand und Fixationshand möglich ist.

Bewegungen der Zehen

1. Griff

Ausgangsstellung des Physiotherapeuten. Seitlich der Behandlungsbank.

Fixationshand. Rumpfnahe Hand erfaßt mit Daumen und Zeigefinger die jeweils proximale Phalanx bzw. den entsprechenden Mittelfußknochen.

Bewegungshand. Sie umfaßt mit Daumen und Zeigefinger die jeweils distale Phalanx.

Bewegungsmöglichkeiten. Flexion — Extension in allen Gelenken (isoliert).

Bewegungsformen. Passiv — aktiv gegen Widerstand.

> *Beachte,*
> • daß isolierte Bewegungen in den einzelnen Zehengelenken nur selten geübt werden,
> • daß an der Endphalanx grundsätzlich seitlich angefaßt wird.

2. Griff

Ausgangsstellung des Physiotherapeuten. Seitlich vom Patienten.

Fixationshand. Rumpfnahe Hand liegt im Gabelgriff am Fußinnenrand, die Finger 2—5 greifen weit auf die Fußsohle.

Bewegungshand. Finger 2—5 liegen an der Beugeseite der Zehen (Widerstand). Bei der Gegenbewegung liegt der Daumen auf der Streckseite der Zehen (Abb. 32).

Bewegungsmöglichkeiten. Flexion — Extension in allen Gelenken (kombiniert).

Bewegungsformen. Passiv — aktiv gegen Widerstand.

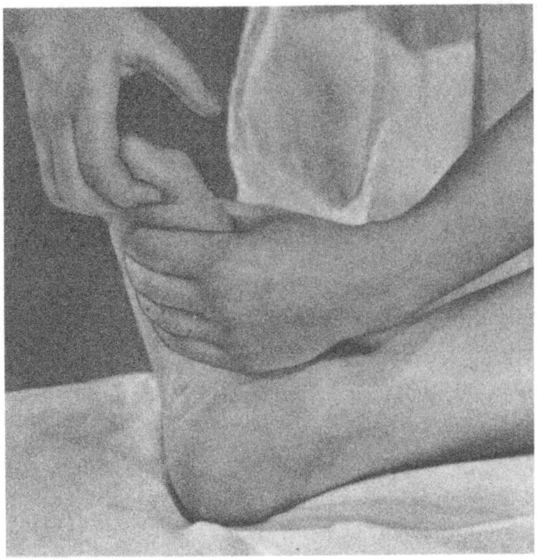

Abb. 32 Grifftechnik für Bewegungen der Zehen: Flexion — Extension in allen Gelenken (kombiniert)

> *Beachte,*
> • daß der Vorfuß in Mittelstellung steht, da bei plantarflektiertem Fuß die Streckmuskulatur extrem gedehnt und eine volle Flexion verhindert wird,
> • daß aktive Bewegungsformen meist in einer Fußgymnastik geübt werden.

Aufgaben

1. Erläutern Sie Lage und Funktion der Muskeln, die auf
das Hüftgelenk,
das Kniegelenk,
die Fuß- und Zehengelenke wirken!
2. Demonstrieren Sie die Griffe für die Flexion — Extension im Hüftgelenk aus der Rückenlage, und vergleichen Sie, ob in dieser Ausgangsstellung für beide Bewegungsrichtungen alle krankengymnastischen Bewegungsformen anwendbar sind!
3. Wiederholen Sie die aufgezeigten Übungen bis zur sicheren Beherrschung der Grifftechnik und der anwendbaren Bewegungsformen!

3.3. PNF für die untere Extremität

3.3.1. 1. Diagonale

Diese geht von außen unten nach innen oben und zurück von innen oben nach außen unten.

1. Übung — Grundbewegung

Aus der Extension — Abduktion — Innenrotation mit bleibender Kniegelenkextension in die Flexion — Adduktion — Außenrotation.

Ausgangsstellung des Patienten. Rückenlage.
Hüftgelenk: Extension — Abduktion — Innenrotation
Kniegelenk: Extension
Fußgelenk: Plantarflexion und Pronation
Zehengelenke: Flexion.

Ausgangsstellung des Physiotherapeuten. Er steht in seitlicher Schrittstellung neben dem Patienten.

Es sind 3 Handfassungen möglich

1. Handfassung (Abb. 33)
Körpernahe Hand an der Ferse im Gabelgriff; körperferne Hand an der dorsalen Innenseite des Fußrückens und der Zehen im Gabelgriff.

2. Handfassung (Abb. 34)
Körpernahe Hand liegt von innen oben am distalen Ende des Oberschenkels im Schalengriff;
körperferne Hand an der dorsalen Innenseite des Fußrückens und der Zehen im Gabelgriff.
(Betonung der Fuß- und Hüftbewegungen)

3. Handfassung (Abb. 35)
Körpernahe Hand liegt von innen oben am distalen Ende des Oberschenkels im Schalengriff;
körperferne Hand an der Ferse im Schalengriff.
(Betonung der Rotation — durch die Handfassung an der Ferse — und Hüftbewegungen.)
Die beschriebenen Handfassungen stellen die Grundtechnik dar. Bei bestimmten Krankheitsbildern und Befunden ist ein Abweichen angezeigt. Spezielle Hinweise dafür erfolgen in den Unterrichtsfächern „Physiotherapie in der Chirurgie, Orthopädie, Neurologie und Inneren Medizin"

Muskelaktionsfolge
Die Bewegung läuft von distal nach proximal.
Es kommt zur Zehenextension, Dorsalextension und Supination im Fußgelenk;
wichtigste Muskeln: Zehenextensoren und M. tibialis anterior.
Extension im Kniegelenk bleibt erhalten.
Flexion-Adduktion-Außenrotation im Hüftgelenk,
wichtigste Muskeln: M. iliopsoas, M. obturator ext. und int.; M. pectineus, M. gracilis, Mm. adductores und M. sartorius.

Kommando
„Zehen strecken, Fuß nach innen oben, Ferse herein und das Bein nach innen oben!"
„Festhalten!"
„Weiterziehen!"

Endstellung
Hüftgelenk: Flexion — Adduktion — Außenrotation
Kniegelenk: Extension
Fußgelenk: Dorsalextension und Supination
Zehengelenke: Extension.

1. Übung — Gegenbewegung

Aus der Flexion — Adduktion — Außenrotation mit bleibender Kniegelenkextension in die Extension — Abduktion — Innenrotation

Ausgangsstellung des Patienten. Die eben erreichte Endstellung.

Ausgangsstellung des Physiotherapeuten. Bleibt.

Handfassungen wechseln

1. Handfassung (Abb. 36)
Körpernahe Hand an der Ferse im Gabelgriff; körperferne Hand umgreift den Fuß von außen unten im Gabelgriff.

2. Handfassung (Abb. 37)
Körpernahe Hand liegt von außen unten am distalen Ende des Oberschenkels;
körperferne Hand umgreift den Fuß von außen unten im Gabelgriff.
(Betonung der Fuß- und Hüftbewegungen)

3. Handfassung (Abb. 38)
Körpernahe Hand liegt von außen unten am distalen Ende des Oberschenkels;
körperferne Hand an der Ferse im Schalengriff.
(Betonung der Rotation und Hüftbewegungen)

Muskelaktionsfolge
Es kommt zur Zehenflexion, Plantarflexion und Pronation im Fußgelenk;
wichtigste Muskeln: Zehenflexoren, M. fibularis longus und brevis, M. gastrocnemius und M. soleus.
Extension im Kniegelenk bleibt erhalten.
Extension — Abduktion — Innenrotation im Hüftgelenk;

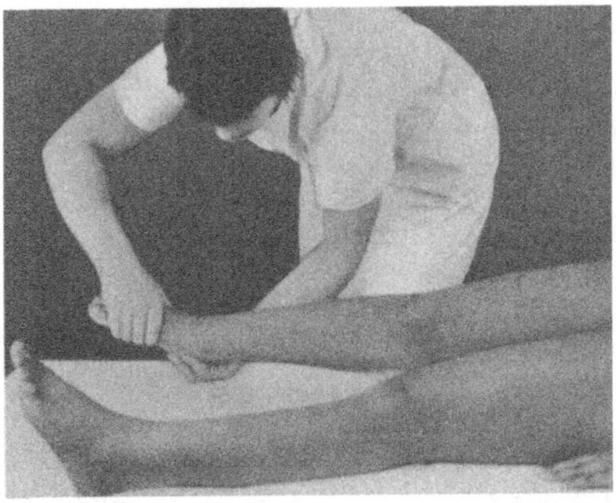

Abb. 33 Komplexbewegung untere Extremität:
1. Diagonale, 1. Übung — Grundbewegung,
1. Handfassung

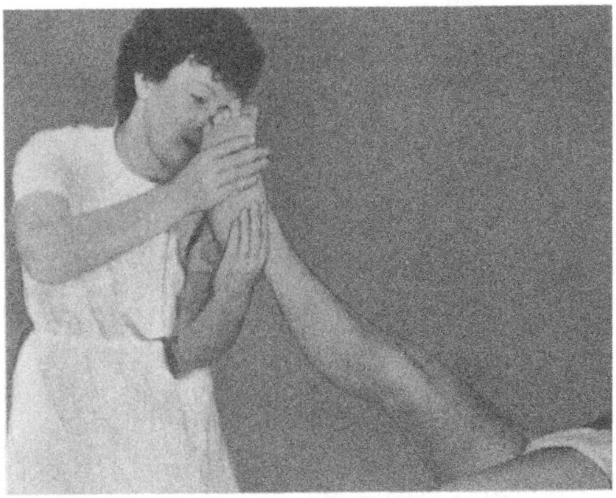

Abb. 36 Komplexbewegung untere Extremität:
1. Diagonale, 1. Übung — Gegenbewegung,
1. Handfassung

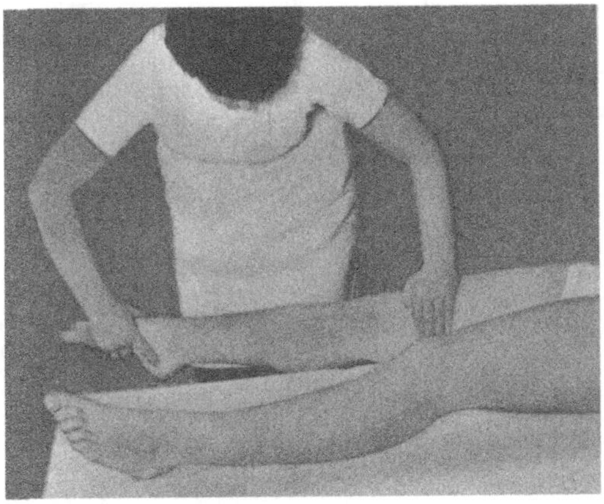

Abb. 34 Komplexbewegung untere Extremität:
1. Diagonale, 1. Übung — Grundbewegung,
2. Handfassung

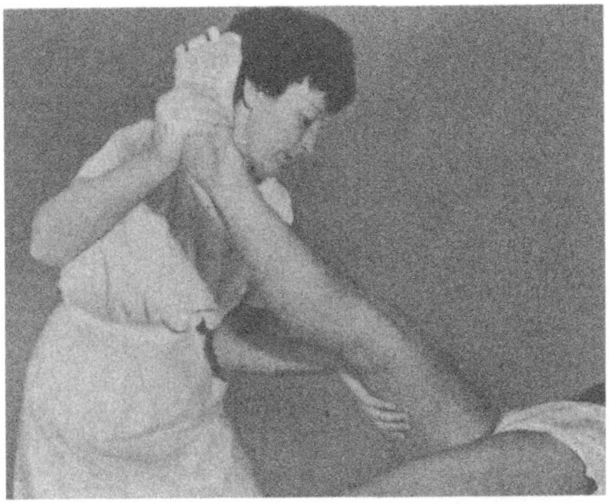

Abb. 37 Komplexbewegung untere Extremität:
1. Diagonale, 1. Übung — Gegenbewegung,
2. Handfassung

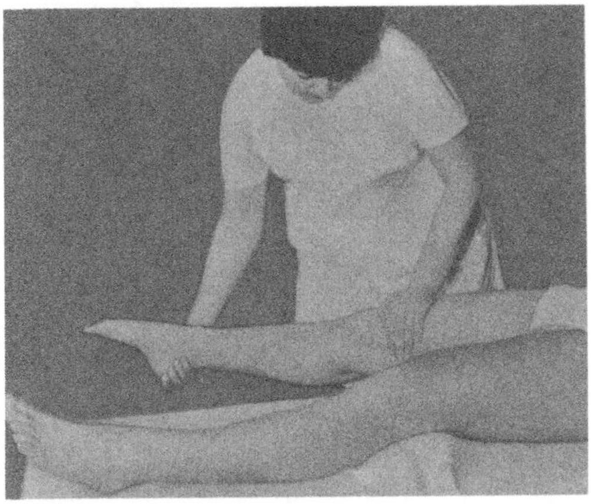

Abb. 35 Komplexbewegung untere Extremität:
1. Diagonale, 1. Übung — Grundbewegung,
3. Handfassung

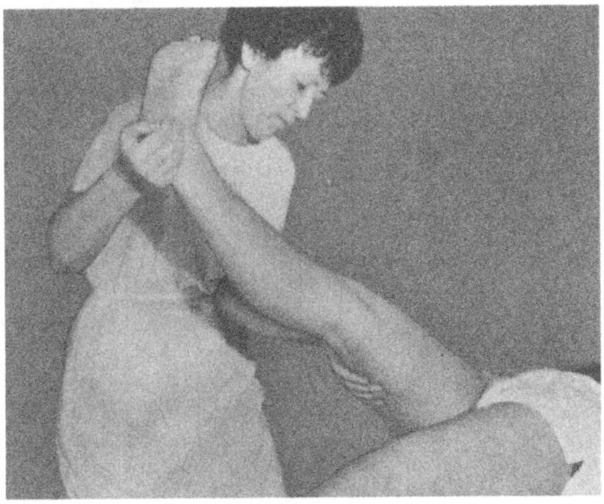

Abb. 38 Komplexbewegung untere Extremität:
1. Diagonale, 1. Übung — Gegenbewegung,
3. Handfassung

wichtigste Muskeln: M. gluteus medius und minimus, M. biceps femoris, M. semitendinosus und M. semimembranosus als Hüftstrekker.

Kommando
„Zehen einkrallen und Fuß nach außen unten, Ferse heraus und das Bein nach außen unten!"
„Festhalten!"
„Weiterziehen!"

Endstellung
Hüftgelenk: Extension — Abduktion — Innenrotation
Kniegelenk: Extension
Fußgelenk: Plantarflexion und Pronation
Zehengelenke: Flexion.

> *Beachte*
> - die Dehnung in der Ausgangsstellung,
> - daß ein Widerstand gleichmäßig gegeben werden muß und nicht unterbrochen werden darf,
> - daß der isometrische Widerstand nicht ruckhaft, sondern langsam anschwellend anzusetzen ist,
> - den Rotationswiderstand durch die Grifftechnik an Ferse oder Vorfuß,
> - die Arbeit des Fußes.

2. Übung — Grundbewegung

Aus der Extension — Abduktion — Innenrotation
mit extendiertem Kniegelenk
in die Flexion — Adduktion — Außenrotation
mit flektiertem Kniegelenk.

Ausgangsstellung des Patienten. Rückenlage.
Hüftgelenk: Extension — Abduktion — Innenrotation
Kniegelenk: Extension
Fußgelenk: Plantarflexion und Pronation
Zehengelenke: Flexion.

Ausgangsstellung und Handfassung des Physiotherapeuten. Wie bei der 1. Übung — Grundbewegung

Muskelaktionsfolge
Entspricht der 1. Übung — Grundbewegung, zusätzlich kommt es zur Flexion im Kniegelenk,
wichtigste Muskeln: M. biceps femoris, M. sartorius.

Kommando
„Zehen strecken, Fuß nach innen oben, Ferse herein, das Bein nach innen oben und das Knie beugen!
Festhalten! — Weiterziehen!"

Endstellung
Hüftgelenk: Flexion — Adduktion — Außenrotation
Kniegelenk: Flexion
Fußgelenk: Dorsalextension und Supination
Zehengelenke: Extension.

2. Übung — Gegenbewegung

Aus der Flexion — Adduktion — Außenrotation mit flektiertem Kniegelenk
in die Extension — Abduktion — Innenrotation mit extendiertem Kniegelenk.

Ausgangsstellung des Patienten. Die eben erreichte Endstellung.

Ausgangsstellung des Physiotherapeuten. Bleibt.

Handfassungen wechseln (Abb. 39)
Wie bei der 1. Übung — Gegenbewegung.

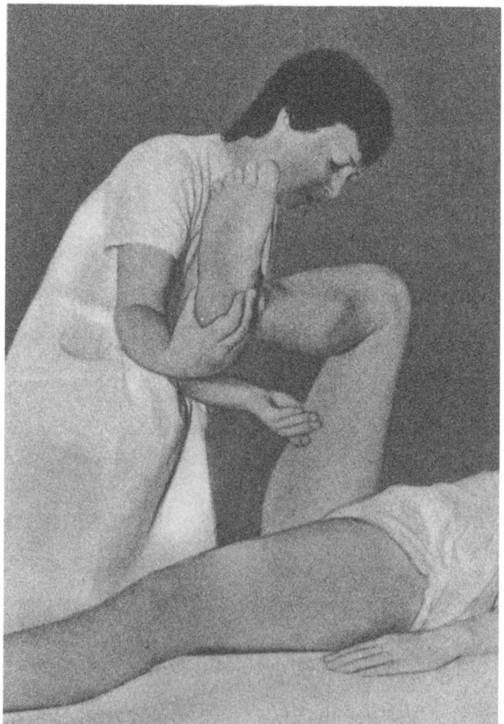

Abb. 39 Komplexbewegung untere Extremität: 1. Diagonale, 2. Übung — Gegenbewegung, 3. Handfassung

Muskelaktionsfolge
Entspricht der 1. Übung — Gegenbewegung, zusätzlich kommt es zur Extension im Kniegelenk, wichtigster Muskel: M. quadriceps femoris (vastus intermedius und vastus lateralis).

Kommando
„Zehen einkrallen und Fuß nach außen unten, Ferse heraus, Bein heraus und herunterstoßen und das Knie strecken!
Festhalten! — Weiterstoßen!"

Endstellung
Hüftgelenk: Extension — Abduktion — Innenrotation
Kniegelenk: Extension
Fußgelenk: Plantarflexion und Pronation
Zehengelenke: Flexion.

Beachte
- die Adduktion im Hüftgelenk in der Endstellung,
- daß der Haltewiderstand erst kurz vor dem Ende der Bewegungsbahn angesetzt werden kann.

3. Übung — Grundbewegung

Aus der Extension — Abduktion — Innenrotation mit flektiertem Kniegelenk in die Flexion — Abduktion — Außenrotation mit extendiertem Kniegelenk.

Ausgangsstellung des Patienten. Rückenlage, Unterschenkel des zu beübenden Beines hängt seitlich über die Massagebank, das Kniegelenk ist über 90 Grad flektiert.
Hüftgelenk: Extension — Abduktion — Innenrotation
Kniegelenk: Flexion
Fußgelenk: Plantarflexion und Pronation
Zehengelenke: Flexion.

Ausgangsstellung und Handfassung des Physiotherapeuten. Wie bei der 1. Übung — Grund bewegung (Abb. 40)

Muskelaktionsfolge
entspricht der 1. Übung — Grundbewegung, zusätzlich kommt es zur Extension im Kniegelenk, wichtigster Muskel: M. quadriceps femoris (vastus medialis und rectus femoris).

Kommando
„Zehen strecken, Fuß nach innen oben, Ferse herein, das Bein nach innen oben und das Knie strecken!
Festhalten! Weiterstrecken und -ziehen!"

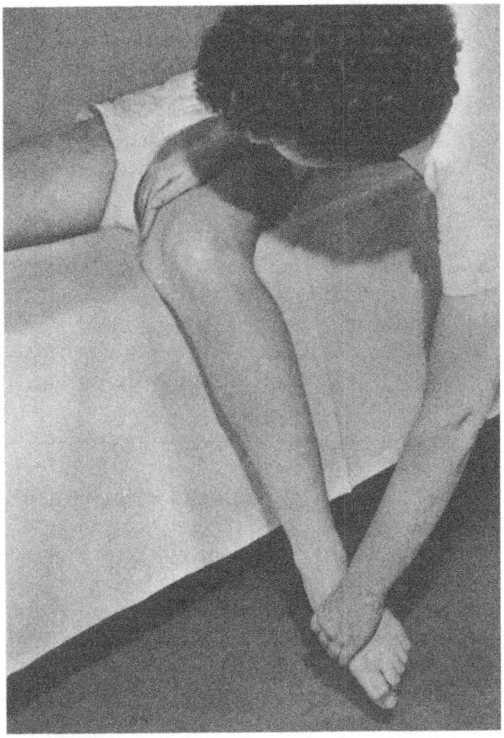

Abb. 40 Komplexbewegung untere Extremität: 1. Diagonale, 3. Übung — Grundbewegung, 2. Handfassung

Endstellung

Hüftgelenk: Flexion — Adduktion — Außenrotation
Kniegelenk: Extension
Fußgelenk: Dorsalextension und Supination
Zehengelenke: Extension.

3. Übung — Gegenbewegung

Aus der Flexion — Adduktion — Außenrotation mit extendiertem Kniegelenk in die Extension — Abduktion — Innenrotation mit flektiertem Kniegelenk.

Ausgangsstellung des Patienten. Die eben erreichte Endstellung.

Ausgangsstellung des Physiotherapeuten. Bleibt.

Handfassungen wechseln
Wie bei der 1. Übung — Gegenbewegung.

Muskelaktionsfolge
Entspricht der 1. Übung — Gegenbewegung, zusätzlich kommt es zur Flexion im Kniegelenk.

wichtigste Muskeln: M. semitendinosus, M. semimembranosus, M. popliteus und M. gastrocnemius.

Kommando
„Zehen einkrallen und Fuß nach unten außen. Ferse heraus, das Bein nach außen unten und das Knie beugen!
Festhalten! — Weiterziehen!"

Endstellung
Hüftgelenk: Extension — Abduktion — Innenrotation
Kniegelenk: Flexion
Fußgelenk: Plantarflexion und Pronation
Zehengelenke: Flexion.

Beachte
- daß der Haltewiderstand nicht zu früh angesetzt wird! Er darf erst dann gegeben werden, wenn das Kniegelenk eine Flexion von etwa 90° erreicht hat,
- daß der Patient zur intensiven Hüftextension aufgefordert wird! Dazu betonten Widerstand geben!

3.3.2. 2. Diagonale

Diese geht von innen unten nach außen oben und zurück von außen oben nach innen unten.

1. Übung — Grundbewegung

Aus der Extension — Adduktion — Außenrotation mit bleibender Kniegelenkextension in die Flexion — Abduktion — Innenrotation.

Ausgangsstellung des Patienten. Rückenlage
Hüftgelenk: Extension — Adduktion — Außenrotation
Kniegelenk: Extension
Fußgelenk: Plantarflexion und Supination
Zehengelenke: Flexion.

Ausgangsstellung und Handfassung des Physiotherapeuten. Er steht in seitlicher Schrittstellung neben dem Patienten.

Es sind 3 Handfassungen möglich

1. Handfassung (Abb. 41)
Körpernahe Hand an der Ferse im Gabelgriff; körperferne Hand an der dorsalen Außenseite des Fußrückens und der Zehen im Gabelgriff.

2. Handfassung (Abb. 42)
Körpernahe Hand liegt von außen oben am distalen Ende des Oberschenkels;

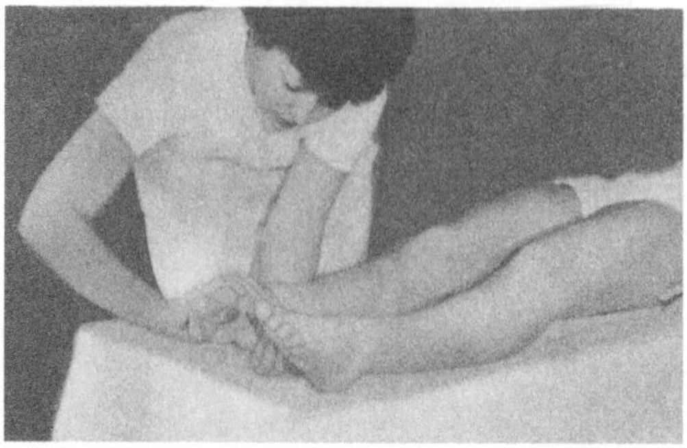

Abb. 41 Komplexbewegung untere Extremität: 2. Diagonale, 1. Übung — Grundbewegung, 1. Handfassung

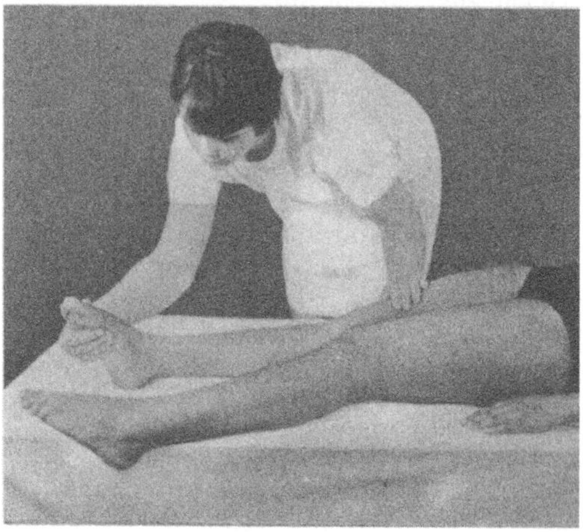

Abb. 42 Komplexbewegung untere Extremität: 2. Diagonale, 1. Übung — Grundbewegung, 2. Handfassung

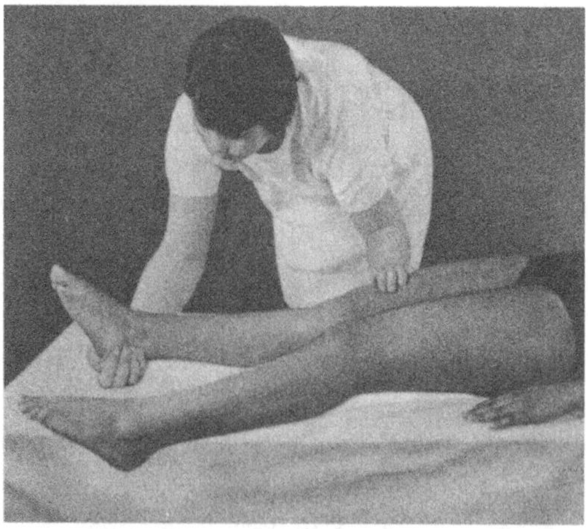

Abb. 43 Komplexbewegung untere Extremität: 2. Diagonale, 1. Übung — Grundbewegung, 3. Handfassung

körperferne Hand an der dorsalen Außenseite des Fußrückens und der Zehen im Gabelgriff. (Betonung der Fuß- und Hüftbewegungen.)

3. Handfassung (Abb. 43)
Körpernahe Hand liegt von außen oben am distalen Ende des Oberschenkels;
körperferne Hand an der Ferse im Schalengriff.
(Betonung der Rotation und Hüftbewegung.)

Muskelaktionsfolge
Die Bewegung läuft von distal nach proximal. Es kommt zur Zehenextension, Dorsalextension und Pronation im Fußgelenk;
wichtigste Muskeln: Zehenextensoren und Mm. fibulares.
Extension im Kniegelenk bleibt erhalten.
Flexion — Abduktion — Innenrotation im Hüftgelenk, wichtigste Muskeln: M. tensor fasciae latae und M. rectus femoris (als Hüftflexoren).

Kommando
„Zehen hochziehen, Fuß nach außen oben, Ferse heraus und das Bein nach außen oben!"
„Festhalten!"
„Weiterziehen!"

Endstellung
Hüftgelenk: Flexion — Abduktion — Innenrotation
Kniegelenk: Extension
Fußgelenk: Dorsalextension und Pronation
Zehengelenke: Extension.

1. Übung — Gegenbewegung

Aus der Flexion — Abduktion — Innenrotation mit bleibender Kniegelenkextension in die Extension — Adduktion — Außenrotation.

Ausgangsstellung des Patienten. Die eben erreichte Endstellung.

Ausgangsstellung des Physiotherapeuten. Bleibt.

Handfassungen wechseln

1. Handfassung (Abb. 44)
Körpernahe Hand an der Ferse im Gabelgriff. körperferne Hand umgreift den Fuß von innen unten im Schalengriff.

2. Handfassung (Abb. 45)
Körpernahe Hand liegt von innen unten am distalen Ende des Oberschenkels;
körperferne Hand umgreift den Fuß von innen unten im Schalengriff.
(Betonung der Fuß- und Hüftbewegungen.)

3. Handfassung (Abb. 46)
Körpernahe Hand liegt von innen unten am distalen Ende des Oberschenkels;
körperferne Hand an der Ferse im Schalengriff.
(Betonung der Rotation und Hüftbewegung.)

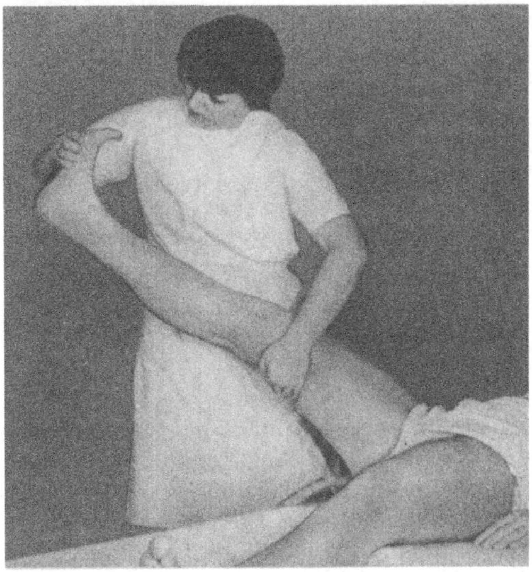

Abb. 44 Komplexbewegung untere Extremität: 2. Diagonale, 1. Übung — Gegenbewegung, 1. Handfassung

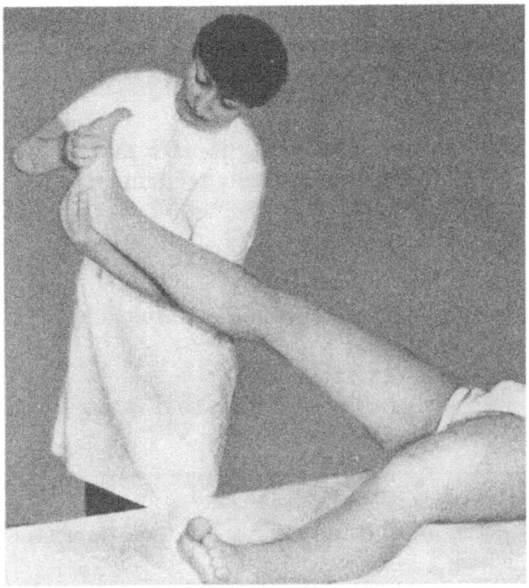

Abb. 45 Komplexbewegung untere Extremität: 2. Diagonale, 1. Übung — Gegenbewegung, 2. Handfassung

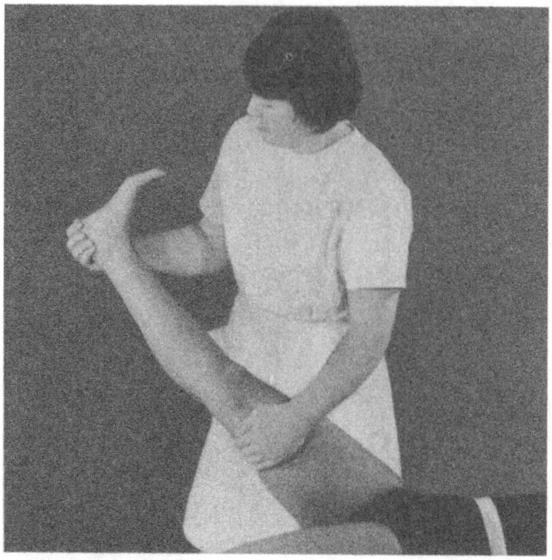

Abb. 46 Komplexbewegung untere Extremität: 2. Diagonale, 1. Übung — Gegenbewegung, 3. Handfassung

Muskelaktionsfolge
Es kommt zur Zehenflexion, Plantarflexion und Supination im Fußgelenk;
wichtigste Muskeln: Zehenflexoren, M. gastrocnemius, M. soleus, M. tibialis posterior.
Extension im Kniegelenk bleibt erhalten.
Extension — Adduktion — Außenrotation im Hüftgelenk.
wichtigste Muskeln: M. gluteus maximus, M. piriformis, Mm. gemelli, M. obturatorius internus, M. quadratus femoris, M. adductor magnus, M. semitendinosus und M. semimembranosus (als Hüftextensor).

Kommando
„Zehen einkrallen und Fuß nach innen unten, Ferse herein und das Bein nach innen unten!"
„Festhalten!"
„Weiterziehen!"

Endstellung
Hüftgelenk: Extension — Adduktion — Außenrotation
Kniegelenk: Extension
Fußgelenk: Plantarflexion und Supination
Zehengelenke: Flexion.

> *Beachte*
> - die Dehnstellung in der Ausgangsstellung,
> - die Abduktion und Innenrotation bei der Endstellung der Grundbewegung,
> - daß das Kniegelenk extendiert bleibt.

2. Übung — Grundbewegung

Aus der Extension — Adduktion — Außenrotation mit extendiertem Kniegelenk
in die Flexion — Abduktion — Innenrotation mit flektiertem Kniegelenk.

Ausgangsstellung des Patienten. Rückenlage.
Hüftgelenk: Extension — Adduktion — Außenrotation
Kniegelenk: Extension
Fußgelenk: Plantarflexion und Supination
Zehengelenke: Flexion.

Ausgangsstellung und Handfassung des Physiotherapeuten. Wie bei der 1. Übung der 2. Diagonale — Grundbewegung.

Muskelationsfolge
Entspricht der 1. Übung der 2. Diagonale — Grundbewegung, zusätzlich kommt es zur Flexion im Kniegelenk, wichtigste Muskeln: M. semitendinosus und M. semimembranosus, M. popliteus, M. gastrocnemius.

Kommando
„Zehen strecken, Fuß nach außen oben, Ferse heraus, das Bein nach außen oben und das Knie beugen!"
„Festhalten! — Weiterbeugen!"

Endstellung
Hüftgelenk: Flexion — Abduktion — Innenrotation
Kniegelenk: Flexion
Fußgelenk: Dorsalextension und Pronation
Zehengelenke: Extension.

2. Übung — Gegenbewegung

Aus der Flexion — Abduktion — Innenrotation mit flektiertem Kniegelenk
in die Extension — Adduktion — Außenrotation mit extendiertem Kniegelenk.

Ausgangsstellung des Patienten. Die eben erreichte Endstellung.

Ausgangsstellung des Physiotherapeuten. Bleibt.

Handfassungen wechseln
Wie bei der 1. Übung der 2. Diagonale — Gegenbewegung (Abb. 47).

Muskelaktionsfolge
Entspricht der 1. Übung der 2. Diagonale — Gegenbewegung
zusätzlich kommt es zur Extension im Kniegelenk,
wichtigster Muskel: M. quadriceps femoris (vastus intermedius und vastus medialis).

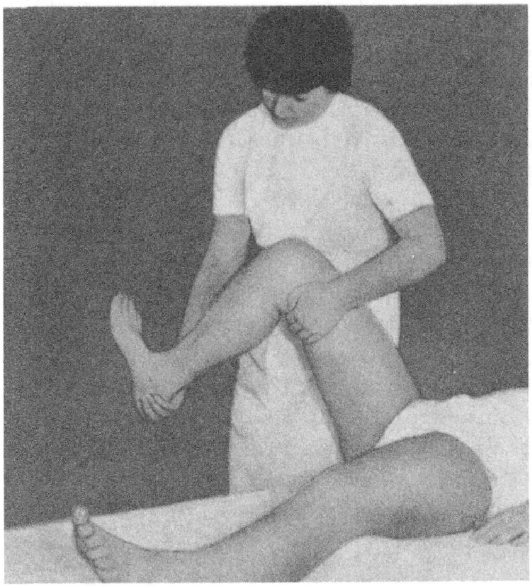

Abb. 47 Komplexbewegung untere Extremität: 2. Diagonale, 2. Übung — Gegenbewegung, 3. Handfassung

Kommando
„Zehen einkrallen, Fuß nach innen unten und Ferse herein, das Bein herein und herunterstoßen und das Knie strecken!
Festhalten! — Weiterstrecken!"

Endstellung
Hüftgelenk: Extension — Adduktion — Außenrotation
Kniegelenk: Extension
Fußgelenk: Plantarflexion und Supination
Zehengelenke: Flexion.

> *Beachte*
> • die exakte Dehnung in der Ausgangsstellung,
> • die Abduktion und Innenrotation in der Endstellung der Grundbewegung,
> • daß der Haltewiderstand erst kurz vor der vollen Extension im Knie- und Hüftgelenk gegeben werden darf.

3. Übung — Grundbewegung

Aus der Extension — Adduktion — Außenrotation mit flektiertem Kniegelenk
in die Flexion — Abduktion — Innenrotation mit extendiertem Kniegelenk.

Ausgangsstellung des Patienten. Rückenlage, am Ende der Massagebank, Unterschenkel hängen über, Kniegelenke sind 90° flektiert.
Hüftgelenk: Extension — Adduktion — Außenrotation
Kniegelenk: Flexion
Fußgelenk: Plantarflexion und Supination
Zehengelenke: Flexion.

Ausgangsstellung und Handfassung des Physiotherapeuten wie bei der 1. Übung der 2. Diagonale — Grundbewegung, 2. Handfassung (Abb. 48).

Muskelaktionsfolge
Entspricht der 1. Übung der 2. Diagonale — Grundbewegung, zusätzlich kommt es zur Extension im Kniegelenk, wichtigster Muskel: M. quadriceps femoris (vastus intermedius und rectus femoris).

Kommando
„Zehen strecken, Fuß nach außen oben und Ferse heraus, Bein nach außen oben und das Knie strecken!
Festhalten! — Weiterstrecken!"

Endstellung
Hüftgelenk: Flexion — Abduktion — Innenrotation
Kniegelenk: Extension
Fußgelenk: Dorsalextension und Pronation
Zehengelenke: Extension.

3. Übung — Gegenbewegung

Aus der Flexion — Abduktion — Innenrotation mit extendiertem Kniegelenk

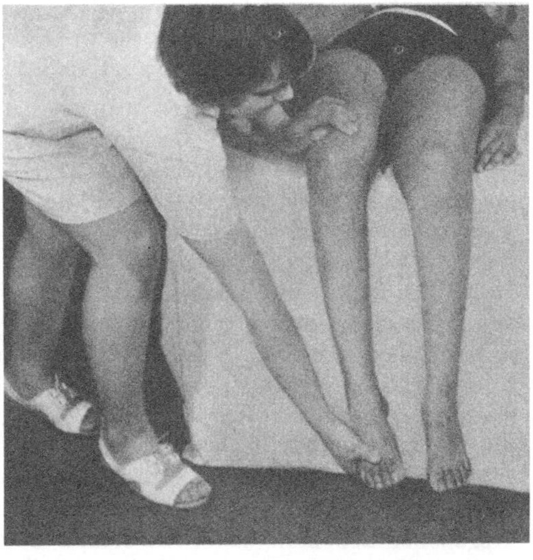

Abb. 48 Komplexbewegung untere Extremität: 2. Diagonale, 3. Übung — Grundbewegung, 2. Handfassung

in die Extension — Adduktion — Außenrotation mit flektiertem Kniegelenk.

Ausgangsstellung des Patienten. Die eben erreichte Endstellung.

Ausgangsstellung des Physiotherapeuten. Bleibt.

Handfassungen wechseln

Wie bei der 1. Übung der 2. Diagonale — Gegenbewegung.

Muskelaktionsfolge

Entspricht der 1. Übung der 2. Diagonale — Gegenbewegung —, zusätzlich kommt es zur Flexion im Kniegelenk, wichtigster Muskel: M. biceps femoris.

Kommando

„Zehen einkrallen, Fuß nach innen unten und Ferse herein, das Bein herunter und herein und das Knie beugen!
Festhalten! — Weiterbeugen!“

Endstellung

Hüftgelenk: Extension — Adduktion — Außenrotation
Kniegelenk: Flexion
Fußgelenk: Plantarflexion und Supination
Zehengelenke: Flexion.

Beachte

- daß der Haltewiderstand nicht zu früh angesetzt werden darf,
- daß beide Hände gleichmäßigen Widerstand entgegensetzen,
- daß bei verstärkter Lendenlordose das nichtbeübte Bein flektiert auf die Bank aufgestellt werden kann.

Für alle Komplexbewegungen wurde in der Beschreibung als Ausgangsstellung des Patienten die Rückenlage gewählt. Es muß darauf hingewiesen werden, daß diese Übungen auch in anderen Ausgangsstellungen, wie z. B. Seitlage, Bauchlage und Sitz einzusetzen sind. Dabei kann u. U. die Ausgangsstellung nicht exakt eingenommen werden (z. B. 2. Diagonale aus der Bauchlage, das Hüftgelenk steht für die Flexion in Nullstellung) oder die Endstellung wird nicht voll erreicht (z. B. 1. Diagonale aus der Bauchlage, das Hüftgelenk erreicht für die Flexion die Nullstellung und nicht den vollständigen Bewegungsausschlag) Gegebenenfalls muß die Grifftechnik etwas abgewandelt werden.
Es können auch — entsprechend der zu beübenden Muskulatur — verkürzte Komplexbewegungen zur Anwendung kommen, bei denen z. B. nur die Zehen — Fuß — Unterschenkeleinheit beübt wird. Auf eine exakte Ausgangs- und Endstellung in den genannten Gelenken muß dabei besonders geachtet werden (vgl. 3.5.3.).

Aufgaben

1. Demonstrieren Sie die verschiedenen Übungen der Komplexbewegungen für die untere Extremität und erklären Sie, welche Bewegungen bzw. welche Muskulatur durch die von Ihnen gewählte Grifftechnik besonders geschult wird!
2. Erläutern Sie bei der Demonstration der Komplexbewegungen am Bein, worauf bei der Ausführung der einzelnen Übungen besonders zu achten ist!

3.4. PNF — Techniken der antagonistischen Bewegungsumkehr

Die Bewegungsumkehr entspricht einem normalen Reaktionsvorgang, der bei den Bewegungen des täglichen Lebens ständig beobachtet werden kann. Wird z. B. ein azyklischer Bewegungsablauf, wie das Werfen, analysiert, so ist als erste Bewegungsphase eine Ausholbewegung zu erkennen, die der eigentlichen Bewegungsrichtung entgegengesetzt erfolgt. Zunächst arbeiten also die antagonistischen Muskeln, um die Extremität in eine Ausgangsstellung zu bringen, die für die Kraftentfaltung der Agonisten und Synergisten günstig ist (vgl. Theorie der Körpererziehung). Es findet ein *Wechsel zwischen der Kontraktion der Antagonisten und Agonisten* statt, ein Wechsel in der Bewegungsrichtung — eine antagonistische Bewegungsumkehr.
Ist diese Bewegungsumkehr nicht möglich, so ist die Funktionsfähigkeit des Körperabschnittes hinsichtlich seiner Kraftentfaltung, Geschicklichkeit oder bzw. und Koordination beeinträchtigt. Die koordinierten Abläufe der Bewegungsumkehr werden durch die reziproke Innervation ermöglicht, durch die eine gleichzeitige, fein abgestufte Erregung der Agonisten und Hemmung der Antagonisten zustande kommt. Bei der Übung der Techniken der Bewegungsumkehr werden die ablaufenden nervösen Mechanismen geschult und der Agonist mit Hilfe des Antagonisten „gekräftigt“.

Nachstehend wird das Prinzip dieser Techniken dargestellt. Die auszuwählenden Übungsmuster richten sich nach der zu schulenden Muskulatur.

3.4.1. Langsame Umkehr

Bei dieser Technik beginnt man mit einer Bewegungsarbeit für die Antagonisten der zu schulenden Muskeln gegen maximalen Widerstand. Am Ende der Bewegung wird umgegriffen und sofort — ohne Entspannungsphase! — die agonistische Muskulatur beübt. Nach mehrmaligem Wechsel zwischen den Bewegungen im agonistischen und antagonistischen Muster endet die Übung mit einer Kontraktion der Agonisten, wobei ein Haltemoment mit anschließendem Nachziehen eingeschaltet wird.
Sollen z. B. die Abduktoren für das Hüftgelenk geschult werden, dann wird das Bein aus der Ausgangsstellung der 1. Diagonalen in die Endstellung der 1. Diagonale bewegt, also aus der Abduktion, Extension und Innenrotation in die Adduktion, Flexion und Außenrotation (Grundbewegung der 1., 2. oder 3. Übung). Es arbeiten die Adduktoren, d. h. die Antagonisten der zu schulenden Muskulatur, die anderen Muskeln werden hier bewußt nicht genannt. Ist die Endstellung erreicht, erfolgt die sofortige Bewegungsumkehr zurück in die Ausgangsstellung. Dabei werden die Abduktoren angesprochen. Mehrmals wird dieser Bewegungsablauf ohne Pause durchgeführt. Die Übung wird beendet mit der Gegenbewegung, in die ein Haltemoment (isometrische Kontraktion) eingeschaltet wird. Ein aktives „Nachziehen" in die Abduktion, Extension, Innenrotation schließt sich an.
Für die Schulung der Abduktoren kann auch die 2. Diagonale eingesetzt werden. Man beginnt dann aus der Endstellung dieser Diagonale und bewegt zuerst in die Ausgangsstellung zurück. Die Übungsfolge muß mit der Grundbewegung (aus der Adduktion in die Abduktion!) beendet werden.

3.4.2. Langsame Umkehr mit Halten

Hier folgt der auxotonischen Muskelkontraktion jeweils eine isometrische Kontraktion, also ein Haltemoment. Die Ausführung entspricht ansonsten der unter 3.4.1. genannten.

3.4.3. Rhythmische Stabilisation

Bei der rhythmischen Stabilisation wird isometrische Muskelarbeit für die Agonisten und Antagonisten im rhythmischen Wechsel gefordert.
Diese Übungsform eignet sich besonders für Patienten mit schmerzhaften Gelenkerkrankungen, bei eingeschränkter Beweglichkeit sowie zur Anregung der peripheren Durchblutung.
Die rhythmische Stabilisation kann an jeder beliebigen Stelle im Bewegungsweg einer Diagonale oder im Schnittpunkt beider Diagonalen angesetzt werden.
Der Patient befindet sich in Rückenlage. Der Physiotherapeut steht am Fußende der Behandlungsbank und umfaßt Ferse und Vorfuß im Gabelgriff.
Vor Beginn der Spannungsübung wird die Extremität unter Zug (Extension) gesetzt, wobei der Patient „locker lassen" soll. Anschließend wird die Extremität vom Patienten aktiv — unter Beibehaltung der Extension — in Richtung Rumpf zurückgezogen. Der Patient wird aufgefordert, die Spannung zu halten, der Physiotherapeut muß die Extension aufrechterhalten. Erst jetzt kann der Physiotherapeut den Widerstand setzen. Er muß dem Patienten das Kommando zum „Festhalten" ständig neu geben, um eine maximale Anspannung zu erreichen.
Erfolgt die rhythmische Stabilisation in einer Diagonale, so drückt der Physiotherapeut die Extremität im rhythmischen Wechsel in die Ausgangs- und Endstellung der gewählten Diagonale. Befindet sich die Extremität im Schnittpunkt beider Diagonalen, so ist bei der Widerstandssetzung zu beachten, daß immer ein Rotationswechsel gegeben sein muß. Zum Beispiel muß die Extremität zuerst in die Ausgangsstellung der 1. Diagonale gedrückt (Innenrotation), anschließend in die Endstellung der 1. Diagonale (Außenrotation), dann in die Endstellung der 2. Diagonale (Innenrotation) und schließlich in die Ausgangsstellung der 2. Diagonale (Außenrotation). Der Widerstand darf nicht gebrochen werden. Zum Erlernen können anfangs kleine Bewegungsausschläge zugelassen werden. Nach mehrmaligem Spannungswechsel folgt eine Entspannungsphase.
Die zu wählende Ausgangsstellung für die rhythmische Stabilisation, im Bewegungsweg der 1. Diagonale oder der 2. Diagonale oder im

Schnittpunkt beider Diagonalen richtet sich nach der vordergründig zu beübenden Muskulatur.

Aufgaben

1. Erläutern Sie bei den Techniken der antagonistischen Bewegungsumkehr die Arbeitsweise der Agonisten und der Antagonisten in den einzelnen Übungsphasen!
2. Ein Patient zeigt eine Bewegungsbehinderung im Flexions-Adduktions-Außenrotationsmuster. Wählen Sie für diesen Patienten die geeignete Übung aus, und führen Sie diese so durch, daß eine Vergrößerung des Bewegungsausschlages erzielt wird!

3.5. Das Schulen spezieller Muskelgruppen und Muskeln

Um eine sachgemäße Übungsauswahl treffen zu können, müssen genaue Kenntnisse über Verlauf und Funktionen dieser Muskeln sowie über ihr funktionelles Zusammenspiel mit anderen Muskeln vorausgesetzt werden.
Die hier genannten Beispiele sind sinngemäß auf alle Muskeln übertragbar.

3.5.1. Muskelmantelschulung für Oberschenkel und gesamtes Bein

Muskelmantelschulung am Oberschenkel

Ausgangsstellung des Patienten, Rückenlage.

Ausgangsstellung des Physiotherapeuten. Seitlich vom Patienten in Schrittstellung.
Fixation. Entfällt, evtl. durch zweiten Physiotherapeuten oder mit freiem Bein am Bankrand.

Handfassung
Beide Hände umfassen im Gabelgriff manschettenartig den Oberschenkel.

Übungsausführung
Patient spannt nach unten, innen, oben, außen.

Beim Spannen nach unten arbeiten besonders der M. gluteus maximus und die ischiokrurale Muskulatur, beim Spannen nach innen die Adduktoren, beim Spannen nach oben der M. iliopsoas, M. tensor fasciae latae und der M. quadriceps femoris, beim Spannen nach außen der M. gluteus medius und minimus.

Steigerungsmöglichkeiten
— Mehrmaliges Spannen in einer Richtung mit dazwischen geschalteten Pausen,
— im Wechsel nach innen und außen, oben und unten spannen, mit Pausen zwischen den einzelnen Kontraktionen,
— Spannen in die verschiedensten Richtungen, um die Reaktionsschnelligkeit zu schulen,
— Spannen in der angegebenen Reihenfolge ohne Zwischenpausen.

> *Beachte*
> • daß die Pausen so gewählt werden, daß die Sauerstoffversorgung garantiert wird (gilt besonders für die beiden ersten Steigerungsmöglichkeiten),
> • daß die Anspannungszeit 30 s nicht überschreiten soll,
> • daß je nach Zielstellung ein schnelles oder langsames An- und Entspannen gewählt werden kann.

Muskelmantelschulung für das gesamte Bein

Ausgangsstellung des Patienten. Rückenlage.

Ausgangsstellung des Physiotherapeuten. Seitlich vom Patienten in Grätschstellung.

Fixation. Entfällt, evtl. durch zweiten Physiotherapeuten oder mit freiem Bein.

Handfassung
Beide Hände liegen im Gabelgriff am distalen Ende des Ober- und Unterschenkels an der Seite, nach der gespannt wird.

Übungsausführung
— Patient spannt das gesamte Bein nach unten auf die Unterlage.
— Patient spannt zur Sicherung des Kniegelenkes den M. quadriceps femoris an — Knie durchdrücken — supiniert anschließend den Fuß und spannt dann das ganze Bein nach innen.
— Patient spannt den M. quadriceps femoris, extendiert den Fuß nach dorsal und spannt dann das Bein nach oben.
— Patient spannt den M. quadriceps femoris, extendiert den Fuß nach dorsal und spannt dann das Bein nach außen.

> *Beachte*
> • Bei X- und O-Beinen distal keinen starken Widerstand geben!

Steigerungsmöglichkeiten
S. Muskelmantelschulung am Oberschenkel

Beachte
- daß bei genügender Sicherung des Kniegelenkes der Widerstand auch am Fuß angelegt werden kann. Der Physiotherapeut steht dann am Fußende und umfaßt mit gefalteten Händen die Ferse oder mit der äußeren Hand die Ferse, mit der inneren den Vorfuß im Gabelgriff. Mit diesen Griffen kann die rotierende Muskulatur durch Spannen sehr gut beübt werden.
- daß anstelle der hier beschriebenen Form die rhythmische Stabilisation im Schnittpunkt der beiden Diagonalen eingesetzt werden kann (vgl. 3.4.3.).

3.5.2. Übungen für den M. quadriceps femoris

Dieser Muskel hat neben wichtigen dynamischen Funktionen stabilisierende Aufgaben bei Stand und Gang zu erfüllen.

Verlauf des Muskels
M. rectus femoris; *Ursprung:* Spina iliaca anterior inferior, oberer Pfannenrand des Hüftgelenkes.
M. vastus medialis; *Ursprung:* Labium mediale der Linea aspera femoris.
M. vastus lateralis; *Ursprung:* Labium laterale der Linea aspera femoris, Seitenfläche des Trochanter major.
M. vastus intermedius; *Ursprung:* vordere und laterale Femurfläche.

Ansatz. Gemeinsame Endsehne als Lig. patellae an der Tuberositas tibiae, in deren Mittelteil die Patella eingelagert ist. Von der Quadrizepssehne entspringen das Retinaculum patellae mediale und laterale und verstärken die Gelenkkapsel („Reservestreckapparat“).

Dynamische Funktionen. Alle 4 Anteile extendieren den Unterschenkel, der M. rectus femoris flektiert außerdem im Hüftgelenk.
Statische Funktion. Beim Stand verhindert der M. quadriceps femoris das Einknicken des Kniegelenkes. Das ist besonders notwendig, wenn das Körpergewicht hinter die quere Kniegelenkachse verlagert wird.

Die Lockerung der Patella (vgl. 3.2.2.) ist vor allen Übungen erforderlich.

Spannungsübungen in Rückenlage

— Der Physiotherapeut unterlagert mit einer Hand das Kniegelenk und fordert den Patienten auf, das Knie nach unten durchzudrücken. Dabei springt der M. quadriceps femoris normalerweise sichtbar an, wobei die Patella nach oben gezogen wird. Zusätzlich kontrahieren sich der M. gluteus maximus und die ischiokrurale Muskulatur.

— Zur Unterstützung der Kontraktion kann ein Zug- und Druckreiz gegeben werden. Dabei wird die rumpfnahe Hand im Gabelgriff auf den distalen Oberschenkel gelegt und übt auf den Muskel einen Zug in Richtung Kniegelenk aus. Der Patient soll aktiv anspannen. Während der Kontraktion weicht die Hand nach proximal aus, damit sie keinen Widerstand gegen den proximalen Patellarand gibt.

— Durch Abheben des Oberkörpers aus der Rückenlage kann ebenfalls ein Anspannen des M. quadriceps femoris ausgelöst werden, das am besten kurz oberhalb der Patella zu tasten ist.

Bewegungsübungen in Rückenlage

— Geübt werden die Extension des Unterschenkels, aber auch die Flexion, da der M. quadriceps femoris bei der Beugung des Unterschenkels in dieser Ausgangsstellung Bremsarbeit zu leisten hat. Grifftechnik vgl. 3.2.2. Es wird zunächst einphasig, in der Steigerung zweiphasig geübt, eine weitere Steigerung ist durch die verschiedenen Bewegungsformen (vgl. 1.4.2.1.) möglich.

— Beim Anheben des im Knie extendierten Beines arbeiten alle Anteile des Muskels, beim Senken des Beines auf die Unterlage hat der Muskel wiederum Bremsarbeit zu leisten. Steigerung wie bei der ersten Übung.

— Beide Beine werden angestellt, das Gesäß wird abgehoben, bis es zur Streckung der Hüftgelenke kommt. In der Steigerung wird das Gesäß im Wechsel rechts und links abgelegt, oder die Übung erfolgt nur mit einem Standbein.

Bewegungsübungen in Bauchlage

— Üben der Extension des Unterschenkels. Dabei ist zu beachten, daß der M. quadriceps femoris nur dann arbeitet, wenn das Bein aus der vollen Flexion bis 90 Grad extendiert wird. Bis zur vollen Extension ist ein Widerstand zu setzen, da der Unterschenkel sonst der Schwere folgend nach unten fällt, ohne daß der M. quadriceps femoris sich kontrahiert.

Bewegungsübungen im Sitzen auf dem Hocker

— Geübt wird die Extension des Unterschenkels in allen möglichen Bewegungsformen sowie
— die Flexion, bei der der M. quadriceps femoris wiederum Bremsarbeit leistet.

> *Beachte*
> • daß der Widerstand evtl. durch Gewichte gegeben werden kann, so daß es dem Patienten möglich wird, in dieser Ausgangsstellung auch allein zu üben.

Bewegungsübungen im Strecksitz (Winkelsitz)

— In dieser Ausgangsstellung leistet der M. quadriceps femoris Haltearbeit. Sein langer Anteil unterstützt die Hüftflexion während der gesamte Muskel das Bein auf die Unterlage drückt, um dadurch das Gleichgewicht zum Oberkörper herzustellen.
— Alle Übungen, bei denen der Patient aus der Rückenlage zum Strecksitz kommt und umgekehrt, erfordern Quadrizepsarbeit.

Bewegungsübungen im Kniestand

— Alle Übungen in dieser Ausgangsstellung erfordern erhebliche Quadrizepsarbeit, da der Muskel durch ständige Haltearbeit ein Nach-hinten-Fallen des Oberschenkels und damit des gesamten Rumpfes verhindert. Eine besondere Beanspruchung liegt vor, wenn das Körpergewicht weit hinter die quere Kniegelenkachse verlagert wird.

Bewegungsübungen im Stand

— Im Stand muß der M. quadriceps femoris statische Arbeit leisten. Die Tonuserhöhung des Muskels wird besonders deutlich, wenn im Stand eine Gewichtsverlagerung nach hinten erfolgt. Alle Gleichgewichtsübungen aus dem Stand, grundsätzlich alle Übungen aus dieser Ausgangsstellung, besonders wenn sie den Stand auf einem Bein erfordern, schulen den M. quadriceps femoris.
— Beim Anheben des im Kniegelenk extendierten Beines kontrahiert sich der Muskel in allen 4 Anteilen.
— Beim Senken des in der Hüfte flektierten und im Kniegelenk extendierten Beines leistet der M. quadriceps femoris Bremsarbeit.
— Beim Üben der Kniebeuge erfolgt eine sog. Bewegungsumkehr, d. h., durch Vertauschen des Punctum fixum und Punctum mobile (am Unterschenkel) wird der Oberschenkel gegen den Unterschenkel bewegt, der durch den Stand fixiert ist. Beim Heruntergehen in die Kniebeuge führt der M. quadriceps femoris Bremsarbeit aus, beim Hochkommen kontrahiert er sich gegen den Widerstand, der durch das Körpergewicht gegeben ist.

Bewegungsübungen beim Gehen

— In jeder Phase beim Gehen ist der M. quadriceps femoris in Aktion. Sobald das Spielbein mit der Ferse aufgesetzt wird und zum Standbein wird, kontrahiert er sich kräftig, um ein Einknicken des Kniegelenkes zu verhindern. Beim Spielbein bringt der Muskel, der mit allen Anteilen arbeitet, den Unterschenkel langsam nach vorn, während der M. rectus femoris außerdem im Hüftgelenk flektiert.
— Zehengang, Storchengang und Ausfallschritte sind besonders gut zum Training des M. quadriceps femoris geeignet.
— Beim Treppensteigen aufwärts muß der Muskel das gesamte Körpergewicht überwinden und das Bein im Kniegelenk extendieren. Beim Abwärtssteigen verhindert er, daß der Körper nach hinten fällt, indem er diesen langsam durch Bremsarbeit nach unten bringt Um diese Übungen zu erschweren, kann mit zusätzlichen Gewichten geübt werden.

> *Beachte*
> • Der M. quadriceps femoris kann auch innerhalb der gesamten Muskelkette der funktionellen Einheit mit Hilfe der Komplexbewegungen geschult werden. Es eignen sich besonders die folgenden Übungen: 1. Übung der 1. und 2. Diagonale in beiden Richtungen, sowie die Grundbewegung der 3. Übung beider Diagonalen. Auf die unter 3.4.1. und 3.4.2. beschriebenen Techniken sei außerdem verwiesen. Daneben finden die unter 3.5.3. beschriebenen Übungen Einsatz.

3.5.3. PNF – Ubungen zur speziellen Kräftigung der Unterschenkelextensoren und -flexoren

Die folgenden Übungen können für die spezielle Muskelschulung der Unterschenkelstrecker und -beuger eingesetzt werden, wenn das Prinzip der Bewegungsumkehr angewendet wird. Die Grundübungen der Komplexbewegungen werden dabei wie folgt abgewandelt:

1. Abwandlung: 3. Übung aus der 1. Diagonale
Bewegung. Knieextension.
Aus der Flexion und Innenrotation im Kniegelenk in die Extension.

Ausgangsstellung des Patienten. Sitz, beide Kniegelenke sind über 90° flektiert.
Hüftgelenk: Innenrotation, Abduktion.
Kniegelenk: Flexion und Innenrotation.
Fuß- und Zehengelenke: Plantarflexion und Pronation.

Ausgangsstellung des Physiotherapeuten. Stand seitlich neben dem Patienten in leichter Schrittstellung.

Handfassung
Körpernahe Hand hat nur tastende Funktion und liegt von innen oben kurz oberhalb des Knies;
körperferne Hand im Gabelgriff auf der Dorsalseite des Fußes, Zeigefinger entlang der Medialseite der Ferse.

Muskelaktionsfolge
Die Bewegung verläuft von distal nach proximal, beginnend bei den Zehen. Es kommt zur Dorsalextension und Supination.
wichtigste Muskeln: Zehenextensoren und M. tibialis anterior.
Extension im Kniegelenk,
wichtigster Muskel: M. quadriceps femoris (vastus medialis und vastus intermedius).

Kommando
„Zehen strecken, Fuß nach innen oben, Ferse herein und das Knie strecken!"
„Festhalten!" — „Weiterstrecken!"

Endstellung
Hüftgelenk: Außenrotation
Kniegelenk: Extension
Fuß- und Zehengelenke: Dorsalextension und Supination.

> *Beachte*
> • daß der Haltewiderstand kurz vor der vollen Extension gegeben wird!

Gegenbewegung. Knieflexion
Aus der Extension im Kniegelenk in die Flexion und Innenrotation.

Ausgangsstellung des Patienten. Die eben erreichte Endstellung.

Ausgangsstellung des Physiotherapeuten. Bleibt.

Handfassung wechselt
Körpernahe Hand liegt tastend kurz oberhalb der Kniekehle;
körperferne Hand im Gabelgriff um den Fuß von außen unten, Daumen auf dem Fußrücken.

Muskelaktionsfolge
Es kommt zur Plantarflexion und Pronation, wichtigste Muskeln: Zehenflexoren, Mm. fibulares, M. gastrocnemius und M. soleus.
Flexion im Kniegelenk,
wichtigste Muskeln: M. semitendinosus und M. semimembranosus.

Kommando
„Zehen einkrallen, Fuß nach außen unten, Ferse heraus und das Knie beugen!"
„Festhalten! — Weiterbeugen!"

Endstellung
Hüftgelenk: Innenrotation, Abduktion
Kniegelenk: Flexion
Fuß- und Zehengelenke: Plantarflexion und Pronation.

2. Abwandlung: 3. Übung aus der 2. Diagonale

Bewegung. Knieextension
Aus der Flexion und Außenrotation im Kniegelenk in die Extension.

Ausgangsstellung des Patienten. Sitz, beide Kniegelenke über 90° flektiert.
Hüftgelenk: Außenrotation, Adduktion
Kniegelenk: Flexion und Außenrotation
Fuß- und Zehengelenke: Plantarflexion und Supination.

Ausgangsstellung des Physiotherapeuten. Stand seitlich neben dem Patienten in leichter Schrittstellung.

Handfassung
Körpernahe Hand hat nur tastende Funktion und liegt von außen oben kurz oberhalb des Knies;
körperferne Hand im Gabelgriff auf der lateralen Dorsalseite des Fußes, Daumen an der Außenseite der Ferse.

Muskelaktionsfolge
Die Bewegung verläuft wieder von distal nach proximal.

Es kommt zur Dorsalextension und Pronation,
wichtigste Muskeln: Zehenextensoren und Mm. fibulares;
Extension im Kniegelenk,
wichtigste Muskeln: M. quadriceps femoris (vastus lateralis und vastus intermedius).

Kommando

„Zehen strecken, Fuß nach außen oben, Ferse heraus und das Knie strecken!"
„Festhalten! — Weiterstrecken!"

Endstellung

Hüftgelenk: Innenrotation, Abduktion
Kniegelenk: Extension
Fuß- und Zehengelenke: Dorsalextension und Pronation.

Gegenbewegung. Knieflexion.
Aus der Extension im Kniegelenk in die Flexion und Außenrotation.

Ausgangsstellung des Patienten. Die eben erreichte Endstellung.

Ausgangsstellung des Physiotherapeuten. Bleibt.

Handfassung wechselt

Körpernahe Hand liegt tastend kurz oberhalb der Kniekehle;
körperferne Hand im Gabelgriff an der Plantarseite des Fußes, Zeigefinger entlang der Medialseite der Ferse.

Muskelaktionsfolge

Es kommt zur Plantarflexion und Supination, wichtigste Muskeln: Zehenflexoren, M. tibialis posterior, M. gastrocnemius und M. soleus.
Flexion im Kniegelenk und Außenrotation, wichtigste Muskeln: M. biceps femoris und M. sartorius.

Kommando

„Zehen einkrallen, Fuß nach innen unten, Ferse herein und das Knie beugen!"
„Festhalten! — Weiterbeugen!"

Endstellung

Hüftgelenk: Außenrotation, Adduktion
Kniegelenk: Flexion
Fuß- und Zehengelenke: Plantarflexion und Supination.

Beachte
- daß das Haltekommando erst kurz vor der vollen Flexion gegeben wird!

3.5.4. Schulung der Innenzügler und Außenzügler

Die Muskeln, die bei dieser Schulung vorwiegend angesprochen werden, sollen hier nur genannt sein. Über ihre genaue Lage und Funktion ist in Lehrbüchern der Anatomie nachzulesen.

Schulung der Innenzügler

Mit den Innenzüglern werden Muskeln erfaßt, die das Bein im Hüftgelenk flektieren und adduzieren, im Kniegelenk extendieren und den Fuß dorsal extendieren und supinieren: M. pectineus, M. adductor longus et brevis, M. adductor magnus, M. gracilis, M. vastus medialis des M. quadriceps femoris, M. tibialis anterior.

Ausgangsstellung des Patienten. Rückenlage, Übungsbein leicht abduziert.

Ausgangsstellung des Physiotherapeuten. Seitlich neben dem Patienten.
Fixation. Entfällt.

Handfassung
1. Handfassung
Beide Hände liegen im Schalengriff am distalen Ende des Ober- und Unterschenkels.
2. Handfassung
Beide Hände umfassen im Gabelgriff den distalen Unterschenkel.
3. Handfassung
Beide Hände umfassen im Gabelgriff den Vorfuß.

Übungsausführung
— Spannungsübung gegen den Widerstand des Physiotherapeuten.
Kommando: „Fuß nach innen und oben ziehen — Knie durchdrücken — Bein nach innen oben spannen!"
— aktive Übungen mit Bewegungserfolg.

Steigerungsmöglichkeiten
Sie ergeben sich aus den verschiedenen Bewegungsformen (vgl. 1.4.2.1.), von der Bewegung unter Abnahme der Schwere bis zum Bewegen gegen maximalen Widerstand.

Beachte

- daß auch bei allen Übungen mit Bewegungserfolg zunächst eine Spannungserhöhung erzeugt wird durch das Kommando: „Fuß nach innen oben ziehen — Knie durchdrücken!" Erst dann folgt der Bewegungsauftrag.
- daß die Griffe 2 und 3 bei Schädigungen im Kniegelenkbereich (z. B. Seitenbandverletzungen) erst im Spätstadium der Behandlung angewendet werden dürfen.
- daß der Physiotherapeut beim einphasigen Üben das Kniegelenk in der Rückbewegung zur Ausgangsstellung gut absichert.
- daß bei einer langsamen Rückbewegung von der End- zur Ausgangsstellung die genannte Muskulatur Bremsarbeit leistet, d. h., auch ein zweiphasiges Üben ist in der Steigerung empfehlenswert.
- daß diese Form der Muskelschulung immer dann angewendet wird, wenn eine Rotationsbewegung im Hüftgelenk verboten ist.

Schulung der Außenzügler

Außenzügler sind Muskeln, die das Bein im Hüftgelenk flektieren und abduzieren, im Kniegelenk extendieren und den Fuß dorsal extendieren (die Pronationsbewegung darf nur dann eingesetzt werden, wenn keine Knickfußtendenz oder allgemeine Fußmuskelschwäche besteht): M. sartorius, M. tensor fasciae latae, M. vastus lateralis des M. quadriceps femoris, M. extensor digitorum longus, M. extensor hallucis longus.
Der Unterschied zwischen der Schulung der Außen- und der Innenzügler liegt im Bewegungsablauf, der sich im *Kommando* widerspiegelt: „Fuß hochziehen — Knie durchdrücken — Bein nach außen oben spannen bzw. bewegen!" Das Bein ist in der Ausgangsstellung in Mittelstellung oder leichter Adduktion. In allen anderen Angaben entsprechen sich die beiden Behandlungsformen.

3.5.5. Schulung der Mm. glutei

Der M. gluteus maximus ist wie der M. quadriceps femoris ein sehr wichtiger Muskel für Stand und Gang.

Verlauf des Muskels

Ursprung. Os ilium (hinter der Linea glutaea posterior), Seitenwand des Os sacrum und Os coccygis, Ligamentum sacrotuberale.

Ansatz. Der distale Teil inseriert am Trochanter major, die beiden proximalen Drittel an der Fascia lata.

Dynamische Funktion. Der distale am Trochanter inserierende Teil bewirkt eine Adduktion und Außenrotation, der proximale ventrale Teil eine Abduktion. Beim Zusammenwirken beider Teile wird das Bein im Hüftgelenk extendiert.

Statische Funktion. Der proximale Teil dient als Spanner der Fascia lata und wirkt über diese auf den Unterschenkel ein (Schlußrotation).

Spannungsübungen in Rückenlage

— Der Patient erhält den Auftrag, beide Gesäßhälften zusammenzudrücken. Der Physiotherapeut kann zur Kontrolle und Reizsetzung die Hände seitlich am Gesäß anlegen,
— beide Beine zusammen oder im Wechsel kräftig auf die Unterlage drücken.

Bewegungsübungen in Rückenlage

— Beine anstellen und Gesäß abheben unter Anspannung des M. gluteus maximus, als Steigerung nur auf einem Bein stehend.
— Gesäß bei extendierten Beinen anspannen und abheben lassen.
— Das angehobene, im Knie extendierte Bein kräftig gegen den Widerstand des Physiotherapeuten nach unten auf die Bank bewegen.
— Beim Üben der Abduktion, Adduktion, Außenrotation gegen Widerstand wird der Muskel auch in seinen anderen Funktionen geschult.

Spannungsübungen in Bauchlage

— Zusammendrücken beider Gesäßhälften, wobei die Hände des Physiotherapeuten zur Kontrolle und Reizgebung seitlich anliegen.

Bewegungsübungen aus der Bauchlage

— Geübt wird das Abheben des extendierten Beines in allen Bewegungsformen.
— Beim Abheben des Oberkörpers spannt sich der M. gluteus maximus in Fortsetzung der Rückenmuskulatur stark an.

Übungen im Vierfüßlerstand

— Bei allen Übungen, bei denen das Bein nach hinten abgehoben wird, muß der M. gluteus maximus arbeiten. Beim Abheben leistet er Bewegungs-, beim Absetzen Bremsarbeit.
— Beim Aufrichten des Rumpfes aus dem Vierfüßlerstand liegt eine verstärkte Arbeit des M. gluteus maximus vor, da das Gewicht des Rumpfes zu überwinden ist. Bei dieser Übung liegt eine Bewegungsumkehr vor.

Bewegungsübungen im Stand

— Alle Übungen im Stand, besonders auf einem Bein, dienen der Kräftigung der Gesäßmuskulatur, da diese gemeinsam mit den geraden Bauchmuskeln das Becken in aufrechter Stellung hält.
— Einsetzbar sind weiterhin alle Übungen, bei denen der Rumpf durch eine Extension in den Hüftgelenken wieder aufgerichtet wird, z. B. beim Hochkommen aus der Hocke oder beim Aufrichten aus der Rumpfflexion (Bewegungsumkehr).

Bewegungsübungen beim Gehen

— Es kommen alle Gangarten, unter besonderer Berücksichtigung der Beckenaufrichtung, in Frage. Beim Vorwärtsgehen ist auf die volle Extension des Standbeines im Hüftgelenk zu achten, beim Rückwärtsgehen auf die Gesäßspannung vor Übungsbeginn.
— Beim Treppensteigen aufwärts muß der Körper jedesmal durch die Kraft des M. gluteus maximus nach oben gebracht werden (Hüftextension).

Kombinierte Gesäßmuskelschulung

Hier werden neben dem M. gluteus maximus auch der M. gluteus medius und der M. gluteus minimus geschult.

Ausgangsstellung des Patienten. Bauchlage, das Bein liegt in Außenrotation (Ferse zeigt nach innen).

Ausgangsstellung des Physiotherapeuten. Seitlich neben dem Patienten.

Handfassung
Distale Hand liegt im Schalengriff an der Ferse, die proximale im Gabelgriff am distalen Oberschenkel.

Übungsablauf
1. Phase: Ferse nach außen drehen (Innenrotation),
2. Phase: Extension des Beines im Hüftgelenk,
3. Phase: Abduzieren des Beines,
4. Phase: Ferse nach innen drehen (Außenrotation).

Alle 4 Phasen werden zügig hintereinander geübt und gehen ineinander über.

Bewegungsformen. Aktiv, aktiv gegen Widerstand.

3.5.6. PNF – Ubungen zur speziellen Kräftigung der Glutealmuskulatur

Zur speziellen Kräftigung der Glutealmuskulatur werden folgende Übungen aus der Bauchlage angewendet:

1. Übung für die Glutealmuskulatur

Ausgangsstellung des Patienten. Bauchlage.
Hüftgelenk: Extension — Adduktion — Außenrotation
Kniegelenk: Extension
Fuß- und Zehengelenke: Plantarflexion und Pronation.

Ausgangsstellung und Handfassung des Physiotherapeuten. Stand seitlich neben dem Patienten in Schrittstellung.

Handfassung
Körpernahe Hand im Gabelgriff von außen oben am distalen Ende des Oberschenkels; körperferne Hand umgreift das Fußgelenk von dorsal-lateral.

Muskelaktionsfolge
Die Bewegung geht in die Extension — Abduktion — Innenrotation im Hüftgelenk, wichtigste Muskeln: M. gluteus medius, M. gluteus minimus und M. gluteus maximus.

Kommando
„Ferse heraus und hoch zu mir das Bein!" — „Festhalten! — Weiterziehen!"

Beachte
- die Dehnstellung der kleinen Hüftmuskeln in der Ausgangsstellung,
- den gleichmäßigen Widerstand beider Hände,
- daß die Ferse die Rotation angibt,
- daß es keine Gegenbewegung gibt. Ist das Ausmaß der Extension und Abduktion erreicht, wird die Extremität in die Ausgangsstellung gelegt.

2. Übung für die Glutealmuskulatur

Ausgangsstellung des Patienten. Bauchlage.
Hüftgelenk: Extension — Abduktion — Innenrotation
Kniegelenk: Extension
Fuß- und Zehengelenke: Plantarflexion und Supination.

Ausgangsstellung des Physiotherapeuten. Stand seitlich neben dem Patienten in Schrittstellung.

Handfassung
Körpernahe Hand im Gabelgriff von innen oben am distalen Ende des Oberschenkels; körperferne Hand umgreift das Fußgelenk von dorsal-medial.

Muskelaktionsfolge
Die Bewegung geht in die Extension — Adduktion — Außenrotation im Hüftgelenk, wichtigster Muskel: M. gluteus maximus.

Kommando
„Ferse herein und hoch und heranziehen das Bein! — Festhalten! — Weiterziehen!"

Beachte
- den Widerstand der körpernahen Hand. Häufig gibt diese Hand zu wenig Widerstand, und gerade auf diesen Widerstand kommt es an.
- daß die Ferse die Rotation angibt.
- daß es keine Gegenbewegung gibt. Ist das Ausmaß der Extension und Adduktion erreicht, wird die Extremität nach dem Kommando „Lockerlassen!" in die Ausgangsstellung zurückgelegt.

Aufgaben

1. Demonstrieren Sie, wie Sie mit Hilfe der Muskelmantelschulung am Oberschenkel und am Bein
die Reaktionsfähigkeit,
die Ausdauerleistung
üben können!
2. Fertigen Sie eine Übungssammlung zur Schulung des M. quadriceps femoris für die Ausgangsstellung Kniestand und Stand an!
3. Erarbeiten Sie ein Übungsprogramm zur Schulung des M. quadriceps femoris, für den sich beim Muskeltest die Stufe 3—4 ergeben hat!
4. Stellen Sie ein Übungsprogramm zur Schulung des M. gluteus maximus zusammen, der beim Muskeltest in die Stufe 2—3 eingeordnet wurde!

3.6. Bewegungskombinationen und Gebrauchsbewegungen

3.6.1. Bewegungskombinationen

Zur Behandlung verschiedener Krankheiten ist das Üben von Bewegungen in mehreren Gelenken zur gleichen Zeit wichtig. Außerdem sind Bewegungskombinationen als Vorbereitung zur Schulung des physiologischen Ganges anzusehen. Die folgenden Übungen sind Beispiele und sollen als Anregung dienen. Sie sind nicht nach Gesichtspunkten der Steigerung ausgewählt.

Übungen in Rückenlage

— Mit der Fußspitze des einen Beines auf das Knie des anderen Beines tippen,
— Knie-Hüft-Flexion mit Außenrotation und Abduktion im Hüftgelenk kombinieren,
— Radfahrbewegungen mit einem Bein isoliert oder beidbeinig im Wechsel.

Übungen im Sitz

— Zehen flektieren, Fuß nach innen oben ziehen — auch nach außen oben,
— Zehen flektieren, Fuß nach innen unten drücken — auch nach außen unten,
— Fußkreisen.

Übungen im Stand

— Abrollbewegung des Fußes — einseitig, beidseitig, wechselseitig,
— Bein mit extendiertem Unterschenkel nach vorn anheben, zur Seite und nach hinten führen und absetzen,
— mit der Fußspitze weit vor und hinter dem Körper, nach rechts und links neben dem Körper auf dem Boden auftippen, zwischen jedem Wechsel das Bein erst an den Bauch heran flektieren.

3.6.2. Gebrauchsbewegungen

Gebrauchsbewegungen für die untere Extremität werden mit der Gangschule geübt, deren Ziel es ist, den Patienten zu einem physiologischen Gangbild zu führen. Vorübungen, wie z. B. Abrollbewegungen der Füße, Gleichgewichtsübungen, Übungen für die aufrechte Rumpfhaltung, sind für den koordinierten Bewegungsablauf beim Gang notwendig. Für den Übungsprozeß sind innerhalb einer Gangschule zahlreiche Variationsmöglichkeiten gegeben. Übungsbeispiele sind den Kapiteln 6.3. und 6.4. zu entnehmen; außerdem werden sie im speziellen Fachunterricht vermittelt.

Aufgaben

1. Analysieren Sie die Bewegungsabläufe der aufgeführten Übungsbeispiele im Abschnitt 3.6.1. in allen beteiligten Gelenken!
2. Erläutern Sie den Bewegungsablauf beim physiologischen Gang, und legen Sie fest, welche Übungskomplexe mit einem Patienten in der Vorbereitung auf den Gang zu üben sind!

4. Messungen und Bewegungen für die obere Extremität und den Schultergürtel

4.1. Meßtechnik

Wie bereits unter 3.1. ausgeführt, ist die Meßtechnik der Broschüre von Meinecke, Rolf „Bewegungs-, Längen- und Umfangsmessungen" zu entnehmen.
Gemessen werden *Längen*, *Umfänge* und *Bewegungsausschläge* der oberen Extremität.

Aufgabe

Ermitteln Sie die Meßwerte an einem Mitschüler und protokollieren Sie Ihre Untersuchungsergebnisse!

4.2. Bewegungen der oberen Extremität und des Schultergürtels

Entsprechend der Funktion der oberen Extremität steht bei den Übungen in dieser Bewegungseinheit häufig die Beweglichkeitsschulung im Vordergrund. Selbstverständlich gilt es aber auch hier, geschwächte Muskeln zu kräftigen.

4.2.1. Grifftechniken für Bewegungen im Oberarm-Schulter-Gelenk

Bewegungen im Sitz

Ausgangsstellung des Patienten. Sitz auf dem Hocker. Der Rumpf ist aufgerichtet. Hüft- und Kniegelenke sind rechtwinklig flektiert, die Füße stehen sicher auf der Unterlage, die Unterarme liegen locker auf den Oberschenkeln.

1. Griff

Ausgangsstellung des Physiotherapeuten. Hinter dem Patienten.

Fixationshand. Rumpfnahe Hand liegt im Gabel- oder Schalengriff auf der Schulter.

Bewegungshand. Umfaßt im Gabelgriff das Handgelenk; 2. und 3. Finger liegen in der Hohlhand und schienen das Handgelenk. Der rechtwinklig flektierte Unterarm des Patienten liegt auf dem Unterarm des Physiotherapeuten (Abb. 49).

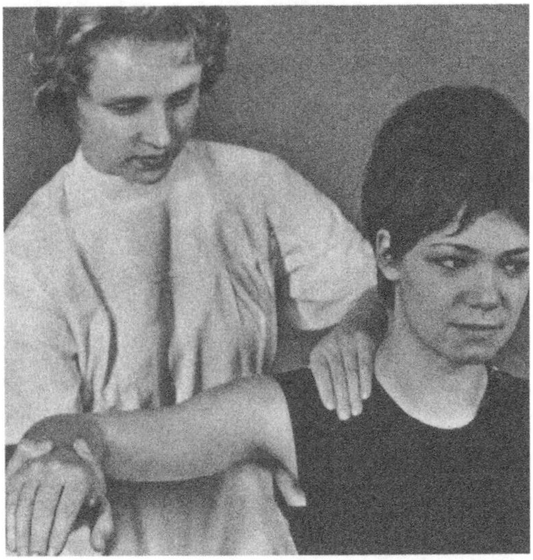

Abb. 49 Grifftechnik für Bewegungen im Oberarm-Schulter-Gelenk: Bewegungen im Sitz; Abduktion — Adduktion, Extension — Flexion, Horizontalextension — Horizontalflexion

Bewegungsmöglichkeiten. Abduktion — Adduktion; Extension — Flexion; Horizontalextension — Horizontalflexion.

Bewegungsformen. Passiv — aktiv gegen Widerstand (Widerstand nur für Adduktion und Horizontalextension).

Beachte
- daß der Schultergürtel in waagerechter Normalstellung bleiben muß,
- daß der Widerstand gegen die Horizontalextension am Oberarm gesetzt wird,
- daß der Widerstand gegen die Adduktion mit dem Unterarm in Höhe des Ellenbogens gegeben wird, da der Patient sonst rotiert,
- daß die Ausweichbewegungen im Schultergürtel und in der Wirbelsäule möglich sind,
- daß bei der Extension und Flexion der Arm im Ellenbogengelenk extendiert sein sollte.

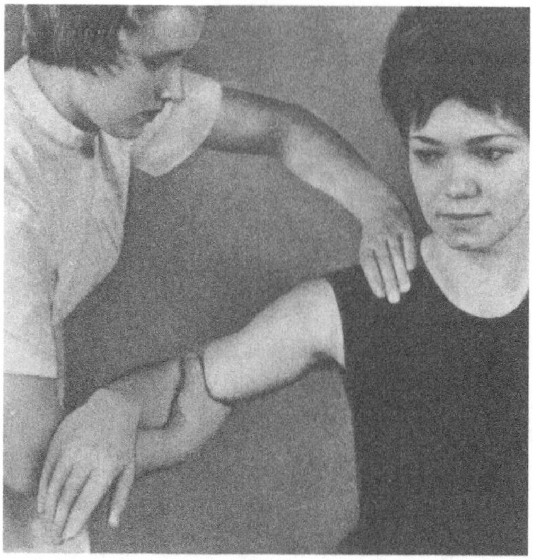

Abb. 50 Grifftechnik für Bewegungen im Oberarm-Schulter-Gelenk: Bewegung im Sitz; Abduktion — Adduktion

2. Griff

Ausgangsstellung des Physiotherapeuten. Seitlich vom Patienten.

Fixationshand. Die zum Rücken des Patienten zeigende Hand liegt im Schalen- oder Gabelgriff auf der Schulter, Fingerspitzen zeigen nach ventral (Abb. 50).

Bewegungshand. Umschließt im Gabelgriff das distale Ende des Oberarmes von der Arminnenseite her; der Unterarm des Patienten liegt auf dem Unterarm des Physiotherapeuten.

Bewegungsmöglichkeiten. Abduktion — Adduktion.

Bewegungsformen. Passiv — aktiv gegen Widerstand (Widerstand nur für Adduktion).

> *Beachte*
> Siehe 1. Griff.

3. Griff

Ausgangsstellung des Physiotherapeuten. Hinter dem Patienten.

Fixationshand. Rumpfnahe Hand im Gabelgriff auf der Schulter.

Bewegungshand. Unterarm des Physiotherapeuten liegt auf dem flektierten Unterarm des Patienten. Die Hand umfaßt im Gabelgriff das Handgelenk, 2. und 3. Finger liegen auf dem Handrücken.

Bewegungsmöglichkeit. Abduktion.

Bewegungsform. Aktiv gegen Widerstand.

> *Beachte*
> • daß der Widerstand mit dem Ellenbogen gegeben werden muß, da der Patient sonst zu leicht rotiert.

4. Griff
Ausgangsstellung des Physiotherapeuten. Hinter dem Patienten.

Fixationshand. Rumpfnahe Hand umfaßt zur Sicherung der Ausgangsstellung den um 90 Grad abduzierten Oberarm im Schalengriff von innen unten. Der Unterarm des Physiotherapeuten fixiert den Schultergürtel von oben.

Bewegungshand. Umfaßt im Gabelgriff das Handgelenk von volar (Abb. 51) bzw. von dorsal (Abb. 52).

Bewegungsmöglichkeiten. Außenrotation — Innenrotation.

Bewegungsformen. Passiv — aktiv gegen Widerstand.

> *Beachte*
> • daß die körpernahe Hand den Oberarm nicht fixiert, da es sonst zur Rotation des Humerus gegen den Muskelmantel kommt.
> • daß beim Widerstand gegen die Außenrotation die Bewegungshand von dorsal, beim Widerstand gegen die Innenrotation von volar um das Handgelenk faßt.

5. Griff

Ausgangsstellung des Physiotherapeuten. Seitlich vom Patienten.

Fixation. Patient fixiert sich selbst am seitlichen Hockerrand oder an einer Stuhllehne bzw. Fixation durch einen zweiten Physiotherapeuten.

Handfassung. Beide Hände umfassen manschettenförmig im doppelten Gabelgriff den 90° abduzierten Oberarm am distalen Ende, Unterarm des Patienten wird durch den Unterarm des Physiotherapeuten unterlagert (Abb. 53).

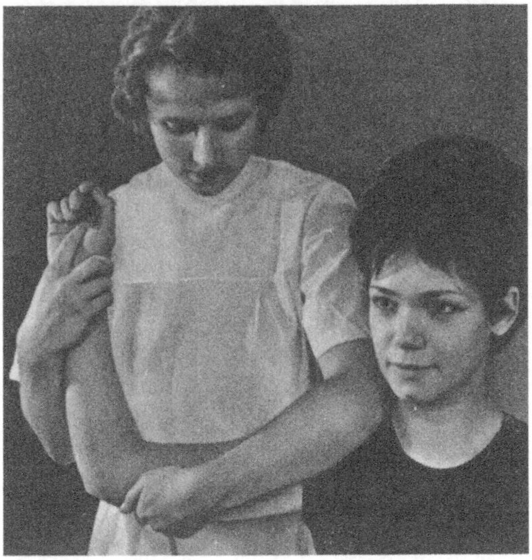

Abb. 51 Grifftechnik für Bewegungen im Oberarm-Schulter-Gelenk: Bewegung im Sitz; Außenrotation — Innenrotation gegen Widerstand

Bewegungsmöglichkeiten. Abduktion — Adduktion; Außenrotation — Innenrotation sowie kombinierte Bewegungen der vorgenannten Richtungen.

Bewegungsformen. Passiv und aktiv unter Zug und Vibration.

Beachte

- daß der Hauptzug mit dem Daumenballen des Physiotherapeuten gegen den Unterarm des Patienten zu erfolgen hat,
- daß die Weichteile am Oberarm vor Einsatz des Zuges nach proximal verschoben werden, damit keine schmerzhafte Hautdehnung auftritt,
- daß eine Gegenspannung des Patienten vermieden werden muß.

Bewegungen in Rückenlage

1. Griff

Ausgangsstellung des Physiotherapeuten. Seitlich vom Patienten.

Fixationshand. Die kopfwärts zeigende Hand liegt im Schalengriff auf der Schulter, Fingerspitzen zeigen nach dorsal.

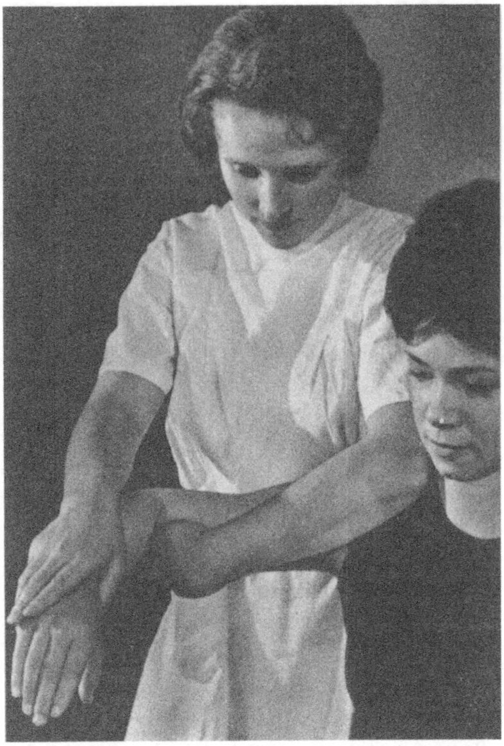

Abb. 52 Grifftechnik für Bewegungen im Oberarm-Schulter-Gelenk: Bewegung im Sitz; Innenrotation — Außenrotation gegen Widerstand

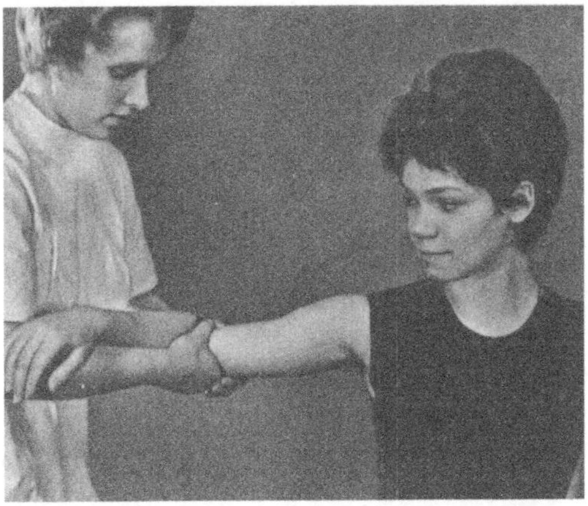

Abb. 53 Grifftechnik für Bewegungen im Oberarm-Schulter-Gelenk: Bewegung im Sitz; Abduktion — Adduktion, Außenrotation — Innenrotation (unter Zug und Vibration)

Bewegungshand. Sie umfaßt im Gabelgriff das distale Ende des Oberarmes, der Unterarm liegt auf dem Unterarm des Physiotherapeuten. Der Unterarm des Patienten ist im Ellenbogengelenk rechtwinklig flektiert (Abb. 54).

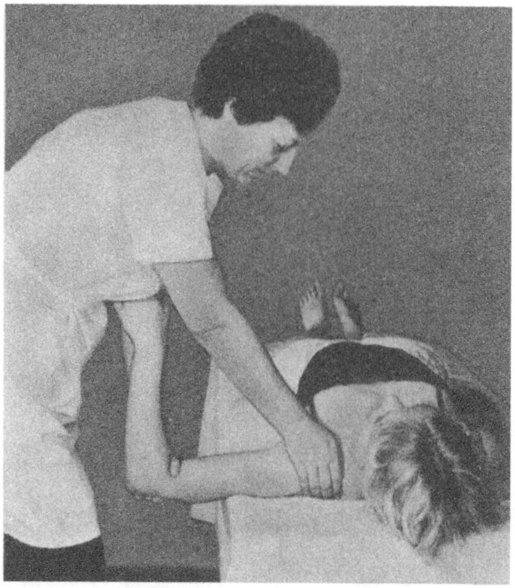

Abb. 54 Grifftechnik für Bewegungen im Oberarm-Schulter-Gelenk: Bewegung in Rückenlage; Abduktion — Adduktion

Bewegungsmöglichkeiten. Abduktion — Adduktion.

Bewegungsformen. Passiv — aktiv gegen Widerstand (Widerstand für die Adduktion).

2. Griff

Ausgangsstellung des Physiotherapeuten. Seitlich vom Patienten.

Fixation. Patient fixiert sich mit der anderen Hand an dem Rand der Bank oder Fixation durch einen zweiten Physiotherapeuten.

Bewegungshand. Die kopfwärts zeigende Hand umfaßt im Gabelgriff das distale Ende des Oberarmes von der Streckseite her, die andere Hand liegt im Gabelgriff von volar am Handgelenk (Abb. 55). Der Zeigefinger schient die Hohlhand.

Bewegungsmöglichkeiten. Horizontalextension — Horizontalflexion.

Bewegungsformen. Passiv — aktiv gegen Widerstand.

> *Beachte*
> - daß der Patient so weit an den Bankrand rückt, daß der Arm für die Horizontalextensionsbewegung nicht mehr unterlagert ist,
> - daß beim Widerstand gegen die Horizontalflexion die Hand am Oberarm von der Beugeseite her angelegt wird.

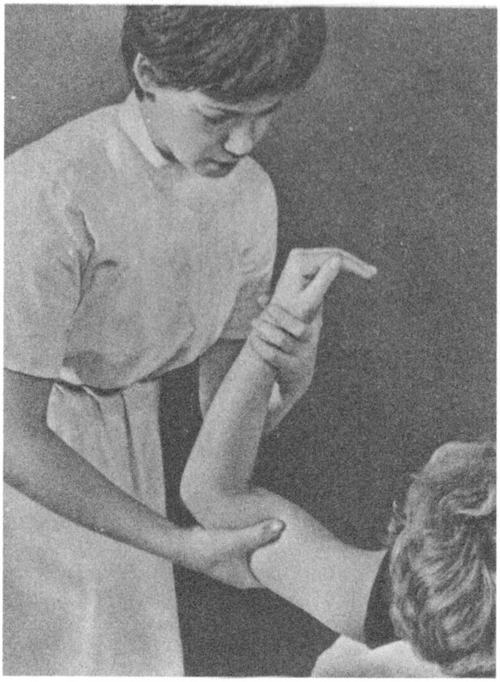

Abb. 55 Grifftechnik für Bewegungen im Oberarm-Schulter-Gelenk: Bewegung in Rückenlage; Horizontalextension — Horizontalflexion

3. Griff s. Bewegungen im Sitz, *4. Griff.*

4. Griff s. Bewegungen im Sitz, *5. Griff.*

4.2.2. Grifftechnik für Bewegungen im Ellenbogengelenk

Bewegungen im Sitz

Ausgangsstellung des Patienten. Sitz auf dem Hocker, Armunterlagerung (vgl. 1.5.3.4.).

1. Griff

Ausgangsstellung des Physiotherapeuten. Schräg vor dem Patienten.

Fixationshand. Die laterale Hand umfaßt im Gabelgriff das distale Ende des Oberarmes von der Streckseite her.

Bewegungshand. Körpernahe Hand umfaßt im Gabelgriff das Handgelenk von volar, der Zeigefinger schient das Handgelenk, dadurch wird der Oberarm des Patienten in Außenrotation und der Unterarm in Supination gebracht.

Bewegungsmöglichkeiten. Extension — Flexion; Pronation — Supination.

Bewegungsformen. Passiv — aktiv gegen Widerstand.

> *Beachte*
> - daß bei der Supinations- und Pronationsübung der Arm im Ellenbogengelenk 90° flektiert wird,
> - daß die Flexions- und Extensionsbewegungen in Supinationsstellung erfolgt,
> - daß bei allen Bewegungen das Olekranon frei liegt,
> - daß beim Widerstand gegen die Extension die Bewegungshand evtl. umgreifen muß (vgl. 4. Griff).

2. Griff

Ausgangsstellung des Physiotherapeuten und Fixationshand. Siehe 1. Griff.

Bewegungshand. Sie faßt im Gabelgriff von volar so, daß der Daumen zwischen dem Daumen und dem Zeigefinger des Patienten liegt. Daumenballen liegt an Daumenballen.

Bewegungsmöglichkeiten. Pronation — Supination; Extension — Flexion.

Bewegungsformen. Passiv — aktiv gegen Widerstand (Widerstand für die Extension ungünstig).

3. Griff

Ausgangsstellung des Physiotherapeuten und Fixationshand. Siehe 1. Griff.

Bewegungshand. Handfassung s. Abb. 56.

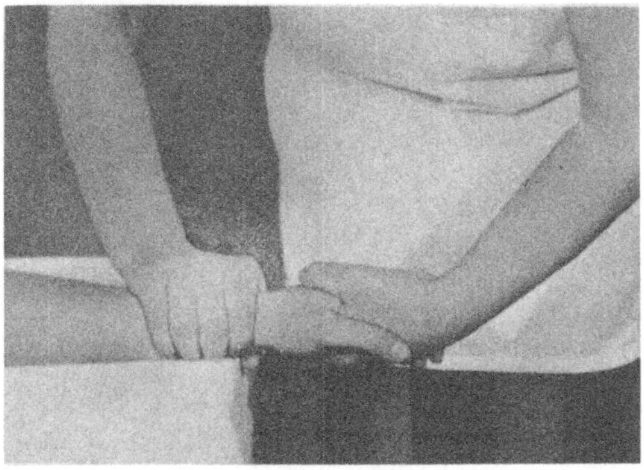

Abb. 56 Grifftechnik für Bewegungen im Handgelenk: Bewegung im Sitz; Dorsalextension — Volarflexion, Ulnarabduktion — Radialabduktion

Bewegungsmöglichkeiten. Pronation — Supination.

Bewegungsformen. Passiv — aktiv gegen Widerstand.

4. Griff

Ausgangsstellung des Physiotherapeuten. Hinter dem Patienten.

Fixationshand. Körpernahe Hand umfaßt im Gabelgriff das distale Ende des Oberarmes von innen unten, Unterarm fixiert die Schulter von vorn, Olekranon liegt frei.

Bewegungshand. Sie umfaßt im Gabelgriff von der Extensionsseite das Handgelenk, 2. und 3. Finger schienen das Handgelenk.

Bewegungsmöglichkeiten. Extension — Flexion.

Bewegungsformen. Passiv — aktiv gegen Widerstand.

> *Beachte*
> - daß sich dieser Griff besonders zum Üben der Extensionsbewegung eignet,
> - daß das Olekranon frei liegen muß,
> - daß der Oberarm möglichst in 90° Abduktion gelagert sein soll.

4.2.3. Grifftechnik für Bewegungen im Handgelenk und in den Fingergelenken

Bewegungen im Handgelenk im Sitz

Ausgangsstellung des Patienten. Sitz auf dem Hocker, Armunterlagerung vgl. 1.5.3.4., Unterarm ist bis zum Handgelenk unterlagert.

1. Griff

Ausgangsstellung des Physiotherapeuten. Seitlich vom Patienten.

Fixationshand. Körpernahe Hand liegt im Gabelgriff am distalen Ende des Unterarmes, evtl. fixiert der Physiotherapeut mit seinem Unterarm den des Patienten.

Bewegungshand. Handfassung s. Abb. 56.

Bewegungsmöglichkeiten. Dorsalextension — Volarflexion; Ulnarabduktion — Radialabduktion.

Bewegungsformen. Passiv — aktiv gegen Widerstand.

> *Beachte*
> • daß Ausweichbewegungen im Ellenbogen- und Schultergelenk häufig sind.

2. Griff

Ausgangsstellung des Physiotherapeuten. Seitlich vom Patienten.

Fixationshand. Siehe 1. Griff.

Bewegungshand. Sie faßt im Gabelgriff vom Handrücken, 3.—5. Finger liegen zwischen Daumen und Zeigefinger des Patienten, der Daumen an der Kleinfingerseite.

Bewegungsmöglichkeiten. Dorsalextension — Volarflexion; Ulnarabduktion — Radialabduktion.

Bewegungsformen. Passiv — aktiv gegen Widerstand.

Bewegungen der Finger 2 bis 5 im Sitz

1. Griff

Ausgangsstellung des Patienten. Sitz, Armunterlagerung, Unterarm liegt auf Ulnakante auf, Hand ist mit unterlagert.

Ausgangsstellung des Physiotherapeuten. Seitlich vom Patienten.

Fixationshand. Körpernahe Hand fixiert mit Daumen und Zeigefinger die jeweils proximale Phalanx bzw. den Mittelhandknochen bei Bewegungen im Grundgelenk.

Bewegungshand. Sie umfaßt mit Daumen und Zeigefinger die jeweils distale Phalanx.

Bewegungsmöglichkeiten. Extension —Flexion in jedem Fingergelenk isoliert.

Bewegungsformen. Passiv — aktiv gegen Widerstand.

> *Beachte*
> • daß bei der Nagelphalanx immer seitlich gefaßt werden muß!

2. Griff

Ausgangsstellung des Patienten. Sitz, Armunterlagerung bis zu den Fingergrundgelenken, Arm liegt mit der Handfläche auf.

Ausgangsstellung des Physiotherapeuten. Seitlich vom Patienten.

Fixationshand. Körpernahe Hand faßt im Gabelgriff am distalen Ende des Unterarmes.

Bewegungshand. Fingerspitzen liegen von volar an den Fingerspitzen des Patienten.

Bewegungsmöglichkeiten. Kombinierte Flexion in allen Fingergelenken.

Bewegungsformen. Aktiv gegen Widerstand.

3. Griff

Ausgangsstellung des Patienten, Ausgangsstellung des Physiotherapeuten, Fixationshand. Siehe 2. Griff.

Bewegungshand. Finger umschließen von oben die flektierten Finger des Patienten (Abb. 57).

Bewegungsmöglichkeiten. Kombinierte Extension in allen Fingergelenken.

Bewegungsformen. Aktiv gegen Widerstand.

> *Beachte*
> • daß der Widerstand gleichmäßig verteilt wird (gilt auch für 2 Griff).

4. Griff

Ausgangsstellung des Patienten. Sitz, Unterarm vollständig unterlagert, Handfläche liegt auf.

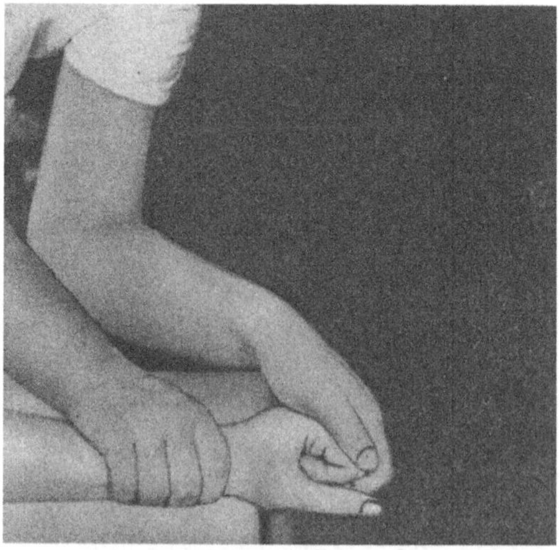

Abb. 57 Grifftechnik für Bewegungen in den Fingergelenken: Bewegungen im Sitz; Extension gegen Widerstand

Ausgangsstellung des Physiotherapeuten. Vor dem Patienten.

Fixation. Entfällt.

Handfassung. Daumen der inneren Hand liegt seitlich am 2. Finger des Patienten. Daumen der äußeren Hand seitlich am Kleinfinger. Übrige Finger liegen von der Handinnenfläche an den Fingern.

Bewegungsmöglichkeiten. Abduktion der Finger.

Bewegungsformen. Aktiv gegen Widerstand.

5. Griff

Ausgangsstellung des Patienten. Siehe 4. Griff.

Ausgangsstellung des Physiotherapeuten. Schräg vor dem Patienten.

Fixationshand. Körpernahe Hand umfaßt im Gabelgriff das Handgelenk.

Bewegungshand. Die Finger dieser Hand werden senkrecht zwischen die abduzierten Finger des Patienten in Höhe der Grundphalangen aufgestellt und im Verlauf der Bewegung nach distal herausgezogen.

Bewegungsmöglichkeiten. Adduzieren der Finger.

Bewegungsformen. Aktiv gegen Widerstand.

Bewegungen des Daumens im Sitz

1. Griff

Ausgangsstellung des Patienten. Sitz, Armunterlagerung, Unterarm liegt auf der Ulnakante auf.

Ausgangsstellung des Physiotherapeuten. Seitlich vom Patienten.

Fixationshand. Körperferne Hand umfaßt im Gabelgriff die Finger 2—5.

Bewegungshand. Sie umfaßt die Grundphalanx des Daumens mit Daumen und Zeigefinger.

Bewegungsmöglichkeiten. Abduktion — Adduktion; Opposition — Reposition; Extension — Flexion.

Bewegungsformen. Passiv — aktiv gegen Widerstand.

2. Griff

Isolierte Bewegungen in den einzelnen Daumengelenken s. Fingerbewegungen 1. Griff.

4.2.4. Grifftechnik für Bewegungen des Schultergürtels

Bewegungen im Sitz

Für die folgenden Griffe gilt: Der Patient befindet sich im Sitz auf dem Hocker, der Physiotherapeut steht hinter dem Patienten, eine Fixation entfällt.

1. Griff

Handfassung. Beide Hände liegen im Gabelgriff auf der Schulter, lateral.

Bewegungsmöglichkeiten. Extension — Flexion; Elevation gegen Widerstand.

Bewegungsformen. Passiv — aktiv gegen Widerstand.

> *Beachte*
> - daß bei Flexion gegen Widerstand die Hände nach ventral, bei Extension gegen Widerstand die Hände nach dorsal zu verlagern sind,
> - daß im allgemeinen die Rückbewegung betont geübt wird,
> - daß die Körperhaltung des Patienten aufrecht sein muß!

2. Griff

Handfassung. Beide Hände liegen im Gabelgriff am proximalen Humerus.

Bewegungsmöglichkeiten. Elevation — Depression; Extension — Flexion.

Bewegungsformen. Passiv — aktiv gegen Widerstand.

> *Beachte*
> - daß die Hände nicht zu weit distal liegen.

3. Griff

Handfassung. Beide Hände liegen flach am Rücken, so daß die unteren Schulterblattwinkel in der Gabel zwischen Daumen und Zeigefinger liegen. (Abb. 58).

Bewegungsmöglichkeiten. Elevation — Depression (Schulterblattschüttelungen).

Bewegungsformen. Passiv — aktiv gegen Widerstand (Widerstand nur für Depression).

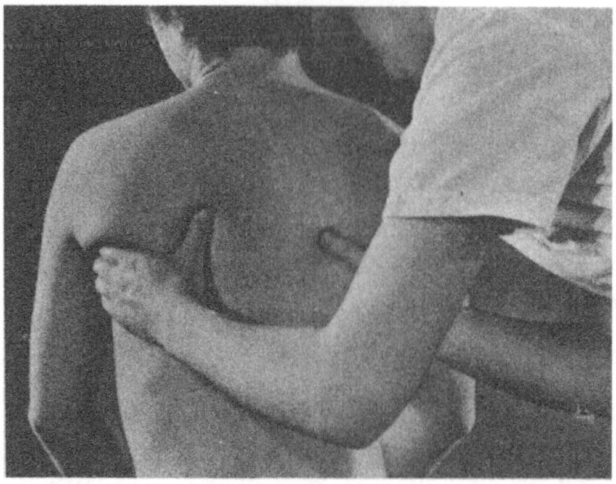

Abb. 58 Grifftechnik für Bewegungen des Schultergürtels: Bewegung im Sitz: Elevation — Depression (Schulterblattschüttelungen)

Beachte
- daß die Rumpfhaltung des Patienten aufrecht sein muß!

4. Griff

Handfassung. Beide Hände umfassen von unten die Ellenbogen der rechtwinklig flektierten Arme im Schalengriff (Abb. 59).

Bewegungsmöglichkeiten. Elevation — Depression.

Bewegungsformen. Passiv — aktiv gegen Widerstand (Widerstand nur für Depression).

Bewegungen in Rückenlage

Der 1., 2. und 4. Griff der Übungen aus dem Sitz sind in Rückenlage anwendbar, der Physiotherapeut steht dabei seitlich neben dem Patienten.

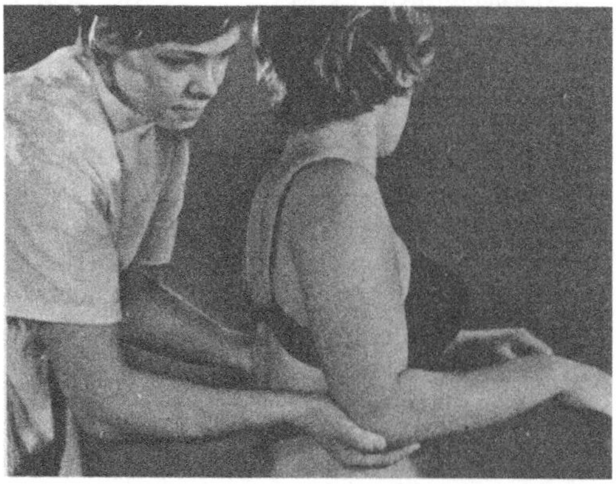

Abb. 59 Grifftechnik für Bewegungen des Schultergürtels: Bewegung im Sitz; Elevation, Depression gegen Widerstand

Beachte,
- daß beim Setzen der Widerstände rechts und links gleichmäßiger Widerstand gegeben wird.

Aufgaben

1. Erläutern Sie den Aufbau der Gelenke der oberen Extremität sowie die verschiedenen Bewegungsachsen dieser Gelenke!
2. Demonstrieren Sie die Grifftechnik für eine aktive Übungsbehandlung in allen Gelenken der funktionellen Einheit: obere Extremität und Schultergürtel!
3. Demonstrieren Sie die Grifftechnik für Widerstandsübungen im Schulter-, Ellenbogen- und Handgelenk. Bezeichnen Sie die arbeitende Muskulatur und zeigen Sie, wo diese Muskeln zu tasten sind!

4.3. PNF für die obere Extremität[1]

4.3.1. 1. Diagonale

Diese geht von außen unten nach innen oben und zurück von innen oben nach außen unten.

1. Übung — Grundbewegung

Aus der Extension — Abduktion — Innenrotation
mit bleibender Extension des Ellenbogengelenkes
in die Flexion — Adduktion — Außenrotation.

Ausgangsstellung des Patienten. Rückenlage.
Schultergelenk: Extension — Abduktion — Innenrotation
Ellenbogengelenk: Extension
Unterarm: Pronation
Handgelenk: Dorsalextension und Ulnarabduktion
Fingergelenke: Extension
Daumen: Extension und Abduktion.

Ausgangsstellung des Physiotherapeuten. Seitliche Schrittstellung neben dem Patienten.

Es sind 3 Handfassungen möglich

1. Handfassung (Abb. 60)
Körpernahe Hand umfaßt das distale Ende des Unterarmes von radial;

[1] Die Übungsbeschreibung erfolgt unter Auslassung des Schultergürtels.

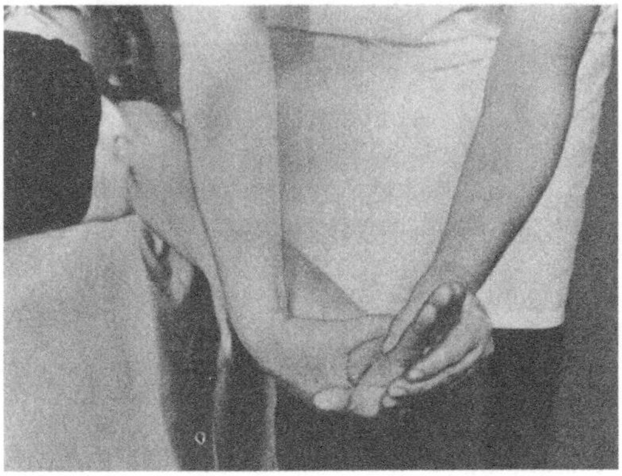

Abb. 60 Komplexbewegung obere Extremität: 1. Diagonale, 1. Übung — Grundbewegung, 1. Handfassung

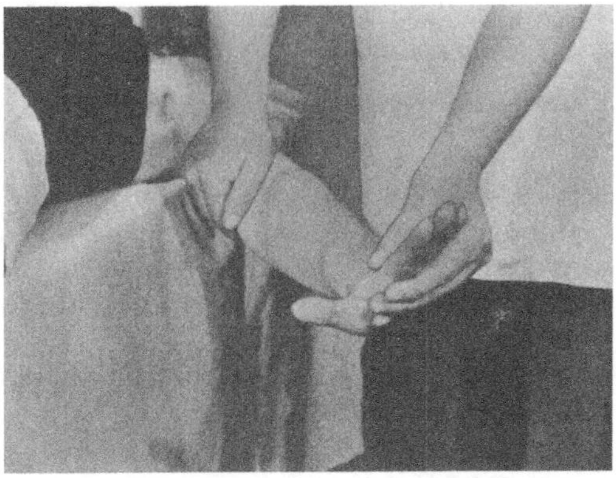

Abb. 61 Komplexbewegung obere Extremität: 1. Diagonale, 1. Übung — Grundbewegung, 2. Handfassung

körperferne Hand greift im Gabelgriff in die Hand des Patienten von ulnar, Daumen auf dem Handrücken.
2. Handfassung (Abb. 61)
Körpernahe Hand umfaßt das distale Ende des Oberarmes von innen oben;
körperferne Hand greift im Gabelgriff in die Hand des Patienten von ulnar, Daumen auf dem Handrücken.
3. Handfassung (Abb. 62)
Körpernahe Hand greift im Gabelgriff in die Hand des Patienten von radial, Daumen auf dem Handrücken; körperferne Hand umfaßt das distale Ende des Unter- oder Oberarmes von außen unten im Gabel- oder Schalengriff.

Muskelaktionsfolge
Die Bewegung läuft von distal nach proximal. Es kommt zur Flexion der Finger und Adduktion des Daumens, wichtigste Muskeln: Fingerflexoren und M. add. pollicis.
Radiale Flexion des Handgelenkes,
wichtigster Muskel: M. flexor carpi radialis.
Supination im Unterarm,
wichtigster Muskel: M. supinator.
Extension im Ellenbogengelenk bleibt erhalten,
Flexion — Adduktion — Außenrotation im Schultergelenk,
wichtigste Muskeln: M. pectoralis major, M. deltoideus, M. coracobrachialis.
Rotation-Abduktion-Elevation als Schulterblattbewegung.
wichtigster Muskel: M. serratus anterior.

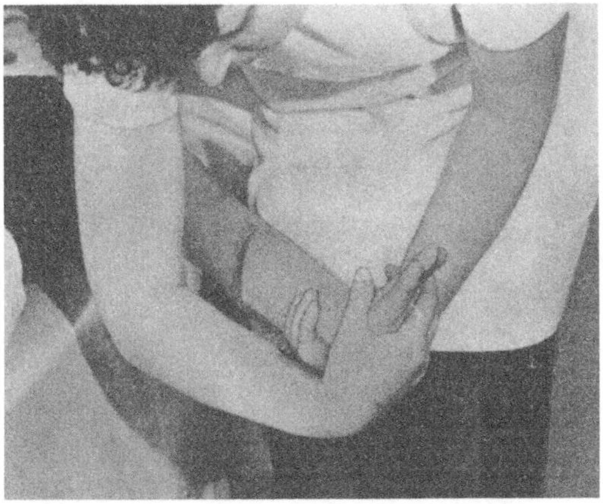

Abb. 62 Komplexbewegung obere Extremität: 1. Diagnonale, 1. Übung — Grundbewegung, 3. Handfassung

Kommando
„Finger und Hand beugen! — Den Arm nach innen oben!"
„Festhalten!"
„Weiterziehen!"
Endstellung
Schultergelenk: Flexion — Adduktion — Außenrotation
Ellenbogengelenk: Extension
Unterarm: Supination
Handgelenk: Volarflexion und Radialabduktion
Fingergelenke: Flexion
Daumen: Flexion und Adduktion

1. Übung — Gegenbewegung

Aus der Flexion — Adduktion — Außenrotation
mit bleibender Extension des Ellenbogengelenkes
in die Extension — Abduktion — Innenrotation.

Ausgangsstellung des Patienten. Die eben erreichte Endstellung.

Ausgangsstellung des Physiotherapeuten. Bleibt.

Handfassungen wechseln

1. Handfassung (Abb. 63)
Körpernahe Hand greift bei supiniertem Unterarm im Gabelgriff an die Streckseite des Unterarmes des Patienten;
körperferne Hand faßt im Gabelgriff auf den Handrücken des Patienten.

2. Handfassung (Abb. 64)
Körpernahe Hand greift von außen oben auf die Unterseite des distalen Endes des Oberarmes;
körperferne Hand faßt im Gabelgriff auf den Handrücken des Patienten.

Muskelaktionsfolge

Die Bewegung läuft von distal nach proximal. Es kommt zur Extension der Finger und zur Abduktion des Daumens,
wichtigste Muskeln: Fingerextensoren und M. abductor pollicis.
Ulnare Dorsalextension im Handgelenk,
wichtigster Muskel: M. extensor carpi ulnaris.
Pronation des Unterarmes,
wichtigster Muskel: M. pronator quadratus.
Extension im Ellenbogengelenk bleibt erhalten,
Extension — Abduktion — Innenrotation im Schultergelenk,
wichtigste Muskeln: M. teres major, M. latissimus dorsi, M. deltoideus und M. biceps brachii.
Rotation — Adduktion — Depression als Schulterblattbewegung,
wichtigste Muskeln: M. levator scapulae und Mm. rhomboidei.

Kommando

„Finger strecken und Hand hoch! — Drehen! — Den Arm herunter und heraus!"
„Festhalten!"
„Weiterziehen!"

Endstellung

Schultergelenk: Extension — Abduktion — Innenrotation
Ellenbogengelenk: Extension
Unterarm: Pronation
Handgelenk: Dorsalextension und Ulnarabduktion
Fingergelenke: Extension
Daumen: Extension und Abduktion.

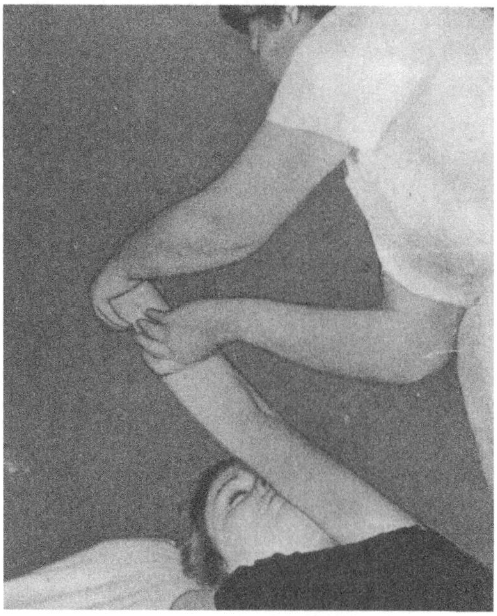

Abb. 63 Komplexbewegung obere Extremität:
1. Diagonale, 1. Übung — Gegenbewegung,
1. Handfassung

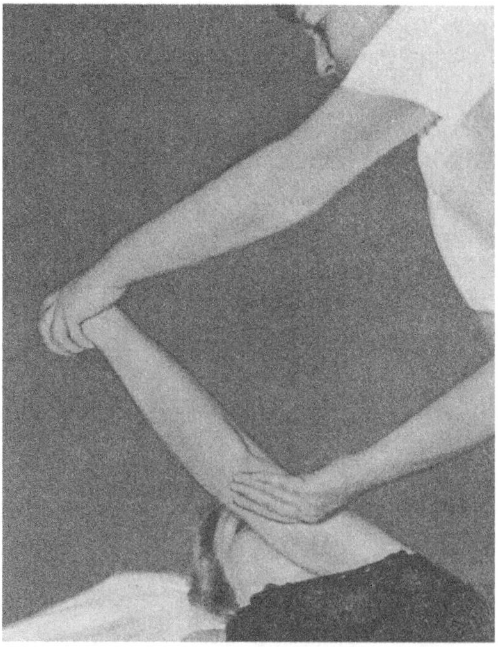

Abb. 64 Komplexbewegung obere Extremität:
1. Diagonale, 1. Übung — Gegenbewegung,
2. Handfassung

> *Beachte*
> - daß die Ausgangsstellung des Armes und der Hand exakt sein muß (Dehnstellung),
> - den Rotationswiderstand, der von der körperfernen Hand gesetzt wird,
> - die Mitarbeit von Hand und Fingern.

2. Übung — Grundbewegung

Aus der Extension — Abduktion — Innenrotation
mit extendiertem Ellenbogengelenk
in die Flexion — Adduktion — Außenrotation
mit flektiertem Ellenbogengelenk.

Ausgangsstellnng des Patienten. Rückenlage.
Schultergelenk: Extension — Abduktion — Innenrotation
Ellenbogengelenk: Extension
Unterarm: Pronation
Handgelenk: Dorsalextension und Ulnarabduktion
Fingergelenke: Extension
Daumen: Extension und Abduktion.

Ausgangsstellung und Handfassung des Physiotherapeuten. Wie bei der 1. Übung — Grundbewegung.

Muskelaktionsfolge
Entspricht der 1. Übung — Grundbewegung, zusätzlich kommt es zur Flexion im Ellenbogengelenk,
wichtigster Muskel: M. biceps brachii.

Kommando
„Zufassen und Hand herüber! — Drehen! — Den Ellenbogen beugen und den Arm nach innen oben zur Nase hin!
Festhalten! — Weiterziehen!"

Endstellung
Schultergelenk: Flexion — Adduktion — Außenrotation
Ellenbogengelenk: Flexion
Unterarm: Supination
Handgelenk: Volarflexion und Radialabduktion
Fingergelenke: Flexion
Daumen: Flexion und Adduktion.

2. Übung — Gegenbewegung

Aus der Flexion — Adduktion — Außenrotation
mit flektiertem Ellenbogengelenk
in die Extension — Abduktion — Innenrotation
mit extendiertem Ellenbogengelenk.

Ausgangsstellung des Patienten. Die eben erreichte Endstellung.

Ausgangsstellung des Physiotherapeuten. Bleibt.

Handfassungen wechseln
Wie bei der 1. Übung — Gegenbewegung (Abb. 65)

Muskelaktionsfolge
Entspricht der 1. Übung — Gegenbewegung zusätzlich kommt es zur Extension im Ellenbogengelenk,
wichtigster Muskel: M. triceps brachii.

Kommando
„Finger strecken und Hand hoch! — Drehen! — Den Ellenbogen strecken und den Arm herunter und heraus!
Festhalten! — Weiterstrecken!"

Endstellung
Schultergelenk: Extension — Abduktion — Innenrotation
Ellenbogengelenk: Extension
Unterarm: Pronation
Handgelenk: Dorsalextension und Ulnarabduktion
Fingergelenke: Extension
Daumen: Extension und Abduktion

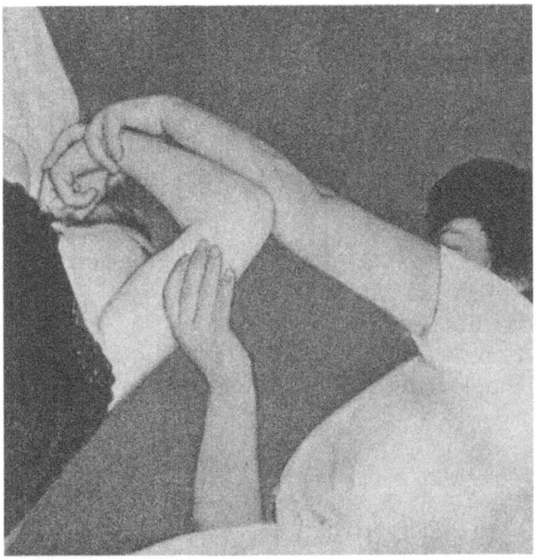

Abb. 65 Komplexbewegung obere Extremität: 1. Diagonale, 2. Übung — Gegenbewegung, 2. Handfassung

> *Beachte*
> - daß bei dieser 2. Übung der Haltewiderstand jeweils erst kurz vor der vollen Flexion und kurz vor der vollen Extension gegeben wird,
> - daß die Rotationsbewegung nicht vernachlässigt werden darf.

3. Übung — Grundbewegung

Aus der Extension — Abduktion — Innenrotation
mit flektiertem Ellenbogengelenk
in die Flexion — Adduktion — Außenrotation
mit extendiertem Ellenbogengelenk.

Ausgangsstellung des Patienten. Rückenlage.
Schultergelenk: Extension — Abduktion — Innenrotation
Ellenbogengelenk: Flexion
Unterarm: Pronation
Handgelenk: Dorsalextension und Ulnarabduktion
Fingergelenke: Extension
Daumen: Extension und Abduktion.

Ausgangsstellung und Handfassung des Physiotherapeuten. Wie bei der 1. Übung — Grundbewegung (Abb. 66).

Muskelaktionsfolge
Entspricht der 1. Übung — Grundbewegung, zusätzlich kommt es zur Extension im Ellenbogengelenk,
wichtigster Muskel: M. triceps brachii.

Kommando
„Zufassen und Hand herüber! — Drehen! — Den Ellenbogen strecken und den Arm nach hinten oben über die Nase!
Festhalten! — Weiterstrecken!"

Endstellung
Schultergelenk: Flexion — Adduktion — Außenrotation
Ellenbogengelenk: Extension
Unterarm: Supination
Handgelenk: Volarflexion und Radialabduktion
Fingergelenke: Flexion
Daumen: Flexion und Adduktion.

3. Übung — Gegenbewegung

Aus der Flexion — Adduktion — Außenrotation
mit extendiertem Ellenbogengelenk

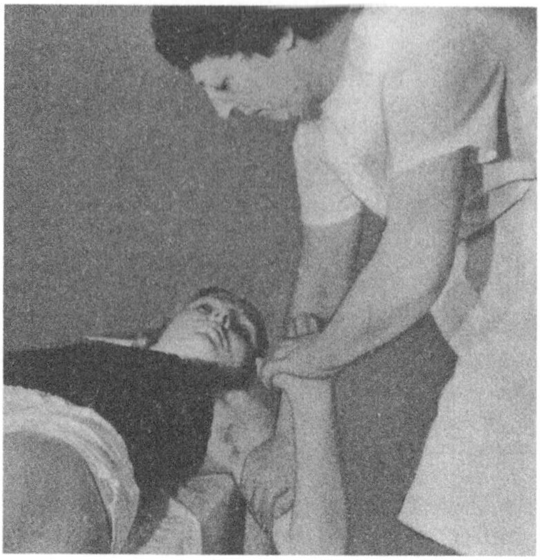

Abb. 66 Komplexbewegung obere Extremität: 1. Diagonale, 3. Übung — Grundbewegung, 2. Handfassung

in die Extension — Abduktion — Innenrotation
mit flektiertem Ellenbogengelenk.

Ausgangsstellung des Patienten. Die eben erreichte Endstellung.

Ausgangsstellung des Physiotherapeuten. Bleibt.

Handfassungen wechseln
Wie bei der 1. Übung — Gegenbewegung

Muskelaktionsfolge
Entspricht der 1. Übung — Gegenbewegung, zusätzlich kommt es zur Flexion im Ellenbogengelenk,
wichtigste Muskeln: M. brachialis und M. biceps brachii.

Kommando
„Finger strecken und Hand hoch! — Drehen! — Den Ellenbogen beugen und den Arm herunter und heraus!
Festhalten! — Weiterziehen!"

Endstellung
Schultergelenk: Extension — Abduktion — Innenrotation
Ellenbogengelenk: Flexion
Unterarm: Pronation
Handgelenk: Dorsalextension und Ulnarabduktion
Fingergelenke: Extension
Daumen: Extension und Abduktion.

> *Beachte*
> - daß die Innenrotation bei der Ausgangsstellung nicht vernachlässigt wird,
> - daß der Arm bei der Grundbewegung schräg über das Gesicht nach medial-kranial bewegt werden muß,
> - daß der Haltewiderstand vor vollendeter Extension bzw. Flexion im Ellenbogengelenk zu geben ist.

4.3.2.2. Diagonale

Diese geht von innen unten nach außen oben und zurück von außen oben nach innen unten.

1. Übung — Grundbewegung

Aus der Flexion[1] — Adduktion — Innenrotation
mit extendiertem Ellenbogengelenk
in die Elevation[2] — Abduktion — Außenrotation.

Ausgangsstellung des Patienten. Rückenlage.
Schultergelenk: Flexion — Adduktion — Innenrotation
Ellenbogengelenk: Extension
Unterarm: Pronation
Handgelenk: Volarflexion und Ulnarabduktion
Fingergelenke: Flexion
Daumen: Flexion und Adduktion.

Ausgangsstellung des Physiotherapeuten. Seitliche Schrittstellung neben dem Patienten.

Handfassung (Abb. 67)
Körpernahe Hand faßt im Gabelgriff auf den Handrücken des Patienten;
körperferne Hand liegt im Gabelgriff mit supiniertem Unterarm am distalen Ende der Streckseite des Oberarmes des Patienten.

Muskelaktionsfolge
Die Bewegung läuft von distal nach proximal. Es kommt zur Extension der Finger und Abduktion des Daumens,
wichtigste Muskeln: Fingerextensoren und M. abductor pollicis.

[1] Flexion im Schultergelenk entspricht hier und im folgenden etwa 25°.

[2] Elevation bedeutet hier und im folgenden, daß der Arm nach oben hinten geführt wird (über die Horizontale).

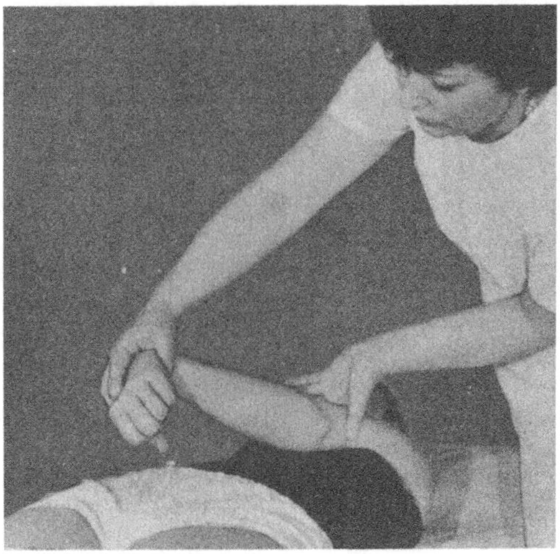

Abb. 67 Komplexbewegung obere Extremität: 2. Diagonale, 1. Übung — Grundbewegung

Radiale Dorsalextension im Handgelenk,
wichtigster Muskel: M. extensor carpi radialis,
Supination im Unterarm,
wichtigster Muskel: M. brachioradialis.
Extension im Ellenbogengelenk bleibt erhalten,
Elevation — Abduktion — Außenrotation im Schultergelenk,
wichtigste Muskeln: M. deltoideus, M. teres minor, M. supraspinatus und M. infraspinatus.
Rotation — Adduktion — Elevation als Schulterblattbewegung,
wichtigster Muskel: M. trapezius.

Kommando
„Finger strecken und Hand hoch! — Drehen! — Den Arm hoch und heraus!"
„Festhalten!"
„Weiterziehen!"

Endstellung
Schultergelenk: Elevation — Abduktion — Außenrotation
Ellenbogengelenk: Extension
Unterarm: Supination
Handgelenk: Dorsalextension und Radialabduktion
Fingergelenke: Extension
Daumen: Extension und Abduktion.

1. Übung — Gegenbewegung

Aus der Elevation — Abduktion — Außenrotation mit extendiertem Ellenbogengelenk in die Flexion — Adduktion — Innenrotation.

Ausgangsstellung des Patienten. Die eben erreichte Endstellung.

Ausgangsstellung des Physiotherapeuten. Bleibt.

Handfassung wechselt
Körpernahe Hand greift in die Hand des Patienten.
körperferne Hand greift von innen unter das distale Ende des Oberarmes des Patienten.

Muskelaktionsfolge
Die Bewegung läuft von distal nach proximal.
Es kommt zur Flexion der Finger und Adduktion des Daumens,
wichtigste Muskeln: Fingerflexoren, M. adductor und M. opponens pollicis.
Ulnare Volarflexion im Handgelenk,
wichtigster Muskel: M. flexor carpi ulnaris,
Pronation im Unterarm,
wichtigster Muskel: M. pronator teres.
Extension im Ellenbogengelenk bleibt erhalten.
Flexion — Adduktion — Innenrotation im Schultergelenk,
wichtigste Muskeln: M. pectoralis major und M. subscapularis.
Rotation — Abduktion — Depression als Schulterblattbewegung,
wichtigste Muskeln: M. pectoralis minor und M. subclavius.

Kommando
„Zufassen und Hand herüber! — Drehen! — Arm nach innen unten führen!"
„Festhalten!"
„Weiterziehen!"

Endstellung
Schultergelenk: Flexion — Adduktion — Innenrotation
Ellenbogengelenk: Extension
Unterarm: Pronation
Handgelenk: Volarflexion und Ulnarabduktion
Fingergelenke: Flexion
Daumen: Flexion und Adduktion.

> *Beachte*
> - daß besonders Handgelenk und Finger in exakter Ausgangsstellung sein müssen,
> - daß das Ellenbogengelenk gestreckt bleibt,
> - den Widerstand der körperfernen Hand am Oberarm gegen die Elevation und Abduktion bzw. Flexion und Adduktion.

2. Übung — Grundbewegung

Aus der Flexion — Adduktion — Innenrotation
mit extendiertem Ellenbogengelenk
in die Elevation — Abduktion — Außenrotation
mit flektiertem Ellenbogengelenk.

Ausgangsstellung des Patienten. Rückenlage.
Schultergelenk: Flexion — Adduktion — Innenrotation
Ellenbogengelenk: Extension
Unterarm: Pronation
Handgelenk: Volarflexion und Ulnarabduktion
Fingergelenke: Flexion
Daumen: Flexion und Adduktion.

Ausgangsstellung und Handfassung des Physiotherapeuten. Wie bei der 1. Übung — Grundbewegung.

Muskelaktionsfolge
Entspricht der 1. Übung — Grundbewegung, zusätzlich kommt es zur Flexion im Ellenbogengelenk,
wichtigste Muskeln: M. biceps brachii und M. brachioradialis.

Kommando
„Fingerstrecken und Hand hoch! — Drehen! — Den Ellenbogen beugen und den Arm hoch und heraus!
Festhalten! — Weiterbeugen!"

Endstellung
Schultergelenk: Elevation — Abduktion — Außenrotation
Ellenbogengelenk: Flexion
Unterarm: Supination
Handgelenk: Dorsalextension und Radialabduktion
Fingergelenke: Extension
Daumen: Extension und Abduktion.

2. Übung — Gegenbewegung
Aus der Elevation — Abduktion — Außenrotation mit flektiertem Ellenbogengelenk
in die Flexion — Adduktion — Innenrotation
mit extendiertem Ellenbogengelenk.

Ausgangsstellung des Patienten. Die eben erreichte Endstellung.

Ausgangsstellung des Physiotherapeuten. Bleibt.
Handfassung wechselt
Wie bei der 1. Übung — Gegenbewegung (Abb. 68).

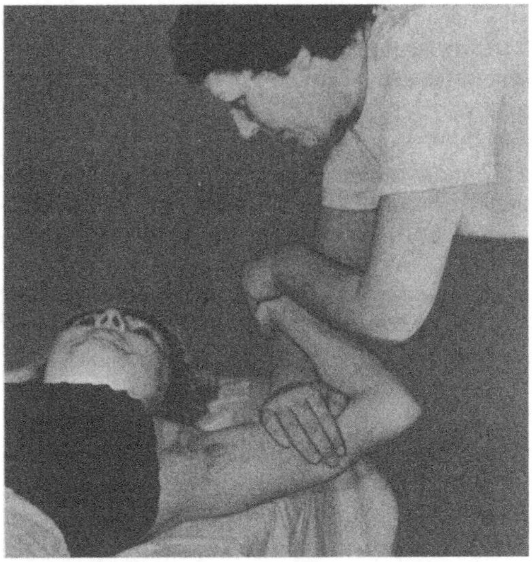

Abb. 68 Komplexbewegung obere Extremität: 2. Diagonale, 2. Übung — Gegenbewegung

Muskelaktionsfolge

Entspricht der 1. Übung — Gegenbewegung, zusätzlich kommt es zur Extension im Ellenbogengelenk,
wichtigste Muskeln: M. biceps brachii.

Kommando

„Zufassen und Hand herüber! — Drehen! — Den Ellenbogen strecken und den Arm nach innen unten stoßen!
Festhalten! — Weiterstrecken und Weiterstoßen!"

Endstellung

Schultergelenk: Flexion — Adduktion — Innenrotation
Ellenbogengelenk: Extension
Unterarm: Pronation
Handgelenk: Volarflexion und Ulnarabduktion
Fingergelenke: Flexion
Daumen: Flexion und Adduktion.

> *Beachte*
> - daß die Rotation im Schultergelenk nicht vernachlässigt wird,
> - daß der Haltewiderstand erst kurz vor der vollen Flexion und erst kurz vor der vollen Extension im Ellenbogengelenk gegeben wird!

3. Übung — Grundbewegung

Aus der Flexion — Adduktion — Innenrotation mit gebeugtem Ellenbogengelenk in die Elevation — Abduktion — Außenrotation mit gestrecktem Ellenbogengelenk.

Ausgangsstellung des Patienten. Rückenlage.
Schultergelenk: Flexion — Adduktion — Innenrotation
Ellenbogengelenk: Flexion
Unterarm: Pronation
Handgelenk: Volarflexion und Ulnarabduktion
Fingergelenke: Flexion
Daumen: Flexion und Adduktion.

Ausgangsstellung und Handfassung des Physiotherapeuten. Wie bei der 1. Übung — Grundbewegung (Abb. 69).

Muskelaktionsfolge

Entspricht der 1. Übung — Grundbewegung, zusätzlich kommt es zur Extension im Ellenbogengelenk,
wichtigster Muskel: M. triceps brachii.

Kommando

„Finger strecken und Hand hoch! — Drehen! — Den Ellenbogen strecken, Arm nach außen oben hinten!
Festhalten! — Weiterstrecken!"

Erreichte Endstellung

Schultergelenk: Elevation — Abduktion — Außenrotation
Ellenbogengelenk: Extension
Unterarm: Supination

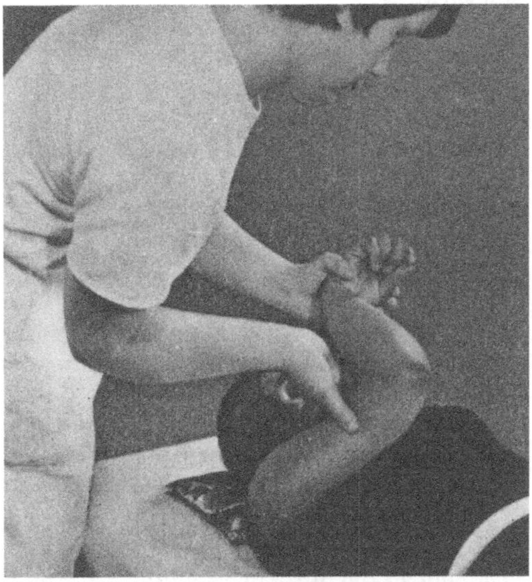

Abb. 69 Komplexbewegung obere Extremität: 2. Diagonale, 3. Übung — Grundbewegung

Handgelenk: Dorsalextension und Radialabduktion
Fingergelenke: Extension
Daumen: Extension und Adduktion.

3. Übung — Gegenbewegung

Aus der Elevation — Abduktion — Außenrotation mit extendiertem Ellenbogengelenk in die Flexion — Adduktion — Innenrotation mit flektiertem Ellenbogengelenk.

Ausgangsstellung des Patienten. Die eben erreichte Endstellung.

Ausgangsstellung des Physiotherapeuten. Bleibt.

Handfassung wechselt
Wie bei der 1. Übung — Gegenbewegung, aber etwas abgeändert;
körpernahe Hand greift in die Hand des Patienten;
körperferne Hand greift von außen gegen das Olekranon des Patienten.

Muskelaktionsfolge
Entspricht der 1. Übung — Gegenbewegung, zusätzlich kommt es zur Flexion im Ellenbogengelenk,
wichtigster Muskel: M. brachialis.

Kommando
„Finger und Hand beugen! — Arm nach innen unten beugen! — Festhalten! — Weiterziehen!"

Endstellung
Schultergelenk: Flexion — Adduktion — Innenrotation vor dem Körper
Ellenbogengelenk: Flexion
Unterarm: Pronation
Handgelenk: Volarflexion und Ulnarabduktion
Fingergelenke: Flexion
Daumen: Flexion und Adduktion.

> *Beachte*
> - die Pronation in der Ausgangsstellung und die Supination in der Endstellung der Grundbewegung,
> - daß bei dieser Übung der Haltewiderstand jeweils erst kurz vor der vollen Extension und kurz vor der vollen Flexion im Ellenbogengelenk gegeben wird!

Die hier in der Ausgangsstellung Rückenlage beschriebenen Übungen können selbstverständlich auch in anderen Ausgangsstellungen wie Seitlage, Bauchlage, Sitz u. a. sowie in verkürzter Form (für Finger-, Hand-, Ellenbogenbereich) durchgeführt werden.

Aufgaben

1. Demonstrieren Sie die verschiedenen Übungen der Komplexbewegungen für die obere Extremität, und bezeichnen Sie dabei die wichtigsten Muskeln, die angesprochen werden!
2. Demonstrieren Sie die Komplexbewegungen für die obere Extremität in der Seitlage und im Sitz!

4.4. PNF — Techniken der antagonistischen Bewegungsumkehr

Diese Techniken sind im Kapitel 3.4. beschrieben und in gleicher Weise an der oberen Extremität anzuwenden.

Die *rhythmische Stabilisation* soll nochmals am Beispiel einer schmerzhaften Schultersteife rechts dargestellt werden:

Ausgangsstellung des Patienten. Rückenlage, rechter Arm bis zur Schmerzgrenze nach vorn oben gehoben, Ellenbogen extendiert.

Ausgangsstellung des Physiotherapeuten. Seitlich neben dem Patienten.

Handfassung
Rechte Hand des Physiotherapeuten umfaßt die rechte Hand des Patienten so, daß 2. und 3. Finger in der Daumen-Zeigefinger-Spanne liegen; die übrigen Finger umgreifen die Handwurzel. Linke Hand umfaßt im Gabelgriff rechtes Handgelenk des Patienten.

Übungsausführung
Patient wird aufgefordert, die Hand fest zu fassen. Physiotherapeut zieht den Arm passiv heraus und läßt ihn aktiv wieder zum Körper ziehen bei extendiertem Ellenbogen, linke Hand gibt evtl. Hilfestellung unter dem Schulterblatt. Nun soll Patient den Arm halten, zunächst gegen kleine Bewegungen im agonistischen und antagonistischen Muster einer Diagonale. Besonders ist die Rotation zu beachten. In der weiteren Übungsphase entfallen die kleinen Bewegungsausschläge!

Kommando
— „Fassen Sie meine Hand ganz fest und machen Sie Ihren Arm steif!" (der ganze Muskelmantel ist angespannt)

— „Halten Sie fest gegen meine Bewegung!" (Elevation — Abduktion — Außenrotation = Agonist)

— „Und festhalten!" (Flexion — Adduktion — Innenrotation = Antagonist)

— „Halten!" (Elevation — Abduktion — Außenrotation = Agonist)

— „Halten!" (Flexion — Adduktion — Innenrotation = Antagonist)

Das Haltekommando wird gesteigert und zuletzt nur noch eine geringe Rotation zugelassen, bis die Kontraktion zu fühlen ist. Dann erst erfolgt die Entspannung. Der Patient verspürt sofort ein angenehmes Wärmegefühl im Arm.

Die gleiche Technik wird in der 2. Diagonale geübt. Befindet sich der Arm im Schnittpunkt der beiden Diagonalen, so kann die Spannung in alle 4 Richtungen der beiden Diagonalen nacheinander erfolgen.
Bei der Übungsfolge muß der *ständige Rotationswechsel* unbedingt beachtet werden; z. B. läßt man zuerst in Richtung der Ausgangsstellung 1. Diagonale (Innenrotation) spannen, dann in Richtung der Endstellung 1. Diagonale (Außenrotation), anschließend in Richtung der Ausgangsstellung 2. Diagonale (Innenrotation) und schließlich in Richtung der Endstellung 2. Diagonale (Außenrotation). Die Übungsfolge wird mit dem Entspannen der gesamten Armmuskulatur beendet.

Aufgaben

1. Mit Hilfe der Techniken der antagonistischen Bewegungsumkehr soll ein geschwächter M. deltoideus — akromialer Teil — geschult werden. Wählen Sie die entsprechenden Übungen aus, und demonstrieren Sie die Technik der Bewegungsausführung!

2. Üben Sie die rhythmische Stabilisation im Schnittpunkt der beiden Diagonalen!

4.5. Schulung spezieller Muskelgruppen und Muskeln

Voraussetzung zur Durchführung dieser Übung sind exakte Kenntnisse über Verlauf und Funktion der zu schulenden Muskeln sowie die Beherrschung der sachgerechten Grifftechnik.

4.5.1. Muskelmantelschulung für Oberarm und gesamten Arm

Muskelmantelschulung am Oberarm

Ausgangsstellung des Patienten. Sitz auf dem Hocker, Arm auf Armunterlagerungstisch.

Ausgangsstellung des Physiotherapeuten. Seitlich neben dem Patienten.
Fixation. Entfällt.

Handfassung. Beide Hände umfassen im Gabelgriff manschettenartig den Oberarm.

Übungsausführung. Patient spannt nach unten, vorn, oben, hinten.

Bewegungsformen. Aktiv gegen Widerstand. Beim Spannen nach unten auf den Unterlagerungstisch arbeiten der M. pectoralis major, M. latissimus dorsi, M. teres major; beim Spannen nach vorn kontrahieren sich der M. pectoralis major und der vordere Anteil des M. deltoideus; das Spannen in Richtung Abduktion — nach oben bzw. außen — geschieht durch den M. deltoideus; beim Spannen nach hinten springt der dorsale Teil des M. deltoideus an.
Die Steigerungsmöglichkeiten entsprechen denen am Bein (vgl. 3.5.1.).

Muskelmantelschulung für den gesamten Arm

Ausgangsstellung des Patienten. Rückenlage, Arm liegt gestreckt neben dem Körper.

Ausgangsstellung des Physiotherapeuten. Seitlich neben dem Patienten.

Handfassung. Rumpfnahe Hand liegt am Oberarm, die andere ergreift in Handfassung die Hand des Patienten.

Übungsausführung und Bewegungsformen. Siehe vorherige Übung.

> *Beachte*
> - daß die Hand am Oberarm entsprechend der Spannungsrichtung ihre Lage verändert,
> - daß keine Rotationsbewegung erfolgt,
> - die Dauer der Anspannung und genügend lange Pausen.

4.5.2. Schulung des M. deltoideus

Die Funktionstüchtigkeit dieses Muskels ist für alle Bewegungen der oberen Extremität von besonderer Bedeutung.

Verlauf des Muskels

Ursprung: Pars clavicularis — laterales Drittel der Clavicula, Pars acromialis — Acromion, Pars spinalis — Spina scapulae und Faszie des M. infraspinatus.

Ansatz: Alle Teile inserieren an der Tuberositas deltoidea humeri.
Funktion: Abduktion des Armes bis zu 90° Horizontalextension und Horizontalflexion des Armes. Hängt der Arm, so adduzieren die Pars clavicularis und spinalis, beide abduzieren nach Erhebung des Armes um 60°. Der vordere Teil des Muskels bewirkt eine Innenrotation, der hintere eine Außenrotation. Durch den Tonus des Deltamuskels wird das Gewicht des Armes gehalten. Die verschiedenen Teile können als Synergisten oder Antagonisten wirken.

Spannungsübungen in Rückenlage und im Sitz (vgl. 4.5.1.).

Bewegungsübungen in Rückenlage, in Bauchlage und im Sitz

Geübt werden alle Bewegungen im Schulter-Oberarm-Gelenk, bei denen der M. deltoideus Bewegungs- oder Haltearbeit zu leisten hat (vgl. dazu Funktion des Muskels). Die Steigerung erfolgt nach den Grundsätzen, die in dem Kapitel „Spezielle Bewegungsformen der Krankengymnastik" (vgl. 1.4.2.) genannt sind.

> *Beachte*
> • daß bei allen Übungen Ausweichbewegungen im Schultergürtel zu vermeiden sind,
> • daß in der Steigerung zweiphasiges Üben möglich wird, um die antagonistisch wirkenden Teile des Muskels zu schulen.

Aufgaben

1. Demonstrieren und erläutern Sie die Technik der Muskelmantelschulung an der oberen Extremität!

2. Stellen Sie eine Übungssammlung für den M. deltoideus zusammen
für die Ausgangsstellung Rückenlage
für die Ausgangsstellung Sitz!

4.6. Bewegungskombinationen und Gebrauchsbewegungen

4.6.1. Bewegungskombinationen

Kombinierte Bewegungen werden eingesetzt, um die Beweglichkeit, die Ausdauer und die Kraft des Patienten mit Hilfe aktiver Übungen zu schulen. Zahlreiche Übungsmöglichkeiten bieten sich an, die durch den Einsatz von Geräten noch abwechslungsreicher gestaltet werden. Es ist zu empfehlen, die Bewegung grundsätzlich in den peripheren Gelenken zu beginnen und dann aufsteigend die mittleren und großen Gelenke einzubeziehen, z. B.

— Finger flektieren — Hand volar flektieren

— Finger flektieren — Hand volar flektieren — Unterarm supinieren

— Finger flektieren — Hand volar flektieren — Arm nach vorn oben heben.

Daneben können Bewegungskombinationen in mehrachsigen Gelenken durchgeführt werden, z. B.

— Hand volar flektieren und ulnar abduzieren
— Arm im Schultergelenk nach vorn und außen heben

oder zur Schulung von Muskeln in ihrer Haupt- und Nebenfunktion, z. B. M. biceps brachii

— Arm nach vorn heben, im Ellenbogengelenk flektieren und im Unterarm supinieren (Führen der Hand zum Mund).
Zu den Bewegungskombinationen gehören ebenfalls schwunghafte Übungen, wie z. B.

— Vor- und Zurückschwingen beider Arme, gleichmäßig rhythmisch oder mit Betonung einer Phase,

— wechselseitiges Armschwingen neben dem Körper
und dehnende Übungen, wie z. B.

— den gestreckt hängenden Arm nach unten herausziehen (Einsatz der Bewegung erfolgt von den Fingerspitzen aus), nach außen rotieren, langsam abduzieren, bei 90° Abduktion Ellenbogengelenk flektieren, Oberarm weit nach oben heraus- und über den Kopf ziehen. Langsam herabführen und lockern;

— Arme wechselseitig nach vorn anheben und weit nach hinten führen;

— Keule mit gestreckten Armen um den Körper herumgeben u. a. m.

> *Beachte*
> • daß bei Dehnungsübungen unbedingt Lockerungsübungen zwischenzuschalten sind.

4.6.2. Gebrauchsbewegungen

Die obere Extremität ist sehr beweglich gestaltet und besitzt einen großen Aktionsradius Durch ihre Funktionstüchtigkeit ist der Mensch in der Lage, die Verrichtungen des täglichen Lebens und seine berufliche Tätigkeit zweckentsprechend auszuführen. Außerdem dient die Hand als Greif- und Tastorgan und unterstützt die Wahrnehmung des Menschen.
Das Schulen der Gebrauchsbewegungen ist daher von großer Bedeutung. Dabei werden folgende *Ziele* angestrebt:

- Vergrößerung der Bewegungsmöglichkeit,
- Schulung der Geschicklichkeit,
- Erhöhung der Kraftleistung.

Die Auswahl der Übungen richtet sich nach den vorhandenen Symptomen, nach der Prognose und nach dem Beruf des Patienten.
Die nachfolgende kleine Auswahl von Übungen ist als Anregung für weitere Übungen anzusehen.

Übungsbeispiele

Bei Bedarf leistet der Physiotherapeut bei der Übungsausführung Hilfestellung!
— Mit der Hand zum Mund, zur Nase, zur Stirn, zum gegenüberliegenden Ohr, auf den Kopf greifen;
— mit der Hand zur gegenüberliegenden Schulter greifen;
— mit der Hand auf den Rücken greifen und so weit wie möglich nach oben kommen!
— nach einem vom Behandler gehaltenen Gegenstand greifen (in unterschiedlicher Höhe und Entfernung);
— eine Keule von einer Hand in die andere geben, kräftig zugreifen (ebenso andere Handgeräte);
— Fangübungen mit verschiedenen Geräten;
— Greifübungen an einem Übungsbrett, an dem Türklinken, Fensterriegel, Schlösser und andere Übungsgegenstände angebracht sind;
— Kneten mit Plastilina;
— Schreibübungen, Zeichnen, beginnend mit großen Buchstaben und Ornamenten, am besten auf einer Tafel, später dann mit Papier und Bleistift, immer kleiner werdend;
— Schleife binden, Nadel einfädeln und andere Feinbewegungen.

Da der Patient alle diese Bewegungen erst wieder erlernen muß und sie oftmals mit großem Muskeleinsatz und viel Kraft sehr unökonomisch durchführt, ist es notwendig, zwischen den einzelnen Übungen Lockerungsübungen einzuschalten.

Aufgaben

1. Analysieren Sie den Bewegungsablauf in allen beteiligten Gelenken beim Öffnen und Schließen eines Fensters (Ausgangsstellung: Stand, Arm hängt locker neben dem Körper)!

2. Ein Patient — Rechtshänder — muß durch Verlust seiner rechten Hand (Unterarmstumpf) zeitweilig die Verrichtungen des täglichen Lebens mit der linken Hand ausführen. Stellen Sie Übungssammlungen nach einer vorgegebenen Themenstellung zusammen:
Morgentoilette
Anziehen, Ausziehen
Reinigen der Wohnung
Schreibübungen!

5. Messungen und Bewegungen für den Kopf und den Rumpf

5.1. Meßtechnik

Die Technik der Messungen ist zu entnehmen aus Meinecke, Rolf „Bewegungs-, Längen- und Umfangsmessungen".
Die spezielle Befunderhebung am Rumpf wird ausführlich in den Fachgebieten Atemtherapie und Physiotherapie in der Orthopädie besprochen, da sie für beide Fachgebiete von außerordentlicher Bedeutung ist.

5.2. Bewegungen der Wirbelsäule

An den Bewegungen der Wirbelsäule ist immer eine Vielzahl von Gelenken beteiligt. Es gilt daher besonders darauf zu achten, daß der Patient in die Bewegung gleichmäßig alle Bewegungssegmente einbezieht und muskulär fixierte Abschnitte der Wirbelsäule nicht von der Bewegung ausschließt. Beim Üben dieser Bewegungen ist die Herz-Kreislauf-Situation des Patienten zu berücksichtigen; einem schnellen Lagewechsel kann sich der Kreislauf oftmals nicht entsprechend anpassen.

5.2.1. Grifftechnik für Bewegungen des Kopfes (HWS)

Bewegungen im Sitz

Ausgangsstellung des Patienten. Sitz auf dem Hocker.

Fixation. Patient fixiert sich selbst am Hockerrand.

Ausgangsstellung des Physiotherapeuten. Hinter dem Patienten.

1. Griff

Handfassung. Beide Hände liegen mit weit abduziertem Daumen seitlich am Kopf, Daumen hinter dem Ohr, 3. und 4. Finger am Ramus mandibulae.

Bewegungsmöglichkeiten. Extension — Flexion; Lateralflexion; Rotation.

Bewegungsformen. Passiv — aktiv gegen Widerstand, mit und ohne Zug.

Beachte
- daß die Zugsetzung mit der Handwurzel von unten gegen den Processus mastoideus erfolgt, Finger 3 und 4 bleiben auf dem Ramus mandibulae,
- daß die Bewegungen nicht zu schnell ausgeführt werden.

2. Griff

Handfassung. Beide Hände liegen schalenförmig über den Ohren, Finger zeigen senkrecht nach oben, Hand ist gewölbt (Abb. 70).
Bewegungsmöglichkeiten, Bewegungsformen sowie „*Beachte*". Siehe 1. Griff.

Bewegungen in Rückenlage

Ausgangsstellung des Patienten. Rückenlage, Kopf ragt über den Bankrand hinaus.

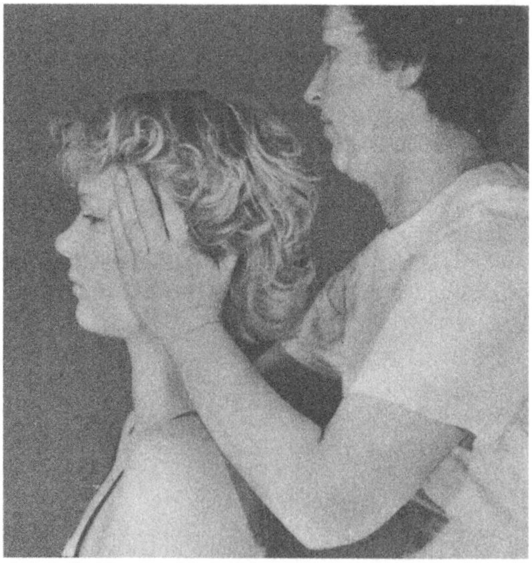

Abb. 70 Grifftechnik für Bewegungen des Kopfes: Bewegung im Sitz; Extension — Flexion, Lateralflexion, Rotation

Ausgangsstellung des Physiotherapeuten. Am Kopfende des Patienten, hinter der Bank.

Fixation. Patient fixiert sich selbst seitlich am Bankrand.

Handfassung. Beide Hände im Gabelgriff, 2. bis 5. Finger am Hinterhaupt, abduzierte Daumen vor den Ohren.

Bewegungsmöglichkeiten, Bewegungsformen. Siehe 1. Griff im Sitz.

> *Beachte*
> - daß bei Zugsetzung der Gehörgang nicht zugedrückt wird.

5.2.2. Grifftechnik für Bewegungen der Brustwirbelsäule (BWS)

Bewegungen in Rückenlage

1. Griff

Ausgangsstellung des Patienten. Rückenlage, Arme neben dem Körper.

Ausgangsstellung des Physiotherapeuten. Seitlich neben dem Patienten.

Fixation. Entfällt, evtl. Beckenfixation durch Gurt oder einen zweiten Physiotherapeuten.

Handfassung. Kopfnahe Hand liegt unter dem Kopf, kopfferne Hand unter der oberen Brustwirbelsäule.

Bewegungsmöglichkeiten. Flexion der Halswirbel- und oberen Brustwirbelsäule, sog. hohe Vorbeuge, bzw. bei Einbeziehung der unteren Brustwirbelsäule sog. tiefe Vorbeuge.

Bewegungsformen. Passiv — aktiv.

> *Beachte*
> - die langsame Abrollbewegung in der Wirbelsäule.

2. Griff vgl. 1. Griff.

Handfassung. Physiotherapeut erfaßt die ausgestreckten Arme des Patienten.

3. Griff vgl. 1. Griff.

Ausführung. Hände des Patienten liegen auf den Oberschenkeln und krabbeln nach distal, d. h. aktive Bewegungsform! Physiotherapeut unterstützt bei Bedarf.

Steigerungsmöglichkeit
Zusätzliche Bewegung in der Lendenwirbelsäule unter Mitbewegen von Armen und Beinen, z. B. Anbeugen beider Beine. Patient umfaßt die Unterschenkel und berührt mit der Stirn die Knie.

4. Griff

Ausgangsstellung des Patienten. Patient nimmt einen Arm in Nackenhalte.

Ausgangsstellung des Physiotherapeuten. Neben dem Patienten am Kopfende an der Seite, nach der die Bewegung ausgeführt wird.

Handfassung. Kopfnahe Hand unter dem Kopf, die andere am Ellenbogen.

Bewegungsmöglichkeiten. Hohe Lateralflexion (obere BWS), tiefe Lateralflexion (gesamte BWS).

Bewegungsformen. Passiv — aktiv.

Bei hoher Lateralflexion wird der Arm zunächst nach schräg oben herausgezogen, danach erfolgt erst die Seitneige; bei tiefer Lateralflexion entfällt die vorherige Spannung. Zur Steigerung wird die gesamte Wirbelsäule in die Bewegung einbezogen. Zum Beispiel kann der Patient mit der Hand am Oberschenkel nach distal krabbeln, oder die angestellten Beine werden zur Seite gestellt und der Oberkörper zur gleichen Seite geneigt u. a.

5. Griff

Ausgangsstellung des Patienten. Patient nimmt einen Arm schräg nach oben.

Ausgangsstellung des Physiotherapeuten. Seitlich neben dem Patienten.

Handfassung. Kopfnahe Hand unter dem Kopf, andere Hand unterstützt am distalen Ende des Unterarmes.

Bewegungsmöglichkeiten. Rotation, Patient vollführt über dem Kopf einen Halbkreis zur Gegenseite, dabei wird die Schulter abgehoben.

Bewegungsformen. Passiv — aktiv.

> *Beachte*
> - Die Armbewegung kann auch über dem Körper ausgeführt werden. Dabei wird aber leicht zusätzlich eine Flexion durchgeführt, die u. U. unerwünscht ist.

Bewegungen in Bauchlage

1. Griff

Ausgangsstellung des Patienten. Bauchlage, Arme liegen gestreckt neben dem Kopf etwas über Schulterbreite.
Ausgangsstellung des Physiotherapeuten. Seitlich neben dem Patienten.

Handfassung. Kopfferne Hand umfaßt im Gabelgriff das distale Ende des Unterarms der Gegenseite, die andere Hand liegt auf dem Rücken.

Bewegungsmöglichkeiten. Rotation durch Abheben eines Armes mit gleichzeitiger Kopfrotation.

Bewegungsformen. Passiv — aktiv.

Bewegungen im Vierfüßlerstand
(vgl. Gymnastik)

Übungsbeispiele

— Kopf langsam auf die Brust einrollen, Verstärkung der Übung durch wechselseitiges Flektieren in Hüft- und Kniegelenken.
— Kopf zur Seite neigen, mit den Armen zur Seite gehen, zur Verstärkung auch die Unterschenkel zur Seite bewegen.
— Arme im Wechsel extendiert abheben, dabei in die Handfläche hineinschauen zum Üben der Rotation.

Bewegungen im Sitz

Geübt werden alle Übungen, die in Rückenlage ausgeführt wurden. Der Patient hat dabei im allgemeinen die Arme in Nackenhalte.

Bewegungen im Stand (vgl. Gymnastik)

5.2.3. Grifftechnik für Bewegungen des Beckens (LWS)

Die Bewegungen in der LWS werden am günstigsten vom Becken her durchgeführt. Beim Aufrichten des Beckens unter Anspannung der geraden Bauchmuskeln wird die LWS kyphosiert, beim Kippen des Beckens wird in der LWS lordosiert. Ein seitliches Verschieben des Beckens in Richtung unterer Thoraxrand entspricht der Lateralflexion.

Bewegungen in Rückenlage

1. Griff

Ausgangsstellung des Patienten. Rückenlage, Beine angestellt oder unterlagert, so daß eine leichte Knie-Hüft-Flexion entsteht (in dieser Ausgangsstellung sind die Bauchmuskeln entspannt).

Ausgangsstellung des Physiotherapeuten. Seitlich neben dem Patienten.

Fixation. Entfällt.

Handfassung. Beide Hände im Gabelgriff am Beckenkamm.

Bewegungsmöglichkeiten. Becken kippen — Becken aufrichten; Lateralflexion.

Bewegungsformen. Passiv — aktiv gegen Widerstand.

> *Beachte*
> • daß beim Widerstand die Hände entweder nach ventral oder nach dorsal verschoben werden.

2. Griff

Handfassung. Kopfnahe Hand liegt unter der LWS, die andere Hand liegt auf dem Bauch.

Bewegungsmöglichkeiten. Vgl. 1. Griff, 2. Griff ungünstig für Lateralflexion.

> *Beachte*
> • Da die Bewegungsausschläge meist nur sehr klein ausfallen, kann durch Hinzunahme von Beinbewegungen eine Bewegungsvergrößerung erreicht werden, z. B.
> Beine angestellt, beide Beine an den Bauch heranziehen (Beckenaufrichtung) und abstellen (Beckenkippung),
> Beine angestellt, beide Beine an den Bauch ziehen, anschließend Beine strecken und ablegen unter Beckenkippung,
> Immer steht die Beckenbewegung und nicht die Beinbewegung im Vordergrund!
> • Beckenbewegungen lassen sich gut in Verbindung mit Atemübungen schulen (vgl. Atemtherapie). Dabei ist jeweils einer Beckenbewegung eine Atemphase zuzuordnen.

3. Griff

Ausgangsstellung des Patienten. Rückenlage mit extendierten Beinen.

Ausgangsstellung des Physiotherapeuten. Am Fußende des Patienten.

Fixation. Entfällt.
Handfassung. Hände umfassen die distalen Enden der Unterschenkel im Gabelgriff.

Bewegungsmöglichkeiten. Lateralflexion durch wechselseitiges Herausschieben der Beine.

Bewegungsformen. Passiv — aktiv.

> *Beachte*
> • daß der Patient auch mit den Beinen auf den Fersen nach der Seite „laufen" kann.

Bewegungen in Seitlage

Ausgangsstellung des Patienten. Seitlage, beide Beine angewinkelt.

Ausgangsstellung des Physiotherapeuten. Schräg hinter dem Patienten.

Fixation. Entfällt.

Handfassung. Rumpfnahe Hand liegt auf dem Bauch, die andere Hand an der LWS zur Bewegungsführung durch leichten Druck.

Bewegungsmöglichkeiten. Becken kippen — Becken aufrichten.

Bewegungsformen. Passiv — aktiv gegen Widerstand.

> *Beachte*
> • Diese Übung kann mit Atemübungen oder mit Beinbewegungen verbunden werden, z. B. oberes Bein an den Bauch ziehen — Beckenaufrichtung, Bein nach hinten strecken — Beckenkippung.

Bewegungen im Vierfüßlerstand

Ausgangsstellung des Patienten. Vierfüßlerstand auf der Bodenmatte.

1. Griff

Ausgangsstellung des Physiotherapeuten. In Grätschstellung hinter dem Patienten.

Handfassung. Beide Hände im Gabelgriff an den Beckenkämmen.

Bewegungsmöglichkeiten. Becken kippen — aufrichten; Lateralflexion.

Bewegungsformen. Passiv — aktiv gegen Widerstand.

> *Beachte*
> • daß der Schultergürtel sich nicht mitbewegt,
> • daß zusätzliche Beinbewegungen möglich sind, z. B.
> Beine im Wechsel an den Bauch ziehen und absetzen,
> Beine im Wechsel an den Bauch ziehen, nach hinten strecken und aufsetzen,
> Beine im Wechsel an den Bauch ziehen und nach hinten überstrecken,
> ein Bein gestreckt weit über das andere führen,
> beide Unterschenkel im Wechsel nach rechts und links führen;
> • daß aktive Bewegungen im schnellen Tempo der Mobilisation dienen, wobei nicht immer der volle Bewegungsausschlag erreicht werden kann.

2. Griff

Ausgangsstellung des Physiotherapeuten. Seitlich neben dem Patienten.
Handfassung. Kopfnahe Hand liegt am Bauch, die andere Hand auf der LWS.
Bewegungsmöglichkeiten, Bewegungsformen. Vgl. 1. Griff.

Bewegungen im Sitz

Zur Anwendung kommen die für die Rückenlage und den Vierfüßlerstand beschriebenen Griffe. Die Ruhigstellung des Schultergürtels wird ermöglicht durch
— Anlegen der Hände an den hinteren Rand des Hockers,
— Fixation an der seitlich befindlichen Stuhllehne,
— Festhalten mit gestreckten Armen an der Sprossenwand.

> *Beachte*
> • Auch in dieser Ausgangsstellung werden Beinbewegungen oder Atemübungen mit den Beckenbewegungen gekoppelt.

Mit den folgenden Übungsbeispielen sollen Bewegungen aufgezeigt werden, bei denen die *gesamte Wirbelsäule* bewegt wird unter Einbeziehung von Arm- und Beinbewegungen. Ausgangsstellung für diese Übungen ist der Sitz oder der Stand (vgl. Gymnastik):
— Lockeres Vor- und Zurückschwingen der Arme — auspendeln;

— Pendelbewegungen langsam wieder vergrößern, Betonung der Rückbewegung bedeutet Betonung der Kyphosierung der Wirbelsäule;
— Vor- und Rückschwingen beider Arme mit betontem Hochschwingen zur Extension der Wirbelsäule;
— Betonung der Vor- und Rückbewegung, d. h. ausgiebige Kyphosierung und Lordosierung der Wirbelsäule;
— Atemübung: Ausatmung — Arme hängen locker nach unten; Einatmung — Anheben eines Armes nach außen oben, Bewegungsbeginn von den Fingerspitzen aus;
— einseitige Armschwünge, bei denen der Kopf der Bewegung folgt, neben und vor dem Körper;
— wechselseitiges Anbeugen der Beine mit gleichzeitiger Totalkyphosierung der Wirbelsäule, Hände umfassen das gebeugte Bein, Aufrichtung mit Hochhalte der Arme, Kopf macht die Bewegung mit!
— wechselseitiges Anbeugen, Nach-vorn-Strecken, Anbeugen und Abstellen der Beine;
— Hände in Nackenhalte. Wechselseitig berühren sich rechtes Knie und linker Ellenbogen und umgekehrt.
Die Übungen können schwunghaft, langsam und geführt oder mit Betonung der Dehnung ausgeführt werden.

Aufgaben

1. Geben Sie einen Überblick über die Bewegungsmöglichkeiten in den verschiedenen Wirbelsäulenabschnitten sowie über die Muskulatur, die für die Bewegungen verantwortlich ist!
2. Zeigen Sie, wie Sie mit einem Patienten die Flexion-Extension der Wirbelsäule in verschiedenen Ausgangsstellungen üben!
3. Die Rotationsbewegung und die Lateralflexion nach rechts sind bei einem Patienten eingeschränkt! Stellen Sie ein Übungsprogramm auf, in das Sie exakte Hinweise für die Durchführung und Steigerung der Übungen einarbeiten!

5.3. PNF für den Rumpf

5.3.1. PNF für den unteren Rumpf

1. Übung — Übung für die Bauchmuskulatur

Bewegung. Flexion mit Rotation des unteren Rumpfabschnittes und der Beine, beim nachfolgenden Beispiel nach *links.*

Ausgangsstellung des Patienten. Rückenlage.
LWS: Lateralflexion nach rechts
Hüftgelenke: Extension, rechtes Bein abduziert und innenrotiert, linkes Bein adduziert und außenrotiert
Kniegelenke: Extension
Fußgelenke: Plantarflexion, rechter Fuß proniert, linker Fuß supiniert
Zehengelenke: Flexion.

Ausgangsstellung des Physiotherapeuten. An der rechten Seite des Patienten im Beinbereich.

Handfassungen

1. Handfassung (Abb. 71)
Körpernahe Hand liegt auf der Dorsalseite beider Füße; körperferne Hand umgreift die Fersen.

2. Handfassung
Körpernahe Hand umgreift die Fersen; körperferne Hand liegt auf der Dorsalseite beider Füße.

3. Handfassung
Körpernahe Hand und der Unterarm liegen an der Dorsalseite der Oberschenkel, um die Schwere abzunehmen, bzw. an der Ventralseite der Oberschenkel als Führungswiderstand; körperferne Hand liegt auf der Dorsalseite beider Füße, oder, wenn die Fußbewegung nicht möglich ist, kann mit dieser Hand um die Fersen gefaßt werden, um die Rotation in der Hüfte zu kontrollieren.
Dieser Griff ist anzuwenden, wenn der Patient Schwierigkeiten hat, die Hüftbewegung einzuleiten.

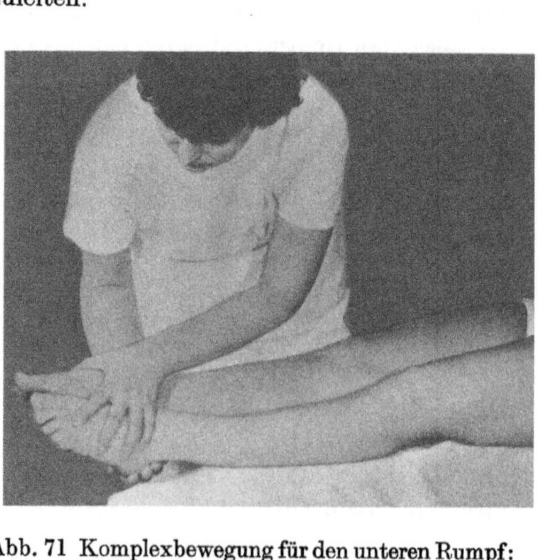

Abb. 71 Komplexbewegung für den unteren Rumpf: 1. Übung; Übung für die Bauchmuskulatur

Muskelaktionsfolge
Die Bewegung erfolgt von distal nach proximal, Beginn an den Zehen, dann Fußgelenke, Hüftgelenke, LWS.
In allen Gelenken — ausgenommen sind die Kniegelenke — wird aus der eingenommenen Ausgangsstellung in die Gegenrichtung bewegt,
wichtigste Muskeln: M. obliquus abdominis externus links, M. obliquus abdominis internus rechts, M. rectus abdominis links, M. quadratus lumborum und Muskeln der unteren Extremitäten.

Kommando
„Zehen und Füße hoch und Fersen heraus! — Knie gerade und hoch und herüber die Beine! — Festhalten! — Weiterziehen!"

> *Beachte*
> • daß im allgemeinen nur ein Führungswiderstand gesetzt werden kann,
> • daß die Kniegelenke extendiert bleiben,
> • den Rotationswiderstand,
> • die entgegengesetzte Ausgangsstellung bei der Extension mit Rotation nach links.

1. Übung — Übung für die Rückenmuskulatur

Gegenbewegung. Extension mit Rotation des unteren Rumpfabschnittes und der Beine, beim nachfolgenden Beispiel nach *rechts.*

Ausgangsstellung des Patienten. Rückenlage
LWS: Lateralflexion nach links
Hüftgelenke: Flexion, rechtes Bein adduziert und außenrotiert, linkes Bein abduziert und innenrotiert
Kniegelenke: Extension
Fußgelenke: Dorsalextension, rechter Fuß supiniert, linker Fuß proniert
Zehengelenke: Extension.

Ausgangsstellung des Physiotherapeuten. An der rechten Seite des Patienten im Beinbereich.

Handfassungen wechseln
1. Handfassung
Körpernahe Hand umgreift die Fersen; körperferne Hand liegt an der Plantarseite beider Füße.

2. Handfassung
Körpernahe Hand: Unterarm und Hand liegen an der Dorsalseite der Oberschenkel; körperferne Hand: umgreift die Fersen.

3. Handfassung
Körpernahe Hand: Unterarm und Hand liegen an der Dorsalseite der Oberschenkel; körperferne Hand: liegt an der Plantarseite beider Füße.

Muskelaktionsfolge
Die Bewegung erfolgt von distal nach proximal, Beginn an den Zehen, dann Fußgelenke, Hüftgelenke, LWS. Die Ausgangsstellung der Übung 1 für die Bauchmuskulatur muß erreicht werden.
wichtigste Muskeln: M. quadratus lumborum rechts, M. sacrospinalis, M. iliocostalis lumborum rechts, M. interspinalis rechts, Mm. intertransversarii lumborum rechts, M. longissimus rechts, M. spinalis dorsi rechts, M. multifidus links, Mm. rotatores links und Muskeln der unteren Extremitäten.

Kommando
„Zehen und Füße herunter und Fersen zu mir! — Die Beine herunterziehen zu mir! Festhalten! — Weiterziehen!"

> *Beachte*
> • daß ein starker Widerstand gegen die Hüftextension gegeben werden kann,
> • beide Kniegelenke müssen extendiert bleiben,
> • den Rotationswiderstand,
> • die entgegengesetzte Ausgangsstellung bei der Flexion mit Rotation nach rechts.

2. Übung — Übung für die Bauchmuskulatur

Bewegung. Flexion mit Rotation des unteren Rumpfabschnittes und der Beine bei gleichzeitiger Knieflexion, beim nachfolgenden Beispiel nach *links.*

Ausgangsstellung des Patienten. Siehe Übung 1 für die Bauchmuskulatur.

Ausgangsstellung des Physiotherapeuten. Siehe Übung 1 für die Bauchmuskulatur.

Handfassung
Siehe Übung 1 für die Bauchmuskulatur.

Muskelaktionsfolge
Die Bewegung verläuft von distal nach proximal, Beginn an den Zehen, dann Fußgelenke, Kniegelenke, Hüftgelenke, LWS. Die Muskelaktionsfolge entspricht der Übung 1, zusätzliche Bewegung ist die Knieflexion.

Kommando
„Zehen und Füße hoch und heraus, Fersen heraus! Knie beugen und hoch und herüber die Beine!
Festhalten! — Weiterbeugen!"

> *Beachte*
> • den zusätzlichen Haltewiderstand gegen die Flexion in den Kniegelenken und den Rotationswiderstand,
> • die entgegengesetzte Ausgangsstellung beim Üben der gegenseitigen Bauchmuskeln.

2. Übung — Übung für die Rückenmuskulatur

Gegenbewegung. Extension mit Rotation des unteren Rumpfabschnittes und der Beine bei gleichzeitiger Knieextension, beim nachfolgenden Beispiel nach rechts.

Ausgangsstellung des Patienten. Siehe Übung 1 für die Rückenmuskulatur.
Kniegelenke: Flexion.

Ausgangsstellung des Physiotherapeuten. Siehe Übung 1 für die Rückenmuskulatur.

Handfassung
Siehe Übung 1 für die Rückenmuskulatur (Abb. 72).

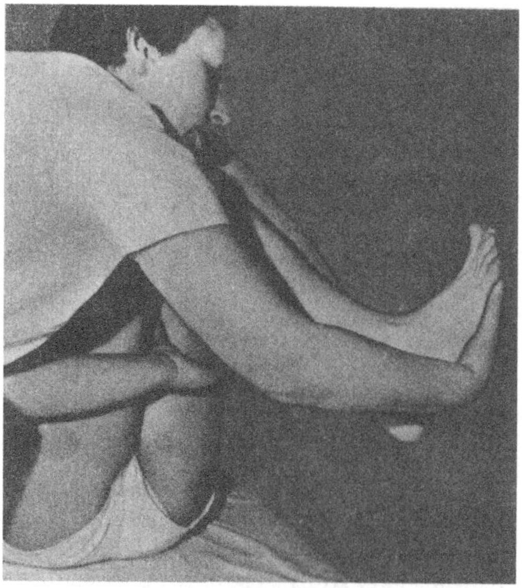

Abb. 72 Komplexbewegung für den unteren Rumpf: 2. Übung; Übung für die Rückenmuskulatur

Muskelaktionsfolge
Die Bewegung erfolgt von distal nach proximal, Beginn an den Zehen, dann Fußgelenke, Kniegelenke, Hüftgelenke, LWS.
Die Muskelaktionsfolge entspricht der Übung 1, zusätzliche Bewegung ist die Knieextension

Kommando
„Zehen und Füße herunter und Fersen zu mir! — Knie strecken und die Beine zu mir herunterstoßen!
Festhalten! — Weiterstoßen!"

> *Beachte*
> • daß der Haltewiderstand nicht zu früh, sondern erst kurz vor der vollen Extension in Hüft- und Kniegelenken zu geben ist,
> • den Rotationswiderstand,
> • die entgegengesetzte Ausgangsstellung bei der Extension mit Rotation nach links.

3. Übung — Übung für die Bauchmuskulatur

Bewegung. Flexion mit Rotation des unteren Rumpfabschnittes und der Beine bei gleichzeitiger Knieextension, beim nachfolgenden Beispiel nach *links.*

Ausgangsstellung des Patienten. Siehe Übung 1 für die Bauchmuskulatur.
Kniegelenke: Flexion über 90° seitlich am Bankrand oder am Bankende.
Ausgangsstellung des Physiotherapeuten. Siehe Übung 1 für die Bauchmuskulatur.

Handfassung
Siehe Übung 1 für die Bauchmuskulatur.
Muskelaktionsfolge
Entspricht der Übung 1, zusätzliche Bewegung ist die Knieextension.

Kommando
„Zehen und Füße hoch und heraus, Fersen weg von mir! Knie strecken und die Beine hoch und herüber!
Festhalten! — Weiterziehen!"

> *Beachte*
> • daß diese Übung nur bei guter Arbeit des M. quadriceps femoris beider Beine anzuwenden ist,
> • die Ausgangsstellung beim Üben der gegenseitigen Bauchmuskeln!

3. Übung — Übung für die Rückenmuskulatur

Gegenbewegung. Extension mit Rotation des unteren Rumpfabschnittes und der Beine bei gleichzeitiger Knieflexion, beim nachfolgenden Beispiel nach *rechts*.

Ausgangsstellung des Patienten. Siehe Übung 1 für die Rückenmuskulatur.

Ausgangsstellung des Physiotherapeuten. Siehe Übung 1 für die Rückenmuskulatur.

Handfassung
Siehe Übung 1 für die Rückenmuskulatur.

Muskelaktionsfolge
Entspricht der Übung 1, zusätzliche Bewegung ist die Knieflexion.

Kommando
„Zehen und Füße herunter, Fersen zu mir! Beugen die Knie und die Beine herunter! Festhalten! — Weiterbeugen und Weiterziehen!"

> *Beachte*
> - daß der Haltewiderstand erst kurz vor der vollen Extension in den Hüftgelenken und Flexion in den Kniegelenken gegeben wird,
> - den Rotationswiderstand,
> - die Ausgangsstellung beim Üben der gegenseitigen Rückenmuskeln!

5.3.2. PNF für den oberen Rumpf

1. Übung — Übung für die Bauchmuskulatur

Bewegung. Flexion mit Rotation des oberen Rumpfabschnittes und Kopfes bei gleichzeitiger Armbewegung, beim nachfolgenden Beispiel nach *rechts*.

Ausgangsstellung des Patienten. Rückenlage, Beine extendiert und adduziert.
HWS und Kopf: Extension, Rotation und Lateralflexion nach links.
BWS (Oberkörper): Extension, Rotation nach links.
Arme: *rechter Arm* (dem Beispiel entsprechend) in der Endstellung der 1. Übung 1. Diagonale (vgl. 4.3.1.).
linker Arm: Linke Hand umfaßt den distalen Abschnitt des rechten Unterarmes.

Ausgangsstellung des Physiotherapeuten. An der rechten Seite des Patienten im Oberkörperbereich.

Handfassung
Rechte Hand umgreift die dorsale Seite der rechten Hand des Patienten; linke Hand liegt im Schalengriff auf Schläfe und Stirn des Patienten (Abb. 73).

Muskelaktionsfolge
Die Bewegung verläuft von distal nach proximal: Finger und Hand des Übungsarmes werden extendiert, Unterarm wird proniert, beide Arme werden zur rechten Hüfte bewegt (beachte dabei die notwendige Rotation im Schultergelenk!). Gleichzeitig wird der Kopf nach rechts rotiert, die HWS nach rechts flektiert und der Kopf von der Unterlage abgehoben (Kinn in Richtung rechte Hüfte drücken!).
Wichtigste Muskeln: M. sternocleidomastoideus rechts, M. obliquus abdominis externus links, M. obliquus abdominis internus rechts, M. rectus abdominis rechts, M. quadratus lumborum rechts.

Kommando
„Kopf drehen! — Oberkörper hoch und herüber zur rechten Hüfte! Festhalten! — Weiterziehen!"

> *Beachte*
> - die Ausgangsstellung! Bei der Flexion und Rotation nach links ist der linke Arm der Übungsarm, und der Behandler steht auf der linken Seite der Behandlungsbank.
> - die Flexion und Rotation in der HWS,
> - die Mitarbeit der beiden oberen Extremitäten,
> - den Rotationswiderstand.

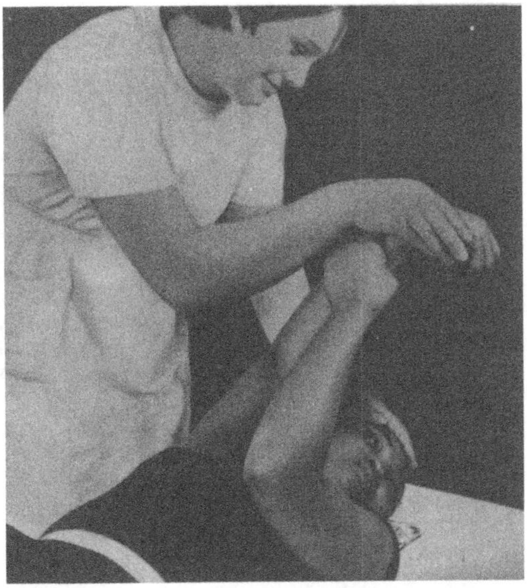

Abb. 73 Komplexbewegung für den oberen Rumpf: 1. Übung; Übung für die Bauchmuskulatur

1. Übung — Übung für die Rückenmuskulatur

Gegenbewegung. Extension mit Rotation des oberen Rumpfabschnittes und Kopfes bei gleichzeitiger Armbewegung, beim nachfolgenden Beispiel nach *links*.

Ausgangsstellung des Patienten. Rückenlage, Beine gestreckt und geschlossen.
HWS und Kopf: Flexion, Rotation und Lateralflexion nach rechts.
BWS (Oberkörper): Flexion, Rotation nach rechts.
Arme: *linker Arm* (dem Beispiel entsprechend) in der Ausgangsstellung der 1. Übung der 2. Diagonale (vgl. 4.3.2.).
rechter Arm: Rechte Hand umfaßt den distalen Abschnitt des linken Unterarmes.

Ausgangsstellung des Physiotherapeuten. Seitlich am Kopfende, rechts.

Handfassung
Linke Hand umgreift die Dorsalseite der linken Hand des Patienten;
rechte Hand liegt im Schalengriff am Hinterkopf des Patienten (Abb. 74).

Muskelaktionsfolge
Die Bewegung verläuft von distal nach proximal: Finger und Hand des Übungsarmes werden extendiert, Unterarm wird supiniert, beide Arme werden nach links oben hinten geführt. Gleichzeitig werden HWS und Kopf extendiert, nach links rotiert (mit einem Herausschieben des Kinns!) und nach links lateralflektiert.
Wichtigste Muskeln: M. trapezius beidseitig, M. transversooccipitalis links, M. longissimus capitis beidseitig, M. longissimus cervicis beidseitig, M. spinalis links, M. longissimus links, M. iliocostalis dorsi und lumborum links, Mm. intertransversarii cervicis links, M. serratus posterior superior links, M. semispinalis rechts M. multifidus rechts, M. serratus posterior superior rechts, M. transversus abdominis rechts

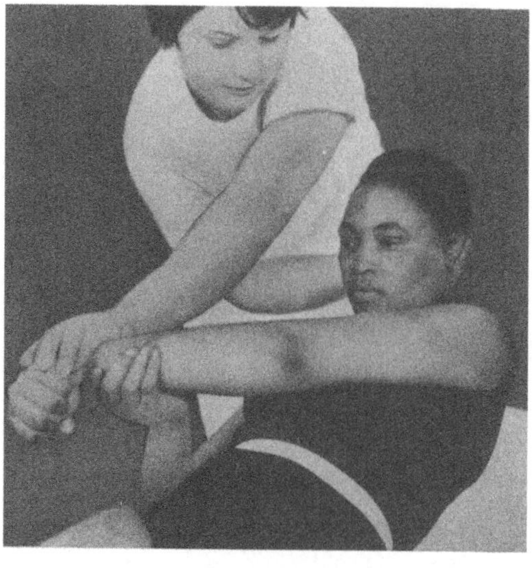

Abb. 74 Komplexbewegung für den oberen Rumpf: 2. Übung; Übung für die Rückenmuskulatur

Kommando
„Kopf drehen! — Arme hoch und zurück und herüberkommen! — Kinn heraus! — Kopf zurück! — Rücken strecken!
Festhalten! — Weiterstrecken!"

Beachte
- die Ausgangsstellung! Bei der Extension und Rotation des Rumpfes nach rechts steht der Physiotherapeut am linken Kopfende der Massagebank,
- die Extension und Rotation der HWS! Blick folgt den Händen,
- die Mitarbeit der beiden oberen Extremitäten,
- den Rotationswiderstand.

5.3.3. PNF für den Kopf und für den Hals

1. Übung — Übung für die ventrale Halsmuskulatur

Bewegung. Flexion mit Rotation und Lateralflexion des Kopfes und der HWS, beim nachfolgenden Beispiel nach *rechts*.

Ausgangsstellung des Patienten. Rückenlage (Kopf über das Bankende!) oder Sitz.
HWS und Kopf: Extension, Rotation und Lateralflexion nach links.

Ausgangsstellung des Physiotherapeuten. Hinter dem Kopf des Patienten.

Handfassung
Rechte Hand auf der rechten Wange des Patienten. Kinn zwischen dem 2. und 3. Finger des Behandlers; linke Hand am Hinterkopf des Patienten (Abb. 75).

Muskelaktionsfolge
Der Kopf wird bei gleichzeitiger Extension durch den Physiotherapeuten nach rechts rotiert, das Kinn wird „heruntergedrückt" und

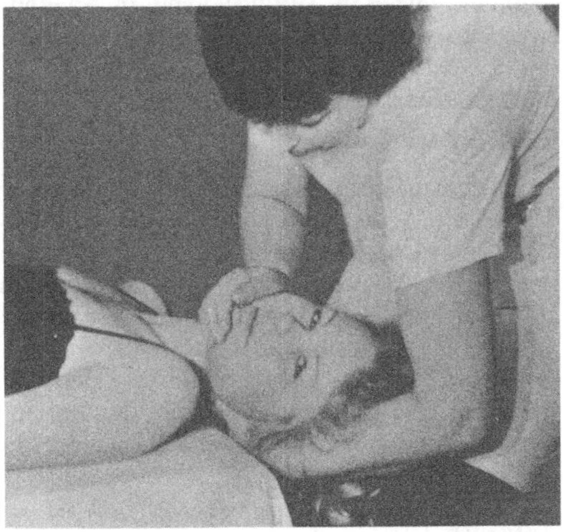

Abb. 75 Komplexbewegung für den Kopf und für den Hals
1. Übung: Übung für die ventrale Halsmuskulatur

nähert sich der rechten Clavicula. Wichtigste Muskeln: M. sternocleidomastoideus rechts, M. rectus capitis lateralis links, M. rectus capitis ventralis rechts, M. longus capitis rechts, Mm. scaleni beidseitig.

Anmerkung. Der M. sternocleidomastoideus ist der vielseitigste Halsmuskel. Beide Muskeln spannen sich bei einer Flexion nach rechts oder links an. Wird die Flexion des Halses nach rechts ausgeführt, so kontrahiert sich der rechte Muskel zuerst. Nähert sich der Kopf der Mittellinie des Körpers, spannt sich auch der linke Muskel an, um dann in der Endphase der Bewegung die Hauptarbeit zu übernehmen.

Kommando
„Kopf drehen! — Kinn herunter und nach rechts beugen! Festhalten! — Weiterziehen!"

> *Beachte*
> • das Üben unter leichter manueller Extension,
> • die Diagonalbewegung,
> • bei der Flexionsbewegung mit Rotation nach links den entgegengesetzten Griff.

1. Übung — Übung für die dorsale Halsmuskulatur

Gegenbewegung. Extension mit Rotation und Lateralflexion des Kopfes und der HWS, beim nachfolgenden Beispiel nach *links.*

Ausgangsstellung des Patienten. Rückenlage (Kopf über das Bankende!) oder Sitz.
HWS und Kopf: Flexion, Rotation und Lateralflexion nach rechts.

Ausgangsstellung des Physiotherapeuten. Hinter dem Kopf des Patienten.

Handfassung
Linke Hand umgreift das Kinn des Patienten; rechte Hand am Hinterkopf des Patienten.

Muskelaktionsfolge
Der Kopf wird bei gleichzeitiger Extension durch den Physiotherapeuten nach links rotiert, die gesamte HWS wird extendiert, nach links rotiert und nach links lateralflektiert.
Wichtigste Muskeln: M. obliquus atlantis links, M. obliquus capitis beidseitig, M. splenius capitis beidseitig, M. longissimus capitis beidseitig, M. transversooccipitalis beidseitig, M. trapezius beidseitig, M. longissimus cervicis beidseitig.

Kommando
„Kinn hoch und heraus! — Kopf nach links drehen und zurück!! Festhalten! — Weiter zurück!"

> *Beachte*
> • das Üben unter leichter manueller Extension,
> • die Diagonale,
> • bei Extensionsbewegung mit Rotation nach rechts entgegengesetzter Griff.

Aufgaben

1. Sie sollen bei einem Patienten die geraden und die schrägen Bauchmuskeln schulen. Wählen Sie die geeigneten Übungen aus, erläutern Sie, in welcher Bewegungsphase die genannten Muskeln arbeiten und demonstrieren Sie diese Übungen!
2. Demonstrieren Sie die Übungen zur Schulung der oberen Rumpfmuskulatur!
3. Erläutern Sie den Bewegungsablauf der Kopfbewegungen sowie die anzuwendende Grifftechnik für einen Patienten mit rechtsseitiger Halsmuskelschwäche!

5.4. Isometrische Spannungsübungen für die Rumpfmuskulatur

Ausgangsstellung für alle aufgeführten Beispiele ist die Rückenlage.

Übungen für die ventrale Rumpfmuskulatur

— Anheben des Kopfes gegen einen gedachten oder realen Widerstand ohne Bewegungserfolg (Bewegungsrichtung „Kinn auf die Brust“); Beanspruchung der geraden Bauchmuskeln.

— Anheben des Kopfes mit gleichzeitiger Rotation nach rechts oder links gegen einen gedachten oder realen Widerstand ohne Bewegungserfolg; Beanspruchung der schrägen Bauchmuskeln.

— Spannung der Bauchmuskulatur durch Beckenaufrichtung; z. B. „Kreuz“ auf die Unterlage drücken oder Beine in Richtung Hüftflexion spannen lassen (beachte dabei aber die starke Anspannung des M. iliopsoas). Weitere Beispiele und Variationsmöglichkeiten sind der Gymnastik zu entnehmen.

Übungen für die dorsale Rumpfmuskulatur

— Kopf gegen die Unterlage oder den Widerstand des Physiotherapeuten nach unten drücken.

— Hände, Arme und Schultergürtel auf die Unterlage drücken (Schulterblätter nähern sich der Wirbelsäule).

— Siehe vorherige Übung; Arme in Nackenhalte, Ellenbogen auf die Unterlage drücken.

Übungen für die Bauch- und Rückenmuskulatur

— Patient hält seine Arme in Nackenhalte, er drückt die Arme nach kaudal gegen den Widerstand des Physiotherapeuten. (Hierbei werden der M. pectoralis major, der M. teres major, der M. latissimus dorsi und der untere Teil des M. trapezius geschult.)

— Der Physiotherapeut versucht, den gestreckten und gespannten Körper des Patienten aus der Rückenlage in die Bauchlage zu drehen.

Aufgaben

1. Ermitteln Sie die Muskeln, die bei den Übungen für die dorsale Rumpfmuskulatur besonders angesprochen werden!
2. Demonstrieren Sie, wie Sie durch Handfassung und Kommando dem Patienten die Ausführung der Spannungsübungen für den Rumpf erleichtern können!
3. Erarbeiten Sie Übungsbeispiele für die Rumpfmuskelspannung aus den Ausgangsstellungen Seitlage, Rückenlage und Sitz!

6. Entwicklungsbedingte Ubungsfolgen

Innerhalb der ontogenetischen Entwicklung lassen sich bestimmte Gesetzmäßigkeiten feststellen, die in der Theorie der Körpererziehung erläutert wurden (vgl. besonders 3.9.). Sie müssen bei der Planung und Durchführung der Behandlung berücksichtigt werden.
In den folgenden Übungsbeispielen werden einige dieser Prinzipien erläutert.

6.1. Ubungen im Liegen

Es sollte auf einer Bodenmatte geübt werden. Nur wenn das nicht möglich ist, werden die Übungen im Bett vorgenommen, wobei auf eine feste Unterlage zu achten ist.

Übungsbeispiele

— Drehung in die Seitlage, Bewegungseinleitung durch Kopfrotation, Arm- und Beinbewegungen schließen sich an. Der einleitende Bewegungsimpuls durch den Physiotherapeuten wird am Kopf gegeben. Folgende Bewegungsformen sind dabei möglich: passiv, passiv-aktiv, aktiv, aktiv gegen Widerstand.

— Stabilisation der erreichten Stellung — Seitlage —. Der Physiotherapeut „tippt" den Patienten an verschiedenen Körperstellen, Kopf, Arme, Schultergürtel und Becken, Beine bzw. Gesäß, an; der Patient muß gegen diese Bewegungen festhalten. Der Wechsel erfolgt relativ rasch, der Patient darf den nächsten Angriffspunkt nicht wissen, um die Reaktionsfähigkeit zu schulen.

— Der Physiotherapeut versucht, den Patienten in eine bestimmte Bewegung zu drücken. Der Patient verhindert diese Bewegung, die Kraft des Patienten und des Physiotherapeuten entsprechen sich.

— Der Patient führt eine Bewegung gegen den Widerstand des Physiotherapeuten durch, z. B. Kopf vor- oder zurückführen. Schulter vor- oder zurückführen, Beine beugen oder strecken. Alle Bewegungen können auch miteinander kombiniert werden.

— Der Patient erhält einen Bewegungsauftrag. Der Widerstand des Physiotherapeuten ist aber so groß, daß der Patient in die Gegenrichtung gedrückt wird.

> *Beachte*
> • Durch die Verkleinerung der Unterstützungsfläche — gestreckte Beine, gestreckt am Körper angelegte Arme — kann der Schwierigkeitsgrad der Übung erhöht werden.

Weitere Veränderungen sind
— Bewegungen aus der Seit- in die Bauchlage (auch dort Stabilisationsmöglichkeiten, vgl. oben) oder
— aus der Rücken- in die Bauchlage oder
— aus der Bauch- in die Rückenlage oder
— aus der Seit- in die Rückenlage.

> *Beachte*
> • daß der einleitende Impuls nicht in jedem Fall vom Kopf her erfolgt. Er kann an der oberen oder unteren Extremität einsetzen, wobei eine entsprechende Reizsetzung erfolgen kann.
> • daß in den genannten Ausgangsstellungen Bewegungen mit verschiedener Zielsetzung möglich sind, wie z. B. Gleichgewichts-, Kräftigungs- und Koordinationsübungen sowie Bewegungen, die zur Ortsveränderung führen.

Aufgabe
Stellen Sie die Übungsfolgen zusammen, bei denen das Prinzip
der Gleichgewichtsschulung oder
der Kräftigung oder
der Koordinationsschulung oder
der Ortsveränderung
besonders berücksichtigt wird!

6.2. Ubungen im Vierfüßlerstand

In der motorischen Ontogenese folgt dem Liegen der Vierfüßlerstand als Übergang zur auf-

rechten Körperhaltung. Für diese Ausgangsstellung sollte der Patient das Bett verlassen können und die Bodenmatte benutzen.
Am Anfang wird die Ausgangsstellung Vierfüßlerstand stabilisiert (vgl. Übungsbeispiele im Liegen). Es folgen Gleichgewichts-, Kräftigungs-, Koordinationsübungen sowie Übungen, die zur Ortsveränderung führen.
Diese Ausgangsstellung eignet sich besonders für mobilisierende Übungen der Wirbelsäule, die durch Arm- und Beinbewegungen unterstützt werden können. Die folgende Übungsauswahl ist als Beispiel aufzufassen:

— Wechsel zwischen Lordosierung und Kyphosierung der Wirbelsäule;

— Arme im Wechsel nach vorn, Beine im Wechsel nach hinten strecken;

— rechten Arm und linkes Bein — und umgekehrt — wegstrecken;

— nach hinten auf die Fersen setzen;

— seitliches Beckenverschieben;

— mit dem Gesäß rechts und links neben die Unterschenkel setzen;

— nach hinten auf die Fersen setzen und vor zum Liegestütz.

In Abwandlung des Vierfüßlerstandes können auch Übungen in der *Rutschstellung* durchgeführt werden:

— nach vorn gestreckte Arme im Wechsel abheben,

— Arme im Halbkreis nach hinten und vorn führen,

— wechselseitiges Herausschieben der Arme nach vorn,

— Beine im Wechsel nach hinten strecken,

— Arm- und Beinbewegungen kombinieren.

Die Ausgangsstellungen Vierfüßlerstand und Rutschstellung werden für die Klappschen Kriechübungen eingesetzt, die im Rahmen des Fachunterrichts für Orthopädie erläutert werden.

Aufgabe

Stellen Sie eine Übungssammlung zusammen, bei der die Flexions-Extensions-Bewegung der Wirbelsäule, die Rotationsbewegung der Wirbelsäule, die Lateralflexionsbewegung der Wirbelsäule im Vordergrund stehen. Ziel der Übungen ist die Mobilisation der Wirbelsäule. Legen Sie besonderen Wert auf eine exakte Steigerung!

6.3. Übungen im Sitz

Die Benutzung eines Hockers oder eines Stuhles ist dem Sitz auf dem Bettrand unbedingt vorzuziehen! In dieser Ausgangsstellung werden Stabilisations-, Gleichgewichts-, Kräftigungs-, Schwung- sowie Mobilisationsübungen durchgeführt.

Übungsbeispiele

— Stabilisationsübungen (vgl. Übungsbeispiele im Liegen 6.1.).

— Fußbelastungspunkte am Erdboden fest aufsetzen, erspüren, Streckimpuls zur Wirbelsäulenstreckung ausnutzen.

— Aufrichteübung, Streckung der gesamten Wirbelsäule, vom Hinterhaupt her aufrichten, Schultern nach hinten unten ziehen, Rumpfmuskulatur anspannen! Verschiedene Armhaltungen.

— Kopfbewegungen in allen Richtungen.

— Mobilisation der Wirbelsäule bzw. Schulung des Gleichgewichtes durch Armbewegungen, z. B. seitliches Anheben, Vor- und Zurückführen der Arme neben dem Körper, Kopf folgt der Bewegung, durch Beinbewegungen, z. B. wechselseitiges Anbeugen der Beine an den Rumpf mit anschließendem Strecken nach vorn, durch kombinierte Bewegungen in allen Wirbelsäulenabschnitten, z. B. Drehbeuge.

In verschiedenen medizinischen Fachbereichen findet die sog. *Hockergymnastik* Anwendung. Unter der Hockergymnastik sind Übungen im Sitz auf dem Hocker zu verstehen, bei denen immer die Grundbewegung — Kippen und Aufrichten des Beckens — ausgeführt wird. Diese Grundbewegung wird in der Steigerung durch Bewegungen der gesamten Wirbelsäule und der Extremitäten erweitert.
Eine schwunghafte und schnelle Übungsausführung dominiert z. B. in der Gynäkologie zur Verbesserung der Durchblutung der Organe des kleinen Beckens. Langsameres Übungstempo mit bewußter Muskelführung kann zur Kräftigung und vorsichtigen Beweglichkeitsverbesserung eingesetzt werden, z. B. bei der Behandlung von Bandscheibenschäden. Spezielle Hinweise erfolgen im jeweiligen Fachunterricht!

Aufgaben

1. Ein Patient soll auf das Aufstehen vorbereitet werden:

Welche Übungskomplexe müssen Sie für diesen Patienten planen?
Ordnen Sie den Komplexen entsprechende Übungen zu und demonstrieren Sie Ihre Behandlung!

2. Demonstrieren Sie eine schwunghaft ausgeführte Gymnastik für die Wirbelsäule im Sitz auf dem Hocker!
Wählen Sie Übungen, die durch Extremitätenbewegungen die Bewegungen in der Wirbelsäule intensivieren.

6.4. Übungen im Stand und in der Fortbewegung

6.4.1. Übungen im Stand

In dieser Ausgangsstellung stehen die Schulung der Standsicherheit, des Gleichgewichtes und der Aufbau der aufrechten Körperhaltung im Vordergrund. Zu erreichen sind diese Ziele durch stabilisierende, gleichgewichtsschulende, kräftigende und mobilisierende Übungen.

Übungsbeispiele

— Stabilisation des Standes (vgl. Übungsbeispiele im Liegen 6.1.), dabei kann der Stand mit verschieden großer Unterstützungsfläche ausgeführt werden sowie mit Hilfestellung (körperfremde Hilfsmittel oder Physiotherapeut) oder ohne Hilfestellung.

— Gleichgewichtsschulung durch Veränderung der Unterstützungsfläche und asymmetrische Belastung von der oberen Extremität her.

— Kräftigung der unteren Extremitäten durch variable Belastung der Füße bzw. Beine, zur Objektivierung auf 2 Waagen auszuführen.

— Schulung der aufrechten Körperhaltung
Fußstellung parallel, Körpergewicht liegt über dem Mittelfuß,
Ferse, Großzehen- und Kleinzehenballen stehen auf,
Knie- und Hüftgelenke gestreckt,
Becken aufgerichtet—Mittelkörperspannung,
Rumpf und Kopf aufgerichtet,
Schultergürtel nach unten gezogen, gleichzeitig aber lockeres Pendeln und Schwingen der Arme (Vorbereitung zum Gang).

6.4.2. Übungen in der Fortbewegung

Es ist zu unterscheiden zwischen der Gangschulung mit und der ohne Hilfestellung.

Gangschulung mit Hilfestellung

Bei eingeschränkter Kraft oder Belastbarkeit müssen Unterstützungsmittel eingesetzt werden. Dafür sind in der Vorbereitung Schultergürtel- und Armmuskulatur zu kräftigen (Stabilisationsübungen auch in der Fortbewegung). Als Unterstützungsmittel sind zu verwenden:
— Gehbänkchen, Laufrad oder Gehbarren
— Achselstützen
— Unterarmstützen
— Stöcke.

Übernehmen ein oder zwei Behandler die Unterstützung, so kann selbstverständlich die bestehende Schwäche des Patienten besser eingeschätzt werden.
Die Wahl der Unterstützungsmittel richtet sich nach dem Schweregrad der Schädigung.
Der Gehbarren bietet die größte Sicherheit, das Laufrad ermöglicht einen normalen Gang, und der Patient benötigt keine übermäßige Armkraft.
Das Gehbänkchen dagegen erfordert Armkraft zum Vorsetzen des Bänkchens, dem dann ein Schritt folgt. Dabei wird das Gangbild meist unrhythmisch.
So schnell es geht, sollten Unterarmstützen oder Stöcke verwendet werden. Der Patient sollte festes Schuhwerk anziehen! Wesentlich für ein gutes Gangbild mit Stützen ist die Griffhöhe, welche die richtige Länge der Stützen oder der Stöcke anzeigt. Die Griffe befinden sich etwa in Höhe des Handgelenkes des herabhängenden Armes.

Beispiel
Gang mit 2 Stöcken oder Stützen für einen Patienten mit nur einem funktionstüchtigen Bein.
Die Stützen stehen vor den Beinen, damit das Körpergewicht nach vorn verlagert ist. Folgende Gangarten sind zu unterscheiden.
Dreitaktgang. Stützen vor, krankes Bein zwichen die Stützen stellen (immer zuerst das kranke Bein), gesundes Bein daneben setzen. Stützen sofort wieder nach vorn zur Sicherheit.
Stützen vor, krankes Bein in Höhe der Stützen, gesundes Bein vor das andere setzen; Stützen vor.

Zweitaktgang. Stützen und krankes Bein gleichzeitig nach vorn, gesundes Bein vor das andere setzen.
In der Steigerung wird dann zuerst das gesunde Bein nach vorn gesetzt, um das kranke Bein als Standbein verstärkt zu belasten. Wird diese Belastung gut vertragen, so wird die Gangschule nur noch mit einer einseitigen Unterstützung durchgeführt. Die Unterstützung ist immer an der gesunden Seite zu geben, da es beim Abstützen auf der kranken Seite zum Paßgang kommt!

> *Beachte*
> - daß ein exaktes Kommando unerläßlich ist!

In der Steigerung wird das Treppensteigen geübt. Zunächst sichert sich der Patient mit der einen Hand am Geländer und hält in der anderen Hand das Unterstützungsmittel. Steigt der Patient
- aufwärts, so setzt er zuerst das gesunde Bein auf die obere Stufe und zieht dann das kranke Bein und die Stütze nach;
- abwärts, so werden krankes Bein und Stütze zuerst auf die untere Stufe gesetzt, und das gesunde Bein wird nachgestellt.

Gangschulung ohne Unterstützungsmittel im Raum

Diese Gangübungen beginnen nach Möglichkeit ohne Schuhwerk auf einem Teppich in einem Gymnastikraum, um die Funktionstüchtigkeit der Füße richtig beurteilen und schulen zu können. Eventuell muß anfangs eine Hilfestellung durch den Physiotherapeuten gegeben werden. Ein stimulierendes Kommando ist wichtig. Das gesprochene Kommando kann durch Musik, Tamburinschläge oder ähnliches unterstützt oder ersetzt werden. Mit dieser Gangschule sollen eine Rhythmisierung des Gangbildes, eine Kräftigung der aufrichtenden Muskulatur, eine Gleichgewichtsschulung sowie eine Reaktionsschulung erzielt werden. Besonderer Wert ist auf die richtige Abrollbewegung der Füße zu legen.

Übungsbeispiele
— Stabilisierende Übungen können während des Ganges vom Kopf, Schultergürtel oder Becken her angesetzt werden. Die Übungselemente der Komplexbewegungen (speziell die Rotationskomponente) finden hierbei Berücksichtigung;
— Gehen im eigenen Tempo;
— schnelle oder langsame kleine und große Schritte;
— Gehen mit Tempowechsel;
— Gehen auf einer vorgezeichneten Linie;
— Gehen mit plötzlichem Richtungswechsel;
— Kurven gehen, evtl. um aufgestellte Geräte;
— schneller Wechsel zwischen Vorwärts- und Rückwärtsgang;
— Seitwärtsgang, Kreuzgang — Überkreuzen vorn, hinten oder im fortlaufenden Wechsel;
— Übersteigen von Hindernissen u. a. m.

Gangschulung ohne Unterstützung im Freien

Bei dieser Schulung übt der Patient mit Schuhwerk im Freien auf unebenem Boden. Der Patient muß lernen, sich den Gegebenheiten des Bodens, wie z. B. unebenem Pflaster und wechselnden Steigungen, anzupassen.
Spezielle Hinweise zur Durchführung der Gangschule werden bei der Behandlung einzelner Krankheitsbilder im entsprechenden Fachunterricht gegeben.

> *Beachte*
> - daß die ersten Gehversuche eines Patienten nicht korrigiert werden, bis der Patient eine gewisse Sicherheit erworben hat. Dann sind zunächst die Hauptfehler und in der Folge die untergeordneten Felder in Zusammenarbeit mit dem Patienten zu beseitigen.
> - daß der einleitende Impuls nicht in jedem Fall vom Kopf her erfolgt. Er kann ebenso von der oberen oder unteren Extremität ausgehen, wobei eine entsprechende Reizsetzung gegeben werden kann.

Aufgaben

1. Charakterisieren Sie den Bewegungsablauf beim physiologischen Gang!
2. Beschreiben Sie die Durchführung einer Gangschule mit 2 Stöcken in der Steigerung!
3. Stellen Sie eine Übungssammlung im Stand und in der Fortbewegung für einen Patienten mit Gleichgewichtsstörungen zusammen!

7. Kontrakturbehandlung

Die Behandlung muskulärer Kontrakturen (Zwangsstellung von Gelenken nach Weichteilschrumpfung, hier speziell der Muskulatur), die sich z. B. nach Traumen bzw. nach längerer Ruhigstellung herausgebildet haben, erfolgt nach folgenden Grundsätzen:

- Als vorbereitende Maßnahmen auf die gezielten Bewegungsübungen werden z. B. eine Behandlung mit Eis oder auch Paraffinaufstreichungen durchgeführt, um das Gewebe dehnfähig zu gestalten. Gezielte Dehnlagerungen sind als Vorbereitung ebenfalls zu empfehlen.
- Die spezifische Bewegungsbehandlung folgt den Prinzipien der Kontrakturbehandlung nach Kabat, mit komplexen oder achsengerechten Bewegungsübungen.

Der Patient wird aufgefordert, aktiv (auch gegen Widerstand) bis zur Bewegungsgrenze zu bewegen. Ist diese Grenze erreicht, so wird die kontrakte Muskulatur maximal angespannt. Dieser Anspannung folgt das Kommando: „Lockerlassen!" für die kontrakte Muskulatur und das sich sofort anschließende Weiterbewegen durch die antagonistischen Muskeln.

Am Beispiel des M. triceps brachii soll der Vorgang verdeutlicht werden. Der kontrakte Muskel verhindert eine vollständige Beugung im Ellenbogengelenk. Der Patient wird aufgefordert, den Unterarm zu beugen, so weit, wie es der kontrakte Muskel zuläßt. Anschließend erfolgt das Kommando: „Strecken des Unterarmes!". Durch einen entsprechend großen Widerstand des Physiotherapeuten wird eine Streckbewegung verhindert, es handelt sich also um isometrische Muskelarbeit. Nun wird der Auftrag zum „Lockerlassen" gegeben, dem sich sofort das Kommando zur erneuten Beugung — aktive Bewegung! — im Ellenbogengelenk anschließt.

Der erläuterte Übungsablauf muß mehrfach wiederholt werden, da nur auf diese Weise eine Vergrößerung des Bewegungsausschlages erreicht werden kann. Neben achsengerechten Bewegungsübungen werden in diesem Rahmen Komplexbewegungen mit besonders gutem Erfolg eingesetzt, da durch die periphere Bewegungseinleitung die reziproke Innervation der gesamten Muskelkette der funktionellen Einheit ausgenutzt wird.

Für das obengenannte Beispiel wären folgende Komplexbewegungen auszuwählen:

Besonders zu empfehlen ist die Grundbewegung der 2. Übung der 1. Diagonale; außerdem sind möglich die Gegenbewegung der 3. Übung der 1. Diagonale, die Grundbewegung der 2. Übung der 2. Diagonale sowie die Gegenbewegung der 3. Übung der 2. Diagonale.

Dieses am Beispiel des M. triceps brachii erklärte Prinzip ist entsprechend auf andere Muskeln zu übertragen.

Die Erfahrungen der Praxis zeigen, daß bei vielen Patienten eine andere Verfahrensweise Anwendung finden muß. Die *Technik der postisometrischen Relaxation*, die von Levit beschrieben wurde, wird nachfolgend aufgezeigt. Der aktiven Bewegung bis an die Bewegungsgrenze folgt eine isometrische Anspannung der kontrakten Muskulatur gegen Minimalwiderstand (etwa 10—20 g) über etwa 10 bis 15 s, der sich eine Entspannung von etwa 20—30 s anschließt. In der Entspannungsphase dehnt der Physiotherapeut die kontrakte Muskulatur so lange sanft nach, bis er einen Widerstand gegen die Dehnung spürt. Mehrfache Wiederholungen (etwa 5×) dieser Technik führen zu einer Vergrößerung des Bewegungsausschlages durch Nachgeben der kontrakten Muskulatur. Im erreichten Bewegungsraum muß aktiv bewegt werden, um einer erneuten Verkürzung der Muskulatur vorzubeugen. Diese kann sich durch die Gewohnheitshaltung, die vom Patienten eingenommen wird, rasch wieder entwickeln. Die Entscheidung darüber, welche der Behandlungsmethoden Einsatz findet, hängt von den Reaktionen der Patienten ab.

Mit den beiden beschriebenen Formen wird z. Z. in der Praxis gearbeitet.

Unter bestimmten Umständen, z. B. wenn die Antagonisten der kontrakten Muskeln stark geschwächt sind, kann die Kontrakturbehandlung durch andere Formen der Übungsbehandlung ergänzt werden:

— *Aktive Bewegungsübungen* für die Antagonisten der kontrakten Muskulatur ohne und mit Widerstandssetzung werden bis zur Bewegungsgrenze mit anfeuerndem Kommando (!) ausgeführt. Mit ihnen kann u. U. vor allem durch Widerstandsarbeit auch eine *geringfügige Dehnung* der kontrakten Muskeln erzielt werden. Außerdem dienen diese Übungen der *Kräftigung* der Antagonisten der kontrakten Muskulatur, die im Laufe der Zeit eine Tonusreduzierung erfahren hat. Nur mit Hilfe einer kräftigen antagonistischen Muskulatur kann eine Erweiterung des Bewegungsradius, die durch die Kontrakturbehandlung erzielt wurde, auch erhalten werden. So lassen sich achsengerechte und komplexe Bewegungsübungen auch unter diesem Aspekt einsetzen.

— *Passive Bewegungsübungen* können zur „Schmeidigung" des Gewebes eingesetzt werden. Vor einem passiven Nachdrücken an der Bewegungsgrenze zur Dehnung der kontrakten Muskulatur muß gewarnt werden. Da die Dehnung meist schmerzhaft ist, kommt es zur zusätzlichen Tonuserhöhung (Gegenspannung) der kontrakten Muskulatur, die dann der Dehnung entgegenwirkt und die auftretenden Schmerzen erhöht! Unter Umständen kann es zur Schädigung des Muskelgewebes und der Gelenkkapsel kommen, wenn das passive Nachdrücken noch verstärkt würde!

Die Behandlungsmaßnahmen für Kontrakturen anderer Genese werden im jeweiligen Fachunterricht erläutert werden.

Aufgaben

1. Erarbeiten Sie die spezifische Kontrakturbehandlung für den M. iliopsoas! Untersuchen Sie dabei, welche Ausgangsstellungen zur Übungsbehandlung zu empfehlen sind.
2. Erarbeiten Sie die Kontrakturbehandlung für einen Patienten, der neben einer Kontraktur des M. iliopsoas noch eine Kontraktur der Flexoren im Kniegelenk aufweist!

8. Prä- und postoperative Physiotherapie

Folgende Übungsformen finden Einsatz in der prä- und postoperativen Physiotherapie und bei Patienten, besonders bei älteren Menschen, für die eine länger andauernde Bettruhe verordnet wurde:
— schnellkräftige Übungen in allen Extremitätengelenken,
— Atemübungen und sekretlösende sowie sekretabflußfördernde Maßnahmen,
— Spannungsübungen.
Die *Zielstellung* dieser Behandlung besteht in
— einer Anregung des Kreislaufs und Thromboseprophylaxe,
— der Aufrechterhaltung der Muskelfunktion und Verhinderung von Muskelatrophien,
— einer intensiven Lungenbelüftung und Pneumonieprophylaxe,
— der Beeinflussung der Darmtätigkeit und Verhinderung bzw. Beseitigung von Obstipationsbeschwerden,
— der Vorbereitung auf das Aufstehen.

Bei der Vorbereitung und Durchführung dieser Behandlungsform sind folgende Hinweise zu berücksichtigen:

- Für Frischluftzufuhr ist zu sorgen. Nach Möglichkeit wird bei geöffnetem Fenster geübt, ist dies durch den Gesundheitszustand der Patienten oder durch schlechte Witterung nicht angezeigt, so muß der Raum vorher gut durchlüftet werden.

— Die Patienten sollen so flach wie möglich liegen. Alle Gegenstände, die die Bewegungsfreiheit der Patienten behindern, sind außer Reichweite zu bringen. Die Bettdecke wird entfernt oder so zwischen die Beine gelegt, daß die Bewegungen nicht eingeschränkt werden.

- Die Behandlung dauert etwa 15—20 min.
- Die Übungen werden vom Physiotherapeuten demonstriert und mit schwungvollem Kommando angeleitet.
- Man beginnt mit Bewegungen in den kleinen, rumpffernen Gelenken der Beine und Arme, die in sich steigerndem Tempo, aber immer in exakter Bewegungsausführung vollzogen werden. Aufsteigend werden die mittleren und größeren Gelenke erfaßt, hier muß das Bewegungstempo zwangsläufig langsamer werden.
- Eingeschaltete Atemübungen sind so auszuwählen, daß alle Lungenabschnitte gezielt beatmet werden. Zur Sekretlösung eignen sich z. B. auch stimmhafte Atemübungen.
- Mit Spannungsübungen, die sich an die schnellkräftigen Bewegungen anschließen, sind besonders die Muskeln zu üben, die die aufrechte Körperhaltung bewirken (z. B. Streckmuskulatur der Beine, Gesäßmuskulatur, Rücken- und Bauchmuskulatur). Bei der Ausführung ist darauf zu achten, daß keine Preßatmung entsteht. Atemübungen sind einzuschieben.

Erweiternde Hinweise werden im speziellen Fachunterricht gegeben.

Aufgaben

1. Stellen Sie für eine Behandlung ein Übungsprogramm schriftlich zusammen! Berücksichtigen Sie dabei das ausgewogene Verhältnis der drei Übungsbestandteile!
2. Leiten Sie Ihre Übungsgruppe bei der Durchführung einer solchen Therapieform zielgerichtet an und achten Sie besonders auf ein eindeutiges und stimulierendes Kommando!

9. Übungen in der schwerelosen Aufhängung

Zur schwerelosen Aufhängung des Gesamtkörpers wird der *Schlingentisch* eingesetzt. Zur Abnahme der Eigenschwere einzelner Körperteile kann der Schlingentisch auch abgewandelt werden durch einfache technische Vorrichtungen, wie Haken und Rollen an der Decke und der Wand oder an feststehenden Geräten wie z. B. die Sprossenwand. Die Einzelteile des Schlingentisches (Basis, Deckenteil und Seitenteile) bestehen in der Regel aus Eisenrohren. An den Deck- und Seitenteilen sind Querstangen angebracht, die mit Aufhängepunkten versehen sind. Der Patient befindet sich auf einer Behandlungsbank mit verstellbarem Kopfteil oder auf einer Bodenmatte, bei einer Teilaufhängung kann auch ein Hocker benutzt werden. Manschetten und Seilzüge ermöglichen die Aufhängung.

9.1. Arten der Aufhängung

Es wird unterschieden zwischen
— der *stabilen Aufhängung* als Ganz- oder Teilaufhängung, z. B. bei akuten Schmerzzuständen und
— der *mobilen Aufhängung* als Ganz- und Teilaufhängung zur Bewegungstherapie mit dem Ziel der Lockerung, Mobilisation und Kräftigung.

Die Wahl der Aufhängung richtet sich nach dem Therapieziel. Zu berücksichtigen sind außerdem die Belastbarkeit und die Beweglichkeit des Patienten sowie sein aktueller physischer Befund. Der Aufhängepunkt befindet sich prinzipiell senkrecht über dem zu bewegenden Gelenk in der Bewegungsachse.

Es gibt zwei Möglichkeiten der Aufhängung. Die *Einpunktaufhängung* wird für die Bewegungstherapie mit Seilzügen verwendet. Die Bewegung erfolgt in Form eines Pendelschwunges. Dabei kann der Patient mit minimalem Kraftaufwand maximale Bewegungsausschläge erreichen.

Die *Mehrpunktaufhängung* wird für die Arbeit mit Expanderzügen eingesetzt. Durch die Expanderzüge können der Bewegung Widerstände entgegengesetzt werden, außerdem kann dadurch eine entlastende Lagerung erfolgen, aus der eine teilweise oder vollständige Schmerzfreiheit resultiert.

> *Beachte*
> - Die Länge der Seilzüge ist so zu wählen, daß der aufgehängte Körper oder Körperteil über der Unterlage schwebt.
> - Die Expanderzüge müssen unausgezogen etwa 50 cm über der Behandlungsbank hängen.
> - Durch einseitiges Höher- oder Tieferstellen der Seilzüge können Korrektureinstellungen vorgenommen werden.

9.2. Behandlungsformen in der schwerelosen Aufhängung

Es besteht die Möglichkeit der gezielten Behandlung einzelner Muskeln, Muskelgruppen und ganzer Muskelketten.

Folgende Formen der Behandlung sind gegeben:
— Die schwerelose Aufhängung kann zur Lagerung des Patienten genutzt werden, da durch Entspannung eine Schmerzreduzierung erreicht werden kann. Sie dient damit z. B. zur Vorbereitung einer Übungsbehandlung.
— Mit Einsatz der Seilzüge kann eine Mobilisation erzielt werden, indem der Patient sich selbst in schwunghafte Bewegungen versetzt.
— Durch die Aufhängung kann die Bewegungsform „aktiv unter Abnahme der Eigenschwere" realisiert werden. Die vorhandene Muskelkraft wird dabei vollständig zur Ausführung der Bewegung genutzt.
— Eine entsprechende Veränderung der Ausgangsstellung des Patienten ermöglicht das Üben mit Überwindung der Eigenschwere.
— Eine weitere Steigerung der Übungsbehandlung ist durch Setzung gezielter Widerstände gegeben. Die Widerstände können durch den Physiotherapeuten manuell, durch Verlagerung der Aufhängepunkte (Veränderung des Hebelarmes), durch die Verwendung von Gewichten, Federzügen-Expandern und Gummiexpandern gesetzt werden.

Beachte

- Bei jeder Behandlungsform muß die exakte Fixation des Patienten (durch Gurte) gegeben sein.
- Je nach Wahl der Übungsform kann eine statische oder dynamische Muskelarbeit gefordert werden.

Aufgaben

1. Welche Vorteile bietet die schwerelose Aufhängung für eine Übungsbehandlung!
2. Beschreiben Sie die Steigerungsmöglichkeiten für die Behandlung eines geschwächten M. quadriceps femoris!

10. Übungsbehandlung im Wasser

Bei der Bewegungstherapie im Wasser handelt es sich um eine ärztlich verordnete, auf bestimmte therapeutische Ziele ausgerichtete Übungsbehandlung im indifferent temperierten bis warmen Wasser. Die Bewegungsschulung im Wasser bietet im Vergleich zur Behandlung „im Trocknen" einige Besonderheiten, auf die im folgenden eingegangen wird.

10.1. Zu berücksichtigende Wirkungsfaktoren

10.1.1. Auftrieb

Der Auftrieb eines Körpers im Wasser ist so groß, wie das Gewicht der von ihm verdrängten Wassermenge. Er wirkt der Schwerkraft entgegen.

- Ein Körper schwebt im Wasser, wenn Auftrieb = Gewicht.
- Ein Körper sinkt im Wasser, wenn Auftrieb < Gewicht.
- Ein Körper schwimmt im Wasser, wenn Auftrieb > Gewicht.

Der Auftrieb hängt also ab vom Volumen des eingetauchten Körpers und zugleich von seinem spezifischen Gewicht. Das spezifische Gewicht des Wassers beträgt 1 (1 cm^3 Wasser wiegt bei +4 °C 1 g). Das spezifische Gewicht des menschlichen Körpers liegt bei etwa 1,012 bis 1,060, d. h., es nähert sich dem des Wassers; somit kann der Auftrieb besonders wirksam werden.
Nach vorliegenden Berechnungen kann ausgesagt werden, daß ein menschlicher Körper, der bis zum Hals im Wasser eingetaucht steht, nur etwa 10% seines realen Gewichtes aufweist. Dadurch wird der Kraftaufwand der Muskulatur für die Bewegungen bei entsprechender Ausführung wesentlich reduziert. Die Kraft, die notwendig ist, um eine Extremität zu halten, ist im Wasser um etwa 85% geringer als in der Luft. Da die Dichte der Extremität höher liegt als die des Kopfes oder des Brustraumes, sinken z. B. aus der Rückenlage zuerst die Beine und Arme und dann der Rumpf ab. Durch den Auftrieb wird die Standfestigkeit verringert, es ist daher auf ein breitspuriges Stehen zu achten!
Die Auftriebswirkung erklärt auch die Tatsache, daß sich Bewegungen parallel zur Wasseroberfläche leichter ausführen lassen als Bewegungen, die das Wasser senkrecht von oben nach unten durchschneiden.

10.1.2. Hydrostatischer Druck

Die auf den Körper im Wasser einwirkende Kraft wird als hydrostatischer Druck bezeichnet. Dieser nimmt proportional zur Wassertiefe zu.
Bei einem Vollbad bewirkt der Wasserdruck eine Umfangsreduzierung des Brustkorbes um 1,0—3,5 cm, der Bauchumfang verringert sich um 2,5—6,5 cm. Damit verändern sich die gesamten Druckverhältnisse im Rumpfgebiet in besonderem Maße:
— Der Einatmung wird ein Widerstand entgegengesetzt, da das Anheben der Rippen durch die Wassersäule erschwert wird. Ebenso ist die Arbeit des Zwerchfells deutlich erhöht, da es durch die einwirkenden Druckkräfte nach oben in den Thorax, in die Ausatemstellung hinein, verlagert wird.
— Der venöse Rückstrom aus dem Körper zum Herzen hin wird unterstützt. Somit vergrößert sich die Arbeit für die rechte Herzhälfte, die ein größeres Blutangebot gegen einen verstärkten Lungenwiderstand pumpen muß.
— Zugleich leistet auch die linke Herzhälfte eine Mehrarbeit, da das Blut gegen den die Gefäße in der Peripherie komprimierenden Druck zu pumpen ist.

10.1.3. Wasserwiderstand

Durch die Dichte des Wassers entsteht eine bewegungshemmende Kraft, die als Wasserwiderstand oder Reibungswiderstand des Wassers bezeichnet wird. Der Wasserwider-

stand ist abhängig von der Größe der Angriffsfläche und von der Bewegungsgeschwindigkeit. Er erhöht sich mit zunehmender Größe der Angriffsfläche und mit zunehmendem Bewegungstempo.
Als Näherungswert kann gelten: Bewegungen mit einer Geschwindigkeit bis zu 1 m · s^{-1} benötigen im Wasser einen geringeren Krafteinsatz als im Medium Luft.
Bei langsamer Bewegungsausführung können also u. U. Patienten mit reduzierter Muskelkraft Bewegungserfolge registrieren, die im Medium Luft nicht gegeben wären. Wir verhelfen den Patienten zu echten Erfolgserlebnissen, die ihren Gesundungswillen unterstützen.
Ein gezieltes Krafttraining kann durch zunehmende Erhöhung der Bewegungsgeschwindigkeit durchgeführt werden, da sich der durch die Muskulatur zu überwindende Widerstand erhöht. Unterstützt wird diese Wirkung darüber hinaus durch mitgeführte Geräte, z. B. Bretter oder Flossen, die die Angriffsfläche vergrößern.

10.1.4. Wassertemperatur

Die Wassertemperatur löst neben einer unmittelbaren Hautreaktion Wirkungen auf den gesamten Wärmehaushalt, die Stoffwechselprozesse, die Atmungsvorgänge und die Herz-Kreislauf-Arbeit aus. Ein ruhender Körper verbraucht im Wasser bei einer Temperatur von 18 °C etwa 84—126 kJ (20—30 kcal/min). Dieser Verbrauch steigt bei Muskelarbeit, bei bewegtem Wasser und bei kälteren Temperaturen. Die Wirkung auf die Blutgefäße und andere Organsysteme entnehmen Sie dem Fachgebiet Hydrotherapie.
Die zweckmäßigen Temperaturen für die Übungsbehandlung im Wasser liegen bei etwa 35 °C, während beim Sonder- und Heilschwimmen Temperaturen zwischen 22 und 28 °C gewählt werden.

10.1.5. Wellen und Strömung

Durch Bewegungen im Wasser werden Wellen und Strömungen erzeugt, die beim Übenden Unsicherheit auslösen können. Seine Standfestigkeit verringert sich, er schluckt u. U. Wasser, der Wasserwiderstand wird erhöht. Diese Faktoren müssen vom Übungsleiter berücksichtigt werden.

Aufgaben
1. Erarbeiten Sie die Bedingungen, unter denen ein Patient mit reduzierter Muskelkraft optimale Bewegungsvoraussetzungen im Wasser findet!
2. Erläutern Sie die Bedeutung des Auftriebs und des Wasserwiderstandes für die Bewegungsschulung im Wasser!

10.2. Durchführung der Übungsbehandlung im Wasser

10.2.1. Organisatorische Hinweise

Für diese Therapieform kann eine Einzel- oder eine Gruppenbehandlung in Frage kommen. Zeigt ein Patient noch Unsicherheit im Wasser, so ist im allgemeinen die Einzelbehandlung vorzuziehen, da die individuelle Betreuung hierbei größer ist. Eine Gruppenbehandlung dagegen ist u. a. ökonomischer, es können mehrere Patienten gleichzeitig behandelt werden. Die positive Beeinflussung der Patienten untereinander ist ein nicht zu unterschätzender psychischer Wirkfaktor.
Entsprechend der Zielstellung kann bzw. muß die Behandlung in einem Bewegungsbad im Klinikbereich oder in einem Schwimmbecken einer offiziellen Badeanstalt durchgeführt werden.
Eine Übungsbehandlung im Wasser dauert durchschnittlich 30—45 min.
Der Physiotherapeut muß seine Aufsichtspflicht außerordentlich ernst nehmen. Er ist während der Gesamtdauer der Vorbereitung auf die Behandlung, ihrer Durchführung und der Nachruhe für die Sicherheit der Patienten verantwortlich.
Die Wassertemperatur ist zu überprüfen.
Die Patienten sind über folgende Faktoren zu belehren:
— Vor der Behandlung sind Blase und Darm zu entleeren.
— Die letzte Nahrungsaufnahme sollte etwa 1 h zurückliegen.
— Angstgefühle, Unwohlsein und ähnliches sind unbedingt mitzuteilen, ebenso ist auftretendes Frösteln oder Frieren anzugeben.
— Auf eventuelle Rutschgefahr ist unbedingt hinzuweisen.

Die Zusammenstellung der Übungsgruppen sollte gut überlegt werden. Die Gruppe muß jederzeit zu überblicken sein, d. h., die Grup-

penstärke sollte für einen Betreuer 8—10 Patienten maximal nicht übersteigen. Für jeden Patienten muß genügend Bewegungsraum (etwa 3 m^2) zur Verfügung stehen.
Bei der Patientenwahl für eine Gruppenbehandlung ist neben der Diagnose (Patienten gleicher Diagnose sind zusammenzufassen) der allgemeine Gesundheitszustand der Patienten zu berücksichtigen. Ebenso können Alter und Geschlecht eine Rolle spielen.
Der Übungsleiter muß in jedem Fall selbst Schwimmer sein, die Ausbildung als Rettungsschwimmer ist dringend anzuraten.
Der Übungsleiter trägt Badekleidung, um bei Bedarf im Wasser sofort Hilfestellung geben zu können. Ihm obliegt die Überprüfung aller benötigten Hilfsmittel vor der Durchführung der eigentlichen Behandlung im Hinblick auf ihre Sicherheit bei der Benutzung durch die Patienten.
Zu diesen Hilfsmitteln zählen z. B.: Haltestangen über oder unter dem Wasserspiegel, Geländer, Treppen, Barren, Reckstangen, Glissonschlingen, Haltegurte, Laufkatzen, Hebevorrichtungen und Schwimmhilfen, wie Bälle, Kissen, Bretter, Sprossen, Ringe, ringförmige, aufblasbare Auftriebskörper für Arme und Beine.
In diesem Zusammenhang ist zu beachten, daß
zur Behandlung Badeanzug und Badekappe getragen werden,
vor der Behandlung jeglicher Schmuck abzulegen ist,
der Patient sich vor und nach jeder Behandlung abzuseifen und abzuduschen hat,
Verunreinigungen des Wassers zu unterbleiben haben,
die Baderäume nicht mit Straßenschuhen betreten werden
u. a. m.

10.2.2. Inhalt und Formen der Übungsbehandlung im Wasser

10.2.2.1. Allgemeine Grundsätze

Die Auswahl der Übungsformen richtet sich nach der Zielstellung der Therapie, nach dem Gesundheitszustand des Patienten und nach seinem Alter. Die Verordnungen des Arztes sind strikt zu befolgen.
Verordnet werden kann
ein spezifisches *gymnastisches Übungsprogramm*
ein speziell ausgewähltes *Schwimmprogramm*.
In beiden Fällen werden
— Lockerung,
— Dehnung und bzw. oder
— Kräftigung
bestimmter Muskelgruppen im Mittelpunkt der Behandlung stehen.

10.2.2.2. Behandlungsformen

Einzelbehandlung ohne Auftriebskörper. In dieser Behandlung werden die Grundprinzipien der allgemeinen Krankengymnastik realisiert. Die besonderen Bedingungen im Medium Wasser erfordern u. U. eine Abwandlung hinsichtlich der Fixation und der Bewegungsausführung. Neben Wassergewöhnungsübungen werden also achsengerechte oder kombinierte Bewegungen in einem oder mehreren Gelenken durchgeführt. Bedeutsam ist die zielgerichtete Fehlerkorrektur. Es sollte immer nach dem Prinzip verfahren werden, nur einen, und zwar den Hauptfehler in der Bewegungsausführung zu bemängeln. Das Lob ist für den Patienten sehr wichtig, es hebt seine Einsatzfreude und Übungsbereitschaft und seinen Gesundungswillen.
Diese Form der Behandlung findet z. B. Anwendung bei Haltungsschäden, bei schmerzhaften Bewegungseinschränkungen und bei funktionsgestörter Muskulatur. Kontraindiziert ist sie bei dekompensierten Herz-Kreislauf-Erkrankungen, bei allgemeiner Herzmuskelinsuffizienz, bei Hypertonie, bei Apoplexieneigung, bei akuten Infekten u. a.

Einzelbehandlung aus der Auftriebsschwebe. Die Auftriebsschwebe wird erreicht durch Auftriebskörper, die am Hals, am Rumpf, an den Ober- und Unterarmen, an den Ober- und Unterschenkeln angebracht werden können. Der Körper des Patienten ist gleichsam an der Wasseroberfläche „aufgehängt", er schwebt freibeweglich im Wasser und kann aus den Ausgangsstellungen Bauchlage, Seit- und Rückenlage und eventuell aus Sitz und Stand beübt werden. Es muß für die jeweils gewünschte Ausgangsstellung überlegt werden, wie die Auftriebskörper zweckmäßig anzubringen sind. Sehr positiv wirkt sich die entstehende optimale Entspannung der Muskulatur aus. So werden aktive oder auch passive Übungen aus der Auftriebsschwebe besonders bei Patienten mit schmerzhaften Bewegungseinschränkungen der Wirbelsäule und der Extremitätengelenke durchgeführt.

Einzelbehandlung mit Hilfe der Auftriebsdehnung. Ein therapeutisch verwertbarer Zug entsteht, wenn man der Auftriebskraft der Auftriebskörper
— die Eigenschwere des menschlichen Körpers oder
— die Schwere am Körper befestigter Geräte oder
— das Gewicht eines Partners
entgegensetzt.
Die *Eigenschwere des Rumpfes* kann z. B. dann besonders als Gegenkraft gegen die Auftriebskörper eingesetzt werden, wenn der Patient um Arme und Beine Auftriebskörper erhält, der Rumpf aber frei bleibt. In der Bauchlage sinkt der Rumpf jetzt nach unten, die Wirbelsäule wird lordosiert, Gelenke, Bänder, Sehnen, Muskeln des Rumpfes und der Hüft- und Schultergelenke unterliegen einem Zug. Befinden sich die Auftriebskörper an den Füßen, so steht besonders die Lendenwirbelsäule unter Zug, während bei der Anlage der Auftriebskörper um die Oberschenkel sich die Zugwirkung nach kranial auf die Brustwirbelsäule stärker auswirkt. Diese Behandlung wird bei Haltungsveränderungen und Kontrakturen eingesetzt.
Eine weitere Möglichkeit, einen Zug zu erreichen, besteht in der Ausnutzung der *Schwere am Körper befestigter Geräte.*
Fixiert man im Stand ein Bein des Patienten durch einen sog. schweren Schuh aus nichtrostendem Material am Boden des Bassins, so kann man am anderen Bein Auftriebskörper anbringen, die — durch aktives Bewegen unterstützt — das Bein in Hüftflexion bringen. Es erfolgt auch hier wieder eine Zugwirkung auf die verschiedenen Gewebsanteile. Eine Dosierung ist durch unterschiedliche Größe der Auftriebskörper möglich. Diese Behandlung ist besonders für Kontrakturen und Gelenkveränderungen zu empfehlen.
Einen gut dosierbaren Zug erzielt man durch den *Einsatz eines Partners* bzw. des Behandlers. Der Zug kann im jeweiligen Gelenk achsengerecht oder als Schräg- oder Drehzug, einseitig oder doppelseitig angesetzt werden. Eine Zugwirkung auf die Halswirbelsäule mit dem sie umgebenden Gewebe wird z. B. erzielt, wenn der Patient aus der Rückenlage vom Kopf her mit schnellem Tempo durch das Wasser gezogen wird. Mit entsprechender Grifftechnik kann jedes beliebige Gelenk unter Zug gesetzt werden. Einsetzbar ist diese Therapievariante z. B. bei Haltungsveränderungen.

Einzelbehandlung mit Widerstandsübungen durch Auftriebskörper. Der notwendige Einsatz der Muskelkraft ist besonders hoch, wenn Körperabschnitte, die durch Auftriebskörper in der Schwebe gehalten werden, entgegen der Auftriebskraft bewegt werden, z. B. der in der Vorhalte schwebende Arm (Stand des Patienten) soll an den Körper adduziert und extendiert werden. Auf diese Weise kann geschwächte Muskulatur, unabhängig von der auslösenden Ursache dieser Schwäche, gezielt gekräftigt werden.

Gruppenbehandlung. Es ist notwendig, in jedem Fall mit *Wassergewöhnungsübungen* zu beginnen. Die folgenden Übungsbeispiele sollen hier als Hinweise für die Gestaltung der Übungsauswahl aufgeführt werden:
— „Auftreibenlassen" der gestreckten Arme;
— gestreckte Arme im Wasser bewegen in allen Richtungen mit unterschiedlicher Hand- und Fingerstellung;
— im Stand Armzug des Brustschwimmers;
— im Stand Kniebeugen;
— einatmen und ins Wasser hinein ausatmen, Gesicht dabei in das Wasser eintauchen;
— kurzes Untertauchen des Kopfes;
— Gegenstände vom Bassinboden aufheben;
— gehen im Wasser, vorwärts, rückwärts, erst mit Festhalten, dann ohne, verschiedene Gangarten, z. B. Kniehebegang;
— gestreckt auf das Wasser legen in Bauch- oder Rückenlage, Veränderungen der Lage durch Kopfbewegungen nachprüfen (Kopfkontrolle);
— von einem Partner in Bauch- oder Rückenlage durch das Wasser ziehen oder schieben lassen u. a. m.
Es schließen sich *gymnastische Übungen* auch mit Gerät oder Schwimmhilfen an, wie z. B. folgende Übungen:
— Beckenbewegungen im Stand, seitliches Verschieben, Becken kippen und aufrichten, kreisen;
— heben der gestreckten Beine im Wechsel rechts und links;
— Rumpfkreisen;
— gehen mit Armkreisen;
— Stab in Schulterbreite fassen, Arme in

Hochhalte, Arme nach hinten federn, Rumpfseitneige, Arme senken und den Stab übersteigen usw.;

— Schwimmbrett vor den Körper halten, Arme im Wechsel beugen und strecken, Brett auf das Wasser legen und mit beiden Händen nach unten drücken;

— Ball schwimmt zwischen den ausgestreckten Armen und wird auf dem Wasser vorwärts gepustet;

— am Beckenrand vorlings oder rücklings einhängen und Klimmzüge ausführen, Hang vorlings oder rücklings und Seitschwingen des Rumpfes.

Sonder- und Heilschwimmen. Als spezielle Behandlungsform muß auf das Sonder- und Heilschwimmen verwiesen werden, ohne daß Einzelheiten dazu ausgeführt werden können. Diese Sonderbehandlung wird mit gutem Erfolg bei allen Haltungsveränderungen der Wirbelsäule, bei Erkrankungen des Bewegungs- und Muskelapparates eingesetzt. Ebenso wird mit Amputierten geschwommen. Der Kreis der Indikationen unterliegt einer ständigen Erweiterung.
Für die sachgerechte Anleitung beim Sonder- und Heilschwimmen ist eine Sonderausbildung zu absolvieren.

Aufgaben

1. Geben Sie einen Überblick über die besonderen Aufgaben, die einem Übungsleiter bei der Durchführung der Übungsbehandlung im Wasser obliegen!
2. Erarbeiten Sie Übungsbeispiele für die Wassergewöhnung, die Sie besonders
— bei Kindern
— bei älteren Menschen
einsetzen können!
3. Untersuchen Sie die unter Gruppenbehandlung aufgeführten gymnastischen Übungen hinsichtlich ihrer Zielstellung!
4. Erarbeiten Sie ein zielgerichtetes Übungsprogramm für einen Patienten mit ausgeprägter Kyphose der Wirbelsäule!
4. Welche Behandlungsformen empfehlen Sie für einen Patienten mit Kontrakturen im Hüftgelenk?

10.3. Vorteile und Nachteile der Übungsbehandlung im Wasser

Ein großer Vorteil liegt in der psychischen Auflockerung und Stimulierung, besonders bei Patienten, denen im Wasser Bewegungsabläufe gelingen, die sie im Medium Luft nicht vollziehen können. Bewegungskoordination und -fluß lassen sich so, bei geschickter Übungsauswahl und -gestaltung, ausgezeichnet schulen. Nach Möglichkeit ist die Arbeit in der Gruppe einer Einzelbehandlung vorzuziehen, um die psychischen Wirkungsfaktoren voll auszuschöpfen. Durch freudebetontes Üben und Bewegungsspiele läßt sich die Einsatzbereitschaft und -freude der Patienten steigern.
Nachteilig kann sich die meist nur mangelhaft mögliche Fixation beim Üben auswirken. Ausweichbewegungen sind oft nicht zu verhindern. Für sehr ängstliche Patienten kommt diese Übungsform u. U. nicht in Frage. Der größere organisatorische Aufwand kann ebenfalls eventuell als nachteilig angesehen werden.

Aufgabe

Untersuchen Sie die Behauptung, daß in vielen Fällen die Gruppenbehandlung einer Einzelbehandlung vorzuziehen ist!

Gymnastik

1. Einführung in das Lehrgebiet Gymnastik

1.1. Historischer Uberblick

Der Begriff „Gymnastik" leitet sich von dem griechischen Wort gymnazein, das bedeutet nackt üben, ab. Bereits im 5. Jahrhundert v. u. Z. wurden Lehrer als „Gymnasten" bezeichnet, die Kenntnisse in Körperübungen und in körperlicher Ausbildung und Erziehung besaßen. In der Sklavenhaltergesellschaft erreichte die Gymnastik als Mittel zur Körperbildung eine hohe Blüte. Sie beschränkte sich jedoch unter dem Einfluß bedeutender Ärzte immer mehr auf ausgleichende hygienische Zwecke, so daß unter Hippokrates zum ersten Mal von einer *Heilgymnastik* gesprochen wurde.

Im 14. bis 16. Jahrhundert wurden die Grundgedanken der Gymnastik als ein Mittel zur harmonischen Körperbildung wieder lebendig. In Deutschland waren es unter den fortschrittlichen Kräften die Philantropisten, die für die Söhne des aufstrebenden Bürgertums eine in gleichem Maße geistige wie körperliche Bildung erstrebten. 1793 schrieb GutsMuths mit seiner „Gymnastik für die Jugend" das erste umfassende Lehrbuch der Körpererziehung der Neuzeit. Er verstand unter der Gymnastik, wie die Griechen, den gesamten Bereich der für pädagogische Zwecke geeigneten Körperübungen. GutsMuths, Vieth und Jahn bezogen in ihre Körperübungen Spiele und Tänze des Volkes ein, die die ungebrochene Lebenskraft des Volkes an Bewegung und Geselligkeit ausdrückten. Sie forderten die planmäßige Einführung der Körpererziehung für alle Kinder und Jugendlichen, ungeachtet ihrer sozialen Herkunft. GutsMuths kam zu der Erkenntnis, daß Gymnastik nicht nur unmittelbar nützlich für den Körper sei, sondern darüber hinaus die geistigen und charakterlichen Eigenschaften verändern könne. Er begründete auch als erster die Forderung nach *aktiver Erholung*. Nicht in der Ablösung des Tuns durch Nichtstun, sondern im Wechsel der Beschäftigung sollte der Mensch seine körperliche und geistige Spannkraft erneuern.

Mitte des 19. Jahrhunderts erhielt die Gymnastik neue Impulse durch A. Spiess, der ein umfangreiches System gymnastischer Übungen, vor allem *Ordnungs- und Freiübungen*, aufstellte. Diese Übungen basierten auf dem Einteilungsprinzip der Bewegungsmöglichkeiten nach Pestalozzi, ihre Bewegungsgrundsätze waren *Strammheit und Statik*.

Seine Nachfolger führten *neue Handgeräte* in die Gymnastik ein. Bis zu Beginn des 20. Jahrhunderts hatte sich die Gymnastik als ein Bestandteil des Turnens entwickelt. Mit Beginn des 20. Jahrhunderts löste sie sich immer mehr vom Turnen ab, das sich sehr rasch zu einer bedeutenden sportlichen Disziplin entwickelte.

Einflüsse aus Dänemark und Schweden bekamen für die Gymnastik um 1800 besondere Bedeutung (Nachtegal und Ling). Es war das Prinzip des Übungszweckes, welches nun die Richtschnur für die Stoffauswahl bildete. Die starren Bewegungsformen der deutschen Gymnastik (Spiess) erfuhren Anfang des 20. Jahrhunderts günstige Veränderungen durch weitere Einflüsse aus der schwedischen Gymnastik, die die physiologisch orientierten Bewegungsabläufe einbrachte.

Gleichzeitig gewannen in der Gymnastik wieder Gedanken zur ganzheitlichen Erziehung an Bedeutung. Es entwickelten sich in den folgenden Jahren bis zum 2. Weltkrieg viele „Gymnastikschulen", die unter dem Oberbegriff „Gymnastikbewegung" zusammengefaßt werden können. Ausschlaggebend für die sprunghafte Entwicklung der Gymnastik war das große Interesse, das vor allem nach dem 1. Weltkrieg die Frauen den Körperübungen entgegenbrachten.

In der Gymnastikbewegung waren 2 Hauptrichtungen zu erkennen. Eine *physiologisch-hygienisch* orientierte Richtung, deren wesentlicher Vertreter Mensendieck war, und eine *künstlerisch-ästhetische* Richtung, vertreten durch J. Dalcroze, R. Bode, R. v. Laban und H. Medau. Ihrem Wesen nach ist die bürgerliche Gymnastikbewegung eine Reaktion auf die imperialistischen Zustände in Deutsch-

land. Ihre Vertreter glaubten, mit Hilfe der Gymnastik die Unfreiheit und den Zerfall der Persönlichkeit beeinflussen zu können. Sie sahen vor allem im Rhythmus und im rhythmischen Arbeiten im Rahmen der Gymnastik eine Möglichkeit, „kosmische Urzustände" wieder zu bahnen und zu erneuern.
Dem Rhythmus wurde eine besondere Bedeutung zugesprochen, der als „kosmische Urkraft" angesehen wurde. Vor allem auch die Ausdrucksgymnastik Bodes versuchte, die Gymnastik mit philosophischen Deutungen (Klages) zu verbinden, sie gebärdete sich scheinrevolutionär und war ausschließlich Flucht in Romantik und Ästhetizismus. Dieser theoretische Ansatz der Gymnastik wurde von Meinel in seinem Buch „Bewegungslehre" sehr ausführlich widerlegt. Danach werden nicht angeborene und dann durch die Umwelt verbildete Körperbewegungen durch die Gymnastik beeinflußt, sondern in der Auseinandersetzung mit der Umwelt formen sich Bewegungsfähigkeiten und -fertigkeiten. So wirkt die Gymnastik körperbildend, rhythmisierend, die ästhetische Erlebnisfähigkeit beeinflussend. 1933 schloß sich die Gymnastikbewegung dem faschistischen System an.
Die Bedeutung der einzelnen Gymnastikschulen vor dem 2. Weltkrieg besteht darin, daß im Rahmen der gymnastischen Arbeit wichtige Einsichten über die Bedeutung des Bewegungsrhythmus und die ganzheitliche Struktur der Bewegung entstanden, von denen auch andere Bereiche der Körperkultur beeinflußt wurden. Diese haben, wissenschaftlich bearbeitet, auch heute noch Gültigkeit.
1953 wurden die Stellung und die Aufgaben der Gymnastik in der DDR neu bestimmt. Seit dieser Zeit verbinden sich in der sportlichen Praxis mit dem Begriff Gymnastik drei Betriebsformen. Es wird nun **Grund-, Zweck- und Leistungsgymnastik** betrieben. Aus sachlich-organisatorischer Sicht wird die Gymnastik als ein integrierter Bestandteil des Turnens betrachtet. Die **Gymnastik in der Physiotherapie** entwickelte sich als eine Sonderform, da sie neben den körperbildenden Zielen vor allem therapeutische Zielsetzungen hat.

1.2. Zielsetzung, Aufgaben und Gestaltung der Gymnastik

Das allgemeine Ziel der Gymnastik ist die Erhaltung und Entwicklung der kraftvollen, harmonischen, rhythmisch ablaufenden Bewegung des gesamten Körpers. Dies wird erreicht durch die Schulung des konditionellen, koordinativen und technischen Leistungsvermögens.
Mit den Übungsformen der Gymnastik wird die bestmögliche Körperhaltung angestrebt, und Bewegungsfertigkeiten werden systematisch vervollkommnet. Die Gymnastik hat eine wesentliche Bedeutung bei der Grundausbildung im Schulsport, da ihre Mittel eine allseitige Körperbildung ermöglichen, weiterhin im Freizeit- und Erholungssport sowie im allgemeinen Turnen, und im Leistungssport, wo ihre Übungselemente als vorbereitende und leistungssteigernde Maßnahmen angewandt werden. Als Leistungsgymnastik ist die Gymnastik eine Wettkampfdisziplin für Frauen und Mädchen. Die gymnastischen Übungselemente erreichen dort ihre höchste Vollendung, jedoch ist jahrelanges, intensives Training für den sportlichen Erfolg Voraussetzung.
Hauptmittel der Gymnastik sind Körperübungen ohne und mit Handgeräten sowie an speziellen Großgeräten. Sie können als *Einzel-, Partner- oder Gruppenübungen* durchgeführt werden und sind durch charakteristische Verfahren und Bedingungen gekennzeichnet. Die Vielfalt der gymnastischen Übungsmöglichkeiten ergibt sich aus einer großen Zahl von Grundübungen, die variiert und miteinander kombiniert werden können.
Charakteristisch für die Gymnastik ist der Einsatz der Musik und anderer Arten akustischer Begleitung als metrisch-regulierende bzw. rhythmisch-impulsgebende Hilfsmittel.
In der Physiotherapie werden Elemente aus der Gymnastik mit therapeutischer, prophylaktischer oder rehabilitativer Zielstellung eingesetzt.
Das **Lehrgebiet Gymnastik** wird während der physiotherapeutischen Ausbildung von zwei Aspekten in seinem methodisch-didaktischen Aufbau bestimmt.

- Es hat die systematische Ausbildung der konditionellen und koordinativen Fähigkeiten des Fachschülers im Sinne der Entwicklung von allseitig gebildeten Persönlichkeiten zum Ziel (s. auch Theorie d. Körpererziehung, Kap. 2.3.). Außerdem leistet der Gymnastikunterricht einen Beitrag zur ästhetischen Erziehung.
- Der Gymnastikunterricht muß den Fachschüler befähigen, die Gymnastik als Therapie-

form am Patienten und vor allem in Patientengruppen anzuwenden.

Im Lehrgebiet Gymnastik lernt der künftige Physiotherapeut

— *Bewegungsabläufe* richtig zu demonstrieren,
— *Übungsfolgen* zusammenzustellen und befundgerecht anzuwenden;
Deshalb ist ein wesentlicher Bestandteil der Gymnastik die Vermittlung von Beobachtungsfähigkeit, Einfühlungsvermögen und Anpassungsfähigkeit sowie das Einhalten von Ordnungsprinzipien, (Ordnungs- und Raumgefühl). Aber auch Willenseigenschaften, wie Leistungswillen, Selbstbeherrschung, Mut und Konsequenz sind Ziele des Unterrichts.
— die *Übungssprache* exakt zu gebrauchen, das *Übungskommando* klar und präzise zu formulieren;
Es werden die Bezeichnungen für die Bewegungsformen und Bewegungselemente aus der Grund- und Leistungsgymnastik verwendet. Außerdem werden Bezeichnungen für Ausgangsstellungen oder Bewegungsabläufe aus der Krankengymnastik übernommen (z. B. Vierfüßlerstand).
— fehlerhafte Bewegungsabläufe zu erkennen und sie befundgemäß zu korrigieren;
— die *Prinzipien* der *Steigerung* anzuwenden (s. Theorie der Körpererziehung).

Dabei müssen sowohl die Besonderheiten der Gruppe als auch die der einzelnen Patienten innerhalb der Gruppe beachtet werden.
Ein wesentliches Aufgabengebiet der Gymnastik in der Physiotherapie ist die *Weiterführung krankengymnastischer Maßnahmen* als Einzel-, vorwiegend aber als Gruppentherapie. Sie setzt dort ein, wo durch die Krankengymnastik die Voraussetzungen für eine intensivere Schulung der motorischen Fähigkeiten geschaffen wurden und der Patient in der Lage ist, in einer Gruppe, also gemeinsam mit anderen zu üben.
Die Gymnastik ist die *Grundlage für die Gruppenbewegungstherapie* in den verschiedenen klinischen Disziplinen, wie der Neurologie, der Psychiatrie und der Psychotherapie, der Orthopädie, der Inneren Medizin und auch der Pädiatrie.
Die Gestaltung des Unterrichts wird somit von der Aufgabe bestimmt, dem Fachschüler zu vermitteln, mit welchen methodisch-didaktischen Mitteln er genau zu definierende Therapie- und Trainingsziele im Sinne der Schulung motorischer Fähigkeiten erreichen kann, und er lernt, methodisch-didaktische Prinzipien der Gymnastik auf die Anforderungen in der Physiotherapie zu übertragen.
Es ist Aufgabe des Unterrichts, Haltungen, Einstellungen und Verhaltensweisen zu vermitteln, die therapeutisch wirksam werden bei der *Motivierung zur körperlichen Betätigung*, bei dem Verständnis für die jeweilige persönliche Situation des Patienten, z. B. im Zusammenhang mit den Schwierigkeiten, Bedenken und Ängsten, die der Patient in bezug auf verordnete körperliche Belastung hat. Es sind Verhaltensstrategien zu vermitteln, die geeignet sind, den Patienten zu körperlicher Aktivität anzuregen und ihn befähigen, Übungsaufträge und Übungsprogramme auch über die Behandlung hinaus durchzuführen.
Das bedeutet, daß die Gymnastik hohe physische, psychische und intellektuelle Anforderungen stellt, daß sie Fähigkeiten, Fertigkeiten und Eigenschaften entwickelt, die sowohl für die gesellschaftlich-produktive Tätigkeit des einzelnen nützlich sind, aber auch eine große Bedeutung für prophylaktische, therapeutische und metaphylaktische Maßnahmen im Sinne der Leistungssteigerung haben.

Aufgaben

1. Erläutern Sie die Aufgaben der Gymnastik in der Physiotherapie!
2. Welche besonderen Ziele werden in der Gymnastik bei der Vermittlung der Übungselemente verfolgt?
3. Welche Methoden zum Erkennen fehlerhafter Bewegungsabläufe sind Ihnen bekannt?
4. Stellen Sie Bezüge zum Fach Theorie der Körpererziehung her!

2. Allgemeine Voraussetzungen

2.1. Raum

Die Gymnastik wird im allgemeinen in Turnhallen oder im Freien durchgeführt. In der Physiotherapie findet die Gymnastik oft in kleineren Räumen, den Gymnastikräumen, statt. Turnhallen und Gymnastikräume haben den Vorzug, daß sie, unabhängig von der Witterung, ständig benutzt werden können.
Der Raum soll *trocken, staubfrei* und *luftig* gelegen sein. Ausgebaute Kellerräume — wie in physiotherapeutischen Einrichtungen noch des öfteren anzutreffen — eignen sich weniger als Gymnastikräume.
Um unfallfrei und sauber arbeiten zu können, muß der *Fußboden* trittsicher, eben und elastisch sein. Wärme und Schall sollen möglichst gedämpft werden. Diese Anforderungen werden am besten von einem in Form eines doppelten Schwingbodens gebauten Parkettfußbodens aus Eichenholz erfüllt. Es sind aber auch Holzdielenbeläge und fugenlose Fußböden und Linoleum-, Gummi- und Kunststoffbelag verwendbar. Wichtig ist jedoch, daß sich der Fußboden leicht reinigen läßt und Ausbesserungen ohne Aufwand vorgenommen werden können.
Um die Unfallgefahr weitgehend herabzusetzen sollen die *Wände* glatt sein und keine starken Vorsprünge aufweisen. Günstig ist eine Holzverkleidung bis in 1,50 oder 2 m Höhe. Die Wände sollen nicht von Geräten und Geräteschränken verstellt sein. In eine Halle oder in einen Raum, in dem vorwiegend Gymnastik durchgeführt wird, gehören an die Wand:

— Spiegel, die dreiteilig sein sollten, damit sie bei Bedarf geöffnet oder geschlossen werden können.

— Gymnastik- bzw. Ballettstangen, die als Hilfsmittel für die Schulung der Haltung, der Körper- und Bewegungstechnik dienen.

An einer Wand soll die Sprossenwand ihren Platz finden. Die Fenster sind durch Drahtgitter zu schützen. Auch auf Holzrahmen gespannte Netze sind zum Schutz der Fenster geeignet. Als Normwert für die *Größe der Fenster* gilt: ein Sechstel der Größe der Fußbodenausdehnung. Erst dann ist eine gute Belüftung des Raumes gewährleistet.
Als *Heizung* sind Luftumwälzheizung oder Fußbodenheizung besonders geeignet. Vor allem die Fußbodenheizung, die den Raum bzw. den Boden durch darunterliegende Heizschlangen erwärmt, ist günstig.
Die *Beleuchtung* ist so anzubringen, daß eine genügend helle, blendungs- und schattenfreie Ausleuchtung des ganzen Raumes gewährleistet ist.
Folgende *Nebenräume* gehören zu einer modernen, funktionstüchtigen Turnhalle bzw. einem Gymnastikraum: Ein Umkleideraum, ein Raum zum Waschen oder Duschen, ein Geräteraum.

2.2. Inventar

Zur Ausstattung gehören neben Spiegel, Sprossenwand und Ballettstangen in jeden Gymnastikraum:

— Läufer oder Teppiche von unterschiedlicher Größe, den jeweiligen Erfordernissen entsprechend

— Matten aus Schaumgummi mit einem waschbaren Bezug

— Langbänke

— Gymnastikgeräte.

Zur **Grundausstattung** mit Gymnastikgeräten gehören:

— Gymnastikbälle	— Keulen	— Ringe
— Medizinbälle (1, 3, 4 kg)	— Reifen	— Stäbe
		— Seile.

Die *Anzahl* der anzuschaffenden Geräte ist abhängig von der durchschnittlichen Größe der Gymnastikgruppen. Als allgemeiner Richtwert kann gelten: Für die höchstmögliche Zahl der Übenden soll jeweils ein Gerät jeder Art vorhanden sein.

2.3. Pflege der Geräte

Handgeräte. Die Geräte sind vor ihrer Benutzung auf Gebrauchsfähigkeit zu prüfen. Um die Gebrauchsfähigkeit der Geräte recht lange zu erhalten, sind sie *ordnungsgemäß unterzubringen*. Am besten geeignet ist ein Geräteraum oder ein Geräteschrank mit unterschiedlichen Aufhänge- und Lagerungsmöglichkeiten. Werden die Gymnastikgeräte im Gymnastiksaal oder -raum untergebracht, müssen die Schränke in die Wand eingebaut sein. Freistehende Schränke sind Unfallquellen!

Keulen und Reifen sind aufzuhängen, ebenso Seile und Taue, Gymnastik- und Spielbälle werden hängend in Netzen untergebracht, Medizinbälle in Regalen abgelegt. Tücher, Bänder und Fahnen werden in gesonderten Schubfächern untergebracht. Gymnastikbälle aus Plaste dürfen bei gleichbleibender Temperatur nicht zu warm gelagert werden, sie verlieren sonst sehr schnell ihre Elastizität.

Die *regelmäßige Reinigung* der Geräte erhält ihre Gebrauchsfähigkeit länger und erfüllt die hygienischen Bedingungen. Werden Geräte im Freien benutzt, wo sie sehr schnell verschmutzen, sind sie sofort nach der Benutzung zu säubern. Bei ständiger Verwendung im Raum genügt eine Reinigung nach mehreren Benutzungen.

Bälle und Holzgeräte werden mit Seifenlauge gereinigt. Medizinbälle werden mit einem feuchten Lappen abgerieben und anschließend mit einem Lederpflegemittel eingerieben.

Großgeräte. Langbank und Sprossenwand müssen ebenfalls in den notwendigen Abständen gereinigt werden. Es ist darauf zu achten, daß das Holz nicht splittert, rauh und spröde wird. Ein Abreiben mit einer farblosen Möbelpolitur pflegt das Holz.

> *Beachte*
> • Geräte werden nach der Pflege erst dann wieder benutzt, wenn sie getrocknet sind bzw. das Pflegemittel eingezogen ist.

Bezüge von Matten und Decken müssen etwa zweimal jährlich gereinigt werden. Außerdem sind die Patienten aufzufordern, sich ein großes Handtuch mitzubringen, das sie unterlegen können, wenn die Gymnastik auf den Matten durchgeführt wird.

2.4. Kleidung

Eine zweckmäßige Kleidung erhöht die Sicherheit in der Gymnastik. Sie soll hygienisch einwandfrei und leicht waschbar sein. In den letzten Jahren hat sich der ganzteilige Gymnastikanzug durchgesetzt. Für die kalte Jahreszeit und das Üben im Freien ist der Trainingsanzug geeignet.

Die Sohlen der Schuhe sollen rutschfest sein. Die gebräuchlichen schwarzen Gymnastikschuhe aus Stoff entsprechen diesen Anforderungen nicht. Besser eignen sich Gymnastikschuhe aus leichtem Leder, die eine rutschfeste Sohle haben.

Schmuck muß vor der Gymnastik abgelegt werden.

2.5. Raumnutzung

2.5.1. Gymnastik im geschlossenen Raum

Die Gymnastikhalle oder der Gymnastikraum begrenzen durch ihre Flächenausdehnung die Bewegungen im Raum. In der Gymnastik bestehen bestimmte *Ordnungsformen*, die die *Aufstellung und Fortbewegung der Übungsgruppe festlegen*. Die Ausgangsstellungen sind unter 2.8. beschrieben.

Für die *Fortbewegung* sind drei Richtungen möglich: Vorwärts-, Seitwärts- und Rückwärtsbewegungen. Für alle Bewegungen im Raum gilt, daß Richtungsänderungen fließend und rund, nicht eckig oder abgehackt erfolgen sollen. Diese Forderung wird am ehesten erfüllt, wenn die verschiedenen Schrittarten, die Sprünge und Drehungen im Kreis hintereinander durchgeführt werden, jedoch setzt diese Art der Raumnutzung Bewegungserfahrungen, also Vorübung voraus.

Die Vorwärtsbewegung im Kreis hintereinander, mit gleichen Abständen der Übenden zueinander, garantiert dem Übenden eine gewisse Sicherheit im Raum und schafft die Voraussetzung für den notwendigen Platz, den der Übende für die Bewegungsausführung braucht.

> *Beachte*
> Die Aufstellung der Übungsgruppe im Raum erfolgt immer so, daß
> • der vorhandene Platz ausgenutzt wird,
> • die Übenden sich im Blickfeld des Übungsleiters befinden,
> • der Kontakt der Gruppenmitglieder gewährleistet ist.

2.5.2. Gymnastik im Freien

Sooft es die Witterung erlaubt, sollte Gymnastik im Freien durchgeführt werden. Voraussetzung dafür ist ein dazu geeigneter Platz, ein Sportfeld, z. B. ein Volleyballplatz oder ein gepflegter Rasen.
Stets soll der *Übungsraum begrenzt* werden. Die Größe des abzugrenzenden Feldes ist von der Anzahl der Übenden abhängig. Es muß so groß sein, daß jedes Gruppenmitglied genügend Platz zum Üben hat. Die Abstände der einzelnen zueinander müssen aber noch Kontaktaufnahme untereinander gestatten und dem Übungsleiter den Überblick über die Gruppe ermöglichen. Das Kommando des Übungsleiters muß von allen noch gut verstanden werden können. Im Unterschied zu einem Raum mit guter Akustik wird die Stimme im Freien oft „verschluckt". Der Übungsleiter muß besonders laut und deutlich sprechen und die Windrichtung beachten.

2.6. Räumliche Veränderungen (Raumwege)

Raumwege können gerade oder rund sein.
Gerade Raumwege führen von der Längs- oder Querseite des Raumes zur jeweils gegenüberliegenden Seite, über die Diagonale des Raumes, im Zick-Zack-Weg durch den Raum, als geometrische Figuren im Rechteck, Quadrat oder Dreieck durch den Raum.
Die Übergänge an den Stellen mit Richtungsänderungen werden anfangs nicht weich und rund, sondern mehr eckig, zackig gestaltet. Erst mit zunehmender Übung gelingen auch gerade Richtungsänderungen fließend.
Gerade Raumwege eignen sich für das Erarbeiten einer neuen Bewegungsfolge. Es wird dann am günstigsten von einer Raumseite zur anderen geübt. Vor allem sollten Sprünge zuerst auf einer Geraden geübt werden, sie gelingen in dieser Form der Fortbewegung leichter.
Runde Raumwege verlaufen im Kreis, in Kurven als Spiralen oder Achten. Sie erfordern eine größere Körperbeherrschung als gerade Raumwege, weil für das Gelingen der Bewegung eine Führung der Bewegung durch das Becken oder den Schultergürtel notwendig ist.
Werden gerade und runde Raumwege miteinander verbunden, z. B. bei Aufzügen und Polonaisen, dann soll der Übergang ebenfalls fließend erfolgen.
Raumwege und Bewegungen sollen in harmonischem Verhältnis zueinander stehen. Im Rahmen der rhythmischen Arbeit (s. a. 9.2.) eignen sich für gerade Raumwege Bewegungen im $^4/_4$-Takt, Bewegungen im $^3/_4$-Takt eignen sich für runde und kurvige Wege im Raum.

2.7. Organisationsformen

2.7.1. Einzelgymnastik

Einzelgymnastik kann als eine Fortsetzung der krankengymnastischen Behandlung betrachtet werden. Sie ist immer dann notwendig, wenn ein Patient auf Grund seines physischen oder psychischen Zustandes noch nicht in der Lage ist, an einer Gruppengymnastik teilzunehmen. Die Einzelgymnastik muß inhaltlich so gestaltet werden, daß die bewegungstherapeutischen Zielstellungen der vorangegangenen Behandlung noch beachtet werden. Die Behandlung muß also auf das Krankheitsbild abgestimmt sein, die körperliche Belastung wird jedoch systematisch weiter gesteigert, um den Patienten auf die Gruppengymnastik vorzubereiten.
Ist eine Teilnahme an einer Gruppengymnastik nicht möglich, sollte der Patient zum Abschluß der Einzelgymnastik ein Übungsprogramm vermittelt bekommen, dessen Übungselemente er beherrscht und das er selbst weiter in den Anforderungen steigern kann.
Nur so kann der mit der Einzelgymnastik erreichte körperliche Zustand erhalten und weiter verbessert werden. Zum Abschluß der Einzelgymnastik ist deshalb mit dem Patienten auch ein Gespräch über die Bedeutung des selbständigen Übens zu führen, es sind ihm Hinweise für die Anwendung des erarbeiteten Übungsprogrammes zu geben, die Dauer des Übens, die günstigste Zeit des Tages für das Üben sind zu besprechen und das Übungsprogramm ist entweder vom Patienten selbst oder vom Physiotherapeuten aufzuschreiben.

2.7.2 Gruppengymnastik

Die häufigste und gebräuchlichste Form der Durchführung der Gymnastik ist die Gruppengymnastik.

2.7.2.1. Gruppengröße

Die Anzahl der Teilnehmer kann sich zwischen 4 und 30 bewegen. Nehmen weniger als 4 Personen an der Gymnastik teil, sind Interaktionen zwischen den Teilnehmern nur in geringem Maße möglich, die Gymnastik trägt mehr den Charakter einer Einzelbehandlung. Eine Gruppenstärke von 2—4 Personen kommt häufig vor, wenn z. B. Patienten mit gleichem Krankheitsbild miteinander Gymnastik durchführen.

Die *optimale Anzahl* von Teilnehmern bei Patientengruppen beträgt 8—12 Personen. Die Gruppe ist dann von dem Physiotherapeuten gut zu überschauen, er kann jedem Gruppenmitglied, wenn nötig, Hilfeleistung geben. Zwischen den Gruppenmitgliedern ist Interaktion und Kommunikation möglich. Die Teilnehmer lernen sich bald kennen, sie können sich gegenseitig im Übungsverlauf anspornen oder auch Mut machen, wenn das Üben nicht so gelingen sollte. In Kindergruppen sind die Ordnungsprinzipien leichter aufrechtzuerhalten, ohne daß die Kinder so straff wie in einer Turnstunde während des Schulsportunterrichtes geführt werden müssen.

Wird die Gymnastik als vorbeugende Maßnahme zur Erhaltung der körperlichen Leistungsfähigkeit und vorwiegend zur Freude an der körperlichen Betätigung betrieben. dann können in den Gruppen bis zu 30 Teilnehmer sein. Die Gruppenmitglieder sind von vornherein für die Gymnastik motiviert, sie halten die Ordnungsprinzipien ein, Hilfeleistung ist nur in wenigen Situationen nötig, und Korrekturen am Bewegungsablauf können allgemein für die ganze Gruppe gegeben werden. Dadurch kann ein erfahrener Übungsleiter auch eine so große Gruppe überschauen und ohne Schwierigkeiten anleiten.

2.7.2.2. Einteilung der Gymnastikgruppen

Die Einteilung der Gruppen kann nach dem Alter, dem Geschlecht und der Zielstellung (Gruppen mit gleichen Krankheitsbildern) erfolgen.

Die Einteilung nach dem Alter erfolgt im allgemeinen in vier Gruppen:

- Gymnastik für Kinder
- Gymnastik für Jugendliche
- Gymnastik für Erwachsene
- Gymnastik für alte Menschen.

Bei der *Gymnastik mit Kindern* muß die Bewegungsentwicklung des Kindes beachtet werden. Es ist deshalb zweckmäßig, die Kindergruppe noch weiter einzuteilen in Vorschulkinder, sechs- bis zwölfjährige und zwölf- bis sechzehnjährige.

Gymnastikgruppen für *Jugendliche* sind zweckmäßig in Gruppen für junge Mädchen und junge Männer zu teilen. Während bei der Gymnastik für die Mädchen das rhythmisch musikalische Element im Übungsaufbau dominieren sollte, muß bei den jungen Männern das sportliche Element, die Betonung von Mut und Risikobereitschaft, Leistungsstreben und Leistungsvergleich im Vordergrund stehen.

Die Gymnastik für *Erwachsene* muß nicht nach dem Geschlecht unterteilt werden. Männer und Frauen können sehr gut miteinander in einer Gymnastikgruppe zusammen üben. Bei den Erwachsenen wird die körperliche Konstitution oder das Krankheitsbild die Einteilung der Gruppen bestimmen.

Auch bei der Gymnastik mit den *älteren Menschen* ist die Geschlechtszugehörigkeit unwesentlich. Es müssen die gleichen Kriterien wie beim Erwachsenen beachtet werden.

Bei der Einteilung der Gymnastikgruppen *nach einer physiotherapeutischen Zielstellung* (Diagnosegruppen) sind die Besonderheiten, die sich aus dem Alter oder aus dem Geschlecht ergeben, stets zu beachten. Außerdem sind die *jeweiligen physiotherapeutischen Gesichtspunkte* in die Gymnastik zu integrieren. Darüber hinaus sollte beachtet werden:

Bei der Arbeit mit *Kindern* darf die Gymnastik- oder die Turnstunde – z. B. Haltungs- oder Fußturnen – nicht den Charakter einer „Behandlung" tragen. Das wird erreicht, wenn der Bewegungsdrang der Kinder beachtet wird, wenn die Kinder nicht ständig mit den Ordnungsprinzipien „gegängelt" werden, sondern sie mehr dürfen als müssen.

Bei *Vorschulkindern* muß die Übungsstunde einen spielerischen Charakter tragen. Der noch geringen Konzentrationsfähigkeit der Kinder muß Rechnung getragen werden, indem mit viel Abwechslung, nicht nur im Ablauf der einzelnen Übungen, sondern auch in den Ausgangsstellungen und im Anforderungsgrad gearbeitet wird.

Die *Sechs- bis Zwölfjährigen* dürfen nicht unterfordert werden. Bei ihnen ist der Ehrgeiz und das Leistungsstreben anzusprechen und für das Üben zu nutzen.

Bei allen Gruppen, ganz besonders aber bei den *Jugendlichen*, ist auch zu beachten, daß bei einzelnen Gruppenmitgliedern nicht gehäuft Mißerfolgserlebnisse auftreten dürfen. Selbst wenn es einem Kind oder einem Jugendlichen besonders schwer fällt, es wenig „bewegungsbegabt" ist, sollten die Stunden so gestaltet werden, daß auch sie Erfolge erleben, z. B. Lob, wenn etwas schon besser gelingt als bisher, selbst wenn die Übung noch nicht vollkommen war.

Mißerfolgserlebnisse sind nicht geeignet, das Kind oder den Jugendlichen für eine weitere körperliche Betätigung zu motivieren, die für ihn wahrscheinlich besonders notwendig ist.

Die gymnastische Arbeit mit *Erwachsenen* unterliegt unter physiotherapeutischem Aspekt ebenfalls einigen Besonderheiten. Voraussetzung für eine systematische Steigerung der Anforderung ist:

— eine genaue Kenntnis der Diagnose und des therapeutisch möglichen Zieles (ausführliches Rezept)

— ein grober Überblick über die Bewegungsfähigkeit und die Anforderungen, die der Physiotherapeut auf Grund geeigneter Tests an das Herz-Kreislauf-System des Patienten stellen kann (s. 3.1.).

Außer diesem körperlichen Bereich sind beim Erwachsenen auch einige psychische Besonderheiten zu beachten.

Der Patient, der in die Gymnastik kommt, hat oft jahrelang keinen „Sport" betrieben. Er fühlt sich steif und ungelenk, er fürchtet körperliche Überforderung, und er hat Angst, sich vor den anderen zu blamieren. Ging eine lange Krankheit der Teilnahme an der Gruppe voraus oder muß sich der Patient mit einem bleibenden körperlichen Schaden abfinden, dann ist auch das Selbstwerterleben des Patienten erheblich gestört. *Diesen psychischen Besonderheiten kann der Physiotherapeut wie folgt entgegenwirken:*

— Er soll dem Patienten offen entgegenkommen und Verständnis für seine Bedenken und Beschwerden haben.

— Die ersten Stunden werden so gestaltet, daß der einzelne seine noch vorhandenen Bewegungsmöglichkeiten und seine Bewegungsfähigkeiten kennenlernt. Deshalb werden unharmonische und falsche Bewegungsabläufe in den ersten Stunden gar nicht, später indirekt korrigiert. Bei der indirekten Korrektur wird immer die ganze Gruppe angesprochen, Hilfestellungen zur Bewegungskorrektur können mit dem erforderlichen Einfühlungsvermögen immer gegeben werden.

— Die Gruppenmitglieder sollen sich auch bald untereinander kennenlernen. Das kann erreicht werden, indem der Physiotherapeut die Patienten mit Namen anspricht und Übungen durchführt, die die Kenntnis des Namens erfordern, z. B. das Spiel „Mein rechter, rechter Platz ist leer, ich wünsche mir . . . her".

Wenn sich die Gruppenmitglieder über die gemeinsame Aufgabe, miteinander Gymnastik zu betreiben, näher kennenlernen, dann kommen sie bald nicht nur wegen der körperlichen Aktivierung zu den Gymnastikstunden, sondern auch weil vielleicht ein zwischenmenschlicher Kontakt mit einer oder mehreren Personen der Gruppe entstanden ist. Der einzelne erlebt, daß andere ähnliche Probleme haben wie er selbst, und daß er sich darüber mit den anderen austauschen kann.

— Beginnt die Gruppe gemeinsam mit der Gymnastik, übt sie über eine bestimmte Zeitdauer miteinander, und beendet sie auch die Übungszeit gemeinsam, wie es z. B. während einer Kur der Fall sein kann, dann ist eine systematische Steigerung der Anforderungen an die Gruppe besonders gut durchzuführen. Besteht jedoch eine Gymnastikgruppe und kommen ständig neue Mitglieder hinzu, andere aber scheiden aus, dann haben die Gruppenmitglieder oft ein recht unterschiedliches Leistungsniveau. Den Neuen ist etwas Zeit zu lassen, sich an das Gruppenklima, die allgemeinen Regeln, die sich im Verlauf des Bestehens der Gruppe gebildet haben, und an den Leistungsstand der Gruppe zu gewöhnen. Der Physiotherapeut hat hier eine besondere Aufgabe, er muß dem Neuen eine Hilfe sein und ihn behutsam in die Gruppe einführen.

Für die *Gymnastik mit älteren Menschen* ist zu beachten, daß die *Bewegungen besonders einfach* gestaltet werden müssen, da der Alternde die Fähigkeit, kombinierte Bewegungen durchzuführen, allmählich verliert. Zudem müssen die Bewegungen *locker*, *beschwingt*, *freudebetont* durchgeführt werden. Nicht mehr die Schulung der Kraft oder der Ausdauer dominieren, ebenso werden keine neuen Bewegungsfolgen geschult, sondern noch vorhandene Bewegungsfähigkeiten werden erhalten und – wenn möglich – verbessert.

2.7.2.3. Gemeinschaftsübungen in der Gruppengymnastik

Wenn die Gymnastik in der Physiotherapie in erster Linie das Ziel der körperlichen Konditionierung hat, dann ist sie stets gleichzeitig auch Begegnung einer Gruppe von Menschen, die die gleichen körperlichen oder psychischen Beschwerden haben.

Diese zwischenmenschliche Begegnung kann in den Stundenaufbau sinnvoll einbezogen werden und für die Motivierung der Patienten zum gemeinsamen Üben genutzt werden, indem die Gruppenmitglieder so oft wie möglich „miteinander" und nicht jeder für sich üben.

Wird die Gruppe im Block, zur Reihe oder zum Keil aufgestellt, dann ergeben sich wenig Kontaktmöglichkeiten zwischen den Gruppenmitgliedern. Die Gruppe ist ganz auf den Übungsleiter ausgerichtet. Dieser wird in einer Patientengruppe häufig als ein so großes Vorbild in bezug auf seine Bewegungsfähigkeiten erlebt, daß die Patienten oft den Mut zum Weitermitüben verlieren und zu der Meinung gelangen: „Das kann ich sowieso nie." Wird die Aufmerksamkeit der Gruppenmitglieder dagegen mehr auf die Mitübenden gerichtet, dann können sie sehen, daß es anderen auch schwerfällt, daß sich dieser und jener besondere Mühe gibt, sie sind so einander Vorbild und Ansporn.

Die Aufstellung der Gruppe zum *Stirnkreis* und vor allem die *Partnerübungen* tragen diesem Aspekt Rechnung.

Zu den Partnerübungen gehören alle Übungen, deren wesentlichster Bestandteil das gemeinsame Üben von zwei Gruppenmitgliedern ist.

Sie können durchgeführt werden als Übungen

mit Hilfestellung des Partners
zur Erleichterung des Übungsablaufes
zur Unterstützung
zur Korrektur der Übung

mit Widerstand des Partners
als überwindender Widerstand
als gleichgerichteter Widerstand (Halten)

mit genau abgestimmter Bewegungsfolge
gleichzeitiges, gegengleiches Bewegen
ständiger Wechsel zwischen dem Bewegungsablauf der beiden Partner
ständiger Wechsel der Aufgabenstellung (Halten — Üben)

mit einem Gymnastikgerät
als Wurf- und Fangübungen
als Geschicklichkeitsübung
im gegengleichen Üben, z. B. bei Schwüngen.

> *Beachte*
> - Bei allen Partnerübungen, die nicht gegengleich und gleichzeitig ausgeführt werden, muß die Aufgabenstellung, z. B. Halten — Üben; Werfen — Fangen; mindestens einmal gewechselt werden.

Das Zusammenstellen der Paare. In Gymnastikgruppen werden Paare im allgemeinen durch Abzählen zu zweit aufgestellt. Dieses Vorgehen hat den Vorteil, daß sich die Zweiergruppen sehr schnell bilden lassen. Der Nachteil dieser *willkürlichen Einteilung* besteht darin, daß Gruppenmitglieder, die sich nicht sympathisch sind, ein Paar bilden müssen. Es können auch Gruppenmitglieder zusammengeraten, die in vorangegangenen Stunden keine gute Erfahrung miteinander gemacht haben, wenn der Partner z. B. sehr robust oder heftig gewesen ist. Zwischen solchen Paaren ist dann ein harmonisches, freudebetontes Üben nicht möglich.

Günstiger ist, wenn die *Gruppenmitglieder sich gegenseitig wählen* können. Dieses Vorgehen beansprucht anfangs etwas mehr Zeit, bis die Gruppenmitglieder die Scheu überwunden haben, aufeinander zuzugehen, um sich zu wählen. In Kindergruppen geht die Partnerwahl immer sehr schnell, weil Kinder noch gewöhnt sind, sich Sympathie oder Antipathie offen zu zeigen. Grundsätzlich aber wissen die Gruppenmitglieder selber am besten, wer in der Größe und in bezug auf die Leistungsfähigkeit zu ihnen paßt, wer ihnen gleichwertig ist, oder von wem sie Hilfe erwarten können.

Vorteile der Partnerübungen. Das Üben zu zweit belebt den Stundenablauf. Es ist besonders freudebetont. Die Aufmerksamkeit des einzelnen ist nicht nur auf die körperliche Leistung, sondern auch auf den Partner gerichtet.

Aus dem gemeinsamen Üben ergeben sich:

— Leistungsvergleich
— Erkennen gemeinsamer Schwierigkeiten
— gegenseitige Hilfe
— Herausbildung des Einfühlungsvermögens
— gegenseitige Rücksichtnahme
— konzentriertere Mitarbeit.

Wird die Aufmerksamkeit des Patienten während des Übens auf den Partner gerichtet dann lenkt ihn das von seinen Beschwerden ab. Er vergißt während des Übens oft, daß er dieses oder jenes noch gar nicht kann, und so gelingen Partnerübungen oft schneller und besser als Einzelübungen des gleichen Schwierigkeitsgrades.

Aufgaben

1. Was ist bei der Durchführung der Gymnastik mit einer gemischten Gruppe Erwachsener zu Beginn des gemeinsamen Übens zu beachten
— im körperlichen Bereich
— im psychischen Bereich?
2. Welche Vorteile ergeben sich für die Gymnastikstunde, wenn vorwiegend Partnerübungen durchgeführt werden?
Was müssen Sie bei der Zusammenstellung der Paare beachten?

2.8. Ausgangsstellungen

2.8.1. Ausgangsstellungen der Gruppe im Raum

Bei der Vorbereitung einer Übungsstunde ist zu überlegen, wie eine Gruppe im Raum am günstigsten unterzubringen ist. Die Zweckmäßigkeit wird bestimmt von dem Ziel der gymnastischen Übungseinheit, der Anzahl der Übenden und der Stellung des Übungsleiters zur Gruppe.

2.8.1.1. Reihen

Stirnreihe oder Linie (Abb. 76). Die Gruppe steht vorlings nebeneinander mit dem Gesicht zum Leiter. Diese Ausgangsstellung wird oft zur Begrüßung eingenommen.

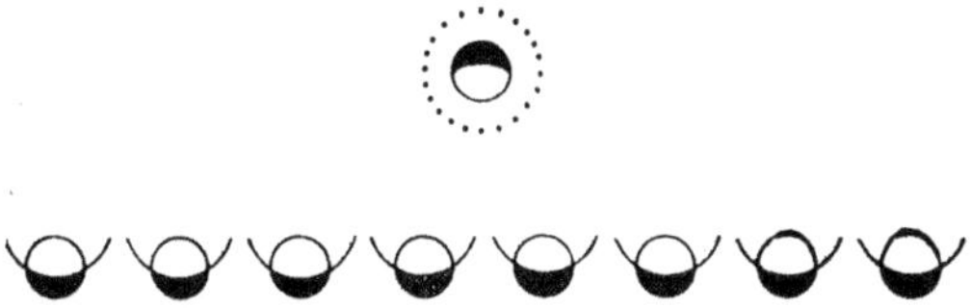

Abb. 76 Stirnreihe oder Linie

Flankenreihe (Abb. 77). Die Gruppe steht hintereinander mit der rechten oder linken Körperseite dem Leiter gegenüber. Das entspricht der Bezeichnung Flankenreihe rechts oder Flankenreihe links.
Mögliche Variationen sind die doppelte Stirn- oder Flankenreihe.

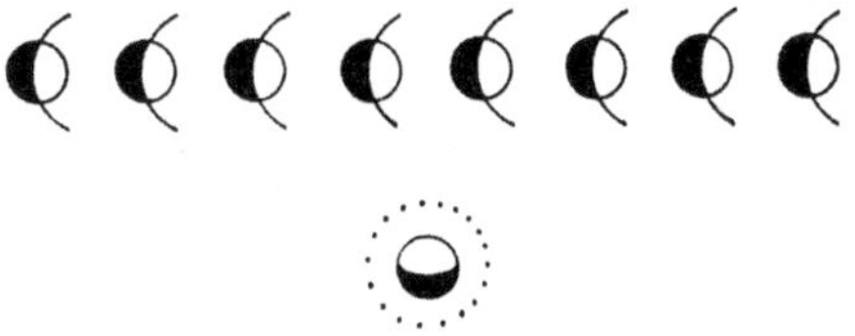

Abb. 77 Flankenreihe

2.8.1.2. Blockaufstellungen

Die Blockaufstellung wird durch Abzählen zu zweien, dreien oder mehreren erreicht. Es wird der geschlossene Block, der offene Block und der gestaffelte Block unterschieden.
Der **geschlossene Block** (Abb. 78) wird gebildet, wenn sich die Gruppe mit geringem Abstand voneinander, neben- oder hintereinander befindet.

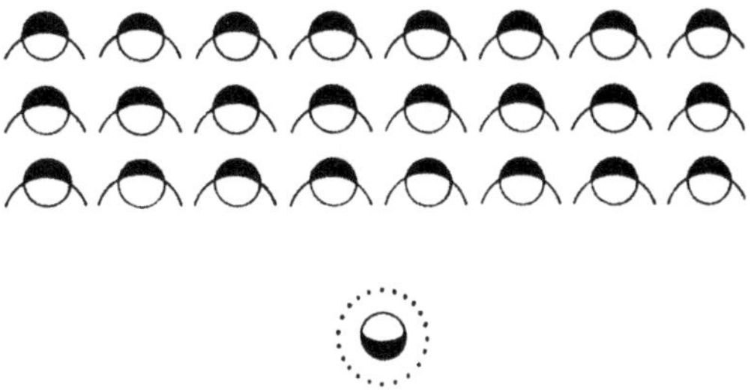

Abb. 78 Geschlossener Block

Der **offene Block** (Abb. 79) wird gebildet, wenn die Übenden mit einem Abstand, der ein sicheres Üben gewährleistet, voneinander entfernt stehen.

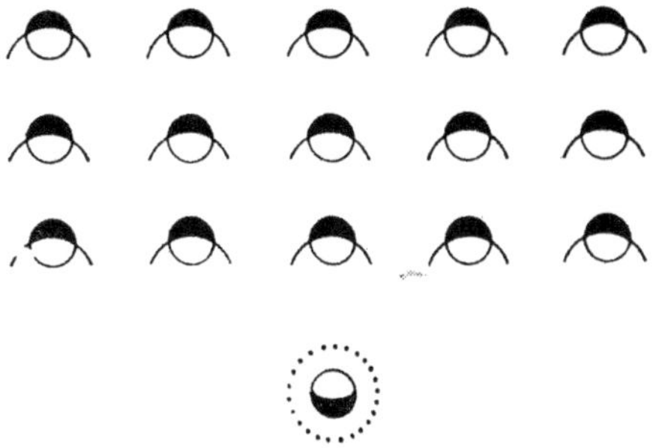

Abb. 79 Offener Block

Der **gestaffelte Block** wird gebildet, wenn die Reihen der Übenden nach links oder rechts versetzt hintereinander stehen.

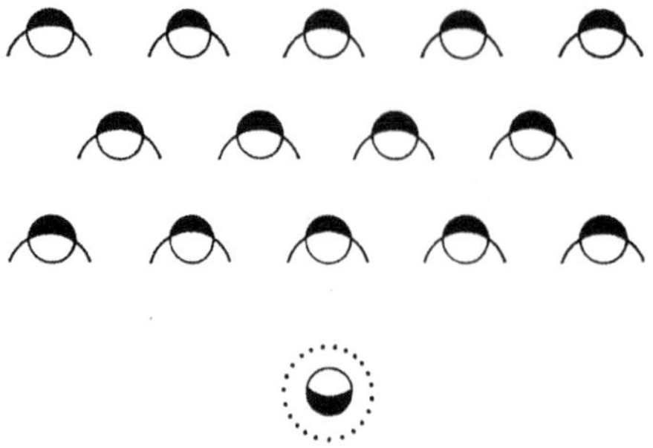

Abb. 80 Gestaffelter Block

2.8.1.3. Kreise

Beim **Flankenkreis** ist entweder die rechte oder linke Körperseite zur Mitte gewandt. Das ist Flankenkreis rechts oder links.
Der Leiter kann sich im Gegenkreis mitbewegen oder steht außerhalb des Kreises (bessere Beobachtung; Abb. 81).

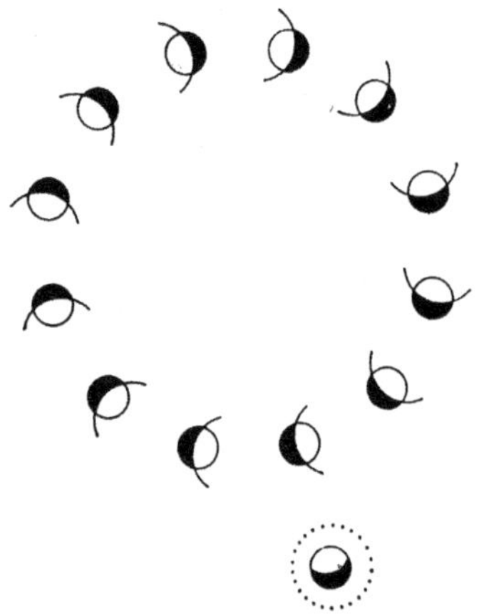

Abb. 81 Flankenkreis

Zeigt die Stirn zur Kreismitte, entsteht ein **Innenstirnkreis** oder **Stirnkreis vorlings** (Abb. 82). Kehrt man die Rückseite zur Kreismitte, bezeichnet man diesen Kreis als **Außenstirnkreis** oder **Stirnkreis rücklings** (Abb. 83).
Der Leiter steht in der Mitte, reiht sich in den Kreis mit ein oder befindet sich außerhalb des Kreises.

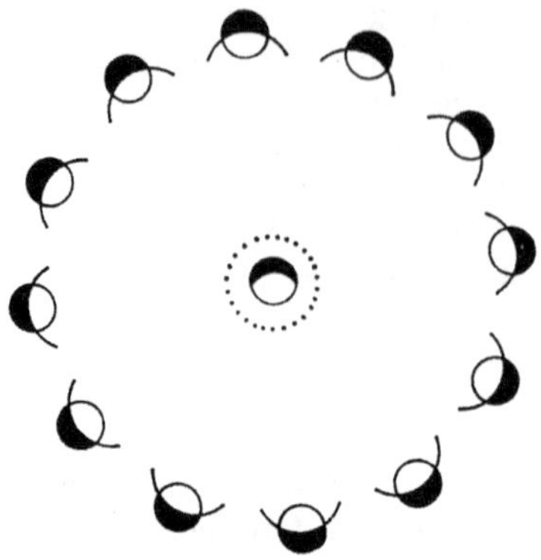

Abb. 82 Innenstirnkreis

Abb. 83 Außenstirnkreis

Variationen sind **Doppelstirnkreis** und **Doppelflankenkreis**.

2.8.1.4. Keile

Eine weitere Möglichkeit, den vorhandenen Übungsraum optimal zu nutzen, besteht in der keilförmigen Anordnung der Übenden (Abb. 84). Hierbei empfiehlt es sich, die kleineren in den ersten Reihen aufzustellen.

2.8.1.5. Gassenaufstellung

Stehen sich zwei Stirnreihen gegenüber, wird die Gassenaufstellung eingenommen (Abb. 85)

2.8.1.6. Methodische Hinweise

Um reibungslos und auf schnellstem Wege aus einer Ausgangsstellung in die andere zu kom-

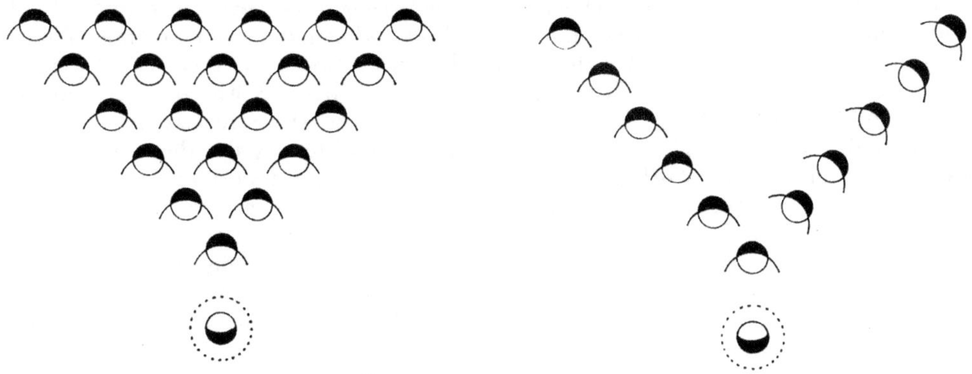

Abb. 84 Keilförmige Anordnung der Übenden

Abb. 85 Gassenaufstellung

men, ist ein straffes **Kommando** erforderlich. Es gliedert sich in 3 Phasen:

- Ankündigungswort
- kurze Pause
- Ausführungswort.

Beim Ankündigungswort kann z. B. die Richtung oder die Fortbewegungsart angegeben werden. Die Pause dient der Überlegung. Erst beim Ausführungswort erfolgt die Ausführung einer bestimmten Bewegung.

Beispiele

Rechts — um!
Zum Flankenkreis vorwärtsgehen — geht!

Handelt es sich bei den Übenden um Vorschulkinder, so kann die gewünschte Ausgangsstellung durch Kreidemarkierung auf dem Boden, durch Aufstellen oder Hinlegen von Keulen, Bällen, Seilen in Linie, Kreis, Halbkreis usw. erfolgen.

Aufgaben

1. Wie gelangen Sie aus der Stirnreihe zur Blockaufstellung und aus der Blockaufstellung in den Flankenkreis links? Üben Sie mit der Gruppe.
2. Kommen Sie aus dem Stirnkreis vorlings zur Gassenaufstellung!

2.8.2. Ausgangsstellungen der Übenden

Die Ausgangsstellungen kennzeichnen den Beginn einer Übung. Sie haben für den optimalen Bewegungsablauf Bedeutung. Die Wahl der Ausgangsstellung ist u. a. abhängig von der physischen Leistungsfähigkeit und der Gesamthaltung des Übenden. Werden z. B. Rückenlage, Bauchlage oder Seitenlage eingenommen, so ist der Körper nicht oder nur wenig belastet, da er auf einer großen Unterstützungsfläche aufliegt.
Der Körper hat keine oder nur geringe Haltearbeit zu leisten. Befindet sich dagegen der Übende in Grundstellung oder gar im Ballenstand, ist der Körper bei verkleinerter Unterstützungsfläche und Hochverlagerung des Körperschwerpunktes durch verstärkte Rumpfarbeit im Gleichgewicht zu halten.
Eine richtig ausgeführte Ausgangsstellung ist Voraussetzung für einen hohen physiologischen Wirkungsgrad der Übung.

Je exakter die Ausgangsstellung, desto wirkungsvoller der Übungsablauf.

Bei der Einnahme der verschiedenen Ausgangsstellungen sind die Stellung des Beckens und die Haltung der Wirbelsäule, die als funktionelle Einheit anzusehen sind und die sich wechselseitig bedingen, von besonderer Bedeutung. Am günstigsten ist die Mittelstellung zwischen nach vorn geneigtem (gekipptem) und nach hinten stark aufgerichtetem Becken.
Entsprechend der *Unterstützungsfläche* und der *Lage des Körperschwerpunkts* unterscheiden wir Lagen, Sitze, Stütze und Stände.

2.8.2.1. Lagen

Lagen werden durch die Auflage des Rumpfes bzw. eines Teiles des Rumpfes gekennzeichnet.

Sie werden außerdem von den unterschiedlichen Ausgangsstellungen der Arme und Beine bestimmt. Zum Beispiel können diese in verschiedenen Abständen vom Körper, innen- oder außenrotiert, gebeugt oder gestreckt aufgestellt oder aufgelegt werden.

Rückenlage (RL) entspannt. Aufliegen der Rückseite des Körpers, Beine gestreckt außenrotiert, Füße leicht plantarflektiert.

Wird durch eine erhöhte Spannung des M. erector trunci im Lendenbereich und des M. quadriceps (Rectus femoris) die gekippte Beckenstellung verstärkt, kann durch Anstellen der Beine ein Ausgleich der Hohlkreuzstellung erfolgen. Die Lendenwirbelsäule nähert sich dem Boden, die Schambeinfuge wird angehoben. Ungünstig wirkt sich eine überhorizontale Armhaltung bei Hohlkreuzneigung aus.

Bauchlage (BL), entspannt. Aufliegen der Vorderseite des Körpers, Beine gestreckt innenrotiert, Kopf geradliegend oder gedreht, Arme neben dem Körper, in Seithalte, gewinkelter Hochhalte oder in Nackenhalte. Bei starkem Hohlkreuz ist durch Unterlagerung des Beckens die Kippstellung zu beeinflussen.

Seitlage (SL). Der Körper liegt mit rechter oder linker Seite auf. Entgegen der entspannten Seitlage (obenliegende Schulter und obenliegende Spina iliaca anterior superior fallen nach vorn) ist der Körper in sich gestreckt und hält durch statische Muskelarbeit das Gleichgewicht. Die Unterstützungsfläche ist gegenüber Rücken- und Bauchlage wesentlich kleiner geworden. Fällt es dem Übenden schwer, sich so zu halten, können die Beine gebeugt werden. Dadurch wird die Spannung in der LWS gemindert und das Becken aufgerichtet. Die Arme können unterschiedlich aufgelegt werden, z. B. untenliegender Arm gebeugt oder gestreckt unter dem Kopf, obenliegender Arm seitlich gestreckt auf dem Rumpf, vor dem Rumpf abstützend oder in Schulterhalte (Fingerspitzen berühren die Schulterhöhe), Seithalte, Hochhalte usw.

2.8.2.2. Sitze

Sitze sind gymnastische Bodenelemente, bei denen das Gesäß vollständig oder nur zum Teil Bodenberührung hat. Das Abstützen mit den Händen oder Unterarmen ist möglich. Werden die Beine gehoben, spricht man von **Schwebesitzen.**

Strecksitz oder Winkelsitz. Der Rumpf ist aufgerichtet und befindet sich im rechten Winkel zu den gestreckten, parallel nebeneinanderliegenden Beinen. Körperschwerpunkt ist zurückverlagert. Der Strecksitz ist schwierig, da einmal die Stellung der Beine das Becken in der Aufrichtung fixiert und zum anderen eine Dehnung der ischiokruralen Muskelgruppe vorliegt. Zur Erleichterung der Beckenhaltung und Streckung der WS können die Knie leicht gebeugt werden.

Bei rachitischem Sitzbuckel ist der Strecksitz verboten!

Grätschsitz. Die Beine werden aus dem Strecksitz abduziert, das Becken ist gekippt und die WS aufgerichtet. Erleichtert wird das durch die veränderte Stellung der Beine und die weitgehende Entspannung des Lig. iliofemorale.

Hocksitz. Die Beine sind in Knie- und Hüftgelenken stark gebeugt, Füße aufgesohlt oder aufgezeht. Das Becken ist stark aufgerichtet, die WS kyphosiert. Diese Ausgangsstellung ist besonders geeignet, einem Hohlkreuz entgegenzuwirken, da der M. erector spinae im unteren Abschnitt gedehnt wird.

Schneidersitz. Die Beine sind wie beim Hocksitz maximal gebeugt, im Hüftgelenk abduziert und außenrotiert, Unterschenkel gekreuzt und eng an den Körper herangezogen. Die lateralen Seiten liegen dem Boden auf. Das Becken ist gekippt und die WS aufgerichtet. Neben der Streckwirkung auf den Rumpf wirkt sich der Schneidersitz korrigierend auf eine X-Stellung der Beine aus.

Fersen- oder Unterschenkelsitz. Der Fersen- oder Unterschenkelsitz ist eine *Abart der Sitze*, da kein unmittelbarer Kontakt des Gesäßes mit dem Boden besteht. Der Übende sitzt auf den parallel nebeneinanderliegenden Unterschenkeln. Becken und Rumpf sind senkrecht aufgerichtet. Die Beweglichkeit im Becken ist groß, da die ischiokrurale Muskelgruppe auf der Rückseite des Oberschenkels entspannt ist. Der aufrechte Fersensitz kann zum entspannten Fersensitz abgewandelt werden. Dabei werden die Arme vor den Knien aufgelegt, der Kopf ruht auf den Händen. Die Arme können auch entspannt neben dem Rumpf und den gebeugten Beinen liegen. Die kyphosierte WS bedingt eine stark aufgerichtete Beckenstellung.

Sonderformen der Sitze, bei denen das Gesäß nicht mit dem Boden in Berührung kommt, die aber in der Physiotherapie ein weites Anwendungsgebiet haben, sind *Sitz auf Hocker, Bank oder Stuhl.*

Die Füße stehen parallel auf dem Boden. Knie- und Hüftgelenke sind rechtwinklig gebeugt. Die Körpergröße bedingt die Sitzhöhe. Das Becken ist in Mittelstellung, der Rücken gestreckt. Wie beim Fersensitz ist auch hier eine große Beweglichkeit für Becken, WS und Extremitäten gegeben. Besteht ein Hohlkreuz, kann durch einen Keil, der mit der Basis nach vorn in Richtung der Kniekehlen liegt, das Becken aufgerichtet werden. Weitere Möglichkeiten, das Hohlkreuz auszugleichen, bestehen darin, die Füße auf ein Fußbänkchen zu stellen oder eine niedrigere Sitzgelegenheit zu wählen, dadurch nähert sich das Becken den Oberschenkeln.

Werden die Beine auf dem Hocker, der Bank oder dem Stuhl gegrätscht, entsteht der **Reitsitz.** Der starke Muskelzug der ischiokruralen Muskelgruppe wird hier, im Gegensatz zum Grätschsitz auf dem Boden, geringer. Die Beckenkippung fällt leichter.

2.8.2.3. Stütze

Stütze sind Bodenelemente mit Kontakt der oberen und unteren Extremität zum Boden. Der Rumpf hat keine Bodenberührung. Das Gewicht kann vor- oder rückverlagert werden.

Unterschenkelstütz oder Vierfüßlerstand. Die Unterschenkel liegen parallel dem Boden auf und stehen zu den Oberschenkeln im rechten Winkel. Der Rücken wird in horizontaler Lage gehalten. Das Becken mit der Tendenz zum Kippen muß aufgerichtet werden. Die WS ist in dieser Stellung entlastet, der Kopf wird in Verlängerung der WS gehalten. Die leicht nach innen rotierten Arme stützen schulterbreit unter den Schultergelenken. Bei X-Armen ist auf geringe Beugung im Ellenbogengelenk sowie auf stärkere Innenrotation zu achten. Durch Veränderung des Abstands zwischen oberer und unterer Extremität kann Einfluß auf die Beckenstellung und die einzelnen Abschnitte der WS genommen werden. So wird z. B. durch Verringerung des Abstands das Becken weiter aufgerichtet, die Lordose kann ausgeglichen werden.

Rutschstellung. Durch Vergrößern des Abstands zwischen Armen und Beinen und nach Vorn- und Tiefverlagerung des Körperschwerpunkts gelangt der Körper aus dem Vierfüßlerstand in die Rutschstellung (nach Klapp). Der Kopf wird überstreckt gehalten und gibt einen Impuls für die Rückenstreckung. Die Arme werden überschulterbreit auf dem Boden nach vorn geschoben, die BWS nähert sich dem Boden. Damit wird eine Abflachung der Brustkyphose erreicht. Die Schulterblätter liegen den Rippen flach auf. Der M. pectoralis wird gedehnt. Diese Ausgangsstellung hat besondere Bedeutung in der Haltungserziehung.

Hockstütz. Die Beine stehen, in Knie- und Hüftgelenk stark gebeugt, auf den Ballen. Der Rücken ist gebeugt. Die Hände stützen vor den Füßen. Diese Ausgangsstellung ist für Haltungsunsichere nicht geeignet. Werden die Hände vom Boden gelöst, kommt es zum *Hockstand.* Der Rücken wird aufgerichtet, Oberschenkel und Rumpf bilden einen rechten Winkel. Der Körperschwerpunkt verlagert sich weiter nach hinten.

Liegestütz. Beim Liegestütz wird der Körper vom Kopf bis zu den Füßen in einer Geraden gehalten. Die Hüfte ist gestreckt, Mittelkörper gespannt. Die Füße können auf dem Ballen oder dem Fußrist stehen. Die gestreckten Arme stützen schulterbreit unter dem Schultergelenk. Es ist besonders darauf zu achten, daß die Kraft in den Schultern ein Durchhängen verhindert. Bei Haltungsschwachen ist der Liegestütz durch Übungen zur Schulung der Rumpf- und Schultergürtelkraft entsprechend vorzubereiten.

2.8.2.4. Stände

Stände sind Elemente, deren Stützfläche ausschließlich von den Füßen — auf ganzer Sohle oder Fußballen — gebildet wird. Eine Ausnahme bildet der **Unterschenkelstand** oder **Kniestand.** Stützflächen sind hier die beiden parallel nebeneinanderliegenden Unterschenkel. Unterschenkel und Füße werden von Zehen bis zu den Kniegelenken gleichmäßig belastet. Durch die Verlagerung des Körperschwerpunkts nach vorn kann die Standsicherheit negativ beeinflußt werden. Ein bewußtes Anspannen der Glutealmuskulatur führt zur

Beckenaufrichtung mit Streckung der Hüfte. Um die Standsicherheit weiter zu erhöhen, kann ein einseitiger Unterschenkelstand mit Aufstellen eines Beines eingenommen werden, dadurch wird die Beckenaufrichtung erleichtert.

Seitgrätschstand. Durch Veränderung der Unterstützungsfläche in frontaler Ebene wird eine Erleichterung geschaffen, in dem der Körperschwerpunkt im Vergleich zum Schlußstand der Unterstützungsfläche etwas genähert wird. Große Seitgrätschstellung ist bei Haltungsschwachen zu vermeiden, da das Becken leicht in Kippstellung geraten kann.

Quergrätschstand oder Schrittstellung. Die Unterstützungsfläche wird in sagittaler Ebene verändert. Bei Hohlkreuzneigung ist eine weite Schrittstellung wegen Gefahr der Beckenneigung nach vorn zu unterlassen.

Schlußstand oder Grundstellung. Die Füße stehen parallel nebeneinander, Ferse, äußerer Fußrand und Vorfuß werden gleichmäßig belastet. Die inneren Knöchel berühren sich nicht. Auf Mittelstellung des Beckens ist zu achten. Die Schultern sind tief und nach hinten gezogen. Ist das Gleichgewicht schwer zu halten, können Seit- oder Quergrätschstand eingenommen werden.

Hockstand. Die Füße stehen parallel nebeneinander. Vorfüße werden belastet, Fersen angehoben, tiefe Kniebeuge bei gerader Rückenhaltung.

Ballenstand. Das Körpergewicht wird von den Fersen auf beide Vorfüße gleichmäßig verteilt, der Körperschwerpunkt wird nach oben verlagert. Der Fußrist und das Schienbein bilden eine Linie, die Fersen berühren sich.

Aufgabe

Erarbeiten Sie mit der Gruppe je eine Übung in der Lage, im Sitz, im Stütz und im Stand und achten Sie dabei auf Fehler, die besonders beim Einnehmen der Ausgangsstellungen auftreten!
Die Vorbereitung ist schriftlich in Form einer Tabelle zu fixieren (s. 2.9.).

2.8.3. Armhalten und Armführungen

Das Halten oder Führen der Arme, die bis in die Fingerspitzen gespannt sein sollen, kann unterschiedlich sein. Es dient der Stabilisierung des Gleichgewichtes, der Verfeinerung der Übungen, trägt zur ästhetischen Ausführung bei und ist geeignet, eine Körperstellung besonders zu betonen und zu begünstigen. Bei allen Bewegungen der Arme ist die aufrechte, gespannte Körperhaltung zu beachten, d. h., der Rücken ist gestreckt, die Bauchmuskeln sind angespannt, die Schultern werden aktiv heruntergezogen. Hals und Kopf stehen senkrecht.

Tiefhalte. Die Arme befinden sich parallel neben dem Körper, die Schultern werden bewußt gesenkt, aber nicht nach vorn gezogen. Diese Halte gewährleistet eine *freie Schultergürtelhaltung*.

Schrägtiefhalte. Die Arme werden etwa 45° abduziert und außenrotiert. Die leicht nach außen rotierten Arme bewirken das *Anliegen der Schulterblätter an die Rippen* und damit eine *Weitung des Brustkorbs*, die zu vertiefter Atmung führt.

Seithalte. Sie ermöglicht eine *freie Schultergürtelhaltung* und vermittelt das Gefühl für einen aufgerichteten und gestreckten Rücken. Bei Drehungen des Rumpfes ist sie richtunggebend.

Hüftstütz und Schulterhalte. Diese Halten *fixieren* den *heruntergezogenen Schultergürtel* und stützen den aufrechtgehaltenen Rücken. Bei der Schulterhalte berühren die Fingerspitzen die Schultern und bewirken durch die Außenrotation eine Verbesserung der Aufrichtung des Rückens.

Gewinkelte Hochhalte (Klafterhalte). Die Arme werden 90° abduziert, Unterarme gegen Oberarme rechtwinklig gebeugt und im Schultergelenk außenrotiert. Diese Halte wirkt in besonderem Maße korrigierend auf die verkürzten Brustmuskeln und legt die der WS genäherten Schulterblätter den Rippen auf.

Nackenhalte. Sie kann mit Flechtgriff oder nur durch Berühren der beiden Mittelfinger am Hinterkopf ausgeführt werden. Die Länge der Arme und die Beweglichkeit im Schultergelenk sind entscheidend. Dadurch wird die Dehnfähigkeit des M. pectoralis unterstützt und die dorsale Schultergürtelmuskulatur kommt in Annäherung. Die BWS wird gestreckt, der Brustkorb weitet sich.

Schräghoch- und Hochhalte. Beim Heben der Arme über die Horizontale ist die *Rückenstreckung erschwert.* Deshalb muß darauf geachtet werden, daß die Hände beim Blick geradeaus noch gesehen werden, d. h., die Arme müssen in der frontalen Ebene neben den Ohren gehalten werden. Die Ellenbogen sind leicht gebeugt, die Handgelenke gestreckt. Auf den bewußt heruntergezogenen Schultergürtel ist besonders zu achten. Die dehnende Wirkung auf die Flanke ist gering.

Alle Halten über die Horizontale sind *bei eingeschränkter Schultergürtelbeweglichkeit* zu *meiden,* da der Mittelkörper und das Becken nach vorn ausweichen.

2.9. Schriftliche Vorbereitung von Ubungseinheiten und Lehrproben

Die Vorbereitung von Übungseinheiten und Lehrproben erfolgt stets in schriftlicher Form. Wir verwenden dafür ein Blatt Papier im Querformat, das wir in vier Spalten einteilen. Spalte eins bis drei sind dem Fachschüler vorbehalten. Die vierte Spalte ist für Eintragungen des Lehrers freizulassen. Diese schriftliche Vorbereitung ist vor Beginn der praktischen Durchführung der Übungseinheiten oder Lehrprobe dem Lehrer auszuhändigen. In Tabelle 5 wird dargestellt, unter welchen Aspekten die Vorbereitung erfolgen soll. Die Eintragungen sind in kurzer Form anschaulich darzulegen. Skizzen, graphische Darstellungen usw. sind möglich. Diese Vorbereitung wird eine Hilfe sein und die Qualität der praktischen Arbeit wesentlich beeinflussen. Neben der praktischen Durchführung wird auch die schriftliche Vorbereitung bewertet.

In den Tabellen 6 und 7 werden Beispiele einer schriftlichen Vorbereitung aufgeführt.

2.10. Aufbau einer Gymnastikstunde

Gymnastikstunden werden in drei Abschnitte gegliedert:

1. Einleitung
2. Hauptteil
3. Schlußteil/Ausklang.

Einleitung

Sie besteht aus einem einleitenden und einem vorbereitenden Stundenteil.

Tabelle 5 Thema der Lehrprobe:

Übungen	Wert der Übungen	Beachte!	Bemerkungen
In Spalte 1 gehören: ● Ausgangsstellungen der Gruppe im Raum ● Ausgangsstellungen der Übenden ● Übungsbeschreibung Auf die Verwendung der Fachtermini ist Wert zu legen.	In Spalte 2 gehören: ● der sportliche Wert Die motorischen Fähigkeiten, die geübt werden sollen, werden genannt, z. B. Kraft, Ausdauer, Schnelligkeit; Gewandtheit, Geschicklichkeit, Gleichgewicht, Reaktionsschnelligkeit, Anpassungs- und Umstellungsfähigkeit ● der anatomisch-psychologische Wert Hauptmuskeln, Gelenke, Bewegungen sind zu nennen. Verwendung der lateinischen Termini ist zu beachten! Auf Durchblutung, Herz-Kreislauf-Geschehen, Stoffwechselvorgänge, Atmung ist einzugehen. ● der pädagogisch-psychologische Wert Disziplinmaßnahmen, Kollektivbeziehungen sowie psychische Prozesse und Erscheinungen werden aufgeführt.	In Spalte 3 gehören: Gesichtspunkte, die bei der Durchführung der einzelnen Ausgangsstellungen und Übungen besonders beachtet werden müssen, z. B. Belastung, Gesamthaltung, Haltung einzelner Körperteile, Hilfestellung, Abstand der Partner beim Üben, Raumnutzung, Bewegungsweite, Hinweise zu Takt, Rhythmus, Kommando usw.	

Tabelle 6 Thema: Einleitung einer Gymnastikstunde unter Verwendung des Medizinballes. Dauer 7—10 min

Übungen	Wert der Übungen	Beachte!	Bemerkungen
Einteilung der Gruppe in gleichgroße Mannschaften. Gruppe im Flankenkreis. Erster Spieler steht mit dem Medizinball in der Mitte des Kreises.			
1. Zurollen des Balles von der Mitte, zu Spieler zwei, zurückrollen zum Mittelfeldspieler, Zurollen zu Spieler drei usw. Letzter Spieler bringt Ball zur Mitte und tauscht Platz. Mittelfeldspieler stellt sich an den Anfang seiner Gruppe. 1.1. Zurollen am Ort 1.2. Zurollen beim Gehen 1.3. Zurollen im Laufen	Schulung der Kraft des Schultergürtels, des M. biceps, des M. triceps, der Hand und Fingermuskeln, Anregung von Durchblutung, Atmung. Schulung der Konzentrationsfähigkeit, Reaktionsschnelligkeit, Schnelligkeit	Größe des Kreises schnelles Tempo tiefes Aufsetzen des Balles beim Rollen Abstände Richtungswechsel nicht vergessen! Nicht zu scharf zuwerfen! Weich und nachgebend fangen	
2. Zuwerfen mit beiden Armen			
3. Zustoßen			

Tabelle 7 Thema: Die Verwendung des Gymnastikballes in Form von Gemeinschaftsübungen

Übungen	Wert der Übungen	Beachte!	Bemerkungen
Stirnkreis vorlings. Jeder zweite Übende hat einen Ball.			
1. Leichte Seitgrätschstellung. Ball zum linken Nachbarn rollen, wieder aufrichten. Übung widergleich	Kräftigung des M. quadriceps und der Mm. glutei dorsale Schultergürtelmuskulatur Schulung der aufrechten Haltung Rhythmusgefühl	weiches Aufsetzen des Balles rhythmisches Mitgehen aller Übenden Kommando: „nach — links“ oder „und — rollt!“	
2. Prellen des Balles. Mit beiden Händen zum linken Nachbarn.	Anpassungsfähigkeit Schulung der Feinmotorik	gleichmäßiges Tempo ganzer Körper federt mit Tempo und Höhe beachten	
3. Hochwurf des Balles nach links. Übung widergleich	Umstellungsfähigkeit Gefühl für die Flughöhe	Kommando: rol — len prel — len wer — fen	
4. Übungen 1.—3. im Wechsel nacheinander	Reaktionsschnelligkeit Aufmerksamkeit		
5. Jede Übende hat einen Ball, sonst wie 1.—3.	Steigerung aller genannten Aspekte	nicht zu schnelles Tempo	

Im *einleitenden Teil* erfolgen:
— das Antreten in einer Reihe
— das Herstellen der aufrechten Haltung
— die Begrüßung der Gruppe
— die Bekanntgabe des Stundenzieles.

Die aufrechte Haltung wird von distal nach proximal hergestellt. Die Übenden werden aufgefordert, zuerst das Gewicht gleichmäßig auf beide Füße zu verteilen, Ferse, Außenrand und Zehenballen zu belasten, Innenrand des Fußes zu heben, Mittelstellung im Kniegelenk herzustellen, Gesäß leicht zu spannen, Bauchdecke zu straffen (dies geschieht wie von selbst bei der Streckung des Rückens, „nach oben wachsen“), Schultern nach unten zu ziehen, Kopf zu heben, Schultern locker zu lassen.

Im *vorbereitenden Stundenteil* erfolgen die
— Erwärmung des Organismus über die Anregung der Herz-Kreislauftätigkeit
— Lockerung der Muskulatur
— Erhöhung der Reaktionsfähigkeit
— Aktivierung der Atmung
— Gewöhnung an das Gerät, das im Hauptteil verwendet wird
— psychische Einstellung auf die Übungsstunde (Vertrautwerden mit dem Raum, dem Therapeuten und den Gruppenmitgliedern).

Die Dauer der Einleitung beträgt etwa $^1/_4$ bis $^1/_5$ von der Gesamtzeit.

> *Beachte*
> • In der kalten Jahreszeit ist mehr Zeit für die Erwärmung einzuplanen als in der warmen.

Hauptteil

Während des Hauptteiles wird das eigentliche Stundenziel realisiert. Dies kann sowohl Erlernen neuer Übungselemente als auch Festigen und Weiterentwickeln des Leistungsstandes sein.
Methodische Prinzipien. In jedem Hauptteil sollen Anforderungen an konditionelle und an die koordinative Leistungsfähigkeit gestellt werden, wobei stets das Stundenziel den Schwerpunkt der Anforderungen an die Gruppe bestimmt.
Im Verlauf des Hauptteils müssen die Anforderungen an die Übenden gesteigert werden (s. 1.2.).
Phasen mit erhöhter körperlicher Belastung müssen Phasen geringerer körperlicher Belastung ablösen.
Pausen, in denen keine körperlichen Aktivitäten ablaufen, z. B. durch langes Erklären von Übungsabläufen, sind unerwünscht.
Ausgangsstellungen und Lagen der Gruppenmitglieder sind sinnvoll zu wechseln, um einseitige Belastungen, z. B. langes Stehen, zu vermeiden.
Neben den physischen Anforderungen muß der psychische Bereich, das Erleben des Übenden in der Gruppe, beachtet werden.
Die Gymnastik soll freudebetont verlaufen, der Therapeut soll sich nicht autoritär, sondern zugewandt und verstehend verhalten, er muß in seinem äußeren Auftreten und seinem Bewegungsverhalten für die Gruppe ein Vorbild sein. Die Korrektur darf den Übenden nicht verletzen, sondern muß ihm Hilfestellung sein. Für den guten Kontakt zur Gruppe ist es wichtig, daß der Physiotherapeut den körperlichen Zustand (Befund) jedes Gruppenmitgliedes und auch die Namen der einzelnen Gruppenmitglieder kennt.
Der Kontakt zwischen den Gruppenmitgliedern kann über Gemeinschaftsübungen gefördert werden.
Die Dauer des Hauptteils beträgt $^2/_4$ bis $^1/_3$ der Gesamtzeit.

Schlußteil

Der Verlauf des abschließenden Stundenteils ist abhängig von der Zielstellung des Hauptteils.
Methodische Prinzipien. Werden im Hauptteil besonders aktivierende Übungsformen durchgeführt, wie z. B. Schulung der Schnelligkeit, der Schnellkraft, der Ausdauer und der Kraftausdauer, Gewandtheits- und Geschicklichkeitsübungen sowie Schulung der Reaktionsschnelligkeit, dann muß der Schlußteil beruhigend und ausgleichend gestaltet werden. Dadurch wird der Erholungsprozeß in bezug auf das Herz-Kreislauf-System eingeleitet und gefördert.
Werden im Hauptteil kraftschulende Übungen im Sinne der Maximalkraft, Gleichgewichtsschulung und Beweglichkeitsschulung durchgeführt, dann können diese wenig kreislaufanregenden Übungsformen im Schlußteil mit kreislaufanregenden Spielen, z. B. Lauf- oder Staffelspielen, ausklingen.
Die psychische Entspannung kann sowohl über freudebetonte Spiele, wie auch über lösende und entspannende Übungsformen, wie Schwünge oder eine kurze Ruhelage, verbunden mit Atemübungen oder einer entspannenden Körpertastbarkeit, erfolgen.
Gruppe und Therapeut sollen sich stets gemeinsam verabschieden, z. B. im Stirnkreis stehend mit einem gemeinsamen Händedruck oder einander gegenüber wie während der Ausgangsstellung der Gruppe zu Stundenbeginn.
Die Dauer des Schlußteiles beträgt $^1/_5$ bis $^1/_4$ der Gesamtzeit.

3. Einflüsse der Krankengymnastik auf die inhaltliche Gestaltung der Gymnastik

Gymnastik in der Physiotherapie kann sowohl die Aufgabe haben, krankengymnastische Maßnahmen in Form der Steigerung der Anforderungen fortzusetzen, als auch direkte Vorbereitung zu sportlichem Training zu sein. *Die Gruppe*, mit der zu arbeiten ist, *besteht aber meist aus Patienten.*

Die Kenntnis der Trainingsprinzipien des Sportes bildet deshalb eine Grundlage für die Gymnastik. In gleicher Weise sind wesentliche Kenntnisse aus der Anatomie, Physiologie und Krankengymnastik zu beachten. Es sind vor allem Erkenntnisse, die die Leistungsanforderungen an den Patienten, die systematische Steigerung der Anforderungen und das Wissen um die zwei wesentlichen Funktionssysteme der quergestreiften Muskulatur betreffen. Nach Lewit, Sachse und Janda unterscheiden sich diese Funktionssysteme wie folgt:

— Das *1. Funktionssystem* besteht aus vorwiegend *tonischer Muskulatur*. Die Muskeln dieses Systems neigen zur Hyperaktivität, Verspannung, Verkürzung und zum Hypertonus. Diesem System werden folgende Muskeln zugeordnet: M. trizeps surae, M. rectus femoris, M. iliopsoas, M. tensor fasciae latae, die ischiokrurale Gruppe, M. piriformis, der phylogenetisch ältere Anteil der Adduktoren, M. quadratus lumborum, die Rückenstrecker, der sternale Anteil des M. pectoralis major, Mm. scaleni, der obere Anteil des M. trapezius, M. levator scapulae und an den oberen Gliedmaßen vor allem die Beuger.

— Das *2. Funktionssystem* besteht aus vorwiegend *phasischer Muskulatur*. Die Muskeln neigen zur Hemmung, Abschwächung und Erschlaffung.

Diesem System werden folgende Muskeln zugeordnet: Mm. glutei maximus, medius und minimus, Mm. vasti des M. quadriceps, M. tibialis anterior, Mm. peronaei, die Bauchmuskeln, die unteren Stabilisatoren des Schulterblattes (M. serratus anterior, der mittlere und kaudale Anteil des M. trapezius, Mm. rhomboidei) und die oberflächlichen und tiefen Halsbeuger.

Die Muskeln dieser Systeme können nicht den bisher gebräuchlichen und bekannten physiologischen Mechanismen, wie z. B. den Flexoren oder den Extensoren, den „schnellen" oder den „langsamen" Muskeln zugeordnet werden.

Für den gesunden Menschen wird erwartet, daß sich beide Systeme im Gleichgewicht befinden. Ermüdung, Schmerzen oder Bewegungsarmut in Kombination mit statischer Überlastung beim Sitzen, Stehen sowie bei einseitigen Belastungen führen zu einer Dysbalance beider Systeme. Diese Dysbalance zeigt sich in der Verkürzung von Muskelgruppen einerseits und einer Hemmung/Abschwächung andererseits.

Beim methodischen Aufbau der Gymnastik zur Schulung der konditionellen und koordinativen Fähigkeiten ist deshalb folgendes zu *beachten*:

- Alle Muskelgruppen, die zur Verkürzung neigen, dürfen nicht noch zusätzlich gekräftigt werden.
- Alle Muskelgruppen, die zur Hemmung/Abschwächung neigen, benötigen eine gezielte Kräftigung.

Die Dysbalance zwischen den beiden Funktionssystemen hat Veränderungen der motorischen Stereotype zur Folge. Diese können sich in statischen und dynamischen vertebragenen Störungen zeigen. Sie wird als **gestörte Statik** in typischen *Haltungsfehlern* sichtbar. Kennzeichen sind:

— Kippung (Anteversion) des Beckens
— hypotone Gesäßmuskulatur
— Vorwölbung des Bauches mit lumbaler Hyperlordose
— runde Schultern mit nach vorn geschobenem Hals und überstreckten Kopfgelenken.

Die **gestörte Dynamik** ist am deutlichsten während des Gehens im Beckenbereich zu erkennen. Die veränderten Beziehungen zwischen Hüftbeugern und Rückenstreckern einerseits und der Bauchmuskulatur und der Gesäßmuskulatur andererseits (erstere verkürzt, letztere verspannt) führen zu einer ständig leichten Flexionsstellung der Hüfte und einer Anteversion des Beckens mit lumbaler Hyperlordose. Soll nun z. B. eine Extension im Hüftgelenk ausgeführt werden, dann kann der Zug der kontrakten Hüftbeuger nur mit Hilfe einer übertriebenen Rückbeuge (Lordosierung) der Lendenwirbelsäule kompensiert werden. Die Folge ist eine Verschiebung der Bewegungsachse aus dem Hüftgelenk in die Lendenwirbelsäule, die dadurch im Sinne einer Hypermobilität beansprucht wird.

In ähnlicher Weise bewirkt die Hypofunktion des M. gluteus maximus eine kompensatorische Überlastung der Lendenwirbelsäule. Die *Kraftschulung* des M. gluteus maximus muß so gestaltet werden, daß es nicht gleichzeitig zu einer Lordosierung und damit Kräftigung bzw. Verstärkung der sowieso schon hypertonen, verspannten und verkürzten Rükkenstrecker im Lendenwirbelsäulenbereich kommt. Ähnliche Konsequenzen ergeben sich für die Schulung der Bauchmuskulatur, da alle Übungen, die eine Schulung der Bauchmuskulatur von den Beinen her bewirken sollen, gleichzeitig den M. iliopsoas mit kräftigen, der ohnehin zur Verkürzung neigt.

Im praktischen Teil werden bei der Übungsbeschreibung für die Schulung der Kraft des Rumpfes Beispiele für die optimale Kräftigung der Bauchmuskulatur genannt.

Verkürzte Muskeln werden niemals rhythmisch federnd gedehnt, sondern stets langsam und allmählich. Dies kann am besten erreicht werden über Dehnlagerungen.

Bei der *Schulung der Ausdauer* gewinnt die Ermüdung des Muskels besondere Bedeutung. Da Ermüdungserscheinungen aber schon zu Dysbalancen in der Statik führen können, darf beim Ausdauertraining die Ermüdungsgrenze nicht wesentlich überschritten werden. Dabei ist zu beachten, daß das Muskelsystem des gleichen Patienten zu verschiedenen Tageszeiten unterschiedlich ermüden kann; z. B. ist die Ermüdbarkeit am Abend, nach der Arbeit und während der Krankheit sowie auch der Rekonvaleszenz größer als morgens oder bei guter gesundheitlicher Konstitution. Hier ist bei der Gestaltung der Übungsprogramme individuell vorzugehen, auch wenn die Gymnastik in der Gruppe erfolgt.

Da dies nur sinnvoll geschehen kann, wenn vor der Therapie ein exakter Befund aufgenommen wurde, der Auskunft über die muskuläre Belastungsfähigkeit sowie über die Reaktionen des Herz-Kreislauf-Systems geben kann, muß eine Befundaufnahme vor jeder gymnastischen Therapie erfolgen.

4. Grundlagen und Methoden der Gymnastik

4.1. Hauptmerkmale des sportlichen Trainings, bezogen auf die Anforderungen in der Gymnastik

Die Gymnastik wird als eine Form des sportlichen Trainings betrachtet. Bei ihrem Aufbau und ihrer Gestaltung müssen deshalb auch dessen wesentliche Merkmale beachtet werden.

Die Hauptmerkmale des sportlichen Trainings sind:

— das Erreichen individueller Höchstleistungen in einer Sportart
— der individuelle Ausbildungsprozeß
— das Aufspüren individueller Leistungsreserven und deren Mobilisation
— eine dem Trainingsprozeß angepaßte Lebensweise
— die zunehmende Wissenschaftlichkeit des Trainingsprozesses
— die Einheit von Bildung und Erziehung
— die führende Rolle des Trainers.

Übertragen auf die Gymnastik in der Physiotherapie bedeutet das, daß jede über einen längeren Zeitraum verlaufende körperliche Beeinflussung durch Gymnastik folgende Kriterien beachten muß:

- Der Grundsatz der Vielseitigkeit muß beachtet werden, um das Therapieziel zu erreichen.
- Die Gymnastik muß auf die Leistungsfähigkeit des einzelnen abgestimmt sein, und eine individuelle Steigerung der Anforderung in der Einzeltherapie und in der Gruppe muß gewährleistet sein (individueller Verlauf des Trainingsprozesses).
- Die Gymnastik muß planmäßig und systematisch aufgebaut sein. Es müssen Trainings- oder Therapiepläne aufgestellt werden, die die systematische Steigerung der Anforderungen sichern.
- Die Einheit von Bildung und Erziehung spielt in der Gymnastik eine wesentliche Rolle, weil der Physiotherapeut die Wechselbeziehung zwischen Leistungsbereitschaft und Leistungsvermögen erkennen und nutzen muß.
- Um die Wissenschaftlichkeit des Trainings- oder des Therapieprozesses zu gewährleisten, sind ständig Verbindungen zur Theorie der Körpererziehung, zur Psychologie und zur Physiotherapie der verschiedenen klinischen Disziplinen herzustellen.

4.2. Leistungstests zur Ermittlung des Zustandes motorischer Fähigkeiten

Leistungstests sind Voraussetzung für eine optimale Gestaltung des Therapie- oder Trainingsprozesses in der Gymnastik. Sie sollen zu Beginn der gymnastischen Einflußnahme, in deren Verlauf und zum Abschluß durchgeführt werden. Sie ermöglichen individuelle Therapie- und Trainingsziele, dienen der Kontrolle und der systematischen Steigerung der Anforderungen.

Der **Muskeltest nach Kraus und Weber** eignet sich für allgemein starkgeschwächte Patienten und auch dann, wenn die Gymnastik im Anschluß an eine krankengymnastische Therapie durchgeführt wird. Er gestattet einen groben Überblick über den Zustand der Rumpf- und Hüftmuskulatur und schließt einen Test in sich ein, der Auskunft über die Beweglichkeit und die Dehnbarkeit im Hüft- und Rumpfbereich gibt. Als Ergänzung eignet sich der Fallstabtest aus dem Richter-Beuker-Test, der die motorische Reaktionsfähigkeit ermittelt.

Der **Komplex-Test nach Richter-Beuker** ist umfassender als der Test zur Prüfung der Rumpf- und Hüftmuskulatur. Mit seiner Hilfe kann der Zustand der motorischen Fähigkeiten, des Herz-Kreislauf-Systems und die motorische Reaktionsfähigkeit im Groben erfaßt werden. Als Bezugssystem gibt der Test Normwerte für Altersklassen und Geschlecht an.

Der Test ermöglicht die frühzeitige Erkennung eines beginnenden Leistungsabbaues oder einer gehemmten Leistungsentwicklung im physischen Bereich.

Die Testergebnisse ermöglichen eine optimale Gestaltung des Übungs- oder Trainingsprogrammes in bezug auf Leistungsanforderungen (s. auch Theorie der Körpererziehung 4.2.3.).

4.3. Entwicklung konditioneller und koordinativer Fähigkeiten

Die Gymnastik in der Physiotherapie besteht im wesentlichen aus Übungen, die die allgemeinen motorischen Fähigkeiten in bezug auf Ausdauer, Kraft, Beweglichkeit, Dehnungs- und Entspannungsfähigkeit entwikkeln. Dabei kommt der Koordination von Bewegungsabläufen, der Schulung des Gleichgewichtes, der allgemeinen Gewandtheit und Geschicklichkeit sowie den Gebrauchsbewegungen besondere Bedeutung zu.
Die Einteilung der Übungen erfolgt nach ihrem Hauptwirkungsbereich. Es sind:
— Übungen zur Schulung der Ausdauer
— Übungen zur Schulung der Kraft
— Übungen zur Schulung der Schnelligkeit
— Übungen zur Schulung der Gewandtheit und Geschicklichkeit
— Übungen zur Schulung der Beweglichkeit.

4.3.1. Ausdauerentwicklung

Im Sport wird unter Ausdauer die Widerstandsfähigkeit des Sportlers gegenüber Ermüdung verstanden. Übertragen auf die Gymnastik heißt das:

> Ausdauer ist die Widerstandsfähigkeit des Organismus gegenüber Ermüdung bei langdauernden Belastungen.

Sie ist abhängig von der Funktionstüchtigkeit des Herz-Kreislauf-Systems, des Stoffwechsels und des Nervensystems sowie von der Koordination der Tätigkeit der Organe und der Organsysteme. Die Qualität der Ausdauer wird außerdem vom Zustand der Bewegungskoordination und des psychischen Zustandes beeinflußt (Motivation, Wille).
Im Sport werden Kraftausdauer, Langzeit- und Mittelzeitausdauer unterschieden. Diese Einteilung hat für die Gymnastik keine wesentliche Bedeutung, da sie von der Spezifik der Sportart abhängig ist. Bei der Schulung der motorischen Fähigkeit Ausdauer mit den Mitteln der Gymnastik besteht das Ziel darin, *allgemeine Ausdauerleistungen* zu erreichen.
In der Physiotherapie hat die Schulung der Ausdauer besondere Bedeutung in der Therapie und Prophylaxe der Herz-Kreislauf-Erkrankungen sowie der Atmungs- und Stoffwechselerkrankungen.
Im Sport werden 3 Methoden der Ausdauerentwicklung angewandt:
— Dauermethoden
— Intervallmethoden
— Wettkampf- und Kontrollmethoden.

Die beiden ersten Methoden haben auch in der Gymnastik Bedeutung.
Die **Dauermethoden** sind kontinuierliche Belastungen, die *nicht durch Pausen unterbrochen* werden. Die Geschwindigkeit, das Tempo, kann gleichmäßig sein oder auch an- und abschwellen. Die Dauer der Belastung ist vom individuellen Trainingszustand abhängig.
Nach der Dauermethode sollen in der Physiotherapie stoffwechselanregende Übungen, Adipositasgymnastik und Trainingsformen in der Herz-Kreislauf-Therapie (auf dem Fahrradergometer) aufgebaut werden.
Zur Schulung der Grundlagenausdauer eignen sich Übungen, die über längere Zeit ausgeführt werden können, z. B. Gehen, Laufen oder Radfahren. Auch leichtere Übungen aus dem Kreistraining (s. dort) können zur Schulung der Ausdauer angewandt werden. Die Belastung wird von der Art der Übung, der Anzahl der Wiederholungen und der Häufigkeit der Bewegungsserie bestimmt.
Die **Intervallmethoden** beinhalten einen ständigen *Wechsel von Belastungs- und Erholungsphasen*, wobei die Intervalle keine vollständige Erholung abwarten, sondern in dem Moment wieder einsetzen, wenn eine Pulsfrequenz von 120 bis 130 min erreicht ist (Stadium der unvollständigen Wiederherstellung). Die Belastung kann mit der Intervallmethode genau dosiert werden, wenn beachtet wird, daß z. B. kurze Intervalle in der Intensität höher sein können als zeitlich längere Intervalle.
Mit der Intervallmethode können so auch geringe Belastungen bei großem Belastungsumfang trainingswirksam sein. In der Physiotherapie wird das Anwendung finden, wenn ein Patient in der Rekonvaleszenz oder zu Beginn einer Übungsperiode noch keinen starken Belastungen ausgesetzt werden kann.

4.3.2. Entwicklung der Kraft

> Kraft ist die Eigenschaft des Nerv-Muskel-Systems, Widerstände durch Muskelspannungen zu überwinden.

Es werden 3 Hauptformen der Kraft unterschieden.
Maximalkraft ist die höchste Kraft, die das Nerv-Muskel-System bei maximaler willkürlicher Kontraktion auszuüben vermag.
Schnellkraft ist die Fähigkeit des Nerv-Muskel-Systems, Widerstände mit einer hohen Kontraktionsgeschwindigkeit zu überwinden.
Kraftausdauer ist die Ermüdungswiderstandsfähigkeit des Organismus bei langdauernden Kraftleistungen.
Die Kraft entsteht als ein Ergebnis unterschiedlicher Arbeitsweisen des Nerv-Muskel-Systems. Es wird zwischen einer *statischen* und einer *dynamischen* Arbeitsweise der Muskulatur unterschieden.
So sind für die dynamische Kraft die überwindende und die nachgebende Arbeit charakteristisch, für die statische Kraft ist es die haltende Arbeit. Bei der statischen Kraft verändern sich die Entfernungen zwischen Ursprung und Ansatz des Muskels nicht, der Muskel kontrahiert, ohne zu verkürzen. Es tritt eine *isometrische Kontraktion* ein. Bei der dynamischen Kraft nähert sich der Ursprung des Muskels dem Ansatz, nachgebende Arbeit, oder der Ansatz nähert sich dem Ursprung, überwindende Arbeit.
Die überwindende Arbeit kommt bei den Bewegungen und Übungen in der Gymnastik am häufigsten vor. Sie ermöglicht es, in entsprechenden Bewegungsabläufen, das eigene Körpergewicht oder ein Fremdgewicht zu bewegen, Reibungswiderstände und elastische Widerstände zu überwinden.

Methodik und Mittel des Krafttrainings

Mit dem Training der Kraft wird eine Funktionssteigerung des Nerv-Muskel-Systems erreicht. Es werden Steuerungsvorgänge gebahnt und die Fähigkeit zur Energieumwandlung wird verbessert, so daß eine intensivere Muskelinnervation möglich wird. Der menschliche Organismus wird so zu einer höheren Kraftleistung befähigt.
In der Gymnastik hat das Krafttraining Bedeutung bei der Entwicklung der Grundlagenfähigkeit Kraft. Die Übungen zur Schulung der Kraft bekommen den Charakter von Spezialübungen, wenn die Schulung geschädigter Muskelgruppen Ziel der gymnastischen Maßnahmen ist.
Analog zur Terminologie des Sports wird in der Physiotherapie unter Spezialübung die zielgerichtete und effektive Dosierung der Belastung bei der Bewegungsschulung geschädigter Funktionssysteme der Muskulatur verstanden.
Die allgemeinentwickelnden Kraftübungen und die Spezialübungen können durchgeführt werden als
— Ganzkörperübungen oder
— Teilkörperübungen.

Bei den Ganzkörperübungen (z. B. Kniebeuge verbunden mit einer Armbewegung, in den Händen einen Medizinball) ist die Belastung hoch, bei Teilkörperübungen ist die Belastung für den Gesamtorganismus geringer.
Eine systematische Steigerung der Anforderungen ist durch den *ständigen Wechsel zwischen Teil- und Ganzkörperübungen* zu erreichen, wobei zu Beginn des Trainings oder der Therapie die Teilkörperübungen überwiegen und im Trainingsverlauf ständig mehr Ganzkörperübungen einbezogen werden müssen.

> Die allgemeinentwickelnden Übungen für die Kraft haben das Ziel, alle Muskelgruppen, die zur Aufrichtung des Körpers, für die aufrechte Haltung und für die Fortbewegung von Bedeutung sind, zu schulen.

Darüber hinaus soll der Übende befähigt werden, auch *Kraftleistungen* im Sinne der haltenden, überwindenden und nachgebenden Arbeitsweise zu erbringen.
Die Benennung der Übungen erfolgt nach der Zielstellung z. B. Schulung (der Kraft) der
— Rumpfmuskulatur
— Becken- und Beinmuskulatur
— Schultergürtel- und Armmuskulatur.

Hinweise zur Vermeidung von körperlichen Schäden oder Verletzungen

Typische Verletzungen als eine Folge des Krafttrainings sind Muskel- oder Bänderzerrungen bzw. -risse. Sie treten als plötzliches Ereignis auf. Es kann aber auch zu Muskel-, Gelenk- und Bänderschädigung kommen, die durch den Einfluß verschiedener Mikrotraumen in der Folge von Fehlbelastungen, selten durch Überbelastung entstehen.

Um Verletzungen der Muskulatur und der Bänder zu vermeiden, ist in der Gymnastik zu *beachten*:

- Die Dosierung muß dem Leistungsniveau angepaßt sein.
- Der Körper muß vor der Kraftschulung genügend erwärmt werden.
- Während des Trainings muß der Körper warm gehalten werden.
- Die Muskulatur der Antagonisten (Dehnung!) darf nicht übermüdet sein.
- Pressungen durch Atemanhalten bei zu großer Kraftanstrengung muß vermieden werden (Vermittlung der Atemtechnik parallel zur Belastung).

In der Physiotherapie hat die *Schulung der Kraft* mit den Mitteln der Gymnastik Bedeutung als:

— weiterführende Maßnahmen der Krankengymnastik
— Therapie und Prophylaxe von Bewegungsmangelerkrankungen
— ausgleichende Maßnahme bei Fehlbelastungen infolge von Knochen- und Gelenkveränderungen
— Maßnahme zur Wiederherstellung bei Haltungsschäden
— Maßnahme der Körperschule im Versehrtensport.

4.3.3. Schnelligkeitstraining

Schnelligkeit ist die Fähigkeit des Menschen, sich mit höchstmöglicher Geschwindigkeit fortzubewegen.

Voraussetzungen für die Schnelligkeit sind die Beweglichkeit der Nervenprozesse, die Schnellkraft, die Dehnbarkeit, die Elastizität und die Entspannungsfähigkeit der Muskulatur.
Die Schnelligkeit hat in der Gymnastik eine untergeordnete Bedeutung, da sie hier nicht wesentlich für die meisten Bewegungsabläufe ist. Sie kann geschult werden bei der Vermittlung der Übungen zur Lokomotion und hat Bedeutung bei allen Spielen, die im Rahmen der Gymnastik Anwendung finden. Übungen, die ein hohes Tempo bei der Fortbewegung erfordern, werden auch bei der Erwärmung im ersten Teil der Gymnastik angewandt.
Für das sportliche Training des Gesunden im Rahmen der Gymnastik können ebenfalls Übungen zur Förderung der Schnelligkeit Anwendung finden.
Wird Gymnastik jedoch als weiterführende Maßnahme der Krankengymnastik durchgeführt, sind erst die bereits genannten Voraussetzungen für die Entwicklung der Schnelligkeit zu erfüllen.

4.3.4. Gewandtheitsentwicklung

Gewandtheit ist die Fähigkeit, komplizierte Bewegungskoordinationen zu beherrschen, sportliche Bewegungsfertigkeiten schnell zu erlernen und zu vervollkommnen sowie diese Fertigkeiten zweckentsprechend einzusetzen und sie gemäß den Anforderungen der sich ändernden Situation schnell und zielstrebig umzusetzen.

Kriterien zur Bestimmung der Gewandtheit sind:

— die Koordinationsschwierigkeit der Bewegungsaufgabe
— die Genauigkeit der Ausführung
— die Lernzeit bis zur exakten Ausführung.

Sie kennzeichnet die Anpassungs-, Steuerungs- und Umstellungsfähigkeit.

Die Bedeutung der Gewandtheit

Die Gewandtheit ist eine wichtige Voraussetzung für das Erlernen und Vervollkommnen sportlicher Bewegungsfertigkeiten. Sie hat deshalb in den Sportarten eine vorrangige Bedeutung, in denen hohe Anforderungen an die Bewegungskoordination gestellt werden.
Da die Bewegungskoordination in der Gymnastik eine wesentliche Rolle spielt, ist die Schulung der Gewandtheit mit den Mitteln der Gymnastik von besonderer Bedeutung. Wichtig ist die Gewandtheit auch bei allen reaktiven Bewegungen, also immer dann, wenn es gilt, verlorengegangenes Gleichgewicht beim Ausrutschen oder Stolpern, bei Karambolagen wiederherzustellen.
Es wird zwischen *allgemeiner Gewandtheit* und *spezieller Gewandtheit* unterschieden. Die allgemeine Gewandtheit kommt in den vielfältigen Bereichen der sportlichen Betätigung zum Ausdruck, die spezielle Gewandtheit steht in engem Zusammenhang mit dem Variationsvermögen in der Technik der betreffenden Sportart.
Immer ist Gewandtheit an den Grad der Ausbildung der anderen physischen Fähigkeiten

gebunden, und nur in deren komplexem Auftreten ist sportliche Gewandtheit möglich.

Hinweise zur Methodik der Gewandtheitsentwicklung

Hauptanliegen der Gewandtheitsentwicklung ist die Beherrschung neuer, vielseitiger Bewegungsfertigkeiten und deren Komponenten. Auf der Basis *vorhandener* Bewegungskoordinationen können sich *neue* Bewegungskoordinationen bilden.

Gewandtheit muß immer wieder neu geschult werden, die Lernfähigkeit verringert sich, wenn über längere Zeit keine neuen Bewegungen erlernt werden.

Automatisierte Bewegungen tragen nicht zur Weiterentwicklung der Gewandtheit bei.

Während sich die anderen physischen Fähigkeiten durch relativ einfache Bewegungen entwickeln lassen, müssen die Übungen zur Entwicklung der Gewandtheit einen gewissen Schwierigkeitsgrad in koordinativ-motorischem Sinne aufweisen.

Für die Entwicklung der Gewandtheit eignen sich in der Gymnastik vor allem kombinierte Übungen mit Geräten, Bewegungs- und Sportspiele.

Die günstigsten Möglichkeiten für die Entwicklung der Gewandtheit bestehen im Kindes- und Jugendalter.

4.3.5. Beweglichkeitsentwicklung

> Beweglichkeit ist die Fähigkeit des Menschen, Bewegungen mit großer Schwingungsweite (Amplitude) auszuführen.

Der Maßstab für die Beweglichkeit ist deshalb die maximale Bewegungsamplitude der Gelenke. Die Beweglichkeit kann in Zentimetern und in Winkelgraden gemessen werden (z. B. Neutral-Null-Methode).

Häufig werden bestimmte Bewegungsstandards für die Kennzeichnung der Beweglichkeit benutzt, z. B. Rumpfbeugen vorwärts bei durchgedrückten Kniegelenken, die Hände oder Fingerspitzen erreichen den Boden.

Die Beweglichkeit ist eine *Grundvoraussetzung für eine qualitativ und quantitativ gute Bewegungsausführung*. Ist sie nicht genügend ausgebildet, dann ergeben sich Schwierigkeiten und Mängel bei der Ausführung der Bewegung:

— Das Erlernen bestimmter Bewegungsfertigkeiten wird unmöglich, das Tempo der Aneignung verringert sich.

— Es besteht leicht Verletzungsgefahr.

— Mangelhafte Beweglichkeit verhindert und behindert die Entwicklung der Fähigkeiten Kraft, Schnelligkeit, Ausdauer und Gewandtheit.

Anatomisch-physiologische Grundlagen der Beweglichkeit

Bewegungen werden durch die Gelenke ermöglicht. Jedes Gelenk verfügt über einen bestimmten Bewegungsausschlag, der von der Beschaffenheit des Gelenkes an sich bestimmt wird. Dieser anatomisch vorgegebene Aktionsradius hängt von der *Dehnbarkeit der* die Gelenke umgebenden *Bänder, Sehnen* und *Muskeln* sowie von der *Kraft der Muskulatur* ab.

Die Elastizität der Bänder und Sehnen kann durch systematisches Üben verbessert werden. Sie darf jedoch die Schutzfunktion des Bandapparates nicht überschreiten (Überdehnungen schädigen den Bandapparat!).

Weiterhin hängt die Beweglichkeit von der *Dehnbarkeit der Muskulatur* ab. Im Zusammenspiel der Muskulatur wird die Kontraktion des einen Muskels von der Dehnbarkeit des Antagonisten begleitet. Ist diese begrenzt, dann ist auch die Kontraktion nicht in ihrem vollen Ausmaß möglich.

Die Dehnbarkeit der Muskelfaser kann geschult werden, dabei darf der Muskel seine Kontraktionsfähigkeit nicht verlieren. Dehnübungen müssen deshalb stets mit kraftschulenden Übungen kombiniert werden.

Äußere Bedingungen und der Zustand des Organismus beeinflussen die Beweglichkeit ebenfalls. Zum Beispiel ist die Beweglichkeit mittags größer als morgens, nach einem heißen Bad größer als bei längerem Aufenthalt in Kälte, bei Ermüdung geringer als nach einer 20minütigen Auflockerung.

Methodik der Beweglichkeitsentwicklung

Die Beweglichkeit ist eine wichtige Voraussetzung für fast alle Übungselemente in der Gymnastik. Sie ist deshalb im Rahmen der Gymnastik systematisch zu entwickeln.

Es wird zwischen aktiver und passiver Beweglichkeit unterschieden.

Passive Beweglichkeit ist die größtmögliche Beweglichkeit in einem Gelenk, die durch Nachhilfe (Partner, Gerät, eigenes Körpergewicht) erreicht werden kann. Eine Verbesserung der passiven Beweglichkeit kann den Dehnbarkeitsgrad der Muskeln bestimmen, die die Amplitude der Bewegung einschränken.

Aktive Beweglichkeit ist die größtmögliche Be-

weglichkeit in einem Gelenk, die ohne fremde Hilfe, allein durch die Tätigkeit der Muskulatur hergestellt werden kann.
Die Beweglichkeit erfolgt mit Hilfe der Dehnung der Muskulatur bzw. deren Sehnen. Sie wird erreicht durch:

— *Intensive Kontraktionen der antagonistischen Muskulatur*
Diese Muskelkontraktionen, die serienmäßig mit jeweils 10—15 Wiederholungen pro Serie ausgeführt werden müssen, bewirken gleichzeitig eine Verbesserung der Muskelkraft. Da diese Muskelgruppen häufig zur Hemmung, Abschwächung und Erschlaffung neigen, ist ihre Kraftschulung erforderlich.
Diese Form der Dehnung verhindert außerdem schmerzhafte Überdehnungen und damit die Schädigung der zu dehnenden Muskeln und Sehnen, da ihre Intensität weitgehend vom Übenden selbst gesteuert wird.

— *Zusätzliche Krafteinwirkungen zur Verstärkung der Dehnreize*
Diese Krafteinwirkungen können ausgehen vom:
Eigengewicht (Schwerkraft) des Körpers
von einem Partner
von einem Gerät (Sprossenwand, Medizinball, Gymnastikstab).

Beachte

- Voraussetzung für die Anwendung von Dehnungen ist eine intensiv erwärmte Muskulatur.
- Werden Dehnungen völlig passiv ohne Arbeit der antagonistischen Muskulatur ausgeführt, besteht die Gefahr der Überdehnung.
- Wird der momentan mögliche Dehnungsgrad überschritten, reagiert der Körper mit einer reflektorischen Gegenspannung. Diese ist ein Warnsignal des Nerv-Muskel-Systems!
- Ruckhafte, plötzliche, heftige Dehnreize sind zu vermeiden.
- Erreichte Beweglichkeit muß durch ständiges Üben erhalten werden.
- Besteht Hypermobilität, ist keine Dehnung durchzuführen.
- Die allgemeine Beweglichkeit des Menschen ist morgens schlechter als im Tagesverlauf.
- Beweglichkeit läßt sich bei Kindern und Jugendlichen leichter schulen als bei Erwachsenen.

Dehnlagerung

Während einer Dehnlagerung wird der Körper aktiv in eine extreme Dehnlage gebracht, die langsam und allmählich verstärkt wird. Ruckhafte Bewegungen sind zu vermeiden.
Wird z. B. die Halbmondlagerung in der Rückenlage zur Dehnung der Flanken ausgeführt, dann wird zuerst der Arm der zu dehnenden Seite nach oben abgelegt, dann wird das Bein der Gegenseite abduziert, das andere adduziert; dies erfolgt schrittweise, bis der Dehnreiz sehr deutlich zu spüren ist. Anschließend wird die Dehnung durch Seitneigen weiter verstärkt, der Arm auf der Seite der Dehnung wird nachgezogen, bis eine extreme Lagerung erreicht ist. In dieser Lage soll der Körper einige Zeit verharren. Das Zurücknehmen der Lagerung erfolgt ebenfalls langsam, allmählich und individuell, d. h., es wird dafür kein Übungskommando gegeben.
Häufig angewandte Dehnlagerungen sind:
— die Päckchenlagerung zur Dehnung der Vorderseite der Beine und der Rückenstrecker im Lendenwirbelsäulenbereich,
— die Lagerung zur Dehnung des M. pectoralis in Rückenlage, wobei die Arme in U-Halte nach oben abgelegt werden,
— die oben beschriebene Halbmondlagerung zur Flankendehnung sowie
— verwringende Lagerungen des Rumpfes aus der Rückenlage, wenn z. B. die angestellten Beine der Schwere nach rechts oder links fallengelassen werden.

Beachte

- Dehnlagerungen dürfen nur bei erwärmtem Körper, in warmen Räumen und warm bekleidet durchgeführt werden.
- Während der Lagerung soll sich der Übende auf die Vorgänge in seinem Körper konzentrieren, wobei er aufgefordert wird, einsetzende reflektorische Gegenspannungen bewußt zu lösen.
- Jedes Nachfedern oder Nachdrücken durch einen Partner ist zu unterlassen.

Aufgaben

1. Welche Bedeutung haben die Hauptmerkmale des sportlichen Trainings für die methodische Gestaltung der Gymnastik?
Stellen Sie Verbindungen zu den Fächern Reaktionslehre und Theorie der Körpererziehung her!

2. Warum sind die allgemein entwickelnden Übungen Voraussetzung für die Schulung der Hauptübungen in der Gymnastik?
3. Welche Bedeutung haben die Schulung der Kraft, der Dehnfähigkeit und der Ausdauer für die Haltungserziehung?

4.4. Gymnastik als Mittel zur Schulung des Körpergefühls und der Entspannungsfähigkeit

Die Schulung konditioneller und koordinativer Fähigkeiten sowie der Beweglichkeit ist in ihrem optimalen Verlauf wesentlich abhängig vom Körpergefühl des Übenden und von seiner Fähigkeit, Muskelgruppen bewußt anzuspannen und zu lösen.
Ein gut ausgeprägtes **Körpergefühl** ermöglicht es dem Menschen, Haltungen, Bewegungen und Muskelspannungen seines Körpers bei gedanklicher Konzentration sofort zu erspüren und bewußt zu verändern. Über dieses Körpergefühl können Patienten, die zur Gymnastik in der Physiotherapie kommen, oft nicht mehr spontan verfügen. Es fällt ihnen schwer, die im Rahmen der Gymnastik geforderten Bewegungsabläufe zu realisieren. Zur Verbesserung dieser Fähigkeit können in der Gymnastik Techniken aus der konzentrativen Körpertastarbeit nach Gindler verwendet werden. Diese Körpertastarbeit hat das Ziel, das Körpererleben zu verbessern, die Wahrnehmungs- und Empfindungsfähigkeit des Körpers zu schulen, physische Vorgänge, wie Muskelspannung und -entspannung, Atmung, Durchblutung und bestimmte Bewegungsabläufe zu beeinflussen.
Die gedanklich-konzentrative Zuwendung wird erreicht, wenn der Übende sich in Ruhelage mit geschlossenen Augen auf die Wahrnehmungen und Empfindungen konzentriert, die ihm sein Körper in bezug auf Lage, Haltung und unterschiedliche Spannungsgrade der Muskulatur vermittelt. Dies kann erreicht werden
— mit Hilfe von kleinen Gelenkbewegungen
— mit intensivem Anspannen und allmählicher Lösung (vom Spannungsmaximum zum Spannungsminimum und umgekehrt)
— mit einer gedanklichen Wanderung zu den bewußten Teilen des Körpers (gedankliche „Tastreise")
— mit speziellen Lagerungen, wie Dehn- und Stablagerungen.

Die **bewußte Spannungs- und Entspannungsfähigkeit** der Muskulatur kann mit speziellen gymnastischen Übungen geschult werden, z. B. mit
— isometrischer Muskelspannung und anschließendem langsamem Lösen und Entspannen
— Heben eines Körperteils in eine Ausgangsstellung oder -halte, intensivem Anspannen und anschließendem Fallenlassen
— Pendel- und Schleuderbewegungen
— Schüttelungen
— Schwüngen.

Das *Lösen* wird erreicht, wenn nach einer intensiven Muskelspannung, die am besten isometrisch abläuft, die Spannung allmählich aus dem Körperteil, aus der Muskelgruppe gelöst wird.
Ein wesentliches Merkmal des Lösens ist, daß Spannungsminima und Spannungsmaxima in fließenden Übergängen einander ablösen. Wird das Lösen betont und nach dem Lösen noch eine kurze Pause gegeben, dann tritt in dieser Pause eine deutliche Entspannung der Muskulatur ein. Außerdem verbessert sich das Gefühl für Anspannung und Lösung des Körpers, der Bewegungsvorgang rückt deutlich in das Bewußtsein und kann aktiv mitgestaltet werden.
Das *Fallen* entsteht, wenn eine Muskelgruppe oder ein Körperteil in eine bestimmte Spannung oder Halte gebracht wird, und die Spannung dann plötzlich aufgehoben wird. Der Körper oder das Körperteil fällt, den Gesetzen der Schwere folgend, nach unten. Nach dem Fallen muß dem Körperteil die Möglichkeit des Ausfederns oder Auspendelns gegeben werden.
Pendelbewegungen entstehen, wenn beim Loslassen aus einer Ausgangshalte die Bewegung nicht bewußt gestoppt wird, sondern ein Ausklingen zugelassen wird. Auch für die Pendelbewegung ist Bewegungserfahrung im Sinne des Lösens und Lockerlassens notwendig.
Schleuderbewegungen entstehen, wenn eine Extremität mit erhöhtem Kraftaufwand in eine Richtung geschleudert wird und dies ohne Einsatz von Kraft ausklingt. Bei weiteren geringeren Impulsen bleibt die Schleuderbewegung erhalten.
Im Unterschied zu Schüttelungen und Pendelbewegungen haben Schleuderbewegungen ein großes Bewegungsmaß, sie setzen Kraft und Beweglichkeit voraus.

Schüttelungen werden durch fortgesetzte zyklische Bewegungen eines Körperteiles, z. B. der Hand, des Unterarmes, des Fußes, mit Hilfe der diesen Körperteil in allen Bewegungsrichtungen bewegenden Muskelgruppen erreicht. Eine Schüttelung gelingt dann vollkommen, wenn der Übende schon eine gewisse Fähigkeit zur Lösung und Entspannung erworben hat und in der Lage ist, das zu schüttelnde Gelenk bzw. den Körperteil auch lokker zu lassen.
Charakteristisch für alle *Schwünge* ist das Ausnützen des Trägheitsmomentes. Jeder Schwung wird mit einem Anschwung in die entgegengesetzte Richtung eingeleitet. Infolge der Trägheit pflanzt sich der energisch gegebene Anfangsimpuls auf die an der Schwungbewegung beteiligten Gelenke nacheinander fort, und die Bewegung klingt in der gleichen Richtung aus. Jeder Schwung kann mit unterschiedlichem Spannungsgrad der beteiligten Muskeln ausgeführt werden, es können Teile des Körpers oder der ganze Körper in die Bewegung einbezogen werden. Werden Schwünge als zyklische Bewegungen, also in ständiger Wiederholung des gleichen Bewegungsablaufes, ausgeführt, dann ist jeweils nur ein geringer Kraftimpuls notwendig, um den Bewegungsablauf aufrecht zu erhalten. Spannungs- und Entspannungsphasen wechseln sich während der Bewegung ständig ab. In dieser Eigenschaft und im rhythmischen Ablauf der Schwungbewegung ist deren Entspannungswirksamkeit zu sehen (s. auch 4.4.5.).

Aufgaben

1. Wie schulen Sie die Beweglichkeit?
2. Welche Maßnahmen führen Sie durch, wenn Muskel- bzw. Körpergefühl Ihres Patienten ungenügend entwickelt ist?
3. Wie fördern Sie die Lockerung und die Entspannungsfähigkeit der Muskulatur?

4.5. Technische Merkmale der Elementegruppen

Je nach Bewegungsaufgabe wird gegangen, gelaufen, gesprungen, gestanden, geschwungen oder es werden wellenförmige Bewegungen ausgeführt. Diese Bewegungen sind auch grundlegende Bewegungshandlungen anderer Sportarten. In der Gymnastik erhalten sie jedoch eine spezielle Form und Ausprägung, weil ästhetische Anforderungen, rhythmisches Bewegen und Haltungserziehung die Technik bestimmen.
Es werden sieben Strukturgruppen unterschieden:

— Stände	— Drehungen
— Schrittarten	— Schwünge
— Sprünge	— Wellen
	— Bodenelemente.

Diese Strukturgruppen werden unterschieden nach
— der Beteiligung der Körperteile an der Bewegung
— der Art des Beginns der Bewegung
— der Gestaltung der Hauptphase (Tätigkeit oder Halte des bewegten Körperteiles, Bewegungsrichtung und zeitlicher Verlauf der Bewegung) und
— der Art des Beendens der Bewegung.

4.5.1. Stände

Stände haben als Ausgangsstellung, Zwischen- oder Endstellung Bedeutung. (Siehe auch Kapitel 1.6., Beschreibung der Ausgangsstellung.)
In der Künstlerischen Gymnastik werden lediglich Sohlen- und Ballenstände unterschieden, bei denen das Halten oder geführte Bewegungen des Körpers in der Hauptphase über einen Mindestzeitraum von 1—3 s erfolgen muß.
Stände sind *Gleichgewichtsübungen.* Die Voraussetzungen dafür sind ein gut entwickeltes Gleichgewichtsempfinden, Koordinationsvermögen und Anpassungsfähigkeit der Muskulatur. Besonders bei den Ballenständen muß der Körper auf einer geringen Unterstützungsfläche mit höher gelagertem Körperschwerpunkt im Gleichgewicht gehalten werden. Diese Arbeit leisten hauptsächlich die Bein- und Rumpfmuskeln.
Durch die Beherrschung der motorischen Fähigkeit Kraft und Beweglichkeit und durch eine fein aufeinander abgestimmte Nerv-Muskel-Koordination ist der gesunde Mensch in der Lage, in den verschiedenen Ausgangsstellungen und während der unterschiedlichsten Bewegungen das Gleichgewicht seines Körpers zu halten.
Auf der Grundlage *unbedingt reflektorischer motorischer Reflexe und Haltungsreflexe* sind einfache Koordinationen möglich, die kein spezielles Erlernen erfordern und die bereits bei Kleinkindern auftreten. Im Laufe der mo-

torischen Ontogenese entwickeln sich jedoch *komplizierte Bewegungs- und Haltungsreflexe bedingt reflektorischen Charakters*. Sie erfordern eine intensive motorische Lernarbeit. Zur Ausführung dieser neuen Fertigkeiten sind kompliziertere Koordinationen der Anspannung und Bewegung verschiedener Muskelgruppen und eine schnelle Reaktionsfähigkeit notwendig. Der Körper muß lernen, auf feinste Reize zu reagieren. Es können Reize sein, die Gleichgewichtselemente enthalten, in denen die Bedingungen der Statik oder die der Dynamik mit unterschiedlichen Bewegungen des Rumpfes, des Spiel- und Standbeines, der Arme und des Kopfes vorherrschen. Bei allen Elementen ist durch ein gut dosiertes Muskelspiel die Stabilität zu wahren. Verändert sich die Lage der einzelnen Körperteile zueinander, ist auf *rechtzeitige* Veränderung der Lage des Körperschwerpunktes zu achten. Der Körperschwerpunkt ist stets im Verhältnis zur Unterstützungsfläche zu sehen. Die Größe der Unterstützungsfläche muß mit in Betracht gezogen werden. Eine größere Unterstützungsfläche läßt im allgemeinen größere Verschiebungen des Körperschwerpunktes in der Horizontalen zu.

Nicht bei allen Ständen überlagern sich Körperlängsachse und die Senkrechte des Körperschwerpunktes. Das ergibt sich aus den verschiedenen Halten und Bewegungen der Extremitäten und des Rumpfes während der Stände.

Stände werden auf dem Ballen beid- oder einseitig ausgeführt. Es sind *zwei Formen des Ansatzes* möglich:

- Der Körperschwerpunkt wird aus der kleinen Kniebeuge auf einem Bein (in der Ausgangsstellung das Spielbein) durch Strecken der Gelenke und Heben in den Ballenstand zugleich gehoben und nach vorn auf das im Knie- und Fußgelenk gestreckte Standbein verlagert (Piquéansatz).
- Die Verlagerung des Körpergewichtes und damit des Körperschwerpunktes geht dem Erheben in den Ballenstand voraus (Relevéansatz).

4.5.2. Schrittarten

Zu den Schrittarten werden gerechnet:

— einfache und kombinierte Gehschritte
— einfache und kombinierte Laufschritte
— Sprungschritte
— gemischte Schrittarten.

Gehschritte dienen der Fortbewegung an sich und sind gekennzeichnet durch:

— vorwiegend zyklische Ausführung
— ständige Bodenberührung der Füße bei Wechsel von ein- und beidbeinigem Stütz
— ständigen Wechsel zwischen Stütz- und Schwung-(Spiel)bein.

Es wird unterschieden zwischen dem natürlichen (physiologischen) Gehen und dem gymnastischen Gehen (vorrangig angewandt in der Leistungsgymnastik).

Beim *natürlichen Gehen* wird der schreitende Fuß mit der Ferse zuerst aufgesetzt und nach der Fußspitze hin abgerollt. Die Beinbewegung geht von der Hüfte aus.

Die Bewegung beginnt aus dem Stand mit der Gewichtsverlagerung z. B. auf das rechte Bein und gleichzeitiger Beugung des linken Beines im Hüft- und Kniegelenk. Während über dem rechten Bein — dem Standbein — das Gewicht nach vorn verlagert wird, schwingt das linke Bein — Schwung- oder Spielbein — nach vorn, wird im Knie gestreckt und mit der Ferse zuerst auf dem Boden aufgesetzt (doppelter Stütz, da in diesem Moment beide Beine Bodenberührung haben), das Gewicht des Körpers wird auf das linke Bein verlagert, das damit zum Standbein wird. Der letzte Abdruck rechts erfolgt durch die Zehenballen. Die Bewegung wiederholt sich. Während des Gehens werden die Arme gegengleich mitbewegt.

Beim *gymnastischen Gehen* wird der Ballen bzw. die Fußspitze zuerst aufgesetzt, der Fuß dann über die Fußsohle zur Ferse abgerollt. Es entsteht die *doppelte Abrolltechnik*. Die Lastverlagerung erfolgt bei fast gestrecktem Bein.

Beim Hochrollen des Stützbeines ist auf die Aufrichtung des Beckens und auf Mittelkörperspannung sowie das Strecken des Rumpfes nach oben zu achten. Dadurch werden die Beine entlastet und eine richtige Ausführung unterstützt. Unter ästhetischen und gestalterischen Gesichtspunkten sind vielfältige Armhalten sowie schwungvolle und geführte Armbewegungen mit den verschiedenen Schrittformen zu koordinieren.

Laufschritte werden gekennzeichnet durch:

— zyklische Bewegungsfolge
— Wechsel zwischen Stützphase und Flugphase
— stärkere Neigung des Körpers in die Bewegungsrichtung.

Die Arme werden häufig angewinkelt, können aber auch durch intensives Hin- und Herschwingen die Laufbewegung unterstützen. Die kurze Stütz- und die flüchtige Flugphase entstehen durch einen kräftigen Abdruck des Stützbeines vom Boden bei gleichzeitigem Strecken des Knie- und Hüftgelenkes. Während der Flugphase wird das Schwungbein nach vorn gebracht, die kraftvolle, elastische Landung wird mit der Fußspitze des Spielbeines abgefangen, der Fuß rollt bis zur Ferse ab, die Gelenke des Beines werden gebeugt. Das andere Bein wird gebeugt nachgezogen, mit einem erneuten Strecken und Abdrücken wird die folgende Flugphase eingeleitet.

Sprungschritte stellen im Unterschied zu den Sprüngen *zyklische Bewegungsabläufe* dar. Sie haben eine kürzere, weniger ausgeprägte Flugphase als die Sprünge. Im Unterschied zu den Laufschritten ist die Flugphase jedoch verlängert, der Abdruck intensiver, die Schrittweite und -höhe größer. Sprungschritte erfordern eine hochentwickelte Schnellkraft der Beinmuskulatur, die sowohl den Abdruck des Körpers als auch das weiche, elastische Abfangen bei der Landung gewährleistet. Während der Flugphase ist der Körper gestreckt, die aufrechte Haltung wird betont.
Sprungschritte können durchgeführt werden mit
— einbeinigem Absprung und einbeiniger Landung
— beidbeinigem Absprung und beidbeiniger Landung
jeweils mit und ohne Nachfedern, weit- oder hochbetont. Der Übergang zu den Sprüngen ist fließend, er kann nicht immer genau bestimmt werden.
In der Gymnastik der Physiotherapie haben die Sprungschritte Bedeutung im Rahmen der Kreislaufanregung. Voraussetzung für ihre Anwendung ist eine entsprechend entwickelte Kraft der Beinmuskulatur.

4.5.3. Sprünge

Sprünge sind *azyklische Bewegungen*. Sie bestehen aus drei Phasen, der Absprung-, der Flug- und der Landephase.
Der *Absprung* ist für die Höhe und Weite der Flugbahn sowie für die gute Ausführung von Körperbewegungen in dieser Phase entscheidend. Er kann aus dem Stand und aus der Vorwärtsbewegung, mit einem oder mit beiden Beinen erfolgen.
Der Absprung setzt sich zusammen aus
— dem Senken des Körpers in die Kniebeuge,
— dem nachfolgenden Strecken der Sprung-, Knie- und Hüftgelenke,
— dem kräftigen Abstoßen vom Boden.

Bei senkrechten Sprüngen erfolgt der Abstoß zentral, d. h. der Körperschwerpunkt wird von ihm getroffen. Der Körperschwerpunkt muß hierbei im Moment des Abdruckes vom Boden senkrecht über der Unterstützungsfläche liegen. Bei Sprüngen mit Vorwärtsbewegung befindet sich in diesem Moment die Senkrechte des Körperschwerpunktes wenig vor dem Absprungbein. Die horizontale Geschwindigkeit wird in den Sprung umgesetzt. Die Absprungphase kann durch den Einsatz der Arme unterstützt werden. Die *Flugphase* wird durch die Art der Körperhaltung oder -bewegung charakterisiert. Nach ihr wird der Sprung bezeichnet, z. B. Schritt-, Scher- oder Spreizsprung. Am Ende der Flugphase wird die *Landung* vorbereitet, sie muß der Art des Sprunges entsprechen. Bei senkrechten Sprüngen müssen sich die Beine genau unter dem Körper befinden, um das Gleichgewicht zu sichern. Bei Sprüngen mit Vorwärtsbewegung werden sie vor den Körper gezogen, da sich der Körper infolge der Trägheit in horizontaler Richtung weiter nach vorn bewegt, dadurch findet ein Ausgleich der Kräfte statt. Mit Hilfe der Muskelkraft wird bei der Landung dem Einfluß der Schwerkraft verstärkt entgegengewirkt. Die Landung erfolgt mit völlig gestreckten und gespannten Füßen auf den Fußspitzen. Daran schließt sich das sofortige Abrollen auf die ganze Fußsohle an, es ist mit einem Beugen der am Sprung beteiligten Gelenke verbunden. Während des Streckens erreicht der Körper die Ausgangslage.
Sprünge haben in der Gymnastik der Physiotherapie untergeordnete Bedeutung. Die Voraussetzungen für ihre Anwendung — ein intakter Gelenk- und Bandapparat und hochentwickelte Muskelkraft — werden von der Mehrzahl der zu Beübenden nicht erfüllt.

4.5.4. Drehungen

Die Drehungen sind schwierige Gleichgewichtselemente. Bei ihrer Ausführung werden hohe Anforderungen an den Gleichgewichtsanaly-

sator und an die Koordinationsfähigkeit gestellt. Die wesentlichen technischen Varianten ergeben sich aus der Art der Ausführung des Drehansatzes, aus dem Verhalten des Drehbeines zur Drehrichtung und aus der Tätigkeit des Rumpfes und der Extremitäten während der Drehphase.
Eine Drehung besteht aus *dem Drehansatz, der Drehphase und dem Abbremsen.*
Der *Drehansatz* hat die Funktion, einen Drehimpuls zu erzeugen.
Aus einer günstigen Ausgangslage wird der Körperschwerpunkt durch explosives Strekken nach oben verlagert. Dadurch entsteht eine Phase des geringen Normaldruckes auf dem Boden. Dies wird zusammen mit einer kraftvollen Bewegung der Arme in die Drehrichtung für die Einleitung der Drehung genutzt.
Während der *Drehphase* müssen Drehimpuls und Gleichgewicht erhalten bleiben. Das wird gewährleistet durch:
— die Annäherung der Gliedmaßen an den Rumpf, auf diese Weise wird das Massenträgheitsmoment verringert
— das aktive Vorrücken der Standbeinferse bei gleichseitiger Drehung bzw. das aktive Führen des Spielbeines in die Drehrichtung bei ungleichseitigen Drehungen
— schnelles Wenden des Kopfes jeweils nach einer halben Drehung bzw. durch die senkrechte Kopfhaltung
— die senkrechte Rumpf- und Standbeinhaltung bzw. durch die richtige Verlagerung der Körperteile über die Unterstützungsfläche bei Drehungen mit Abweichungen einiger Körperteile von der Senkrechten.
Das sichere *Abbremsen* der Drehbewegungen wird erzielt durch
— die Vergrößerung des Massenträgheitselementes (Ausbreiten der Arme, Strecken des Spielbeines),
— die Vergrößerung des Reibungswiderstandes (Absetzen der Drehbeinferse mit Beugen im Kniegelenk und Absetzen des Spielbeines),
— bewußte Gegenspannung der Rumpf- und Beinmuskulatur.

Damit wird ein präziser Abschluß der Bewegung erreicht oder ein fließender Übergang in ein anderes Bewegungselement geschaffen.
Eine wesentliche Rolle bei den Drehungen spielt die *Steuerungsfunktion des Kopfes.* Durch das schnelle Wenden und Festhalten an einem Orientierungspunkt im Raum (Höhe der Augen) wird die Zeit, in der der Gleichgewichtsapparat gezwungen ist, ohne den optischen Analysator auszukommen, verkürzt. Außerdem hat die Kopfbewegung einen großen Anteil an der Bildung des Drehmomentes, indem sie die Kontraktion der Rumpfmuskulatur unterstützt und so die Drehungen noch beschleunigen hilft.
Drehungen sind Elemente, deren charakteristisches Merkmal die Rotation um die Längsachse auf geringer Unterstützungsfläche unter Beibehaltung des unteren Stützes ist. Der untere Stütz wird von einem oder beiden Ballen der Füße gebildet. Drehübungen können sehr wesentlich die Gleichgewichtsarbeit erschweren. Sie beleben die Bewegungskombinationen und stellen hohe Anforderungen an die koordinativen Fähigkeiten. Auch im täglichen Leben haben sie Bedeutung, wenngleich die Drehung dann meist auf voller Sohle durchgeführt wird. Bei allen Drehungen ist darauf zu achten, daß das Lot des Körperschwerpunktes nie außerhalb der Stützfläche auftreffen darf und die anschließende Umdrehung in der Raumvertikalen erfolgt.

In der *Physiotherapie* sind folgende *Formen der Drehungen* zu unterscheiden:
— gegangene Drehungen am Ort
— gegangene Drehungen in der Fortbewegung.

Sie können im $^3/_4$-Takt oder $^2/_4$-Takt ausgeführt werden. Die Drehungen können einen unterschiedlichen Umdrehungsgrad aufweisen. Bei der 90-Grad-Drehung z. B. wird eine neue Bewegungsrichtung angestrebt. Bei einer Drehung um 180° oder 360° kann die Bewegung in gleicher Richtung oder entgegengesetzter Richtung vor-, rück- oder seitwärts erfolgen. Unterschiedliche Schrittfolgen können sich anschließen, oder mit der Drehung wird eine Kombination beendet.
Die gegangenen Drehungen im $^3/_4$-Takt bestehen aus zwei gleich langen Dreischritten, die durch $^2/_2$ Drehungen miteinander verbunden sind. Die gegangenen Drehungen im $^2/_4$-Takt können in Form $^1/_2$ Drehung oder $^1/_1$ Drehung erfolgen. Die Gehschritte werden in Form des natürlichen Gehens, des gymnastischen Gehens, mit Ballenschritten, in der kleinen Kniebeuge durchgeführt. Die Körperhaltung ist aufrecht. Armhaltungen oder -führungen können variiert werden.

4.5.5. Schwünge

Charakteristische Merkmale der Schwünge sind
— zyklische Grundstruktur der Bewegung
— rhythmischer Wechsel von Spannungs- und Entspannungsphasen
— Ausnutzung des Trägheitsmomentes
— differenzierter Kraftimpulsverlauf
— gute Koordination der Bewegung des schwingenden Körperteiles mit der impulsgebenden Streckbewegung der unteren Extremität.

Jeder Schwung wird mit einem *Anschwung* (Auftaktbewegung) eingeleitet. Dieser Anfangsimpuls pflanzt sich auf die an der Bewegung beteiligten Gelenke nacheinander fort. Der *Rückschwung* erfolgt in der entgegengesetzten Richtung.
Entscheidend für die Qualität der Schwungbewegung sind der richtige Moment des gut dosierten Krafteinsatzes und eine unverkrampfte Arm- bzw. Rumpfhaltung, um die fließende Bewegungsübertragung zu gewährleisten.

> *Beachte*
> • Schwünge sind niemals geführte Bewegungen!

Je nach Beteiligung der Körperteile an der Schwungbewegung werden unterschieden:
— Armschwünge
— Rumpfschwünge
— Ganzkörperschwünge.

Armschwünge in der *Vertikalebene* können als
— durch den Tiefpunkt gehende Schwünge
— zwischen Tief- und Hochpunkt verlaufende Aufschwünge
— über den Kopf gehende Schwünge
variiert werden.

4.5.6. Wellen

Die wellenartige Körperbewegung entsteht durch die fließende, weiche Übertragung der Bewegung von einem Gelenk zum anderen. Die Bewegung endet immer wieder in der Ausgangsstellung. Alle an der Welle beteiligten Gelenke beschreiben während der Bewegung einen Kreis, der entweder in der horizontalen oder in der vertikalen Ebene liegt.
Die Beweglichkeit der Wirbelsäule bildet die Voraussetzung für die Intensität des Bewegungsablaufes.

Es werden unterschieden:
— Körperwellen
— Wellen im Unterschenkelstand oder -stütz
— Rumpfwellen
— Armwellen.

Die Wellen gehören zu den charakteristischen Übungen der künstlerischen Gymnastik, sie haben in der Gymnastik der Physiotherapie nur geringe Bedeutung, da sie sehr schwierig auszuführen sind und ein hohes Maß an Beweglichkeit, Elastizität, Kraft und Gleichgewichtsvermögen verlangen.
Diese motorischen Fähigkeiten müssen in der Gymnastik der Physiotherapie aber meist erst geschult und stabilisiert werden. Nur selten wird eine Übungsgruppe in die Lage kommen, Wellen exakt auszuführen.

Aufgaben

1. Verdeutlichen Sie sich den Unterschied zwischen den Geh- und Laufschritten, während Sie die Bewegungen ausführen!
2. Welche der Elementgruppen haben einen zyklischen Bewegungsablauf, welche einen azyklischen?
Beschreiben Sie zu jeder Elementgruppe den Phasenverlauf, verwenden Sie dabei Ihre Kenntnisse aus dem Fach Theorie der Körpererziehung!

5. Haltung

Nach dem Gravitationsgesetz rufen alle Körper, die schwerer als Luft sind, eine Fallbewegung in senkrechter Richtung auf den Erdmittelpunkt hervor. Auch unser Körper ist diesem Gesetz unterworfen; aber durch *körpereigene Kräfte* kann diese Fallbewegung aufgehalten werden. Auf der Grundlage *aktiver* Muskelkräfte und mit Hilfe des *passiven Halteapparates* (Knochen, Sehnen, Bänder, Tonus der ruhenden Muskulatur) wird diese Fallbewegung verhindert. Wir halten unseren Körper. Bei ausreichenden Kräften, und außerdem bedingt durch den individuellen Körperbau, ist der Mensch in der Lage, seinen Körper in jeder beliebigen Ausgangsstellung zu halten. Wollen wir uns stehend aufrechthalten, muß ein beträchtliches Maß an körperlicher Arbeit geleistet werden. Haltung ist also eine spezifisch motorische Leistung. Wird die Motorik gestört, führt das zu Veränderungen der Haltung, besonders dann, wenn diese Störungen über lange Zeit anhalten und massiv auf den Körper einwirken.
Der Kraftaufwand erhöht sich, je kleiner die Unterstützungsfläche und je höher der Körperschwerpunkt von der Schwerpunktlinie der Erde entfernt ist (s. 2.8.2.!).

> Haltung ist die Fähigkeit, den Körper in ein Gleichgewicht zwischen den körpereigenen Muskelkräften und der Schwerkraft der Erde zu bringen.

Haltung ist demnach ein *Problem der Anpassung*, aber kein Problem der Muskelkraft allein. Der Erfolg unseres physiotherapeutischen Einwirkens ist vor allem davon abhängig, inwieweit es uns gelingt, die Übenden für den langwierigen Prozeß der Haltungserziehung pädagogisch und psychologisch geschickt einzustimmen. Neben dem Verständnis für Anpassungs- und Umstellungserscheinungen des Körpers sollten positive Emotionen geweckt werden, die der Förderung des Geschehens dienlich sind. Wer hat nicht schon selbst die Erfahrung gemacht, daß der Körper in sich zusammensinkt, die Haltung schlaff wird, wenn ein Mensch traurig ist, oder daß das Gefühl der Angst körperliche Verspannungen hervorruft. Anders dagegen ist die Reaktion unseres Körpers auf Freude oder Glück. Auf der einen Seite findet man eine Art „Haltlosigkeit" im äußeren Erscheinungsbild eines Menschen, andererseits sind aufrechte Haltung, elastischer Gang und sicheres Bewegen Ausdruck von Ausgeglichenheit und gesundem Selbstbewußtsein. Immer ist das *Verhältnis von Belastung und Belastbarkeit* Veränderungen und Entwicklungen unterworfen. Es ist deshalb bei unserer Arbeit zu beachten.
Es sind 2 Formen der Haltung zu unterscheiden,
— die Ruhehaltung und
— die aufrechte Haltung.

5.1. Ruhehaltung

Bei der Betrachtung eines Menschen können Unterschiede in der Art des Sich-Haltens festgestellt werden. Nicht immer ist man in der Lage, gerade und aufrecht zu stehen. Der Körper braucht *Phasen der Erholung*. Reflektorisch läßt deshalb die Spannung der aufrichtenden Muskulatur nach, und der Körper nimmt eine Ruhehaltung ein (Abb. 86a, b). Die aufrichtende Muskulatur hat jetzt nur ein Minimum an Arbeit zu leisten. Zu einem großen Teil übernehmen die Bänder das Halten. Es ist ein Zustand, der als gesund und normal anzusehen ist. Durch die weitgehende Entspannung besonders der Rückenstrecker wird der Rumpf von der Schwerkraft nach vorn gezogen. Die Krümmungen der WS werden stärker, die Schultern fallen nach vorn, die Arme hängen schlaff und leicht innenrotiert am Körper herab, die Schulterblätter entfernen sich von der WS. Damit kommt es zu einer Annäherung der Brustmuskulatur und Einengung des Brustkorbs. Die Atmung wird flacher. Auch in der Becken-Bein-Einheit kommt es durch Spannungsänderungen zur Ruhehaltung. Das Becken wird durch Entspannung der Gesäß- und Bauchmuskulatur

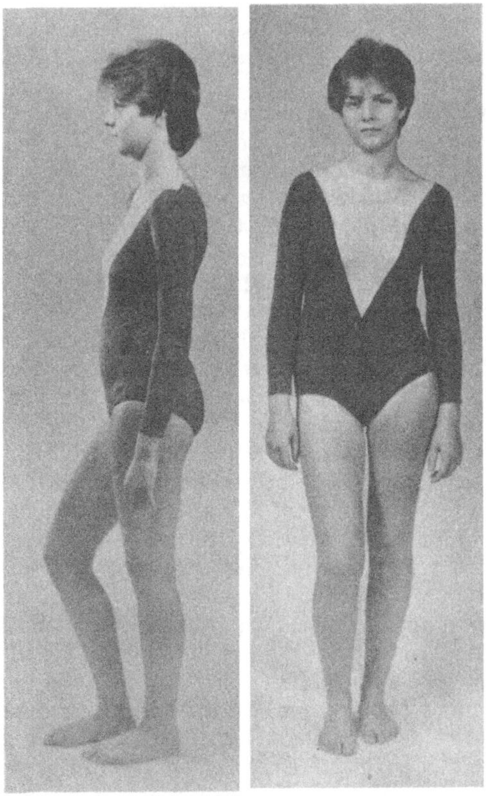

Abb. 86 Ruhehaltung
a von der Seite b von vorn

in eine Kippstellung gebracht und sinkt durch starres Stehen auf einem Bein zur Spielbeinseite hin ab. Das Standbein ist im Kniegelenk passiv durchgedrückt, das Längsgewölbe sinkt ab, das Spielbein ist leicht gebeugt.
Infolge *abnormer, übertriebener Ruhehaltung*, z. B. bedingt durch längeres Krankenlager oder gewohnheitsmäßig schlaffe Haltung oder psychische Belastungssituationen, kann es zu einer Gewohnheitshaltung kommen, die nicht mehr als physiologisch anzusehen ist. Das gesunde Wechselspiel zwischen Ruhehaltung und aufrechter Haltung ist nicht mehr gewährleistet. Damit ist verbunden, daß das Gefühl für die normale Haltung verlorengeht. Die Grenze zwischen dem „Noch-Gesunden" und dem „Schon-Pathologischen" ist nicht immer leicht zu erkennen. Zunächst kommt es zu *Tonusveränderungen* der Muskulatur, die dazu führen, daß die Muskeln, die über einen längeren Zeitraum ständig in Annäherung sind, z. B. die Brustmuskeln, verkürzt werden. Im Wechselspiel dazu findet man *überdehnte Muskeln*, z. B. die dorsale Schultergürtelmuskulatur, die durch intensive Muskelschulung gekräftigt werden müssen. Auch die *Atemgrößen* werden negativ beeinflußt. Es kommt zu Haltungsfehlern, die vom Physiotherapeuten unbedingt zu korrigieren sind (Stellungsfehler s. Orthopädie!). Besteht ein Formfehler, kann er versuchen, durch die Schaffung eines kräftigen Muskelkorsetts dem weiteren Absinken entgegenzuwirken.

5.2. Aufrechte Haltung

Beim Einnehmen der aufrechten Haltung (Abb. 87a, b) wird der für die Aufrichtung verantwortliche Muskelapparat aktiv. Durch Bewegungsimpulse, die von distal ausgehen, wird im Stand die physiologische Belastung *von den Füßen her* erarbeitet, d. h., Ferse, Außenrand, Vorfuß werden belastet, inneres Längsgewölbe wird gehoben. Von der Stellung des Beckens ist die Stellung im Kniegelenk

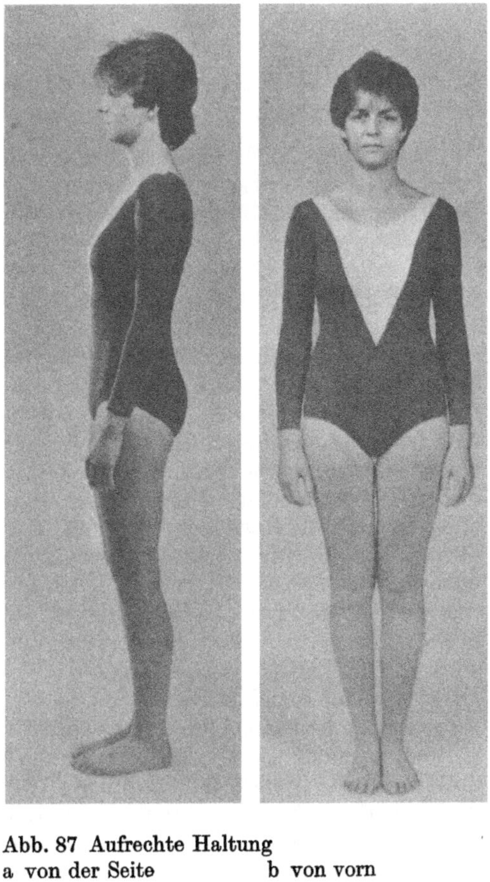

Abb. 87 Aufrechte Haltung
a von der Seite b von vorn

abhängig. Ist das Becken gekippt und die LWS übertrieben stark lordosiert, werden die Kniegelenke leicht gebeugt. Dadurch wird die Mittelstellung des Beckens erleichtert. Gelingt die Aufrichtung mühelos, können die Kniegelenke gestreckt werden. Gesäß- und Bauchmuskulatur werden angespannt. Die dorsale Schultergürtelmuskulatur sorgt für das Zurückführen der Schultern, so daß die beim Einnehmen der Ruhehaltung verstärkten WS-Krümmungen wieder abnehmen. Der Scheitel muß in Richtung „Decke" streben.
Die *Aufrichtung* kann auch *vom Kopf aus* eingeleitet werden. Sie erfaßt bewußt die gesamte WS. Zu beachten ist, daß es nicht zu einer verkrampften Haltung kommt. Trotz Spannungen soll der Patient einen gelösten Eindruck machen.
Durch den *individuellen Körperbau* und *unterschiedliche Tonusverhältnisse* der Muskulatur sind jedoch *graduelle Abstufungen* in der aufrechten Haltung zu erkennen. Durch intensives Üben wird der Unterschied zwischen Ruhehaltung und aufrechter Haltung immer geringer.

5.2.1. Grundlagen für die Schulung der aufrechten Haltung

Das Wachstum des Organismus von der Geburt bis zum Erwachsenenalter erfolgt nicht gleichmäßig, sondern in Phasen *beschleunigten oder verlangsamten Wachstums* (s. Theorie der Körpererziehung). Diesen Phasen ist besondere Aufmerksamkeit zu widmen. Häufig kommt es in diesen Lebensabschnitten zu einem *Mißverhältnis zwischen Belastbarkeit und tatsächlicher Belastung* des Organismus. Haltungsschäden können demzufolge schon sehr frühzeitig auftreten. In der Phase der Vervollkommnung vielfältiger Bewegungsformen und der Aneignung erster Bewegungskombinationen sind Haltungsschwächen nachweisbar. Da die Haltung in der Auseinandersetzung mit der Umwelt erworben wird, ist verständlich, daß mit der Erziehung zur aufrechten Haltung so früh wie nötig begonnen wird (s. Säuglingsgymnastik!).
Die alterstypischen Normen der motorischen Entwicklung bestimmen das physiotherapeutische und pädagogische Vorgehen. Die Einflußnahme auf jüngste Altersgruppen bis in die Phase des frühen Schulkindalters gestaltet sich schwierig, da die motorische Lernfähigkeit im allgemeinen noch gering ist und Informationen für die Erziehung zur aufrechten Haltung nur begrenzt aufgenommen werden können.
Ziel des Übens ist zunächst die *bewußt eingenommene aufrechte Haltung* auf der Grundlage intensiver Schulung der *Wahrnehmung der Druckverhältnisse* zwischen Körper und Auflagefläche. Dabei ist es gleich, in welcher Ausgangsstellung sich der Körper befindet. Die Korrektur einer schlechten Haltung oder Haltungsschwäche muß so lange über die *kortikale Kontrolle* erfolgen, bis die aufrechte Haltung automatisiert ist. Ein wertvolles Hilfsmittel zur optischen Kontrolle der Haltung ist der Spiegel.
Bei allen Übungen muß eine Ganzkörper-Bewegung angestrebt werden. Die Arbeit darf sich nicht nur auf Einzelbewegungen beschränken, die Lustlosigkeit und Desinteresse hervorrufen würden. *Haltung ist ein Ganzkörpergeschehen,* bei dem psychische Erscheinungen und Prozesse nicht unbeachtet bleiben dürfen. Die Übungen müssen deshalb Freude bereiten und auch dem Bewegungsdrang der Kinder entsprechen. Starre Formen sind zu vermeiden. Durch abwechslungsreiches Üben werden gesunder Ehrgeiz und Leistungsstreben gefördert, die bei der Erziehung zur aufrechten Haltung von besonderer Bedeutung für den Erfolg sind. Der Physiotherapeut sollte unter Berücksichtigung des körperlichen und geistigen Leistungsstandes, des Alters, des Ermüdungsgrades usw. geeignete Übungen auswählen und phantasievolle Bewegungskombinationen entwickeln. Bewegungskombinationen erschweren das Üben, steigern aber die Leistungsbereitschaft. Die vorbildliche Demonstration besonders schwieriger Übungen durch den Physiotherapeuten vermittelt den exakten Bewegungsverlauf und spornt gleichzeitig zu intensiver Mitarbeit an.
Hinweise und Korrekturen zur Verbesserung der Haltung erfolgen bestimmt, freundlich, aufmunternd, mitreißend und der psychischen Reaktionslage des Patienten stets angepaßt.
Auf die verschiedenen Möglichkeiten der Haltungserziehung wie z. B. auf Reittherapie, Schwimmen usw. kann im Rahmen dieses Kapitels nicht eingegangen werden.
Jede Behandlungsserie beginnt mit einer *gründlichen Befunderhebung* (1. Termin).
Um sich schnell einen Überblick über konditionelle und koordinative Fähigkeiten zu verschaffen, kann der Kraus-Weber-Test angewendet werden.

Empfohlen wird außerdem:
— Aufstehen aus dem Kniestand über den Einbeinkniestand. Vergleiche dabei auftretende Seitendifferenzen!
— Einbeinsprungschritte vorwärts rechts und links. Vergleiche auch hier beide Seiten, Abfangen des Bewegungsschwunges und Elastizität der Bewegung!
— Seiltänzergang (Fuß vor Fuß setzen, Ferse unmittelbar vor der Fußspitze des anderen Fußes aufsetzen). Beachte Unsicherheiten, Fallneigung!

Als **Hauptziel** steht die Forderung, die *Anpassungsfähigkeit zu steigern.* Danach gliedert sich die Haltungserziehung in folgende Einzelkomplexe:
— Kräftigungsübungen geschwächter Muskelgruppen
— Dehnungsübungen verkürzter Muskelgruppen
— beweglichkeitsschulende Übungen
— gleichgewichtsschulende Übungen
— geschicklichkeits- und gewandtheitsschulende Übungen
— Atemübungen.

Unter *Beachtung der Steigerung* beginnt man im allgemeinen mit dem *Üben in Ausgangsstellungen*, die *die WS entlasten.* Über Rückenlage, Seitlage, Bauchlage, Unterschenkelstütz usw. bauen wir die Haltung bis zur Vollbelastung systematisch auf. Die Arbeit der einzelnen Körperabschnitte muß so gestaltet sein, daß es zu keiner Fehlhaltung kommt. Wird z. B. eine falsche Belastung übersehen, kann das zu fehlerhafter Statik des gesamten Körpers führen. Am Ende einer Behandlungsserie und natürlich in Abhängigkeit vom individuellen Leistungsstand der Patienten überwiegen die Übungen, die in Halb- bzw. Vollbelastung durchgeführt werden. Die Patienten müssen in der Lage sein, die Forderungen des Alltags in der Schule und bei der Arbeit mühelos und mit Freude zu erfüllen.

5.2.2. Übungsauswahl

Übungen in Entlastung in Rückenlage

Diese Übungen stehen am Beginn der Haltungsschulung. Zunächst werden die Druckverhältnisse an der Kontaktfläche zwischen Körper und Unterlage wahrgenommen. Die Auflageflächen beider Körperhälften liegen gleichmäßig auf dem Boden. Die Patienten überprüfen das auch optisch durch Anheben des Kopfes, wobei das Kinn bogenförmig in Richtung Brustbein geführt wird und die Augen eine Gerade in Richtung Nabel und Zwischenraum der beiden Füße feststellen. So lernen die Patienten allmählich gerade zu liegen. Das *Empfinden der Lage* und die Stellung der einzelnen Körperabschnitte zueinander muß von Anbeginn der Behandlung intensiv geschult und in allen Ausgangsstellungen überprüft werden. Auf den Kontakt zwischen Lendenwirbelsäule und Boden ist dabei besonderer Wert zu legen. Der *Mittelkörper ist gespannt.* Damit kommt es zur Annäherung der Bauchmuskeln.
Da die distalen Enden der Extremitäten für die Kontaktaufnahme mit der Umwelt besonders geeignet sind (Innervationsdichte ist im Gegensatz zur Rumpfmuskulatur stärker ausgeprägt), beginnen wir mit der Schulung von distal her. Dabei ist es unwesentlich, ob mit Schulung der Becken-Bein-Einheit oder den oberen Abschnitten begonnen wird.

Ausschlaggebend für die Behandlung ist immer der Befund.

Beispiele
— Rückenlage, Arme in Tiefhalte, außenrotiert. Füße dorsalextendieren und plantarflektieren, gleichzeitig beiderseitig, wechselseitig. Auf größtes Bewegungsausmaß ist zu achten.
— Rückenlage, Fußspitzen berühren wechselseitig die Kniescheibe der Gegenseite. Unterschenkel nach oben strecken und wieder ablegen.
— Rückenlage, intensives Strecken vom Kopf aus nach oben, dabei Schultern auf den Boden nach unten führen.
Variation: mit Armführung verbinden, Arm aus der Schrägtiefhalte zur Winkelhalte führen. Ein Hochziehen der Schultern ist zu vermeiden.
— Rückenlage, Beine angestellt, Kopf anheben
Variation und Steigerung
Kopf und Schultergürtel anheben
mit einseitiger Streckung im Knie verbinden
mit Rumpfdrehung verbinden.
— Aus der Rückenlage in die Seitlage drehen. Bewegung wird mit Dorsalextension des Fußes sowie Knie- und Hüftbeugung von den Beinen her schraubenförmig eingeleitet.

Variation und Steigerung
Stabilisationsübungen durch Antippen
Streckbewegungen der Hüfte.
Der Übergang aus einer Lage in die andere muß fließend erfolgen.
Ein spannungsloses Umfallen ist zu verhindern.
— Bauchlage, von den Füßen her, die gegen den Boden einen Druck ausüben, die Spannung über die Oberschenkel zum Gesäß und den Rücken weiterleiten. Das Becken kommt dabei in eine leichte Aufrichtung. Die Spannung im lumbalen Bereich des M. erector spinae wird gemindert.
— Bauchlage, Beine wechselseitig gestreckt abheben, 15° nicht überschreiten, und wieder ablegen.
— Bauchlage, vom Kopf aus, Blick nach unten, den Rücken strecken, die Arme über Außenrotation nach innen unten führen. Kein Aufbäumen!
— Bauchlage, Schwimmbewegung der Arme. Die Arme befinden sich in horizontaler Ebene neben den Ohren.
— Bauchlage, Arme in Winkelhalte, Kopf und Wirbelsäule strecken und mit dem Schultergürtel abheben.
— Bauchlage, durch Anbeugen der Beine und flächiges Aufsetzen der Hände unter den Schultergelenken zum Vierfüßlerstand kommen.
— Vierfüßlerstand, Schulung des Gleichgewichts durch Abheben und Strecken einer Extremität. Oberkörper bleibt dabei parallel zum Boden, kein Rumpf- und Hüftaufdrehen! Nur wenig das Gewicht verlagern.
— Vierfüßlerstand, Beugen und Strecken der Arme, Kopf ist dabei in Verlängerung des Rückens. Blick nach unten. Neben der Kräftigung des Schultergürtels kommt es hierbei besonders zur Abflachung der Brustwirbelsäule. Beachte den Zusammenhang zwischen Beinstellung und Lendenwirbelsäulenkrümmung!
— Vierfüßlerstand, wechselseitiges Aufstellen eines Fußes hinter die gleichseitige Hand (Bodenkontakt; Abb. 88).
Variation und Steigerung
Fuß *neben* die gleichseitige Hand setzen
Gewicht nach hinten über die Fersen und Unterschenkel verlagern, vorsichtige Dehnung der Beinrückseite, Hände sollen Kontakt zum Boden behalten.
— Aus dem entspannten Fersensitz zum aufrechten Fersensitz hochkommen. Die Fußrückseite kräftig gegen den Boden drücken, die Arme in Außenrotation bringen. Die Spannung des Mittelkörpers bleibt (Abb. 89a, b).

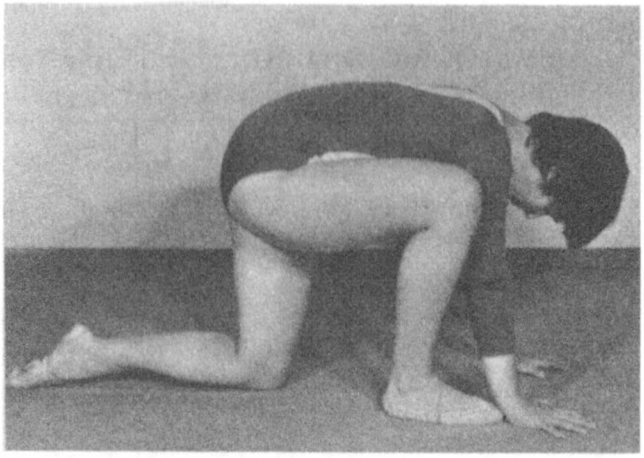

Abb. 88 Aus dem Vierfüßlerstand Aufstellen des rechten Fußes hinter die rechte Hand mit Beugen des Kopfes

Wechsel der Ausgangsstellungen

Übungen im *Strecksitz* oder *Grätschsitz* eignen sich nicht besonders zur Schulung der aufrechten Haltung. Sie können jedoch zwischengeschaltet bzw. im Wechsel mit anderen Ausgangsstellungen gebracht werden, z. B. im Wechsel mit Schneidersitz, Arme in unterschiedlicher Halte oder Strecksitz, Beine nach rechts oder links unterschlagen und hochkommen zum Kniestand (Kniekreisel). Der schnelle Wechsel von einer Ausgangsstellung in die andere schult besonders die Gewandtheit.

Beispiele
— Aus dem aufrechten Fersensitz zum Kniestand kommen. Der Bewegungsimpuls erfolgt von den Zehen her, die kräftig gegen den Boden gedrückt werden. Dadurch fällt ein Rumpfvorbeugen mit anschließender Hyperlordosierung weg.
— Aus dem Kniestand wechselseitiges Aufstellen eines Beines zum Einbeinkniestand. Das aufgestellte Bein kann abgehoben und in unterschiedliche Halten gebracht werden.
— Aus dem Einbeinkniestand zum Stand kommen. Der Bewegungsimpuls zum aufrechten Stehen erfolgt ebenfalls von distal her durch kräftigen Druck des Fußrückens der Standbeinseite gegen den Boden (Abb. 90a, b).

Übungen im Fersensitz, Kniestand und in Vollbelastung

Sie sind als Spiegelübungen gut geeignet. Neben dem sich langsam entwickelnden Empfin-

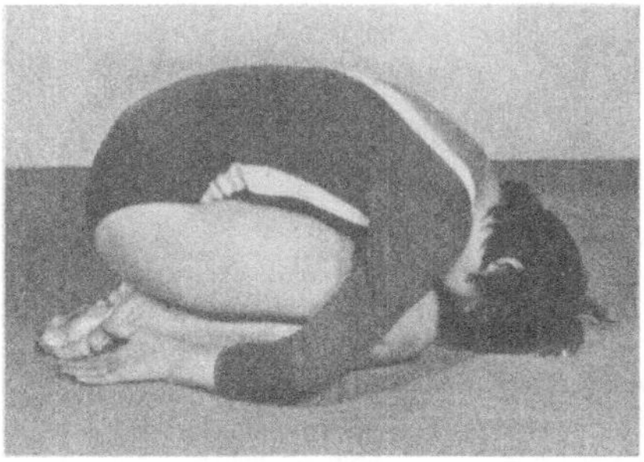

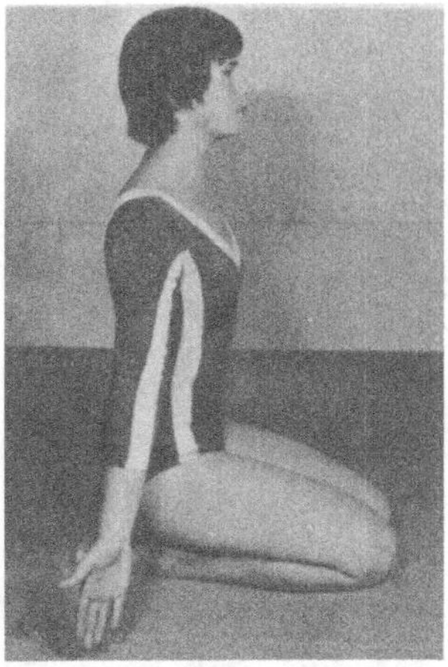

Abb. 89a
Entspannter Fersensitz

Abb. 89b
Aufrechter Fersensitz

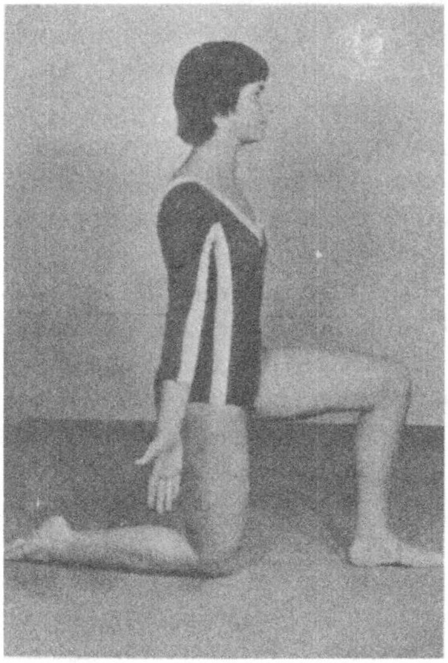

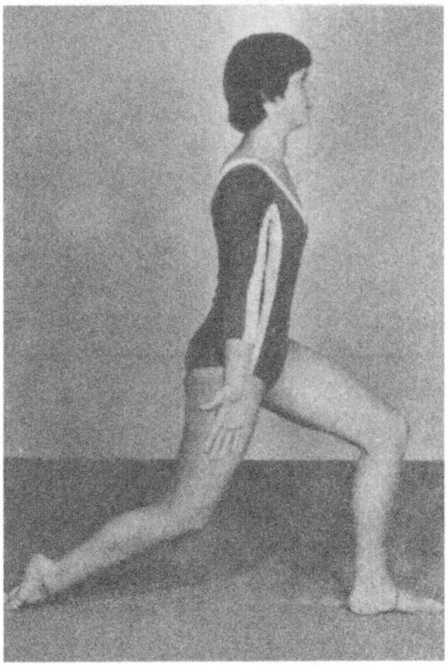

Abb. 90a Einbeinkniestand

Abb. 90b Überleitungsphase zum Stand

den für die richtige Körperhaltung kontrolliert der Patient sein Spiegelbild von vorn und von der Seite. Ihm ist damit ein wertvolles Mittel in die Hand gegeben, auch zu Hause intensiv die aufrechte Haltung zu schulen und sie zu korrigieren.

Übungen im Stand

Sie sind einesteils besonders auf das Halten des Gleichgewichts abgestimmt, zum anderen aber fördern sie in starkem Maße die Kraft der Becken-Bein-Einheit sowie die des Rumpfes. Außerdem steigern sie die Ausdauerleistung.

Beispiele
Zu Beginn der Übungen im Stand arbeiten wir mit vergrößerter Unterstützungsfläche sowohl im Seit- als auch im Quergrätschstand. Die Zehen nicht eingekrallt, nur leicht gebeugt, Kniegelenke nicht überstreckt. Das Gewicht wird nach vorn, nach hinten, zur Seite und kreisend verlagert, ohne die mittlere Körperspannung zu verändern. Die Bewegung beginnt in den oberen Sprunggelenken.
Durch Antippen eines hinter dem Übenden stehenden Partners kann der Stand stabilisiert werden.
— Ist der Stand sicher, üben wir im Schlußstand, Wechsel zwischen Schlußstand und Einbeinstand. Das Spielbein kann unterschiedlich gehalten werden, z. B. angehockt nach vorn, abduziert und gestreckt, rückgewinkelt und rückgespreizt.
— Aus dem Schlußsohlenstand das Spielbein vor-, seit- oder rückschieben oder -stellen, bis es aufgezeht ist. Dabei ist besonders auf die Spannung der Gesäßmuskulatur zu achten.

Abb. 91a Aus dem Schlußsohlenstand Seitstellen des rechten Beines, Stab wird mit beiden Händen gehalten

Abb. 91b In der Steigerung Lösen der Handhaltung

Die Körpergröße bleibt während der ganzen Übung die gleiche. Es darf nicht zum Absinken der Spielbeinseite kommen. Zur Förderung der aufrechten Haltung legen wir ein Kissen, einen Gummiring, einen Stab, ein Buch auf den Kopf (Abb. 91a, b).

— Kniebeugen. Sie fördern in besonderem Maße die Kraft der Becken-Bein-Einheit und schulen das Gleichgewicht. Sie erfolgen durch vertikalen Rumpfeinsatz bei aufrecht gehaltenem Rücken. Das Becken wird in Aufrichtung festgestellt. Bei der Rückbewegung wird die Haltung des Rumpfes nicht verändert.

Man unterscheidet halbtiefes und tiefes Kniebeugen. Beim halbtiefen Kniebeugen haben die Fersen noch Bodenkontakt, beim tiefen Kniebeugen sind sie abgehoben. Bei der Rückbewegung werden die Fersen kräftig nach unten gedrückt und stemmen das Körpergewicht wieder nach oben (Abb. 92a, b).

Wenn es dem Patienten schwerfällt, sich stehend aufrecht zu halten, kann die Kniebeuge zunächst mit Hilfe eines Partners, mit Festhalten an einer Stange oder an einer Wand durchgeführt werden, bis ausreichende Kraft und Sicherheit erreicht sind.

— Drehbewegungen des Rumpfes dürfen in einer Haltungsturnstunde nicht fehlen. Sie sind für die Kräftigung der schrägen Bauchmuskulatur von besonderer Bedeutung. Durch Verwringung der queren Schultergelenkachse gegen die festgestellte quere Hüftgelenkachse,

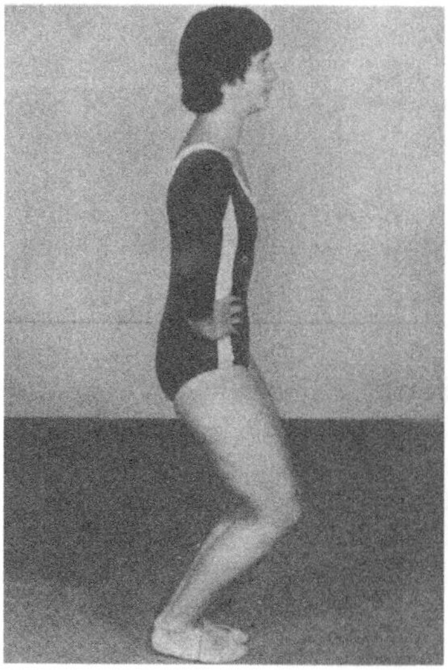

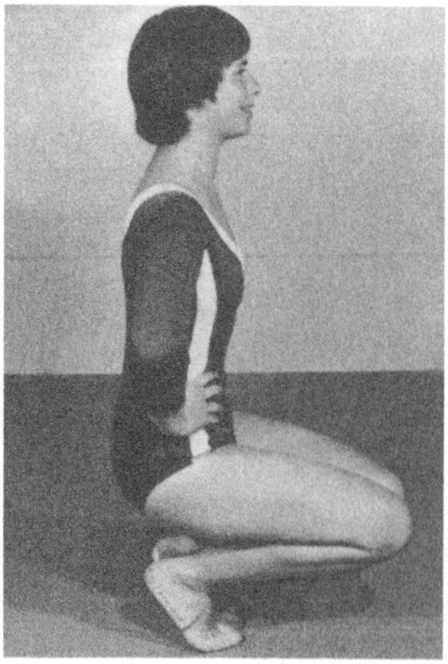

Abb. 92a Halbtiefe Kniebeuge

Abb. 92b Tiefe Kniebeuge

die die frontale Ebene nicht verlassen darf, kommt es weiterhin zur verbesserten Beweglichkeit der WS. Deshalb ist besonders darauf zu achten, daß z. B. bei einer Rumpfdrehung nach links die linke Schulter zurück- und die linke Beckenhälfte vorgedrückt wird. Die Verwringung wird nach der vollen Aufrichtung des Rückens mit einer Drehung von der LWS aus weitergeleitet. Die Arme in Seithalte erleichtern die Drehung. Der Kopf folgt der die Drehung anführenden Hand. Die Spannung im Rücken und Schultergürtel darf während der Drehung nicht nachlassen. Die Drehung kann mit einer Beugung des Rumpfes kombiniert werden. Man spricht dann von Rumpfdrehbeuge. Nach erfolgter Streckung der gesamten WS und Drehung von der LWS aus wird der Rumpf in einem weiten Bogen nach schräg vorn gebeugt. Der Körper darf in der Endstellung nicht schlaff zusammensinken. Die Spannung des Mittelkörpers bleibt. Der Kopf leitet die Rückbewegung ein, die Schultern werden zurückgenommen, so daß bei der Aufrichtung der Rücken wieder völlig gestreckt ist. Der Wert dieser Übung entspricht der der Drehung.

Die Atmung

Sie unterstützt sehr wesentlich die aufrechte Haltung. Die *Streckbewegung* des Rumpfes und das Heben der Arme werden im allgemeinen *mit der Einatmung verbunden*. Beim Zurückgehen in die Ausgangsstellung wird ausgeatmet. Die Atmung trägt dazu bei, daß die Beweglichkeit des Thorax erhalten bleibt und die Atemtiefe allmählich vergrößert werden kann. Handelt es sich um länger andauernde Bewegungskombinationen, empfehlen sich Zwischenatmung oder Atmung in mehreren Intervallen. Keinesfalls darf es zu einer Pressung der Atmung kommen.

Beispiele

— Schlußsohlenstand, Arme in Tiefhalte
Einatmen — Heben der auswärtsrotierten Arme bis in die Seithalte bei gleichzeitigem Heben des Körpers in den Ballenstand
Ausatmen — Senken der Arme und des Körpers.

— Seitlage, Beine leicht gebeugt
Einatmen — Führen des obenliegenden Armes in die Hochhalte bei gleichzeitiger Streckung des obenliegenden Beines (Flankendehnung mit verstärkter Weitung des seitlichen Brustkorbes)
Ausatmen — Zurückführen von Arm und Bein in die Ausgangsstellung (Abb. 93).

— Vierfüßlerstand
Einatmen — Heben eines Armes nach schräghoch und Drehen von Kopf und Rumpf in Richtung des gehobenen Armes
Ausatmen — Herabführen des gehobenen Armes und des Rumpfes zwischen Stützarm und Oberschenkel der Gegenseite
Einatmen — Zurückdrehen in die Schräghochhalte
Ausatmen — Arm wieder in die Ausgangsstellung zurück.

Aufgaben

1. Demonstrieren Sie die Ruhehaltung und die aufrechte Haltung und erläutern Sie Ihr praktisches Vorgehen!
2. Zeigen Sie an Hand praktischer Beispiele, wie Sie unter Berücksichtigung der Erziehung zur aufrechten Haltung aus der Rückenlage über die Bauchlage, Unterschenkelstütz usw. zum Stand gelangen!
3. Stellen Sie eine Übungseinheit zusammen, die die Kräftigung der dorsalen Schultergürtelmuskulatur, der Gesäßmuskulatur, der Bauch- und der Beinmuskulatur zur Folge haben!

Abb. 93 Seitlage, Flankenatmung

6. Schulung motorischer Fähigkeiten

6.1. Methodische Hinweise

Bei der Erarbeitung motorischer Fähigkeiten sind zunächst Übungsformen zu wählen, die speziell vorbereitenden Charakter tragen und eine Entwicklung erkennen lassen. Sie werden im direkten oder indirekten Verfahren vermittelt und führen zur Hauptübung. Handelt es sich um komplizierte Formen, wird der indirekte Weg gewählt, d. h., über teilweise schon bekannte, gekonnte oder leichtere Formen wird der Schwierigkeitsgrad allmählich erhöht. Die Leistungssteigerung, das Ziel der physiotherapeutischen Bemühungen, führt über das Variieren von Elementen zu Verbindungen und Kombinationen.
Man unterscheidet Serien und Reihen.
Serie: Verbindung gleicher Elemente einer Elementegruppe.
Beispiel: Aneinanderreihung von physiologischen Gehschritten.
Reihe: Verbindung verschiedener Elemente der gleichen Elementegruppe.
Beispiel: Aneinanderreihung von physiologischen und gymnastischen Gehschritten.

6.2. Schulung konditioneller Fähigkeiten

6.2.1. Schulung der Ausdauer

Die Herausbildung dieser motorischen Fähigkeit spielt in der Physiotherapie nicht die bedeutende Rolle wie in bestimmten Sportdisziplinen, z. B. Rudern, Kanuslalom, Radfahren usw. Wie unter 4.2.1. angeführt, eignen sich dafür besonders solche Formen, die durch *häufige Wiederholung* eine *Belastung für das Herz-Kreislauf-System* und *den Stoffwechsel* darstellen.

Beispiele

— Geländelauf unter Verwendung aller Schrittarten, die variiert und gesteigert werden können, z. B. durch Verlängerung der Streckenführung, durch Überwindung und Umgehung natürlicher Hindernisse wie kleinere Anhöhen, Wasserläufe, Baumgruppen usw., oder durch Überwindung künstlich aufgebauter Hindernisse wie Bänke, Kastenteile, Böcke, Klettertürme, Sprossenwände usw.
— Tauziehen.
— Kleine Spiele und Staffeln ohne und mit Gerät.
— Seilhüpfen nach Zeit, etwa 1—2 Minuten, einzeln und zu Paaren.
— Radfahren.
— Schwimmen.
— Treppensteigen.
— Skilaufen.

Die oben aufgeführten Möglichkeiten sind besonders für den Übungsbetrieb in Sanatorien geeignet.

Aufgabe

Gehen oder laufen Sie am Ort täglich 3 bis 5 min. Messen Sie dazu Ihren Minutenpuls 1. vor der Übung, 2. unmittelbar nach der Übung, 3. eine Minute nach der Übung und 4. zwei Minuten nach der Übung. Tragen Sie Ihre Werte alle 4 Wochen in eine Tabelle ein. Vergleichen Sie die Werte! Steigern Sie allmählich Dauer und Tempo! Variieren Sie durch den zusätzlichen Einsatz von Handgeräten!

6.2.2. Schulung der Kraft

Auch bei der Schulung der Kraft wird vom individuellen Leistungsvermögen ausgegangen, ganz gleich, ob es sich um maximale Kraftleistungen, Schnelligkeits- oder Ausdauerarbeit handelt. Das individuelle Leistungsvermögen kann von sog. Maximaltests abgeleitet werden. Dadurch kann man Überbelastungen und Verletzungen vermeiden.

Maximaltest für die Kraftausdauer. Aus dem Liegestütz vorlings Wechselsprungschritte nach hinten. Die Anzahl der Wiederholungen wird vom Leistungsvermögen des Probanden bestimmt, der versucht, möglichst viele Wiederholungen zu schaffen. Die Zeit wird nicht festgelegt. Der Höchstanzahl, die er schafft, entsprechen 100%. Wollen wir eine Leistungssteigerung erreichen, muß mit mindestens 60% des Maximaltests täglich, mindestens aber 3—4mal wöchentlich geübt werden. Die Pause nach einem 60%igen Krafteinsatz sollte 45—120 s betragen, ehe wiederholt wird.

Maximaltest für die Schnellkraft. Schlußstand, Medizinballstoßen in die Hochhalte. Es können auch mehrere, in ihrer Funktion unterschiedliche Muskelgruppen getestet werden. Eine Pause von 30—60 s kann zwischengeschaltet werden. Zwischen der Kraftleistung pro Zeiteinheit und der Anzahl der Wiederholungen bestehen direkte Beziehungen. Sie bestimmen den Grad der Erholung. Es wird eine Übungsdauer von 30—60 s festgelegt. In dieser Zeit sollten möglichst viele Wiederholungen geschafft werden.

> Je höher der Krafteinsatz, desto kürzer die Übungszeit, desto länger die Erholungspause.

Kreistraining. Es ist eine wirkungsvolle Übungsform zur Entwicklung von Kraft, Ausdauer und Kraftausdauer. Ein Konditionskreis kann aus mehreren Stationen bestehen. Nach dem Üben an einer Station erfolgt der Wechsel selbständig zur nächsten Station. Die *Belastungshöhe* wird durch die *Anzahl* der *Übungswiederholungen* festgelegt. Erholungspausen ergeben sich nur durch den selbständigen Wechsel von Station zu Station.

Beispiel

1. Station: Vierfüßlerstand, Armbeugen und -strecken.
2. Station: Rückenlage mit angestellten Beinen, Arme in Nackenhalte, Rumpfaufrichten.
3. Station: Laufen im Seil mit Durchschlag vor- oder rückwärts.
4. Station: Bauchlage, Arme in Nackenhalte, Brustschwimmbewegung der Arme.
5. Station: Besteigen der Langbank.
6. Station: Vierfüßlerstand, Beine wechselseitig bis zur Horizontalen strecken.

Wird mit Patienten geübt, bei denen kein Maximaltest möglich ist, ist ein langsames, zügiges Tempo anzustreben. Dabei ist auf Atmung, Herz-Kreislauf-Funktion, Schweißausbruch, Blaßwerden, Muskelzittern besonders zu achten (s. Theorie der Körpererziehung!).

Die praktische Ausführung der Kräftigungsübungen kann in folgenden Formen erfolgen:
— durch Überwinden der Eigenschwere von Körperteilen oder des gesamten Körpers, überwindende Arbeit
— durch Einschalten von Haltemomenten auf dem Bewegungsweg
— durch Einsatz gedachter Widerstände
— durch Verwendung von Geräten
— durch Partnerwiderstände
— durch nachgebende Arbeit.

Kräftigung der Unterschenkelmuskulatur

Sie hat das Ziel, Funktionstüchtigkeit und Form des Längs- und Quergewölbes zu erhalten.
Alle Muskeln, die in *Längsrichtung* das Fußgewölbe durchlaufen, tragen zur Formerhaltung des *Längsgewölbes* bei. Alle Muskeln, die in *querer Richtung* die Fußsohle durchziehen, dienen der Erhaltung des *Quergewölbes*.
Von besonderer Bedeutung ist hierfür die plantare Sehnenschlinge, die von den Endsehnen des M. tibialis anterior und dem M. fibularis longus gebildet wird (Steigbügel). Besonderer Wert ist auf die Kräftigung der Extensoren (vordere Muskelgruppe des Unterschenkels) und der Flexoren (hintere Muskelgruppe des Unterschenkels) zu legen, die für die Dorsalextension und Plantarflexion, die Pronation und Supination und für die Zehenbewegung verantwortlich sind.

Beispiele

—Liegende, sitzende Ausgangsstellung, Stand. Zehen beugen, strecken, spreizen. Füße dorsal- und plantarflektieren, supinieren, pronieren (das Üben der Supination steht dabei im Vordergrund), kreisen ohne und mit Hilfsmitteln (Papier, Tücher, Murmeln, Tannenzapfen) oder Handgeräten (Seil, Keule, kleinen Bällen).
— Hockersitz, Sitz auf Bank oder Stuhl. Mit der großen Zehe an der Tibiakante des Standbeines entlangfahren. Fuß ist dabei plantarflektiert und Zehen sind gebeugt. Es kommt zur starken Spannung des inneren Längsgewölbes. Auf die Belastung des Standbeines ist besonders zu achten.
— Ausgangsstellung wie vorige Übung. Vor der Sitzgelegenheit liegt ein Tuch, auf dem ein Gewicht liegt. Der Fuß kommt über die

Abduktion und Pronation in die Adduktion und Supination. Dabei greifen die Zehen das Tuch und bewegen es mit dem Gewicht von rechts nach links mit dem rechten Fuß und widergleich mit dem linken Fuß von links nach rechts. Das Bewegungsmaß soll möglichst groß sein (Abb. 94).
— Sohlensitz. Fußsohlen berühren sich. Rückfuß bleibt fest am Boden. Vorfüße heben (adduzieren) ohne und gegen Widerstand, auch ohne Bewegungsausschlag als statische Kraftleistung. Gewölbeformung wird verstärkt (Abb. 95).
— Hockersitz. Rechter Oberschenkel wird gebeugt und über linken Oberschenkel gelegt. Auch widergleich. Hände fixieren das Kniegelenk. Fußkreisen nach innen oder nach außen betont, Befund des M. tibialis anterior oder der Mm. peronaei ist ausschlaggebend.
— Hockersitz oder Stand. Heben der Fersen bis zum Ballenstand. Öffnen der Fersen und Zurückführen. Senken in den Schlußstand.

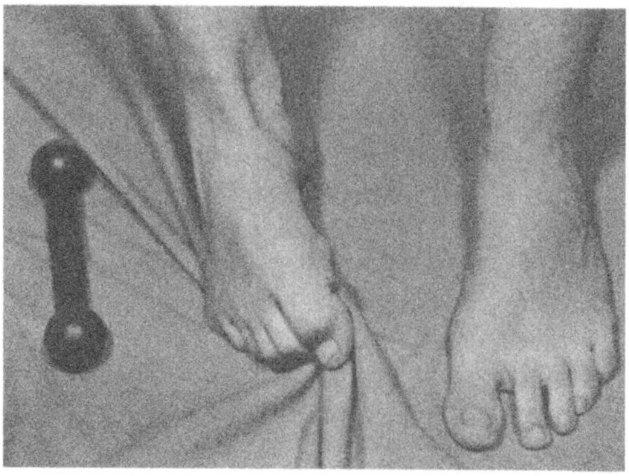

Abb. 94 Fassen eines Tuches mit den Zehen. Ein Gewicht wird dabei mitbewegt. Der Fuß wird adduziert, supiniert und leicht dorsal extendiert

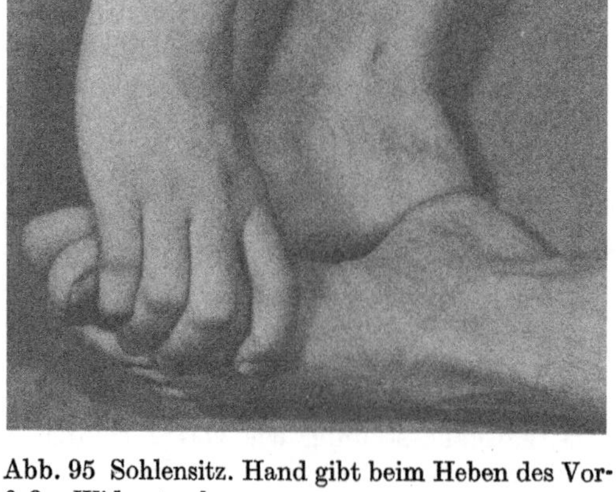

Abb. 95 Sohlensitz. Hand gibt beim Heben des Vorfußes Widerstand

— Schlußstand. Wechsel zwischen Schlußstand und Ballenstand.
— Schlußstand. Keule steht vor dem Übenden. Abduktion der großen Zehe und Greifen der Keule am Keulenhals, Keule anheben, umlegen, aufrichten, pendeln.
— Einbeinstand. Spielbein anhocken, Fuß plantarflektiert. Große Zehe tippt auf Kopf der Keule, die vor dem Übenden steht.
— Fersengang. Füße parallel nebeneinander. Zehen sind gebeugt. Beide Rückfüße werden belastet. Die Vorfüße werden entweder völlig vom Boden abgehoben oder nur die große Zehe berührt den Boden. Keine Pronation und Abduktion der Vorfüße! Gesäß nicht nach hinten hinausschieben! Arme nicht überhorizontal!
— Raupengang. Im Stand werden wechselseitig die Zehen gebeugt und der Rückfuß dabei in Richtung Zehen gezogen. Es darf nicht zum Abheben der Füße kommen. Dreipunktbelastung bleibt. Diese Übung kann auch in Halbbelastung erfolgen.
Weitere Übungen s. Kap. 7.2.

Kräftigung der Beinmuskulatur

Die Kraft der Beinmuskulatur spielt eine wesentliche Rolle beim Stehen und Gehen, da die Last des Rumpfes über den Beckengürtel auf die unteren Extremitäten übertragen wird. Beim Laufen wird sogar jeweils nur ein Bein mit dem gesamten Körpergewicht belastet.
Für eine ausreichende Kräftigung der Beinmuskulatur, besonders der Mm. vasti des M. quadriceps, ist deshalb Sorge zu tragen, um dem Körper volle Sicherung bei diesen Funktionen zu geben.

Beispiele
— Rückenlage mit angestellten Beinen. Strecken der Unterschenkel.
Variationen und Steigerung:
Streckung gegen gedachten Widerstand
Halten in der Streckung, isometrisch arbeiten, Fußkreisen oder Fuß dorsalextendieren und plantarflektieren.
— Seitlage, leichte Beugung in Hüft- und Kniegelenken. Bein abduzieren und Knie-Hüftstreckung.
— Schlußstand. Bogenspreizen des im Kniegelenk gestreckten Beines.
Variationen und Steigerung:
Mit Federn des Standbeines verbinden.
Vor dem Übenden liegt ein Stab, flüchtiges Berühren der Stabenden mit dem rechten

Bein (Fuß plantarflektiert) am linken und rechten Stabende. Übung widergleich.

— Einbeinsprungschritte mit vor-, seit- oder rückgespreiztem Spielbein. Beachte Beckenstellung!

Kräftigung der Gesäßmuskulatur

Die kräftige Streckung und Außenrotation des Beines im Hüftgelenk ist Aufgabe des M. gluteus maximus. Es ist eine Bewegung, die beim Aufrichten des Oberkörpers aus der Hocke, aus dem Sitz, beim Treppen- und Bergsteigen, bei Sprungübungen zu sehen ist. Neben diesen dynamischen Funktionen leistet er auch eine statische Arbeit. Bei Verlagerung des Körperschwerpunkts nach vorn spannt er sich hart an, so daß ein Umkippen des Oberkörpers nach ventral verhindert wird. Bei der Abduktion wird er äußerst wirkungsvoll von den Mm. glutei medius et minimus unterstützt. Diese haben besondere Bedeutung beim Gehen. Sie neigen das Becken zur Standbeinseite. Sind sie insuffizient oder gelähmt, kippt das Becken zur Spielbeinseite ab. Normal ist eine Streckung im Hüftgelenk bis 15°. Werden die Beine weiter zurückgehoben, geht die Bewegung nur scheinbar im Hüftgelenk vor sich. In Wirklichkeit handelt es sich um eine Verstärkung der Lordose im LWS-Bereich. Das Abspreizen ist bis 40° möglich, beim Grätschen beider Beine bis 80°

Beispiele

— Erarbeiten der *Grundspannung* in Bauchlage

Nach dem Erspüren der Auflageflächen, *Füße in Plantarflexion*, Fußspitzen gegen den Boden drücken, isometrisches Anspannen beider Gesäßhälften und dabei Becken aufrichten. Beide Spinae entfernen sich vom Boden. Keine Lordosierung im Bereich der Lendenwirbelsäule!

— Aus der Grundspannung in Bauchlage wechselseitiges Anheben des im Kniegelenk gebeugten oder gestreckten Beines. Kein gleichzeitig beidseitiges Anheben, da hierbei wiederum der Rückenstrecker im Lendenwirbelbereich verstärkt Arbeit leistet.

— Wie vorige Übung Grätschen der Beine im Wechsel.

— Rückenlage, Beine angestellt. *Grundspannung:* Füße gegen den Boden drücken, Knie zusammen, Bauch und Gesäß anspannen und Becken vom Boden abheben. Eine systematische Abrollbewegung, die mit Beckenaufrichtung einhergeht, hat zu erfolgen.

Variationen und Steigerung:

Mit Abheben der Fersen zum Ballenstand,
mit Kreisen eines gestreckt abgehobenen Beines,
mit Verwenden eines Handgerätes, z. B. eines Balles, der unter dem abgehobenen Gesäß von einer Seite zur anderen gerollt wird.

— Rückenlage. Beide gestreckten Beine werden von einem Partner bei etwa 30° vom Boden abgehoben und gehalten. Gegen Widerstand erfolgt die Abwärtsbewegung der Beine, wobei das Becken abgehoben wird und die Hüfte in Streckung kommt.

— Vierfüßlerstand. Aus gestreckter Rückenhaltung und aufgerichtetem Becken Bein abheben und in Knie und Hüfte strecken (Abb. 96).

— Fersensitz. Durch Druck der plantarflektierten Füße gegen den Boden erfolgt eine senkrecht nach oben gerichtete Streckbewegung des Körpers bei Beibehaltung der Beckenaufrichtung und kräftigem Anspannen der Gesäßmuskulatur.

— Nachstellgehen seitwärts. Bei Schlußstand Heben in den hohen Ballenstand.

— Halbtiefes Kniebeugen, tiefes Kniebeugen, halbtiefes Kniebeugen mit einem Bein, Spielbein in Hüfte gestreckt und im Kniegelenk angewinkelt.

Kräftigung der Bauchmuskulatur

Die gerade und schräge Bauchmuskulatur gehören zur ventralen Seite des Stammes. Sie arbeiten immer als eine geschlossene Gruppe, d. h., an jeder Bewegung des Rumpfes sind immer alle Bauchmuskeln beteiligt, allerdings nicht immer im gleichen Verhältnis. Neben

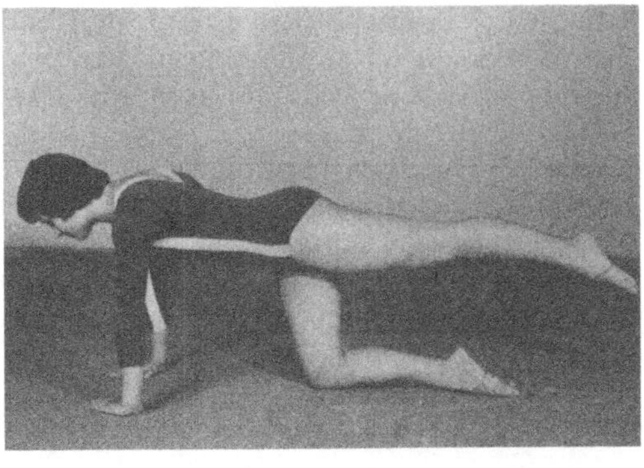

Abb. 96 Aus dem Unterschenkelstütz Abheben und Strecken eines Beines

ihrer Funktion als Exspirationsmuskeln, als Hilfskräfte bei der Entleerung des Enddarmes, der Blase und Gebärmutter sind sie für die Beugung, Rotation und Seitneigung des Rumpfes verantwortlich. Die Kräftigung sollte möglichst immer vom Oberkörper her erfolgen, da bei der Arbeit von den Beinen aus die Mitarbeit des M. iliopsoas und des M. rectus femoris nicht auszuschließen ist.
Wir erarbeiten stets die Grundspannung aus der Rückenlage mit angestellten Beinen, Füße auf der Unterlage, Knie zusammen, Bauch einziehen, Lendenwirbelsäule und Kreuzbein fest gegen den Boden drücken, Arme neben dem Körper. Atmung nicht pressen!

Beispiele

— Grundspannung. Kopf anheben. Dabei führt das Kinn die Bewegung in Richtung Brustbein an.
Variationen und Steigerung:
Halten des Kopfes, dabei zählen oder singen lassen.
Halten des Kopfes, dabei mit den Händen klatschen oder auf den Boden schlagen.
Beide Formen als simultane Kombination anwenden.
— Wie vorige Übung, Kopf und Schultern abheben unter gleichzeitigem Heben der Arme nach vorn Richtung Kniegelenke.
— Wie 1. Übung, Arme in Nackenhalte, hochkommen zum Hocksitz. Arme sollten weit nach hinten gespannt bleiben. Übung evtl. mit Partner ausführen oder Großgeräte wie Langbank oder Sprossenwand zu Hilfe nehmen, unter denen die Füße fixiert werden.

Bei der Durchführung sollte auf eine fließende und im Tempo gleichmäßig langsame bis mittelschnelle Bewegung geachtet werden, um einen Schwung, der den Rumpf stärker mit einbezieht, auszuschließen. Der Rumpf muß sich von der Unterlage allmählich lösen. Beim Hochkommen des Rumpfes darf die LWS nicht lordosiert werden.
Um die schräge Bauchmuskulatur stärker zur Kontraktion anzuregen, wird unter Flexion des Rumpfes gleichzeitig eine Rotation des Oberkörpers durchgeführt. Die Arme werden in diagonaler Bewegungsrichtung mit eingesetzt.

Kräftigung der Beckenbodenmuskulatur

Die Kräftigung der Beckenbodenmuskulatur (M. levator ani, M. transversus perinei profundus, M. bulbocavernosus, M. sphincter ani) spielt besonders in der Frauenheilkunde bei Lageveränderungen der Genital- und Nachbarorgane vor und nach der Geburt eine Rolle.

Beispiele

— Rückenlage mit angestellten Beinen. Gesäß, Schließmuskel und Bauchmuskeln fest anspannen, Knie zusammendrücken und die LWS gegen Unterlage spannen.
— Wie 1. Übung, im Wechsel linke oder rechte Faust fest zwischen die Knie klemmen und drücken.
— Wie 1. Übung, Becken abheben und in einer kleinen Brücke Spannung halten.
— Wie 1. Übung, Becken abheben und kreisen.
— Wie 1. Übung, Knie leicht geöffnet. Ein Partner gibt leichten Widerstand beim Zusammenführen der Kniegelenke.
— Rückenlage, Beine gestreckt, leicht gegrätscht in Außenrotation. Gegen Partnerwiderstand am inneren Knöchel beide Beine nach innen rotieren.
— Hockersitz. Die Faust oder flache Hand zwischen die Knie klemmen und zusammendrücken. Beachte die Grundspannung!

Kräftigung der Schultergürtelmuskulatur

Bei der Kraftschulung der Schultergürtelmuskulatur stehen besonders der M. serratus anterior, der mittlere und kaudale Teil des M. trapezius und die Mm. rhomboidei im Vordergrund. Sie sind oft überdehnt, neigen also zur Abschwächung. Sie bewirken die Verschiebung des Schulterblattes zur Wirbelsäule hin, fixieren den unteren Rand des Schulterblattes und ziehen den Schultergürtel nach hinten unten.
Das Hochziehen der Schultern sollte nur in besonderen Fällen geübt werden, nicht aber mit einer großen Kraftleistung verbunden sein.

Beispiele

— Bauchlage, Arme gestreckt neben dem Körper in Tiefhalte. Heben und Zurückführen der Arme unter Außenrotation.
— Bauchlage, Arme in Winkelhalte. Abheben der Arme.
Variationen und Steigerung:
Arme aus der Klafterhalte in Seit- oder Schräghochhalte.
Mit Abheben des Kopfes verbinden.

— Bauchlage, Arme in Schräghochhalte. Wechselseitiges Zurückführen der Arme im großen Bewegungsausmaß bis in die Tiefhalte. Aufbäumen vermeiden!
— Bauchlage, Arme in Schräghochhalte. Abheben und kräftiges Rück-Tief-Ziehen der Arme in die Boxhalte (Fäuste berühren die Schulterhöhe).
— Schneidersitz, Arme in Schräghochhalte. Arme gegen gedachten Widerstand oder durch Partnerwiderstand in die Winkelhalte ziehen.

Kräftigung der Armmuskulatur

Hier sind vorzugsweise Beuger und Strecker des Ellenbogengelenkes zu schulen.

Beispiele
— Vierfüßlerstand, Beugen und Strecken der Arme. Bei der Streckung kann Widerstand gegeben werden.
— Schlußstand, Arme in Seithalte, Unterarme gebeugt. Streckung ohne und mit Widerstand.
— Klimmzug an der Sprossenwand, an den Ringen, am Reck. Unterarme in unterschiedlicher Ausgangsstellung (Supination, Mittelstellung, Pronation).
— Sitzende Ausgangsstellung, Schlußstand. Medizinball oder Hanteln beugen und strekken, vor, seit, hoch.
— Bauchlage, Partner liegen sich gegenüber, die im Ellenbogengelenk gebeugten Arme sind aufgestützt, die Partner geben sich die Hände und versuchen, den senkrecht stehenden Unterarm des Partners nach der Seite wegzudrücken.
— Zieh- und Schiebekämpfe mit einem oder beiden Armen in verschiedenen Ausgangsstellungen.

Kräftigung der Handmuskulatur

Außer Beugung und Streckung sind Radial- und Ulnarabduktion im Handgelenk möglich. Die Finger können wir beugen, strecken und spreizen. Wichtig für den Faustschluß sind die Dorsalextension im Handgelenk und die kräftige Beugung der Finger.

Beispiele
— Finger beugen, strecken, spreizen, Faustschluß.
— Die einzelnen Finger ineinander verhaken und gegen eigenen Widerstand kräftig nach außen ziehen.
— Handflächen aneinander legen, Handwurzeln berühren sich, bei maximaler Dorsalextension Spannung halten, dann die Handflächen voneinander entfernen.
— Handrücken aneinander, bei maximaler Volarflexion Spannung halten, dann lösen.
— Greifen von Hilfsgeräten und Handgeräten. Umfassen von Sprossen und Ringen.
— Handumkreisen mit Ball, Reifen, Keulen.

Kräftigung der Halsmuskulatur

Die Halsmuskulatur ist beteiligt bei Beugung, Streckung, Rotation und bei der Seitneige des Kopfes. Durch das Zusammenwirken der einzelnen Muskelgruppen wird die Stellung und Haltung des Kopfes überwacht und gesichert. Auf die Streckung der HWS zu Beginn jeder Bewegung und das gleichmäßige Rück-Tief-Ziehen des Schultergürtels ist zu achten. Die Extension erfolgt unter leichter Öffnung des Mundes. Bei der Seitneige des Kopfes, die bis zu 45° möglich ist, nähert sich das Ohr der Schulterhöhe.

Beispiele
— Rückenlage. Anbeugen des Kopfes nach vorn durch bogenförmiges Bewegen.
Variationen und Steigerung:
Anbeugen mit Drehen des Kopfes verbinden.
Anbeugen, Drehen und Seitneigen des Kopfes.
Verwendung anderer Ausgangsstellungen wie Fersensitz, Schneidersitz, Sitz auf Hocker.
Kombiniertes Kopfbewegen.
— Bauchlage. Heben des Kopfes gegen Widerstand eines Partners oder Balancieren eines Sandsackes auf dem Kopf.
— Schlußstand vor dem Spiegel. Sandsack auf dem Kopf. Intensivierung der Streckbewegung der Halswirbelsäule.
— Partner stehen sich im Vierfüßlerstand gegenüber. Medizinballstoßen mit dem Kopf, aus der Beugung in die Streckung (Abb. 97).

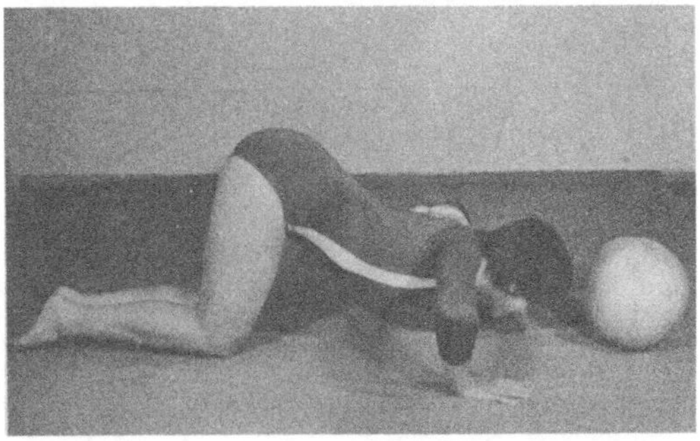

Abb. 97 Aus dem Unterschenkelstütz Stoßen eines Medizinballes mit dem Kopf

Spielerische Formen zu zweien zur Kraftentwicklung des ganzen Körpers

— Ein Partner in Bauchlage, Arme und Beine gespreizt. Stehender Partner versucht, den Liegenden auf den Rücken zu drehen.
— Beide Partner im Grätschsitz gegenüber. Ein Partner versucht, die gegrätschten Beine des anderen mit seinen Beinen von innen nach außen zu drücken, dann von außen nach innen.
— Beide Partner im Liegestütz rücklings mit gebeugten Beinen. Beide versuchen, sich mit den Knien fortzuschieben.
— Ein Partner im Hockstand, der andere im Grätschstand hinter ihm drückt mit beiden Händen auf die Schultern des Partners, der sich zu erheben versucht.
— Ein Partner liegt in Rückenlage und macht sich völlig steif. Der andere steht im Grätschstand über dem Liegenden, dessen Hals er umfaßt. Er versucht, den Liegenden nach oben anzuheben, so daß dieser nur noch mit den Fersen den Boden berührt (Abb. 98).

Aufgaben

1. Erarbeiten Sie mit der Gruppe unter besonderer Berücksichtigung der Steigerung Übungseinheiten zur Schulung der Kraft unterschiedlicher Muskelgruppen!
2. Üben Sie mit einem Partner Rumpfheben aus der Rückenlage und aus der Bauchlage in Form eines Schnellkrafttrainings!
3. Überlegen Sie, welche Muskelgruppen besonders bei Haltungsunsicheren gekräftigt werden müssen! Stellen Sie eine Übungseinheit zusammen!
4. Bringen Sie Kräftigungsübungen für die Fuß- und Unterschenkelmuskulatur!

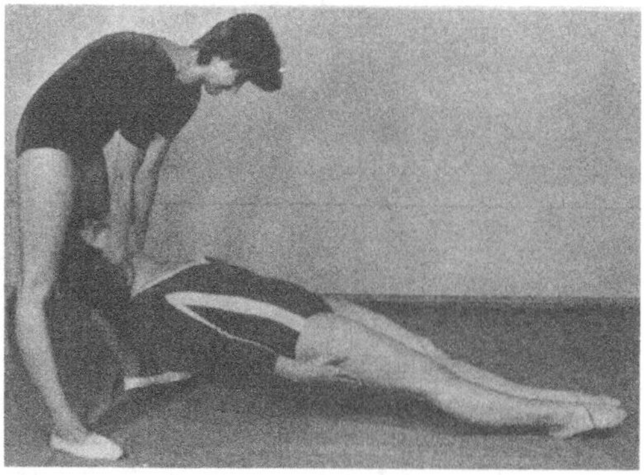

Abb. 98 Abheben eines Partners vom Boden

6.3. Schulung koordinativer Fähigkeiten

6.3.1. Schulung der Gewandtheit

Neben der Entwicklung der Eigenschaften Kraft, Ausdauer und Schnelligkeit spielt die Schulung der Gewandtheit eine bedeutende Rolle. Die Gewandtheit ist eine *koordinative Fähigkeit*, mit deren Hilfe *schnell* und *richtig motorische Aufgaben* gelöst werden. Ein weiteres Merkmal besteht in der *räumlichen* und *zeitlichen Bewegungsgenauigkeit.*
Durch ständiges intensives Üben ist der Grad harmonischen Zusammenwirkens verschiedener Körperteile bei minimalem Krafteinsatz zu erhöhen. Die Übungen müssen geschmeidig und fließend vonstatten gehen. Der Übende muß sich mit Leichtigkeit und Eleganz drehen und wenden können.
Es ist günstig, die gewandtheitsschulenden Übungen zu Beginn einer Übungseinheit einzusetzen. Sie fördern auf Grund der schnellen Arbeitsweise die Durchblutung der Muskulatur und die der Gelenke. Weiterhin sind sie atemanregend und schulen die Beweglichkeit. Durch Beeinflussung psychischer Prozesse wie Mut, Einsatzbereitschaft, Entschlußkraft und Selbstbezwingung sind sie in besonderem Maße an der Persönlichkeitsentwicklung beteiligt.
Durch die Verwendung von Handgeräten und die Arbeit mit Großgeräten wird das Koordinationsvermögen weiter gesteigert. Bei gutkoordinierten Bewegungen der *Gesamtmotorik* spricht man von Gewandtheit.
Die Lernzeit für das Aneignen schwieriger Elemente und Bewegungskombinationen ist nicht unbedeutend. Entsprechend der Aufstellung des Trainings- oder Übungsplanes gilt es, in möglichst kurzer Zeit einen stabilen Schwierigkeitsgrad, der variabel ist, zu erreichen.
Bereits in der Kindheit sollte durch gleichzeitiges Bewegen verschiedener Körperteile mit der Entwicklung der Kombinationsmotorik begonnen werden. Der Schwierigkeitsgrad sollte ständig erhöht werden.

Beispiele für die Gewandtheitsschulung in spielerischer Form

— Üben des Schlängellaufes in verschiedenen Schwierigkeitsgraden
mit 5 Keulen im Abstand von etwa 50 cm,
mit 10 Keulen im Abstand von etwa 30 cm.
Zusätzlich können Geräte in der Laufstrecke

aufgestellt werden, z. B. Kastenteile hoch- und quergestellt, zum Durchkriechen, Überklettern, Überspringen; Böcke zum Durchkriechen oder Überspringen; Matten zum Rollen oder Überspringen.
Bei dieser Staffelform kommt es auf *rechtzeitige Antizipation* und eine *gute Steuerungsfähigkeit* an, die zur schnellen und geschickten Lösung der Aufgabe beitragen.
Durch entsprechende Partnerübungen oder durch Üben von Gemeinschaftsformen in einem größeren Verband werden besonders hohe Anforderungen an die *Anpassungs- und Umstellungsfähigkeit* der Übenden gestellt.
— Der springende Kreis
Eine Gruppe steht im Stirnkreis vorlings. In der Mitte ein Spieler, der sich schnell dreht und dabei ein langes Seil kreisen läßt, über das die Gruppe nacheinander springen soll. Anpassen und Umstellen auf unterschiedliches Tempo des kreisenden Seiles und unterschiedliche Höhe werden gefordert.

Beispiele für Gewandtheitsübungen ohne Gerät

— Einfache Schrittfolgen mit Handklatsch vor, hinter und über dem Körper.
— Boxen nach vorn, zur Seite, nach oben und nach untern im Gehen, dann Laufen und zuletzt mit Sprungschritten kombinieren.
— Wie 1. Übung mit verschiedenen Armhaltungen und Armbewegungen, z. B. Hüftstütz, Seithalte, Hochhalte oder Schwingen der Arme, Kreisen der Arme. Zeitmaß genau festlegen: 4 Schritte und $^1/_1$ Armkreis, 2 Schritte und $^1/_1$ Armkreis. Schwingt oder kreist nur ein Arm, kann durch Einbeziehen des Kopfes in die Bewegung der Schwierigkeitsgrad weiter gesteigert werden. Durch Richtungsänderung, gerade oder gebogene Raumwege, durch Einfügen von Drehungen sind weitere Steigerungen möglich.
— Dreischrittgehen und Gegenschwingen oder Gegenkreisen der Arme.
— Schlußsprungschritte am Ort und in der Fortbewegung mit Drehen und Kreisen des Kopfes.
— Wechsel von Seitgrätsch- und Schlußsprungschritten (Hampelmann).
— Einbeinhüpfen mit Zusatzaufgaben:
Anhocken des Spielbeines, gegenseitige Hand klopft gegen den supinierten Fuß,
Rückwinkeln des Spielbeines, Hand berührt hinter dem Körper den Vorfuß,
im Wechsel Ferse und Spitze auf dem Boden auftippen.
Spielbeinfuß kreist während des Hüpfens.
— Durchführung verschiedener *Kreiselformen* Hüftkreisel, Sitzkreisel (Abb. 99) mit gehockten oder gestreckt gegrätschten Beinen, Kniekreisel, Hockkreisel.
— Rollen vorwärts und rückwärts aus der Hocke in die Hocke, aus der Grätsche in die Grätsche, Rolle angehechtet.
— Rolle seitwärts um die Längsachse, Körper gestreckt oder in Päckchenstellung.
— Aufstehen aus dem Schneidersitz ohne Gebrauch der Hände. Beachte Vorlage! Hilfestellung von vorn! (Abb. 100)
— Aus dem Stand schnelles Hinsetzen, Hinlegen, Beine über den Kopf nach hinten auf den Boden bringen, Rückbewegung, Aufstehen und Hochspringen. Eventuell mit $^1/_2$ oder $^1/_1$ Drehung verbinden. Oft mehrmals hintereinander üben.
— Aus dem Hockstütz, wechselseitiges oder gleichzeitiges Seit- oder Rückspringen der Beine mit und ohne Nachfedern.
— Hockstütz, im schnellen Tempo um Stützarm im Kreis herumlaufen.
— Liegestütz vorlings. Mit den gebeugten Beinen durch die stützenden Arme laufen zum Liegestütz rücklings. Arme behalten stets Bodenkontakt, Rückbewegung.

Beispiele für Gewandtheitsübungen mit Gerät

— Stand, Medizinball oder Gymnastikball hochwerfen und fangen.
— Wie 1. Übung, hochwerfen, mehrmals klatschen und dann fangen.
— Wie 1. Übung, hochwerfen, $^1/_1$ Drehung und fangen.
— Wie 1. Übung, hochwerfen, schnell hinsetzen, aufstehen und fangen.
— Seitgrätschstand. Vorsenken des Rumpfes, Ball auf dem Rücken herabrollen lassen, schnell fangen, wenn Ball Lendenwirbelsäule erreicht hat, Ball nach vorn werfen und auffangen (Abb. 101).
— Stab senkrecht vor dem Körper aufstellen und mit der rechten Hand festhalten. Linksschultrig durchwinden, ohne den Stab loszulassen (Abb. 102).
— Stab in Tiefhalte vor dem Körper. Übersteigen des Stabes und Rückbewegung.
— Stab quer gefaßt. Mit beiden Händen über den Kopf nach hinten werfen, $^1/_2$ Drehung und Stab fangen.
— Seilhüpfen in verschiedenen Formen.

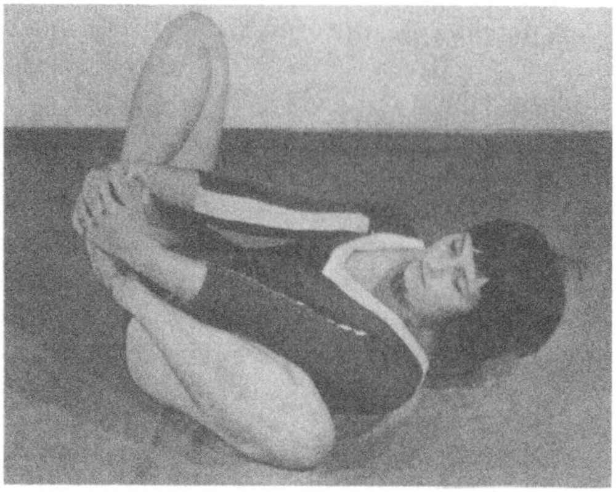

Abb. 99 Sitzkreisel

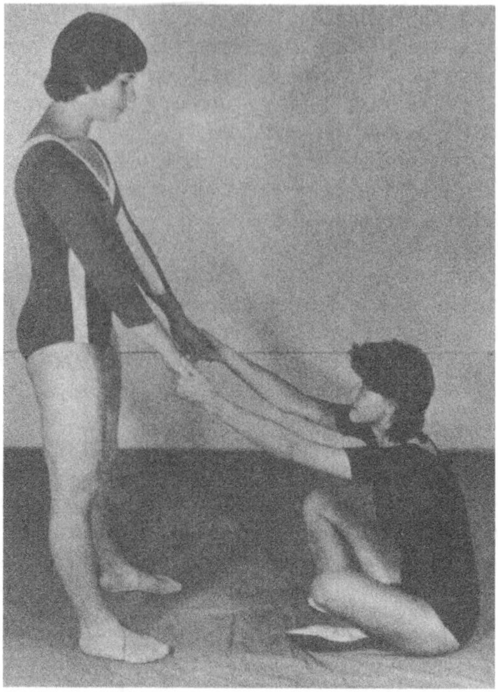

Abb. 100 Hilfestellung beim Aufstehen aus dem Schneidersitz

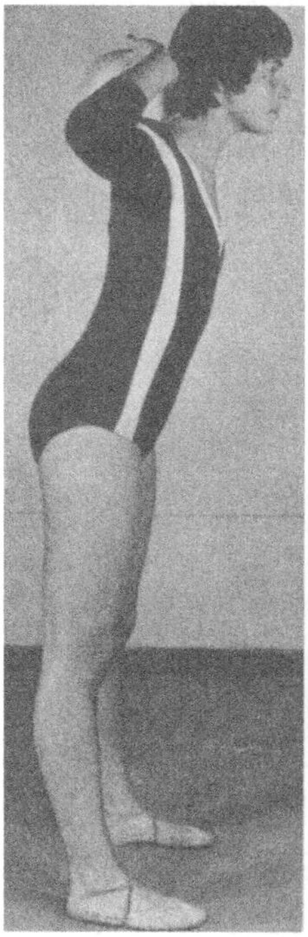

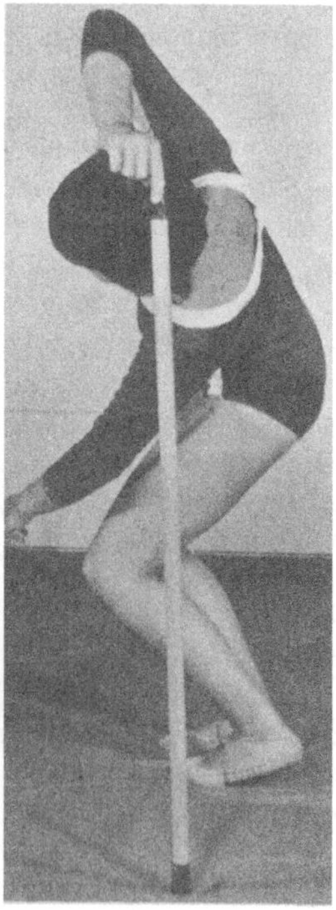

Abb. 101 Leichtes Rumpfvorsenken, Ball rollt am Rücken abwärts

Abb. 102 Durchwinden durch einen senkrecht stehenden Stab

— Seitgrätschstand. Seil vierfach zusammengelegt und geknotet, in Achtertouren um die Beine herumgeben.

— Strecksitz. Beine wechselseitig anheben und Seil in Achtertouren um die Beine herumgeben.

— Strecksitz. Seil zweifach zusammengelegt, in einer Hand gehalten. Kurzes Abstützen des ganzen Körpers vom Boden und dabei das Seil unter dem Körper einmal kreisen lassen.

— Stand. Handumkreisen des Reifens ohne und mit Richtungswechsel.

— Schlußstand im Reifen, der in Schulterhöhe waagerecht gehalten wird. Hochstoßen des Reifens und in Hüfthöhe fangen.

— Reifen zwirbeln und mit Anlauf überspringen.

— Hockwende über die Langbank.

— Stand auf der Langbank. Abspringen, durchkriechen und wieder zum Stand auf der Bank kommen. (Auch als Wettspiel geeignet. Wer steht zuerst wieder oben?)

— Schmalseite der Langbank. Auf allen Vieren über die Bank gehen.

— Stehen auf der Schmalseite der Bank, Ball werfen und fangen.

Beispiele für Gewandtheitsübungen zu Paaren

— Partner stehen sich mit Handfassung gegenüber (Flankenpaare). Ein Partner übersteigt mit dem rechten Bein, der andere mit dem linken Bein die gefaßten Hände. Ohne Loslassen der Hände Körper durchwinden.

— Flankenpaare. Hände gefaßt. Gehen seitwärts mit $^1/_2$ Drehung auswärts und unterwinden.

— Flankenpaare. Beide Partner fassen mit ihrer linken Hand das rechte gestreckt gehobene Bein des Partners. Die rechte Hand beider Partner liegt auf der Schulter des Partners. Hüpfen auf einem Bein mit mehreren Umdrehungen am Ort. Hände bleiben immer gefaßt (Abb. 103).

— Ein Partner im Unterschenkelstand. Der andere Partner führt eine Rolle vorwärts über den Rücken des Partners aus.

— Auf der Schmalseite der Langbank die Schubkarre üben.

— Übersteigen eines hockenden Partners auf der Schmalseite der Bank.

— Partner stehen sich mit einem Abstand von etwa 2 m gegenüber. 2 Stäbe werden von Partner A senkrecht gehalten und zu Partner B gestoßen.

— Partner stehen sich gegenüber. Zwischen ihnen ein Medizinball, der nur vom Rumpf gehalten wird. Arme dabei in Seithalte. Beide Partner drehen sich, der eine rechts, der andere links herum. Dabei muß der Ball ständig zwischen den Partnern bleiben (Abb. 104).

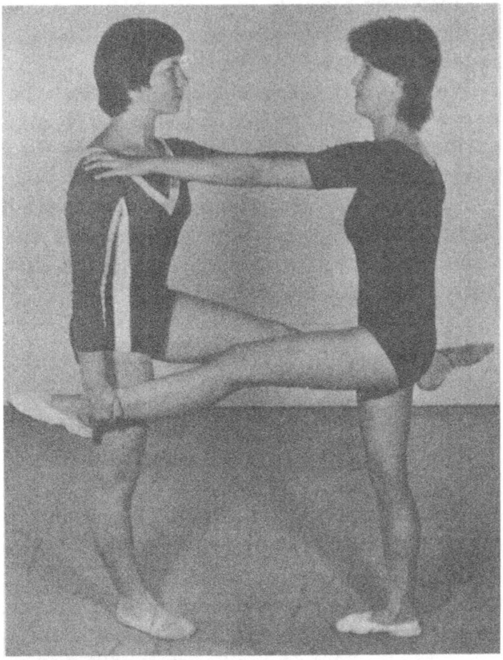

Abb. 103 Schwedischer Federhupf

Abb. 104 Drehen um die eigenen Achsen zweier Partner mit Festhalten eines Medizinballes

Aufgaben

1. Üben Sie das Aufstehen aus dem Schneidersitz ohne Gebrauch der Hände zu Hause!
2. Wie gelangen Sie aus dem Sitz mit gestreckten Beinen in den Stand?
3. Überlegen Sie sich drei Formen, mit denen Sie, auf einem Bein hüpfend, den Gymnastikraum durchqueren können!
4. Wie können Sie durch gleichzeitiges Bewegen verschiedener Körperteile Ihre Kombinationsmotorik verbessern? Bringen Sie dazu zwei Beispiele einer sukzessiven und einer simultanen Bewegungskombination, in der Elemente des Gehens oder Laufens mit verschiedenen Armbewegungen verbunden sind. Setzen Sie dazu auch Geräte ein!

6.3.2. Schulung der Geschicklichkeit

Bei gutkoordinierten feinmotorischen Bewegungen spricht man von Geschicklichkeit, d. h., es arbeiten besonders Hand und Finger, Fuß und Zehen.

Die Durchführung geschicklichkeitsschulender Übungen kann ohne und mit Gerät erfolgen.

Beispiele

— Stand oder verschiedene Sitze mit offenen oder geschlossenen Augen, Arme in gewinkelter Vorhalte, Hände zur Faust geballt und im schnellen Wechsel Flechtgriff, lösen, Faustschluß.

— Wie 1. Übung, Hände vor und hinter dem Körper zusammenführen.

— Stand oder Sitz (Kinder oder Erwachsene), Zehen beugen und strecken.

— Wie vorige Übung, mit den Zehen Tuch, Papier anfassen, vom Boden abheben und wieder hinlegen.

— Stab, Reifen, Sprosse fassen im Rist- oder Kammgriff und wieder lösen, Hand bleibt zunächst am Ort.

Variationen und Steigerung:

Hände bewegen sich vorwärts, gleichzeitig, wechselseitig.

Hände fassen im Wechsel von Rist- und Kammgriff zu.

Hände über- bzw. untergreifen im Wechsel die Hand, die das Gerät festhält.

6.4. Schulung der Beweglichkeit

6.4.1. Schulung der Beweglichkeit in den Fußgelenken

Die Beweglichkeit der Gelenke des Fußes und die Elastizität der die Gelenke umgebenden Weichteile sind Voraussetzungen für ein gleichermaßen kraftvolles, weiches und elastisches Nachgeben beim Abbremsen und Zurückfedern des Körpers bei Gehschritten, Laufschritten, Sprungschritten oder nach Flugphasen bei Sprüngen. Da die Elastizität nicht angeboren ist, sondern sich in der aktiven Auseinandersetzung mit der Umwelt entwickelt, muß diese Fähigkeit intensiv geübt werden, damit Verletzungen vermieden werden.

Das bewußte Üben dieser Fähigkeit ist durch Federn zu erreichen und kann bereits am Ende des frühen Schulkindalters einsetzen. Es kann über einfache Lauf- und Sprungschritte, an denen die Kinder Freude haben, geschult werden.

Man unterscheidet verschiedene *Formen des Federns*

— Schlußfedern,

— Wechselfedern am Ort und in der Fortbewegung und

— Doppelfedern am Ort und in der Fortbewegung (Schrittfedern).

Schlußfedern. Der Übende befindet sich im Schlußstand und hebt sich in den Ballenstand. Diese Bewegungen erfolgen zunächst im langsamen, dann im schnelleren Wechsel. Bei der langsamen Bewegung wird die Mitbewegung der Knie ausgeschaltet. Wird das Tempo beschleunigt, erfolgt eine hochbetonte intensive Streckbewegung der Fuß-, Knie- und Hüftgelenke. Die Ballen heben sich dabei vom Boden ab. Die Zehen erreichen ihre höchste Streckung, behalten jedoch Bodenkontakt. Auf die Mittelkörper- und Beckenspannung ist zu achten. Die Landung im Schlußstand erfolgt durch gezügeltes Beugen in den genannten Gelenken und weiches Abrollen von den Fußspitzen bis hin zu den Fersen.

Wechselfedern am Ort und in der Fortbewegung. Das Wechselfedern kann durch Gehen am Ort oder aus dem Verkürzen des Laufschrittes entwickelt werden. Die Fußspitzen lösen sich dabei nicht vom Boden. Die Bewegung erfolgt zunächst im unbelasteten wechselseitigen Heben und Senken der Füße. Allmählich wird die Körperlast auf die Füße übertragen. Beim Heben über die Schwerpunktlinie der Erde ist auf völlige Streckung der Beine zu achten. Beim Abrollen von der Fußspitze bis hin zur Ferse darf das Becken nicht zur Gegenseite absinken. Geübt wird auch hier zunächst im langsamen, dann schnelleren Tempo am Ort, in der Fortbewegung vorwärts, seitwärts und rückwärts.

Doppelfedern am Ort und in der Fortbewegung. Beim Doppelfedern wird das gesamte Körpergewicht gleich zweimal auf dem gleichen Bein aus der Beugestellung bis zur völligen Streckung gehoben. Stets muß dabei *bei der Landung die Ferse den Boden berühren.* Das Nachfedern verlangt gute Bein- und Fußkraft. Für Kinder ist es deshalb leichter, das Doppelfedern über einen einfachen Sprungschritt mit Nachfedern zu erlernen. Das Doppelfedern kann am Ort durchgeführt werden. Erfolgt es als Lokomotion vor-, seit- oder rückwärts, bezeichnet man es als *Schrittfedern.* Das Spielbein kann unterschiedlich gehalten werden. Es muß schnell an das Sprungbein herangeführt werden, damit ein reibungsloser Wechsel möglich ist.
Das Federn ist eine sehr *anstrengende Schnellkraftleistung.* Es empfiehlt sich, *Entspannungs- und Lockerungsübungen einzuschalten* oder Bewegungskombinationen zu entwickeln, durch die eine Überbeanspruchung der Fuß- und Beinmuskulatur sowie des Bandapparates verhindert werden kann.

Beispiele

— 8 Zeiten einfache Gehschritte vorwärts
 8 Zeiten Schlußfedern
— 8 Zeiten einfache Laufschritte vorwärts
 8 Zeiten Wechselfedern am Ort
— 4 Zeiten Gehen am Ort
 4 Zeiten Schlußfedern mit $^1/_1$ Drehung
— 6 Zeiten einfache Laufschritte
 2 Zeiten Doppelfedern mit Rückwinkeln des Spielbeines.

Neben dem *hochbetonten* Federn unterscheidet man noch das *tiefbetonte* Federn, das besonders bei Schwüngen Anwendung findet. Bei der Auf- und Abbewegung des Körpers wird dabei ständig die ganze Sohle belastet. Der Körper wird bei der Aufwärtsbewegung nicht über die Schwerpunktlinie der Erde gehoben. Bei der Abwärtsbewegung nähert sich der Körperschwerpunkt wieder der Erde. Die Beine werden abwechselnd gebeugt und gestreckt.

6.4.2. Schulung der Beweglichkeit im Hüftgelenk

Da sowohl die Beuger des Hüft- und des Kniegelenks als auch häufig die Adduktoren zur Hyperaktivität und Verkürzung neigen, ist besonderer Wert auf die Schulung ihrer Elastizität und Dehnfähigkeit zu legen.

Beispiele

— Die Beweglichkeitsschulung des Hüftgelenkes kann durch eine schwungvolle Beinbewegung eingeleitet werden, und zwar im Stand (mit Festhalten an einer Stange, an einem Gerät, mit Partnerunterstützung oder freistehend), Rück- und Vorschwingen des Beines in sagittaler Ebene. Da die Streckfähigkeit in der Hüfte verbessert werden soll, erfolgt die Auftaktbewegung mit einem Vorheben des Schwungbeines. Die Rückbewegung wird betont.
Ist die Beugefähigkeit eingeschränkt, wird in umgekehrter Weise verfahren. Soll die Abduktion besonders betont werden, sind Schwünge in der Frontalebene oder in einer diagonalen Zwischenebene angezeigt. Man spricht dann von Links- oder Rechtsschwung oder Achterschwüngen.
Extreme Mitbewegungen in der Wirbelsäule müssen vermieden werden
Intensive Spannung der Standbeinseite verhindert das Absinken des Beckens nach der Schwungbeinseite!
Bei den Kreis- und Achterschwüngen herrscht das Führen des Beines vor. Diese Bewegungen sind durch eine starke Haltearbeit gekennzeichnet.
— Bauchlage, Hände liegen unter dem Kopf.
Dehnende Vorbereitung:
Unterschenkel beugen, der Schwere nach in Richtung Gesäß fallen lassen
wechselseitiges Anbeugen und Strecken im Kniegelenk
beidseitiges Bewegen gleichzeitig,
Arbeit im Hüftgelenk:
Abheben der im Kniegelenk gestreckten Beine im Wechsel
Abheben der im Kniegelenk gebeugten Beine im Wechsel.
— Rückenlage, Beine angestellt. Gesäß anheben (s. Kraftschulung der Gesäßmuskulatur!).
— Vierfüßlerstand rücklings. Becken anheben und die Knie weit nach vorn schieben. Die Streckung in der Hüfte bleibt (Abb. 105).
— Vierfüßlerstand. Ein Bein anheben, im Kniegelenk gebeugt lassen und nach oben heben, evtl. mit Partnerhilfe.
Die Verbesserung der *Abduktionsfähigkeit* der Hüfte ist abhängig von der *Dehnfähigkeit der*

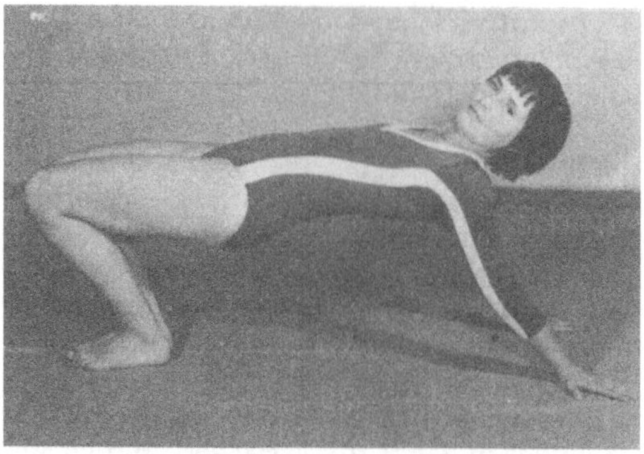

Abb. 105 Aus dem Vierfüßlerstand rücklings Knie nach vorn schieben. Hüfte bleibt gestreckt

Adduktoren. Sie wird geübt durch Grätschen eines Beines oder beider Beine.

Beispiele bei verkürzten Adduktoren

— Schneidersitz. Hände liegen auf den Kniegelenken und federn die Oberschenkel nach unten.

— Winkelsitz. Anwinkeln eines Beines, Oberschenkel nach außen fallen lassen, mit den Händen nachdehnen. Bei maximaler Beugung des Beines und aufrechter Rumpfhaltung soll der Oberschenkel am Boden liegen.

Winkelsitz, Rückenlage oder Bauchlage. Grätschen einseitig oder beidseitig.

— Vierfüßlerstand, ein Bein in gestreckter Abduktion. Heben des gestreckten Beines (Abb. 106).

— Unterschenkelstand, ein Bein in gestreckter Abduktion. Vorsichtige Rückverlagerung des Körperschwerpunktes nach hinten unten und zum Hürdensitz kommen. Arme können helfend abstützen.

Abb. 106 Aus dem Vierfüßlerstand das gestreckte Bein abduzieren und nach oben führen

Variation: Im Wechsel den Oberkörper einmal dem gestreckten Bein, dann dem gebeugten Bein nähern und in dieser Stellung verweilen.

— Hockstütz. Seitstellen der Beine nach rechts oder links mit Nachfedern.

Variation: Wechselsprungschritte nach rechts und links.

— Grätschhangstand auf der Sprossenwand. Arme fassen schulterhoch. Allmählich Beine immer weiter spreizen, dabei an der Sprossenwand tiefer fassen. Die Körperseite bleibt dabei an der Sprossenwand (Abb. 107).

— Stand seitlings vor der Sprossenwand, ein Bein in Hüfthöhe auflegen. Beugen des Standbeines.

Variation: Verbinden mit Rumpfbeugen zur Standbeinseite hin.

— Weiter Grätschsitz, Arme in Hochhalte. Oberkörper vorbeugen zum rechten Bein, zur Mitte und zum linken Bein. Finger berühren Fußrist oder Zehen, zwischendurch Oberkörper aufrichten. Vor dem Beugen ist auf die Streckung des Rumpfes zu achten. Beim Vorbeugen des Oberkörpers nach rechts ist auf kräftige Außenrotation des linken Beines Wert zu legen, damit das Gleichgewicht gewahrt bleibt.

Beispiele bei verkürzter ischiokruraler Muskulatur

— Hocksitz, Hände umfassen die Fußgelenke. Durch allmähliches Strecken im Kniegelenk und wieder Verharren in der erweiterten Aus-

Abb. 107 Grätschstand an der Sprossenwand mit weitgegrätschten Beinen

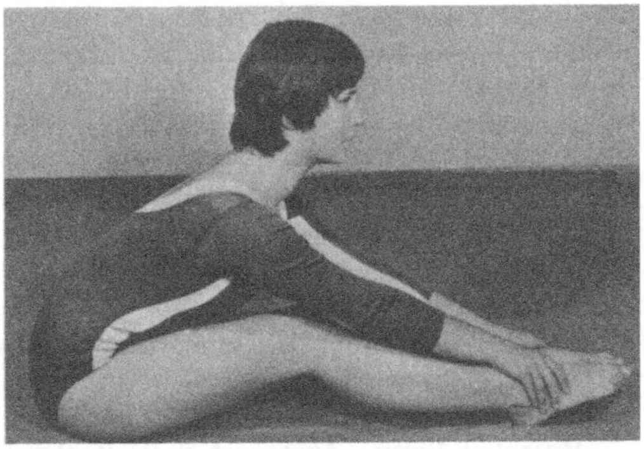

Abb. 108 Aus dem Hochsitz allmähliches Beugen im Hüftgelenk und langsames Strecken im Kniegelenk

gangsstellung wird die Dehnfähigkeit der ischiokruralen Muskulatur verbessert und gleichzeitig die Beweglichkeit im Hüftgelenk durch Anlegen des Becken-Bauch-Abschnittes an die Oberschenkel verstärkt (Abb. 108). Durch zusätzliche Dorsalextension des Fußes wird die ischiokrurale Muskulatur weiter gedehnt.

— Rückenlage, ein Bein gestreckt heben, Oberschenkel mit beiden Händen umfassen und in Richtung Rumpf ziehen.

— Rückenlage, Seil umspannt Vorfuß, Anheben beider Beine und Zurückführen bis auf den Boden hinter den Kopf (Seil bleibt fest umspannt).

— Winkelsitz, ein Bein anbeugen und Vorfuß umfassen. Knie strecken und Bein an Becken heranbringen.

— Liegestütz vorlings. Zurückstützen der Arme.

— Stand vor der Sprossenwand. Ein Bein rechtwinklig auf einer Sprosse aufgelegt. Oberkörper nähert sich dem Bein. Arme können in Tiefrückhalte bleiben und sichern somit die Streckung der gesamten Wirbelsäule.

6.4.3. Schulung der Beweglichkeit der Wirbelsäule

Bei den aufgeführten Übungsbeispielen ist stets darauf zu achten, daß die ausgewählten Formen nicht das äußere Haltungsbild des Übenden negativ beeinträchtigen. So ist z. B. bei einem Sitzbuckelrest im Schneidersitz ein Rumpfbeugen des Oberkörpers mit Nachfedern kontraindiziert. Das gleiche gilt bei verstärkter Kyphosierung der Brustwirbelsäule. Finden wir dagegen eine verstärkte Lendenlordose vor, sind in Verbindung mit der Aufrichtung des Beckens der M. erector spinae im lumbalen Bereich, die Fascia lumbodorsalis, der M. quadratus lumborum und hintere Anteile der Bauchmuskeln zu dehnen. Die Übungen im Schneidersitz mit Rumpfvorbeugen wären dann angezeigt.

Beispiele bei verstärkter Lendenlordose

— Entspannter Fersensitz, Hocksitz in Form der Dehnlagerung.

— Hocksitz, Hände umfassen die Knie. Zurückrollen und wieder zum Hocksitz kommen.

— Rückenlage. Heben beider Beine und mit Schwung bis auf den Boden hinter den Körper bringen.

— Vierfüßlerstand. Zurücksetzen auf die Unterschenkel. Hände bleiben am Ort.

— Wie letzte Übung. Beugen eines Beines und Knie an den Brustkorb heranziehen.

Für die weitere Schulung der Beweglichkeit der Wirbelsäule ist die *Seitneigung* von Bedeutung. Dabei sind Halswirbelsäule, Brustwirbelsäule und Lendenwirbelsäule beteiligt. Über die Streckung der gesamten Wirbelsäule, die durch Hochstrecken eines Armes und eine verstärkte Einatmung begünstigt werden kann, werden besonders M. erector spinae und M. quadratus lumborum gedehnt. Soll eine reine Flankendehnung erfolgen, ist eine Rotationsbewegung der Wirbelsäule auszuschalten.

Beispiele für die Seitneigung

— Aus den verschiedensten Ausgangsstellungen über die Streckung der Halswirbelsäule Seitneigen des Kopfes.

— Rückenlage, Bauchlage. Über die Streckung der gesamten Wirbelsäule Seitneigen des Körpers von oben oder von den distalen Körperabschnitten her. Auch als Dehnlagerung möglich. Dabei ein Arm in Hochhalte.

— Seitgrätschstand, Schlußstand. Seitneigen des Körpers. Eine Hand gleitet am Oberschenkel abwärts, die andere bleibt locker der gedehnten Seite aufgelegt.

Variation: Schwunghafte Ausführung. Der Arm der gedehnten Seite wird im weiten Bogen über den Kopf zur kontrahierten Seite gebracht.

— Querstand links seitlings vor der Sprossenwand. Die linke Hand faßt in Schulterhöhe eine Sprosse. Die rechte Hand faßt über dem Kopf eine höhere Sprosse. Heben in dne Zehenstand.

Variationen: Die linke Hand drückt gegen die Hüfte und schiebt den Rumpf weit nach außen. Das linke Bein wird eine Sprosse höher aufgestellt.

— Einbeinkniestand, das andere Bein seitlich gestreckt aufgestellt. Ein Arm oder beide Arme in Hochhalte. Seitneigen des Oberkörpers über die Streckung zur Seite des gestreckt aufgestellten Beines.

Die *Rotationsbewegung* vervollständigt die Schulung der Beweglichkeit der Wirbelsäule.

Beispiele für Rotationsbewegungen

— Aus den verschiedensten Ausgangsstellungen über die Streckung der Wirbelsäule — Drehen des Kopfes nach links und rechts. Als kombinierte Bewegung erfolgt das Kreisen des Kopfes.

— Seitgrätschstand. Drehen des Rumpfes im Wechsel nach links und rechts. Die hängenden Arme verstärken durch ihr Mitschwingen die Drehung.

— Schneidersitz. Herumrollen eines Balles um den Körper, dabei der Bewegung nachsehen.

6.4.4. Schulung der Beweglichkeit im Schultergelenk

Bei Beeinträchtigung der Beweglichkeit im Schultergelenk kann es zur Verkürzung der das Schultergelenk von vorn, von der Seite und von hinten umgebenden Muskulatur kommen. Bei der Dehnung ist besonders der Muskelfaserverlauf zu beachten, z. B. bei der Dehnung des M. pectoralis ist der Arm in Außenrotation in Schräghochhalte in einer für die Dehnung optimalen Ausgangsstellung. Nach *vorbereitenden Dehnlagerungen in Rükkenlage* (s. 4.2.5.) können folgende Übungen zur Anwendung kommen:

— Durch Schwingen in der frontalen und sagittalen Ebene oder durch Kreisen der Arme im Stand oder im Sitz auf dem Hocker kann die Beweglichkeitsschulung im Schultergelenk eingeleitet werden.

— Stand, Winkelsitz oder andere sitzende Ausgangsstellung. Ein Gerät (Stab, Seil, Handtuch, Impander) wird zunächst breit, dann enger gefaßt und mit gestreckten Armen hinter den Körper geführt. Diese Übung wird *Ausschultern* genannt. Bei der Rückbewegung der Arme wird neben der Beweglichkeit gleichzeitig die Kraft der Schultergürtelmuskulatur geschult. In sitzender Ausgangsstellung wird durch Fixation der Becken-Bein-Einheit ein Ausweichen verhindert.

— Rutschstellung, Arme überschulterbreit, vorsichtiges Tieffedern des Rumpfes ohne oder mit Hilfe eines Partners, der den Rumpf seitlich faßt oder mit einer Hand am Sternum mit der anderen Hand zwischen den Schulterblättern den Rumpf in senkrechter Richtung führt. Die Auf- und Abbewegung des Rumpfes kann mit einer schwingenden Seitwärtsbewegung verbunden werden.

— Rutschstellung, Arme überschulterbreit. Armkreisen. Dabei bleibt der Rumpf dem Boden genähert (Abb. 109).

— Partner im Winkelsitz, Rücken an Rücken. Arme in Hochhalte gefaßt. Rumpf vor- und rückbeugen im Wechsel.

— Rückenlage, mit angestellten Beinen auf der Langbank, Arme in Nackenhalte, Medizinball oder Gewicht auf die Ellenbogen legen oder ein Partner drückt die Arme in Richtung Boden.

Aufgaben

1. Üben Sie zu Hause die verschiedenen Formen des Federns!
2. Wie verstärken Sie die Dehnfähigkeit der ischiokruralen Muskelgruppe? Bringen Sie mehrere Beispiele und beachten Sie dabei Ihr systematisches Vorgehen!
3. Setzen Sie die verschiedenen Formen der Dehnung bei verkürzter vorderer Schultergürtelmuskulatur ein!
4. Stellen Sie eine Bewegungskombination zusammen, in der Federn und flaches Gehen enthalten sind. Beachten Sie dabei Bewegungsrhythmus und Bewegungsfluß!

Abb. 109 Aus der Rutschstellung Armkreisen rückwärts

7. Schulung der Elementegruppen

Die Elementegruppen ohne Handgerät werden untergliedert in
— Stände
— Schrittarten
— Drehungen
— Schwünge.

7.1. Stände und Schulung des Gleichgewichts

Stände haben als Ausgangs- (s. auch 2.8.2.4.), Zwischen- oder Endstellung Bedeutung.
In der Künstlerischen Gymnastik werden lediglich Sohlen- und Ballenstände unterschieden, bei denen das Halten oder geführte Bewegungen des Körpers in der Hauptphase über einen Mindestzeitraum von 1 bis 3 Sekunden erfolgen muß. In der Physiotherapie sind Stände oder andere gleichgewichtsschulende Elemente nicht an ein bestimmtes Zeitmaß gebunden.
Durch die Beherrschung der motorischen Fähigkeit Kraft und Beweglichkeit und durch eine fein aufeinander abgestimmte Nerv-Muskel-Koordination ist der gesunde Mensch in der Lage, in den verschiedenen Ausgangsstellungen und während der unterschiedlichsten Bewegungen das Gleichgewicht seines Körpers zu halten.
Dabei ist die Lage oder Stellung des Kopfes von großer Bedeutung. Augenblickliche Veränderungen der Stellung des Kopfes führen zu Tonusverschiebungen, besonders an den Muskeln der Stützmotorik. Auf der Grundlage von Haltungsreflexen und Stellreaktionen sind einfache Koordinationen möglich, die nicht speziell erlernt werden müssen und die bereits bei Kleinkindern auftreten. Im Laufe der motorischen Ontogenese entwickeln sich jedoch *komplizierte Bewegungs- und Haltungsreflexe bedingt reflektorischen Charakters.* Sie erfordern eine intensive motorische Lernarbeit. Zur Ausführung dieser neuen Fertigkeiten sind kompliziertere Koordinationen der Anspannung und Bewegung verschiedener Muskelgruppen und eine schnelle Reaktionsfähigkeit notwendig. Der Körper muß lernen, auf feinste Reize zu reagieren. Es können Reize sein, die Gleichgewichtselemente enthalten, in denen die Bedingungen der Statik oder die der Dynamik mit unterschiedlichen Bewegungen des Rumpfes, des Spiel- und Standbeines, der Arme und des Kopfes vorherrschen. Bei allen Elementen ist durch ein gut dosiertes Muskelspiel die Stabilität zu wahren. Verändert sich die Lage der einzelnen Körperteile zueinander, ist auf *rechtzeitige* Veränderung der Lage des Körperschwerpunktes zu achten. Der Körperschwerpunkt ist stets im Verhältnis zur Unterstützungsfläche zu sehen. Die Größe der Unterstützungsfläche muß mit in Betracht gezogen werden. Eine größere Unterstützungsfläche läßt im allgemeinen größere Verschiebungen des Körperschwerpunktes in der Horizontalen zu.

Beispiele
— Seitgrätschstand auf ebenem Boden
— Schlußstand auf ebenem Boden
— Einbeinstand auf ebenem Boden
— Ballenstand beider Beine auf ebenem Boden
— Ballenstand auf einem Bein auf ebenem Boden.

Unterstützungsfläche kann außer dem ebenen Boden noch sein:
— eine vorgezeichnete Linie
— die Breitseite der Langbank
— die Schmalseite der Langbank
— der Schwebebalken
— der Kreisel als bewegte Unterstützungsfläche.
Die *Lastverlagerung* über der Unterstützungsfläche ist dabei *unterschiedlich.* Eine *gleichmäßige* Lastverlagerung finden wir bei Schlußständen, Grätschständen und Kreuzständen. Der Körperschwerpunkt befindet sich etwa über der Mitte der Unterstützungsfläche. Eine *ungleiche* Lastverlagerung ist z. B. beim Stehen auf einem Bein möglich.
Die Kompliziertheit der verschiedenen Körperstellungen und Bewegungen wird durch folgende Faktoren bestimmt:

— die Größe der an ihrer Aufrechterhaltung beteiligten Muskelmasse
— die Größe der Unterstützungsfläche
— die Lage des Körperschwerpunktes
— die Zeit oder die Anzahl der zur Beherrschung dieser Haltung erforderlichen Versuche
— das Ausmaß der zu ihrer Aufrechterhaltung notwendigen Muskelanspannung
— die Möglichkeit, einfache tonische Haltungsreflexe einzusetzen.

So gehören Lagen und Sitze zu den einfachsten Körperstellungen, die nur minimale Muskelaktivitäten brauchen. Bei Ständen dagegen wird das Halten des Gleichgewichts dadurch erschwert, daß der Körperschwerpunkt hochliegt und die Unterstützungsfläche klein ist.
Stützt man sich mit den Armen ab, liegt der Körperschwerpunkt oberhalb der Stützfläche, hängt man an einem Gerät, wird das Gleichgewicht stabiler, da der Körperschwerpunkt unterhalb der Stützfläche liegt. Sehr kompliziert ist die Körperstellung beim Handstand mit der Kopfstellung nach unten. Hierbei werden die Körperstellreaktionen gehemmt. Außerdem ist die Unterstützungsfläche der Hände sehr klein, der Körperschwerpunkt liegt hoch, und die Armmuskulatur ist relativ schwach. Es bedarf langer Übungszeit, diese Stellung einzunehmen und zu halten.
Die **praktische Erarbeitung des Gleichgewichtsvermögens** erfolgt in 3 Phasen:
— statische Gleichgewichtsfähigkeit in Form der Stände
— dynamische Gleichgewichtsfähigkeit in Form von Schrittfolgen
— Kombinationen dynamischer und statischer Elemente.

7.1.1. Statische Gleichgewichtsfähigkeit in Form der Stände

Diese Elemente sind in ihrer Hauptphase an eine gleichbleibende Stützfläche gebunden. Die Bedingungen der Statik herrschen vor. Sie erfordern eine hohe Konzentrationsfähigkeit und sind deshalb besonders bei Jugendlichen und Erwachsenen zu schulen. Für Vorschulkinder sind Gleichgewichtsformen zu wählen, bei denen die Stützfläche nicht ausschließlich nur von den Füßen — auf ganzer Sohle oder Fußballen — gebildet wird, sondern bei denen andere stützende Körperteile wie Unterschenkel, Knie oder alle Seiten des Rumpfes das Halten des Gleichgewichts erleichtern.
Während der Haltephase können unterschiedliche Bewegungen des Rumpfes oder der Extremitäten eingefügt werden. Die Entwicklung vom Einfachen zum Komplizierten sollte aber auch hier besonders beachtet werden.
Am Beispiel der *Erarbeitung des Storchenganges* soll der lernmotorische Vorgang dargestellt werden:

1. Schlußstand, Arme in Seithalte. Einbeinstand einnehmen, Spielbein anhocken, Fuß plantarflektiert, Bein senken (als zweizeitige Bewegung).
2. Wie 1., aber gleichzeitig mit dem Anhocken des Spielbeines werden die Arme in die Seithalte bewegt.
3. Wie 1., Arme im Hüftstütz fixiert.
4. Wie 1., Spielbein anhocken — strecken — senken (als dreizeitige Bewegung).
5. Gleichzeitig mit der Beinbewegung setzt die koordinierte Armbewegung ein. Bei dem Kommando Strecken befinden sich die Arme in Seithalte, bei Senken gehen sie in die Ausgangsstellung zurück.
6. Wie 1., Anhocken — Strecken — Halten — Senken (als vierzeitige Bewegung).
7. Wie 1., aber bei der Streckung des Spielbeines mit dem Standbein in den Ballenstand erheben.

Diese Übungsfolge kann nach dem Beherrschen im Stand in der Fortbewegung geübt werden.

Weitere Beispiele

— Vom Unterschenkelstütz zur Unterschenkelstandwaage
Unterschenkelstütz, Körpergewicht vor- und zurückverlagern.
Ein Bein nach hinten strecken, Fußspitze am Boden lassen. Kein Absinken des Beckens!
Anheben des gestreckten Beines. Beine und Oberkörper bilden eine Gerade.
Abheben des entgegengesetzten Armes in gleicher Höhe.
Gestrecktes Bein, Fußspitze am Boden, Arme zur Seithalte führen und Körperschwerpunkt nach hinten verlagern.
Beide Arme und ein Bein strecken. Unterschenkelstandwaage (Abb. 110)
Zur weiteren Steigerung kann aus der Unterschenkelstandwaage die Kniestandwaage eingenommen werden.

Abb. 110 Unterschenkelstandwaage

— Schlußstand, Gewichtsverlagerung vor-, rück- und seitwärts, kreisend.
— Partnerübung im Stand. Stabilisieren des Gleichgewichts durch Anstoßen an verschiedenen Körperteilen. Der Übende gibt nach und fixiert dann sein wiedergefundenes Gleichgewicht.
— Seit- oder Quergrätschstand, Gewichtsverlagerung von einem Bein auf das andere.
— Sicheres Stehen auf einem Bein. Vor-, Seit- und Rückheben des gestreckten Spielbeines. Erst in langsamem, gleichmäßigem Zeitmaß Heben und Senken der Beine, dann schnell anheben und verharren, kraftvoll und zügig senken.
— Wie vorige Übung, dazu Beugen und Strecken des Standbeines.
— Wie vorige Übung, Einfügen von geführten Armkreisen eines Armes oder beider Arme vor dem Körper. Auf sichere Standfestigkeit ist zu achten!
— Stand mit Beugen und Strecken des Spielbeines, dabei Handklatsch vor, hinter, neben, über dem Körper.
— Beidbeiniger Ballenstand. Auf maximale Streckfähigkeit der Füße und Mittelkörperspannung ist zu achten! Unterschiedliche Arm- und Beinbewegungen einfügen.
— Rückenlage, wechselseitiges Anheben der Arme und Beine. Auf Spannung der Gegenseite achten!
— Seitenlage, obenliegenden Arm nach schräg hinten führen, das gleichseitige Bein beugen und strecken.
— Strecksitz. Anheben beider Beine zum Schwebesitz.
— *Zusatzaufgaben* können gestellt werden: Wer steht am längsten auf beiden Beinen? Wer steht am längsten auf einem Bein? Wer kann mit geschlossenen Augen stehen? Wer kann seinen Rumpf mitbewegen ohne umzufallen?

7.1.2. Dynamische Gleichgewichtsfähigkeit in Form von Schrittfolgen

Dazu gehören Gehen, Lauf- und Sprungschritte auf vorgezeichneten Bahnen, zwischen 2 Seilen, auf einem Seil oder Tau, auf der Bank, auf dem Schwebebalken. Diese einfachen Lokomotionen können mit Drehungen kombiniert werden.

Beispiele
— Geh-, Lauf- und Sprungschritte auf einer Linie vorwärts, rückwärts, seitwärts, im Wechsel.
— Wie 1. Übung, auf der Bank.
— Gehen auf einer Linie mit $^1/_1$ Drehung, dann weiter gehen.
— Laufschritte, worwärts auf Zuruf $^1/_2$ oder $^1/_1$ Drehung zurück- oder weiter vorwärtslaufen.
— Geh- oder Laufschritte vorwärts, mehrere Drehungen hintereinander und weiter hüpfen.
— Rollen vorwärts oder rückwärts, aufstehen und weiterlaufen.
— Verschiedene Gangarten: Kniebeugegang, Kniehebegang, Storchengang, Spreizgehschritte in unterschiedlichem Zeitmaß.
— Vorwärts-, Seitwärts- und Rückwärtsgehen mit geschlossenen Augen.

7.1.3. Kombinationen dynamischer und statischer Elemente

Dynamische und statische Elemente lassen sich gut zu Kombinationen verbinden. Bereits bei Kindergruppen im Vorschulalter können einfache Formen geschult werden. Dabei kommt es nach Bewegungen zum ruhigen Verharren in einer bestimmten Körperstellung. Die Standsicherheit ist dabei Ausdruck von Bewegungsgenauigkeit und Bewegungsbeherrschung.

Beispiele
— Einfache Schrittfolgen. Auf Zuruf oder Zeichen (Tamburinschlag oder Aussetzen der Musik) plötzliches Stehenbleiben. Verharren im Schlußstand, Ballenstand usw.
— Gehen und Stehen verbinden. Zeitlichen Abstand genau festlegen, z. B. 8:8, 4:4, 4:2.

— Drehungen um die Längsachse frei im Raum, dann auf markierter Linie. Stehenbleiben auf einem Bein. Auch als Partnerübung geeignet. Beim Begegnen des Partners Drehung mit anschließendem Verharren in vorgeschriebener Endstellung.
— Schlußsprung am Ort, in den sicheren Stand kommen. Auch mit Armbewegungen verbinden.
— Schlußsprung in den sicheren Stand aus festgelegtem oder freigestaltetem Anlauf heraus, z. B. 4 Laufschritte, Sprung, Stand.
— Aus dem Hockstand schnelles Heben in den Ballenstand.
— Federn im Fersensitz und plötzliches Strecken in den Unterschenkelstand. Auch auf einem Bein stehen, Spielbein kann unterschiedlich gehalten werden.
— Aus dem entspannten Hockstütz in den Stand.
— Laufschritte, Bodenrolle, Stand.
— *Zusatzaufgabe:* Wer kann nach schnellen Drehungen am Ort sicher geradeaus gehen?

Aufgaben

1. Wie können Sie die Gleichgewichtsfähigkeit Ihres Körpers verbessern? Überlegen Sie sich eine Reihe von Übungen, die aufeinander aufbauend eine Steigerung des gut dosierten Muskelspieles erkennen lassen.
2. Bringen Sie gleichgewichtsschulende Übungen auf der Langbank!

7.2. Schrittarten

Gehen und Laufen sind Fortbewegungsarten, die in die Elementegruppe Schrittarten gehören und als Geh- und Laufschritte bezeichnet werden. Nach der neuen Terminologie in der Künstlerischen Gymnastik gehört auch das Hüpfen mit zu den Schrittarten. Es wird dort unter der Bezeichnung Sprungschritte geführt. Da es sich in bezug auf die Grundstruktur der Bewegung um zyklische Formen handelt, haben auch wir uns entschlossen, diesen Terminus zu übernehmen.

7.2.1. Gehschritte

Der *flache Schritt* wird mit geringem Kniebeugen bei der Lastverlagerung durchgeführt. Auf kräftiges Durchspannen der gesamten Beineinheit beim Aufsetzen der plantarflektierten Füße ist zu achten.

Der **weiche Schritt** wird mit Tiefverlagerung über die halbtiefe Kniebeuge sehr weich und schwungvoll ausgeführt. Es erfolgt im Wechsel eine starke Beugung und Streckung in den Kniegelenken.

Der **tiefe Schritt** ist durch eine bleibende halbtiefe Kniebeuge gekennzeichnet. Er eignet sich besonders bei übertrieben wippendem Gang.

Der **federnde Schritt** ist eine ausgeprägte Hoch-Tief-Verlagerung des Körpers bei aufrechter Körperhaltung. Die Hochbewegung wird betont. Die frontale Körperhaltung ist beizubehalten. Kein Abkippen des Beckens!

Der **Ballenschritt** ist mit minimalem Beugen in den Kniegelenken und mit aufrechtem Körper auszuführen. Stark angespannter Fuß wird mit den Zehen aufgesetzt und zum Ballen abgerollt.

Beim **Spreizschritt** wird nach einem scharf angesetzten Schritt das andere Bein schnellkräftig in die gewünschte Richtung gespreizt.

Der **Ausfallschritt** wird mit einer großen Vor- und Tiefverlagerung über den flüchtigen Vor- bzw. Seitausfall begonnen. Der Bewegungsumfang ist groß. Der Schritt ist bei verstärkter Lendenlordose kontraindiziert.

Der **Stampfschritt** wird nur in Verbindung mit der gezielten rhythmischen sowie Ausdrucksschulung angewendet. Der Fuß wird mit der ganzen Sohle energisch aufgesetzt.

Kombinierte Gehschritte

Der **Nachstellschritt** wird mit einem Schritt in die entsprechende Richtung eingeleitet. Der zweite Schritt wird parallel an das vordere Bein herangesetzt. Der Nachstellschritt kann als flacher, weicher, federnder, Ballen- und Stampfschritt in alle Bewegungsrichtungen ausgeführt werden.

Der **Wechselschritt** besteht aus einem Nachstell- und anschließendem Gehschritt mit dem Bein, das die Schrittkombination begonnen hat. Der zweite kombinierte Schritt beginnt dann mit dem anderen Bein. Deshalb die Bezeichnung Wechselschritt.
Kommando: rechts — links — rechts, links — rechts — links!

Der **Dreischritt** wird durch einen weichen Schritt eingeleitet, zwei Ballenschritte folgen.

Der Bewegungscharakter ist fließend, schwingend. Die Schritte können verschieden lang sein. Meist sind die Ballenschritte kürzer. Dieser Schritt kann auch als gestampfter Dreischritt erfolgen.
In der physiotherapeutischen Praxis finden noch weitere Gehschritte Anwendung wie: Fersengang, Gehen mit Hocken, Gehen mit Rückwinkeln, Gehen mit Rückspreizen, Kniebeugegang, Storchengang. Bei allen Formen ist besonders auf die gestreckte Rückenhaltung, auf Beibehaltung des Gleichgewichts und auf eine physiologische Fuß- und Beinhaltung zu achten.
Die Schritte können noch weiter variiert werden durch **Veränderung der Richtung:**

Rückwärts. Bei gespannter Gesäßmuskulatur des rückschreitenden Beines ergreifen die Zehen weich den Boden. Der Fuß rollt zur Ferse ab. Das *vordere Bein* wird im Kniegelenk *leicht gebeugt*. Oberkörper bleibt dabei aufrecht. Starkes Lordosieren der Lendenwirbelsäule ist zu vermeiden.

Seitwärts. Beim sog. *Kreuzgehen* (seit — vor — seit — rück) werden die Schritte genau seitwärts mit nur leichter Verwringung des Bekkens gegen den Schultergürtel gesetzt. Dabei rollen die Füße von den Ballen zu den Fersen ab. Es ist günstig, dabei die Arme in Seithalte zu bringen. Sie unterstützen die seitwärts gerichtete Bewegung bei ruhig gehaltenem Oberkörper. Es ist eine fließende Bewegung, die mit gleich langen Schritten durchgeführt werden soll.
Gehen mit Drehung. Auf die schnelle Drehung zu Beginn des Schrittes kommt es an. Die frontale Körperhaltung muß wieder erreicht werden.
Gehen auf gebogenem Raumweg (Bogen, Kurve, Kreis, Acht). Hierbei ist auf die Neigung des Oberkörpers zum Kreismittelpunkt und auf die stark richtungsbezogene Arm-Schulter-Führung Wert zu legen.
Gehen mit verschiedenem Tempo, Bewegungsrhythmus und Bewegungscharakter.

Methodische Hinweise

Günstig ist das Arbeiten im Flankenkreis. Es kann ohne Unterbrechung lange Zeit geübt werden. Die fließende Gewichtsübertragung ist im Seit- oder Quergrätschstand zu erarbeiten. Langsames, dann schnelleres Tempo ist angezeigt. Die Bewegungen sollen erfühlt werden. — Durch betontes Anheben des Oberschenkels wird die notwendige Beweglichkeit des Hüftgelenks besonders geschult. Anfangs, besonders bei Kindern, sollte mit Hüftstütz gearbeitet werden, damit volle Konzentration auf die Beinarbeit erfolgen kann. Unterschiedliche Tempi und räumliche Kombinationen anwenden!

Beachte
- Beweglichkeit der Füße
- kraftvolle Abrolltechnik
- fließende Gewichtsübertragung
- straffe Beinführung
- Schmalspurigkeit der Schritte
- aufrechte Körperhaltung

Beispiele für Schrittkombinationen

— Blockaufstellung, gerader Raumweg
8 Zeiten natürliches Gehen, Arme pendeln mit
8 Zeiten federndes Gehen, Arme in Hüftstütz.
4 Zeiten Stampfschritte (lautes Stampfen), Hände zu Fäusten geballt, betonen das Stampfen
4 Zeiten Ballenschritte (leises Gehen), Arme in Seithalte
4 Zeilen weiche Gehschritte, Arme in Seithalte
4 Zeiten Spreizschritte, Hände klatschen dazu den Takt.
4 Zeiten Dreischrittgehen vorwärts, dazu Takt schlagen
bei der 4. Zeit $^1/_2$ Drehung am Ort
4 Zeiten Dreischrittgehen rückwärts. Neigen des Oberkörpers nicht vergessen!
— Stirnkreis vorlings mit Handfassung
4 Zeiten Nachstellgehen nach rechts seitwärts. Auf die 4. Zeit $^1/_4$ Drehung links zum Flankenkreis links
4 Zeiten Nachstellgehen vorwärts (links Beginn).

7.2.2. Laufschritte

Man unterscheidet verschiedene Formen.

Der **flache Laufschritt** ist in allen Bewegungsrichtungen ausführbar, mit großen und kleinen Schritten, mit Drehungen, die zu Beginn eines Schrittes angesetzt werden, auf unterschiedlichen Raumwegen.

Der **tiefe Laufschritt** wird analog dem tiefen Gehschritt ausgeführt. Der Bewegungscharak-

ter ist straff und vorwärtsstrebend. Der Ansatz erfolgt stets mit ganz gestrecktem Fuß von den Zehenspitzen.
Durch Tempoänderung gelangt man vom federnden Gehen zum **federnden Laufschritt**. Verstärkt wird hierbei der Abdruck mit der sich daraus ergebenden Flugphase. Die Hoch-Tief-Bewegung wird ausgeprägter (Abb. 111).

Beim **Ballenlaufschritt** gleitet der Körper bei kleiner bis mittlerer Schrittlänge über den Boden. Das Tempo ist sehr schnell. Die Fußspitzen des angespannten Fußes berühren zuerst den Boden. Es wird zum Ballen hin abgerollt. Auf starke Becken- und Mittelkörperspannung ist zu achten.

Stampflaufschritte werden, wie auch Stampfgehschritte, vorwiegend zur rhythmischen Ausdrucksschulung angewendet (Abb. 112).
Laufschritte mit **Vorspreizen** können am Ort, vorwärts, rückwärts, mit Drehung durchgeführt werden und finden besonders bei Reifendurchschlägen Anwendung. Größtenteils sind dabei die Beine gestreckt.
Bei Laufschritt mit schnellkräftigem **Rückspreizen** ist besonders auf das weite Rückspreizen des Oberschenkels zu achten. Der Abdruck vom Boden ist besonders kräftig. Rücken- und Gesäßmuskeln werden intensiv geschult. Oberkörper ist aufrecht oder nur leicht nach vorn geneigt (Abb. 113).
Laufschritte mit **Seitspreizen** werden fast nur am Ort ausgeführt.
Laufschritte mit **Hocken** sind dadurch gekennzeichnet, daß bei jedem Schritt das Spielbein schnellkräftig angehockt wird (60—90°).
Bei Laufschritten mit **Rückwinkeln** wird das Spielbein straff rückgewinkelt.
Als **kombinierter Laufschritt** kommt in der Physiotherapie der *Dreilaufschritt* zur Anwendung. Der Übergang vom gegangenen zum gelaufenen Dreischritt ist fließend. Das Tempo ist bestimmend. Kombinationen dieser Schrittfolgen sind möglich.
In gleicher Weise wird beim *Kreuzlaufschritt* verfahren. Auch hier ist das Tempo ausschlaggebend für die Bezeichnung.
Die Variationen hinsichtlich der Richtung, Einfügen von Drehungen, unterschiedlicher Bewegungsweite, Bewegungscharakter, Bewegungstempo und Rhythmus sind vielgestaltig.

Methodische Hinweise

Bei Störungen im Ablauf der Bewegung oder bei Fuß- und Haltungsschäden ist eine intensive Vorarbeit hinsichtlich Kräftigung und Beweglichkeit der Fuß- und Beinmuskeln zu leisten. Zum Beispiel ist kraftvolles Abrollen der Füße von der Spitze zur Ferse zu üben, zunächst im unbelasteten, dann im belasteten Zustand. Durch Federn und Hüpfen am Ort kann der Abdruck vom Boden und das elasti-

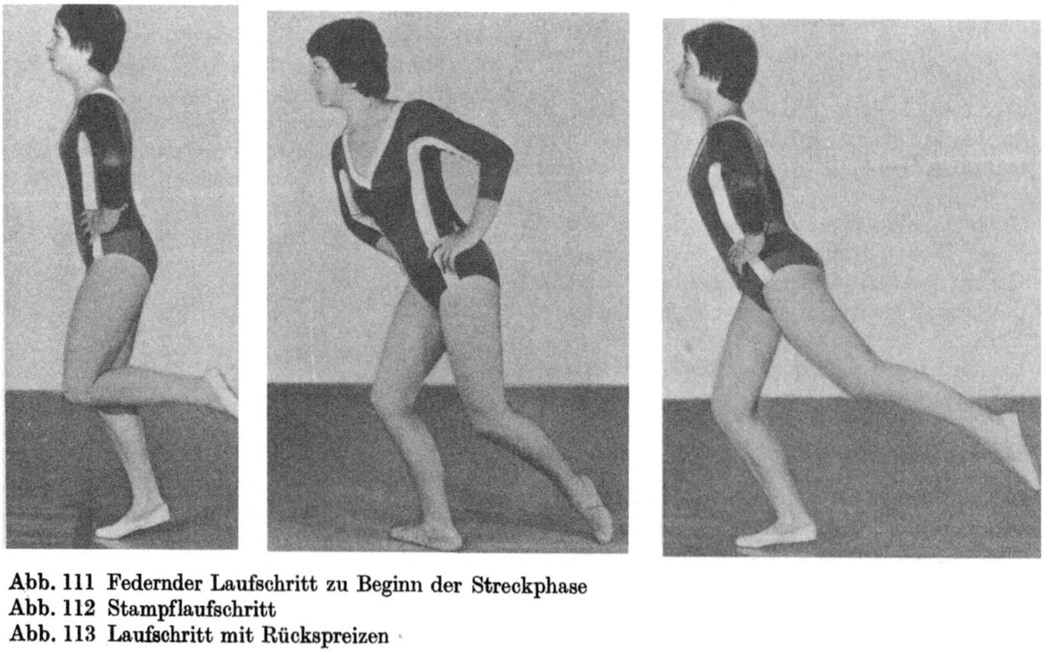

Abb. 111 Federnder Laufschritt zu Beginn der Streckphase
Abb. 112 Stampflaufschritt
Abb. 113 Laufschritt mit Rückspreizen

sche Auffangen geübt werden. Außerdem ist auf die Entspannungsfähigkeit des Unterschenkels zu achten. Pendeln und Schwingen der Beine, weite und hohe Beinführungen und große Gehschritte sind zu üben. Die Gewichtsverlagerung kann man allein oder mit Partner erarbeiten, z. B. Partner ziehen sich gegenseitig im Wechsel vorwärts oder schieben sich vorwärts. Zwei Partner gehen hintereinander. Der vordere Partner läuft plötzlich los, der hintere versucht ihn zu erreichen. *Beachte* die Hinweise, die bei den Gehschritten gegeben wurden!

Beispiele
Im Flankenkreis
8 Zeiten flache Laufschritte vorwärts
8 Zeiten federnde Laufschritte vorwärts
4 Laufschritte mit Vorspreizen, evtl. auch mit Seil oder Reifen
4 Laufschritte mit Rückspreizen
2 Zeiten tiefe Laufschritte, ein Arm in Vorhalte, der andere in Rücktiefhalte
2 Zeiten Laufschritte mit Hocken
Stampflaufschritte vorwärts im $^3/_4$-Takt paarweise. Der linke Partner klatscht die erste Viertelnote, der rechte Partner die zweite und dritte Viertelnote.

7.2.3. Sprungschritte

Einfache Sprungschritte

Schlußsprungschritte erfolgen beidbeinig. Sie können am Ort, vor-, rück- oder seitwärts durchgeführt werden, flach und weit oder hochbetont, einzeln und kombiniert, ohne und mit $^1/_4$, $^1/_2$ oder $^1/_1$ Drehung. Die Armhalten können unterschiedlich sein.

Sprungschritte seit- oder quergegrätscht können einzeln geübt, aber auch im Wechsel mit Schlußsprungschritten kombiniert werden.

In der physiotherapeutischen Praxis haben sich folgende Sprungschrittformen bewährt:

Beim **Froschhüpfen** (der Begriff Hüpfen wurde bei diesen Formen beibehalten) befindet sich der Körper in Hockstellung. Die Fersen berühren sich, die Beine sind gebeugt und abduziert im Hüftgelenk, die Hände stützen zwischen den Beinen auf dem Boden.

Das **Hockhüpfen** erfolgt aus dem Hockstand. Der Oberkörper ist aufgerichtet, die Arme sind in Seithalte oder Hüftstütz. Diese Form kann am Ort, vor-, rück- und seitwärts ausgeführt werden. Hockhüpfen mit Seit- oder Vorstellen des rechten oder linken Beines im Wechsel wird zunächst mit Partner, der die Hände des Übenden faßt, durchgeführt, dann allein (Abb. 114).

Abb. 114 Hockhüpfen mit Seitspreizen der Beine und Seithalte der Arme

Einbeinsprungschritte

Bei diesen Sprungschritten ist darauf zu achten, daß die Haltung des Spielbeines genau angegeben wird. Es kann vor-, rück-, seitgespreizt werden, gehockt oder rückgewinkelt sein. Auftupfen mit gebeugtem oder gestrecktem Bein mit der Ferse oder mit der Zehenspitze auf dem Boden ist möglich.
Erfolgt ein zweimaliger Sprungschritt auf dem gleichen Bein, kann die Bezeichnung **Doppelsprungschritt** oder **Hopsen** angewendet werden. Dabei wird der erste Schritt betont. Das Spielbein kann unterschiedlich gehalten oder bewegt werden.

Beispiel
Auf „und" wird ein Bein in die Bewegungsrichtung gehoben und dann auf dem Boden aufgesetzt und durch einen zweimaligen Sprungschritt abgefedert. Danach schwingt das Spielbein nach vorn in die gleiche Ausgangsstellung, und der Vorgang wiederholt sich (Abb. 115a, b).

Kombinierte Sprungschritte

Der **Nachstellsprungschritt** ist vielfältig variierbar, z. B. vorwärts, rückwärts, seitwärts mit Drehung. Auch die Höhe und Weite können unterschiedlich gestaltet werden. Wird er mit Partner durchgeführt, bereitet er viel Freude. Beim Absprung muß der Körper-

Abb. 115a Auftaktphase bei einem Doppelsprungschritt
Abb. 115b Zwischenphase des Doppelsprungschrittes

schwerpunkt senkrecht über der Unterstützungsfläche liegen. Die Rumpfhaltung ist gespannt. Zu Beginn der Landung ist der Körper bis in die Zehen gestreckt (Abb. 116).
Beim **Wechselsprungschritt** erfolgt der Abdruck nach dem ersten Schritt mit dem Nachstellen. In der Luft sind beide Beine geschlossen und gestreckt. Nach der Landung auf dem leicht an das Absprungbein anschlagenden Bein wird der dritte Schritt als einfacher Sprungschritt ausgeführt. Drehungen zu Beginn des kombinierten Schrittes sind möglich. Stehen sich zwei Partner als Flankenpaar gegenüber — Arme mit Schulter-Hüftfassung — und wird der Wechselschritt mit $^1/_2$ Drehung ausgeführt, spricht man von *Polka*, einem drehenden Paartanz mit folkloristischem Einschlag im $^2/_4$-Takt.
Der **Mazurkasprungschritt** gehört mit zu den am häufigsten angewandten Kombinationen im $^3/_4$-Takt. Er beginnt mit einem Stampfschritt vorwärts in die halbtiefe, kraftvolle Kniebeuge mit straffem Rückspreizen des Spielbeines. Der Rumpf wird dabei leicht nach vorn geneigt. Daran schließt sich ein einfacher Sprungschritt mit Vorspreizen und Hocken an. Der Körper wird wieder aufgerichtet. Dieser Sprungschritt kann flach oder hochbetont sein. Die Arme befinden sich beim Stampfschritt in Seithalte, bei der 2. und 3. Zählzeit im Hüftstütz.

Abb. 116 Nachstellsprungschritt seitwärts mit Partner in der Zwischenphase

Methodische Hinweise

Zur Vorbereitung auf die verschiedenen Sprungschritte ist das Federn zu üben. Zum

Beispiel aus dem Laufen am Ort ohne die Füße vom Boden zu lösen zum Federn übergehen. Dann allmählich die Fußspitzen lösen und kurze Flugphasen einschalten. Die Sprungschritte müssen mit Leichtigkeit durchgeführt werden. Nach anstrengender Fuß-Bein-Arbeit sind besonders bei Erwachsenen Entspannungs- und Lockerungsübungen einzuschalten.

Beachte
- die deutliche Flugphase, das Lösen der Füße vom Boden
- die notwendige Körperspannung
- das gestreckte Absprungbein bei fast allen Sprungschritten
- den schnellkräftigen Abdruck vom Boden
- die exakte Spielbeinhaltung

Beispiele für verschiedene Sprungschritte

8 Zeiten Schlußsprungschritte vorwärts, Arme in Hüftstütz

2 Zeiten Schlußsprungschritte nach links seitwärts und zurück

2 Zeiten Schlußsprungschritte nach hinten und zurück

2 Zeiten Schlußsprungschritte nach rechts seitwärts und zurück

2 Zeiten Schlußsprungschritte nach vorn und zurück.

4 Zeiten Einbeinsprungschritte, Spielbein angehockt

4 Zeiten Einbeinsprungschritte, Spielbein tupft mit gestrecktem Kniegelenk je zweimal vor- und seitwärts auf den Boden, dann Übung widergleich.

4 Zeiten Laufschritte vorwärts

4 Zeiten Doppelsprungschritte mit Rückwinkeln und Vorstrecken.

— Gruppe im Stirnkreis, Hände gefaßt

8 Zeiten Nachstellsprungschritte nach rechts seitwärts (8. Zeit ist ein Schlußsprungschritt)

8 Zeiten widergleich

4 Zeiten flache einfache Sprungschritte zur Mitte vorwärts

4 Zeiten widergleich

8 Zeiten einfache Sprungschritte am Ort mit wechselndem Aufsetzen von Ferse und Spitze rechts und links.

Aufgaben

1. Erarbeiten Sie die für alle Schrittarten notwendige straffe Beinführung!

2. Demonstrieren Sie mit der Gruppe eine Serie von Gehschritten!

3. Stellen Sie eine Bewegungskombination von 64 Zählzeiten zusammen, die sich aus den 3 verschiedenen Schrittarten zusammensetzt. Beachten Sie dabei die effektive Raumnutzung, den Bewegungsfluß und die Harmonie der Bewegung!

4. Bringen Sie eine Reihe von Übungsbeispielen, die sich für eine fünfminütige Erwärmung eignen! Beachten Sie die Anpassungsfähigkeit des Herz-Kreislauf-Systems!

7.3. Drehungen

Methodische Hinweise

Da die Standfestigkeit des Körpers, die Bein- und Rumpfhaltekraft durch Drehungen wesentlich beeinflußt werden kann, der Körper leicht aus dem Gleichgewicht gerät und die Orientierung verlorengeht, sind Vorübungen zweckmäßig.
Die Drehung erfolgt auf den Ballen und wird durch die Drehung des Kopfes in die Drehrichtung eingeleitet. Ist die Kopfhaltung oder -bewegung falsch, kommt es zum Gleichgewichtsverlust. Als günstig erweist sich das Drehen auf einer vorgezeichneten Linie oder das Zugehen auf einen bestimmten Punkt im Raum. In der Ansatzphase muß der Körper über die notwendige Spannung verfügen. Der Drehimpuls muß dem angestrebten Umdrehungsgrad entsprechen. Bleiben diese Gesichtspunkte unbeachtet, mißlingt die Drehung. Es erweist sich zunächst als günstig, auf geradem Raumweg zu üben.

Beispiele

— Gehen und Laufen vorwärts, auf Zuruf mit $^1/_2$ oder $^1/_1$ Drehung am Ort verbinden, ebenso die Drehung in der Fortbewegung einfügen. Nach diesen Übungen können zyklische Formen folgen. Es wird ein Zeitmaß vorgegeben.

— 4 Schritte vorwärts, 4 Schritte am Ort mit $^1/_1$ Drehung.

— 4 Schritte vorwärts, 2 Schritte am Ort mit $^1/_2$ Drehung, anschließend 4 Schritte rückwärts, 2 Schritte am Ort mit $^1/_2$ Drehung am Ort, Übung wiederholen.

7.4. Schwünge

Schwünge der Arme

Schwünge der Arme sind durch 4 unterschiedliche Phasen gekennzeichnet.
In der *einleitenden Phase* werden die Extremitäten beim Auftakt aus der Grundstellung mit einer abwärtsgerichteten Bewegung des Körpers in die entsprechende Endhalte gehoben. Diese Phase ist in ihrer Bewegungsrichtung der Hauptphase entgegengesetzt.
Geht der Schwung durch den Tiefpunkt, gibt es nur eine einleitende Phase. Sollen Armschwünge in die Höhe betont werden, schließt sich eine 2. einleitende Phase an, in der eine Abwärtsbewegung der Arme bei gleichzeitiger Beugung in den Fuß-, Knie- und Hüftgelenken vollzogen wird. Diese Abwärtsbewegung muß abgebremst werden, und es erfolgt eine Umkehrung der Bewegungsrichtung.
Die *überleitende Phase* ist in ihrer Bewegungsrichtung der Hauptphase gleichgerichtet. In dieser Phase wird die potentielle Energie, die in der einleitenden Phase entsteht, in kinetische Energie umgewandelt. Durch Beugen in den Fuß-, Knie- und Hüftgelenken und auch durch Beugen des Rumpfes kann die kinetische Energie vergrößert werden.
In der *Hauptphase* kommt es zu einer großen Kraftwirkung. Sie entsteht durch Einsatz der Muskelkraft bei der abwärtsgerichteten und aufwärtsgerichteten Bewegung. Die aufwärtsgerichtete Bewegung bedingt Strecken in den Fuß-, Knie- und Hüftgelenken und im Rumpf.
In der *aussteuernden Phase* muß die kinetische Energie ausgesteuert werden, damit man eine vorher bestimmte Endlage erreichen kann.

Man unterscheidet Schwünge hinsichtlich ihrer *Bewegungsebene:*
— Vertikalebene (Flächen liegen senkrecht im Raum). Es handelt sich um Schwünge in der Frontalebene und Sagittalebene (Tab. 8).
— Horizontalebene (Flächen liegen waagerecht im Raum im rechten Winkel zur Längsachse des Körpers).
— Schräge Ebenen (Flächen liegen schräg im Raum zwischen der senkrechten und waagerechten Ebene).
Neben der Bezeichnung der Ebene spielt die *Richtungsbezeichnung* eine Rolle. Es muß z.B. bei einem Schwung in der Frontalebene die Richtung links oder rechts angegeben werden, beim Schwingen in der Sagittalebene die Richtung vor oder zurück.

> *Beachte*
> - die genaue Einhaltung der Bewegungsebene
> - den Bewegungsfluß bei Wechsel der Bewegungsebene
> - den genauen Schnittpunkt bei Durchführung von Achterschwüngen.

Rumpfschwünge

Bei Rumpfschwüngen kommt der gesamte Rumpf zum Einsatz. Er hat auf Grund seiner aufrechten Haltung eine hohe Ausgangslage, es entfällt die einleitende Phase. Der Rumpf wird durch Beugung in den Hüftgelenken aus seiner aufrechten Haltung herausgebracht bei gleichzeitiger Drehung um seine Längsachse. Der anatomische Bau des Rumpfes gestattet nur Schwünge, in der Frontal- und Horizontal-

Tabelle 8 Bezeichnung der Armschwünge in der Vertikalebene

Frontalebene	Sagittalebene
Links- oder Rechtsschwung	Vor- oder Rückschwung
Links- oder Rechtskreisschwung links oder rechts	Vor- oder Rückkreisschwung
(ein Armkreis wird vor dem Körper durchgeführt)	Vor- oder Rückachterschwung links oder rechts
Links- oder Rechtsgleichschwung	Vor- oder Rückgleichschwung
(beide Arme schwingen parallel)	Vor- oder Rückgleichachterschwung
Links- oder Rechtsgleichkreisschwung	
(beide Arme kreisen gleichzeitig nach links oder rechts)	Gegenschwung
Links- oder Rechtsmühlschwung	Gegenkreisschwung links oder rechts vor
(die Arme setzen $^1/_2$ Runde nacheinander ein)	Außen- oder Innengegenschwung
Innen- oder Außengegenschwung	Außen- oder Innengegenkreisschwung (mit Rumpfdrehen an der linken oder rechten Körperseite auszuführen)
Innen- oder Außengegenkreisschwung	

ebene. Wird mit einer Rotation von 360° gearbeitet, spricht man hier auch von Kreisschwüngen.
Schwünge des Rumpfes in der *Frontalebene:*
— Links- oder Rechtsschwung des Rumpfes
— Links- oder Rechtsschwung des Rumpfes mit Gewichtsverlagerung im Seitgrätschstand
— Links- oder Rechtskreisschwung des Rumpfes
— Links- oder Rechtskreisschwung des Rumpfes mit kreisender Gewichtsverlagerung im Seitgrätschstand.

Die aufgeführten Schwünge und Kreise können als einzelne Übungen oder als Kombinationen durchgeführt werden:
— am Ort in der Grätsch- oder Schlußstellung, auf dem Hocker (Hockergymnastik)
— am Ort in der Grätschstellung mit Gewichtsverlagerung (Höhe und Weite des Schwunges werden gesteigert)
— in der Fortbewegung in Verbindung mit weichen Gehschritten oder im Dreischrittgehen
— in Verbindung mit Klatschen
— in Verbindung mit Handgeräten und deren vielfältigen Verwendungsmöglichkeiten wie Werfen und Fangen, Prellen, Schlagen, Rollen.

Beispiele für Kombinationen
— Vor- und Rückgleichschwünge in Verbindung mit Dreischrittgehen. Beim 4. Takt $^1/_2$ Drehung. Dasselbe rückwärts.
— Schlußstellung. Rückschwung rechts, Rückschwung links (4 Takte), 2 Rückkreisschwünge (2 Takte), Klatsch auf dem Boden und in Hochhalte (2 Takte).
— Innengegenschwung am Ort im Schlußstand (4 Takte), Innengegenkreisschwung in Verbindung mit weichen Gehschritten, im Dreischrittgehen vorwärts, im Kreuzgehen seitwärts (4 Takte).
— Linksgleichschwung (2 Takte), Linksgleichkreisschwung (2 Takte), Gegenschwung (2 Takte), Gegenkreisschwung rechts vor. Beachte Ebenenwechsel beim 4. Takt! Arme schwingen dabei bis in die Hochhalte und wechseln in die Sagittalebene über.

Aufgaben
1. Üben Sie mit einer Gruppe Armschwünge und -kreise in der sagittalen Ebene am Ort und in der Fortbewegung!
2. Stellen Sie Armschwünge und -kreise in der frontalen Ebene zusammen! Achten Sie auf rhythmisch einfühlsames Sprechen beim Kommando!
3. Wie können Sie Schwünge und Kreise der Arme in sagittaler und frontaler Ebene am Ort und in der Fortbewegung miteinander verbinden? Bringen Sie eine Kombination, in der diese Gesichtspunkte berücksichtigt werden!
4. Stellen Sie eine Bewegungskombination zusammen, in der die Keule benutzt wird. Fügen Sie Elemente des Handkreisens und Schlagens der Keule mit ein!

8. Gymnastik mit Geräten

In der Arbeit mit Geräten werden Handgeräte, Turngeräte (feststehende oder Großgeräte) und Hilfsgeräte unterschieden. Sie finden ein weites Anwendungsfeld in der Physiotherapie. Ihre Verwendung fördert nicht nur in steigendem Maße die Freude an der Bewegung bei allen Altersgruppen, sie trägt vor allem dazu bei, die motorischen Fähigkeiten und Fertigkeiten, die ohne Gerät durchgeführt wurden, weiter zu entwickeln, zu festigen und zu deren schöpferischer Anwendung beizutragen.

8.1. Gymnastik mit Handgeräten

Handgeräte sind Kleingeräte, die frei beweglich und teilweise auch in sich beweglich sind. Sie sind meist in einer größeren Anzahl vorhanden und ermöglichen damit die gleichzeitige Beschäftigung vieler Übender. Ein weiterer Vorteil besteht darin, daß sie bei sachgemäßer Lagerung lange Zeit benutzt werden können und ihre Anschaffung relativ billig ist.
Vor Benutzung der Geräte sind sie auf ihren einwandfreien Zustand hin zu überprüfen. Reifen und Stäbe müssen stets splitterfrei und Medizinbälle dürfen nicht aufgeplatzt sein, weil sie sonst zu einer Unfallquelle werden können. Die Geräte werden von den Übenden aus dem Geräteraum geholt und auch wieder zurückgetragen.

Wir verwenden folgende Handgeräte:

— Keulen	— Reifen
— Gymnastikbälle	— Seile
— Medizinbälle	— Gummiringe
— Stäbe	— Hanteln.

Außer diesen Geräten finden auch noch Tücher, Fahnen und Bänder in der Gymnastik Verwendung. Ihre Bedeutung für die Gymnastik der Physiotherapie ist gering.

8.1.1. Gymnastik mit der Keule

8.1.1.1. Beschaffenheit der Keule und ihre Verwendung

Die Keule ist ein 45 cm langes Holzgerät mit einem Gewicht von 360—450 g. Sie besitzt an ihrem oberen Ende einen kugelförmigen Kopf, dem sich nach unten der Hals, der Rumpf und die kreisrunde Stellfläche anschließen. Auf Grund ihrer Form und ihres Gewichts eignet sie sich besonders für die Schwunggymnastik (s. 3.6.!), die mit einer Keule oder mit zwei Keulen durchgeführt werden kann. Wird mit einer Keule gearbeitet, ist darauf zu achten, daß möglichst oft ein Wechsel von einer Hand in die andere erfolgt.

Folgende gymnastische Grundformen können mit der Keule geschult werden:
— Schwingen und Kreisen
— Handkreisen
— Werfen und Fangen
— Schlagen.

Mit diesen Grundformen beeinflußt man:
— den Tonus und die Entspannungsfähigkeit des Schultergürtels und des Rumpfes
— die Bewegungsamplitude der beteiligten Gelenke
— die Gewandtheit und Geschicklichkeit, besonders die Umstellungs- und Anpassungsfähigkeit
— die aufrechte Körperhaltung.

8.1.1.2. Praktische Durchführung der Gymnastik mit der Keule

Bei der Benutzung der Keule ist das Verhalten des Gerätes zur Frontalebene des Körpers von Bedeutung: Verläuft die Längsachse des Gerätes parallel zur Frontalebene des Körpers, spricht man von *Seitverhalten* (Abb. 117). Verläuft die Längsachse des Gerätes im rechten Winkel zur Frontalebene des Körpers, spricht man von *Querverhalten*.

Abb. 117 Keule im Seitverhalten mit beiden Händen im Kammgriff gefaßt

Schwingen

Die Keule liegt mit ihrem Kopf in der Mittelhand und wird dabei vom Daumen und den drei äußeren Fingern umfaßt. Der Zeigefinger wird längs des Keulenhalses angelegt und dient der Schienung. Die Keule kann dadurch leichter in achsengerechter Verlängerung des Unterarmes gehalten werden. Damit wird das Umkippen bei der Bewegungsumkehr ausgeschlossen.
Die Schwünge werden mit langem, aber im Ellenbogengelenk nicht völlig gestrecktem Arm durchgeführt. Die Übergabe aus einer Hand in die andere erfolgt an den Umkehrpunkten des Schwunges.
Beachte die Bewegungsweite und deren Abhängigkeit vom Krafteinsatz!
Bei Schwüngen durch den Tiefpunkt in der Frontalebene darf keine zu starke Beugung der Kniegelenke erfolgen, da sonst die Keulen gegen die Kniegelenke schlagen können. Werden zwei Keulen benutzt, ist auf parallele Keulenführung zu achten, besonders beim Vor- oder Rückgleichschwung an der linken oder rechten Körperseite. Bei Rückschwüngen wird oft eine Rumpfdrehung erforderlich. Dabei werden Arme und Rumpf so weit gedreht, daß die Außenrotation verstärkt und Kammhalte erreicht wird (Abb. 118).
Eine besondere Schwungform, die noch nicht genannt wurde, ist der Hüftschwung aus dem Rückgleichschwung (Abb. 119).
Beschreibung: Bei einem Rückgleichschwung werden die Hände an die Hüften angelegt. Bedingt durch $^1/_2$ Körperdrehung beschreiben die Keulen kleine Kreise. Die Hände bleiben so lange an der Hüfte, bis die $^1/_2$ Drehung beendet ist und die Bewegung in einen Vorschwung übergeleitet wird. Am besten in der Quergrätschstellung mit Gewichtsverlagerung ausführbar.

Handkreisen

Handkreise schulen die Beweglichkeit des Handgelenks in allen Richtungen. Sie sind mit lockerem Griff durchzuführen. Die Längsachse der Keule muß parallel zur Längsachse des Unterarmes gehalten werden. Der Zeigefinger liegt nicht wie beim Schwingen am Hals der Keule, sondern umschließt gemeinsam mit dem Daumen den Keulenkopf. Obwohl sich die Bewegung vorwiegend am Handgelenk abspielt, ist der gesamte Körper mitbeteiligt, d. h., eine Knie-Hüft-Beteiligung hat zu erfolgen. Die Arme werden bei allen Formen leicht gebeugt.
Handkreise finden besonders Anwendung in Verbindung mit Schwüngen und tragen zu abwechslungsreicher Gestaltung der Kombinationen bei.
In der Tabelle 9 werden die Bezeichnungen der Handkreise in verschiedenen Ebenen zusammengestellt.

Werfen und Fangen

Das Werfen und Fangen der Keule kann als selbständiges Element geübt oder in Kombinationen eingebaut werden. Der ganze Körper ist an diesem Bewegungsvollzug beteiligt. Höhe und Weite des Wurfes sind abhängig vom Kraftimpuls, der gegeben wird. Das Ziel ist bestimmend für seine Stärke. Der Abwurf erfolgt meist aus der Kammhalte mit Griff am Keulenkopf oder Keulenrumpf.

Man unterscheidet:

— Hochwürfe, das sind Würfe mit einer annähernd geradlinigen Flugbahn und
— Bogenwürfe, das sind Würfe mit einer ausgeprägten Flugparabel.

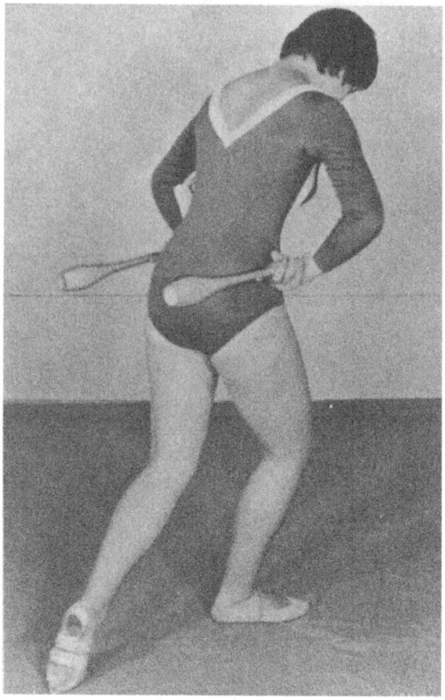

Abb. 118 Rückschwung der Keule mit verstärkter Außenrotation der Arme

Abb. 119 Hüftschwung aus dem Rückgleichschwung

Tabelle 9 Bezeichnung der Handkreise

Ebene	1 Gerät	2 Geräte
Sagittalebene	links oder rechts neben dem Arm als Vor- oder Rückenhandkreis	links oder rechts neben den Armen außen oder innen neben den Armen als Vor- oder Rückhandkreis
Frontalebene	vor oder hinter dem Arm	vor oder hinter den Armen
Horizontalebene	über oder unter dem Arm	über oder unter den Armen

Der Wurf kommt durch einen *Anschwung* oder aus einem *Schwung*, *Kreis*- oder *Achterschwung* zustande. Der Arm ist dabei relativ gestreckt. Die Keule kann auch während des Wurfes gedreht werden. Darunter versteht man die Rotation um die Querachse der Keule Faßt man z. B. die Keule am Kopf und Hals und dreht sie um 180°, muß sie dann am Keulenrumpf gefangen werden. Beim Fangen ist zu beachten, daß die Keule nicht zu dicht am Körper gefangen wird. Der Arm geht dem Gerät entgegen, so daß eine Anpassung an die Fallbewegung möglich wird. Das Fangen muß geräuschlos erfolgen. Zunächst wird es mit Nachfedern geübt. Bei Hochwürfen erfolgt das Fangen an der Abwurfseite. Bogenwürfe sind schwieriger. Man fängt das Gerät mit der linken Hand, wenn rechts abgeworfen wurde. Wichtig ist dabei, daß die fangende Seite eine symmetrische Bewegung der Abwurfseite mit vollzieht.

Schlagen

Das Schlagen mit der Keule kann als *Boden*- oder *Keulengegenschlag* mit dem Rumpf oder dem Kopf der Keule durchgeführt werden.

Der Übende macht dabei eine wellenartige Mitbewegung des ganzen Körpers, zunächst mit einer intensiven Beuge-, dann Streckbewegung der Fuß-, Knie- und Hüftgelenke. Durch das Schlagen kann eine unterschiedliche Rhythmisierung erreicht werden. Beim Keulengegenschlag wird besonders die Streckbewegung des gesamten Körpers betont. Arbeiten wir mit einer Keule, kann der Schlag auch gegen die Keule eines Partners erfolgen. Arbeiten wir mit zwei Keulen, ist der Bodenschlag gleichzeitig, nacheinander oder auch gegen die Keule eines Partners möglich (Abb. 120).

Eine Kombination mit Keulen soll folgende Elemente enthalten: Schwingen, Kreisen, Handkreisen, Werfen und Fangen, Schlagen. Systematisch werden zunächst die einzelnen Elemente geübt und dann miteinander verbunden, z. B. Schwingen und Kreisen in sagittaler Ebene sowie Handkreise werden am Ort geübt. Werden die Elemente beherrscht, kann eine Lokomotion in Form des Dreischrittgehens simultan erfolgen. Das Werfen und Fangen der Keule verlangt besonderes Geschick und muß isoliert geübt werden. Wird die Grobform beherrscht, können diese Elemente mit dem Schlagen der Keule auf dem Boden und in der Vorhochhalte kombiniert werden. Die gesamte Übung sieht folgendermaßen aus:

— Dreischrittgehen vorwärts im $^3/_4$-Takt, dabei
4 Zeiten Schwingen neben dem Körper (auf „und" gehen die Arme in die Vorhalte)
2 Zeiten Armkreisen rückwärts
2 Zeiten Handkreise außen neben den Armen
— im Schlußstand wieder in 8 Zeiten, dabei
4 Zeiten Vorhochwerfen der Keule und Fangen (ohne Umdrehung, später mit Umdrehung der Keulen)
2 Zeiten Schlagen der Keulen auf den Boden
2 Zeiten Schlagen der Keule gegeneinander in Vorhochhalte, dabei in den Ballenstand gehen.
— Beim Zusammenschlagen der Keulen in der 16. Zeit werden die Keulen bogenförmig aus der Sagittalebene in die Frontalebene geschwungen, und es könnten die gleichen Elemente in der veränderten Ebene durchgeführt werden.

Aufgaben

1. Verwenden Sie die Keule im einleitenden Teil einer Stunde zur Erwärmung!
2. Stellen Sie eine Bewegungskombination zusammen, in der die Keule in Form von Partnerübungen zur Anwendung kommt!

8.1.2. Gymnastik mit dem Gymnastikball

8.1.2.1. Beschaffenheit des Balles und seine Verwendung

Der Gymnastikball gehört mit zu den beliebtesten Handgeräten bei jung und alt. Er besteht aus Gummi oder Plaste und kommt viel-

Abb. 120 Keulengegenschlag mit Partner

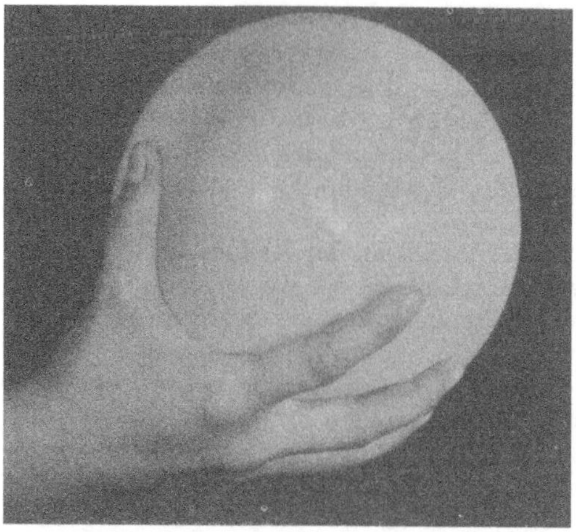

Abb. 121 Ballhaltung falsch

Abb. 122 Ballhaltung richtig

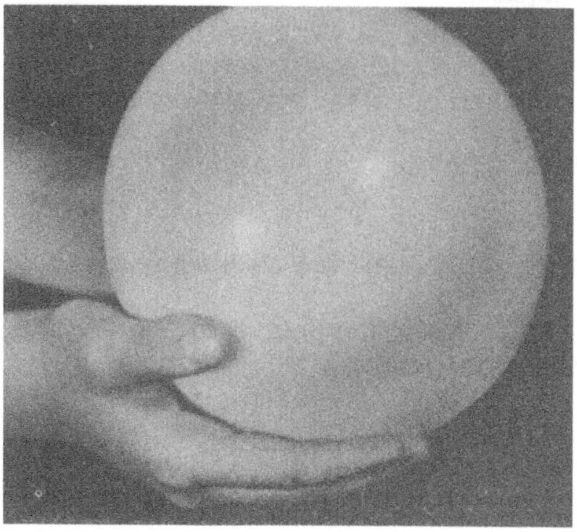

Abb. 123 Kammhalte

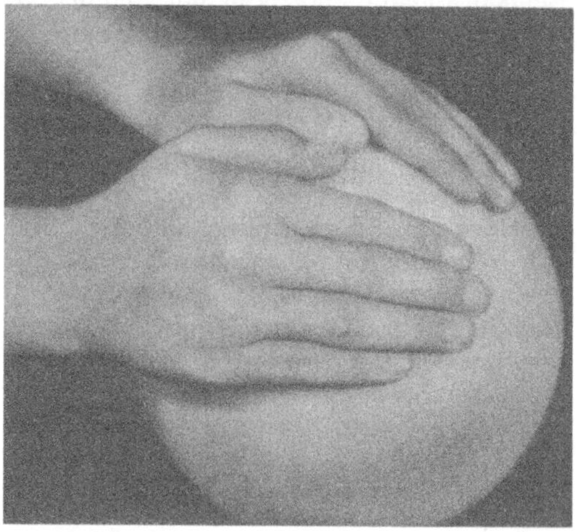

Abb. 124 Risthalte

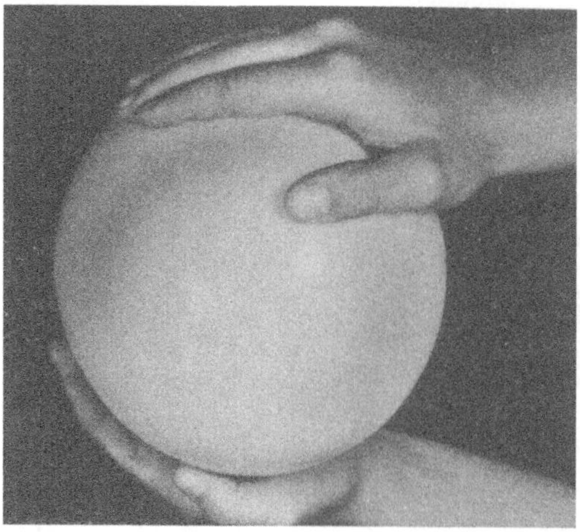

Abb. 125 Speichhalte

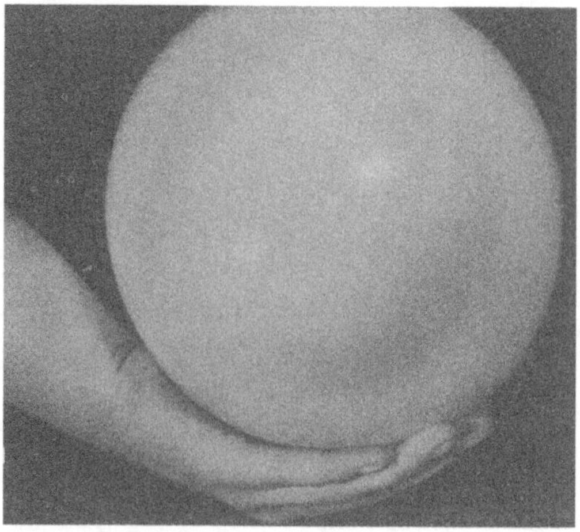

Abb. 126 Ellhalte

farbig in den Handel. Seine gute Qualität ist ausschlaggebend für seine Sprungfähigkeit. Der Durchmesser des Balles liegt bei 20 cm. Typische Anwendungsformen sind das *Werfen* und *Fangen*, *Schwingen*, *Rollen* und *Prellen*. Dabei werden Geschicklichkeit und Gewandtheit, Beweglichkeit, Reaktionsschnelligkeit und Elastizität geschult.

8.1.2.2. Praktische Durchführung der Gymnastik mit dem Gymnastikball

Der Ball darf nie mit einer greifenden Bewegung der Finger gehalten oder bewegt werden. Er muß mit leichter Hand, die sich spielend seiner Form anpaßt, gehalten werden (Abb. 121 u. 122).

Man unterscheidet folgende Halten:

— Kammhalte (Abb. 123)
— Risthalte (Abb. 124)
— Speichhalte (Abb. 125)
— Ellhalte (Abb. 126).

Diese Halten sind einhändig und teilweise beidhändig möglich.

Um Form, Beschaffenheit und Eigenart des Gerätes kennenzulernen, beginnt man mit *Gewöhnungsübungen*.

Beispiele

— Im Schlußstand oder Sitz (auch aus der Rückenlage zum Schneidersitz) den Ball um die Hände herumrollen (Abb. 127).
— Schlußstand. Ball in Kammhalte vor dem Körper in der Horizontalebene von rechts nach links führen oder Ball durch den Raum tragen.
— Ball weich aus einer Hand in die andere Hand übergleiten lassen.

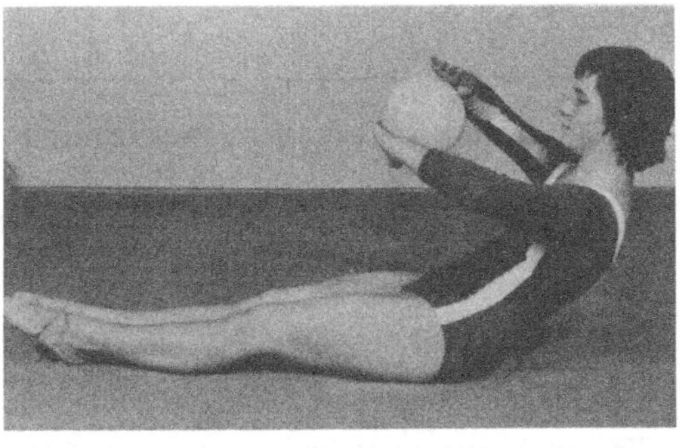

Abb. 127 Handumkreisen des Balles, dabei aus der Rückenlage zum Winkelsitz kommen

— Der Ball rollt über die Fingerspitzen auf dem Boden aus einer Hand in die andere. Die aufnehmende Hand liegt dabei auf dem Boden und nimmt ihn weich auf (auch mit dem Handrücken).

Rollen

Um den Ball auf dem Boden zu rollen, beginnt man mit einer Tiefbewegung des gesamten Körpers, die mit einer schwunghaften Ausholbewegung des Armes verbunden wird. Der Bewegungsimpuls ist in seiner Stärke abhängig von der Länge der *Rollstrecke* und dem *Bewegungsziel*. Das Aufsetzen auf dem Boden muß geräuschlos erfolgen. Der Ball darf nicht springen. Nach der Abrollbewegung ist der Körper zunächst voll aufzurichten, um beim Aufnehmen des Gerätes wieder in eine Beugestellung überzuwechseln. Das Rollen ist in der Frontalebene (rechts oder links seitwärts) und in der Sagittalebene (vor- oder rückwärts) möglich. Wirkungsvoll ist das Rollen in Verbindung mit Gewichtsverlagerungen oder in Verbindung mit Schrittkombinationen. Der Ball kann umlaufen oder übersprungen werden.

Prellen

Das Prellen ist eine für die Arbeit mit dem Gymnastikball typische Technik. Wird der Ball mit einer Hand oder beiden Händen gegen den Boden geschlagen, prellt er infolge seiner Sprungkraft zurück und kann entweder mit einer Hand oder mit beiden Händen weich aufgenommen werden. Dabei liegt die Hand unter dem Ball. Die Prellbewegung wird durch Beugen und Strecken in den Fuß-, Knie- und Hüftgelenken und leichtes Rumpfbeugen oder Rumpfdrehen begleitet. Der Arm bzw. die Arme sind dabei leicht gestreckt. Der Prellstoß verlangt eine genaue Dosierung hinsichtlich Richtung und Stärke.

Man unterscheidet:

— Prellen in senkrechter Richtung vor dem Körper ein- oder beidhändig, an der linken oder rechten Körperseite ein- oder beidhändig, hinter dem Körper einhändig
— Prellen in schräger Richtung (Abb. 128).

Werfen und Fangen

Auch bei diesen Grundformen ist der gesamte Körper beteiligt. Es darf keine isolierte Bewegung des Armes erfolgen. Durch Beugen

Abb. 128 Prellen des Balles in schräger Richtung

Abb. 129 Ristschwung mit dem Ball

und Strecken der unteren Extremitäten sowie Einbeziehen des Rumpfes wird eine *weiche Wurf-Fang-Bewegung* erreicht. Der Ball soll während der Streckbewegung des Armes aus der Hand über die Fingerspitzen herausrollen, also vor Beginn der Flugphase nur noch mit den Fingern Berührung haben. Beim Fangen geht der Arm dem Ball entgegen, der geräuschlos über die Fingerspitzen wieder in die Hand zurückrollt. Der Ball liegt frei auf der Hand. Die Finger umklammern ihn nicht. Zunächst wird das Werfen und Fangen mit beiden Händen mit Nachfedern geübt, da es leichter ist (s. 8.1.1.).
Beachte die gute Körperstreckung!

Schwünge

Schwünge mit dem Ball sind schwierige Elemente und verlangen eine lange Übungszeit. Sie sind aber in Verbindung mit Werfen und Fangen sehr interessant und reizvoll. Sie erfordern eine gute Koordination.
Beim Schwingen müssen die Hände bzw. die Finger den Ball so weit umschließen, daß er nicht verloren wird. Typisch hierfür ist der Ristschwung (Abb. 129).

Fast bei allen Schwüngen befindet sich die Hand unter dem Ball.

Aufgaben

1. Wie können Sie den Gymnastikball bei der Schulung von Geschicklichkeit und Gewandtheit verwenden? Bringen Sie 3 Beispiele!
2. Entwickeln Sie ein Bewegungsspiel, in dem Rollen, Prellen, Werfen und Fangen enthalten sind! Achten Sie besonders auf die fließenden Übergänge von einem Element zum anderen!
3. Verwenden Sie den Gymnastikball bei Schwüngen in der sagittalen und frontalen Ebene!

8.1.3. Gymnastik mit dem Medizinball

8.1.3.1. Beschaffenheit des Medizinballes und seine Verwendung

Der Medizinball ist ein *Vollball* mit einem Gewicht von 0,5—4 kg. Für Kinder eignen sich Bälle von 0,5—1,5 kg, Jugendliche und Frauen benutzen Bälle bis 2 kg und Männer können mit 4 kg schweren Vollbällen arbeiten.

Auf Grund seines Gewichtes eignet sich der Medizinball für die *Kraftschulung* des gesamten Körpers, speziell der Rumpfmuskulatur. Darüber hinaus werden *Schnelligkeit, Gewandtheit, Geschicklichkeit* und *Beweglichkeit* geschult. Die Verwendung des Medizinballes trägt dazu bei, psychische Eigenschaften wie Mut und Entschlußkraft zu entwickeln. Gern wird er bei Spielen und Staffeln benutzt. Sind genügend Bälle vorhanden, kann sich jeder Übende mit einem Ball beschäftigen. Aber auch Partnerübungen bereiten viel Freude. Die Auswahl der Übungen ist von der Kondition, Anzahl der Übenden sowie von der Anzahl der Bälle abhängig. Viele Übungen können in ähnlicher Weise wie mit dem Gymnastikball durchgeführt werden.
Als Sitzgelegenheit darf der Ball nicht benutzt werden, da er so seine Form verliert und nicht mehr gerollt werden kann.

8.1.3.2. Praktische Durchführung der Gymnastik mit dem Medizinball

Durch das größere Gewicht ergeben sich kleine Veränderungen in der Handhabung des Geräts gegenüber dem leichteren Gymnastikball. So ist z. B. jetzt ein kräftiges Zufassen erforderlich, um den Ball sicher und gefahrlos zu fangen. Beim Werfen zu zweien ist unbedingt darauf zu achten, daß der Partner sieht, wann der Ball abgeworfen wird. Es sollte wegen der Verletzungsgefahr nicht planlos geworfen werden.
Um mit dem Medizinball exakt werfen, fangen oder gar schwingen zu können, ist es sinnvoll, die Gymnastik mit kraftschulenden Übungen einzuleiten.

Beispiele für die Schulung der Kraft der oberen Extremität

— Grätschstand oder Schlußstand, Heben des Balles mit beiden Händen und Führen in die Vorhalte oder Seithalte im Wechsel mit Beugen und Strecken der Arme.
Variation: im Ballenstand, im Hockstand, mit einem Arm, Verlängerung der Haltezeit. Beachte Pausendauer!
— Grätschstand, Ball aus der Seithalte rechts mit einem Arm in die Seithalte links über die Vorhalte. Arme sind gestreckt!
Partner stehen sich gegenüber, Partner A hält mit Speichgriff den Ball fest.
— Partner B versucht, den Ball mit seinen Fäusten aus den Händen zu schlagen (von oben oder unten, erfordert schnelles Reagieren).
Variation: im Unterschenkelstand, Ball in Hochhalte.

Beispiele für die Schulung der Kraft der unteren Extremität

— Einbeinstand hinter dem Medizinball, Spielbeinfuß steht auf dem Ball. Durch Beugen und Strecken des Standbeines Ball vor- und zurückrollen. Fuß des Spielbeines ist dabei stark plantarflektiert.
— Schlußstand, Spielbein rechtwinklig im Knie- und Hüftgelenk anbeugen. Ball kraftvoll mit dem Oberschenkel nach oben stoßen und fangen.
— Strecksitz, Ball mit den supinierten Füßen umfassen und an den Körper heranziehen.
Variation: heranheben, absetzen, wegschieben; heranheben, absetzen, zurückstellen; heranheben und ohne abzusetzen in die Ausgangsstellung zurück.
— Strecksitz, Ball mit den Füßen fassen und beim Zurücklegen in die Rückenlage Ball in die Hände geben oder werfen.
— Wie letzte Übung, Ball aber mit beiden Beinen hinter dem Kopf auf den Boden legen und wieder mit nach vorn nehmen.
— Hocksitz, Ball fest zwischen die Kniegelenke klemmen. Partner versucht, den Ball aus der Umklammerung zu lösen.
— Partner A in Rückenlage, Beine stark gebeugt. Partner B wirft den Ball auf die dorsalextendierten Füße von Partner A, der den Ball zum stehenden Partner B zurückstößt.

Werfen und Fangen

Ist genügend Kraft vorhanden, kann mit dem Ball geworfen werden. Zunächst wird der Ball mit beiden Händen gefaßt und geworfen. Bei der Fangbewegung muß es zu einem fließenden Übergang von der Streckung zur Beugung im Ellenbogengelenk mit Knie-Hüft-Federung kommen, um eine Stauchung in den Arm- und Wirbelgelenken zu verhindern. Die Bewegungsebenen und -richtungen erfolgen analog dem Üben mit dem Gymnastikball.

Beispiele

— Grätsch- oder Schlußstand, Ball hochwerfen und fangen.
Variation: vor dem Fangen
einmal oder mehrmals in die Hände klatschen
$^1/_1$ Drehung

Drehung und Handklatsch
Hockstand einnehmen und wieder aufrichten, auf den Boden setzen und wieder aufstehen.

— Schlußstand, Ball über den Kopf nach hinten werfen, $^1/_2$ Drehung und fangen.

— Seitgrätsch- oder Schlußstand, Ball in Vorhalte, Ball fallen lassen und dicht über dem Boden auffangen.

— Seitgrätschstand, Ball in die Hochhalte führen und Rücktiefschwung durch die Beine und anschließend Vorhochschwung und Hochwurf, Ball fangen und wiederholen.

— Seitgrätschstand, Ball mit beiden Händen hinter den Nacken führen, leichte Rumpfsenke vorwärts, Ball loslassen und bis zur Lendenwirbelsäule rollen lassen, fangen und über den Rücken und Kopf nach vorn werfen und fangen. Oberkörper beim Werfen nur wenig beugen (Abb. 130).

— Schlußstand, Ball zwischen den Füßen fassen, mit dem Ball abspringen vom Boden und dabei Ball nach oben werfen und fangen.

Abb. 130 Seitgrätschstand. Medizinball aus der Rücktiefhalte über den Kopf nach vorn oben werfen

Variation: Ball zum Partner werfen, Ball durch Streckung in der Hüfte und Beugung im Knie nach hinten oben werfen und fangen.

Werden Wurf- und Fangübungen *mit Partner* durchgeführt, ist auf genügend *Abstand* zwischen den Partnern und annähernd *gleiche Größe* der Übenden zu achten.

— Schlußstand oder Quergrätschstand (linkes Bein steht vorn, wenn rechts geworfen oder gestoßen wird), Ball mit einem Arm oder beiden Armen zuwerfen oder zustoßen.

— Schlußstand, Ball über den Kopf zum Partner werfen (Einwurf).

— Seitgrätschstellung, der Werfende steht rücklings zum Fangenden, Ball durch die gegrätschten Beine werfen.

— Partner stehen als Stirnpaar mit einem Abstand von 3—4 m nebeneinander. Nach einem Gleichschwung nach rechts oder links wird der Ball zum Partner geworfen. Die Bewegung erfolgt in der Frontalebene. Auf rhythmische Bewegungsfolge ist zu achten.
Kommando:
„und" — Arme schwingen nach außen
„Schwung" — Arme schwingen nach innen
„und" — Arme schwingen nach außen
„Wurf" — Ball wird zum Partner geworfen (nach innen)

Rollen (s. 8.1.2.)

Der Ball wird zunächst auf dem Boden gerollt. Schwieriger ist das Rollen auf einer anderen Unterstützungsfläche (z. B. Rumpf, Armen oder Beinen).

Beispiele
— Der Ball wird spiralförmig von den Füßen um die Beine und den Rumpf herumgerollt.
— Schlußstand oder Grätschstand, den Ball im schnellen Tempo rechts oder links um den Rumpf herumrollen.
— Fersensitz, Ball wird von den Oberschenkeln bis zur Brust heraufgerollt, abgehoben und in Hochhalte gestreckt.
— Schluß- oder Seitgrätschstand, Ball in Seithalte, Kammgriff, Ball über den rechten oder linken Arm über die Brust zur anderen Seite rollen. Arme müssen beim Rollen möglichst gestreckt bleiben.
— Strecksitz, Ball liegt auf dem Fußrist, Beine heben und Ball zum Rumpf rollen lassen.
— Seitgrätschstand, Schlußstand oder Unterschenkelstand. Partner stehen mit einem Ab-

stand von 0,50 m bis 1 m rücklings zueinander. Ball wird mit gestreckten Armen durch eine Rumpfdrehung nach hinten zum Partner übergeben. Partner A dreht nach links, Partner B nach rechts.
Variation: Beide Partner drehen nach links oder nach rechts (diagonale Übergabe des Balles); im Unterschenkelstand beachte die gestreckte Hüfte und das Vorschieben der linken Hüfte, wenn nach links gedreht wird.
— Seitgrätschstand, Partner stehen rücklings zueinander. Partner A übergibt den Ball über dem Kopf in die Hände von Partner B, der durch Rumpfbeugen den Ball durch die gegrätschten Beine zu Partner A zurückgibt. Übung widergleich durchführen!
Die letzten beiden Beispiele sind besonders geeignet zur Schulung der Gewandtheit und der Geschicklichkeit.

Aufgaben

1. Bringen Sie 3 Staffeln mit dem Medizinball!
2. Stellen Sie 6 Partnerübungen mit dem Medizinball zusammen!
3. Zeigen Sie an Hand von Beispielen, wie durch den wechselnden Krafteinsatz verschiedener Muskelgruppen der Medizinball in Form von Gemeinschaftsübungen Anwendung finden kann!

8.1.4. Gymnastik mit dem Stab

8.1.4.1. Beschaffenheit des Stabes und seine Verwendung

Der Stab ist ein Holzgerät, dessen Länge zwischen 70 bis 90 cm liegt. Sein Durchmesser beträgt mindestens 1 cm. Er eignet sich besonders für die *Gleichgewichtsarbeit* bei der *Haltungsschulung*. Aber auch *Schwünge*, *Werfen* und *Fangen* und *Drehungen* sind möglich. Durch seine innere Starrheit findet er Anwendung bei der Schulung der *Gewandtheit* und *Geschicklichkeit*, *Beweglichkeit* und *Elastizität*. Das Gerät kann mit beiden Händen am Stabende oder mit einer Hand an einem Ende oder in der Mitte gefaßt werden. Dabei ist zwischen Kamm- und Ristgriff zu unterscheiden. Der Stab wird im Seit- oder Querverhalten geführt oder gehalten. Bei Elementen in der Frontalebene befindet sich der Stab vorwiegend im Seitverhalten, bei Elementen in der Sagittalebene meist im Querverhalten (Abb. 131).

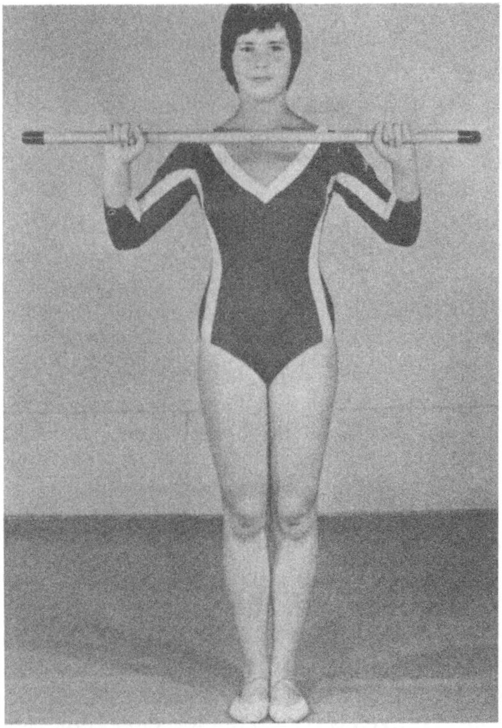

Abb. 131 Stab im Seitverhalten mit Ristgriff gefaßt

8.1.4.2. Praktische Durchführung der Gymnastik mit dem Stab

Um die Übenden an die Arbeit mit dem Stab zu gewöhnen, beginnt man am besten mit gewandtheits- und geschicklichkeitsschulenden Übungen.
Beim Üben ist stets auf genügend Abstand zwischen den Übenden zu achten!

Beispiele

— Schlußstand, Stab senkrecht am unteren Ende halten, Griff lösen (Hand weit öffnen) und wieder zufassen. Rechts und links üben!
— Schlußstand oder Hockersitz, Stab senkrecht mit beiden Händen am unteren Ende fassen (eine Hand über der anderen), Griff der unteren Hand schnell lösen und über der anderen zufassen, bis eine Hand am oberen Ende angelangt ist.
— Der Stab wird in der Mitte mit einer Hand im Kammgriff im Querverhalten gefaßt. Heben in den Ballenstand und Übergehen des Stabes in die andere Hand über dem Kopf und unter dem rechtwinklig angehobenen Bein im Seitverhalten in die Hand zurückgeben. Übung widergleich durchführen!

Variation: In Verbindung mit Dreischrittgehen beim Übergeben des Stabes über dem Kopf.

— Der Stab wird senkrecht auf dem Boden aufgestellt und mit einer Hand gehalten. Überspreizen des Stabes (Abb. 132).

— Der Stab wird mit Ristgriff eng gefaßt. Aufstellen des Fußes auf die Stabmitte.
Variationen: Griffbreite vergrößern, Übersteigen des Stabes, Rückbewegung über den Stab. Beachte Streckung zwischen Übersteigen und Rückbewegung!

— Schlußstand, Stab im Seitverhalten vor dem Körper, breit mit Ristgriff gefaßt. Kreisen des Stabes nach links, dabei wird der rechte Arm über die Vorhalte nach links über den Kopf geführt, später geschwungen, er ist dabei leicht gebeugt und geht weiter nach rechts, der linke Arm folgt.

— Balancieren des Stabes senkrecht auf der Handinnenfläche am Ort.
Variationen: In Verbindung mit Gehschritten vor-, rück- und seitwärts, aus einer Hand in die andere überwechseln, Balancieren auf den Fingerspitzen, Balancieren auf dem Handrist, Balancieren des waagerecht auf dem Kopf liegenden Stabes im Stand, Ausgangsstellung wechseln bis zur Rückenlage und wieder aufstehen.

— Stab steht senkrecht vor dem Übenden, mit einer Hand halten, Griff lösen, $^1/_1$ Drehung und wieder zufassen.

— Wie letzte Übung, nach dem Lösen Überspreizen eines Beines von außen nach innen und umgekehrt und wieder zufassen.

— Stand, Stab mit beiden Händen hinter dem Körper im Seitverhalten mit Ristgriff gefaßt. Ein Fuß mit dem Rist einhängen und am Ort oder in der Fortbewegung hüpfen (Abb. 133).

Drehungen

Die Schulung der Gewandtheit und Geschicklichkeit kann durch *Drehungen des Stabes* wirkungsvoll ergänzt werden. Sie können vor dem Körper in der Frontalebene bzw. links oder rechts neben dem Körper in der Sagittalebene erfolgen.

Abb. 132 Überspreizen des senkrecht stehenden Stabes

Abb. 133 Stab im Seitverhalten hinter dem Körper gefaßt. Ein Fuß liegt mit dem Fußrist auf dem Stab. Stehen als Balanceübung oder einfache Sprungschritte am Ort und in der Fortbewegung

Beispiele

— Der Stab wird an beiden Enden mit Kammgriff in der Vorhalte gefaßt und durch einen Impuls am linken oder rechten Ende des Stabes nach oben geworfen und dabei mit $^1/_2$ Drehung so um seine Achse gedreht, daß die abwerfende Seite jetzt das andere Ende des Stabes faßt. Auch eine ganze Drehung ist möglich. Der Stab bleibt während der Drehbewegung immer in der Frontalebene.
— Mit einhändigem Griff wird der Stab in der Mitte gefaßt. Die Finger drehen den Stab, der in ständigem Kontakt mit der Hand bleibt.

Hebe- und Trageübungen

Zur Schulung der *Schnelligkeit* und *Kraft* finden *Hebe-* und *Trageübungen zu dritt* mit dem Stab Anwendung. Sie gehören mit zu den Spielformen und werden oft an den Anfang einer Übungsstunde gestellt.

Beispiele

— A und B fassen den Stab am Ende, C hat ein Bein über den Stab gehängt und hüpft vorwärts. Er stützt sich dabei auf die Schultern von A und B.
Variationen: C stellt sein Bein auf den Stab und hüpft, C sitzt auf dem Stab und wird getragen, C steht auf dem Stab und wird getragen, C stützt sich mit beiden Armen auf den Stab und wird getragen.
Der Wechsel zwischen A, B und C darf nicht vergessen werden! Diese Übungsformen sind auch als Staffel geeignet.
— Der Stab wird von A und B kniehoch gehalten. C springt über den Stab im Schlußsprung oder mit einem Bein. Er kann sich dabei auf die Schultern von A und B stützen.

Schwingen

In der Gymnastik der Physiotherapie wird das Schwingen mit dem Stab meist beidhändig durchgeführt. Es sind hauptsächlich Schwünge, Kreis- und Achterschwünge in der Frontal- und Sagittalebene. Der Stab wird dabei fast immer am Ende gefaßt. Auf das wechselnde Beugen und Strecken in den Fuß-, Knie- und Hüftgelenken ist Wert zu legen. Eine möglichst intensive Streckung des Körpers soll erreicht werden. Die Arme gleichen sich der Bewegung an und werden ohne Unterbrechung des Bewegungsflusses aus einer leichten Beugung in die Streckung überführt. Da die Schwünge, die mit dem Stab durchgeführt werden können, im wesentlichen der Beschreibung der Schwünge ohne Gerät entsprechen, wird in diesem Kapitel nicht weiter darauf eingegangen.

Werfen und Fangen

Das Werfen und Fangen mit dem Stab erfolgt beidhändig und einhändig. Aus einem Anschwung kommt es zu Hoch- oder Bogenwürfen, die mit einer Federung des gesamten Körpers einhergehen. Die Wurfhöhe soll gesteigert werden, damit sich die Angst des Verletzens beim Fangen verliert.
Die Technik des Werfens und Fangens mit dem Stab entspricht der technischen Ausführung mit dem Gymnastikball.
Werfen und Fangen sind auch als *Partnerübungen* möglich.

Beispiele

— Partner stehen sich im Schlußstand mit einem Abstand von 3 bis 4 m gegenüber. Partner A faßt mit beiden Händen den Stab im Seitverhalten mit Kammgriff und wirft ihn Partner B zu.
— Wie letzte Übung, aber die Partner stoßen sich den Stab zu. Das waagerechte Liegen des Stabes muß gewahrt bleiben. Beachte deshalb gleichstarke Impulse der Körperseiten! Das Fangen kann mit Kamm- oder Ristgriff erfolgen.
— Partner A hält den Stab senkrecht in der rechten Hand gefaßt und stößt ihn zu Partner B, der ihn mit der linken Hand fängt.
Variationen: Partner B fängt rechts. Also eine diagonale Bewegung! Üben mit zwei Stäben: Jeder Partner hat einen Stab, oder ein Partner hat zwei Stäbe und wirft diese gleichzeitig dem Partner zu. Der Wechsel erfolgt in paralleler Flugbahn.
— Partner A hält den Stab in Tiefhalte vor dem Körper mit Kammgriff, Partner B mit Ristgriff in Brusthöhe. Auf Kommando erfolgt Stabwechsel. Partner A wirft unter dem Stab von Partner B zur anderen Seite, Partner B stößt über den Stab von Partner A. Die Stäbe dürfen sich gegenseitig nicht behindern.

Aufgaben

1. Verwenden Sie den Stab in verschiedenen Ausgangsstellungen zur Schulung des Gleichgewichts!
2. Stellen Sie 3 Übungen zusammen, in denen der Stab zur Schulung der Gewandtheit Verwendung findet!

3. Bringen Sie eine Partnergymnastik mit dem Stab, in der besonders Elemente des Schwingens, Werfens und Fangens eine Rolle spielen!

8.1.5. Gymnastik mit Reifen

8.1.5.1. Beschaffenheit des Reifens und seine Verwendung

Der Reifen wird aus Holz, Leichtmetall oder Plaste hergestellt. Kleine Reifen mit einem Durchmesser von 60—70 cm werden in der Kindergymnastik, größere Reifen mit einem Durchmesser von 90 cm in der Arbeit mit Erwachsenen verwendet. Seine sachgemäße Lagerung in temperaturbeständigen Räumen ist die Voraussetzung dafür, daß er seine Form nicht verliert und ein *geradliniges Rollen* und *Fliegen ohne Flattern* ermöglicht. Auf Grund seiner Leichtigkeit fördert er das *Bewegungsgefühl*. Die Stärke des Bewegungsimpulses ist genau zu überprüfen. Durch seine Verwendung können feinmotorische, koordinative Fähigkeiten wie *Gewandtheit* und *Geschicklichkeit* geschult werden. Er verlangt eine gute *Anpassungsfähigkeit* besonders an die Bewegungsebene und Bewegungsrichtung.

Wir üben folgende Grundformen:
- — Schwingen
- — Handumkreisen
- — Springen mit Durchschlägen
- — Werfen und Fangen
- — Drehen
- — Rollen.

Darüber hinaus eignet sich seine Verwendung bei Staffeln und Spielen, wo er als Hindernis genutzt werden kann.

8.1.5.2. Praktische Durchführung der Gymnastik mit dem Reifen

Bevor mit dem Reifen geübt wird, muß man sich die auf den Abbildungen 134—137 gezeigten *Griffarten* einprägen.
Beim beidhändigen Rist- oder Kammgriff kann der *Abstand der Hände weit oder eng* sein.
Als *Schlußgriff* bezeichnet man es, wenn sich die beiden Hände berühren.
Das Verhalten des Gerätes in Bezug auf den Körper ist auch hier durch folgende Begriffe bestimmt:

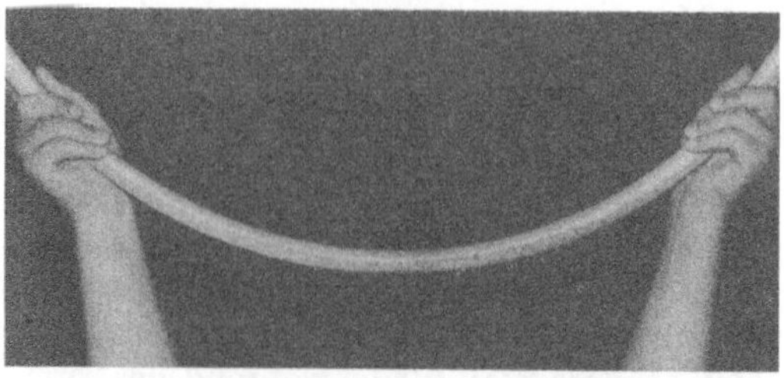

Abb. 134 Reifen mit Außengriff gefaßt (beidhändig)

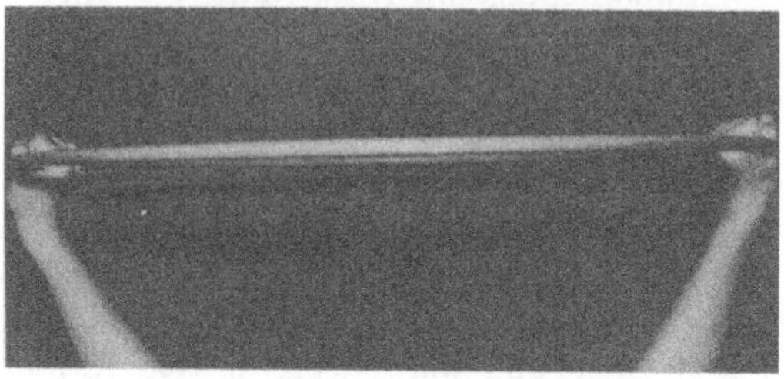

Abb. 135. Reifen mit Innengriff gefaßt (beidhändig)

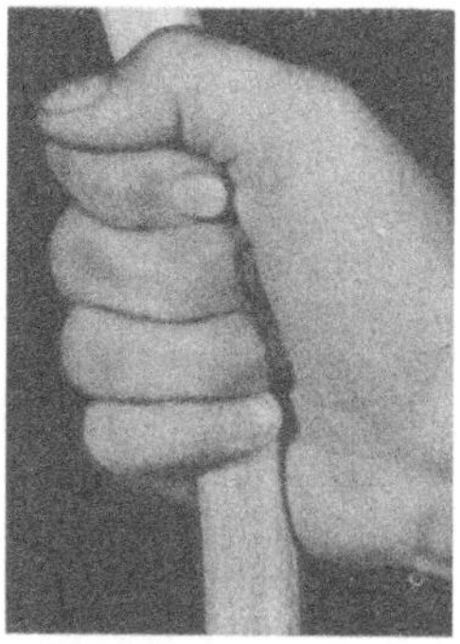

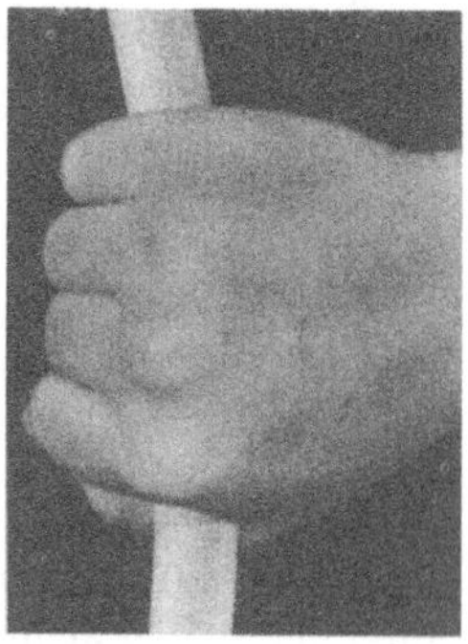

Abb. 136 Reifen mit Speichgriff der rechten Hand gefaßt (einhändig)
Abb. 137 Reifen mit Ellgriff der rechten Hand gefaßt (einhändig)

— Seitverhalten: Der waagerecht liegende Durchmesser des Reifens verläuft parallel zur Frontalebene des Körpers.
— Querverhalten: Der waagerecht liegende Durchmesser des Reifens verläuft im rechten Winkel zur Frontalebene des Körpers.

Schwingen

Das leichte Gewicht des Reifens kommt beim Schwingen zum Ausdruck. Der Reifen wird leicht und ohne Verkrampfung gefaßt. Der schwingende Arm wird etwas angebeugt, damit der Reifen nicht auf dem Boden schleift. Nach dem Passieren des Tiefpunktes wird der Arm wieder mäßig gestreckt. Auf eine große

Bewegungsweite ist zu achten. Das ist um so wirkungsvoller, je intensiver die Rumpfbeteiligung ist. Deshalb muß vorher eine *gründliche Schulung der Beweglichkeit der Wirbelsäule* erfolgen. Wird der Reifen von einer Seite zur anderen übergewechselt, darf der Bewegungsfluß nicht unterbrochen werden. Der Wechsel geht meist am Umkehrpunkt der Bewegung vonstatten.

Wir schwingen in der Frontalebene als Links- oder Rechtsschwung im Seitverhalten. Dieser Schwung ist mit Rist- oder Kammgriff möglich, wobei die Bewegungsweite beim Schwung mit Kammgriff (nach innen) eingeschränkt ist.

In der Sagittalebene können wir im Querverhalten Vor- und Rückschwünge mit Speichgriff durchführen in Verbindung mit Rumpfdrehen, mit Vorrumpfbeugen beim Rückschwingen und Aufrichten des Körpers beim Vorschwung oder mit Ellgriff, ebenfalls mit Vorrumpfbeugen beim Rückschwung und Aufrichten beim Vorschwung. Diese Schwünge lassen sich gut mit Gehschritten verbinden.

Eine weitere Möglichkeit der Anwendung ergibt sich durch Schwünge in der Horizontalebene. Sie können als waagerechter Links- oder Rechtsschwung mit Kamm- oder Ristgriff durchgeführt werden. Hierbei ist ein festerer Griff vonnöten, damit der Reifen die Waagerechte einhalten kann. Weiter kann der Reifen als waagerechter Links- oder Rechtsgleichschwung mit Kamm- oder Ristgriff oder Außengriff erfolgen. Dabei wird der Reifen in Schulterhöhe von links nach rechts oder umgekehrt mit Rumpfdrehen ausgeführt. Auf leichte Beugung der Arme an den Umkehrschwerpunkten ist zu achten.

Geschick und Gewandtheit verlangen Kreisschwünge in der Horizontalebene, z. B., der waagerechte Linkskreisschwung rechts oder Rechtskreisschwung links vor dem Körper.

Handumkreisen

Handumkreisen ist ein Element, das gut in Verbindung mit dem Schwingen geübt werden kann. Dabei liegt der Reifen auf der geöffneten Hand, der Daumen ist abgespreizt. Auch hier ist der gesamte Körper durch federnde Bewegungen mitbeteiligt. Auf Einhaltung der Bewegungsebene ist zu achten. Der Rhythmus des Handumkreisens kann vielfältig variiert werden.

Es ist möglich, ihn in der Frontalebene in verschiedener Höhe als Links- oder Rechtshandkreis und in der Sagittalebene als Vor- oder Rückhandkreis an der linken oder rechten Körperseite durchzuführen.

Sprungschritte mit Durchschlägen

Ähnlich wie das Springen mit dem kurzen Seil ist es möglich, durch den Reifen zu springen. Dabei kann der Durchschlag als Schwung- oder als Kreisdurchschlag erfolgen. Der Reifen muß dabei *weit herausschwingen*. Er wird locker gefaßt, darf aber nicht den Boden berühren. Es eignen sich besonders Sprungschritte mit beidbeinigem Absprung und beidbeiniger Landung, Schlußsprünge mit Rückwinkeln oder mit Anhocken als Vorkreisdurchschlag mit Rist- oder Kammgriff in der Sagittalebene, Reifen befindet sich dabei im Seitverhalten. Es ist darauf zu achten, daß die *Arme* ziemlich *dicht an den Körper* herangenommen werden, damit ein Anschlagen des Reifens gegen die Schienbeinkante vermieden wird. Der Reifen kann auch im Querverhalten in der Frontalebene übersprungen werden. Er wird dabei nur mit einer Hand gefaßt.

Werfen und Fangen

Eine Schwungbewegung leitet das Werfen ein, wobei die Stärke des Schwungimpulses gut dosiert werden muß, damit der Reifen die geplante Bewegungsbahn beibehält. Beim Abwurf ist der Arm gestreckt, der gesamte Körper folgt der Streckbewegung. Der Reifen kann aus einer senkrechten oder waagerechten Lage abgeworfen werden. Das Werfen und Fangen kann ein- oder beidhändig erfolgen. Das Fangen mit einer Hand ist mit der Wurfhand aber auch mit der anderen Hand möglich. Das Werfen kann mit Drehungen des Reifens (Schwenken) kombiniert werden.

Man unterscheidet:
- Hochwürfe aus einem Anschwung
- Hochwürfe aus einem Schwung, Kreis- oder Achterschwung
- Hochwürfe aus dem Handumkreisen
- Bogenwürfe über den Kopf aus einem Anschwung
- Bogenwürfe über den Kopf aus einem Schwung, Kreis- oder Achterschwung.

Drehen

Unter Drehen des Reifens ist die Rotation um seine verschiedenen Achsen zu verstehen.

Man unterscheidet:

— Drehen um die Querachse, vergleichbar mit der Drehung eines Lenkrades. Für diese Bewegung wird der Begriff *Drehen* verwendet.

— Drehen um die Längsachse. Für diese Bewegung ist der Begriff *Schwenken* anzuwenden.

— Drehen um die Längsachse auf dem Boden. Hierfür ist der Begriff *Zwirbeln* geeignet (Abb. 138).

Das Drehen kann als gesonderte Bewegung erfolgen, es läßt sich aber auch gut in Verbindungen einbauen.

Beispiele

— Reifen in senkrechter Halte mit Außengriff. Nach links oder rechts drehen vor dem Körper mit Kreuzen der Arme und Rumpfdrehen links oder rechts (Abb. 139).

— Reifen mit waagerechter Halte über dem Kopf mit Außen- oder Innengriff links oder rechts drehen.

— Reifen in waagerechter Halte, der Übende befindet sich im Reifen, links oder rechts drehen.

— Vor- oder Rückschwenken vor dem Körper im Seitverhalten mit Außengriff.

— Links oder rechts zwirbeln.

Abb. 138 Zwirbeln der Reifens

Rollen

Das Rollen ist ein Element, das bereits im Kindesalter gern geübt wird. Es handelt sich um eine *Dreh-* und zugleich auch *Fortbewegung* des Reifens. Durch das leichte Auflegen beider Hände (die vorn aufliegende Hand unterstützt das Einhalten der senkrechten Lage des Reifens) erhält der Reifen eine so große Geschwindigkeit, daß er geradlinig rollt.

Das Rollen erfolgt:

— auf geradem Raumweg im Stand mit Gewichtsverlagerung oder in der Fortbewegung in Verbindung mit unterschiedlichen Geh-, Lauf- oder Sprungschritten. Dabei kann der Reifen durch einen oder mehrere Antriebsimpulse vorwärtsgetrieben werden.

— auf gebogenen Raumwegen. Durch seitliches Handanlegen wird dem Reifen eine neue Richtung gewiesen.

Weitere Möglichkeiten des Rollens sind:

— Zielrollen

— Rollen des Reifens mit Umlaufen oder Überspringen

— Es kann auch ein Rückwärtsdrall gegeben werden, d. h., der Reifen rollt zunächst eine

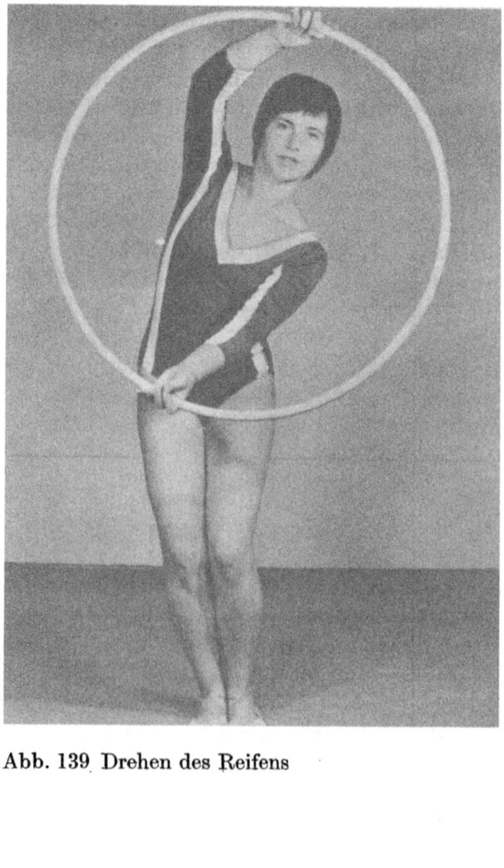

Abb. 139 Drehen des Reifens

kurze Strecke vorwärts, um dann wieder zum Übenden zurückzukehren.

Auch in Form von *Partnerübungen* ist das Rollen zu üben.

Aufgaben

1. Verbinden Sie in einer Bewegungskombination die Elemente des Schwingens, Werfens und Fangens mit dem Reifen! Üben Sie in der frontalen und sagittalen Ebene!
2. Wie schulen Sie die Geschicklichkeit mit dem Reifen? Bringen Sie 3 Beispiele!
3. Stellen Sie Staffeln zusammen, in denen besonders das Rollen des Reifens geübt wird!

8.1.6. Gymnastik mit dem Seil

8.1.6.1. Beschaffenheit der Seilarten und deren Verwendung

Das **Sprungseil** hat eine Länge von etwa 2,80 m. In der Mitte ist es verdickt, an seinen Enden verknotet. Beim Üben wird die Seillänge individuell abgemessen.
Das **Schwungseil** ist 6—8 m lang mit einem Durchmesser von 3 cm. Steht kein Schwungseil zur Verfügung, können auch zwei Sprungseile aneinander geknotet werden.
Beim **Rundseil** kann das Schwungseil an seinen Enden miteinander verknotet werden. Man kann auch eine Wäscheleine verwenden, die etwa 6—8 m lang ist und die ebenfalls verknotet wird. Dabei ist das Rundseil auf seine Festigkeit hin zu überprüfen.
Neben der *emotionalen Seite*, die bei der Verwendung der verschiedenen Formen angesprochen wird, werden *Kraft, Ausdauer, Schnelligkeit, Gewandtheit, Geschicklichkeit, Beweglichkeit* und *Elastizität* entwickelt. Darüber hinaus kommt es zur *Steigerung der Funktion* von *Herz, Kreislauf* und *Atmungsorganen*. Hohe Anforderungen werden an die *Nerv-Muskel-Koordination* gestellt. Das verlangt erhöhte *Aufmerksamkeit* und *Konzentration*. Bei Schnellkraftübungen ist auf Einschalten von Erholungspausen zu achten, d. h., Lockerungs- und Entspannungsübungen dürfen nicht fehlen. Auch Schwünge mit dem Seil sind wirkungsvolle, beruhigende Elemente, die bei Sprungschritten oder Sprüngen zwischengeschaltet werden können.

8.1.6.2. Praktische Durchführung der Arbeit mit dem Seil

8.1.6.2.1. Sprungseil

Man faßt mit Daumen und Zeigefinger das Seil an seinen Enden und tritt auf die Seilmitte. Die Arme werden dabei im Schultergelenk leicht abduziert, im Ellenbogengelenk wenig gebeugt. Bei zu langem Seil werden die Seilenden nicht um die Hände gewickelt, die Enden hängen frei nach innen herab.
Das Seil eignet sich zum *Springen* und *Schwingen*. Es kann auch zwei- oder vierfach zusammengelegt und in der Mitte verknotet werden. Mit dieser Form sind Übungen möglich, die besonders die Formung des Körpers beeinflussen.

Schwingen

Zunächst wird das Schwingen des Seiles geübt. Dabei ist zu beachten, daß das Seil immer eine *gespannte Seilschlinge* zeigt.
Man unterscheidet eine offene (Abb. 140) und eine geschlossene Seilhaltung (Abb. 141).
Auch dieses Gerät kann im Seitverhalten und Querverhalten bewegt werden .Das ist besonders beim Arbeiten mit offener Seilschlinge bedeutsam.
Der Schwungimpuls darf nur so stark sein, daß sich das Seil nicht überschlägt. Bei offener Seilhalte muß eine U-Form gewahrt werden.
Beim Schwingen stehen die Übenden in Linie nebeneinander, Stirnkreis vorlings oder sie stehen sich paarweise gegenüber. Zwischen zwei Übenden befindet sich ein Seil. Jeder hält ein Ende eines Seiles gefaßt. Mit leicht federnder Bewegung wird das Seil rhythmisch hin und her geschwungen. So wird der Bewegungsrhythmus auch auf rhythmisch Unsichere übertragen. Der Anschwung bzw. die Auftaktbewegung erfolgt durch eine Tief-Hoch-Bewegung des gesamten Körpers, wobei es zunächst zu einem intensiven Schwung aus dem Schultergelenk kommt. Ist die Bewegung eingeschliffen, beschränkt sich die Bewegung mehr und mehr auf die Unterarme bzw. auf die Handgelenke. Die Schwünge können mit Kreisschwüngen vor- und rückwärts verbunden werden, denen sich Sprungschritte anschließen.

Schwingen des Seiles in der *Sagittalebene*
— Vor- und Rückschwung mit geschlossener Seilschlinge, ein- oder beidhändig, mit Vor-

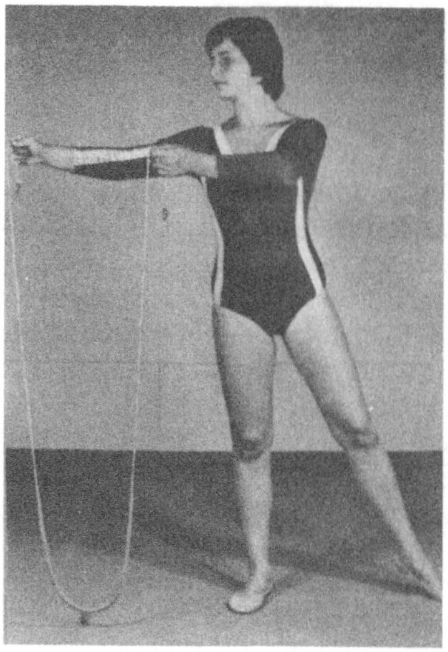

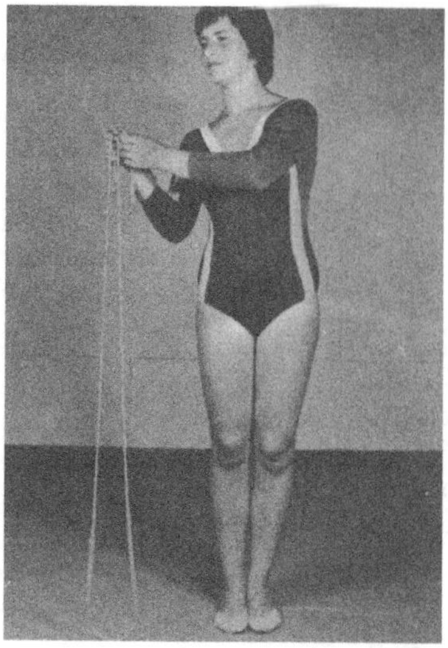

Abb. 140 Offene Seilhaltung
Abb. 141 Geschlossene Seilhaltung

rumpfbeugen beim Rückschwung oder aufrechter Körperhaltung.
— Vor- oder Rückgleichschwung im Seitverhalten mit offener Seilschlinge, mit Vorrumpfbeugen beim Rückschwung, mit aufrechter Körperhaltung.
— Vor- oder Rückgleichschwung im Querverhalten mit offener Seilschlinge, mit Vorrumpfbeugen beim Rückschwung, der Vorschwung mit Aufrichten des Körpers.

Schwingen des Seiles in der *Frontalebene*
— Links- oder Rechtsschwung vor dem Körper mit geschlossener Seilschlinge, ein- oder beidhändig.
— Links- oder Rechtsgleichschwung im Seitverhalten mit offener Seilschlinge.
— Links- oder Rechtsgleichschwung im Querverhalten mit offener Seilschlinge.

Kreisschwünge in der Sagittalebene
— Vor- und Rückkreisschwung mit geschlossener Seilschlinge, ein- oder beidhändig.
— Vor- oder Rückgleichkreisschwung im Seitverhalten mit offener Seilschlinge, nur mit Umwickeln des Armes ausführbar.

Kreisschwünge in der Frontalebene
— Links- oder Rechtskreisschwung vor dem Körper, hinter dem Kopf mit geschlossener Seilschlinge, ein- oder beidhändig.
— Links- oder Rechtsgleichkreisschwung im Seitverhalten mit offener Seilschlinge.
— Links- oder Rechtskreisgleichschwung im Querverhalten mit offener Seilschlinge. Hierbei kommt es zum Umwickeln des Seiles um den Arm.

Achterschwünge in der Sagittalebene
— Vor- oder Rückachterschwung mit geschlossener Seilschlinge, ein- oder beidhändig.
— Vor- oder Rückachtergleichschwung mit offener Seilschlinge. Die Arme müssen überkreuzt werden, um die offene Seilschlinge zu erhalten. Beim Kreis an der linken Körperseite kreuzt der rechte Arm, beim Kreis an der rechten Körperseite kreuzt der linke Arm (Abb. 142).

Achterschwünge in der Frontalebene
— Linksachterschwung links oder Rechtsachterschwung rechts vor dem Körper mit geschlossener Seilschlinge, ein- oder beidhändig.

Laufen und Springen mit Durchschlag

Während des Überlaufens oder Überspringens erfolgt der Durchschlag des Seiles, in dem es unter dem sich in der Flugphase befindenden Körper hindurchschwingt. Die Armbewegungen müssen sich dabei der Bewegungsweite der Lauf- oder Sprungschritte anpassen. Bei sehr schnellen und engbegrenzten Beinbewegungen kommt der Durchschlag fast ausschließlich aus dem Handgelenk. Die Durchschläge können in drei unterschiedlichen Kategorien erfolgen:

— Im langsamen Tempo, d. h. auf einen Durchschlag kommen zwei Beinbewegungen
— Im mittelschnellen Tempo, d. h. auf einen Durchschlag kommt eine Beinbewegung
— Im ganz schnellen Tempo, d. h. auf eine Beinbewegung kommen zwei Durchschläge (besonders bei Sprüngen).

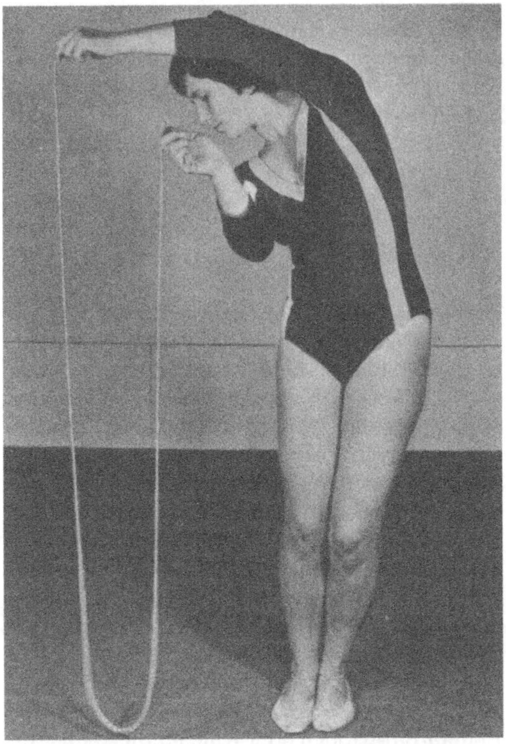

Abb. 142 Rückachtergleichschwung in der Zwischenphase

Beim Laufen mit Seildurchschlag ist auch *Dreischrittlaufen* möglich, d. h. bei jedem dritten Laufschritt erfolgt der Kreisdurchschlag. Das Seil muß bedeutend langsamer kreisen, da in der gleichen Zeit drei Laufschritte durchgeführt werden. Das Laufen mit Seildurchschlag kann vorwärts, rückwärts, seitwärts erfolgen. Dabei können die Beine vorhoch gehoben, vor- oder rückgespreizt oder rückgewinkelt werden. Der Seildurchschlag ist als *Vor- oder Rückkreisdurchschlag* möglich. Für Sprungschritte mit Kreisdurchschlag eignen sich die in Kapitel 7.1.3. beschriebenen Übungen.
Viel Freude und Abwechslung bringen *Lauf- und Sprungschritte* im Seil *zu Paaren*. Die Partner können bei den verschiedenen Formen hintereinander, nebeneinander oder in Gegenstellung stehen. Es kann am Ort und in der Fortbewegung geübt werden.

8.1.6.2.2. Schwungseil

Das Schwungseil wird von zwei Übenden zum Kreisen gebracht. Das bedeutet, daß sich die anderen Übenden, die das Schwungseil überlaufen, überspringen oder unterlaufen sollen, dem vorgegebenen Rhythmus anpassen müssen.
Beim Kreisen des Seiles darf der Boden nicht berührt werden. Es wird mit leichter Hand gefaßt, damit es schnell fallen gelassen werden kann, wenn ein Übender daran hängen bleiben sollte. Beim Anschwingen kommt auch hier zunächst der ganze Arm zum Einsatz. Nach zwei bis drei kreisenden Bewegungen kommen die Bewegungen aus dem Handgelenk.

Zunächst wird am ruhenden Seil mit Überlaufen oder Überspringen begonnen. Die Höhe des ruhig gehaltenen Seiles ist abhängig von der Kondition der Übenden. Wird das Seil nach links oder rechts geschwungen, übt man zuerst aus dem Stand, dann aus dem Anlauf heraus, einzeln, paarweise, zu dritt oder mehreren. Dann folgen verschiedene Sprünge.
Soll das kreisende Seil unterlaufen oder übersprungen werden, wird es in Richtung auf den Übenden von oben zugekreist. Der Übende startet, wenn sich das Seil in Augenhöhe befindet und nach unten bewegt. Er läuft gewissermaßen dem Seil hinterher. Am Tiefpunkt, der mit Kreide markiert werden kann, können nun die verschiedensten Sprungschritte oder Sprünge ausgeführt werden. Auch Drehungen während des Springens sind möglich. Das Seil kann auch auf den Übenden von unten her zukreisen. Höhere Anforderungen stellt es an die Übenden, wenn diejenigen, die das Seil kreisen, zusätzlich noch mitgehen.
Werden Übungen im schnellen Tempo ohne Pause durchgeführt, ist eine gute Durchblutung die Folge. Diese Formen eignen sich für die Einleitung einer Stunde mit dem Sprungseil.

8.1.6.2.3. Rundseil

Für die Arbeit mit dem Rundseil eignen sich die verschiedensten Geh-, Lauf- und Sprungschritte sowie körperformende und körperbewegende Übungen wie z. B. Seitneigen des Rumpfes oder Rumpfkreisen mit dem Seil. Die Bewegungen können im Stirnkreis vorlings oder rücklings oder im Flankenkreis durchgeführt werden. Dabei wird das Seil eng oder weit, mit Kamm-, Rist- oder Zwiegriff gefaßt. Das Seil liegt auf dem Boden oder wird in unterschiedlicher Höhe gehalten Durch die unmittelbare Verbindung zum

Nebenmann ist es besonders für *Gemeinschaftsübungen* bei Gruppen *mit kontaktgestörten Patienten* geeignet.

Beispiele für Bewegungskombinationen

— Schlußstand, Stirnkreis vorlings, Seil in Vorhalte
8 Zeiten Nachstellsprungschritte rechts seitwärts, beide Hände fassen das Seil, 8. Zeit Sprung in den Schlußstand und $^1/_4$ Drehung rechts
8 Zeiten flache Sprungschritte vorwärts, linke Hand faßt das Seil, $^1/_4$ Drehung links
8 Zeiten Nachstellsprungschritte links seitwärts, $^1/_4$ Drehung links
8 Zeiten flache Sprungschritte vorwärts

— Schlußstand, Stirnkreis vorlings, Seil hüfthoch schulterbreit gefaßt
2 Zeiten im Hockstand federn, beide Hände berühren mit dem Seil den Boden
2 Zeiten Federn des Seiles in Hochhalte, dabei Ballenstand
2 Zeiten Seitneigen des Rumpfes nach links
2 Zeiten Seitneigen des Rumpfes nach rechts

— Grätschsitz, kleiner Stirnkreis vorlings, Seil locker gefaßt
1.—2. Zeit: Vorrumpfbeugen nach links
3.—4. Zeit: Rumpfaufrichten und in Hochhalte nachfedern
5.—8. Zeit: widergleich, bei der 8. Zeit Beine zum Strecksitz schließen
9.—10. Zeit: Vorrumpfbeugen und Seil auf den Fußrist legen
11.—12. Zeit: Beine heben und Seil spannen
13.—14. Zeit: Beine senken, Seil fassen
15.—16. Zeit: Seil in Hochhalte

— Flankenkreis links, Seil in der linken Hand
1.—2. Zeit: Heben in den Ballenstand und Seil über die Hochhalte in die rechte Hand übergeben
3.—4. Zeit: widergleich
5.—8. Zeit: Wiederholung
9.—10. Zeit: Seil im Hockstand übergeben, Aufrichten zum Schlußstand
11.—12. Zeit: widergleich
13.—16. Zeit: Wiederholung

— Rundseil liegt auf dem Boden, Stirnkreis vorlings
1.—8. Zeit: Schlußsprungschritte über das Seil. Bei der 8. Zeit Seil fassen
9.—16. Zeit: Ausschultern, auf die 16. Zeit das Seil wieder hinlegen.

Aufgaben

1. Demonstrieren Sie, wie Sie im einleitenden Teil einer Stunde das Seil verwenden können!
2. Wie können Sie mit dem Sprungseil die motorischen Fähigkeiten Ausdauer und Schnelligkeit verbessern? Bringen Sie je 2 Beispiele!
3. Stellen Sie drei Partnerübungen mit dem Seil zusammen!

8.2. Gymnastik mit Turngeräten

Turngeräte, die in der Gymnastik der Physiotherapie ein breites und vielseitiges Anwendungsfeld finden, sind Langbank und Sprossenwand. Deshalb wird im Rahmen dieses Buches besonders darauf eingegangen. Stehen Ringe, Barren, Kästen zur Verfügung, können sie mit in die physiotherapeutische Arbeit einbezogen werden. So sind die ruhig hängenden Ringe besonders bei Einschränkung der Beweglichkeit in den Schulter- und Hüftgelenken durch schwereloses Aufhängen zur Mobilisation geeignet (Abb. 143). Schwingen in den Ringen kommt selten vor. Stützübungen am Barren zur Kräftigung der Arm- und Schultergürtelmuskulatur sind besonders indiziert bei Beinamputationen oder Rückenmuskelinsuffizienzen. Der Barren kann, wie auch der Kasten oder Kastenteile (Abb. 144), gut in Kinderturnstunden als Hindernis eingebaut werden oder in Verbindung mit anderen Groß- oder Handgeräten Verwendung finden.

8.2.1. Gymnastik mit der Langbank

8.2.1.1. Beschaffenheit der Langbank und ihre Verwendung

Die Langbank, die aus der Schwedischen Gymnastik stammt, ist 4 m lang und 35 cm hoch. Ihre Breitseite (Lauf- oder Sitzbrett) beträgt 27 cm, ihre Schmalseite (Schwebekante) 10 cm. An der Unterseite des Laufbrettes befindet sich eine Leiste, die zum Einhängen der Bank an andere Großgeräte gedacht ist. Die Flächen müssen glatt und splitterfrei sein. Die Bank ist auf Standsicherheit hin zu überprüfen.

Die Langbank eignet sich für alle Altersstufen. Bereits im Kleinkindalter wird sie zum *Durchkriechen* zwischen Laufbrett und Schwebekante, zum *Kriechen, Rutschen, Überklettern, Steigen, Gehen* und *Laufen* genutzt. Später wird sie auch *übersprungen* und dient damit der Erziehung zu *Mut* und *Kraft*. Bei Benut-

Abb. 143 Schwereloses Aufhängen in den Ringen. Bewegen der Arme aus der Vorhalte in die Seithalte
Abb. 144 Hindurchsteigen durch ein senkrecht stehendes Kastenteil mit zwei Medizinbällen

zung der Schmalseite wird die *Gleichgewichtsfähigkeit* gesteigert. Eine besondere Rolle spielt die Bank im Haltungsturnen. Auf Grund ihrer Konstruktion können 6 bis 8 Übende auf einmal beschäftigt werden. Diese Übungen erziehen zur *Anpassungsfähigkeit* und schulen den *Gemeinschaftssinn*. Besonders beliebt sind *Partnerübungen*, *Spiele* und *Wettkampfübungen*.

8.2.1.2. Praktische Durchführung der Gymnastik mit der Langbank

Zur Gewöhnung an das Gerät sind einfache Formen auszuwählen, bei denen zunächst das Laufbrett als Unterstützungsfläche dient. Durch die verkleinerte Unterstützungsfläche und die Verlagerung des Körperschwerpunktes nach oben werden hohe Anforderungen an das Gleichgewichtsvermögen gestellt. Mit zunehmender Sicherheit wird dann auf der Schwebekante geübt.

Unter *Beachtung der Steigerung* gehen wir folgendermaßen vor:

— Üben auf dem Boden
— Üben auf dem Laufbrett
— Üben auf der Schwebekante mit und ohne Hilfestellung.

Die *Hilfestellung* kann *durch den Physiotherapeuten* oder *durch Partner* erfolgen. Wichtig dabei ist, daß der Helfende nicht hinter dem sich vorwärtsbewegenden Partner zurückbleibt sondern etwas vorausgeht. Wird durch Handfassung Hilfe geleistet, ist darauf zu achten, daß der hilfegebende Arm nicht zu weit nach oben gestreckt wird und damit den Übenden veranlaßt, seinen Schultergürtel mit nach oben zu ziehen. Um eine sichere Balanceleistung zu erreichen, ist der Übende allmählich dazu zu bringen, nicht auf seine Füße beim Aufsetzen zu sehen, sondern einen festen Punkt, am besten das Ende der Bank zu fixieren.
Für Schrittarten eignet sich besonders das gymnastische Gehen, weil mit den Zehenspitzen gut die Unterstützungsfläche erfühlt werden kann und damit die Spannung der gesamten Becken-Bein-Einheit verbessert wird.

Beispiele für die Schulung der Kraft der Becken-Bein-Einheit

— Auf- und vorwärts absteigen, dann rückwärts absteigen.

— Wechselsprungschritte auf die Bank mit und ohne Nachfedern, am Ort und in der Fortbewegung seitwärts.
— Schlußspringen auf die Bank und Abspringen, ohne und mit $^1/_2$ oder $^1/_1$ Drehung.
— Bank überspringen mit und ohne Drehung.
— Grätschstand über der Bank, Schlußsprung auf die Bank, Absprung wieder in den Grätschstand, am Ort und in der Fortbewegung.
— Einbeinsprungschritte auf und über die Bank (Hilfestellung!).
— Rückenlage, beide Beine liegen auf der Bank, Gesäß vom Boden abheben und mit kleinen Schritten unter Beibehaltung der Spannung Beine grätschen, Rückbewegung, Gesäß ablegen.
— Seitsitz vorlings, Hände stützen hinter dem Körper ab, Beine liegen auf dem Laufbrett, Gesäß anspannen und abheben und Rückbewegung.
— Wie letzte Übung, dann weites Bogenspreizen eines Beines über das stützende Bein.

Beispiele für die Schulung der Kraft der Rücken-Schultergürtel-Arm-Einheit
— Bauchlage, Arme aus der Tiefhalte neben dem Körper im Wechsel im weiten Bogen auf das Laufbrett legen.
— Bauchlage, Arme in Tiefhalte, klatschen beider Hände über der Bank (Vorsicht bei kleinen Kindern und Patienten mit starker Lordose!).
— Liegestütz vorlings auf dem Boden. Hochstützeln auf das Laufbrett.
— Liegestütz vorlings, Beine auf dem Laufbrett, stützeln nach links und rechts.
— Waageliegen auf dem Laufbrett, Arme stützen auf dem Boden, Arme beugen und strecken. Allmählich Körperschwerpunkt weiter nach vorn verlagern, bis zuletzt nur noch die Fußspitzen auf der Bank liegen. Beachte die Gesamtkörperspannung.
— Schubkarre auf dem Laufbrett, auf der Schwebekante. Partner ist mit seinen Beinen entweder auf dem Boden oder auf der Bank.
— Wie letzte Übung in Mitte der Bank kleines Hindernis übersteigen.
— Querstand seitlings, beide Hände umfassen parallel die Bankkante und stützen mit gestreckten Armen den Körper bei der Hockwende ab.
— Bauchlage vorlings, Hände umfassen die untere Kante, Körper heranziehen und wegschieben.
— Bauchlage auf der Bank, im Kraulschlag über die Bank ziehen.

Beispiele für die Haltungsschulung
— Vierfüßlergang über die Bank.
— In Rutschstellung über die Bank, die Hände stützen rechts und links neben der Bank. Beachte die Schrittgröße und die Länge der Extremitäten! Vorsicht bei verstärkter Lordose!
— Vierfüßlergang, beide Hände stützen auf der linken Seite, stützen auf der Bank, dann rechts neben der Bank.
— Ziehen in Rückenlage über die Bank. Beine sind so weit angebeugt, daß ein Lordosenausgleich möglich wird. Arme stets wieder weit nach vorn strecken. Daumen liegen an der Unterseite des Laufbrettes. Arme in gleicher Höhe mit dem Laufbrett (Abb. 145).
— Ziehen in Bauchlage über die Bank. Aus der Streckung der Arme, Daumen liegen auf dem Laufbrett, maximale Beugung der Arme bis die Hände die Schulterhöhe berühren. Rücken und Arme bilden eine ebene Fläche. Die unteren Extremitäten sind gestreckt. Die plantarflektierten Füße halten Kontakt zum Boden.
— Bauchlage auf der Bank im Seitverhalten. Arme stützen auf dem Boden ab. Beine wechselseitig oder gleichzeitig in Bankhöhe anheben, grätschen, schließen, ablegen.
— Wie letzte Übung, Oberkörper abheben mit unterschiedlicher Armhaltung, Beine evtl. fixieren durch Partner oder durch eine zweite parallel gestellte Bank.
Lordose beachten! Kein hohes Aufbäumen! Diese Übungen können mit Seitneigen verbunden werden.
— Querstand rechts seitlings. Rechtes Bein wird auf die Bank gestellt, linkes Bein steht

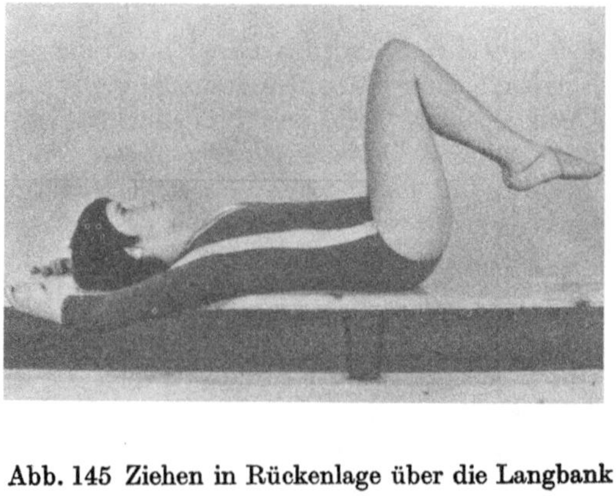

Abb. 145 Ziehen in Rückenlage über die Langbank

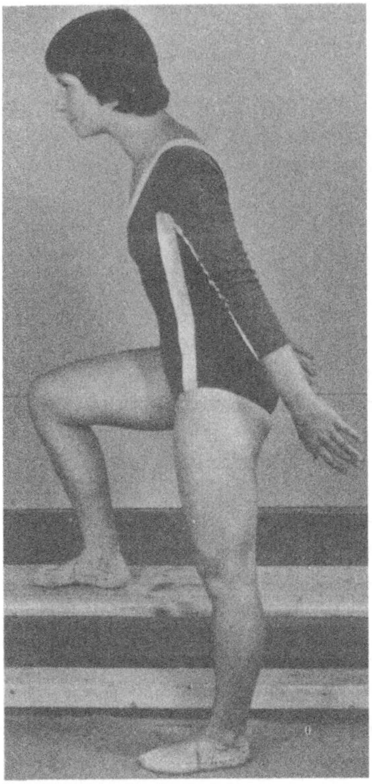

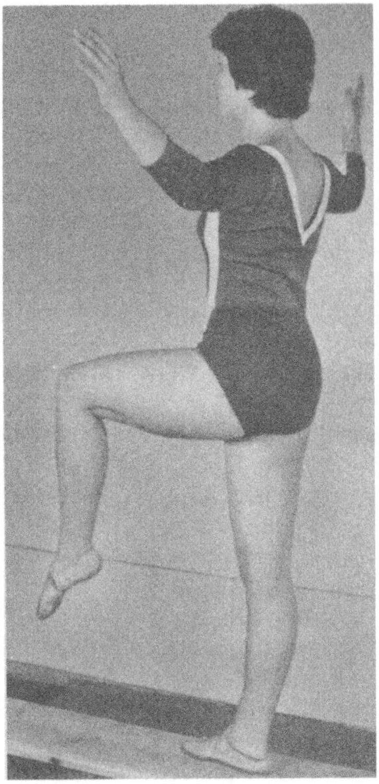

Abb. 146a Aus dem Querstand rechts seitlings neben der Bank Aufstellen des rechten Beines auf der Bank
Abb. 146b Hochsteigen zum Einbeinstand auf der Bank, Arme schwingen in die Winkelhalte

auf dem Boden. Beide Arme schwingen in die Schräghochhalte, dabei wird gleichzeitig das rechte Bein im Kniegelenk gestreckt und das linke Bein in Knie- und Hüftgelenk gebeugt, der Fuß ist plantarflektiert (Abb. 146a, b).

Beispiele für die Schulung des Gleichgewichts

— Querstand rechts seitlings, Arme in Seithalte. Weites Bogenspreizen des linken Beines über die Bank nach rechts auf die andere Seite der Bank. Das rechte Bein wird nachgezogen. Dann die Übung widergleich.

— Einbeinstand vorlings. Das Spielbein steht auf der Bank. Im Wechsel Spitze und Ferse aufsetzen.

— Einbeinstand vorlings. Spielbein auf der Bank, im Kniegelenk strecken und zur Seite führen und auf der Bank auftippen. Rückbewegung.

— Kniewaage seitlings oder quer.

— Gehen vorwärts, rückwärts, seitwärts auf dem Laufbrett, dann auf der Schwebekante.

— Wie letzte Übung, Übersteigen eines hockenden Partners oder eines Medizinballes in der Mitte der Bank.

Beispiele für die Schulung der Gewandtheit zu zweien

— Zwei Partner liegen in Bauchlage auf der Bank. Auf Kommando schnelles Umdrehen in die Rückenlage ohne die Hände zu benutzen.

— Zwei Partner befinden sich im Liegestütz auf der Bank. Auf Zuruf Durchhocken der Beine in den Sitz, ohne die Hände von der Bank zu lösen.

— Zwei Partner sitzen sich im Reitsitz mit Handfassung gegenüber. $^{1}/_{1}$ Drehung auf dem Gesäß nach der gleichen Seite mit Unterwinden der Arme. Hände bleiben gefaßt.

— Zwei Partner sitzen Rücken an Rücken im Strecksitz auf der Bank, Arme in Seithalte gefaßt. Rumpfseitbeugen links und rechts bis die Hände den Boden berühren.

— Zwei Partner im Querstand auf der Bank. Hände sind gefaßt, Hände übersteigen und unterwinden.

Beispiele für Gemeinschaftsübungen

— Seitstand vorlings. Ein Bein wird gestreckt auf die Bank gestellt, Arme in Vorhalte. Zwei Rückkreisgleichschwünge anschließend Rumpfvorbeugen mit Nachfedern. Dabei berühren die Fingerspitzen die Fußspitzen. Bein ist gebeugt oder gestreckt. Beinwechsel.

— Stand seitlings, ein Bein steht auf der Bank. Zwei Außengegenschwünge. Bei jedem Schwung erfolgt Streckung des auf der Bank stehenden Beines und damit Streckung des gesamten Körpers. Beim zweiten Schwung wird durch einen Nachstellschritt auf der Bank zur anderen Seite der Bank übergewechselt.

— Grätschsitz hintereinander auf der Bank, Arme in Seithalte. Wechseln in den Hocksitz, Kopf wird in die Beugung mit einbezogen, die Hände umfassen die Unterschenkel. Im Grätschsitz auf die gerade Rückenhaltung achten!

— Grätschsitz hintereinander auf der Bank, Arme in Hochhalte. Rumpfbeugen nach links, Finger berühren Fußrist links. Aufrichten, Nachfeder. Rnumpfvorbeugen nach rechts.

— Wie letzte Übung, auf Kommando heben alle das rechte Bein, spreizen es über den Kopf des Vordermannes und führen dabei gleichzeitig $^1/_4$ Drehung nach links aus, so daß sich alle im Seitsitz befinden. Beine sind geschlossen. Heben und hohes Bogenspreizen des linken Beines, das wieder mit $^1/_4$ Drehung nach links verbunden wird. Alle sitzen im Grätschsitz. Die Übung wird so lange fortgesetzt, bis die Ausgangsstellung wieder erreicht ist.

— Grätschsitz. Beide Beine anheben und über dem Kopf des Vordermannes schließen. Hände stützen hinter dem Körper oder werden in der Steigerung von der Bank abgehoben.

— Alle stehen neben der Bank und heben auf Kommando die Bank an. Steht die Bank rechts neben der Gruppe, faßt die rechte Hand körpernah, die linke Hand parallel körperfern. Auf ein neues Kommando wird die Bank auf der anderen Seite abgestellt.
Variation: Im Grätschsitz hintereinander auf dem Boden mit Rumpfvorbeugen und Zurücklegen des Rumpfes, dabei wird die Bank mitbewegt.

Spiele und Staffeln mit der Langbank

— Je nach Größe des zur Verfügung stehenden Raumes werden zwei oder mehrere Bänke benutzt. Spieler sitzen im Grätschsitz hintereinander auf der Bank. Auf Kommando stehen sie mit der Bank auf und führen $^1/_2$ oder auch $^1/_1$ Drehung aus. Die Richtung wird vorher genau angesagt. Auf den notwendigen Platz ist zu achten!

— Alle stehen im Seitstand vorlings. Auf Kommando durchkriechen alle den Zwischenraum zwischen Laufbrett und Schwebekante. Wer steht oder sitzt zuerst auf der Bank? Endstellung wird angegeben.

— Zwei Übende tragen die Bank von einer zur anderen Seite des Raumes. Dort wird die Bank abgestellt, die Plätze werden gewechselt und die Bank wird zurückgetragen.

— Die Gruppen stehen gleichweit von ihrer Bank entfernt. Auf Kommando laufen die ersten zwei los und drehen die Bank von der Schmalseite auf die Breitseite und laufen zurück zur Gruppe. Die nächsten zwei wiederholen den Vorgang.
Variation: Die ganze Gruppe läuft gleichzeitig los und dreht die Bank gemeinsam um.

— Ein Übender steht am Ende der Bank. Der erste Spieler der Gruppe rollt ihm einen Medizinball auf der Bank zu, der nicht herunterfallen darf. Dieser rollt ihn wieder auf der Bank zurück zum Nächsten. Welche Gruppe hat gewonnen? Welche Gruppe hat keine Minuspunkte?

Aufgaben

1. Wie können Sie die Langbank bei der Schulung der Kraft der oberen Extremität und des Schultergürtels einsetzen? Bringen Sie 6 Beispiele!
2. Verwenden Sie die Langbank in Verbindung mit einem anderen Groß- oder Handgerät!
3. Verwenden Sie die Langbank als Hindernis!

8.2.2. Gymnastik an der Sprossenwand

8.2.2.1. Beschaffenheit der Sprossenwand und ihre Verwendung

Die Sprossenwand ist, wie auch die Langbank, schwedischer Herkunft. Sie wird feststehend oder auch ausschwenkbar angefertigt. Meist stehen mehrere Sprossenwände nebeneinander, was den Vorteil bietet, daß mehrere Übende gleichzeitig beschäftigt werden können.

Die Höhe der Sprossenwand beträgt 2,80 m, die Breite eines Feldes 1,00 m. Die oberste Sprosse steht etwas vor. Das ermöglicht einen freien Hang. Zwischen der zweiten und drit-

ten Sprosse ist ein Abstand von 46 cm. Die einzelnen Sprossen sind 14 cm voneinander entfernt.
Vor Benutzung der Sprossenwand sind die Sprossen auf ihre Festigkeit hin zu überprüfen. Sie müssen unbeweglich sein, damit ein sicheres Üben gewährleistet ist. Aus dem gleichen Grund sollen vor der Sprossenwand Matten liegen. Der Wert des Übens an diesem Gerät besteht vor allem in der Schulung der Kraft *des gesamten Körpers*. Bei der *Dehnung verkürzter Muskelgruppen* ist die Arbeit an der Sprossenwand sehr günstig. Ebenso können *Gewandtheit* und *Geschicklichkeit* beeinflußt werden. Aus dem *Haltungsturnen* ist die Sprossenwand nicht mehr hinwegzudenken. In diesen Gruppen muß berücksichtigt werden, daß der Körper mit seinem ganzen Gewicht dem Zug der Schwerkraft ausgesetzt ist und daß deshalb nur solche Patienten im Hang üben sollen, die in der Lage sind, durch *intensive Anspannung der Arm-, Schultergürtel- und Rückenmuskulatur* ein passives Hängen im Bandapparat zu vermeiden. Es muß genau differenziert werden, welchem Übenden Hängen an der Sprossenwand gestattet werden kann. Passives Hängen ist nur zur Entlastung und Streckung der Wirbelsäule erlaubt. Nie dürfen mehrere Übungen im Hang hintereinander durchgeführt werden. Abspringen von der Sprossenwand, besonders aus großer Höhe, sollte vermieden werden.

8.2.2.2. Praktische Durchführung der Gymnastik mit der Sprossenwand

Neben den bereits im Kapitel 1.6. aufgeführten Ausgangsstellungen kommen noch folgende *Ausgangsstellungen an der Sprossenwand* hinzu:
Seitstand vorlings — der Übende steht mit dem Gesicht zum Gerät
Seitstand rücklings — der Übende steht mit dem Rücken zum Gerät
Querstand oder Stand seitlings — der Übende steht mit seiner Flanke zum Gerät
Hangstand vorlings — der Übende steht vorlings auf einer Sprosse und hält sich an einer Sprosse fest
Hangstand rücklings — der Übende steht rücklings auf einer Sprosse und hält sich an einer Sprosse fest
Hang vorlings — der Übende hängt mit der Vorderseite zum Gerät
Hang rücklings — der Übende hängt mit der Rückseite zum Gerät.

Das *Umfassen der Sprosse* ist möglich als:
— Schlußgriff (Hände fassen dicht beieinander die Sprosse)
— Weitgriff (Hände fassen weit voneinander die Sprosse).

Der Weitgriff sollte bevorzugt werden, da hierbei der M. latissimus dorsi in eine günstige Ausgangsposition für die Arbeit gebracht wird und der M. pectoralis dehnend beeinflußt wird. Die Sprosse wird vorwiegend im Ristgriff umfaßt. Dabei ist von Kindern nicht immer zu fordern, daß der Daumen die Sprosse voll umfaßt. Beachte Größe der Hand und Umfang der Sprosse! Hilfestellung hat stets zu erfolgen.
Am Beginn stehen Übungen, die den Übenden *mit dem Gerät vertraut machen* und gleichzeitig *Gewandtheit und Geschicklichkeit* schulen.
— Hangstand seitlings auf der untersten Sprosse. Hände fassen schulterhoch im Zwiegriff. Überqueren der Sprossenwandfelder, dabei Fuß vor Fuß setzen.
Variation: Schritte vergrößern, Temposteigerung.
— Hangstand vorlings, Sprosse schulterhoch fassen, Arme waagerecht, im Ellenbogengelenk gebeugt. Nachstellgehen seitwärts. Bei jedem Schlußstand Körper dicht an die Sprossenwand heranziehen.
Variation: Schritte vergrößern. Wer braucht die wenigsten Schritte beim Überqueren der Felder?
— Seitstand vorlings, Sprosse schulterhoch fassen. Wechselseitig rechten und linken Fuß immer eine Sprosse höher aufstellen.
Variation: Wechselsprungschritte am Ort und in der Fortbewegung seitwärts, Schlußsprungschritte, auf- und abwärts, am Ort und in der Fortbewegung, Temposteigerung.
— Seitstand vorlings, schnelles Auf- und Abwärtsklettern.
— Seitstand vorlings, diagonal über alle Sprossenwandfelder auf- und abwärtssteigen (Abb. 147).
— Seitstand vorlings auf der dritten Sprosse von oben. Hände fassen erste Sprosse. Nachstellgehen seitwärts. Hilfestellung!
— Aus dem Hockstand vorlings auf der untersten Sprosse zum Stand kommen. Hände umfassen dabei im schnellen Tempo immer höhere Sprossen.

Abb. 147 Übersteigen der Sprossenwandfelder in diagonaler Richtung mit großen Schritten

— Seitstand vorlings auf dem Boden. In den Zwischenraum von etwa zwei Sprossen ein Hand- oder Hilfsgerät hindurchschieben, fallen lassen, schnell bücken und Aufheben des Gerätes.
Variation: Gegenstand zwischen zwei Sprossen hindurchschieben und mit der anderen Hand eine Sprosse tiefer aufnehmen.
— Seitstand vorlings. Auf- und Abwärtsklettern mit Durchsteigen des Sprossenzwischenraumes verbinden.
— Medizinball durch den Sprossenzwischenraum werfen, hinterherklettern und mit dem Gerät zurücksteigen.

Übungen zur allgemeinen Kräftigung, zur Geschicklichkeits- und Beweglichkeitsschulung und zur Erziehung zu Mut

— Rückenlage, Kopf zur Sprossenwand. Arme fassen in gewinkelter Hochhalte die unterste Sprosse. Vom Kopf aus Streckimpuls setzen, Schultern tief- und zurückziehen. Durch das Halten an der Sprossenwand wird der Schultergürtel fixiert. Bei Hohlkreuz sind die Beine anzustellen. Der Rücken muß Bodenkontakt behalten.
Variation: Heranziehen an die Sprossenwand, Ellenbogen bleiben auf dem Boden.
— Wie 1. Übung mit angestellten Beinen. Beine strecken und versuchen, mit beiden Beinen die Sprossenwand zu erreichen. Allmählich mit den Fußspitzen die nächst tiefergelegene Sprosse berühren. Kniestreckung sollte möglichst beibehalten werden. Bei starkem Hohlkreuz indiziert zur Dehnung der ischiokruralen Muskelgruppe. Kontraindiziert bei Rundrücken!
— Rückenlage, Beine angestellt, Füße unter der 1. Sprosse fixiert. Rumpf heben in allen Variationen für die gerade und schräge Bauchmuskulatur.
— Bauchlage, mit dem Kopf zur Sprossenwand, Arme in gewinkelter Hochhalte auf der untersten Sprosse. Streckimpuls vom Kopf aus geben.
Variation: Mit Bewegungsausschlag in Richtung Sprossenwand ziehen, Kopf und Schultergürtel dicht über dem Boden, Blick nach unten, Arme wechselseitig oder gleichzeitig von der Sprosse abheben.
— Wie letzte Übung Arme in Schräghochhalte auf der untersten Sprosse. Arme im weiten Bogen nach hinten unten führen und wieder zurücklegen. Blick folgt der Armbewegung. Becken bleibt fest auf dem Boden liegen.
— Schneidersitz rücklings, Arme fassen in gewinkelter Hochhalte eine Sprosse. Becken wird aufgerichtet, Lendenwirbelsäule gegen die Sprossenwand gedrückt. Gesäß in den Boden stemmen, Streckimpuls vermitteln, Kopf wird dabei nicht nach vorn geschoben, Brustwirbelsäule von der Sprossenwand abspannen. Spannung lösen, Arme in entspannte Halte neben den Körper bringen.
— Fersensitz rücklings, Füße unter der untersten Sprosse, Arme in gewinkelter Hochhalte. Vom Kopf aus Streckimpuls geben. Rücken bleibt an der Sprossenwand. Bauchmuskeln anspannen!
— Vierfüßlerstand, Hände fassen im Weitgriff eine Sprosse in Höhe des vorgesenkten Rückens. Auf die Beugestellung im Hüftgelenk ist besonders zu achten! Bei normaler lordotischer Krümmung der Lendenwirbelsäule ist die rechtwinklige Stellung zwischen Oberschenkeln und Rumpf einzunehmen, bei Hyperlordosierung sind die Beine im Sinne der Bildung eines spitzen Winkels der Sprossenwand zu nähern. Bei Sitzkyphose werden die Beine weiter nach hinten gestellt. Die Arme fassen etwas höher (Abb. 148). Beachte die Individualität!

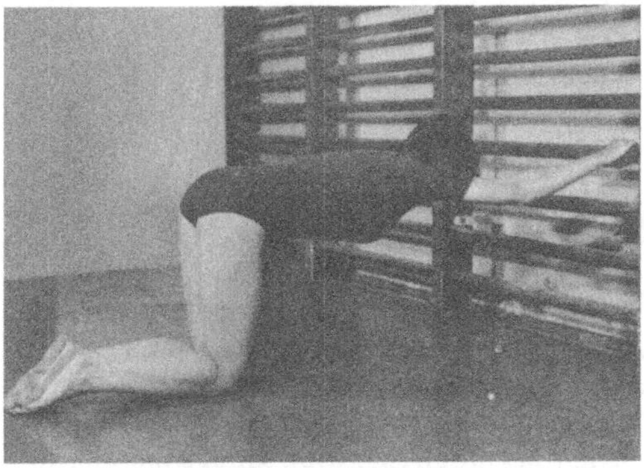

Abb. 148 Aus dem Unterschenkelstütz umfassen die Hände eine Sprosse in Rumpfhöhe

— Wie letzte Übung, Abheben der gestreckten Arme im Wechsel!
Variation: Im weiten Bogen Arme wechselseitig in Richtung Oberschenkel führen, in Verbindung mit Beinstreckung. Dabei ist auch hier die individuelle Stellung des Bekkens und der Lendenwirbelsäule zu beachten. Das Bein kann gestreckt auf dem Boden stehen, das Becken darf dabei nicht absinken. Das Bein kann auch abgehoben werden. Beinführung rück-, seit-, vorwärts.
— Rutschstellung, Arme fassen die untere Sprosse. Wechselseitiges Armkreisen rückwärts.
— Hangstand vorlings auf der untersten Sprosse, Arme in gewinkelter Hochhalte. Vom Kopf aus in den Ballenstand hochziehen.
— Hangstand seitlings auf einer unteren Sprosse. Haltearm faßt im Untergriff in Schulterhöhe eine Sprosse. Körper zur Seite von der Sprossenwand abspannen. Dabei Haltearm strecken und den freien Arm über die Seite nach oben führen. Nach der Dehnung der Flanke den Körper wieder an die Sprossenwand heranziehen.
— Hangstand vorlings auf einer Sprosse mittlerer Höhe, Arme zu Beginn in Schulterhöhe. In die tiefe Hocke fallen und wieder aufrichten.
Variation: Hängen, Füße aufstellen, Griff lösen, in die tiefe Hocke fallen, aufrichten und eine Sprosse so hoch wie möglich fassen und Rückspreizen der Beine. Hilfestellung, wenn Griff gelöst wird.
— Hang vorlings. Schwingen der unteren Extremitäten nach links und rechts. Dicht an der Sprossenwand bleiben.
Spiele an der Sprossenwand
— Auf Kommando laufen alle Spieler zur Sprossenwand, klettern hinauf und herunter. Wer steht zuerst wieder an seinem Platz?
Variation: Alle befinden sich im Hang vorlings oder Hang rücklings, alle sitzen seitlings im Zwischenraum zwischen zweiter und dritter Sprosse.
— Jeder Spieler soll auf der dritten Sprosse $^{1}/_{1}$ Drehung ausführen und schnellstens wieder zurückkommen.
— In Staffelform Zielwerfen mit dem Medizinball in den Zwischenraum zwischen zweite und dritte Sprosse. Jeder darf dreimal werfen. Wer hat die meisten Treffer?

Zur Abwechslung und *gleichzeitig Steigerung* des Übungsgutes an Langbank und Sprossenwand können beide Geräte kombiniert verwendet werden.
Die Langbank wird mit dem kleinen Brettchen an ihrem Ende in unterschiedlicher Höhe an der Sprossenwand eingehängt. Man beginnt zunächst mit dem Einhängen an einer niedrigen Sprosse und steigert allmählich die Höhe.
Die ersten Übungen sind Aufwärtskriechen, -ziehen, -gehen, -laufen und Abwärtsklettern an der Sprossenwand. Auch der umgekehrte Weg ist möglich: Aufwärtssteigen an der Sprossenwand und Abwärtsrutschen, -kriechen, -gehen, -laufen.

Aufgaben
1. Wie können Sie mit Hilfe von Übungen an der Sprossenwand den Körper erwärmen?
2. Bringen Sie je eine Übung aus dem Seitstand vorlings, Seitstand rücklings, Querstand und Hangstand vor- und rücklings!
3. Zeigen Sie 5 Übungen an der Sprossenwand, die der Erziehung zur aufrechten Körperhaltung dienen!

8.3. Der Einsatz von Hilfsgeräten

Hilfsgeräte können in der Gymnastik der Physiotherapie sehr häufig eingesetzt werden, besonders dann, wenn die Geschicklichkeit und Kraft der Hand- und Fußmuskulatur geschult werden soll. Es sind kleine Stäbchen, Murmeln, Tannenzapfen, Steinchen, kleine Stoffreste, Papier usw., die ergriffen und bewegt werden können. Zu den Hilfsgeräten gehören auch Lagerungskissen, die bei Balanceleistungen auf den Kopf gelegt werden können, um das Ziel der Körperstreckung deutlich zu machen oder die dem Ausgleich bei verstärkter Lendenlordose dienen.

9. Rhythmisches Arbeiten in der Gymnastik

9.1. Rhythmische Lehr- und Arbeitsweise

Der rhythmische Ablauf einer Bewegung spielt im Sport eine wichtige Rolle. Er ermöglicht ökonomische Bewegungen, sowohl im zeitlichen als auch im dynamischen Verlauf. Das bedeutet, daß rhythmische Bewegungen einem *ständigen Wechsel von Spannungs- und Entspannungsphasen* unterliegen, die wiederum die Voraussetzung für harmonische, lokkere, aber auch kraftvolle Bewegungen über längere Zeit sind. Bestimmen langdauernde Anspannungsphasen die Bewegung, dann wird die Bewegung unökonomisch, die Muskulatur verspannt sich, es kommt zur verminderten Durchblutung und dadurch zum Leistungsabfall.

Eine besondere Bedeutung hat die **rhythmische Arbeitsweise** in der Gymnastik. Dabei bezieht sich der rhythmische Verlauf auf die Ausführung der Bewegung, auf die Bewegungsfolge sowie auf die Kombination mehrerer Bewegungen. So wird die Muskulatur wechselweise angespannt und gelöst, leichte Übungen lösen schwere ab, die Beanspruchung wird gesteigert, und nach hoher Beanspruchung werden lockernde und lösende Bewegungen ausgeführt.

Die rhythmische Gestaltung von Übungselementen entlastet den Übenden. Es gelingt ihm leichter als bei abrupten, plötzlichen Bewegungsabläufen, sich auf die Übungsfolge einzustellen. Die Übungen können lockerer und gelöster durchgeführt werden. So hat die rhythmische Arbeitsweise neben der günstigeren körperlichen Beeinflussung gleichzeitig einen *psychischen Aspekt*, sie wirkt belebend, löst Empfindungen des Behagens, der Freude und des Wohlbefindens durch körperliche Bewegung aus.

Die **rhythmische Lehrweise** ist eine Methode der Stoffvermittlung. Sie erstreckt sich vom Üben einzelner gymnastischer Elemente und Verbindungen ohne Musik, aber mit *rhythmisch akzentuierter Sprache*, über die Begleitung der Bewegung mit einem *taktgebenden Instrument*, wie z. B. dem Tamburin, bis hin zur Verwendung von *Magnettonbändern* und zur Begleitung der Bewegungselemente mit einem *Musikinstrument*.

Ziel der rhythmischen Lehrweise ist das Erreichen harmonischer Bewegungsabläufe, die den Bewegungsrhythmus, den Bewegungsfluß, die Bewegungsgenauigkeit verbessern, das Koordinations- und Kombinationsvermögen entwickeln und das Bewegungsgedächtnis unterstützen. Durch das Einordnen der gymnastischen Bewegung in eine bestimmte Taktart und durch das Anpassen an ein vorgegebenes Tempo wird der Bewegungsablauf musikalisch aufbereitet. Eine exakte Schwerpunktbetonung und das Berücksichtigen der Periodisierung erleichtern die Orientierung im zeitlich-räumlichen und im dynamischen Verlauf der Übung.

Unter 9.2. werden Taktfolgen und rhythmische Verläufe mit Hilfe der Notenschrift dargestellt.

Der Physiotherapeut soll diese Notenschrift lesen und nachvollziehen können. Für die Arbeit mit dem Patienten ist aber wichtig, daß ihm kein „Musikunterricht" erteilt wird, er soll die Rhythmen „erleben"

> Für die rhythmische Arbeit mit Patientengruppen gilt: keine langen theoretischen Erläuterungen über Notenwerte, Takt und Rhythmus, sondern vormachen, zuhören, mitzählen, nachmachen.

Eine wertvolle Hilfe zum Verständnis rhythmischer Abläufe kann das Mitsingen von Liedern oder Kinderreimen sein. Wichtig ist, daß während der rhythmischen Arbeit die gelöste Grundstimmung und nicht stures „Rhythmuspauken" die Übungsathmosphäre bestimmt.

9.2. Theoretische Grundlagen

In der Praxis werden die Begriffe Takt und Rhythmus oft synonym angewandt. Metrik und Rhythmik oft verwechselt. Sie werden deshalb neben anderen für die rhythmische Lehrweise wichtigen Begriffen im folgenden kurz definiert.

Der **Bewegungsrhythmus** ist ein dynamisches Merkmal der Bewegung. Er charakterisiert die zeitliche Ordnung, die sich in der Dynamik des Kraftverlaufes und darüber hinaus im räumlich-zeitlichen Verlauf einer Bewegung widerspiegelt. Grundlage für den Bewegungsrhythmus ist die Muskeldynamik und ihre unterschiedliche Akzentuierung im Bewegungsvollzug.

Im Bewegungsrhythmus wird der ständig fließende Wechsel zwischen Spannung und Entspannung als wesentliche Tendenz der Mehrzahl aller menschlichen Bewegungen besonders deutlich. Der Bewegungsrhythmus darf nicht mit dem musikalischen Rhythmus verwechselt werden. Der musikalische Rhythmus ist ein Merkmal der Musik, er dient aber zur Schulung und Akzentuierung rhythmischer Bewegungsabläufe.

Der **Musikalische Rhythmus** ist die Ordnung der Töne und Klänge nach Betonung und Zeitdauer im taktgebundenen Ablauf der Musik. Er kann durch Notenwerte dargestellt werden.

Die **Zählzeit** ist in der Musik eine sehr gute Ordnungsmöglichkeit für die Beziehungen der Tondauerwerte untereinander. Es wird „gezählt", um einen Rhythmus sicher wiedergeben zu können. Zum Beispiel kann ein $^{4}/_{4}$-Takt vier Zählzeiten haben, wenn er aus vier Viertelnoten besteht, oder zwei Zählzeiten, wenn er aus zwei halben Noten besteht (Notenbeispiel 1).

Das Tempo der Musik wird durch die Zählzeit nicht bestimmt.

Die wichtigste Ordnungsgröße für die Rhythmisierung ist der **Takt**. Er ist eine Abstraktion der zeitlichen Grundordnung eines Rhythmus, er ist die Wiederkehr des gleichen, wogegen der Rhythmus immer Wiederkehr des ähnlichen ist.

Der Takt wird gekennzeichnet durch eine oder mehrere Betonungen der Zählzeiten. Die den Takt eröffnende Zählzeit erhält immer ein größeres Gewicht als die nachfolgenden Zählzeiten. Der Takt wird mit *Notenwerten* wiedergegeben. Die Notenwerte werden im Zusammenhang mit der Zählzeit gebraucht. Als Zählzeitwert wird die Viertelnote gewählt (Notenbeispiel 2).

Weiterhin gibt es punktierte Notenwerte. Der Punkt verlängert die Note um die Hälfte ihres Wertes (Notenbeispiel 3). Die Punktierung der Notenwerte hat für die rhythmische Schulung praktische Bedeutung. So sind z. B. Federn oder Sprungschritte rhythmisch nur mit punktierten Noten wiederzugeben. Die Noten werden in Takten zusammengefaßt. Es gibt *einfache Taktarten*, $^{2}/_{4}$-Takt, $^{3}/_{4}$-Takt und *zusammengesetzte Taktarten*, $^{4}/_{4}$-Takt, $^{6}/_{8}$-Takt (Notenbeispiel 4).

Der *Auftakt* ist ein unvollständiger Takt, er steht am Beginn der Übung, er wird durch das gesprochene Wort „und" angegeben (Notenbeispiel 5).

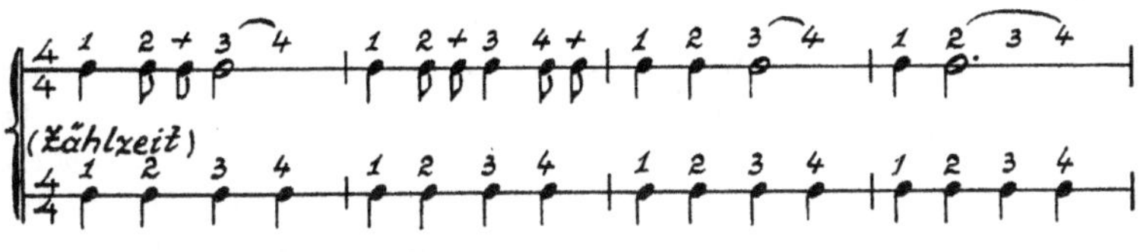

Notenbeispiel 1 Handklatsch

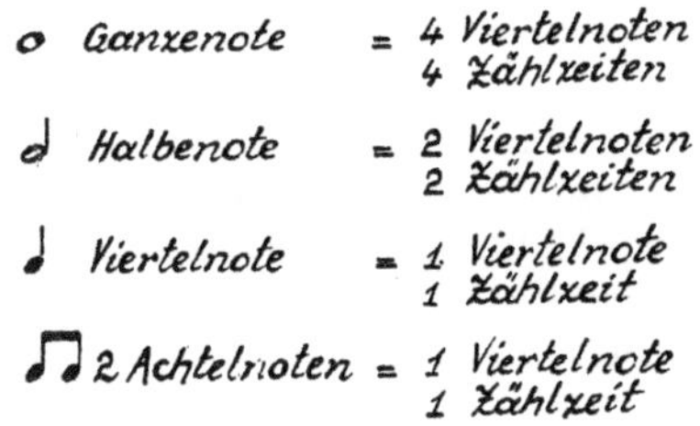

Notenbeispiel 2 Notenschrift und Zählzeit

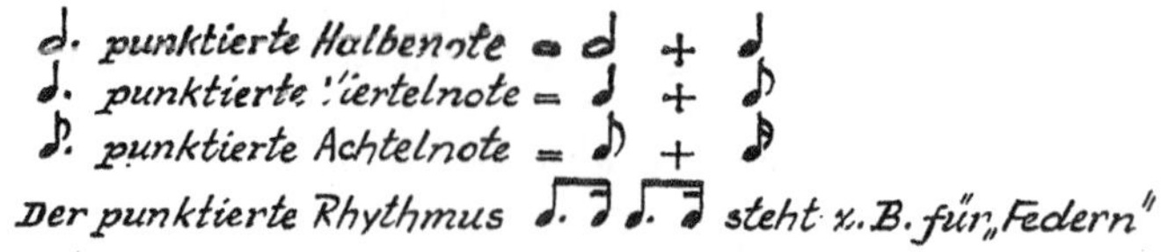

Notenbeispiel 3 Die punktierte Note

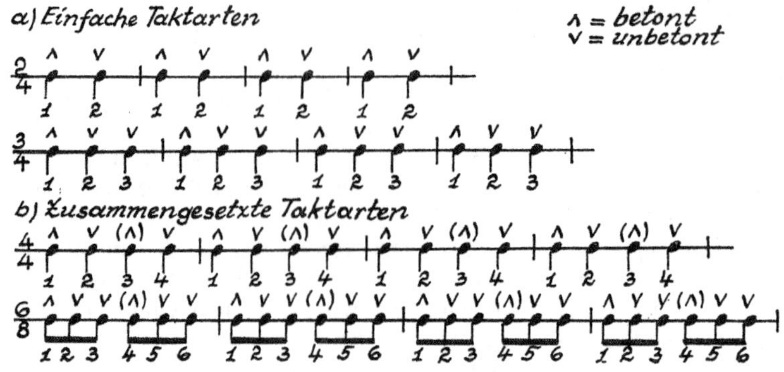

Notenbeispiel 4 Einfache und zusammengesetzte Taktarten

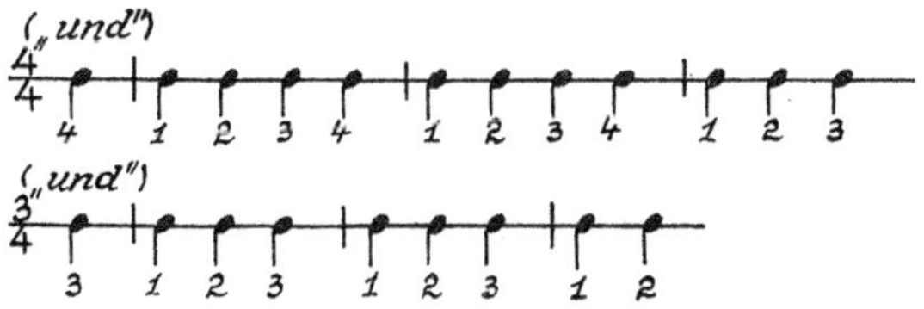

Notenbeispiel 5 Der Auftakt

Metrik ist die Lehre vom Takt, **Rhythmik** die Lehre vom Rhythmus. Rhythmisch-metrische Fähigkeiten und Fertigkeiten werden durch kontinuierliches praktisches Üben mit den rhythmisch-metrischen Führungsmitteln Sprache, Handklatsch und Tamburin erworben.

9.3. Grundrhythmen der Elementegruppen

Unter Grundrhythmus wird die akustische Wiedergabe von Rhythmen verstanden, die bestimmten gymnastischen Bewegungen zugeordnet sind.

Der akustische Rhythmus ist ein Hilfsmittel zur Unterstützung und Verbesserung der Motorik bei der Ausführung von gymnastischen Bewegungen. Das setzt voraus, daß sich der Bewegungsrhythmus mit dem akustischen Rhythmus gut vergleichen und koordinieren läßt. So muß der akustische Rhythmus in seiner Darstellungsweise einfach sein und trotzdem die besonderen Merkmale der Bewegung verdeutlichen.

Die *Anwendung* der Grundrhythmen in der Gymnastik bildet eine wichtige Grundlage für die Entwicklung der Rhythmisierungsfähigkeit und für die Schulung des rhythmischen Empfindens. Dies wiederum ist Voraussetzung dafür, daß der Physiotherapeut bei der Anwendung der Gymnastik in der Physiotherapie die rhythmische Lehrweise benutzt und darüber hinaus auch krankengymnastische Maßnahmen, Übungsabläufe, rhythmisch vermittelt, wodurch der Lernprozeß und die Freude am Übungslauf gefördert werden können.

Der **Grundrhythmus des Gehens** (Notenbeispiel 6) wird im $^2/_4$-Takt dargestellt. Jede Zählzeit entspricht einem Schritt. Die Schwerpunktbetonung der ersten Zählzeit bestimmt die Schrittbetonung, z. B. links — und, links — und.

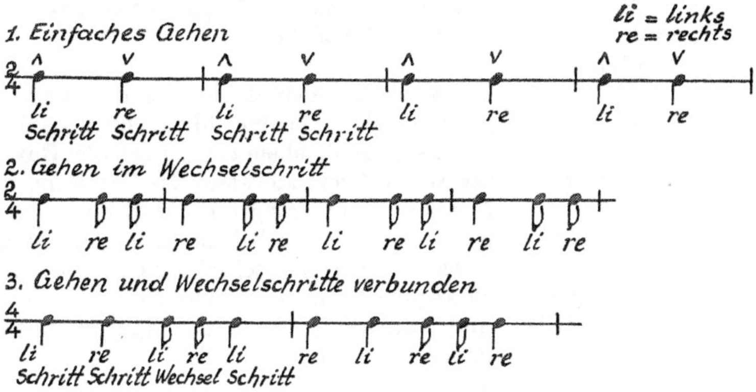

Notenbeispiel 6 Einfaches Gehen und Gehen im Wechselschritt

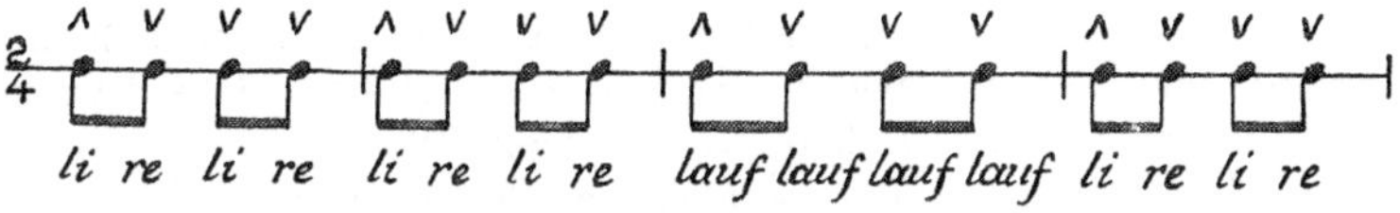

Notenbeispiel 7 „Laufen“

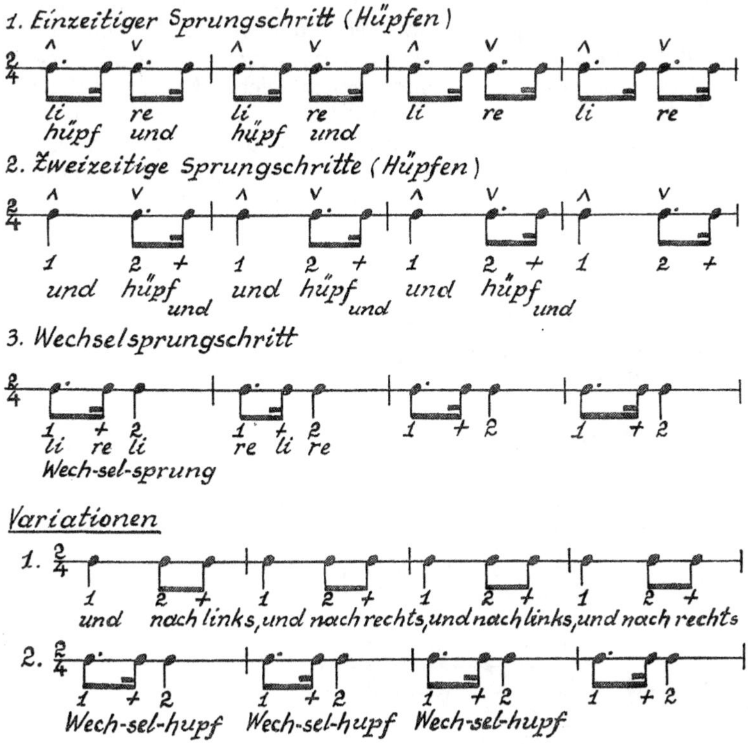

Notenbeispiel 8 Einzeitiger und zweizeitiger Sprungschritt sowie Wechselsprungschritt

Der **Grundrhythmus des Laufens** (Notenbeispiel 7) wird ebenfalls im $^{2}/_{4}$-Takt wiedergegeben. Jede Zählzeit entspricht zwei Schritten, das bedeutet je Takt vier Laufschritte, wovon der erste immer betont wird. Laufschritte werden mit Achtelnoten dargestellt. Die einzelnen **Sprungschritte** (Hüpfen; Notenbeispiel 8) werden im punktierten Rhythmus im $^{2}/_{4}$-Takt dargestellt. Die einzeitigen Sprungschritte erfolgen auf jede Zählzeit des Taktes, die zweizeitigen Sprungschritte erfolgen auf die zweite Zählzeit des Taktes. Die Sprünge werden durch den punktierten Rhythmus gekennzeichnet.
Gehen und Laufen im $^{3}/_{4}$-Takt (Notenbeispiel 9) unterscheiden sich in ihrer rhythmischen Darstellungsweise nur im Tempo. Auf jede Zählzeit des $^{3}/_{4}$-Taktes wird ein Schritt ausgeführt. Dabei erfolgt die Schwerpunktbetonung (erste Zählzeit) durch die Dreischrittfolge abwechselnd rechts oder links. Den Grundrhythmus des Gehens oder Laufens im $^{3}/_{4}$-Takt findet man in den Tanzformen Walzer und Ländler.
Der **Grundrhythmus der Schwünge** (Notenbeispiel 10) wird im $^{3}/_{4}$- oder $^{6}/_{8}$-Takt wiedergegeben. Soll die Vor-rück- oder Seit-seit-, Vorhoch- und Abwärts-Bewegung in gleicher Weise betont werden, dann wird der Schwung durch den $^{3}/_{4}$-Takt dargestellt. Ist die Rückbewegung von geringerer Betonung, dann liegt der Bewegung der Rhythmus des $^{6}/_{8}$-Taktes zugrunde. Eine starke Betonung liegt dann auf der ersten Zählzeit, eine weitere Betonung auf der 4. Zählzeit.

9.4. Taktwechsel – Rhythmuswechsel (Notenbeispiel 11)

Taktwechsel bedeutet eine Veränderung der Betonungsfolge bei gleichbleibenden Zählzeiten und gleichbleibendem Tempo. Bei **Rhythmuswechsel** verändert sich das Verhältnis der Notenwerte von Rhythmusgruppen zueinander. In der Gymnastik besteht der Rhythmuswechsel in einem Wechsel der gymnastischen Bewegungsform, z. B. Wechsel von Gehen und Laufen, von Gehen und Sprungschritten oder Gehen und Dreischritt.
Wenn zwei Rhythmen in gleichmäßiger Reihenfolge mehrmals hintereinander wechseln, dann wird von einem *periodischen Wechsel* gesprochen.
Perioden können zwei, vier, acht, sechzehn und mehr Takte lang sein. Haben die Perioden unterschiedliche Rhythmen, dann soll möglichst auch jede Periode die gleiche Taktzahl haben (Notenbeispiel 12).
Der periodische Wechsel ermöglicht es dem Übenden, sich auf die nächste Bewegungsform einzustellen, die Übergänge können auf diese Weise fließend gestaltet werden. So kann ein bestimmter Rhythmus ständig mit einem anderen wechseln oder mehrere Rhythmen laufen hintereinander ab und die Folge beginnt wieder von vorn. Letzteres ist bei Bewegungsverbindungen möglich, z. B. Gehen (4 Takte) — Laufen (4 Takte) — Sprungschritte (4 Takte).
Bewegungsverbindungen sind das Zusammenführen von zwei oder mehreren Grundformen der Bewegung. Die Verbindung kann als

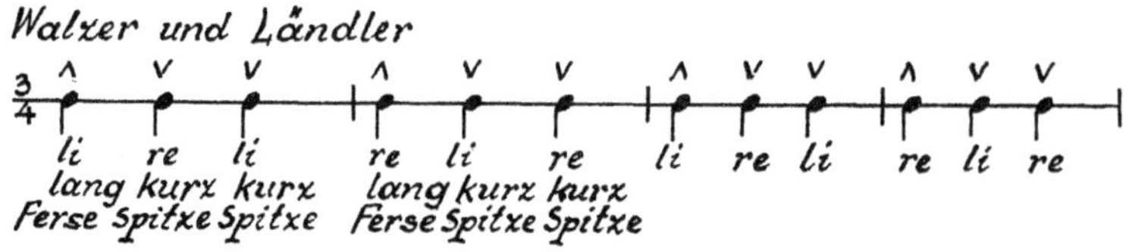

Notenbeispiel 9 Gehen und Laufen im $^{3}/_{4}$-Takt

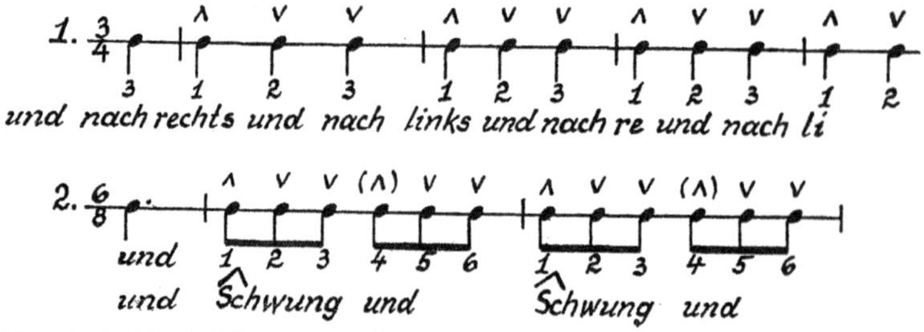

Notenbeispiel 10 Schwünge

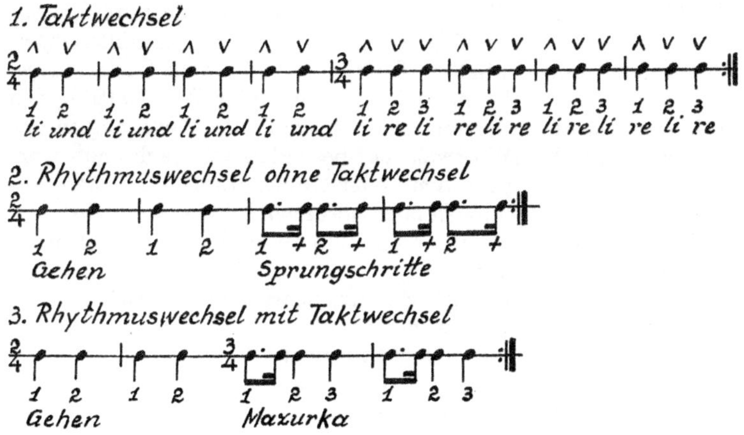

Notenbeispiel 11 Takt- und Rhythmuswechsel

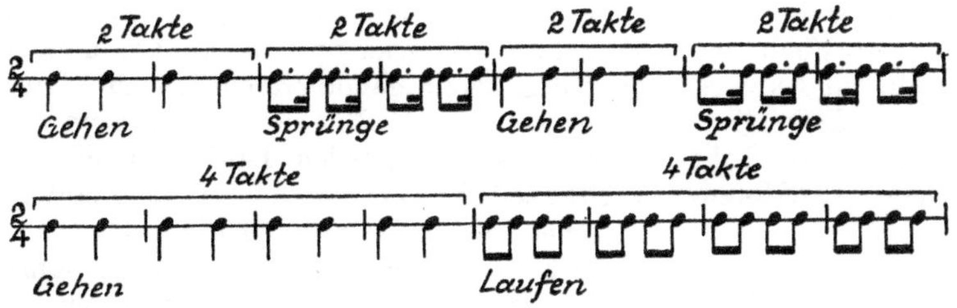

Notenbeispiel 12 Gehen und Springen

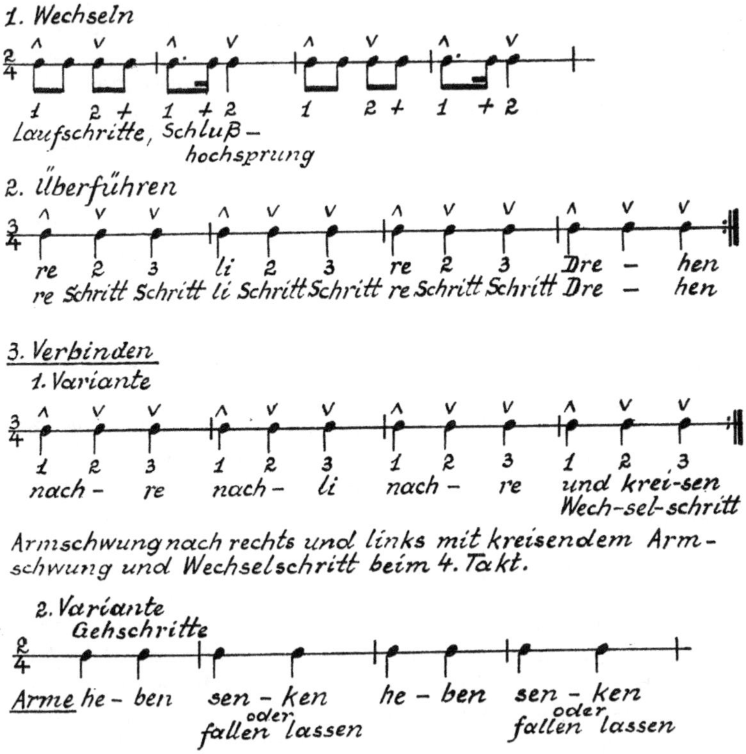

Notenbeispiel 13 Wechseln, Überführen und Verbinden verschiedener Bewegungen

Wechseln, Überführen und Verbinden vonstatten gehen.
Beim *Wechseln* werden Bewegungen ohne Übergang nacheinander ausgeführt, z. B. periodischer Wechsel zwischen Geh- und Laufschritten, vier Laufschritte — ein Schlußhochsprung.
Beim *Überführen* geht eine Bewegung fließend in die andere über, z. B. Gehen zu Laufen und Laufen zu Laufspringen, drei Takte Dreischritt, ein Takt eine ganze Drehung.
Unter *Verbinden* wird die Kombination von zwei Bewegungen verstanden, die gleichzeitig ausgeführt werden. Der Takt wechselt während der Bewegung nicht, sondern Arme und Beine führen zu gleicher Zeit Bewegungen aus, die aufeinander abgestimmt sind, z. B. $^2/_4$-Takt. Gehschritte, während des ersten Taktes werden die Arme in die Hochhalte gebracht und zurückgefedert, während des zweiten Taktes werden die Arme locker fallengelassen. Der erste und der zweite Takt wechseln periodisch miteinander ab (Notenbeispiel 13).

9.5. Instrumentarium für die rhythmische Lehr- und Arbeitsweise

9.5.1. Stimme und Übungskommando

Die **Stimme** des Menschen ist ein sehr wirkungsvolles „Begleitinstrument" für rhythmische Bewegungsabläufe, weil sie modulationsfähig ist. Unterschiedliche Spannungsgrade einer Bewegung können durch lautes und leises, höheres und tieferes Sprechen ausgedrückt werden. Immer aber muß die Sprache den rhythmischen Ablauf der Bewegung wiedergeben, z. B. bei einer kombinierten Bewegung: Vorwärtsgehen und Heben der Arme im $^4/_4$-Takt, nicht: hoch! — ab!, sondern hoch — zwei, drei, vier oder bei langsamem Heben der Arme: He - ben drei — vier — sen - ken — ab und . . .
Mit der Stimme wird das **Übungskommando** gegeben. Es hat zwei wesentliche Forderungen im Rahmen der methodischen Gestaltung der Gymnastik zu erfüllen:
— die Festlegung des inhaltlich-sachlichen Ablaufs der Übung und die Begleitung der Übung während des Übens an sich,
— die Bestimmung der emotionalen Beziehungen zwischen dem Übenden und dem Physiotherapeuten.

Ein exaktes Übungskommando muß die wesentlichen Phasen des Bewegungsablaufes beinhalten. Gleichzeitig erfolgt die Variation des Kommandos, indem unter Beibehaltung des rhythmischen Verlaufs der Bewegung in der Wortwahl auf besonders zu beachtende Körper-, Arm- oder Kopfhaltungen, Muskelspannungen oder -lösungen hingewiesen wird.
Beim Kommando zu einfachen Gehschritten z. B.:
Schritt, Schritt, Schritt und Schritt . . .
Dazwischen:
— Füße gut abrollen
— Mittelkörper spannen
— Kopf aufrecht
— Arme locker mitbewegen.

Neben dem rein sachlichen Aspekt bestimmen Tonfall, Lautstärke und innere Beteiligung das Übungskommando wesentlich mit. Lautes Sprechen ist z. B. erforderlich, wenn der Übende beim schnellen Laufen angefeuert werden soll. Es ist dagegen falsch, sehr laut zu sprechen, wenn Atemübungen zur Entspannung bzw. Kreislaufregulation durchgeführt werden. Ständiges leises Sprechen erschwert das exakte Verstehen und erzeugt Unruhe und Abwehr bei den Übenden. Für Schwungübungen ist der dynamische Wechsel zwischen laut und leise, Spannung und Entspannung in der Stimme notwendig.
Die Stimme muß außerdem so gestaltet werden, daß sie freundliche Zuwendung, aber auch die Konsequenz des Physiotherapeuten ausdrückt. Dies wirkt wohltuend und leistungsfördernd. Ein gleichgültiger, schroffer und kühler Tonfall dagegen wirkt leistungshemmend und ängstigend.

9.5.2. Klatschen und Stampfen

Voraussetzung für ein rhythmisches **Klatschen** sind lockere Hände und Arme.
Verschiedene Betonungen sind möglich, wenn die Hände hohl oder flach zusammengeschlagen werden oder kurz oder lang aufeinander bleiben. Das *Klatschen mit der Hohlhand* erzeugt dunkle dumpfe Geräusche, es eignet sich für langsame, getragene, aber auch schwingende Bewegungen. Das *Klatschen mit der flachen Hand* erzeugt helle, leichte Geräusche, es eignet sich gut für schnelle, leichte, beschwingte Bewegungen. Rhythmische Betonungen während des Klatschens können außerdem noch

mit Körperbewegungen verstärkt werden, z. B. Klatschen von der Körpermitte bis zur Hochhalte, Klatschen rechts neben dem Körper und links neben dem Körper in periodischem Wechsel.
Das *Stampfen* eignet sich ebenfalls zur Rhythmusschulung. Unterschiedliche Töne werden durch das Aufsetzen des Fußes auf den Ballen, auf der Ferse und mit der ganzen Sohle erzeugt. Wird der Stampfschritt nach vorherigem intensivem Beugen des Beines durch ein kräftiges Aufsetzen erreicht, dann können mit ihm besondere Betonungen erzielt werden.
Das *Tamburin* oder die *Rahmentrommel* haben sich als rhythmisches Begleitinstrument sehr bewährt. Das Tamburin ist bei einer Rhythmusschulung über längere Zeit nicht so anstrengend wie das Klatschen oder Sprechen.
Bei geschicktem Gebrauch sind sehr unterschiedliche Töne möglich. Es kann z. B. direkt auf die Mitte des Trommelfells geschlagen werden oder mehr auf den Rand, ebenso kann der Holzrahmen einbezogen werden.
Auf das Tamburin wird mit der Hand oder mit einem Klöppel geschlagen. Fingerspitzen und Knöchel erzeugen helle, leichte Töne, der Handballen dumpfe Töne. Die Benutzung des Klöppels ist leichter und weniger anstrengend als die der Hand. Wichtig ist, daß der Klöppel locker in der Hand gehalten wird und federnd auf das Trommelfell trifft.
Stimme, Klatschen und Stampfen sowie das Tamburin können vorbereitende rhythmische Erziehung für die Begleitung der Bewegung mit Musik leisten. Die emotionale Wirkung, die von der Musik ausgeht, kann in Bewegung umgesetzt werden und dort in einer neuen Form zum Ausdruck kommen.
So kann die Musik die Rhythmusschulung unterstützen und das musikalische Empfinden schulen, sie schafft aber gleichzeitig eine neue Qualität in der Ausführung der Bewegung.

9.5.3. Die musikalische Begleitung der Bewegungen

Für die musikalische Begleitung eignet sich als Instrument am besten das *Klavier*. Solange rhythmische Bewegungsabläufe ganz allgemein geschult werden, ist ein Klavierspieler notwendig, der gute Fähigkeiten im Improvisieren hat. Spielt der Begleiter ständig dieselben Tonfolgen ab, kann die musikalische Begleitung den lockeren Bewegungsablauf eher hemmen als fördern. Ist im Verlauf der gymnastischen Arbeit gute rhythmische Vorbereitungsarbeit geleistet worden, und laufen Bewegungsfolgen schon rhythmisch fließend ab, dann kann auch gut vorbereitete, auf Tonbänder aufgenommene Musik verwendet werden.
Eine andere Möglichkeit besteht darin, für bestimmte Bewegungsabläufe eine Musik zusammenzustellen oder komponieren zu lassen.

Aufgaben

1. Was verstehen Sie unter der rhythmischen Arbeitsweise? Welche Vorteile hat sie?
2. Erläutern Sie den Unterschied zwischen dem musikalischen Rhythmus und dem Bewegungsrhythmus!
3. Wie unterscheiden sich der Takt und die Zählzeit?
4. Schreiben Sie die Notenbilder auf, die dem Gehen, dem Laufen und den Schwüngen rhythmisch zugrunde liegen! Sprechen Sie zu diesen Bewegungen ein rhythmisches Kommando!

10. Spiele

10.1. Bedeutung des Spiels

In der individuellen Entwicklung des Menschen geht das Spiel der Arbeit voran. Diese Tatsache ist in der gesamten Entwicklungsgeschichte der Menschheit zu beobachten. Alle Völker der Erde haben ihre Spiele. Da die Spiele einen wesentlichen Beitrag zur Formung der Persönlichkeit leisten, haben sie einen großen pädagogischen Wert, der auch in der Gymnastik der Physiotherapie beachtet und genutzt werden sollte.

Der pädagogische Wert des Spieles kommt besonders deutlich im Spiel der Kinder zum Ausdruck, wenn diese mit ihren Spielen die sie umgebende Welt widerspiegeln und nachahmen.

Nicht mehr so ausgeprägt und deutlich ist der gesellschaftliche Zusammenhang bei vielen Spielformen, die als „Kleine Spiele", „Bewegungs-, Tummel- oder Heimspiele von Menschen aller Altersgruppen durchgeführt werden. In vielen Spielen aber wird altes Brauchtum offenbar, manche deuten sogar auf gesellschaftliche Zustände hin.

In der Erziehung und Bildung nehmen Spiele in ihrer Gesamtheit einen wichtigen Platz ein. Sie tragen bei bewußter, zweckmäßiger Gestaltung dazu bei, gebildete, körperlich gesunde, kräftige und frohe Menschen zu erziehen.

Spiele fördern vor allem den *Leistungsvergleich* und den *Wettbewerb*, sie spornen an und veranlassen den einzelnen zu höchstem körperlichen Einsatz. Sie bieten eine Fülle von Bewegungsmöglichkeiten und gestatten in den Grenzen der Spielregeln stets *motorisch ungebundenes Bewegen* und Handeln. Sie unterstützen die Erziehung zu *selbständiger Entscheidung*, gegenseitiger *Hilfe* und zu gegenseitiger *Rücksichtnahme*.

Da Spiele schon unter einfachsten Bedingungen und mit geringstem Aufwand durchgeführt werden können und außerdem leicht erlernbar sind, haben die Spielenden recht schnell Erfolgserlebnisse, die wiederum eine Voraussetzung für die Freude am Spielgeschehen sind.

Neben den Kleinen Spielen gibt es die Sportspiele, wie Fußball, Handball oder Volleyball. Sie sind aber für die Gymnastik in der Physiotherapie ohne Bedeutung und werden aus diesem Grund nicht besonders erwähnt.

Kleine Spiele haben Bedeutung in der Vorschulerziehung, im Sportunterricht, im Freizeit- und Erholungssport, im Leistungssport und in der Physiotherapie.

In der Physiotherapie wird das Spiel angewandt:

— in der Gymnastik

— bei allen gruppentherapeutischen Maßnahmen in den verschiedenen klinischen Disziplinen, insbesondere in der Psychiatrie und Psychotherapie

— im Rahmen der Bewegungstherapie in Rehabilitationszentren und im Kur- und Bäderwesen.

10.2. Die Kleinen Spiele

10.2.1. Begriffserklärung

Kleine Spiele werden alle Bewegungsspiele genannt, die nicht wettkampfmäßig wie die Sportspiele ausgetragen werden. Da nach GutsMuths zu den Bewegungsspielen aber auch die Sportspiele und jahreszeitlich gebundenen Spiele gerechnet werden, wurde von Döbler für die Kleinen Spiele definiert:

„Kleine Spiele sind eine von einem bestimmten Spielgedanken bzw. von einer Aufgabe ausgehende Folge von lustbetonten und freudvollen Handlungen, die in anregender und unterhaltender Form die körperlichen und geistigen Kräfte entwickeln und üben. Sie haben jedoch keine amtlichen Wettkampfbestimmungen."

Zu den Kleinen Spielen rechnen alle Lauf-, Ball-, Kraft- und Gewandtheitsspiele. Dabei bezieht sich „Klein" nicht nur auf den Spielraum, sondern darauf, daß nur geringe Voraussetzungen notwendig und wenig Mittel erforderlich sind, keine großen Fertigkeiten vorhanden sein müssen, und viele Formen schon in kleinen Gruppen gespielt werden können.

10.2.2. Einteilung der Kleinen Spiele

Die Einteilung der Spiele erfolgt nach den Grundformen der körperlichen Bewegung und der Art der Spieltätigkeit.
In der Tabelle 10 werden die einzelnen Spielformen in Gruppen gegliedert und mit Beispielen veranschaulicht.

Tabelle 10 Einteilung der Kleinen Spiele

Gruppe	Beispiele
Singspiele	Darstellungsspiele Spiellieder Tanzspiele
Laufspiele	Wettläufe Staffeln Platzsuchspiele Haschespiele
Ballspiele	zur Schulung der Treff- und Wurfsicherheit mit Abfangen zur Schulung der Fangsicherheit und des Ausweichens Grenz- und Torballspiele
Kraft- und Gewandheitsspiele	Zieh- und Schiebekämpfe Gleichgewichtskämpfe
Spiele zum Üben der Sinne	genaues Beobachten — schnelles Handeln Orientierung bei geschlossenen Augen
Spiele im Wasser	im flachen Wasser im tiefen Wasser mit Booten
Spiele bei Eis und Schnee	mit dem Schlitten mit Skiern im Schnee auf dem Eis
Geländespiele	Anschleich-, Versteck- und Suchspiele Spur- und Jagdspiele Spiele mit Angriffs-, Durchbruchs- und Verteidigungsübungen
Heimspiele	Kraftproben Geschicklichkeits- und Gleichgewichtsspiele genaues Beobachten — schnelles Handeln Spielformen mit geschlossenen Augen

10.2.3. Zielsetzung der Kleinen Spiele

Kleine Spiele haben großen erzieherischen Wert. Das kann auch in der Gymnastik im allgemeinen und in der Gymnastik in der Physiotherapie genutzt werden, um Freude, Heiterkeit und Frohsinn zu vermitteln. Spiele helfen dem Physiotherapeuten vor allem dann, wenn es darum geht, die Teilnehmer an den Gymnastikgruppen, Patienten, Rehabilitanten und prophylaktisch Übende für die körperliche Aktivität zu motivieren, bei ihnen wieder das Bedürfnis nach körperlicher Betätigung zu wecken.
Freude, Frohsinn, Heiterkeit und Gelöstheit während des Spielens können jedoch nur gewährleistet werden, wenn *auch andere Aspekte der zwischenmenschlichen Beziehung* beachtet werden.

Diese sind:
— bewußte Disziplin, um einen ungestörten, reibungslosen Spielverlauf zu ermöglichen
— Einhaltung der Spielregeln und der Ordnungsformen,
— Ehrlichkeit und Fairneß während des Spieles
— verantwortliches Handeln
— Gemeinschaftsbezogenheit.

Das Spiel erfordert mehr als jede andere sportliche Betätigung den Bezug zu den Mitspielenden. Die Palette der individuellen Verhaltensweisen reicht von Egoismus und Prahlerei, Rücksichtslosigkeit und Rigorosität bzw. Ängstlichkeit, Unsicherheit und Zurückhaltung einerseits bis zu kameradschaftlicher Hilfe, freundschaftlichem Miteinander, gesundem Ehrgeiz und Gemeinschaftsbezogenheit andererseits.
Während des Spieles wird der Mitspieler mit seinen Verhaltensweisen konfrontiert. Es ist die Aufgabe des Physiotherapeuten oder des Spielleiters, diese unterschiedlichen Verhaltensweisen zum Positiven hinzulenken, denn das Spiel erfordert die Achtung vor dem anderen, das Einbeziehen aller, den kameradschaftlichen Umgang und das Einordnen des einzelnen in die Spielgruppe.
Die *Schulung motorischer Fähigkeiten* ist ein weiteres Ziel der Kleinen Spiele. Während des Spieles wird der ganze Körper beansprucht. Voraussetzung dafür ist eine *gut durchdachte Zusammenstellung der Spiele.* So sollten Laufspiele mit Wurf- oder Geschicklichkeitsspielen abwechseln oder Spiele, die eine größere Kraft-

leistung erfordern, von Ausdauerspielen oder beruhigenden Spielen abgelöst werden. Da der Lauf das bestimmende Element zahlreicher Spiele ist, können Spiele auch zu Schnelligkeits- und Ausdauerübungen werden. Das ist in der Gymnastik, wo die Schulung der Ausdauer und der Schnelligkeit oft gegenüber der Kraft und der Gewandtheitsschulung in den Hintergrund tritt, von besonderer Bedeutung.

Während des Spieles können die *Mitspieler die Intensität des körperlichen Einsatzes auch weitgehend selbst bestimmen.* Kurze, anstrengende Phasen mit großer Kraft- oder Geschwindigkeitsleistung wechseln mit einem geringeren Spieltempo oder mit Ruhephasen ab. Dieser ständige Wechsel zwischen Anspannung und Entspannung führt zu einer hohen Trainingsintensität. In der Therapie ist das wichtig, wenn der Patient in eine Phase der Behandlung eingetreten ist, in der er die für ihn erforderliche Belastung auch selbst mit bestimmen muß.

10.2.4. Besonderheiten des Spielens in den einzelnen Altersgruppen

Jede Altersgruppe hat in bezug auf die Spielbereitschaft, die Beliebtheit der Spiele und die Belastungsfähigkeit ihre eigenen Kriterien, die bei der Auswahl der Spiele berücksichtigt werden müssen.

Mit *Kindern* können nur solche Spiele durchgeführt werden, deren Regeln leicht verständlich sind. In ihren psychischen und physischen Anforderungen dürfen die Spiele die altersentsprechenden motorischen Fähigkeiten nicht übersteigen. Die meisten Spiele eignen sich für Jungen und Mädchen in gleicher Weise. Das gilt vor allem bis zum 12./13. Lebensjahr. Bei den *Jugendlichen* sind die Spiele der Jungen leistungsbetonte Kampfspiele, der Wettkampf ist beliebt sowie Spiele, die Mut und Risikobereitschaft erfordern. Junge Mädchen spielen dagegen lieber einfache Lauf- und Ballspiele, aber auch gesellige Spiele und Tanzspiele sind beliebt.

Bei *Erwachsenen* wird die Spielauswahl vor allem von der Leistungsfähigkeit und dem Gesundheitszustand der Teilnehmer bestimmt. Von ihnen hängt die Größe des Spielfeldes, die Spieldauer, die Art und die Anzahl der Hindernisse, das Gewicht und die Anzahl der Bälle ab. Die Spielregeln können den Erfordernissen entsprechend abgewandelt werden. Viele Spiele sind in der Therapie zu verwenden, wenn z. B. die Ausgangsstellung verändert wird, wenn das Spiel nicht im Stehen, sondern auf Hockern, Bänken oder auf dem Boden durchgeführt wird.

10.2.5. Bedeutung des Spielleiters

Der Spielleiter ist entscheidend für ein gelöstes, lockeres, kampfbetontes, faires Spiel verantwortlich.

Er muß sich vor Spielbeginn überzeugen, daß die Gruppe die *Spielregeln* verstanden hat, er muß dafür sorgen, daß das *Spielfeld markiert* wird, die Lauflinien und Anlaufmarken abgesteckt werden. In bezug auf die Spielenden muß er darauf achten, daß nicht die besonderen Eigenheiten der Spieler das Spielgeschehen bestimmen. Er muß ruhige, zurückhaltende Spieler ermuntern, ängstliche, wenig risikobereite Spieler fördern und besonders aktive etwas dämpfen oder zurückhalten.

Sind mehrere leistungsschwache, gehemmte Teilnehmer am Spiel beteiligt, sind die Spiele so zu gestalten, daß auch diese Spieler Erfolgserlebnisse haben können. Gerade sie sollen über das Spiel Freude an der körperlichen Betätigung gewinnen und Selbstvertrauen wiedererlangen.

Die Aufgaben des Spielleiters können auch von einem Spieler übernommen werden, während der Spielleiter selbst mitspielt. Dieser Rollenwechsel ist dann günstig, wenn ein Spieler besonders herausgestellt und bestätigt werden muß, oder wenn der Übungsleiter mit seiner Teilnahme am Spiel einen engeren Kontakt zur Spielgruppe gewinnen möchte. Er kann als Mitspieler auch vorbildliches Spielverhalten demonstrieren und den Spielverlauf zur Fairneß hin beeinflussen.

Das *Übertragen der Spielleiterfunktion,* meistens wird es die Schiedsrichterfunktion sein, entbindet den Spielleiter aber nicht von seiner Verantwortung für den Spielablauf. Er darf, auch wenn er selbst mitspielt, die Übersicht über das Spielgeschehen nicht verlieren.

10.2.6. Zuordnung der Kleinen Spiele zu einer Gymnastikstunde

Der einleitende Teil der Stunde dient der Erwärmung, der Auflockerung, der Vorbereitung auf das Hauptziel der Stunde sowie auf die

Herstellung der Übungsbereitschaft. Kleine Spiele können hierfür sehr gut genutzt werden, da sie vor allem die Erwärmung fördern, zur Bewegung motivieren und den Bewegungshunger stillen. Es eignen sich Lauf- und Haschespiele, aber auch Ballspiele, wenn freier Ballzuwurf das Spielgeschehen beinhaltet. Weniger geeignet sind Wettspiele, da diese eine gewisse Einstellung auf die Übungsstunde und die Spielgruppe erfordern, was sich erst im Stundenverlauf bilden kann.
Werden Spiele zum Stundenausklang durchgeführt, dann soll dies keine großen Anstrengungen für die Gruppe bringen, sondern mehr beruhigenden, ausklingenden Charakter tragen. Es eignen sich Spiele, die die Aufmerksamkeit und die Geschicklichkeit schulen, auch gesellige Spiele oder gesellschaftsspielähnliche Spiele sind geeignet.
Werden in einer Gymnastikstunde einmal nur Kleine Spiele durchgeführt, dann ist zu beachten, daß der Stundenaufbau auch hier im Prinzip bestehen bleiben muß, die einzelnen Stundenteile aber mit Spielen ausgefüllt werden. So wird die Stunde mit erwärmenden Spielen eingeleitet, im Hauptteil erreicht das Spielgeschehen seinen Höhepunkt, er ist besonders anstrengend, besonders lustig, verlangt Geschicklichkeit, Kraft, Ausdauer, Beweglichkeit; der Abschluß der Stunde ist den beruhigenden Spielen vorbehalten.

10.2.7. Zur Spielsammlung

Von einer Spielsammlung oder Beispielen für Sing-, Lauf-, Ball-, Kraft- und Gewandtheitsspielen sowie Spielen zum Üben der Sinne soll in diesem Rahmen abgesehen werden. Jeder Physiotherapeut muß die Besonderheiten der Gruppe beachten und danach die Spiele auswählen.
Eine sehr übersichtlich und ausgezeichnet gegliederte Spielauswahl ist in folgenden Büchern zu finden:

— Döbler, E. und Döbler, H.: Kleine Spiele. 9. Aufl. Volk und Wissen, Berlin 1975
— Rauchmaul, S.: 100 Kleine Spiele. 13. Aufl. Sportverlag, Berlin 1971
— Löscher A.: Kleine Spiele für viele. 4. Aufl. Sportverlag, Berlin 1982.

Aufgaben

1. Stellen Sie die Bedeutung der Kleinen Spiele für die Gymnastik dar!
2. Welche Besonderheiten sind bei der Anwendung der Kleinen Spiele bei Kindern und Erwachsenen zu beachten?
3. Wann wenden Sie im Verlauf einer Übungsstunde Spiele an? Welche Spiele bevorzugen Sie bei der Erwärmung und welche zum Ausklang der Stunde?

Gymnastik für Säuglinge und Kleinkinder

1. Einführung in das Lehrgebiet Gymnastik für Säuglinge und Kleinkinder

Die Gymnastik für Säuglinge und Kleinkinder baut auf der physiologischen Bewegungsentwicklung des Säuglings im ersten Lebensjahr auf. Alle Bewegungsetappen von der horizontalen bis zur vertikalen Körperhaltung werden systematisch mit dem zur Therapie überwiesenen Kind vollzogen. Dabei wird auf vorhandenen Bewegungsfähigkeiten und Fertigkeiten aufgebaut und das geübt, was noch nicht beherrscht wird.
Vor Jahren wurden mit Säuglingsgymnastik vornehmlich die Frühskoliosen, die Rachitis und der Schiefhals behandelt. Durch den umfassenden Gesundheitsschutz für Mutter und Kind sind diese Anwendungsgebiete seltener geworden. Dominierend dagegen ist gegenwärtig der Einsatz bei Entwicklungsrückstand (Retardierung) eines Kindes durch Bewegungsarmut. Die durch mangelnde Umweltreize, Übergewicht, häufige Bagatellerkrankungen oder durch frühkindlichen Hirnschaden ausgelöste Bewegungsarmut ist nicht selten auch Ursache für Haltungsfehler, aus denen später Stellungs- oder Formfehler werden können.
Jeder Physiotherapeut muß deshalb gründliche Kenntnisse über die sensomotorische Entwicklung des Kindes besitzen. Nur dann ist es ihm möglich, Abweichungen von der normalen Entwicklung zu erkennen und durch entsprechende Übungen mit dem Kind einen altersgemäßen Entwicklungsstand zu erreichen. Voraussetzung für die Übungsauswahl und den Übungsumfang ist eine exakte Befundaufnahme, speziell die Beachtung der Differenz zwischen biologischem und kalendarischem Alter. Auch Kinder mit Bewegungsstörungen muß der Physiotherapeut ermitteln können und sie dem Spezialisten zuführen. Zentrale Koordinationsstörungen gehören in die Hand des Fachphysiotherapeuten. Das erforderliche Spezialwissen kann in diesem Lehrbuch nicht berücksichtigt werden. Durch Analyse der vorliegenden Erfahrungen auf dem Gebiet der Gymnastik mit retardierten Kindern und Auswertung theoretisch-methodischer Grundlagen wurden die Übungen für die Grundausbildung im Lehrgebiet Säuglingsgymnastik systematisiert und im Abschnitt 2.4. zusammengestellt. Deshalb wird hier auf eine Stoffsammlung verzichtet.
Spezialübungen für die einzelnen Fachbereiche der Physiotherapie werden in den entsprechenden Lehrgebieten vermittelt und sind in die allgemeine Säuglingsgymnastik oder Kleinkindergymnastik einzubeziehen.

1.1. Historischer Überblick

Körperübungen für Jugendliche und Erwachsene hatten bereits im Altertum als gesundheitsförderndes und leistungssteigerndes Mittel einen hohen Entwicklungsstand erreicht. Über Körperübungen für Säuglinge oder Kleinkinder dagegen kann man keine Überlieferungen aus früheren Zeiten finden. Lediglich von den Naturvölkern ist bekannt, daß ihre Säuglinge durch ständigen Kontakt zur Mutter — sie wurden und werden noch im Hüfttuch oder am Rücken direkt getragen — den Kindern hochentwickelter Länder bis zum 2. Lebensjahr in der Entwicklung überlegen sind. Diese Tatsache zeigt, daß die häufigen, zwangsläufigen Bewegungsreize durch die Mitbewegungen des Kindes mit der Mutter, die Vielfalt der Eindrücke, das unmittelbare und ständige Dabeisein bei jeglicher Arbeit sowie die dauernde körperliche Nähe mit dem Gefühl der Geborgenheit, als entwicklungsförderndes Mittel sehr bedeutungsvoll sind. Amerikanische Psychologen behaupten: „Gegenüber den Tragekindern unterentwickelter Länder wirken Babies, die ständig im Wagen oder Bettchen liegen, gleichgültig, bewegungsarm, übersättigt und zeigen keinerlei Neugier“ (s. Sowjetfrau Nr. 1/78).
In Europa findet man Versuche, Säuglinge durch Bewegungsreize zu aktivieren, erstmals um die Jahrhundertwende. Es waren Kinderärzte, die das Einschnüren der Säuglinge mit Wickelbändern oder durch Steckkissen, wie es zu dieser Zeit noch üblich war, ablehnten, weil

dem Kind jegliche Bewegungsfreiheit genommen wurde. Sie empfahlen den Müttern, den Säugling 10 Minuten unter Aufsicht nackt in verschiedenen Ausgangsstellungen (Rücken-, Seit- und Bauchlage) strampeln zu lassen. Der Lagewechsel des Kindes wurde dabei als Bewegungsreiz ausgenutzt. Trotz heftiger Gegenmeinungen setzte sich diese erste Form einer aktiven Bewegungsförderung des Kindes durch. 1911 wurden erste gezielte Übungen für haltungsgefährdete Säuglinge bekannt. Der Gymnast Neumann-Neurode wollte mit Hilfe von Körperübungen eine Muskelkräftigung des Säuglings erreichen. Seine Arbeit wurde in den nachfolgenden Jahren von verschiedenen Wissenschaftlern untersucht und befürwortet, so daß die therapeutische Gymnastik für Säuglinge als Neumann-Neurode-Gymnastik eingeführt wurde. Die Säuglingsgymnastik blieb weiterhin Gegenstand wissenschaftlicher Untersuchungen und ist in den führenden orthopädischen Kliniken durch Spezialübungen gegen Fehlhaltungen erweitert worden. In den fünfziger Jahren war sie ein bedeutender Bestandteil der Behandlung der Rachitis, der Säuglingsschiefhaltung, des Sitzbuckels sowie des Klumpfußes.

Mit der Entwicklung eines umfassenden Gesundheitsschutzes in der DDR verschob sich das Anwendungsgebiet der Säuglingsgymnastik immer mehr auf das Gebiet bewegungsarmer, nicht spontan-aktiver und retardierter Säuglinge. Die Arbeit mit dem Säugling konzentriert sich auf die Unterstützung der altersgerechten Bewegungsfertigkeiten und -fähigkeiten. In den Mittelpunkt der Übungsbehandlung trat die Förderung der Greifentwicklung, der Standentwicklung und der Lokomotionen des Säuglings.

Angeregt durch die Erfahrungen und Erkenntnisse von Berta und Carel Bobath wurde die Säuglingsgymnastik dem Reflexgeschehen des Kindes konsequent angepaßt. Übungen zur Förderung von Stellreaktionen und Statokinetik sind heute Basis der Säuglingsgymnastik. Übungen, die die tonischen Reflexe unterstützen, werden gemieden.

Aufgaben

1. Welche Formen aktiver Bewegungsförderung gab es, ehe die Gymnastik für Säuglinge entwickelt wurde?
2. Wodurch wurde die Entwicklung der Säuglingsgymnastik bestimmt?
3. Warum vollzog sich ein inhaltlicher Wandel in der Säuglingsgymnastik?

1.2. Zielsetzung und Wirkung der Gymnastik für Säuglinge und Kleinkinder

Parallel zu den motorischen entwickeln sich die geistigen Fähigkeiten und Fertigkeiten des Kindes. Wird dieser Prozeß durch Bewegungsarmut gestört, wird die gesamte soziale Entwicklung des Kindes gefährdet und die Lernmöglichkeit eingeschränkt. Mit Körperübungen im Säuglings- und Kleinkindalter wird die sensomotorische Entwicklung stimuliert.

Damit ist die Säuglings- und Kleinkindgymnastik eine wertvolle Hilfe in der Prophylaxe, in der Therapie und als Erziehungs- und Bildungsmittel. In der Physiotherapie wendet man die Säuglingsgymnastik an, um die Bewegungsabläufe

— bis zum selbständigen Gebrauch von Hand und Arm als Greiforgan
— bis zur Beherrschung des Standes
— die ersten Lokomotionen und Gleichgewichtsreaktionen

altersgerecht auszubilden.

Die Kleinkindgymnastik wird in der Physiotherapie vorwiegend als Einzelbehandlung, seltener als Gruppengymnastik durchgeführt. Bis Ende des 3. Lebensjahres sind die wesentlichen Bewegungsformen, wie Kriechen, Klettern, Gehen, Steigen, Schlagen, Schieben, Ziehen, Laufen, Springen, Werfen, Fangen und Rollen zu üben.

Mit der Herausbildung konditioneller Fähigkeiten, wie beispielsweise Kraft, Schnelligkeit und Ausdauer, kann die Säuglings- und Kleinkindgymnastik weitere positive Wirkungen auslösen. Durch stärkere Muskelaktivität, besonders häufiges Üben und Fortbewegen im Vierfüßlerstand, werden die wesentlichen Muskeln systematisch auf ihre Funktion im Sitz, im Stand und im Gang vorbereitet. Die gezielten Knochenreize sorgen für eine Verfestigung des Knochengewebes. Damit treten keine Verformungen durch die Belastung der Wirbelsäule und Extremitäten auf.

Koordinierte Bewegungen sind nur möglich, wenn das ZNS voll funktionsfähig ist. Die Impulse müssen für Koordinationsübungen gut abgestimmt sein (richtiger Ort der Reizsetzung, richtige Reizstärke). Durch Wiederholung dieser Anforderungen werden die Bewegungsvollzüge vollständiger, überflüssige

Mitbewegungen fallen weg. Das Kind bewegt sich weniger unbeholfen. Es erkennt Bewegungsabläufe wieder und reagiert auf bekannte Impulse schneller. Es lernt, sich auf bestimmte Forderungen zweckentsprechend einzustellen. Auch in der Sprachentwicklung macht es Fortschritte und erlernt einfache Begriffe. Großen Einfluß hat dabei das ständige Sprechen und die Zuwendung zum Kind während der Gymnastik.
Auch Persönlichkeitsqualitäten (soziale Verhaltensweisen) werden entwickelt. Das Kleinkind lernt, sich in die Gruppe einzuordnen. Es wird in Situationen gebracht, in denen es Mut beweisen kann.
Bei exakter Befunderhebung, richtiger Übungsauswahl, angepaßtem Übungsumfang und gut durchdachter Methodik erreicht man eine

— Unterstützung der normalen Reflexausbildung
— Förderung motorischer Fähigkeiten und Fertigkeiten entsprechend der Ontogenese
— Verbesserung des Bewegungsflusses
— Kräftigung der Muskulatur
— Festigung des Skelettes
— Ökonomisierung von Herz-Kreislauf und Atemfunktionen
— Abhärtung des Kindes
— Unterstützung der Lernprozesse, der Sprachentwicklung und des Erwerbes sozialer Verhaltensweisen
— Förderung der emotionalen Entwicklung
— Zunahme der Erfahrungen

und damit eine Förderung der Gesamtentwicklung.

Aufgaben

1. Erläutern Sie die Ziele der Säuglingsgymnastik!
2. Welche Organsysteme können durch die Gymnastik beeinflußt werden? Begründen Sie Ihre Aussage!
3. Warum fördert die Säuglingsgymnastik die Gesamtentwicklung?

1.3. Indikationen und Kontraindikationen für eine Säuglings- oder Kleinkindergymnastik

Indikationen sind:

— Sensomotorische Entwicklungsrückstände, bei denen die Differenz zwischen Entwicklungsstand und Alter 1—2 Monate oder mehr beträgt;

— Orthopädische Erkrankungen, z. B. Haltungsfehler, Skoliosen, Hüftdysplasien oder Hüftluxationen;

— Übergewichtigkeit.

Die Grundübungen sind entsprechend der Indikation durch Zusatz- oder Spezialübungen zu erweitern!

Kontraindikationen sind:

— Fieberhafte Erkrankungen (ab 38 °C, rektal gemessen)

— Hautkrankheiten, die generalisiert sind oder die den Allgemeinzustand des Kindes stark beeinträchtigen.

— Tumoren aller Art, um deren Wachstum und Ausbreitung nicht zu forcieren.

— Unlust des Kindes, die auch durch geeignete Motivation nicht verschwindet, da man mit einer noch unterschwellig vorhandenen Erkrankung rechnen muß.

— Infektionskrankheiten, Magen-Darmerkrankungen, um eine Verschlechterung oder Ansteckung zu vermeiden.

Aufgaben

1. Erläutern Sie die Anwendungsgebiete für eine Säuglings- oder Kleinkindergymnastik in der Physiotherapie!
2. Wann ist eine Gymnastik kontraindiziert? Begründen Sie Ihre Behauptungen!

2. Säuglingsgymnastik

2.1. Methodische Hinweise für die Säuglingsgymnastik

Die Struktur einer Übungseinheit wird vom jeweiligen Stand der Entwicklung des Säuglings bestimmt. Eine Übungseinheit ist ein geschlossener Komplex, aber auch ein Teil der gesamten Gymnastikserie sowie ein Zeitteil im Tagesablauf des Kindes. Da der jeweilige Befund des Kindes Ausgangspunkt für die methodischen Überlegungen und die Planung der Übungseinheit ist, müssen Bildungs- und Erziehungsziele im Plan enthalten sein, die dem Entwicklungsalter des Kindes entsprechen. Die motorischen Fähigkeiten und Fertigkeiten, durch die das Kind *aus der Horizontalen in die Vertikale* kommt, werden durch Stellreaktionen und statokinetische Reaktionen bewirkt. Dementsprechend ist eine Übungsauswahl zu treffen:

— Im 3.—4. Lebensmonat sind Übungen durchzuführen, die das Kopf- und Rumpfaufrichten fördern.

— Im 4.—6. Lebensmonat stehen Übungen im Mittelpunkt, die das Drehen des Körpers um die Längsachse und das Aufrichten zum Sitzen unterstützen.

— Im 6.—8. Lebensmonat kommen Übungen dazu, die das Kind bis in die Kriechstellung und den Fersensitz bringen.

— Im letzten Drittel des 1. Lebensjahres sind außerdem aufrichtende Übungen in den Stand notwendig.

Die *motorischen Bewegungsabläufe* erlernt der Säugling in 3 Stufen.

Bekanntmachen (1. Stufe). Impulssetzung und passiver Bewegungsvollzug durch den Physiotherapeuten zur Bewegungsempfindung.

Erlernen (2. Stufe). Impulssetzung durch den Physiotherapeuten und aktive Bewegungshandlung des Kindes bis zur Grobform. Mit akustischen oder optischen Hilfsmitteln (Tonfall der Stimme, Spielzeug) bis zur Feinform.

Vervollkommnen / Festigen (3. Stufe). Anwendung unter verschiedenen Bedingungen bis zur Automatisierung, z. B. Einschaltung von Haltemomenten, Widerstand, Reize für statokinetische Reaktionen durch Antippen aus verschiedenen Richtungen in der Endphase des Bewegungsablaufes (Stabilisation).

Mit der Festigung des Bewegungsablaufes setzt sofort die Schulung der motorischen Fähigkeiten ein, d. h., es werden die erlernten Bewegungsabläufe auf Kraft, Schnelligkeit, Gewandtheit und Ausdauer geübt. So werden die nächsten Entwicklungsstufen vorbereitet. Außerdem erreicht man mit der Übung der Bewegungsfähigkeiten wichtige Wirkungen auf die Gesamtentwicklung des Kindes.

Daraus ergeben sich für die Durchführung einer Säuglingsgymnastik folgende Hinweise:

Am besten turnt ein Säugling unmittelbar nach dem Schlafen, da die Gehirnzellen nach Hemmungszuständen am leistungsfähigsten sind.

Geübt wird möglichst vor der Mahlzeit, da nach dem Essen die Gefahr des Erbrechens oder einer vorzeitigen Ermüdbarkeit gegeben ist.

Übungsauswahl und Übungsumfang richten sich nach dem Leistungsvermögen des Kindes, das der Physiotherapeut mit einer exakten Befunderhebung zu Beginn einer Übungsserie ermitteln und vor jeder Übungsbehandlung präzisieren sollte.

Wegen des Abhärtungseffektes ist eine Gymnastik mit dem nackten Säugling günstig. Beengende Kleidungsstücke sind auf jeden Fall zu entfernen, damit keine Behinderung der Bewegungen erfolgt und die Beobachtung der Muskeltätigkeit möglich ist. Häufig wird in einem leichten Höschen und Hemdchen geübt.

Zuerst übt man mit dem Säugling die dem derzeitigen Entwicklungsstand entsprechenden Übungen.

Spezialübungen werden entsprechend der Diagnose und dem Befund in die Säuglingsgymnastik eingegliedert.

Es ist stets ein eindeutiger Reiz zu geben. Er ist für den Säugling, der das Kommando noch

nicht versteht, der einzig mögliche Übungsauftrag.
Dem anfänglich passiven Bewegungsvollzug durch den Physiotherapeuten sollte möglichst schnell die aktive Bewegungshandlung des Kindes folgen, was durch ständiges Sprechen mit dem Kind unterstützt wird und gleichzeitig das kindliche Sprachverständnis schult.
Es ist darauf zu achten, daß das Kind alle Bewegungen mit dem Kopf einleitet (Unterstützung eines wichtigen Reflexgeschehens, der Einstellung des Kopfes im Raum zur Orientierung).
Wird der Impuls an einer Extremität gegeben, darf kein starker Zugreiz gesetzt werden, da die Bänder und Kapseln des Säuglings noch sehr labil sind!
Zum besseren Einschleifen einer neuen Bewegung wird zuerst über eine Seite geübt, solange bis der Bewegungsablauf beherrscht wird, dann aber unbedingt Seitenwechsel, um keine Asymmetrie in Haltung und Bewegung anzuerziehen!
Jede Übung wird sooft wiederholt, wie das Kind freudig mitmacht. Niemals darf ein Kind gezwungen werden sich zu bewegen. Unlustreaktionen zeigen die Belastungsgrenze an. Da sich belastete Muskelgruppen im Säuglingsalter sehr schnell erholen, kann diese Übung nach 1 oder 2 anderen Übungen wiederholt werden.
Die Beine des Kindes werden während der Gymnastik nicht fixiert, damit sie ungehinderte Mitbewegungen ausführen können und Knie- wie Hüftgelenke nicht gefährdet werden.
Der Langsitz (Strecksitz) ist zu vermeiden, da die Kraft der Rückenstrecker des Kindes noch nicht ausreicht, bei gestreckten Beinen im Sitz die Lendenwirbelsäule aufzurichten und dadurch die Gefahr eines Sitzbuckels gegeben ist.
Eine Übung wird erst beherrscht, wenn sie flüssig vollzogen wird und die erreichte Endstellung gehalten werden kann, deshalb ist diese durch Gleichgewichtsreaktionen zu stabilisieren.
Vervollkommnung der Bewegungsabläufe erreicht man außerdem durch Tempo- und Ausdauersteigerungen, durch das Einschalten von Haltemomenten oder Widerstand.
Als Übungsreize können auch Spielgeräte, unterschiedlich in Form, Material, Farbe und Klang, verwendet werden. Sie schulen die Feinmotorik, den Tastsinn, das Erkennen von Farben und das Orientieren auf optische und akustische Reize. Wichtig ist dabei, daß dem Kind, wenn es ein Ziel erreicht hat, das Spielgerät, das als Reizmittel gedient hat, ausgehändigt wird (Erfolgserlebnis)!
Übungserfolge sind zu loben, um die Freude an der Bewegung zu wecken.
Der Säugling bedarf besonderer emotionaler Zuwendung. Keine Klapper, keine Schallplatte oder sonstiges kann den lebendigen Kontakt mit dem Kind ersetzen!
Gelingt eine Übung nicht, darf der Physiotherapeut nicht ungeduldig werden, denn dem Kind fehlen noch viele Bewegungserfahrungen. Es sind verschiedene Hilfsmittel einzusetzen, damit die Aufgabe erleichtert wird, oder die Übung ist erst später zu wiederholen.
Korrekturen werden so vollzogen, daß sie vom Kind nicht bemerkt werden, damit es nicht lustlos wird.
Das Konzentrationsvermögen des Säuglings ist gering, deshalb empfiehlt sich häufiger Wechsel der Übungen.
Ein Ausruhen zwischen den Übungen ist ungünstig, da die Kinder, die zur Gymnastik kommen, ohnehin bewegungsarm sind und ihre Verhaltensweise verändert werden sollte! Wenn Erholung nötig ist, dann ist dies durch Übungswechsel möglich.
Asymmetrien in Haltung und Bewegung können durch verstärktes Üben der abgeschwächten Muskulatur ausgeglichen werden.
Die Übungszeit richtet sich nach der Kondition des Kindes und nach seinem Alter. Beim 3- bis 4monatigen Kind genügen einige Übungsminuten, die sich mit dem Alter und der Leistung des Kindes (Schweregrad der Übungen und Übungsumfang) bis zu maximal 30 min steigern können.
Die Kontaktperson des Kindes sollte die wichtigsten Grundübungen der Säuglingsgymnastik erlernen. Sie wird vom Physiotherapeuten beauftragt, diese täglich mit dem Kind zu üben.

Aufgaben

1. Begründen Sie die Übungsauswahl für eine Säuglingsgymnastik!
2. Charakterisieren Sie die 3 Phasen des motorischen Lernens im Säuglingsalter!
3. Erläutern Sie die Bedeutung des häufigen Übungswechsels!
4. Warum ist die Fixation der Beine in der Säuglingsgymnastik zu vermeiden? Warum

sind neu erreichte Ausgangsstellungen mit dem Kind zu stabilisieren?
5. Wie verhalten Sie sich einem unwilligen Kind gegenüber?

2.2. Voraussetzungen

Eine optimale Arbeit mit dem Säugling und Kleinkind erfordert bestimmte äußere Bedingungen.

2.2.1. Raum

Da bei der Säuglings- und Kleinkindgymnastik viel Sauerstoff benötigt wird, muß der Behandlungsraum gut belüftbar sein. Die Türen bleiben während der Behandlung geschlossen, um Erkältungen durch Zugluft zu vermeiden. Deshalb sollte der Übungsraum kein Durchgangszimmer sein.
Die Temperatur im Raum soll 20—22 °C betragen.
Der Behandlungstisch muß groß genug sein, damit auch Übungskombinationen ausgeführt werden können und der Aktionsradius des Säuglings nicht eingeschränkt wird. Mit Zunahme der Lokomotionen des Kindes empfiehlt sich das Üben auf einer Bodenmatte, bei eingeschränkten Gleichgewichtsreaktionen auf einem großen Ball.
Gymnastik auf Wickeltischen kann nur bei kleinen Säuglingen toleriert werden, da sie noch keine spontanaktives Wälzen beherrschen und die Umrandung des Wickeltisches noch keine Unfallquelle darstellt.
Es bewährt sich für Behandlungstische, Matten und Wickeltische eine harte Polsterung zur besseren Stütz- und Standsicherheit des Kindes. Ein einfarbiger, abwachbarer Folienüberzug lenkt das Kind nicht ab und kann schnell gesäubert werden.
Um in unvorhergesehenen Situationen den Säugling vor Auskühlung oder Zugluft zu schützen, muß für jedes Kind ein eigenes Tuch bereitgelegt werden.
In unmittelbarer Nähe des Behandlungstisches benötigt man eine Ablage für Kleidungsstücke des Kindes, für Windeln, Hautpflegemittel (Salbe, Puder, Öl), Spatel, Zellstoff usw. sowie für abwaschbares, farbenfrohes, farbechtes, nicht scharfkantiges und evtl. mit akustischen Signalen ausgestattetes Spielzeug.
Der Fußboden des Turnraumes muß pflegeleicht sein und darf keine Schadstellen aufweisen, um Unfälle zu vermeiden.
Da Spielzeug und Bilder als Umweltreiz entwicklungsfördernd auf Kinder wirken, sollten sie — nach pädagogischen Gesichtspunkten ausgewählt — sparsam den Übungsraum schmücken.

2.2.2. Physiotherapeut

Für den Physiotherapeuten ist das Tragen eines einwandfreien Kittels, der hinten geknöpft sein sollte, unerläßlich. Ein Vorderknopfverschluß lenkt den Säugling ab oder kann ihn verletzen.
Bei einem Infekt der oberen Luftwege des Physiotherapeuten ist unbedingt ein Mund schutz zu tragen, um eine Ansteckung des Säuglings zu vermeiden.
Eine sorgsame Handpflege mit einer Bürste und Lösungsmittel vor jeder Behandlung sollte zur selbstverständlichen Gewohnheit werden. Das Haar des Physiotherapeuten muß aus dem Gesicht gebunden sein, der Säugling darf aus hygienischen und Sicherheitsgründen damit nicht in Berührung kommen.
Schmuck aller Art ist vor der Behandlung abzulegen. Es ist auch verboten, Schmuck und Pflegeutensilien als Spielzeug zu verwenden.
Schließlich spielt auch das Schuhwerk des Physiotherapeuten eine große Rolle. Es sind unbedingt Schuhe mit flachen Absätzen zu tragen, z. B. Turnschuhe, Sandaletten oder leichte Sportschuhe. Pantoletten sind grundsätzlich verboten. Damit wird garantiert, daß der Physiotherapeut auf plötzliche Bewegungen des Säuglings sicher und standfest reagieren kann.

2.2.3. Säugling

Die Gymnastik wird mit dem entkleideten bzw. leicht bekleideten Säugling (mit Hemdchen und Höschen) durchgeführt. Dadurch erreicht man außer einer guten Beobachtung der Bewegung und des Muskelspiels auch eine Abhärtung.
Der Säugling wird in Rückenlage auf den Behandlungstisch gelegt und zuerst von den Windeln befreit. Gesäß und Geschlechtsteile werden mit einer Windel gereinigt und anschließend wird die Restverschmutzung mit

Öl oder Wasser beseitigt. Erst dann entkleidet man den Oberkörper des Kindes ganz oder bis zum Hemdchen, um einer Unterkühlung vorzubeugen.
Ist ein Kind wund, trägt es während der Behandlung grundsätzlich ein kleines Höschen, um eine Schmierinfektion zu vermeiden. Sind alle behindernden Kleidungsstücke abgelegt und vom Tisch genommen, kann mit dem Üben begonnen werden.
Kleinkinder tragen beim Turnen eine kurze Turnhose, ein Turnhemd und Turnschuhe. Am günstigsten allerdings ist es, Kinder barfuß turnen zu lassen, um die Fußkräftigung zu garantieren. Der Säugling wird durch das Turnen stark erwärmt und muß deshalb nach der Gymnastik sofort angekleidet werden. Das Ankleiden beginnt am Oberkörper. Erst dann werden die Windeln angelegt. Die Art der Windelpackung richtet sich nach den Gepflogenheiten der Gesundheitseinrichtung.

Aufgaben

1. Wie soll ein Übungsraum beschaffen sein?
2. Beschreiben Sie den Behandlungstisch!
3. Welche Anforderungen stellt man an die Kleidung und die hygienischen Gewohnheiten des Physiotherapeuten?
4. Warum soll der Säugling nackt oder nur leicht bekleidet turnen?

2.3. Befunderhebung

Wie für jede physiotherapeutische Maßnahme ist auch für die Säuglingsgymnastik die exakte Ermittlung des Befundes eine wichtige Voraussetzung.

2.3.1. Allgemeiner Befund

Zum allgemeinen Befund gehören anamnestische Angaben:
— Geburtsgewicht und -länge
— Verlauf der Entbindung
— Komplikationen bei der Geburt.
Des weiteren sind Angaben über die soziale Umwelt des Kindes von Bedeutung.

2.3.2. Spezieller Befund

Es sind nach gleicher Systematik wie in anderen Fachdisziplinen der Physiotherapie die Deckgewebe, das Skelett, die Gelenke, die Organsysteme, die Statik / Motorik und die geistigen Fähigkeiten des Kindes einzuschätzen. Besonders die Motorik kann stark von der Norm abweichen und auf Entwicklungsstörungen hinweisen (s. Krankengymnastik).
Zu beachten sind folgende spezielle Befunde beim Säugling:
Haut. Veränderungen der Haut sind oft ein wichtiges Symptom zur Erkennung einer Infektionskrankheit.
Muskulatur. Die Ermittlung des Muskeltonus erfolgt beim Überprüfen der motorischen Fähigkeiten.
Skelett. Es ist auf die typischen physiologischen Formen des Skeletts in den einzelnen Entwicklungsetappen zu achten
— Kopfasymmetrie
— Stellung der Hüftgelenke (durch Kontrolle der Symmetrie beider quer verlaufenden Gesäßfalten)
— Herausbildung der physiologischen Schwingungen der Wirbelsäule mit Erreichen der aufrechten Haltung
— Tonnenthorax im Verlauf des 1. Lebensjahres.
Bei Einziehungen im Thoraxbereich ist das Kind schnellstens dem Kinderarzt vorzustellen.
Motorische Fähigkeiten und Fertigkeiten. Mit Hilfe der Tabelle 11, Spalte „Motorik", wird die Differenz zwischen Entwicklungsstand und Alter festgestellt und alle fehlenden Bewegungsfertigkeiten genau angegeben. Ist ein Entwicklungsbogen vom Kind vorhanden, empfiehlt sich ein Vergleich.
Das **Reflexgeschehen** des Kindes wird durch Auslösen der verschiedenen Reflexe überprüft (s. Theorie der Körpererziehung). Auf einem gesonderten Testbogen trägt man das Testergebnis mit folgenden Zeichen ein:
Reflex altersgerecht erloschen — blauer Kreis
Reflex altersgerecht vorhanden — blaues Kreuz
Reflex unvollkommen — blaues Kreuz mit rotem Kreis
Reflex nicht altersgerecht erloschen — rotes Kreuz
Reflex nicht altersgerecht vorhanden — roter Kreis.
Mit Hilfe der Tabelle 11 werden die weiteren motorischen und geistigen Fähigkeiten und Fertigkeiten des Kindes eingeschätzt und alle **fehlenden** altersgerechten Leistungen rot in den Befundbogen eingetragen, damit sie in der Säuglingsgymnastik besonders intensiv geübt werden.

Tabelle 11 Entwicklung des Kindes vom 1. bis 36. Lebensmonat

Phase	Alter	Reflexgeschehen	Motorische Fähigkeiten und Fertigkeiten Greifentwicklung	Entwicklung der aufrechten Haltung
Neugeborenenalter	1	Elementarmotorik der Primitivreflexe — lebensnotwendige Reflexe — Vestibularstellreflexe — tonische Reflexe	Phase der ungerichteten Massenbewegungen:	— Kopf in Bauchlage zur Seite gedreht — Extremitäten unter den Rumpf gezogen — Becken berührt in Bauchlage nicht die Unterlage
	2	Stellreaktionen: — Labyrinthstellreaktion	Phase der koordinativen Bewegungen:	— Auflösung der Beugehaltung in Bauchlage — spontanes Kopfheben aus der Bauchlage
Säuglingsalter	3	— Aufziehreaktion	— Handöffnung — Gegenstände werden zum Mund geführt (zufällig) — beginnende Stützfunktion der Arme aus der Bauchlage	— sicheres Kopfhalten in Bauchlage — Rumpfwälzen zur Seitlage — beginnende Stützfunktion der Arme aus der Bauchlage — Anheben des Kopfes in Rückenlage beginnt
	4	— Aufziehreaktion vervollkommnet — Landaureaktion beginnt — Hals-Kopf-Stellreaktion auf die Schulter Statokinetik: — Schunkelreaktion	— zufälliges Greifen mit beiden Händen	— Unterarmstütz in Bauchlage — Anheben Kopf/Schulter in Rückenlage — Streckstütz der Arme in Bauchlage beginnt — Wälzen von Rücken- in Bauchlage — Bei Handfassung Aufrichten in Sitz beginnt
	5	Kopf-Schulterstellreaktion auf den Körper Statokinetik: — Sprungbereitschaft beginnt	— zufälliges Greifen in Reichweite, aber nicht zur Gegenseite	— Streckstütz der Arme in Bauchlage sicher — Rumpfwälzen mühelos — spiralförmiges Drehen beginnt
	6	— Körperstellreaktion auf den Kopf — positiver Stütz der Beine (Stehbereitschaft) Statokinetik: — Sprungbereitschaft vervollkommnet	— zufälliges Greifen, mit jeder Hand ein Spielzeug	— Heben Kopf/Schulter in Rückenlage vervollkommnet — mit Hilfe Aufrichten zum Sitz sicher — spiralförmiges Drehen sicher
	7	Statokinetik: — Stützen — Stemmen	— bewußtes Greifen mit Ortsveränderungen — Spielen mit Händen und Füßen	— Kriechstellung beginnt — kurzfristiger Sitz — Blinstütz beginnt

Lokomotion	Erfassen der Umwelt	Sprachentwicklung	Soziales Verhalten
—	Schielen Koordination der Augen beginnt	Schreien/Weinen bei Unwohlsein und Anpassungs-schwierigkeiten	Unlust — Lustreaktionen
—	Blickfixation	Schreien/Weinen aus Funktionslust	Unlust — Lustreaktionen
—	Blickfixation	Schreien/Weinen als Ausdruck subjektiven Empfindens	unspezifische Reaktionen auf akustische Reize
—	Schallquellen mit Augen gesucht	Jauchzen als subjektives Empfinden	unspezifische Reaktionen auf optische Reize
— Krabbeln beginnt	Wiedererkennen von Bezugspersonen	Lallen beginnt	richtige Reaktionen und ontakte. Kontaktversuche werden erwidert. Bei plötzlichem Kontaktabbruch weint das Kind oder äußert durch Lallen weiteren Kontaktwillen
— Krabbeln sicher	Wiedererkennen von Gegenständen	Lallen ohne sprachlichen Ausdrucksgehalt	rezeptive Kontaktaufnahme (Berührung von Kontaktpersonen und Gegenständen)
— evtl. Rutschen	Wiedererkennen von Gegenständen	Lallmonologe	rezeptive Kontaktaufnahme (Berührung von Kontaktpersonen und Gegenständen)

Tabelle 11 Fortsetzung

Phase	Alter	Reflexgeschehen	Motorische Fähigkeiten und Fertigkeiten: Greifentwicklung	Motorische Fähigkeiten und Fertigkeiten: Entwicklung der aufrechten Haltung
Säuglingsalter	8	Statokinetik: — Gleichgewichthalten in Halbbelastung möglich	— Halten von Gegenständen gegen Widerstand — Heranholen von Gegenständen	— Beinstütz vervollkommnet — Kriechstellung vervollkommnet — Fersensitz
	9	— Gleichgewichthalten in Halbbelastung vervollkommnet	— Bauversuche mit Würfeln	— Spontansitz — Versuch, sich am Gitter hochzuziehen — Kniestand — Halbkniestand — Stehversuche
	10	— Gleichgewichthalten Stand beginnt	— Differenzierung der Greiffunktionen — Feinmotorik beginnt (Krümelfassen, Öffnen einer Schachtel) — Werfen mit Gegenständen	— selbständiger Wechsel der Ausgangsstellungen — sicheres Hochziehen am Gitter oder Gegenständen — Stehen an Gegenständen
	11	— Gleichgewichthalten im Stand vervollkommnet	— Feinmotorik dominiert	— Absicherung der Sitzhaltung nach allen Seiten — kurzfristig freier Stand möglich
	12	— Gleichgewichthalten im Gehen beginnt	— Opponieren des Daumens beginnt — Selbständiges Trinken aus Tasse — selbständiges Essen beginnt (Grobform der Greifentwicklung abgeschlossen)	— Rumpfdrehung im Sitz — selbständiges Aufrichten an Möbeln — Schwerpunktverlagerung im Stand — freier Stand (Standentwicklung abgeschlossen)

Phase	Alter	Motorik
Kleinkinder / Krippenalter	13. bis 18.	— Gehen mechanisiert sich — Gehen im Nachstellschritt — Laufen — Treppensteigen mit Festhalten — Klettern bis Stuhlhöhe
	19. bis 24.	— Essen mit Löffel — Trinken aus Glas — Schieben/Ziehen — Gehen auf schiefer Ebene — Treppensteigen ohne Festhalten
	25. bis 30.	— Rückwärtslaufen — Balancieren — Wechselschritt — Hüpfen — Fangen/Werfen — Bauen nach Vorbild — starke motorische Aktivität — Einbeinstand
	31. bis 36.	— Hüpfen mit beiden Beinen im Nachstellschritt — Fangen, sicher — Werfen, gezielt bis 1,50 m — spezielle feinmotorische Leistungen (Malen, Fädeln, Schneiden)

Lokomotion	Erfassen der Umwelt	Sprachentwicklung	Soziales Verhalten
— Krabbeln sicher — Wälzen — Kriechversuche	Erwartungs-vorstellungen von häufig erlebten Handlungen	Lallen mit sprachlichem Ausdrucksgehalt	Willensäußerungen möglich
— sicheres Kriechen	starke Nachahmung	differenzierter Gebrauch von Lallauten	erste Sozialspiele (Kuckuck!)
— Kriechen über Gegenstände	Handlungen werden sehr beobachtet und nachvollzogen	differenzierter Gebrauch von Lallauten	aktive Kontaktsuche
— schnelles Kriechen — erste Seitnachstell-schritte an Gegenständen	erste Gedächtnis-leistungen, beginnender Gebrauch von Hilfsmitteln	Sprachverständnis beginnt, Nachsprechen von Silben möglich	Befolgen einfacher Aufforderungen
— Kriechen auf Treppen Vorwärtsgehen mit Hilfen — Kriechen im Vierfüßlergang	zielgerichtete Handlungen möglich	Nachsprechen von Worten	beginnendes Regel-bewußtsein, Reaktion auf einfache Gebote und Verbote

	Erfassen der Umwelt	Sprache	Soziales Verhalten
	— fortgeschrittene Gedächtnisleistungen bis 2 Tage	— 15 Substantive — Einwortsatz — Lautmalerei	— Verstehen von Geboten und Verboten — Nachahmung — An- und Ausziehen beginnt
	— bewußte Ordnungs-handlungen — Einpassen Größe / Farbe / Form	— 150 Substantive — Zweiwortsätze — Fragealter	— bewußte Steuerung des Verhaltens — nicht mehr triebhaft — Sauberkeitsgewöhnung
	— Erinnerungen über Monate — nachahmende Handlungen	— 300 Substantive — Vierwortsatz — Deklinieren — Konjugieren — evtl. Stottern bei Mißverhältnis von Sprachdrang zu Sprachvermögen	— Einordnung — Stimmungslabilität — Trotzreaktionen — selbständiges Waschen, An- und Ausziehen, auf Toilette gehen
	— einfaches kausales Denken — Ursache—Folgen — Größenbeziehungen	— volle Umgangs-sprache — 800 Substantive — Warum-Fragen	— Ausdauer verbessert — Rollenspiele — Selbständigkeit verbessert — Selbstbewußtsein beginnt

2.4. Grundübungen

Ausgehend von der Tatsache, daß der Physiotherapeut überwiegend Säuglinge zur Therapie überwiesen bekommt, die einen Entwicklungsrückstand aufweisen, orientieren sich alle Übungen an der physiologischen Bewegungsentwicklung des Kindes im 1. Lebensjahr. Die genetisch programmierten Bewegungsabläufe werden geübt, wobei stets auf dem vorhandenen Können aufgebaut wird. Besonders intensiv sind die motorischen Fähigkeiten und Fertigkeiten zu schulen, die das Kind noch nicht altersgerecht beherrscht. Für den Übungsaufbau sind deshalb Entwicklungsstand und Diagnose Ausgangspunkt. Die Grundübungen wurden entsprechend der Ontogenese des Kindes in 4 Komplexe gegliedert (s. methodische Hinweise 2.1.).
Bei der Durchführung der Übungen sind methodische Hinweise und didaktische Regeln zu beachten. Grundsätzlich wird gefordert, daß jede erreichte Endstellung, die zugleich eine neue Ausgangsstellung für das Kind ist, stabilisiert wird (s. Krankengymnastik. Kap. 6).

2.4.1. Ubungen, die das Kopf- und Rumpfheben fördern

Anheben des Kopfes aus der Bauchlage

Handfassung: Die eine Hand fixiert das Kind leicht am Kreuzbein, die andere Hand hält ein Spielzeug vor die Augen des Kindes.
Das Kind hebt den Kopf in Richtung des Spielzeuges. Geschieht dies nicht spontan, dann mit der Hand einen leichten Zug an der Stirn des Kindes nach oben geben, bis der Kopf gehoben wird (Abb. 149).

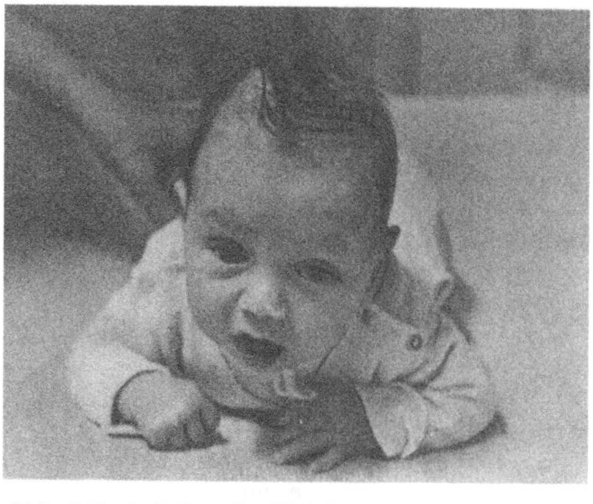

Abb. 149 Anheben des Kopfes aus der Bauchlage

Anheben des Kopfes aus der Seitlage

Das folgende Beispiel geht von der linken Seitenlage aus.

Handfassung: Die rechte Hand liegt unter dem Brustkorb, die linke Hand am Beckenkamm.
Leichter Druck unter dem Brustkorb, leichter Zugreiz am Beckenkamm. Der Kopf des Kindes wird aktiv von der Unterlage abgehoben (Abb. 150a).
In der Steigerung richtet sich das Kind weiter auf und stützt sich mit dem Arm ab (Abb. 150b).

Anheben des Kopfes aus der Rückenlage

Handfassung: Die Hände liegen schalenförmig unter dem Kopf des Kindes, die Schultern des Kindes befinden sich auf den Unterarmen des Physiotherapeuten.
Den Kopf passiv anheben und dem Sternum nähern. Nach passiver Einleitung der Übung wird durch leichten Druck unter dem Hinterkopf des Kindes ein aktives Anheben bewirkt. Rumpf kann dabei ebenfalls angehoben werden (Abb. 151).

Anheben des Kopfes aus der Rückenlage bei Kindern mit retrahierten Schultern

Ausgangsstellung: Rückenlage, quer vor dem Physiotherapeuten.

Handfassung: Die eine Hand liegt unter dem Kopf, die andere Hand umfaßt beide Hände des Kindes gekreuzt über der Brust.
Den Kopf wieder passiv anheben, dabei den Körper des Kindes in leicht wiegende Bewegung versetzen.
Diese Übung ist nur erforderlich, wenn beim passiven Anheben des Kopfes die Schultern retrahiert werden (Abb. 152).

Anheben des Kopfes mit Unterarmstütz

Ausgangsstellung: Bauchlage

Handfassung: Die eine Hand fixiert das Kind leicht am Kreuzbein, die andere Hand hält ein Spielzeug vor die Augen des Kindes.
Das Spielzeug wird so hoch gehalten, daß das Kind den Oberkörper leicht anhebt und sich auf die Unterarme stützt (Abb. 153).

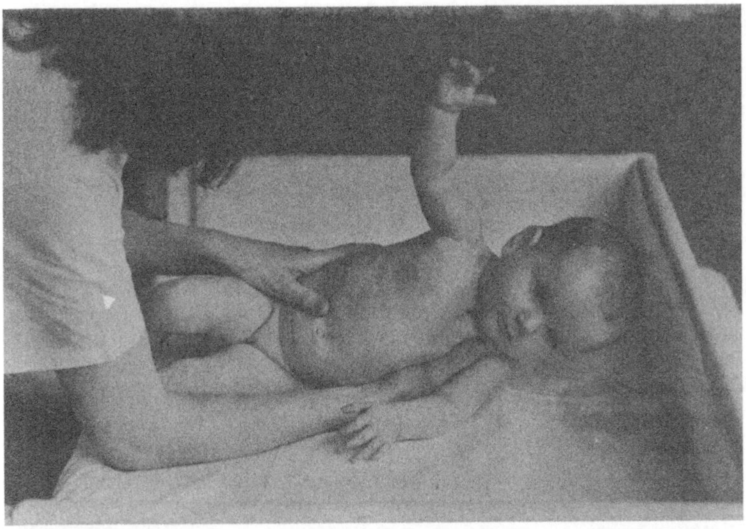

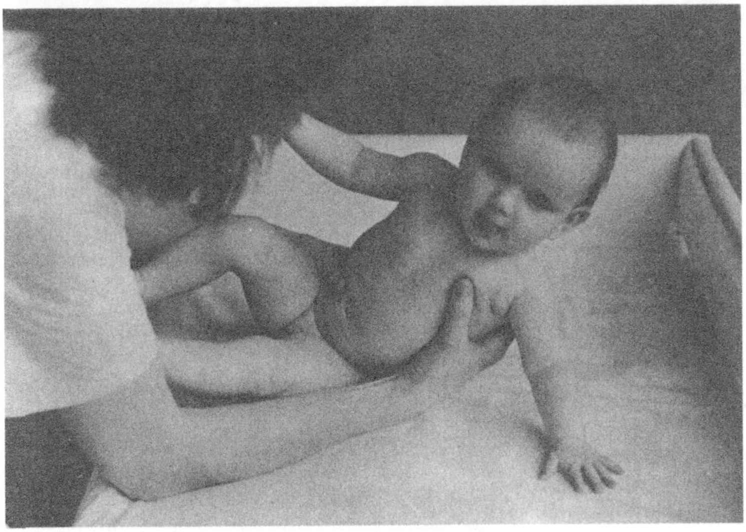

Abb. 150a, b Anheben des Kopfes aus der Seitlage

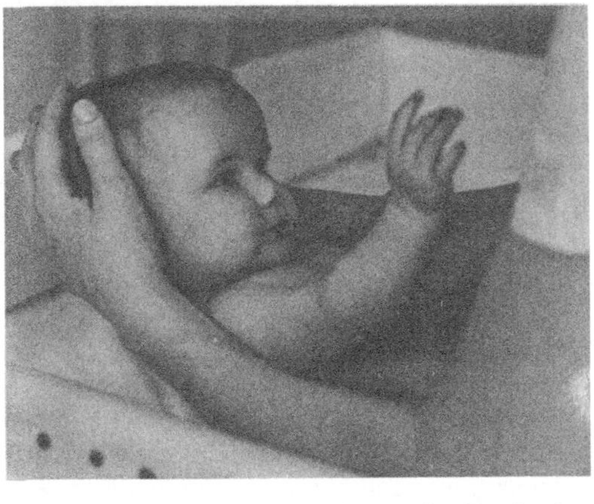

Abb. 151 Anheben des Kopfes aus der Rückenlage

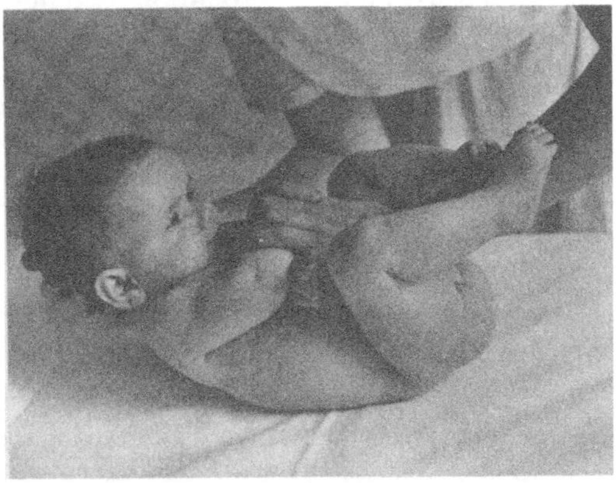

Abb. 152 Anheben des Kopfes aus der Rückenlage bei Kindern mit retrahierten Schultern

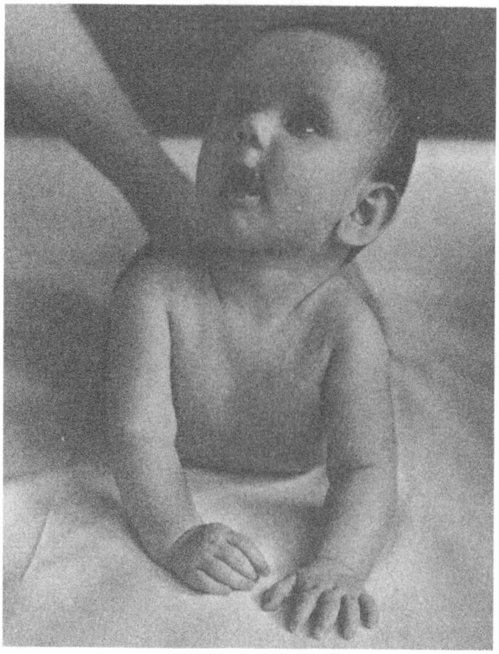

Abb. 153 Anheben des Kopfes mit Unterarmstütz

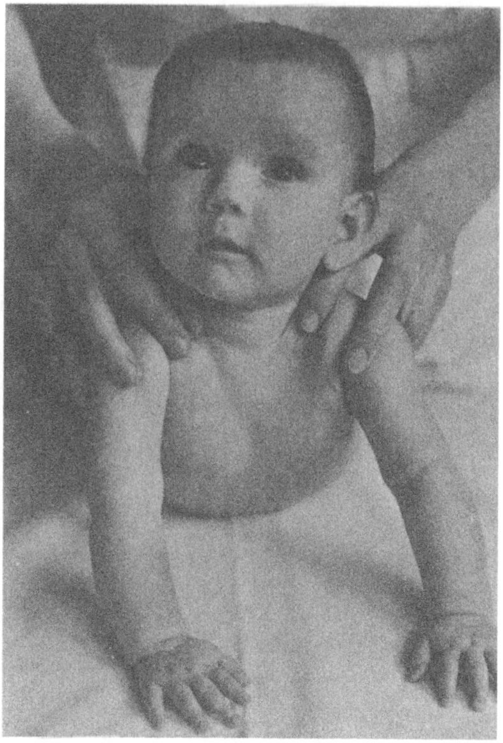

Abb. 154 Streckstütz der Arme

Streckstütz der Arme

Ausgangsstellung: Bauchlage.

Handfassung: Die eine Hand fixiert das Kind leicht am Kreuzbein, die andere Hand hält ein Spielzeug vor die Augen des Kindes.
Das Spielzeug wird so hoch gehalten, daß das Kind sich mit gestreckten Armen abstützen muß.
Wenn die Stützfunktion der Arme gering ist, umfassen die Hände des Physiotherapeuten schalenförmig die Schultern des Kindes, heben den Oberkörper leicht ab (Zugreiz nach hinten geben!) und lösen dann die Schulterfixation. Dadurch muß sich das Kind mit den gestreckten Armen abfangen. Geschieht das nicht, umfaßt der Physiotherapeut beide Ellenbogen des Kindes und stellt die gestreckten Arme auf die Unterlage, damit das Kind das Gefühl für das Stützen bekommt (Abb. 154).

Abfangen des Körpers aus der abgehobenen Bauchlage

Handfassung: Eine Hand des Physiotherapeuten faßt zwischen den etwas gespreizten Beinen des Kindes bis zum Brustkorb und hebt den Körper des Kindes von der Unterlage ab.

Das Kind rasch der Unterlage nähern, dabei soll das Eigengewicht des Körpers mit gestreckten Armen auf der Unterlage abgefangen werden. Wenn die Armstreckung und Übernahme des Gewichtes nicht spontan erfolgt, dann das Kind so hoch über der Unterlage halten, daß die gestreckten Arme die Unterlage erreichen. Warten, bis das Kind das Gewicht übernimmt (Abb. 155a, b).

Üben der Rumpfstreckung

Ausgangsstellung: Rückenlage.
Handfassung: Beide Hände liegen schalenförmig seitlich am Brustkorb.

Durch kleine Drehung des Körpers in Richtung Seitlage erfolgt die Beugung des Kopfes. Dann das Kind rasch, aber nicht ruckhaft, von der Unterlage über die Flanke abheben und frei schweben lassen.
Nachdem sich der Kopf waagerecht im Raum eingestellt hat, erfolgt eine Streckung des Rumpfes und der Beine. Die Beine bleiben im Hüftgelenk zunächst leicht gebeugt. Die volle Streckung erfolgt mit zunehmendem Alter (Abb. 156).

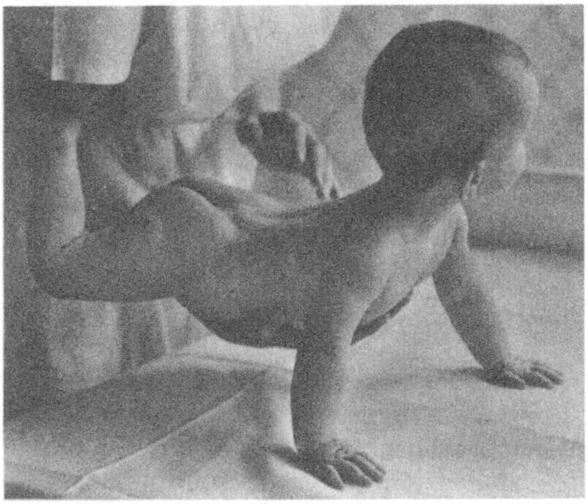

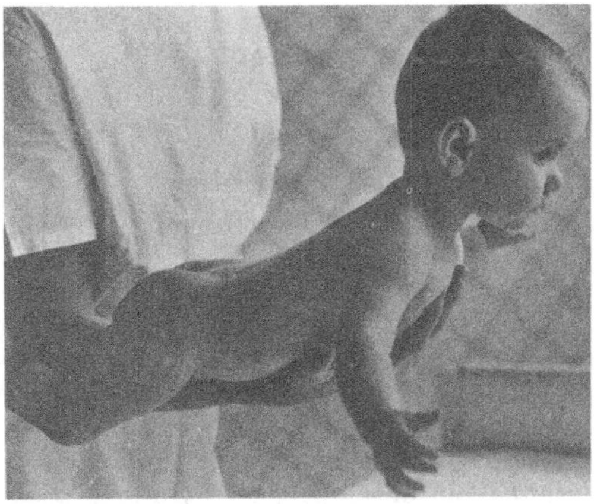

Abb. 155a, b Abfangen des Körpers aus der abgehobenen Bauchlage

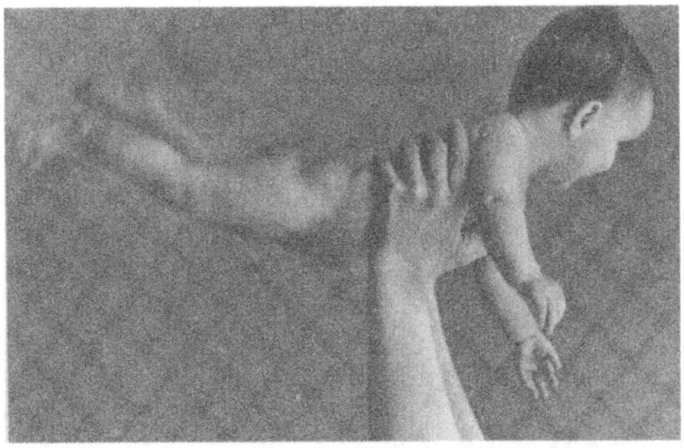

Abb. 156 Üben der Rumpfstreckung

Rumpfsenke mit Armstütz

Ausgangsstellung: Reitsitz rücklings auf der Hüfte des Physiotherapeuten.

Handfassung: Das Kind wird mit einem Arm oder beiden Armen umfaßt.

Nach Impulssetzung zur Rumpfsenke durch Kopfbeugung stützt sich das Kind mit beiden Armen ab. Dann wird am Becken oder an der Schulter ein Zugreiz nach hinten bzw. oben gegeben, bis sich der Oberkörper wieder zur Senkrechten aufgerichtet hat (Abb. 157a, b).

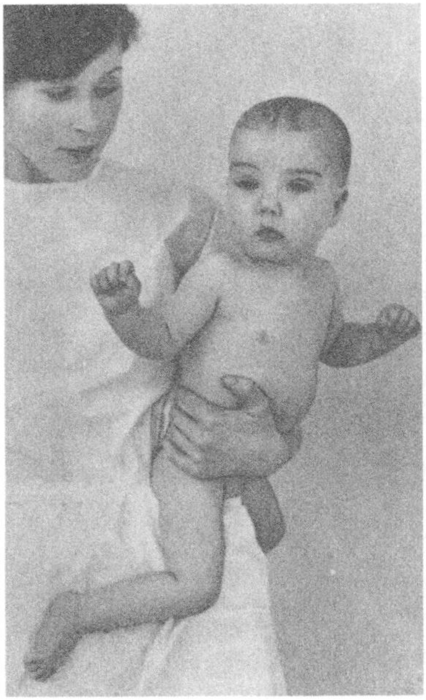

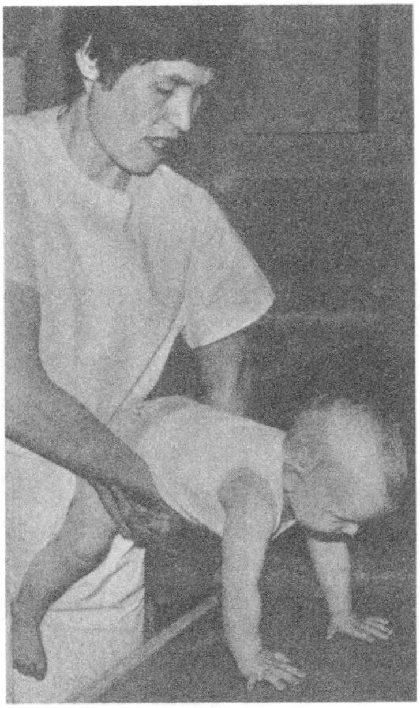

Abb. 157a, b Rumpfsenke mit Armstütz

2.4.2. Übungen, die das Drehen um die Körperlängsachse schulen

Drehen in die Bauchlage, vom Bein geführt

Ausgangsstellung: Rückenlage.

Handfassung: Bei einer Drehung über die linke Seite faßt die linke Hand des Physiotherapeuten das rechte Bein am Unterschenkel und Knie, die rechte Hand liegt auf dem rechten Unterschenkel oder am Sprunggelenk.
Der Physiotherapeut beugt das rechte Bein des Kindes rechtwinklig an und führt das gebeugte Bein über das gestreckte linke Bein. Dadurch erfolgt eine schraubenförmige Drehung des Körpers vom Bein über das Becken zum Oberkörper. Ist die Seitlage erreicht, wird das rechte Bein langsam gestreckt, bis der Oberkörper der Drehung bis zur Bauchlage gefolgt ist (Abb. 158a, b).

Drehen in die Bauchlage, vom Arm geführt

Ausgangsstellung: Rückenlage.

Handfassung: Rechte Hand erfaßt den nach oben gestreckten rechten Arm des Kindes, linke Hand erfaßt den linken Arm des Kindes (Führungsarm).
Am Arm wird ein Zugreiz gegeben und die Drehung eingeleitet. Dabei dreht sich der Körper weniger schraubenförmig als bei der vorigen Übung (Abb. 159a, b).

Aktives Drehen in die Bauchlage

Ausgangsstellung: Rückenlage.

Handfassung: entfällt, nur absichern.
Bei einer Drehung über die rechte Seite wird das Spielzeug so gehalten, daß der linke Arm des Kindes danach greifen soll und somit die aktive Drehung in die Bauchlage eingeleitet wird. Das Spielzeug wird also neben die rechte Schulter des Kindes unter Blickfixation gelegt.

Drehen in die Rückenlage

Ausgangsstellung: Bauchlage.

Handfassung: Rechte Hand des Physiotherapeuten liegt am rechten Unterschenkel und Knie des Kindes, linke Hand an der linken Schulter.

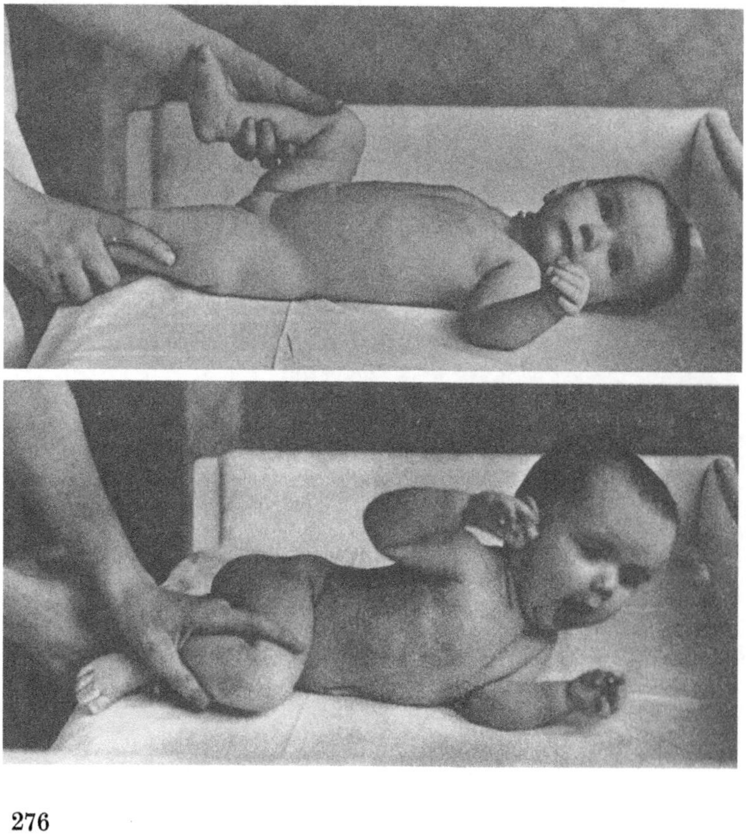

Abb. 158a, b Drehen in die Bauchlage, vom Bein geführt

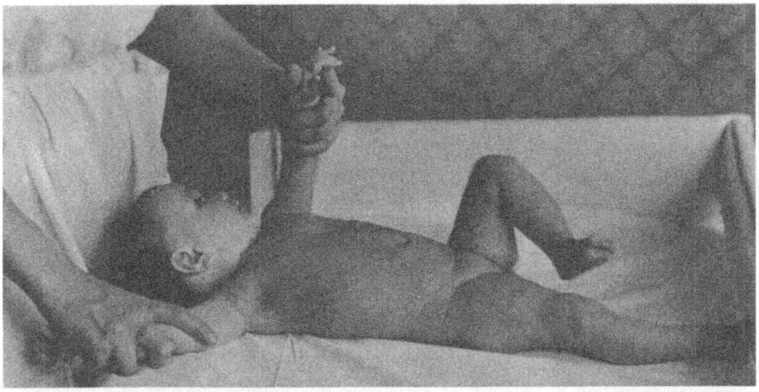

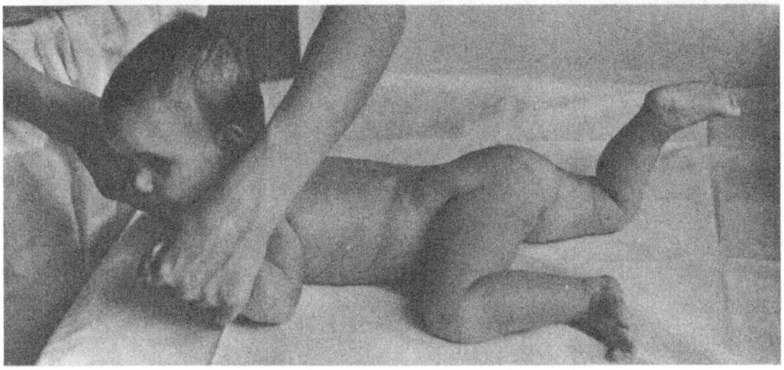

Abb. 159a, b Drehen in die Bauchlage, vom Arm geführt

Die rechte Hand des Physiotherapeuten schiebt das rechte Bein unter den Körper. Von der linken Schulter aus wird der Körper in eine leichte Beugestellung gebracht. Nach der Beugung des Beines erfolgt eine vorsichtige Abduktion des Beines, dadurch wird die Drehung eingeleitet. Die linke Hand steuert die Körperdrehung, bis die Rückenlage erreicht ist (Abb. 160).

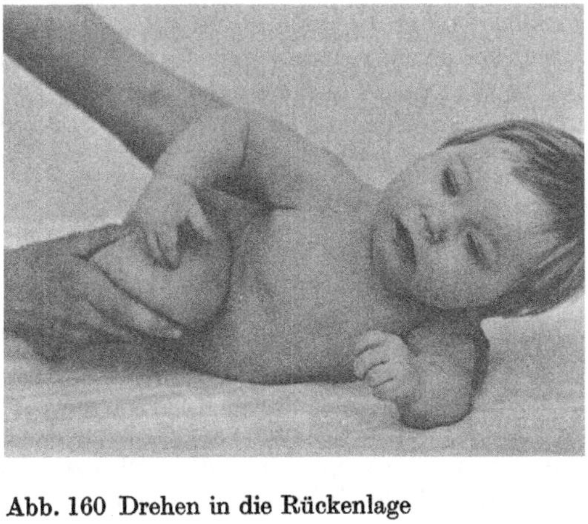

Abb. 160 Drehen in die Rückenlage

2.4.3. Ubungen, die das Aufrichten unterstützen

Aufrichten zum Sitz mit Beidhandfassung

Ausgangsstellung: Rückenlage.

Durch Impulssetzung an den Händen hebt das Kind unter Kopfführung den Oberkörper bis zum Sitz an (Abb. 161).

Aufrichten zum Sitz über den Seitstütz

Ausgangsstellung: Rückenlage.

Handfassung: Einhandfassung, z. B. linke Hand faßt die rechte Kinderhand, die rechte Hand fixiert die linke Kinderhand neben dem Oberschenkel des Kindes auf dem Tisch.

An der rechten Kinderhand wird ein Impuls zu Aufrichtung und Rotation des Oberkörpers nach rechts gegeben. Über dem Stützarm wird die Schwere des Körpers wirksam und schult das Stützvermögen. Stützt sich das Kind weder im Unterarm- noch im Streckstütz ab, dann muß die Stützfunktion des Armes isoliert geübt werden.

Wird der Stütz beherrscht, entfällt die Fixation der Hand, und der Physiotherapeut gibt Gegenhalt am Becken (Abb. 162).

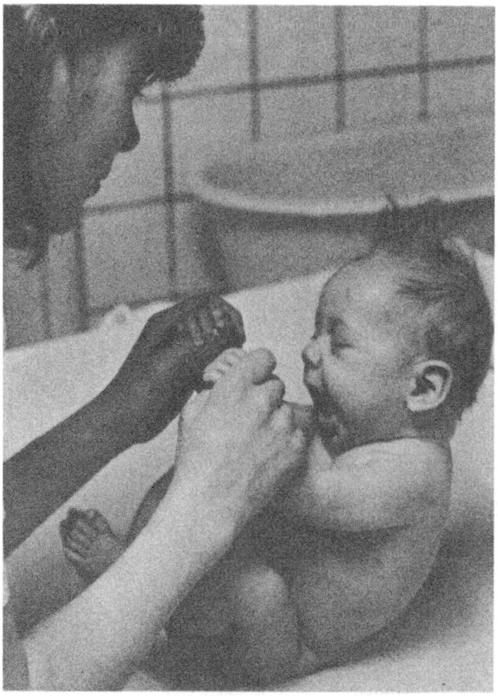

Abb. 161 Aufrichten zum Sitz mit Beidhandfassung

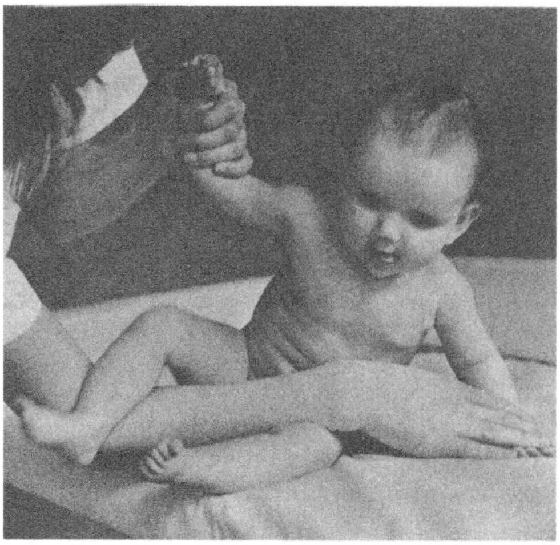

Abb. 162 Aufrichten zum Sitz über den Seitstütz

Üben des Krabbelns

Ausgangsstellung: Bauchlage quer vor dem Physiotherapeuten, z. B. Kopf nach links.

Handfassung: Die rechte Hand umfaßt den rechten Fuß des Kindes.
Durch Druck gegen die Fußsohle (Ferse) wird das Bein gebeugt und außenrotiert, damit erfolgt eine Impulssetzung zum Wegdrücken des Körpers nach vorn (Abb. 163).

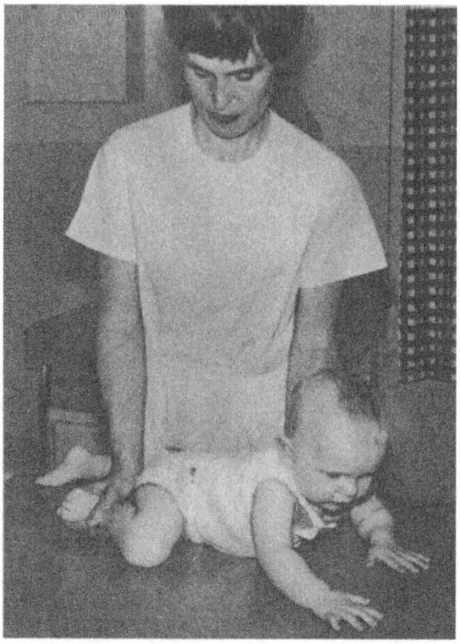

Abb. 163 Üben des Krabbelns

Aufrichten zum Vierfüßlerstand aus der Bauchlage

Handfassung: Die linke Hand umfaßt den linken Unterschenkel, die rechte Hand liegt am Thorax von ventral.
Die linke Hand schiebt das linke Knie des Kindes unter den Körper. Die rechte Hand hebt den Thorax ab (Abb. 164a, b).

Aufrichten zum Vierfüßlerstand aus der Rückenlage

Handfassung: Die rechte Hand umfaßt die linke Hand des Kindes.

Rumpfdrehung einleiten. Dann rasch umgreifen, indem die linke Hand das linke Bein unter den Körper schiebt und die rechte Hand am rechten Beckenkamm des Kindes den Impuls zur Aufrichtung in den Vierfüßlerstand gibt (Abb. 165a—d).

Wechsel von Vierfüßlerstand und Fersensitz

Handfassung: Beidseits des Beckens.

Durch Impuls am Becken nach dorsal richtet sich das Kind bis zum Fersensitz auf (Abb. 166a, b), dann erfolgt durch Kopfbeugen passiv ein Abkippen des Oberkörpers nach vorn, bis die gestreckten Arme die Schwere des Körpers auf der Unterlage abfangen.

Kommt das Kind durch den Impuls am Becken aus dem Vierfüßlerstand nicht zum Fersensitz, muß der Impuls an den Schultern gegeben werden.

Üben des Kriechens

Ausgangsstellung: Vierfüßlerstand vor einem Spielzeug.

Handfassung: Je eine Hand an einem Unterschenkel des Kindes. Die Beine werden im Wechsel nach vorn geschoben, bis das Kind zum Spielzeug kriecht. Reagiert das Kind nicht, bringt man rechten Arm und linkes Bein und umgekehrt wechselseitig nach vorn.

Stemmen in den Stand

Ausgangsstellung: Hocke mit dem Rücken zum Physiotherapeuten.

Handfassung: Die Hände umfassen die Knie des Kindes. Durch senkrechten Druck auf die

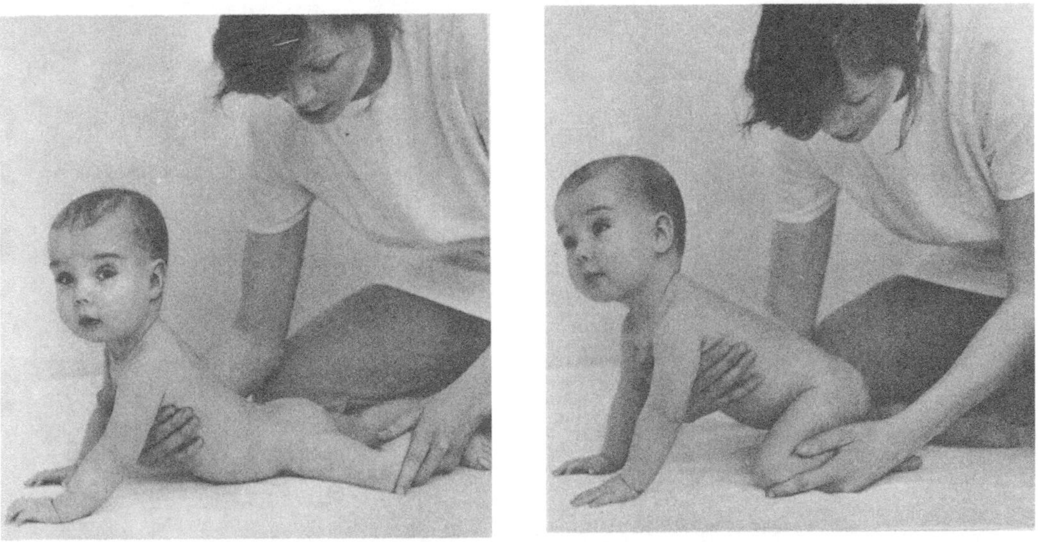

Abb. 164a, b Aufrichten zum Vierfüßlerstand aus der Bauchlage

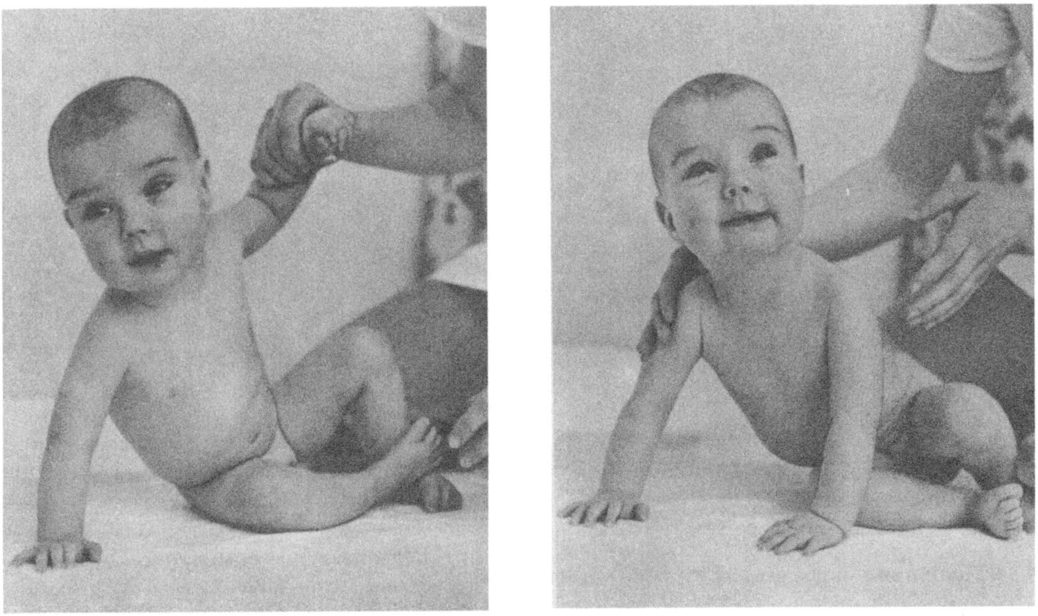

Abb. 165a—d Aufrichten zum Vierfüßlerstand aus der Rückenlage

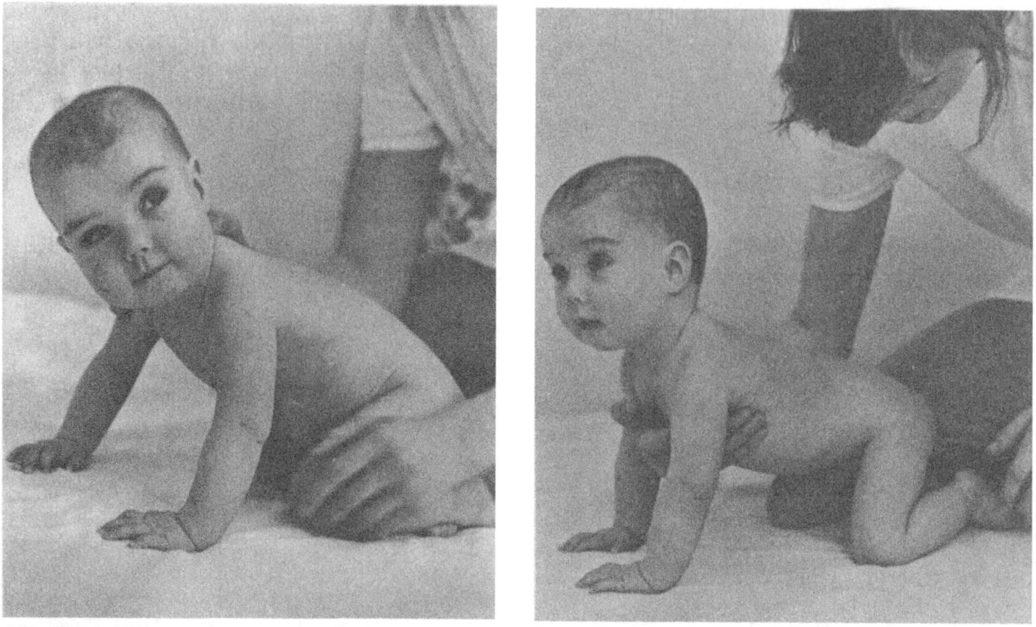

Abb. 165c—d

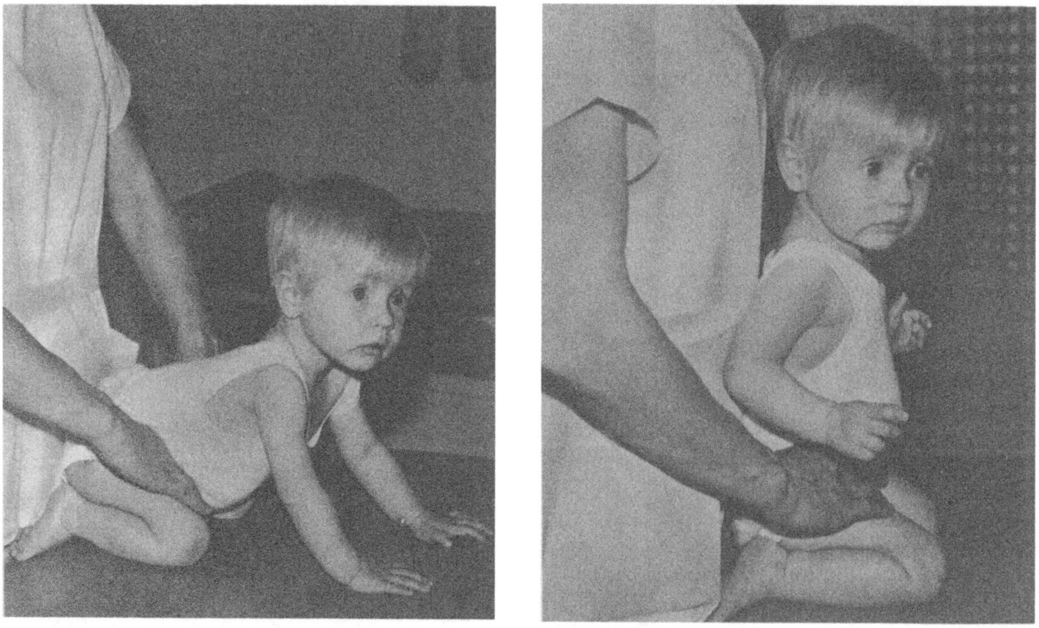

Abb. 166a, b Wechsel von Vierfüßlerstand und Fersensitz

Knie in Richtung der Füße stemmt sich das Kind in den Stand. Dabei stehen die Füße parallel (Abb. 167).

Aufrichten aus dem Fersensitz in den Stand

Handfassung: Die rechte Hand des Physiotherapeuten faßt die rechte Hand des Kindes. Die linke Hand liegt am Becken. Die Handfassung kann auch umgekehrt sein.

Durch Zugreiz an der Hand setzt das Kind das gleichseitige Bein auf und drückt sich in den Stand. Bei muskelschwachen Kindern wird der Zugreiz unter der Schulter gegeben (Abb. 168).

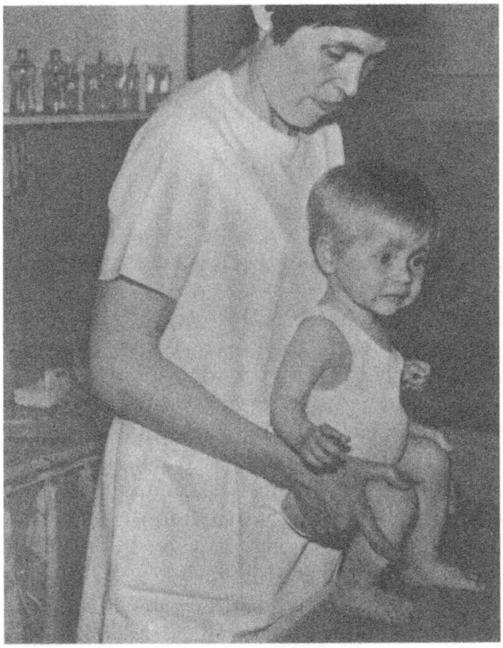

Abb. 167 Stemmen in den Stand

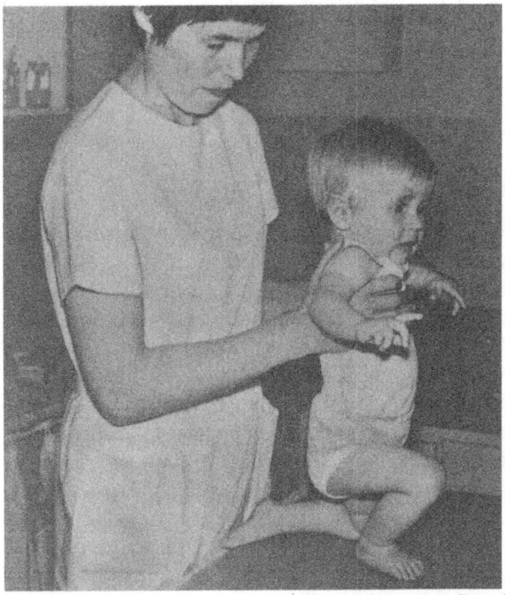

Abb. 168 Aufrichten aus dem Fersensitz in den Stand

2.4.4. Lokomotionsübungen

Sind bestimmte Ausgangsstellungen stabilisiert, z. B. Streckstütz, Sitz, Vierfüßlerstand oder Stand, wird das Kind durch unterschiedliche Reize motiviert, sich fortzubewegen (Abb. 169 und 170).

Aufgaben

1. Erläutern Sie die Gliederung der Grundübungen!
2. Stellen Sie ein Übungsprogramm zusammen, das als Schwerpunkt die Stützfähigkeit der Arme schult!
3. Stellen Sie ein Programm zusammen, das schwerpunktmäßig die Bewegungsfertigkeiten bis in die Halbbelastung unterstützt!
4. Stellen Sie Übungen zusammen, die speziell das Aufrichten in den Stand schulen!
5. Welche Übungen unterstützen die Lokomotionen?
6. Welche Übungen fördern besonders die Statokinetik?

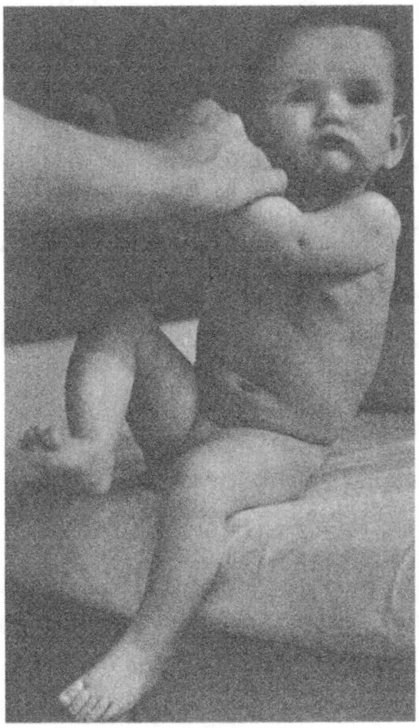

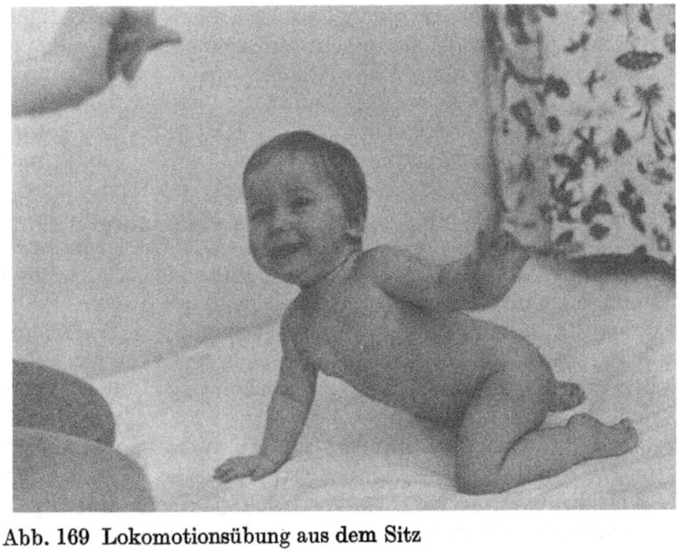

Abb. 169 Lokomotionsübung aus dem Sitz

Abb. 170 Lokomotionsübung aus dem Vierfüßlerstand

3. Hinweise zur Kleinkindergymnastik

Beherrscht das Kind den aufrechten Gang, wechselt die Säuglingsgymnastik fließend über in die Kleinkindergymnastik, mit der das Kind allmählich befähigt wird, in einer Kleinkindergymnastikgruppe mitzuarbeiten.
Auch in der Kleinkindergymnastik wird die Übungsauswahl und der Übungsumfang von den bewegungs- und körperformenden sowie erzieherischen Absichten bestimmt. Im allgemeinen arbeitet der Physiotherapeut auch in dieser Altersgruppe mit retardierten Kindern, und es ergeben sich folgende Hauptziele:

- bekannte Bewegungsfertigkeiten zu vervollkommnen
- falsche Bewegungsmuster abzubauen
- neue altersentsprechende Bewegungsfertigkeiten zu entwickeln
- koordinative und konditionelle Fähigkeiten stärker auszubilden.

3.1. Spezielle Hinweise zur Durchführung

Auch mit dem Kleinkind muß systematisch gearbeitet werden. Jede einzelne Übungsbehandlung bildet eine pädagogische Einheit, ist aber zugleich Teil eines Gesamtzyklus und muß in den Tagesablauf des Kindes passen!
Der Übungsleiter einer Kleinkindergymnastik sollte nicht zu oft wechseln, da in dieser Altersgruppe die Umgewöhnung schwerfällt.
Wichtig ist, daß der Physiotherapeut sich gleichbleibend freundlich, liebevoll, gerecht, konsequent und korrekt verhält.
Wird mit einer Gruppe gearbeitet, sollte sie nicht mehr als 8 Kinder umfassen, da durch den starken Bewegungsdrang in diesem Alter der Überblick schnell verloren gehen kann und jedes Kind besonderer Zuwendung bedarf.
Der Gymnastikraum muß unbedingt sauber und gut gelüftet sein. Wenn es das Wetter erlaubt, sollte im Freien geturnt werden. (Keine gepflasterte Fläche, am besten ist kurz geschnittener Rasen!)
Beengende oder zu warme Turnkleidung ist zu vermeiden, damit das Kind nicht zu schnell schwitzt.
Nach Möglichkeit sollte jede Kleinkindergymnastik barfuß erfolgen, damit die Fußmuskulatur gekräftigt wird.
Wegen der starken und schnellen Reaktion aller Gewebe und Organsysteme im Kleinkindalter ist ein häufiger Wechsel von Belastung und Erholung (Spannung und Entspannung) günstig. Aufstellungs- und Ordnungsformen gelingen dem Kleinkind noch nicht. Es braucht Hilfsmittel, z. B. die mit Kreide gemalte Kreisform oder die Gasse (evtl. auch mit einem Seil oder Tau legen). Ziele oder Wendemarken sind deutlich zu markieren. Das „Strömen" der ganzen Gruppe zu einem Ziel ist ebenfalls möglich.
Übungsunwillige Kinder sollte man von ihrem Unmut ablenken. In der Gruppengymnastik läßt man sie anfangs zusehen, bis sie selbst in die Gruppe finden.
Bei der Arbeit mit Handgeräten in einer Gruppengymnastik ist darauf zu achten, daß jedes Kind ein Handgerät bekommt, da eine Enttäuschung vom Kleinkind schwer überwunden werden kann. Für dieses Alter eignen sich kleine Bälle, der Ring oder das Seil.
Im allgemeinen genügen für 30 min Übungszeit etwa 8—10 Übungen, denen am Ende ein freudebetontes Spiel folgen sollte.
Die gesamte Übungsbehandlung oder Gymnastik muß freudvoll, abwechslungsreich und vielseitig werden, da die Bewegungsfreude groß ist, die Aufmerksamkeit aber schnell nachlassen kann. Eventuell kann bereits ein einfaches Kreis- bzw. Stationstraining erfolgen.
Das Kleinkind bewegt sich viel und gern, aber noch relativ langsam mit überflüssigen Mitbewegungen. Deshalb sollte das Übungstempo nur allmählich gesteigert werden, die unbeholfenen Mitbewegungen sind abzubauen.
Das Kleinkind besitzt ein starkes Nachahmungsvermögen. Das nutzt man beim Neuerlernen von Übungen aus; es erfolgt in drei Stufen:

Bekanntmachen (1. Stufe). Der Physiotherapeut zeigt die Übung selbst vor und erläutert dabei verständlich den Ablauf. Das Kind beobachtet.

Erlernen (2. Stufe). Das Kind ahmt den Physiotherapeuten nach. Es übt bis zur Grobform gemeinsam mit dem Physiotherapeuten. Die Feinform erreicht es allein mit Unterstützung durch Zuruf, Klatschen, Rahmenholztrommel oder Musikbegleitung.

Festigen/Vervollkommnen (3. Stufe). Der gleiche Bewegungsablauf wird unter verschiedenen Bedingungen wiederholt (z. B. Gehen auf festem Boden, auf einer Matte, auf schiefer Ebene, auf einer Langbank, mit einem Handgerät).
Die Kinder müssen häufig gelobt werden, auch bei Teilerfolgen! Es steigert sich die Bereitschaft zur Mitarbeit und die Bewegungsfreude.
Korrekturen führt man nur bei groben Fehlern und ermunternd durch.
In der Gruppe wird jede Übung gemeinsam begonnen und beendet.
Beim Balancieren sind die Kinder anfangs zu unterstützen, damit keine Angst einsetzt, die das Kind schwer überwindet.
Kleinkinder sind rhythmisch sehr ansprechbar, deshalb ist der Einsatz des Klatschens, der Rahmenholztrommel oder einfacher Musikbegleitung sehr günstig. Singspiele fördern das natürliche und anmutige Bewegen, wenn sie der Vorstellungswelt des Kindes entsprechen. Viel Freude empfinden Kinder beim Nachgestalten von bekannten Tieren oder Personen.
Das Kleinkind darf keine Wartezeiten haben. Es muß immer tätig sein, sonst ist die Disziplin gefährdet.
Eckige, stampfende oder ausfahrende Bewegungen können durch den Zuruf „leise" gehen/laufen/hüpfen harmonisch werden.
Das Waschen und Umkleiden der Kinder nach der Gymnastik ist zu gewährleisten und zu kontrollieren.

3.2. Spezielle Hinweise zur Ubungsauswahl

Übungen, die koordinative Fähigkeiten vervollkommnen

— Kriechen unter und über Bänke, unter und über gespannte Seile

— Gehen mit Gleichgewichthalten auf erhöhten, schrägen oder schmalen Ebenen, Gehen im Ballengang . . . mit Spielgerät . . .

Übungen, die neue altersgerechte Bewegungsfertigkeiten entwickeln

— Klettern über Kästen, Bänke, Stühle bis 30 cm oder 40 cm hoch

— Steigen aufwärts und abwärts (frei 10 cm Höhe; mit Handfassung am Geländer, 15 bis 18 cm Höhe; über Hindernisse, 10 cm Höhe)

— Schieben und Ziehen des Körpers über die Bank

— Laufen langsam — schnell — langsam, mit Drehungen . . . mit Spielgerät . . .

— Hüpfen beidbeinig, einbeinig und im Wechsel

— Werfen im Schockwurf, Schlag- oder Zielwurf bis 3 m weit

— Fangen mit beiden Armen

— Purzelbaum

Übungen, die konditionelle Fähigkeiten stärker ausbilden

— Kräftigungsübungen für die Bauch-, Rükken- und Schultergürtelmuskulatur vorwiegend aus der Bauch- und Rückenlage.

— Kräftigungsübungen für die Fußmuskulatur im Stand (anfangs im Sitz, später vorwiegend in der Fortbewegung).

Übungen zur Förderung der Reaktionsgeschwindigkeit

Dafür eignen sich besonders Spielformen, z. B. Greifen nach sich bewegenden Gegenständen oder Einnehmen bestimmter Stellungen auf Zuruf.

Übungen zur Förderung der Gewandtheit

Dafür eignen sich besonders Übungskombinationen, wie Verbindungen von Rumpf- mit Armübungen oder Beinübungen, auch Wechsel zwischen verschiedenen Fortbewegungsformen oder Singspiele.

Übungen zur Ökonomisierung von Herz-Kreislauf- und Atemsystem

Es sind Übungen großer Muskelgruppen oder Ausdauerübungen. Sie führen zur schnellen Ermüdung, deshalb kurze Zwischenpausen gewähren; Kinder erholen sich sehr schnell.

Beachte

- Das Kleinkind kann nur einfache Partnerübungen ausführen, denn es hat geringe Bewegungserfahrung und Koordinationsfähigkeit, mit der es sich auf das andere Kind einstellen muß.
- Dehnende und mobilisierende Übungen sind zu vermeiden, da die Kapseln, Sehnen und Bänder des Kleinkindes ohnehin empfindlich auf Zugreize sind.

Übungsbeispiele für eine Kleinkindergymnastik findet man reichlich in den aktuellen Kleinkindergymnastikbüchern, z. B.

— Döbler, E., und Döbler, H.: Kleine Spiele. Volk und Wissen, Berlin 1983.
— Lewin, K.: Turnen im Vorschulalter. Volk und Wissen, Berlin 1975.
— Lehnert, G., und Lachmann, I.: Sport und Spiel mit kleinen Leuten. Sportverlag, Berlin 1981.
— Hoffmann, R.: Beschäftigungsbeispiele zur Körpererziehung in den Kinderkrippen (für Kinder im 3. Lebensjahr). Lehrmaterialien für Aus- und Weiterbildung mittlerer medizinischer Fachkräfte. Herausgeber: Institut für Weiterbildung mittlerer medizinischer Fachkräfte, Potsdam 1981.
— Schmidt-Kolmer, E. (Hrsg.): Krippenpädagogik — Bewegungserziehung, Bildnerische Erziehung, Musikerziehung. Volk und Gesundheit, Berlin 1983.
— Lukacsy: Spiele aus aller Welt. Verlag für die Frau, Leipzig 1983.
— Knepper, U.: Gesundheitserziehung in der Kinderkrippe durch gute Zusammenarbeit mit Eltern. Heilberufe *35* (1983), H. 7, S. 259—260.

Weitere Literatur kann angefordert werden.

Aufgaben

1. Begründen Sie die Gruppenstärke einer Kleinkindergruppe!
2. Wie verhalten Sie sich bezüglich Lob, Tadel, Korrektur?
3. Charakterisieren Sie die Phasen des motorischen Lernens im Kleinkindalter!
4. Worauf ist bei Aufstellungen zu achten?
5. Welche Bedeutung hat das Übungstempo?
6. Wie ist die Harmonie der Bewegungen zu erreichen?
7. Welche Bewegungsfertigkeiten sind zu entwickeln?
8. Warum sind die Bewegungseigenschaften zu verbessern?

3.3. Zusammenarbeit mit den Eltern und anderen Bezugspersonen

Bei physiotherapeutischen Übungen im Säuglings- oder Kleinkindalter ist es unerläßlich, daß die Eltern oder/und das Betreuungspersonal (Schwester, Krippenerzieherin) das Übungsprogramm, welches der Physiotherapeut mit dem Kind durchführt, in seinen wesentlichen Bestandteilen erlernen.
In den ambulanten Physiotherapieabteilungen kann meist nur 3mal pro Woche mit dem Kind geturnt werden. Da es für den Erfolg der Übungsbehandlung aber wichtig ist, daß möglichst täglich geübt wird, übergibt der Physiotherapeut der Mutter oder den anderen Bezugspersonen die Übungen schriftlich. Er kontrolliert in Abständen, ob die Übungen sachgemäß und regelmäßig durchgeführt werden und welchen Leistungsstand das Kind aufweist. Dabei ist eine Grundregel zu beachten:

Nur wenige, gezielte Übungen pro Tag durchführen lassen!

Neben dem Übungsprogramm sind der Mutter und den anderen Bezugspersonen Hinweise für Besonderheiten bei der Pflege des Kindes zu geben.

Beispiele

— Das Kind soll richtig getragen werden, um Fehlhaltungen zu vermeiden (Abb. 171a, b).
— Die Betten im Raum müssen so stehen, daß ein einseitiges Aufrichten oder Drehen des Kindes vermieden wird.
— Beim Herausheben des Kindes aus dem Bett darf der Kopf nicht zurückfallen.
— Unnötige Unterstützungen (z. B. Halten des Kopfes) sind zu vermeiden, wenn das Kind diese Bewegung schon aktiv ausführen kann.
— Die Betreuungsperson muß selbst einseitige Handhabungen am Kind vermeiden, dies gilt vor allem bei Schiefhaltungen!
— Dem retardierten Kind ist ganz besonders viel Zuwendung entgegenzubringen.
— Der Schlaf- oder Spielraum soll gut belüftbar sein.
— Die Kleidung des Kindes ist der Raumtemperatur anzupassen.

Beim größeren Kind ist zu veranlassen, daß die Gesundheitseinrichtung über die häuslichen Gewohnheiten unterrichtet wird.

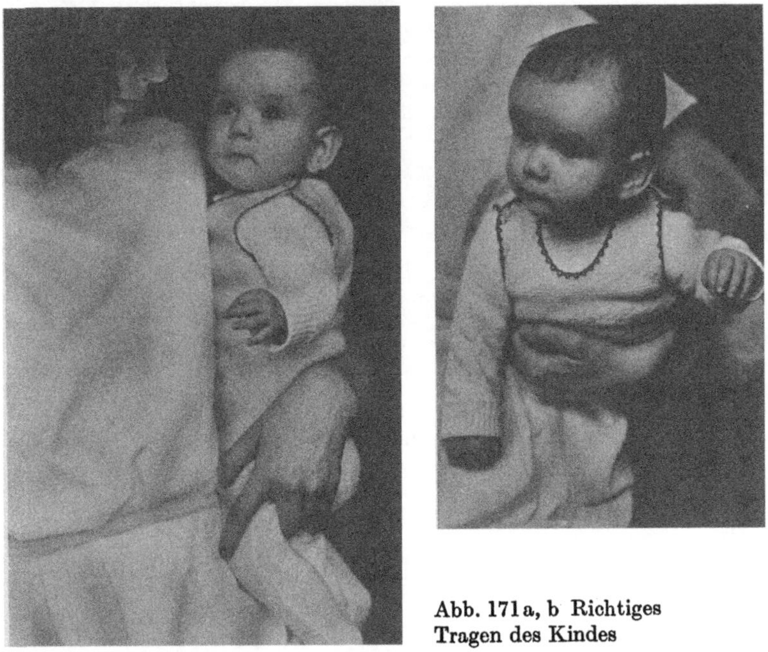

Abb. 171a, b Richtiges Tragen des Kindes

So wichtig und notwendig es ist, das Kind zum Spielen anzuleiten, muß man ihm aber auch Zeit lassen, den eigenen Spielwünschen nachzukommen!
Ein ausgewogenes Miteinander zwischen Gesundheitseinrichtung, Physiotherapeut und Elternhaus bewirkt, daß Fortschritte und Veränderungen in Haltung und Bewegung sowie im sozialen Bereich zwischen den Partnern regelmäßig ausgetauscht werden. Nur so kann eine umfassende Förderung des Kindes gewährleistet werden.

Aufgaben

1. Warum sollte das Betreuungspersonal oder die Eltern täglich mit dem Kind üben?

2. Wie kann die Gymnastik mit dem Kind durch die Eltern erreicht und kontrolliert werden?

3. Worauf sollten die Eltern beim Üben mit dem Kind besonders achten?

Bildquellennachweis

Bräunlich, Erdmute — Torgau: Abb. 157b, 163
Hochschul-Film- und Bildstelle der Karl-Marx-Universität, Leipzig

— ohne Namensnennung: Abb. 86, 87

— Kranich: Abb. 88—148

Härtrich, Thomas — Meiningen: Abb. 149 bis 157a, 158—162, 164—171

Rebner, Dorothea — Leipzig: Abb. 28—32, 49—53, 55, 58, 59

Sachwortverzeichnis

GPSR Compliance

The European Union's (EU) General Product Safety Regulation (GPSR) is a set of rules that requires consumer products to be safe and our obligations to ensure this.

If you have any concerns about our products, you can contact us on ProductSafety@springernature.com

In case Publisher is established outside the EU, the EU authorized representative is:

Springer Nature Customer Service Center GmbH
Europaplatz 3
69115 Heidelberg, Germany

Batch number: 10809636

Printed by Printforce, the Netherlands